U0136932

唐君毅的文史哲思想

黃兆強 著

臺灣 學生書局 印行

本拙著　敬獻：

何　一　教授

何仁富教授

梁瑞明教授

曾昭旭教授

廖俊裕教授

劉國強教授

六位師友於彰顯唐先生之人格、弘揚唐先生之學說，貢獻卓越；筆者欽佩無極。

（以上六位師友按姓氏筆劃排序；其他師友作出貢獻者極多，不克盡舉。）

自 序

本書命名為：唐君毅的文史哲思想。「史」指「歷史學」（或簡稱「史學」），「哲」指「哲學」。然而，「文」則不指「文學」，而是指「人文」、「文化」。換言之，拙著中「文」這個部分乃旨在探討、闡釋唐先生的人文觀（即人文意識或人文思想）與文化觀（即文化意識或文化思想）。所以拙著的命名，就「文」一字來說，乍視之，也許會導致讀者產生誤會。是以必須先向讀者作出如上的說明。再者，拙著所含的七篇文章（即書中的七章）大皆源自學術研討會上已宣讀或在學刊上已發表過的論文。換言之，即大皆係獨立成篇的作品；而不是先有一個完整的撰書計畫而據以一章一章撰寫成文的。也就是說，七篇文章並非結構嚴整的一個有機體下的產物。簡言之，本拙著並不是要把唐先生的人文觀、文化觀、史學觀與哲學觀作全面的探討。筆者個人認為，針對這些議題，若泛泛處理，其意義恐不大；且最關鍵的是，筆者自問不具備相應的慧解通識。（泛泛的處理，其實也需要一定的慧解通識，否則必陷於浮淺而不得要領。）反之，若深入作全面的探討，這不是筆者目前的體力（先不說能力，如學力、識見等等）所能勝任的。然而，針對各章所設定的議題（議題概見各章的標題）來說，則筆者皆嘗盡力予以探討。當然，個人主觀上的自我努力或期許與讀者客觀上的要求或祈盼，恐不免有所落差。惟盼望落差不至於過大！

本書分為文、史、哲三篇。唐先生畢生重視人文精神、闡揚人文精神。是以開篇（上篇）第一章即闡釋唐先生人文精神方面之卓見：國家存在、政治民主與太和世界之建構，非人文精神之參與不為功。含中國在內之東方，固須吸納西方文化之智慧，此毋待贅說者。然而唐先生絕不妄自菲薄，遂認為中國文化中，其智慧深具普世價值者，當可以對西方世界作出一定的貢獻。上篇第二章即在於闡發斯義。第三章則旨在敷陳以唐先生為主稿人之〈中國文化宣言〉之撰寫與刊布之具體過程。唐先生對文化之貢獻亦由是而概見焉。

中篇之首章（全書第四章）旨在闡釋唐先生史學理論上之慧解卓識。重點有三：歷史知識論、史學價值論、史學價值判斷論。此三論大體上已見諸筆者 13 年前所出版的以下專著：《學術與經世：唐君毅之歷史哲學及其終極關懷》。然而，其中或失諸冗雜，或失諸疏漏。今則詳其所略，略其所詳；稍以贖罪補過耳。世之治史者或認為據實直書即可，不必亦不宜藉生花妙筆或鼓舌如簧，以作出褒貶與奪。唐先生則大異於是；乃語重心長指出說：若視歷史事實之陳述或重建為客觀，則藉義理之辭以施褒貶，亦同樣可以是客觀的。是以何能厚此薄彼耶？！其說見拙著第五章。

下篇計得兩章。其主旨雖在於探討唐先生早期（約 30 歲前後）的哲學思想，但先生爾後之哲思方向或核心價值取向與其前實無以大異，是以即不啻其一生哲思之總述。換言之，唐先生之哲思，大體上概見於此兩章書中。

書末附錄之文章計 14 篇。筆者自 1981 年年初至 2021 年年終所發表之拙作（含學術會議上宣讀者、開幕閉幕致辭者、課堂上演講者等等）凡與唐先生相關而不見於本書正文者，幾無一不納入（按：〈徐唐牟三大師頌〉則為例外；該文撰就於 2023 年 4 月，且尚未發表）。其中首文乃以年譜方式鋪陳太老師迪風公（唐先生尊翁）之生平事蹟。迪風公本人之人格風範、學術宗趣固可以概見；至於一般學人所泛說的唐先生深具家學淵源的一個看法，今筆者爬梳勾稽各相關材料以佐證落實這個看法。末文則與唐先生之學術思想並無直接關係；竊欲藉書末一隅以見不容自已之學思心得而已。其敝帚自珍之謂歟？！

其實，「敝帚自珍」一語，也可能適用於整部拙著也說不定！說到「自珍」，顧名思義，乃自家個人之事；但一旦付梓與讀者謀面，則表示企圖“冒險犯難”而意味著得接受公評了。今茲遂誠惶誠恐懷著虔敬之心，懇請讀者不吝惠予賜教為禱。

最後，也許需要做點補充，如下：就唐先生文學、史學與哲學上之表現或成就來說，前賢對唐先生哲學上之表現與成就的探討，早已碩果纍纍；此毋待贅言。史學方面，則筆者 13 年前已盡其綿薄（上詳）。至於文學，則似仍為“處女地”。然而，不得謂前賢毫無表現。茲舉二例以概其餘。其一：摯友趙建軍兄（前江南大學文學院教授、院長）嘗發表下文：〈文學的文化邏輯與思想、價值創構——唐君毅文學意識探論〉，《馬克思主義美學研究》，第 18 卷，第 1 期（2015 年 9 月），頁 142-166、398。其二：新亞研究所學姊翁文嫻教授（前成功大學中文系教授）嘗主持以下計畫：「新儒家詩學系列之一：唐君毅詩學的現代轉化」：科技部個別型計畫，計畫編號：MOST 108-2410-H-006-060- 執行期間：108 年 08 月 01 日至 109 年 07 月 31 日。（以上兩資訊，皆翁教授所提供，謹此致謝。）趙、翁兩位教授篳路藍縷之功，最讓筆者感佩。萬事起頭難，其接踵繼武而至者，想指日可待也。是為序。

2023.01.17 唐君毅先生生忌紀念日初稿
2023.02.02 唐君毅先生死忌紀念日二稿
2023.04.01 徐復觀先生死忌紀念日三稿
2023.04.12 牟宗三先生死忌紀念日定稿

附識

按：人文與文化亦哲學論述之對象。易言之，哲學論述固可涵斯二者。今茲予以獨立處理而置諸篇首作為拙著的第一篇，而不納入第三篇「哲」（哲學思想）一項目之下者，以人文與文化恆為唐先生所特別重視，是以本拙著首先予以處理。

2023.09.10

IV　唐君毅的文史哲思想

唐君毅的文史哲思想

目　次

中篇：史

下篇：哲

附　錄

上篇：文（人文、文化）

第一章　唐君毅的人文觀：源自道德理性的人文精神爲國家存在、政治民主與達致太和世界不可或缺的要素

提　要

近現代大儒、哲學家、哲學史家、人文主義者唐君毅先生（1909-1978）著作繁富，不下千萬言。千萬言之著作，在在揭示先生對社會，對家國，對人類之永恆存在及其永續發展，深具不容自已的一份深厚的關懷。這種關懷，一言以蔽之，筆者相信，乃孕育自先生內心深處的人文精神。先生論述、闡釋人文精神之著作極多。其中甚至有三種著作是用「人文」或「人文精神」一詞來命名的。此即《人文精神之重建》、《中國人文精神之發展》、《中華人文與當今世界》三書。筆者今試圖以這三書為主軸，並輔以其他相關著作，藉以揭示先生深厚的人文精神學養的內涵。人文精神與國家存在之關係，與民主政治之關係，乃至中國人文精神如何涵攝西方之民主精神，甚至藉以建立太和世界等等的議題，先生都有極為精闢而發人深省的論述。

一、前言：撰文緣起*

牟宗三先生在唐先生逝世的追悼會上，嘗以「文化意識宇宙中的巨人」來稱頌唐先生。個人認為這個定性與定位是極為恰當的。唐先生的文化意識，蓋以人文精神為主軸。然則論述先生之文化意識，當以其人文精神為內

* 40 多年前，筆者嘗撰一數千字的小文章，名〈唐君毅老師的「深淘沙、寬作堰」精神——植根於道德心靈、理性心靈之人文精神為融攝一切學術文化歧異及民主建國的不移基石〉。該文主旨與今文大體相同，惟篇幅遠遜；發表於（臺灣）《書目季刊》，第十四卷，第四期，1981 年。該文今作為附錄五之一納入本拙著內，藉以揭示筆者當年（40 多年前）非常淺陋的看法。一轉眼已逾不踰矩之年，然而對唐先生之人格暨學問之崇敬則有增無已，且仰之彌高、鑽之彌堅。

2011.04.25-26，四川宜賓學院舉辦儒學論壇，筆者遂與香港新亞研究所諸位學長：廖伯源、翟志成、黃漢光與劉國強等多位教授聯袂出席，筆者並以本文之重點內容做報告，其題目名〈唐君毅先生論人文精神、民主建國及理想的人文世界〉；會後在文章架構上及內容上皆有所改動（主要是大幅度增添其內容），題目則改作〈中華人文與現代化——唐君毅先生（1909-1978）的啟示〉，並宣讀於以下研討會／論壇：「國學大眾化傳播與中華美德教育」國際學術研討會暨第五屆「儒家倫理與東亞地區公民道德論壇」；舉辦單位：北京東方道德研究所；日期：2011.10.30-31。其後又更作增刪改動，並以今題（不含副標題）發表於《新亞學報》，卷 31（上），2013 年 6 月，頁 341-414。收入本書前，此拙文又作了不少增刪改動。

上述宜賓學院所舉辦的論壇為該學院舉辦的首屆儒學論壇。（論壇舉辦的目的，乃旨在弘揚唐君毅先生之學說。）其後論壇舉辦了七屆之多（第七屆舉辦日期：2018.10.19-22；筆者無役不與，且亦發表論文）。憶論壇一事，最先由筆者向該學院唐君毅研究所所長楊永明教授做建議而舉辦。一轉瞬，已是十多年前之往事了。2019 年暑期過後，永明所長來電謂，第八屆論壇之規畫與具體籌備事宜仍在積極進行中，擬年底召開，乃囑咐筆者大力邀請臺灣學者屆時務必撰文與會云云。然而，不久後，永明所長再來電云：論壇以故而不得不取消。（筆者深信永明所長，與筆者摯友何仁富教授等等在相關過程中，已盡了最大的努力；但受限於客觀大環境，乃不得不選擇放棄。）近三年多以來，以疫情等等緣故，舉辦論壇一事，更是遙遙無期了（最少短期內是如此）。筆者惟有感慨繫之！

說到學者對唐先生的人文思想或文化思想的研究，何仁富先生的相關論述是不能不提的。其詳，見：〈第一篇 人文篇〉，《唐君毅人文人生思想研究——儒家人文與中國人生》（北京：中國文史出版社，2006），頁 1-91。

核也。唐先生一生關注人文及以人文精神為內核之文化；相關論述甚多。今茲以《人文精神之重建》、《中國人文精神之發展》、《文化意識與道德理性》、《中華人文與當今世界》[1]等著作為主要依據，藉以闡述唐先生以下的觀點：源自道德理性的人文精神乃國家存在（含永恆而健康的發展）、政治民主與達致太和世界不可或缺的要素。

二、「文化」與「人文」

（一）先生扣緊人心以論文化

說到「文化」或「文明」，一般人很可能先想到英文的 "Culture"、"Civilization"，以為這兩個中文詞彙是從英文翻譯過來的。[2]其實，中國早有這兩個詞彙。[3]「天文」、「人文」、「文明」與「文化」諸詞，可說皆源自《易傳》。《傳》云：「賁亨。柔來而文剛，故亨；分剛上而文柔，故小利有攸往；天文也。文明以止，人文也。觀乎天文，以察時變；觀乎人文，以化成天下。」[4]後世「人文化成」一詞即據「觀乎人文，以化成天下」一語約化而來[5]；其中已含「文化」和「人文」兩詞。至於「文化」完全成為

---

1 臺北臺灣學生書局與北京九州出版社分別於 1991 年和 2016 年出版的《唐君毅全集》，均收錄這四本著作。

2 參牟宗三，〈「文化意識宇宙」一詞之釋義〉，《道德的理想主義》（臺北：臺灣學生書局，1978），頁 269。

3 詳參牟宗三，〈哀悼唐君毅先生〉，《唐君毅先生紀念集》，頁 151。此文又收入《唐君毅先生全集》（臺北：臺灣學生書局，1991），卷三十，《紀念集》。此收錄於《紀念集》之文，文後附錄了另一文，此即上面提到的：〈「文化意識宇宙」一詞之釋義〉（撰於 1978 年 8 月）。牟先生此二文又收入牟宗三，《道德的理想主義》（臺北：臺灣學生書局，1990），修訂六版，〈附錄〉。

4 《易經・賁卦・彖傳》。

5 唐先生對「人文化成於天下」一語，嘗給予一個很簡單的"定義"。先生說：「（人）在地上成就各種事業」，謂之「人文化成於天下」。二語見唐君毅，〈世界人文主義與中國人文主義〉，《中華人文與當今世界》（臺北：臺灣學生書局，

一詞，則疑始自劉向。[6]但這是題外話，不贅。

「文化」一詞之定義，人言人殊。據說有人統計過，「文化」的定義有八百種之多。就「文化」一詞的廣義來說，唐先生的專書、專文，幾乎無一不論說這個主題。先生成一家言的文化哲學專著《文化意識與道德理性》第一章即暢論文化活動的諸涵義。[7]其實，在唐先生撰成並出版《文化意識與道德理性》一書之前，先生早已對何謂文化，或何謂文化活動，甚至對人類文化所由起（即文化生成之原因）有所述說。其中唐先生恆扣緊以心為主軸而生起之感通、交通（心與物（含人身）、心與上天、心與他心之感通、交通）而為說，宜乎唐先生被某些學者定位為唯心論者了。文化必以人為主軸，無人固談不上文化。然而，人亦動物也。其所以異於動物者，以人有心故。談人之文化而必扣緊人心而為說，正以此故。然則唐先生之定義可謂探驪得珠而異乎流俗矣。今引錄先生相關論說如下：

> 我們可說文化，是由人與人交，人與物交，人與天交，造出來的。亦可說是人之心求與身交，又求與物交，求與他心交創造出來的。……「人之心自覺的要如何主宰此身與身所關聯之物，使之能表現心中之觀念理想，以實現其精神性；遂客觀化此觀念理想於外界，為他心之所感，以化及他心」之活動，即稱為文化活動。其所成就者，即稱為文化成績或文化。故只有物與身，固無所謂文化。只是內心中有一觀念理想亦不成文化活動，而只是心理活動。必須心中之觀念理想，充於內而形於外，此所形者，又可為他心所感而入於他心之內，以引起

1975），下冊，頁 452。

6　劉向，《說苑・指武》：「凡武之興，為不服也；文化不改，然後加誅。」此「文化」乃指文治教化而言。以上引文見〈指武篇〉（全篇共 28 節），第 24 節。此據「中國哲學書電子化計劃」：https://ctext.org/shuo-yuan/zhi-wu/zh；2022.07.09 瀏覽；劉向撰，向宗魯校證，《說苑校證》（北京：中華書局，1987），頁 380。

7　唐君毅，〈第一章　導論：人類文化活動之涵義及其自決性〉，《文化意識與道德理性》（臺北：臺灣學生書局，1978），頁 1-36。

> 他心之觀念理想，乃成文化活動，而有所謂文化。故文化可稱為精神之表現，或客觀之精神，而為心與心、精神與精神相交之媒介。此可說是一切文化活動之共性。[8]

上引文中，以下數語頗抽象：「人之心自覺的要如何主宰此身與身所關聯之物，……，即稱為文化活動。」今稍作分析，如下：首先是吾人之心自覺的有如下的一表現或如下的一運作：企圖主宰此身與此身所關聯之物。而此企圖的目的，乃在於要表現心中之觀念理想。而表現此觀念理想的目的，則旨在望他人對此觀念理想有所感。然而，吾人此觀念理想乃為抽象者；為使他人有所感（含知悉之），則必得先客觀化此觀念理想於外界，使之成為一活動。而此活動，則一文化活動也。一句話，唐先生將文化活動，收歸到吾人之心上來講；即以人心為主軸以說明人類文化活動之緣起，乃至說明文化活動究為何物（也可說，是說明文化活動之共性是什麼）。就常識義來說，唐先生之說明（即唐先生此學說——此主張），恐過於抽象；亦恐由此而難以被理解、被認同。然而，此正反映唐先生唯心論的哲學特色之所在。其實，只要讀者耐煩地跟著唐先生的文字繞下去，先生之慧解精識，自可被理解，甚至被認同。

依上說，「文化」一詞乃源自「人文化成」一語。「人文化成」既含「文化」，亦含「人文」。先生論「文化」，即扣緊「人文」而為說；可說是把「文化」、「人文」合而為一的一個說法。這可說是先生文化論的另一特色。其實，「人文化成」一語之本身已涵藏斯義。然而，世人論「文化」，恆昧此詞之所自出，遂多不察「人文」，尤其輕忽此「人文」中之「人」在其中所扮演之關鍵角色，真可謂失其所本！先生則異於是，乃以

8　唐君毅，〈人文主義之名義〉，《人文精神之重建》（香港：新亞研究所，1974），頁 600。本段引文（乃至以下不少引文）相當長。此頗違反時下流行的學術文章的撰寫規範。當然，筆者可予以消化而以己意重述之。筆者不此之圖，緣乎認定唐先生本人之文字，恆具生命力，筆端常帶感情。筆者本人之文字則遠不逮。是以不避俗嫌而多轉引也。

「人文」為軸心而論文化。上面已說明過先生是扣緊心以論說文化的。[9]而談「人文」，其核心固為人，而非文；[10]而人之核心則在其心也。是先生談「文化」也好，談「人文」也罷，其關鍵固為人之心也。先生嘗以人之心為主軸以繪製一「文」化關係圖。[11]該圖非常形象化地把上述心與心外物之感通關係描繪了出來；甚具原創性、啟發性。其圖式如下：

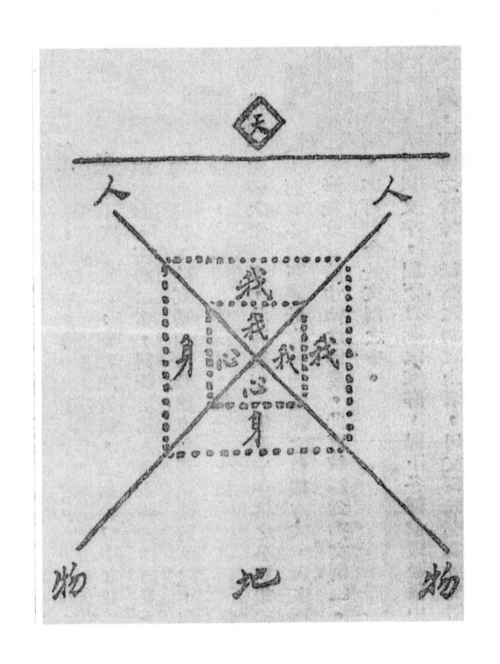

今稍作說明：

文化的內容，可以人（人心）為中心對外界所展開之各種關係，予以說明。唐先生乃透過「文」字的圖形結構來闡述此種種關係。這是非常富於創造性的一種發明。先生說：

9　唐先生視此心與心外之物乃可交感相應者，並以此而論文化。（此「物」一字，今取其廣義用法，含己身、他心、上天，乃至一切事事物物。）

10　先生重人過於重文，詳見上揭《人文精神之重建》，頁 597。然而，世人恆不免買櫝還珠，本末倒置。

11　該圖見上揭《人文精神之重建》，頁 601。

> 至於文化之內容，或文化之不同領域，不同方面，則可自人心之求與身物及他心交時之不同目的，不同態度，而表現不同關係，與以說明。我們所謂他心，可以是指他人之心。亦可指鬼神之心，或仙佛之心，上帝之心，此我們可統稱之為屬於超人以上之天者。物界，則我們可稱之為屬於人以下之地者。由此我們可以藉中國之「文」字之圖形，把我與人及天地之關係畫出來。[12]

上圖或可以命名為：〈以人心為主軸之「文」化關係圖〉。該圖乃以我之心（並擴及我之身）為核心；此心乃通向他心（含上通天心）及通向各物界（含下通地）。換言之，依唐先生，人心既無所不通，則以人心為主軸所開展之文化，乃上天下地無所不通者，甚至可說無所不包者；或所謂「體物而不可遺」也。[13]如上所述，先生論說「人文」，乃以「人」，尤其以人之「心」為關鍵樞紐所在而為說。至於對「人文」，或對「人文精神」、「人文主義」，先生又有何慧解卓見？

據閱覽所及，先生直接或間接論述人文主義、人文精神、中西人文主義的歷史發展等等的文字相當多。即以「人文」二字為書名的專著亦有三種。[14]先生之重視「人文」，可見一斑。先生發表於中壯年（1954 年，時年 45 歲）的〈人文主義之名義〉一文，個人認為係極值得參看的大文。[15]其部分

12　《人文精神之重建》，頁 600-601。

13　筆者按：這裡用「包」字，不是說，人心乃一霸道的東西，它要把任何東西都包攝進來。吾人毋寧說，人心是最富包容性的；或所謂「體物而不可遺」也。筆者深信，只有這樣解釋才符合唐先生的意旨。按：「體物而不可遺」，語出《中庸》。筆者以為所以能夠「體物而不可遺」者，乃必本乎誠敬而後可。明道先生嘗討論誠敬，其說甚具參考價值，見《河南程氏遺書》（卷十一）。程顥、程頤著，王孝魚點校，〈明道先生語一・師訓〉，《二程集》（北京：中華書局，2019），上冊，頁 117-134。

14　其名稱為：《人文精神之重建》、《中國人文精神之發展》、《中華人文與當今世界》（正、補二篇共四大冊）。按：補編乃先生仙逝後，由《唐君毅全集》之編者輯錄先生生前若干文章而成者，蓋以此等文章與先生生前已出版之論文集《中華人文與當今世界》之性質相近，是以取同一書名，並加上「補編」一名以示區別。

15　此文發表於《人生雜誌》，1954 年。參唐端正，《唐君毅先生年譜》，《唐君毅全

旨趣，已見諸上文。其餘要旨，茲稍述如下，藉以揭示先生的人文觀：

（二）Humanism 之中譯、人文主義之英譯與 ism 譯作主義之不妥

先生指出，"Humanism" 可譯為「人文主義」；但「人文主義」或「人文思想」不宜譯為 "Humanism"，原因是 "Humanism" 的涵意較狹；反之，「人文主義」的涵意較豐，非 "Humanism" 一詞可概括其全部內容。[16] 至於「人文主義」宜譯作甚麼才可使西方人知悉中文此詞的完整意涵？先生的建議如下：

> 我嘗主張將中國儒家之人文主義，譯為理想的人文主義（Idealistic Humanism），或人文的理想主義（Humanistic Idealism）。這一譯名，雖不能完全相當（筆者按：指此英譯名不能完全相當於中國儒家所重視之「人文主義」）。但在意義上似比較切合一點。[17]

先生又指出，中國人所謂人文主義的西方哲學家，他們多自稱為理想主義者，或唯心論者（Idealist）。先生說：

> ……在哲學中，西方幾未出一自稱人文主義而又居第一流地位的哲學家。實際上是近乎我們中國人所謂人文主義的西方哲學家，多自稱為理想主義者，或唯心論者 Idealist。……西方哲學中的理想主義者，或唯心論者，乃實際上最重人與其文化的。其重人即重人的心。人的心可以上通神明，而下涵萬物。他們的思想正是一方與神本思想相對，一方與物本思想相對。……大體上說，他們之以人的心可上通神

集》（臺北：臺灣學生書局，1991），卷 29，頁 98。此文又收入《人文精神之重建》，頁 590-605。

16 參詳《人文精神之重建》，頁 591。

17 《人文精神之重建》，頁 593。

> 而下涵物，最為與中國整個文化思想主流的儒家思想，以人心為上通天而下通地者相近。[18]

簡單地說，意欲在西方找出中國人所說的「人文主義者」，我們找他們自稱為「Idealist」的人（學者、思想家）就對了。

至於 "ism"，則不宜譯作「主義」。先生說：

> （ism）寥寥三個字母，其意味並不重。甚麼ism，不過是著重甚麼觀點，取甚麼態度的意思。但譯為「主義」二字，就好似非常著重的樣子。……主義即主要的義理，或主要意思。此即中國古人講學所謂宗旨。宗旨即所宗的旨意。[19]

先生這個意見深具卓識。蓋一提「主義」（某某主義），人們的神經便會繃緊起來。贊成者視之為放諸四海而皆準的金科玉律；反對者則視為洪水猛獸，係必須打倒的對象。這便造成贊成者與反對者嚴重地對立起來的現象。記得牟宗三先生上課時曾經說過：常人恆為觀念所害，今日的世界乃係觀念的災害的世界。筆者認為 "ism" 譯作「主義」亦可謂一例。蓋不同「主義」之支持者便視己之主義為金科玉律，他人之主義則為必須打倒、鬥爭之對象。其實，"ism" 一詞不必有此意[20]；如譯作「宗旨」或「旨意」，則對立、衝突或可避免，或至少可減少。翻譯或被視為只是雕蟲小技，然可不慎乎？

---

18 《人文精神之重建》，頁 592-593。

19 《人文精神之重建》，頁 593。

20 "ism" 這三個字母作為一個名詞來說，則有「學說」、「制度」之意。某一個詞之後，如加上 "ism"，則表示與此詞相關之主義、學說、信仰，如 Marxism，rationalism，idealism；又或表示某一行為、行動，如 criticism，vandalism；亦可表示特徵、特性，如 colloquialism；表示狀態，如 barbarism。參《新英漢詞典》（香港：三聯書店，1980），頁 674。

（三）何謂人文主義

> 人文主義究竟是甚麼。這從最寬泛的意思講，即尊重人類與其文化的一種觀點，一種思想，一種態度，一種信仰。文化包含軍事體育。所以人文之文不與武相對。武亦是文之一種。文化中包含自然科學，所以自然科學雖與人文科學相對，然不與人文之概念相對。以至宗教，亦是人文之一支。這樣說所謂尊重人類與其文化，其涵義實寬泛無比。……自然人即候補的文化人，及候補的人文主義者，說人即等於人文主義者，亦是對的。……我們所以要講人文主義，是要使人真正自覺的、充量的，尊重人與其文化。這卻常是一般人及許多學術史上的思想家，所未能作到的。……所以人文主義永遠要有人講。[21]

上引文可以看出唐先生是採取最寬泛的定義來界定「人文主義」的。[22]人類真自覺的、充量的尊重人及其文化的一種思想，即可稱為人文主義。於是武（軍事體育）、宗教、自然科學等等的文化活動，皆可稱為人文活動。[23]「自然人」被唐先生定位為「候補的文化人」、「候補的人文主義者」，

---

21 《人文精神之重建》，頁 594-596。

22 從最廣義來說，凡人之一切活動，皆可謂人文活動，亦可謂皆有一定之人文價值。多年前閱報，則領悟到，「人文」一詞似乎不宜無限度的使用。英人巴恪思男爵（Sir Edmund Backhouse）在其自傳體《太后與我》一書中描述了他與慈禧太后的性關係，並進一步述說慈禧在後宮的荒淫行徑。2011.05.14《中國時報》A16 版在一篇名為〈英倫情人　披露慈禧床笫風騷〉的文章中對該書做了介紹。文章末段則以下面數語作結：「……出版社負責人鮑樸表示，《太后與我》絕非『妄想』之作，至於多層面的人文價值，則有待讀者發掘考證了。」「食色，性也。」此固然，但性行為之泛濫而至於荒淫、淫亂的地步，則恐怕很難從中發掘到人文價值吧。當然，話得說回來。從高一層面來說，我們得承認價值是人賦與的。據此，若本乎人文之心來看，則一切文化活動，無不有人文精神、人文價值蘊藏其中。然而，就常識義來說，我們得指出對於荒淫的性行為及其相關活動，吾人不宜隨便冠上「人文價值」的美名，否則恐怕只會助長此歪風之蔓衍而無所底止了。

23 當然，這是就「人文」一詞最寬鬆的定義來說。若就此詞之狹義面來說，則文化活

這是非常富於創意與深具啟發性的。這也可以使人看出唐先生的樂觀精神及對任何人的一個高度肯定、期許的態度；從中也多少可以讓人嗅出唐先生人性本善這個信念的一點味道。先生甚至把任何人都定位為「人文主義者」。這個定位也許不容易被人接受，但先生理想主義的色彩與對人包容、期許的態度，很可以概見。

（四）標準的人文主義者九項自覺的基本信念

唐先生所開列的九項基本信念，個人覺得甚為重要。茲悉數轉錄如下，只作少許刪節。

(1) 人為萬物之靈。人以外可以有萬物或有天神，人不必在萬物之上，但人至少為萬物之靈。

(2) 對人與人之各種關係，即各種人倫關係之尊重。……

(3) 對人類文化之各方面之尊重。……

(4) 對歷史之尊重。因歷史即人類之相續的文化活動之所成。個人之文化活動，亦恆依於他人與過去人之文化活動，而後能有。故尊重文化包含尊重歷史。

(5) 人之人格價值，高於人所表現於外之一切文化活動，文化成績之價值。人格價值是本，是內在的，絕對的。……此是人重於文之意。

(6) 對學問上之通識與專門知識技能，均加以尊重。而以前者為後者之本。……通識所以可貴，正在其能肯定尊重各種專門之知識專門技能之價值，而使各種專門之知識技能，得相容而俱存，並行而不悖。通識與專門知識專門技能，是互依以存在的。

(7) 對各種不同之學術思想，對持錯誤之學術之人尊重與寬容。……

動，有非人文性質者。唐先生即嘗把文化活動，類分為人文、非人文、次人文、超人文與反人文五大類。詳見唐君毅，〈中國人文精神之發展〉，《中國人文精神之發展》（臺北：臺灣學生書局，1957），頁 17-20。

我們反對人之錯誤的思想，並不必連帶反對其人之本身。所以程伊川先生到廟宇，對佛像仍甚恭敬。他說某雖反對其理，亦敬其為人。[24]

(8) 人文主義者，對於非人文主義或反人文主義的思想，常要認之為錯誤，而與之辯論，望有以校正之。但是他可以一方與之辯論，一方了解其思想所以產生之心理背景，人格背景，與其文化背景，歷史背景。知道其所以有此錯誤思想之原因。於是他可以對這些他所反對的錯誤思想，亦自其為人與其所處之文化環境，與之以一人文的解釋。故最理想的人文主義之思想，不只能說明他自己之為真，而且應當是對於他人或歷史上非人文主義反人文主義之所由來，都能與以一人文的解釋。[25]

---

24 按：筆者於此處嘗作眉批，指出唐先生的看法（反對某人之思想，但不必連帶反對其人之本身）固極恰當，但其實很不容易做到。譬如我們反對某政客所說的“道理”，很難而不同時反對其為人。當然，這個例子有點太極端了一點，蓋筆者不無武斷地而認定彼說的所謂“道理”，恐怕大部分只是一種文過飾非，即硬拗的歪理而已。同理，伊川「雖反對其理，亦敬其為人」的說法，個人認為深具包容性，也是非常恰當而可取的。然而，依筆者之見，恐怕更難做到。一般來說，其理既出自其人，則反對其理，追本溯源下，又焉能不反對其人呢？伊川（當然唐先生亦然）的作法則異於是，其「人與理二分法」的處理，是深具參考價值的。順筆至此，筆者想起牟先生在《五十自述》中對耶穌的描繪。先生嘗說自己：「相契耶穌之具體精神生活與智慧，……」；又說：「耶穌的直線向上升，我從成都時起便一直能欣賞。」；又說耶穌能「以身殉道，……為成就永恆的宗教，而殉道。」牟先生的完整說法，見〈第五章：客觀的悲情〉，《五十自述》（臺北：鵝湖出版社，2000），頁 118 以下各頁。上引文見頁 118、119、122。以他律道德為宗趣的基督教教義，當然不是牟先生所能欣賞或認同的。然而，此源自耶穌而來的教義（此粗略、寬泛地說），牟先生又竟能一而二之，即雖不認同其教義，但對其人（耶穌），則很能欣賞。筆者認為此反映牟先生深具包容性的一面。一般學人都深悉唐先生最具包容性。但對牟先生這方面的性向，則知之者相對的較少。是以筆者特舉此例以表出之。

25 筆者依一己所受的史學訓練，針對「歷史上……之所由來」所能與以的「人文的解釋」，則恆用「設身處地的理解」、「同情的理解」（sympathetic understanding）稱之。今唐先生以「人文的解釋」稱之，筆者深獲啟發，獲益匪淺，蓋由此而得悉「設身處地的理解」、「同情的理解」，究其性質，原來也是一種「人文的解釋」。細言

(9) 理想的人文主義者，最後還當有一信念，即他之人文主義的思想，都是由自覺人之所以為人，文化之所以為文化而來。如此之自覺，是他之所能，故亦為一切人之所能。……如莫有人，這些思想可以莫有。然而這些關於人與其文化的道理，亦許仍可存於天壤間或存於天心之中，這是理想的人文主義者，可有的宗教信仰。[26]

以上九項，每一項都非常值得關注。先生層層深入，步步剖析，從肯定人為萬物之靈說起。然後談到對人與人之關係（即人倫）之尊重、對文化及對由文化之累積而成之歷史之尊重，並進而談到尤應重視者為文化背後之表現者——人／人格。至於上文第六項以下的各論點，都是深具慧解卓識的看法。其要旨如下：第六項重視通識教育過於重視專門知識；第七項反對某人的思想但不反對其人；第八項對反人文主義的思想或非人文主義的思想，應予以辯論[27]，但對此等思想產生之文化環境，宜予以一人文的解釋；第九項深信人文主義的思想（自覺人之所以為人，文化之所以為文化），有其永恆而普遍的價值：永恆的存在於天壤間或存於天心之中。

筆者要鄭重指出的是，唐先生針對所列舉的各項信念，最後特別加上「自覺」二字。這是強調，具備這些信念的人，其本人要自覺的才算數。[28]

之，這種人文的解釋，大概即緣自人文關懷並從人文的視角審視相關對象而生起的一種解釋。

26 《人文精神之重建》，頁 596-599。這最後的一項（第九項），筆者認為非常重要。蓋一方面，可以反映出唐先生看事事物物，恆本乎樂觀積極的態度。再者，以下一語：「這是理想的人文主義者，可有的宗教信仰。」，固可反映先生對理想的人文主義者的一種期許；但此語又同時反映出先生本人具有好比宗教信仰的一種信仰。換言之，也可以說唐先生是以宗教信仰的態度來看待理想的人文主義者，認為他們可有（該有）以下的一種宗教信仰：「自覺人之所以為人，文化之所以為文化（的道理），……可存於天壤間或存於天心之中」。要言之，如唐先生本身不具備相應的宗教信仰，他是難以設想理想的人文主義者可有如上的一種信仰的。

27 此顯示唐先生雖忠厚，但絕非鄉愿。記得唐先生甚至說過：「事有大小，但理無大小。」換言之，在理面前，絕不可妥協。

28 筆者近年苦參，深深體悟到，「自覺」在人生成長途程上，在超克自然欲求上的關鍵這意謂信仰者不能人云亦云或盲目的去相信；反之，他本人要充分自覺其所信者，否則不配稱做人文主義者，至少不配稱為「理想的人文主義者」。唐先生在這裡用上「理想」二字，是有深意而絕不是隨便用上的。

如果說要對唐先生以上的論說提出一點點建議的話，則個人認為，其中第五點，即對人格的尊重一點，似乎宜放在更前面的位置，譬如視之居第二順位而予以排第二，而原先的第二點及第三點等等則依序往後挪。當然原先第二順位的人倫關係亦非常重要。然而，人必須先挺立者為其本身的人格。人具有高尚的人格始可談到人與人之正常關係（人倫）。這所以筆者認為人格一項應放在人倫之前。當然，唐先生的想法可能是，人格是抽象的；必賴人倫而人格始顯。是以人倫便放在人格之前。當然，還有一個可能性是，唐先生筆健，行文間沒有想到排序問題。果爾，則排序第五的人格，不足以反映其重要性必然落在排序第二的人倫關係之後。

（五）文之質／文之德三途並進可有的發展（含文華之關鍵地位與文蔽何以生）

以上主要是闡述唐先生對「人文」與「人文主義」的正面立論。然而唐先生看問題永遠都是正反面兼顧的。就人文中之「文」（廣義的「文化表現」）來說，其發展過程中，有可能歧出（漸次離開人）而衍生蔽端的。文之質／文之德最後可能發展成為文蔽，即以此故。

唐先生說：「……再依我心之不同態度之表現，把文化之不同領域之涵義等指出來。」[29]據此，唐先生又畫了另一圖，藉以系統地揭示以文之質／

地位。陳白沙說：「人爭一個覺，纔覺便我大而物小。物盡而我無盡。」〈與林時矩書〉，《陳獻章集》（北京：中華書局，1987），卷三，書二，第243頁。據筆者的體悟，自覺固然是由一己個人之自發而來的；然而，亦當可由其他途徑（此指外緣因素）達致之，譬如由後天的教育達致之。再者，如碰上某些機遇，也可以激發自覺的生起。

29　《人文精神之重建》，頁601。

文之德（並擴及於文思）為核心，依三途並進發展而成為：(1)文獻[30]；(2)文辭、文籍；(3)文儀、文物。[31]而三途並進之過度發展，最後皆可衍生文蔽。

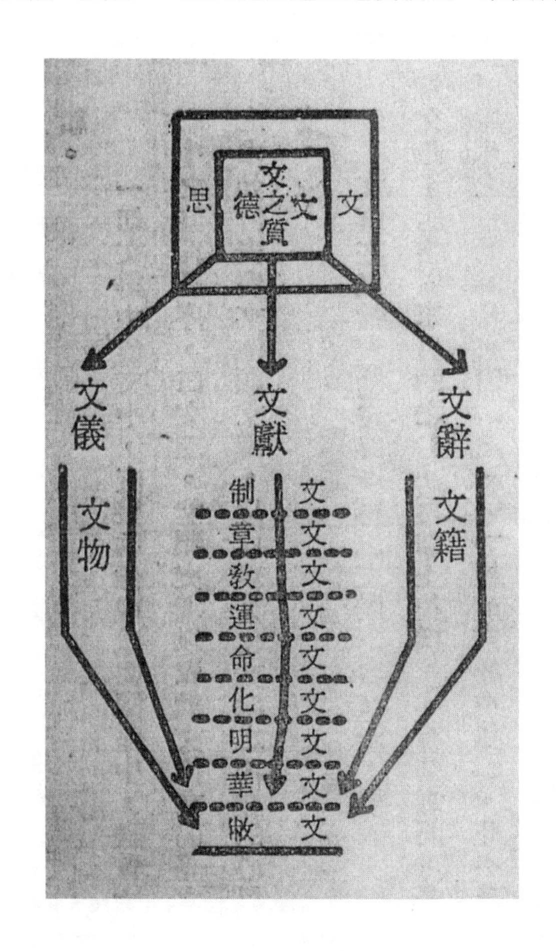

---

[30] 「文獻」之「獻」指人物。先生認為，「文」與創造此文之「人」之精神之相輔相續之存在即成文獻。詳見《人文精神之重建》，頁 604。按：「文獻」二字最早見於《論語・八佾》。宋末元初人馬端臨《文獻通考・自序》更分別對「文」和「獻」下過如下的定義：「文，典籍也。獻，賢者也。」既以「文獻」二字組成其書名，則馬氏重視文獻之程度可想而知。然而，馬氏猶一間未達。蓋只分別對二字下定義，而不及明確指出其相互間可有的關係。是以吾人似乎可說，唐先生之識見更高。

[31] 該圖見《人文精神之重建》，頁 604。

就文獻一途之發展來說，乃依次而成文制[32]、文章、文教、文運、文命[33]、文化、文明、文華。文獻至文明各項表現，皆為人依「文之質／文之德」（並擴及於文思）為核心之正常及正面之發展而成者。至於文華一項，則可謂文上加文，形式上加形式而成者。如其所成堪足副其質，則文華亦不得謂只是一負面的、虛飾的東西。然而，若文之質／文之德，乃至文之思，其本身原係孱弱，「而欲於外面之形式上之加形式，文上加文，而補質之所不足，此即為文之虛偽化，或文蔽之原始。」[34]換言之，文獻一途，發展至文華，乃可謂其最高的發展。然此文明之上之文華亦可為一轉捩點（可為最高之表現，但亦可為歧出之關鍵）。至於文辭／文籍、文儀／文物，這另外的二個發展途徑，其情況亦相同：最高的發展亦係文華。此同一的文華若不足副其質，則文蔽亦由是而衍生！換言之，對於文獻、文辭／文籍、文儀／文物這三支發展來說，文華也同樣是轉捩點。因此，吾人對於文華之出現，應特別謹慎注意：注意其背後是否有相稱、相應之質。唐先生又進一步指出，非人文主義與反人文主義之所以出現，恆為由文華轉手成文蔽而來。換言之，吾人也可以說，文蔽之出現恆促使非人文主義與反人文主義之興起。然

---

32 所謂「文制」，乃指文教禮樂制度而言。（一般網路上的百科，均作此解釋；不贅）然而，就具體情況而言，文制又何所指呢？牟先生在〈祀孔與讀經〉一文（為《中央日報》1952 年孔子誕辰紀念特刊撰寫）中指出祀孔是政府規定的，所以是一個文制。（而讀經是政府提倡的，尚未成為一個文制。）吾人由牟先生的說明，大概便可了解所謂「文制」何所指了。〈祀孔與讀經〉收入牟宗三，《生命的學問》（臺北：三民書局，1976），頁 98-105。摯友高瑋謙教授辦兒童讀經班有年，卓有成效，讓人欽佩。針對牟文，嘗撰著下文，頗值參看：〈讀經、文制與常道——讀牟宗三先生〈祀孔與讀經〉一文有感〉，《鵝湖月刊》，總 491 期，2016 年 5 月。

33 「文命」，語出《尚書．大禹謨》：「文命敷於四海，祇承于帝。」依孔安國所為之《傳》，「文命」乃指「文德教命」。（詳參教育百科、百度百科等）。若與政府所規定之文制比較，文命既祇承于帝（即祇奉上天主宰之命令而來的），所以在位階上應是高於由人（政府）所規定下來的文制的。依唐先生所繪畫之上圖，文命高出文制好幾個位階（此指發展上而言。吾人不宜以其箭頭為向下的——文制在上，文命在下，而誤會為文命在下，而文制在上。），恐即以此之故。

34 《人文精神之重建》，頁 603。

則吾人當肯定非人文主義與反人文主義之價值[35]，蓋以其可促使吾人反省，並進而對治，甚至救治文蔽也。先生並由此作出如下一結論：

> ……因而此非人文反人文之思想，即對人文主義本身之發展，亦為必須。這樣，我們便可對非人文主義、反人文主義之價值，亦可自人文主義之立場，解釋說明其何以會存在，在一時間亦當存在，而與以一肯定，一尊重，一安頓了。[36]

筆者認為，依常情，人文主義者恐怕會秉持冷淡冷漠的態度，即不予理會的態度來對待非人文主義者；至於對待反人文主義者，則恐怕恆持批判的態度，甚或以嚴厲抨擊的態度對待之。然而，唐先生以其內恕孔悲與廣包萬物的雅量，再加上彼曲盡其妙、泛應曲當的辯證思維，竟能反過來先反省、檢視人文主義之本身，透識其發展過當所可能產生的流弊（即上文所說的文華可能由於不足副實質而產生的文蔽），並進而察悉，甚至肯定非人文主義與反人文主義之價值。此所以唐先生之視野恆高人一等。其實，不光是視野，而且很可以反映唐先生的胸懷。有謂：胸襟到那裡，成就便到那裡；兩者恰成正比。（走筆至此，想起美國著名勵志作家和演說家 Zig Ziglar 相類似的一句話：態度決定高度。）先生之偉大成就，豈偶然哉？若細析之，先生乃能從人文主義者之立場進一步思考非人文主義者，乃至反人文主義者所持論之理由。唐先生這種思考，足以反映其恆能從他人立場以考慮相關問題的態度。其處理問題之客觀、超然，富於包容之態度，蓋藉以概見。

稍可一說的是，就閱覽所及，唐先生的著作中，絕少利用繪圖的方式以說明問題的。但為了說明「文」這個問題，竟在4頁之間（頁601、604），便繪了兩個圖，藉以清晰而明確地說明相關問題，真可謂匠心獨運也。

除了在上述《人文精神之重建．人文主義之名義》一文中對「人文」一

---

35 此可謂依唐先生之教而當有的會悟。就思想方法而言，此乃辯證法也；就先生之思想風格與用心而言，乃正與反恆同時兼顧之一例；即絕不輕易否定反面者。

36 《人文精神之重建》，頁605。

概念的各大端有所闡述外，唐先生討論人文問題的文字，尚多見他處。譬如在〈世界人文主義與中國人文主義〉[37]一文中，先生便述說、比較中西人文主義的差異。其要點如下：西方人文主義主要是為對治或反抗某種文化上的偏蔽而興起；中國人文主義則主要是人自身之求自立於天地間而興起。[38]此外，在同一文中，先生又述說西方人文主義從希臘羅馬時代迄今各階段的發展。其中針對二十世紀的人文主義，先生釐析為三派：科學的人文主義、宗教的人文主義、存在主義的人文主義。論說中國人文主義時，又特別提到宋明儒「立人極」[39]的概念。這些論點都是很值得我們重視的。其總結性的文字除予人以啟發外，尤其可以反映先生一貫的治學特色與終極關懷之所在。先生說：

> 綜合來說，今天最完〔圓〕滿的人文主義思想，必須是中西會通的人文主義之思想，以解除現代世界中之文化的偏蔽。但人必須先求自己能夠立起來，才能談得到去反抗或對治文化上的任何偏蔽。[40]

上引文最後一句話反映先生是立根於中國人文主義來融攝西方的人文主義的。換言之，先生所說的中西會通，絕不是捨己從人，也不是和稀泥的中西等量的泛泛地會通一下而已。凡事有本有末、有主有從、有輕有重、有立有破。對治或反抗文化上的任何偏蔽，當然不能說全無價值；但無論如何，這個作法是比較消極的、負面的，因為是為了因應這些偏蔽，所以才產生對治、對付，甚至反抗等等這些作法。依唐先生，更重要的是本身要能夠正面的挺立起來；即要有所立，而不是只作負面或消極的因應而已。中國人文主義的特色則正是從正面有所立而生起的。唐先生欣賞中國人文主義多於欣賞西方人文主義，正以此故。更有進者，吾人可以說，唐先生不是因為自己是

---

37 收入《中華人文與當今世界》，下冊，頁 442-454。

38 唐君毅，《中華人文與當今世界》，下冊，頁 442。

39 依唐先生，「極」是大中至正的意思。上揭《中華人文與當今世界》，頁 451。

40 上揭《中華人文與當今世界》，頁 455。

中國人，因此產生了入主出奴的偏見，所以才偏愛中國的人文主義的學說。反之，先生是從本末、立破、主從等等學理上的高下而作出上述的論斷的。先生是中國人，故感情上必愛中國甚於愛他國。然而，學理的優劣，則必須以理智、客觀、超然的態度來對待的。這方面，吾人切不可誤會唐先生。感情、理智，在唐先生來說，是各有其對象的，絕不會以前者而掩蓋後者的。

三、國家存在的必然性、永恆性與重要性

（一）道德形上實體保障了國家之出現與毀滅後而仍能重新建立

國家的出現及其遭毀滅後而仍能重新建立，其原因乃在於人以形上實體為根據之道德理性[41]（又名「理性自我」、「道德自我」[42]等等）之不容自

---

41 其實，「道德理性」之本身即一形而上之實體；吾人亦可用另一表達方式來說明此義：按照儒家說法，尤其唐、牟二先生的說法，此形上實體乃一具備道德性格之形上實體，是以或可稱為道德理性、道德自我、道德精神。唐先生的相關說明，詳參拙著《學術與經世——唐君毅的歷史哲學及其終關懷》（臺北：臺灣學生書局，2010），頁 48-60。至於中國儒家文獻中的天道、天理、天心、仁體、誠體、良知等等，乃可謂異名而同實之概念；又此等概念又類同西方所常用的上帝、超自然的主宰、造物主等等的概念。現今為說明上之方便，讓讀者知悉吾人之道德理性非一主觀的東西，而係有一形上基礎的、根據的，因此筆者便說出：「以形上實體為根據之道德理性」一語。但讀者勿誤會以為「人之道德理性」之上有另一個與之隔閡或彼此各自獨立的形上實體。一言以蔽之，此兩者是一而二，二而一的。蓋此形上實體既超越地為吾人形而上之本體而“外在”於人，而復為吾人之性而內在於吾人者。（由此可見，所謂“外在”，非真外在也；乃一種方便的說法而已。）牟先生即恆言：「超越地為其體，復內在地為其性也。」詳參筆者〈唐君毅先生的歷史形上學：論人類歷史行程之形而上之本體〉（尤其第四節〈餘論：三位一體論——人類歷史乃主觀精神根據絕對精神而客觀化其自己而成者〉），收入拙著《學術與經世——唐君毅的歷史哲學及其終關懷》，為其中第一章。

42 依唐先生、牟先生，此「道德理性」、「道德自我」絕非只是人世間之一存在物（主觀精神）而為人所有而已，而實亦係一具普遍性的形而上的精神實體（絕對精神）。如道德理性、道德自我僅係人的主觀精神，則國家永恆的存在或毀後之必能重建，便無必然的保障了。詳參上注。

已地必如此之故。換言之，道德理性為國家建立與萬一毀滅後得以重建之形上根據之所在。既有形上根據，則國家之建立與永恆地存在乃獲得充分的保障。[43]

依唐先生的看法，歷史之發展是有其必然規律的，其中國家之出現乃此必然規律下的一顯例。而國家之所以必然出現，如同歷史上所有有價值的事物一樣，乃因為有一形而上的根據，即有一形而上的實體予以促成之故。[44]

唐先生之相關說法如下：

> 人類社會中，如只有分別並存之構成團體與自然團體，乃不能成就人

---

[43] 國家之背後有一道德理性之形上精神為支柱而此支柱必促使國家建立於世界者，此說法與黑格爾視國家為世界精神（其背後或其上即為絕對精神）發展其自我而得以出現者的說法是很相似的。唐先生很鍾愛黑格爾而受其影響相當深。兩者的意見有其相近相似處，這是很值得玩味的。黑格爾的相關說法，可參上揭拙著中的第一章：〈唐君毅先生的歷史形上學：論人類歷史行程之形而上之本體〉，相關注釋中之第三項論述黑氏國家的成立與世界精神部分。除黑氏之外，西方近現代哲學家中對唐先生產生一定影響者，可數懷德海氏（A. N. Whitehead，1881-1947）。其《歷程與實在》（*Process and Reality*）一書，指出每個歷程都是實在的呈現。此與唐先生的歷史哲學思想可有互參之處。廖俊裕、王雪卿嘗論述二人之思想。參廖、王所著〈雜思唐君毅先生之學的本質與當令〉，《鵝湖》月刊，2009 年 9 月，總第 411 期，頁 62-64，尤其頁 63 下；劉國強，〈從懷海德到唐君毅——通過西方看心靈九境哲學的智慧〉，發表於 2009.09.19-20 香港新亞研究所舉辦之「唐君毅、牟宗三先生百周年誕辰紀念國際學術研討會」；劉國強，〈從現代西方自我的失落與自我實體確立之困境到心境不離的思考〉，發表於 2009.09.25-28 中央大學中文系、中央大學哲研所等單位所舉辦之「百年儒學與當代東亞思潮——紀念唐君毅、牟宗三先生百年誕辰國際學術會議」。按：*Process and Reality* 一書，初版於 1929 年；乃懷氏 1927-28 年間在英國愛丁堡大學主持研究自然神學的吉福德講座（Gifford Lectures）時所完成者。今有如下中譯本：楊富斌譯，《歷程與實在——宇宙論研究》（北京：中國城市出版社，2003）。該書凡五編，含〈附錄：主要概念和人名對照〉，共 687 頁，可謂鴻篇鉅製。

[44] 詳見拙著《學術與經世——唐君毅的歷史哲學及其終極關懷》，頁 75-80。本節之論述與下一節國家能具體實現真善美與神聖之價值之論述，乃大體上轉引自此拙著中之相關段落，而僅作一些必要的說明或補充。

> 之多方面的理性活動之貫通的統一的發展與客觀化者。……此統率包括一切團體，而能配合規定限制各團體之活動，以多方面的貫通的統一的完滿成就人之各理性活動客觀化之團體，即為國家。[45]

要言之，國家之出現乃一必然、當然之事。所以為必然，乃人類發展規律上必如此故（即假若不如此，那便不符合發展規律了；這是一個事實問題）；所以為當然，乃道德理性上不得不然故（即假若不如此，那便違反道德理性了；這是一個應然問題）。先生又進一步指出：

> 縱使今日之一切國家完全破壞毀滅，而人類只須有其統一的理性自我之存在，將仍本於其客觀化之意志，而重新建立國家。此乃一必然之命題。[46]

然而，必須要補充說明的是，保障國家建立及使之持續發展之道德形上實體，並非盲目地促使人類必建立其國家，即非僅為了建立而建立。此形上實體之促使國家建立並使之持續發展，乃可謂此形上實體之盡其性之當然而然而必如此者。何以言之？蓋此形上實體乃可謂一具備「生生之德」[47]之道德實體；而國家之出現／建立，既有其必然之價值，則此道體焉能不促成之耶？我們試看看唐先生的說法便可明白此中之關鍵。先生說：

> 國家為國中一切個人之國家意識所涵蓋，故為普遍存在於各個人之意識中者。然國家又為包括一切個人，而有其自身之一歷史的發展者，故又為縱貫時間而超越特定個人之客觀存在。個人之國家意識，為至善至淨而無染者。國家在其歷史之發展中所實現者，乃各個人之行為

---

[45] 唐君毅，〈政治及國家與道德理性〉，《文化意識與道德理性》（臺北：臺灣學生書局，1978），上冊，頁 196。

[46] 上揭《文化意識與道德理性》，上冊，頁 204。

[47] 其實，既稱得上為道德實體，則必蘊涵以下一義：乃必具備生生之德者。

> 活動之逐漸融和貫通，而使衝突之意志相抵銷，故亦為至善至淨而無染者。[48]

吾人可說，人類間之融和通貫乃道德理性所必然提出之要求，且亦必使此融和通貫實現於世間者。而國家作為人類活動之一有效而無法被取代之組織而言，既依其發展歷程而為一至善至淨而無染者，則亦必可實現並促進人類間之融和通貫無疑。[49]（融和通貫，其本身即人文精神之一表現；或可說，融和通貫即蘊涵一人文精神；又或可說，融和通貫之背後乃有一人文精神為之支持）夫然，則依於人類道德理性之要求，國家在人類發展史上乃必出現、當出現無疑者也。[50]

至於「融和通貫」一義，也許值得再稍微補充說明一下，如下：上段首

---

48 上揭《文化意識與道德理性》，上冊，頁 243。

49 有關國家，而不是別的團體之能促進或更能促進人類和融通貫之問題，上引唐先生文字中已有所說明。其最關鍵的語句為：「……此統率包括一切團體，而能配合規定限制各團體之活動，以多方面的貫通的統一的完滿成就人之各理性活動客觀化之團體，即為國家。」語見上揭《文化意識與道德理性》，上冊，頁 196。筆者不妨作點補充，因為國家所具備的資源與法律上可容許的權力，恆比別的團體較多、較大，所以國家（而不是別的團體）便更有可能促進人與人之間的和融通貫。

50 針對國家之所以必出現和當出現的理由，唐先生以上的說明，是很值得關注和重視的。然而，國家一旦遭毀滅後，是否仍能重新建立起來，則依歷史上的實然情況來看，似未見其必然！譬如中東的新巴比倫帝國（迦勒底帝國）和南美洲的印加帝國，其滅亡之後，明係不能再重建者；至少迄今仍未見其已然重建者。此歷史上的實然情況，唐先生豈有不知之理呢？！然而，吾人當明白，唐先生乃從理想的道德主義者或道德的理想主義者的立場來立論，是以必如上述矣。再者，未然之事，吾人亦不必太悲觀。以上兩帝國雖至今仍未見其重建；然而，吾人亦不宜斷言其未來必不能再建立也。2023 年 2 月中旬看到一條資訊說，800 年前契丹人在中國曾經建立過與宋朝並立的遼國（其前身為契丹國，人口最高時達到 900 萬），其人民一下子消失得無影無踪，似乎在人間蒸發了。然而，近年來在雲南等地則發現其後裔。筆者由是產生一種想法，吾人似乎不能截然地、斷然地說，契丹國絕對不會復建也。歷史經常是很吊詭的，除了矛盾之事（譬如 a 與 ~a 同時並真——並存）為不可能者外，則其他的可能性（譬如一國家消失或被消滅後之重建），吾人不宜截然予以排除也。

句謂：「人類間之融和通貫乃道德理性所必然提出之要求。」本此，則任何不必要的鬥爭，無論是國家發展過程中所偶爾出現之鬥爭，或以鬥爭為目的而要製造持續不斷的、永恆的鬥爭（目的是刻意把鬥爭常態化，視為人類歷史進程中所必須者），那都是不應該而違反道德理性的。個人甚至認為，提倡或堅持這種理論或論調的人，是罪大惡極的或非常非理性的。

（二）國家能具體實現真善美與神聖之價值

唐先生並進一步指出，國家可具體實現真善美與神聖之價值（真善美與神聖，乃係一人文價值）。據此，則國家的出現或建立便更有理據了[51]。先生說：

> 吾人亦可說國家包含真善美與神聖之價值。直接自國家為道德意志之客觀化，以完成吾人道德意志而言，即至善者。自道德意志皆本於一理性自我之普遍理性活動而言，則道德意志之客觀化為國家，即普遍理性之實現於人群，而為至真者。自國家之包括各種團體個人之不同活動，及在其歷史之發展中，恆歸使此諸活動之發自私欲而相衝者，皆相抵銷，而歸於和融貫通，而合於不同時代地位之人之理性自我道德意志所共同要求言，則為一種美之具體實現。自其可視作超越個人之精神實體普遍人格為個人之理性自我道德意志所肯定為包括諸個人而縱貫時間以存在者言，則含神聖之性質，為超越而現實之神聖事物。因國家非只是一謀人民福利之工具，乃吾人可於其中發現真理美善與神聖之價值者。[52]

---

[51] 詳參上揭《文化意識與道德理性》，上冊，頁 234-235。

[52] 上揭《文化意識與道德理性》，上冊，頁 234-235。此中值得稍微指出的是：作為道德意志之客觀化而成為一個國家，其如何實現真、善、美和神聖價值，唐先生之論述可謂曲盡其妙。我們大體上都知道國家能實現此等價值。但如何扣緊國家之為人的道德意志之客觀化而得以落實該四項價值，此則不容易作出貼切的說明。但唐先生做到

一般人總以為國家之建立，其功能僅在於謀取人民之福利。謀取福利，此固然，但唐先生進一步指出說，真善美與神聖之價值亦可藉賴國家之存在而得以具體實現。換言之，人所恆追求之真善美與神聖之價值，國家可助人獲得之。國家具備這方面的功能，一般人恐怕不甚了了。然而，國家何能具此能耐？又此能耐之獲得又有何保障？這恐怕必得作進一步的說明，甚至給予一理論上的根據。唐先生對這些問題，皆有所回應。先生乃從更高的層次上立論，扣緊人之道德意志及其上之精神實體（唐先生亦稱之為普遍理性、理性自我、道德自我）而為說。人之道德意志，依其本性，必以幫助人實現彼所追求之真善美與神聖之價值為職責所在。而此道德意志既有形而上的精神實體為其支柱，則此道德意志所客觀化而成之國家，遂亦必然，且有能力，以實現此等追求為其職責之所在。簡言之，吾人也可以說，本諸形上精神之道德意志，客觀化其自己而成為國家，並藉此以實現人類所共同追求之集體的、和融貫通的真善美與神聖之價值。[53]

唐先生以上的說法，對無政府主義者、對反對建立國家者，尤其對馬克思主義者以下的學說：國家乃由階級社會而產生，並隨階級之消失而國家亦

了。不少人說唐先生文字太冗長，不好懂。冗長、欠清爽，或有之；但不至於不好懂。假如你無法或無能力依順其層層轉進的哲思來頌讀其文字而產生所謂不好懂，那是誰的問題呢？2013 年 2 月偶閱梅廣先生（1938-，清華大學語言學退休名譽教授，2016 年獲教育部學術獎）〈徐復觀先生的學術風格〉一文，錢穆先生、唐先生、牟先生，國際學術界響噹噹的三位人物，皆被批評得體無完膚，其中尤以錢、唐二人為然。該文云：「……唐君毅先生……概念分析不清，立論根據不明，我根本無法讀下去。他書中所表現出的學術訓練之差，令我驚訝。……」世間狂妄之言論，筆者見之多矣。如此者，首見、首見；佩服、佩服。該文載東海大學中文系編，《緬懷與傳承：東海中文系五十年學術傳承研討會論文集》（臺北：文津出版社，2007），頁 13-31。順帶一說的是，梅先生對其業師徐復觀先生的評價，筆者認為，也有不少地方失諸公允。（當然，文中對徐先生也作出了不少很高的肯定，甚至是稱頌。）梅廣，〈徐復觀先生的遺產〉，《徐復觀教授紀念文集》（臺北：時報文化出版企業公司，1984），頁 234-239。

53 詳參上揭《文化意識與道德理性》，上冊，頁 234-235。

必然消亡[54]，不啻當頭棒喝。又對工人階級無祖國與共產中國上世紀50年代以蘇聯為祖國等等言論，亦不啻一當頭棒。吾人復可進一步指出，唐先生《文化意識與道德理性》一書之主旨乃在於說明人類一切自覺的文化活動（國家之建立當然涵括在內），皆有道德理性貫注其中而充當其支柱、基礎。而道德理性必蘊涵真善美與神聖之價值，否則不成其為道德理性。所以我們固然可以說國家促進了此等價值之落實，但亦可反過來說，真善美神聖這些普世價值／普適價值作為道德理性這個形上實體所必蘊涵之價值，乃推動歷史之發展而成就國家者。於此即可見歷史發展之必然規律之所在；亦可見國家之出現及存在與真善美神聖這些普世價值相互間互動的關係。

總括上文，吾人可指出說，就唐先生看來，國家之出現乃必然者、當然者，蓋具生生之德之道德理性為了成就世間真、善、美、神聖等等的價值，必使最能踐履、完成此等任務的一個社會組織——國家——出現也。[55]

（三）國家必以促進人文精神之落實為職責之所在

本節主旨與上兩節無大差別，只是重點上略有不同；也可以說是上兩節的一點點補充。本節旨在說明具生生之德之形上實體（精神實體、普遍理性、理性自我）乃係國家永恆存在之保證。就此形上實體之性格來說，他必"不甘願"孤懸在那裡。換言之，必得有所發用（有體必有用：體必得有其

[54] 此學說或看法，詳見恩格斯（1820-1895），《家庭、私有制和國家的起源》。其學說大體認為，在無產階級的敵人被消滅而理想的共產主義社會出現之後，作為壓迫人民的機器的國家便不再有存在的價值而亦會隨之而在歷史舞台上消失。按：美國考古學家摩爾根（L. H. Morgan，1818-1881）嘗撰著《古代社會》（1877）一書。馬克思（1818-1883）曾對該書作過詳細的摘要和評論，並補充若干材料。馬氏的摯友恩格斯嘗於 1884 年以該書的素材、若干結論和馬氏的評論等等為依據，而撰成《家庭、私有制和國家的起源》一書。馬氏的相關意見，即見恩氏此書。詳參中共中央著作編譯局譯，《家庭、私有制和國家的起源》（北京：人民出版社，2009），頁 187。

[55] 有關此問題與國家為一必然的存在的問題，摯友吳甿曾有所論述、闡發，值得參看。吳甿，〈契約的？或神聖的？從文化存有論之契約論和理念論看唐君毅先生之永恆國家觀〉，《香港中文大學的當代儒者》（香港：香港中文大學新亞書院，2006），頁 251-279，尤其頁 276-279，節十三，〈唐君毅之道德理性理念論的永恆國家論〉。

用始為究竟，否則體便成空體、虛體！）。此形上實體之為用（現實上之落實、現實上之運作），就國家來說，則必然以促進人文精神之活動（此等活動又進而促進人文精神之提昇）為其發用之旨趣之所在。要言之，論國家之存在，尤其論其永恆存在，不能不指出其背後實有一形上實體作為根據。語其價值，尤其永恆價值，則必須指出此形上實體必得發其用而始為究竟。而相應之用，則又必為人文活動之促進。蓋非如此，則此形上實體不成其為具道德意涵之形上實體，而國家亦不成其為國家。上文嘗論說國家可具體實現真善美與神聖之價值。其實，此真善美與神聖之價值，乃人依其文化活動而表出者，或所企圖追求落實者。此等價值乃可謂一種人文價值，或人文精神所追求的一種價值。本此，則本節與上兩節之論旨實相一貫。其稍異者，乃上節係以人之主觀精神（道德意志）為主軸而為說，本節則以絕對精神（道德形上實體）為主軸而為說。其實，前者“自下而上”，後者則“自上而下”：“路徑”之起訖點雖剛好相反，惟實質上實無以異，蓋所走者為同一路徑。你來我往，一往一復；方向相反，然皆“跑畢”（經歷）全程也。另一稍不同者為，上節乃扣緊真善美與神聖而為論，本節乃扣緊人文精神而為論；其實亦無不同，蓋二者亦可謂一體之兩面而已。

（四）依自覺的理性而建構之國家，其重要性不在民族之下（「重民族而輕國家之觀念習氣」宜改正過來）

根據上述的形上理據，作為一社會組織來說，國家為必然出現者，且宜永遠存在者。然而與民族相較，則人或有重民族而輕國家之嫌。蓋民族乃依血統、語言、信仰、風俗、文化而自然形成者。相對來說，國家乃一非自然而係一人為的組織而已。在這個議題上，唐先生的看法頗與此相異；然而，深富啟發性與說服力；如下：

> 民族意識之依血統、語言、信仰、風俗、文化之共同處，而自然形成者，固然可貴。……然只由此種種共同處之自覺，而形成之民族意識，亦可因種種共同處之喪失，而離散崩潰。而且只自覺其共同處之

> 民族的分子，如不能共建立成一有組織結構之國家，則此諸民族、諸分子，便終只合為一集合體，而不能成一統一體。而要使之真成一統一體，則必須此諸分子於其所具共同處之外，復能在一統一體中，表現種種不同而相異之機能，此相異諸機能，復相依為用，以成就此統一體。而此則皆係於人之共同的自覺理性之構造而後可能。[56]

按：作為集合體之民族來說，乃為一自然的組合，原先非一自覺的組合，且其中之諸分子有可能離散崩潰而使得民族不復存在。然而，作為統一體（此相當於今日吾人常說的有機體、有機組織、有機組合）的國家來說，因仰仗於人自覺的理性的構造而後可能，且其中相異諸機能又相輔相成[57]，相依為用，則必使國家之存在比民族之存在更為穩固，或更有價值。由此來說，國家之重要性當在民族之上；或吾人至少可以說，重民族而輕國家的一個心習是不正確而應該改正過來的。上引文中，「自覺理性之構造」一語非常關鍵。蓋以此而異於民族構造之依某些因素而「自然形成」而已。（當然，民族形成之後，吾人亦可自覺其存在，並進一步自覺（察識）其得以存在之理由。其理由為：民族的諸成員擁有很多共同要素。）一言以蔽之，民族乃一依於血統、語言、風俗等等因素而建立的一個集合體。然而，此集合體之組成分子（成員）假使不能共同努力以建構成一有組織結構的團體——統一體，則此集合體恐隨時有離散崩潰之可能。反之，如其組成分子，能共同自覺理性地建構一個統一體，這個統一體便成為了（即建構成了）我們現在所說的國家。其成功建構既緣自成員們的理性自覺，那自然是比較不容易離散崩潰的。

唐先生論說國家的文字相當多，其中卓見慧解可謂盈篇累牘。即以上揭〈論與今後建國精神不相應之觀念氣習〉一文來說，其中除上文指出吾人應

---

56 唐君毅，〈論與今後建國精神不相應之觀念氣習〉，《中國人文精神之發展》（臺北：臺灣學生書局，1974），頁 191。

57 「相異諸機能」，唐先生並沒有細說。蓋指政治、經濟、教育、科學、藝術等等的領域。此等領域異於血統、語言、信仰、風俗等領域，蓋後者乃自然形成者。

摒棄革除「重民族而輕國家之觀念習氣」外，其他若干觀念習氣也應該摒除。此見諸以下的章節：〈國家為有機體而政治之事為身使臂臂使指之事之觀念習氣〉[58]、〈國家為個人之工具之觀念習氣〉[59]。其論述之內容都深具參考價值，且與人文精神之題旨也有一定的關係。但上文的論述已相當冗長，是以該等章節或留待異日再予以發覆。

四、道德理性、文化陶養與民主政治[60]

唐先生眾多文章中，其中有不少是論述依人之道德心靈（理性心靈、道德理性、道德自我）以進行政治行為者。當然，民主建國亦係其中重要的一環。今簡述如下。

（一）居當今之世，宜革除直接以天下為己任與望得君行道之心習

傳統中國的知識分子恆懷有直接「以天下為己任」的使命感及盼望能「得君行道」。唐先生指出，在民主建國的理念下，「現代的人，只可直接以道自任，而間接以天下為己任。」[61]，換言之，即不宜直接以天下為己任。又在民主憲政的現實政治環境下，亦不必望得君行道，而當以道自任。

---

[58] 唐先生認為，不應把國家比擬為有機體，把政治視為身使臂、臂使指的一種運作。此種運作固見效率，但此種運作則蘊涵如下一觀念：忽視個人自覺；即未能對個人人格尊嚴，有如實的認識。是以把國家比擬為有機體，把政治視為……的相關論述，唐先生並不以為然。詳見上揭《中國人文精神之發展》，頁 188-189。在這裡，也許容筆者做點補充，如下：如果個人自覺和個人人格尊嚴都可以兼顧到的話，則把國家比擬為有機體，把政治視為身使臂等等的一種運作，也不必然是不可取的。

[59] 詳見《中國人文精神之發展》，頁 192-195。

[60] 近閱徐復觀先生對民主政治之論述，其中與唐先生相關論述的論點相同或相近之處甚多；如論德治、禮治、及論人作為政治主體之自覺與民主政治的關係等等，皆係其例。徐復觀，〈儒家政治思想的構造及其轉進〉，載徐復觀，《學術與政治之間》（香港：南山書屋，1976），頁 39-50。

[61] 《中國人文精神之發展》，頁 187。

所謂以道自任，即意謂人承擔其當前的分內工作／分內事，但要升起一種志氣，以關心天下國家。具體來說，所謂分內事，是指當前此事是該做的，合理的，而可與一切人所該做而合理之事，配合貫通，以達於建立社會國家之目的者。在此情況下，所謂分內事，即是建國之事。而具備做此種建國之事的精神，即今日所說的民主建國的精神，而人格之尊嚴與神聖亦由是而得以發皇、彰顯。由此來說，人不必直接從事政治實務始符合以天下為己任的精神。人之做其他文化活動，其地位與做政治活動實全然相等，而同具神聖的意義與價值。[62]只要具備此心此志，則工作無分貴賤，皆可孕育出唐先生所說的「關心天下國家」的使命感。

上文所謂「要升起一種志氣」，即意指各人對其分內事都要深具信心，全力以赴。簡言之，即應生起敬業樂業的志氣。縱使看起來其分內事與國計民生不是有甚麼密切關係的工作，也不宜妄自菲薄、自我貶抑。職業無分貴賤，而同有貢獻於國家、社會。只要具備此心此志，則任何工作皆可孕育出唐先生所說的「關心天下國家」的使命感。但人或疑惑說，我只是一個小毛頭（小人物），好比大機器中的一顆螺絲釘而已，如何談得上可對社會國家做出貢獻呢？然而，君不見臺灣臺東市賣菜阿嬤陳樹菊之義行嗎？[63]賣菜之本身，雖或對國家談不上直接的貢獻，但以賣菜所得而平時省吃儉用，豈不亦可運用其積蓄以奉獻於社會國家呢？就此來說，其工作之本身，如賣菜或

---

[62] 詳參《中國人文精神之發展》，頁 187-188；〈理性心靈與個人、社會組織及國家〉，《中國人文精神之發展》，頁 238-240。《文化意識與道德理性》，上冊，頁 261 亦有類似的說法。先生說：「……雖居政治上之高位，其人格之價值，不必即高於其他在教育、文化、社會道德之事上多負責任之人也。」

[63] 「陳樹菊（1950 年－），臺東傳統市場菜販和慈善家。她因多年持續捐助社會累積龐大金額，並被媒體發掘，而為人所知。2010 年，《富比士》雜誌將她選入其亞洲慈善英雄人物榜！時代百大人物之『英雄』項目第八位；同時，《讀者文摘》將第 4 屆年度亞洲英雄獎頒發給她。」；「天文學界編號 278986 號小行星以陳樹菊命名，以表揚她的善行義舉，展現地球最美人心。」以上見維基百科：https://zh.wikipedia.org/zh-tw/%E9%99%B3%E6%A8%B9%E8%8F%8A；2022.07.19 瀏覽。臺灣不同機構或單位頒發給她的獎項，就更多了，不備舉。

其他相類同的看似微不足道的工作，雖無直接之貢獻，但仍可有間接之貢獻。只要永遠心懷家國，又何愁其工作於建國之事無所助益哉？

（二）社會文化團體、社會人文組織係政黨與政府組織之基礎；在人文世界中政治之地位較低

唐先生指出，不應僅重視政黨與政府組織；其實更應重視者為社會、經濟、文化之組織。社會組織乃政黨與政府組織之基礎；社會組織發展起來之後，政黨與政府組織才得其成熟的基礎而可有穩健的發展。[64]傳統中國，政治掛帥，當官從政，深入人心，被視為係知識分子最佳的出路，甚至是唯一的出路。唐先生乃發聾震聵，作獅子吼，指出社會、經濟、文化之組織，其重要性應在政黨與政府組織之上。唐先生的相關論說：實現民主政治與保障人權賴多種社會文化團體、社會人文組織之存在，尚見他處，不贅[65]。

也許可以一說的是，一般大眾也許會認為，社會經濟文化團體或社會人文組織，對落實、推動或促進民主政治與保障人權來說，雖不必全然產生不了效果，但其相關過程恐怕是很緩慢的；換言之，有可能是緩不濟急的。這種看法，筆者不擬否認。然而，筆者個人卻認為，能夠把民主政治穩固下來、貞定下來，其根基實仍在社會經濟文化團體或社會人文組織，而不在政黨組織，更不在政府組織。再者，就操作面或現實面來說，組織反對黨與執政黨抗衡、對抗，在極權的國家來說，其起義者（反對黨成員）有可能，甚

---

64 詳參《中國人文精神之發展》，頁 189-190。

65 先生說：「因而人如要打倒某特權階級，亦恆繫於其他亦有客觀意義之社會文化力量之運用。……個人恆須通過社會團體，而後能有實效地與特權階級相抗。……由此我們可知，只有在客觀社會，有多方面的文化精神存在，多方面的文化領域之分途發展，而有各種不同之社會文化社團時，個人之地位與尊嚴，乃不只是有主觀道德的意義，而有客觀的政治意義。民主的社會之建立，乃具備一實效的原則，或社會文化的基礎。……我們知道民主與個人自由之實效條件，實在社會文化力量，社會人文組織之存在。……由此亦知關心中國今日之政治民主的，都應先放大眼光，從廣大的中國社會人文上著眼，從承繼發揚中西的社會人文精神上著眼，以求自盡其責之地，才能建立中國以後民主之基礎。」上揭《人文精神之重建》，頁 394-395。

至很可能全被殲滅掉。由此可見，社會經濟文化團體或社會人文組織對實踐民主政治來說，雖或稍欠積極甚或被視為過於保守了一點；然而，細水長流，且就保存、厚積實力來說，實不失為一可大可久的一種考量。

唐先生的論點與本節課題相類似者尚有另一項，茲一併說明如下：先生雖然對文化表現之各領域都非常重視，但這並不表示先生是把各領域都視為同樣重要的。例如政治、經濟的活動是被視為較次要的。先生說：

> 我們理想的人文世界中，政治經濟是放在較低的地位。這是從價值層次說，不是從人之所以得其存在之條件的層次說。如從後者說，人之所以得其存在，當然首賴經濟上之富足，政治之安定。我們在價值層次上，所以要把政治經濟只放在較低之地位，因為政治之目的，只在保障促進人之文化生活，經濟之目的只在使人生存，得從事文化生活，並生產分配財物以使人達其文化之目的，如作科學研究藝術創作之消費用，而支持文化之存在。對其他文化生活而言，政治經濟應是手段而非目的。[66]

政治、經濟被唐先生放在較低的地位，原因是政治、經濟是手段而非目的。這二項文化活動旨在成就其他文化活動，如科學、藝術、教育、宗教、文學等等。所以相對來說，唐先生便得出政治、經濟之地位應較低的看法。

（三）民主政治制度優於其他政制之原因

君主專政、貴族政制與民主政制，自以民主政制為優。民主政制下，每個人之權力欲，皆互相受到限制；且每個人皆可自由表達意見，並享有參與政府的機會。然而，這二項可說只是常識。唐先生之不可及者（或至少可說是其論說的特色），乃係恆扣緊道德觀念、道德意識切入，而作出別具慧眼且深入的論說；如下：

---

66 《人文精神之重建》，頁 60-61。

> 在常識之論，以為民主政制之優於貴族政制，在其中人人皆有權。然依吾人之見，則首當說民主政制下人人之權力欲，皆互相限制，乃其優於貴族政治之處。……由是而在民主政制下，任何人之欲利用他人對其權利之尊重，而以之滿足其私欲者，皆同時自知其為自己與他人所共承認之法律所不許可，由是而他人對其權利之尊重之道德意識，至少不致直接被利用為達其私欲之工具。……而人人皆能自由表達政治意見，或求參加實際政治，為政府中人，則人人之不違悖普遍法律之合理的政治活動，在此制度下，乃皆可被促進，而真正之國家人民之公共的理性意志道德意志，在此制度下，因而亦即更能實現。……吾人雖謂民主政制下之社會政治，不必即為最完善之社會政治，仍不能不謂民主政制之優於君主專制貴族政制者，此即以君主專制貴族政制之下之君主與貴族之濫用其權力與否，無客觀之保障，其濫用權力之事，可被制度容許承認。而在民主制度之下，人之濫用權力，必不被制度承認。……吾人上論民主政制之優良之點，在其節制人之權力欲。[67]

上引文中以下一句話或稍可一說：「……他人對其權利之尊重之道德意識，至少不致直接被利用為達其私欲之工具。」先生的意思很清楚，但稍嫌簡略。茲假設一案例如下，以具體地說明先生之旨趣：某甲基於道德意識，乃相信和尊重某公益團體之負責人必會依相關法規而善加利用其捐款，因此捐了一筆善款給該公益團體。假使無相關法規以管控，甚至必要時制裁該公益團體之負責人，則該負責人有可能利用甲基於對他的信任而來之充分授權（即甲依於道德意識而生起信任，並由是而授權給該負責人），遂違法地把捐款挪作他用，甚或中飽私囊！然而，民主法治則正可保障該負責人不敢做出此違法之勾當。又萬一做了出來，則依法律，亦必會受到一定的制裁。由此來說，當道德意識有其所窮（譬如上文之案例），而在現實上不足以保障善行之得以具體落實時，民主政制之法治正可派上用場。其他政制，如君主

---

67 上揭《文化意識與道德理性》，上冊，頁 250-255。

專政政體或貴族政制，則難語乎此[68]！民主政治之可貴而勝於其他政制之處，此正其中之一端。先生嘗謂，道德意識可促進善行，但阻止不了壞事，或制裁不了惡行。[69]民主法制則正可補此罅隙。

先生又說：

> 民主政治，在本源上並不一定全是神聖的。……但是只要民主制度建立，個人之主觀權力的意志，又可以是不重要的。因單純的權力意志，人人都有，總是相抵相消。人之主觀的權力意志，並不能保證其在客觀上之能實際獲得權力與保存權力。而只有個人之道德、辦事能力、知識等等——即個人實現人生文化價值之能力，之有客觀的意義者；能使其在政治上被人推選，而逐漸獲得政治上之地位。[70]

根據上段最後一兩句話，唐先生的意思應可進一步被理解為：能依道德意識以促進一切人生文化價值、具辦事能力與相應之知識的人，始配作政治活動。（值得注意的是，依以上引文的排列，道德永遠是唐先生首要考量者。）唐先生又非常清楚地認識到民主政治不必然全是神聖的[71]；然而，因

---

68 當然，君主專政政體或貴族政體亦不見得不訂定法律以防止某些人之濫權，由是依於人之道德意識而來之善行仍得以落實於現世間。然而，必須指出的是，君主本人與貴族則恆為例外！換言之，相關法律管不了他們。因為他們不是老百姓（至少不是一般的老百姓、人民），他們是君主，是貴族！就他們的心習來說，恐怕早已認定：法律豈為我輩設哉！在上引文中，唐先生即明確指出，「其濫用權力之事，可被制度容許承認。」

69 詳參《人文精神之重建》，頁 390。其中有言曰：「人之直接的道德意識，可以實現政治上之善，而不能根絕政治上之惡。」這一兩句話非常明確而無奈地道破了道德意識（含依道德意識而做出的道德行為）的死穴所在。

70 《人文精神之重建》，頁 391。

71 譬如以選舉來說，有些候選人為了勝選，則只要其言行不明顯違法，便不顧道德人格而過分誇大其過去之表現（自我塗脂抹粉），又或誇大其未來選上後所推行之政策之可行性（即拚命畫大餅、開出無把握兌現，或根本不考慮是否能兌現的空頭支票，即芭樂票），甚至遊走於法律邊沿而抹黑對方。總之，選舉花招不一而足。茲再舉一例。根據一般議事規則，一議案之通過，須得二分一贊成票；若投票者有三分之一以上棄權，則意味著相關議案討論未成熟而必須予以擱置。在此情況下，若某政黨反對

其制度可限制人之權力（此據再上一段之引文即知之），且可使賢能之士（指具道德、具辦事能力及具備相關知識等等）被推選而獲政治上之地位，並使尊重人之權利之道德意識不至被利用，或雖被利用，但其後將受到一定的制裁，是以民主政制自較其他政制為優。

依以上兩段引文，總括來說，民主政制有如下五優點：(1)人人之權力欲，皆互相限制；[72] (2)人人皆能自由表達政治意見，或求參加實際政治，成為政府中人；(3)真正之國家人民之公共的理性意志、道德意志與相應之文化理想，在此制度下，更能實現；(4)人之濫用權力，必不被制度承認。

該議案，但估算己方票數不及二分之一，但應可超過三分之一時，則該政黨有可能以棄權方式以導致該案擱置。換言之，即以擱置之方式而達致不通過（反對）之效果。按：棄權機制之設計，其出發點原為讓投票者對正反意見尚未有定見者而設。如明為反對者，則理應據實投反對票，而非投棄權票。然而，議會規則這方面不多予考慮（其實，亦無從考慮，因無從考究投棄權票者之內心動機也），則取巧者之"奸計"自可得逞。民主選舉及議會政治乃民主政治之重要環節。然其難以防止與會者之取巧使詐，則有如上述者。舉此二例便可印證民主政治不神聖的一面了。筆者當年讀書時，長年在系學會（當年筆者就讀的學校稱之為「系會」）"打滾"，對議事規則及具體情況之操作／運作，可說相當熟悉且具一定的經驗。本注上文說到什麼票數二分一、三分之一等等，乃當時實戰情況的描繪。少年輕狂，四年大學，"主修"的學分並非歷史，而係系學會也。而最後竟能在系上七八十名的同班同學中以第一名的成績畢業，上天之眷顧可謂至厚也。

72 上引文中有句云：「在常識之論，以為民主政制之優於貴族政制，在其中人人皆有權。然依吾人之見，則首當說民主政制下人人之權力欲，皆互相限制。」筆者以為唐先生這個說法，是深具卓識而非常值得關注的。依常識義，一般人民擁有權利、權力（而不是只有君主才擁有權利、權力），這應該是一個很值得高興、讚嘆的現象。民主政制既可成就這個現象，那當然應該大書特書而為大家所樂見的了。然而，唐先生的智慧，就是高人一等。人民，公民也。君主，亦公民也。就此來說，人民固亦當有權也。按：權可指權利（right），也可指權力（power）。凡人民，皆應享有同樣的權利；至於權力，則不盡然（今不細表）。且更應注意的是，人之欲望恆無窮，權力欲固其一，且其弊端則恐怕更在名利欲之上。（因有權力之後，則名利恆隨而獲致！此可見權力乃居於一主導的位階）而無窮之權力欲，則恆為罪惡之淵藪！是以唐先生乃明確指出民主政制之優點，乃在於「人人之權力欲，皆互相限制」也。作為公民，固當擁有一定的權力。然而，不得不予以限制，否則後果不堪設想！

(5)可使賢能之士被推選而獲政治地位。此中 1、4 兩點頗雷同，或可視為同一點。[73]

（四）道德文化陶養與賢能政治可彌補民主政治之不足

民主政制固為現今最理想之政制，然而，其制度之本身，說到最後，筆者個人認為，恐怕只是一重量而不重質的機制而已。唐先生在批評該制度有所不足之外，恆進一步提供正面及建設性的意見。[74]先生說：

---

73 君主專制、貴族政制與民主政制中，唐先生當然是贊成與推崇民主政制的。先生且作出如下的判語：「莫有任何個人或政黨或特殊階級應永遠把持政權，所以政治應以民主為極則。」可知先生之所以特別欣賞民主政制，是了悟到此制度不容許人永遠把持政權的一點來說的。（當然，民主政制亦有其他優點。此先生亦深悉之，參見上文。）當然，唐先生亦深悉民主政制有其負面的一面，並肯定君主專制及貴族政制之若干價值；然而，相對此二政制來說，自以民主政制在原則上較優。先生對民主政制之批評，數見不一見。如《文化意識與道德理性》一書中即闢一節名為〈民主政治之批評〉（頁 252-256）來探討這個問題。至於民主政制之不足而有賴其他措施作為彌補者，先生之卓見尤夥，下文將闡述之。本注上引文見唐君毅，〈理想的人文世界〉，《人文精神之重建》，頁 61。

74 記得多年前筆者就吾人應否批評別人的問題，產生了一點困惑。這與筆者的學術專業有點關係。筆者所治者為史學。歷史研究恆涉及史評／史論或所謂對古人作價值判斷的問題。針對史家應否作價值判斷，恆有二派意見。一為史家針對過往所發生者，作純客觀、超然的導報，即於事已足。所謂善惡已彰，無待美刺也。另一派則認為下價值判斷乃史家的職責所在。筆者於此二者，嘗不知如何取捨！後閱唐先生某一文章（今不復憶記是何文），則獲悉如下的卓見：批評別人，若出發點（即用心）是希望他人由此而得以改進，即所謂遷善改過者，則適宜作批評。反之，若旨在諷刺、漫罵、發洩、挾怨報復，或藉以表示自己高人一等者，則不宜作批評。至於唐先生，其對事事物物之批評，恆出於善意，此不待贅言。其最值得吾人關注並學習者，乃先生絕不僅作負面之批評。反之，必兼從正面立論，藉以提出建設性的意見。憶筆者在東吳大學歷史學系和人文社會學院都服務過，且頗有“政聲”（也許只是自我感覺良好？），所以便本著唐先生以上的“指示”，並總結一己之行政經驗，透過書面方式向後來系上的一位接任者，私下提出建言；然而，竟惹來無限的“誤會”，甚至橫遭惡言！唐先生出自善意的忠言，在現實世間，恐怕恆碰釘子。筆者個人的經歷，其一例歟？

> 最善良之政治必為由承認民主政制，而又在制度之外求改進其下之人民之社會政治生活之民主政治。此即為一種兼以道德文化之陶養改進人民之政治意識之民主政治。此種民主政治，當為一種與人民之願寄其信託於賢能之政治精神不相悖者。[75]

上文曾說過，民主政制可有效防止（至少事後制裁）人之道德意識被利用之事。然而，上文又指出，民主政制亦有其所窮。於此，基於道德意識而來之道德文化陶養與賢能政治則可以救濟、彌補民主之所窮。是民主與道德相輔相成、互為補足也。個人認為，道德意識之產生，乃有賴自覺。當然，後天之陶養亦復不可少，蓋可促進自覺也。陶養則必賴教育及相應之文化素養。唐先生於此最有見地。其言曰：

> ……由此而欲補救民主政制之所不及，遂必然有賴於人民道德意識之提高，而此則教育文化之事[76]。……教育文化為政治之基礎，亦毫無疑義者。[77]

換言之，文化教育可救民主政治之所窮。唐先生又進一步指出說，理想之民主政治，當含人人皆有禮讓為國之政治意識，而執政者亦當為賢能之士，且「政治上之最高領袖，必宜為最能實現公共意志，以人民之道德意志為意志之人，此即聖賢或勉於為聖賢者。」唐先生由此而得出如下的結論：理想之

75　上揭《文化意識與道德理性》，上冊，頁255。

76　於此必須作點補充說明。根據唐先生，道德意識乃一先天的，凡人與生俱來者、所不慮而知者——良知（詳《孟子・盡心上》）。然而，這是原則上如此而已。就實際情況來說，恆不能不仰賴後天本諸教育而來的陶冶，即所謂工夫也。茲舉一淺譬，吾人相信「人性本善」。這好比一粒種子，其本身是好的（有生命的，不是枯死的）。但要它發芽滋長，則陽光、水分、肥料，乃至殺蟲藥，恐不可或缺。道德意識正同。無道德意識，則道德行為固難以實現，至少自覺的道德行為無法實現。但道德意識之能夠落實而成為道德行為，則後天教育陶養之工夫恐不可或缺。

77　《文化意識與道德理性》，上冊，頁256。

民主政治，仍當包含中國從前之禮治、人治、德治[78]。至於「禮治人治德治」，人或疑為不及西方民主國家所賴以建國之「法治」。然而，唐先生很斬截的指出說，禮治人治德治「乃超法治而非不及法治」。人於此又或再生疑惑，然則是否可藉以取代法治？唐先生很明確的指出說：禮治人治德治「必須包含法治，亦必須包含今日之民主政制。」[79]是先生合中西政治傳統之優點而一之。按：中國傳統之禮治人治德治，尤其人治，作為政治運作之所據來說，恆有所不足。（此問題，頗與良知坎陷、退隱等問題相涉。唐先生等師長之相關論述與筆者之管見，請參本節末尾之附識。）至於西方之民主法治，其不周延及為人詬病之處，上文亦早已指陳。《孟子・離婁上》：「徒善不足以為政，徒法不能以自行。」這兩句話正好非常恰當地分別描繪了中西傳統之不足。唐先生乃合而一之，此正所以救中西政治之所窮也。

上文旨在指出，從人方面說，賢能者始宜從事政治活動而居高位；從制度方面說，民主政制為政治上最理想之政制。然而，吾人不免要問：有何表現始配稱為政治上的賢能者？又民主政治之所以為最理想的政治乃以其為神聖乎？唐先生的"答案"最值得參考。先生說：

> 而最配作政治活動的，則理當是對於一切人生文化價值，都願加以欣賞體驗，而不自限於任一特殊人生文化價值，亦不特偏袒任一特殊團體或個人者，當然更不能有任何個人的私欲的人。[80]

---

[78] 有關德治的討論，徐復觀先生有精闢的看法，可並參。徐復觀，〈孔子德治思想發微〉，徐復觀，《儒家政治思想與民主自由人權》（臺北：臺灣學生書局，1988），頁 99-120。又：徐先生認為中庸性格的思想亦可補西方民主之不足。先生云：「在上述中國文化的基本精神與基本性格中，它表現在政治上，我不僅認為它自然與民主政治相合，因而決不能承認專制、獨裁；並且認為對西方的民主政治，可以擴大、加深其精神基礎，解消其不斷所發生的危機。這一點，是值得西方的思想家，多作思考、反省的。」徐復觀，〈論中國傳統文化與民主政治〉，《徐復觀雜文補編》（臺北：中央研究院文哲所籌備處，2001），第一冊，頁 249。

[79] 本段以上各引文，均見《文化意識與道德理性》，上冊，頁 260-261。

[80] 《人文精神之重建》，頁 387。

一般來說，對國家、民族、社會有使命感，且有行政能力及具相應之知識的人被視為最配作政治活動。然而，唐先生從是否一切人生文化價值都獲得欣賞、獲得重視的角度去考慮這個問題。（此上文已稍作申述）其重視人及對人生之尊重，以至文化意識之濃郁，可見一斑了。至於民主政治是否最神聖的政治，在上節第二段引文中，先生已明確指出：「民主政治，在本源上並不一定全是神聖的。」然而，其所以仍為最理想的政治，以其本民主精神所建立之制度乃優於君主專政及優於貴族政制也。[81]

這裡順便一提，唐先生對很多問題的看法之所以異乎常人而別具慧眼，主要是先生之關注點恆異乎常人之故，譬如上文乃從人生文化價值是否獲得欣賞、獲得重視、獲得促進，作為衡斷某人是否配作政治活動，即為一顯例。[82]

附識：

建立一主一輔（副）的雙主體：追求或實踐民主政治的過程中，良知宜居主宰（主導）的地位[83]

眾所周知，唐先生最重視道德意識。但就政治領域來說，唐先生嘗深切

---

81 當然，君主專制或貴族政制亦有優點，如前者在行政之推動上較有效率；至於後者，因本乎血緣，則執政者之間之情誼或較融洽，至少在帝國成立之初期當如此。

82 當然，先生看問題，其關注點恆異乎常人而別具慧眼之外，先生之思想尚兼具以下特色。方法上，其辯證法之運用可謂出神入化：層層轉進曲盡其妙，且論證詳密周延；態度上，包容攝納各相異之觀點，絕不專斷；學問上，見多識廣，中西印諸大家之思想均瞭如指掌；宗趣上，心中有所主，成一家言。（先生雖廣博，但絕非中無所主而泛濫無所依歸）。史家有所謂四長：才、學、識、德是也。先生方法運用精良，才也；見多識廣，學也；心有所主、別具隻眼，識也；包容攝納，德也。是可知才、學、識、德，此四端豈唯史家之四長而已，亦哲學家之四長也。先生全兼之矣。

83 筆者以為，在實踐或成就民主政治或更理想的政治的過程中，良知宜居一主宰地位。筆者姑命名這個說法為：「良知主宰說」。相對於牟先生之良知坎陷說，或唐先生之道德主體（仁）擴充說（延展說），此說似更為周延。針對這個議題，筆者嘗另撰一"小文章"予以探討：〈附論：道德理性（良知）不宜自我坎陷／自我否定，且在政

地指出道德意識不足以成就政治（指成就理想政治）。具體來說，以道德意識強與道德操守佳的聖賢在政治領域上之表現，猶有所不足，其他人則更無論矣。先生說：「……由是，我們便看出政治不能只是人直接的道德意識的延展。人之直接的道德意識，可以實現政治上之善，而不能根絕政治上之惡。可以逐漸根絕政治上之惡的政治，不能只是聖王之治與哲學家之治，而祇能是民主政治。」[84]先生的說法，甚具創意，且從中筆者獲得一個啟發：良知（道德意識）不必如牟先生所說的需要自我坎陷，也不必如唐先生等等師長於他文（尤指由唐先生執筆，其後並由其他三位先生分別修改並共同聯署而發表於 1958 年的〈中國文化與世界〉（簡稱〈中國文化宣言〉）一文）中所說的需要暫時收斂、退隱。[85]換言之，筆者以為良知可繼續留存並發揮其功效以實現政治上之善；然而，必須輔以“他物”，始能促使良知在相關領域（譬如本附識所談論之政治領域）有所成就。（良知在道德領域上固有之成就或表現，此人所共知，是以不必多說。）

就政治領域來說，此他物乃指：「民主機制（民主體制）」，藉以成就民主政治。唐先生於《文化意識與道德理性》等書則採擴充說（擴充道德理性以涵括知性與政治。其實在這個情況下，筆者之愚見則以為，知性主體與政治主體已不復存在，蓋已為道德理性（道德主體）所覆蓋而成為其下一層

治運作中應扮演積極的角色〉，收入〈自序〉，《政治中當然有道德問題——徐復觀政治思想管窺》（臺北：臺灣學生書局，2016），VII-XVI。〈自序〉與本〈附識〉，其詳略可互補，讀者不妨並參以獲悉筆者對本議題較完整的看法。

[84] 上揭《人文精神之重建》，頁 390。

[85] 針對收斂和退隱，唐先生的詳細說法如下：「……此種為求知而求知的態度，乃是先要置定一客觀對象世界，而至少在暫時，收斂我們一切實用活動，及道德實踐的活動，……」，又說：「在當其（「其」指「人」）用智時，可只任此智之客觀的冷靜的了解對象，而放此智以彌六合，仁乃暫退隱於其後。」上引語分別見〈中國文化與世界・第八節　中國文化之發展與科學〉，上揭《中華人文與當今世界》，下冊，頁 897、899-890。按：唐先生的說法，雖然主要是針對求知（即認知）或智方面來說，但相對於德性方面來說，認知與政治上的民主乃屬同一層次者，是以筆者在這裡姑扣緊民主來說，而暫不談認知這個面向。其詳可參〈自序〉，拙著《政治中當然有道德問題》，VII-VIII，注 11。

次之存在物了）。上述輔以他物的說法或可命名為：「良知主宰說」（參上注 83）。據此，則可謂有三說。其一，以牟先生為代表的坎陷說／退隱說（以唐先生為代表而見諸〈中國文化宣言〉的收斂、退隱說與良知坎陷說幾全同，只是唐先生在用字上較溫和）；其二，以唐先生為代表而見諸《文化意識與道德理性》等書的擴充說／延展說；其三，筆者的主宰說。三說中，主宰說似最為周延（在這裡，恕老王賣瓜），而其他二者，似皆有所不及。

〈中國文化宣言〉一文中的退隱說，可詳參該文第八節〈中國文化之發展與科學〉。該節是針對建立認識的主體以成就科學來說；不是針對建立政治的主體以成就民主政治來說。然而，就道德主體來說，其成就科學與成就民主政治，其理正同：如成就前者，道德主體需要退隱；則成就後者，此道德主體亦同樣需要退隱。是以筆者有如下的看法：唐先生等在該文中既認為道德主體需要暫時退隱以成就科學，則似乎唐先生等也會同樣認為道德主體亦同樣需要退隱以成就民主。

至於筆者何以認為三說（坎陷／退隱說、擴充／延展說、主宰說）中以主宰說最優，而其他二說皆有所不及，今稍作說明如下。依儒家大義，道德固為首出者。本此，人作為道德主體，應比作為其他主體（如政治主體、認知主體、藝術主體等等）來得重要。是以除非萬不得已，否則道德主體不宜退隱，更不宜自我坎陷，那怕只是暫時的。據此，筆者遂認定三說中，坎陷／退隱說未為周延。至於擴充／延展人之道德意識以促使此道德意識背後的主體（道德主體）涵括其他領域，譬如政治領域，則上引文中唐先生已指出此仍無法根絕政治上之惡；是以擴充／延展說亦未為周延。如上指出，依儒家大義，道德意識／道德理性應永遠居最重要、最關鍵的地位，由是道德理性（簡言之，即良知）應為人永遠且持續不間斷地具備之擁有之。簡言之，即人永遠都應該是一道德主體。換言之，良知不能被擱置一旁，即不能被坎陷、被退隱的；儘管只是暫時的，片刻的，也不行！

在這裡，也許需要說明一下道德主體與民主機制的關係。一言以蔽之，筆者認為在實踐政治（在這裡尤指實踐民主政治或更理想之政治）的過程中，道德主體仍應居主宰地位，而民主機制乃扮演輔益之角色。然此輔益之角色仍甚重要。假使道德意識、道德理性乃成就政治之必要條件的話，則民主機制乃輔益此道德主體藉以成就政治之最佳助緣也。

吾人於此又得作一點補充。上文提出理想政治應以道德意識（良知）為主體，民主機制則為輔的說法，人或提出質疑而指出說，這是本乎儒家義理而來的說法；並或進一步指出說，這個說法也是不周延的。其所以為不周延，質疑者的可能論點或論據如下：道德意識可以實現政治上之善，而不能根絕政治上之惡（此唐先生所恆言者）；而藉由民主機制而達致之民主政治則反之：可以（逐漸）根絕政治上之惡，而不能成就政治上善。本此，則二者地位相當，不必有主輔（主副）之分，蓋各為成就理想政治之必要條件；二者合一則為充分條件。表面看來，質疑者提出的這個說法亦頗合情理，但筆者要指出的是：民主政治固然可以根絕政治上之惡；然而，根絕惡這個意圖，吾人因何而生起？換言之，這個意圖又從何而來？個人以為，蓋發乎不忍人之心，即不忍人間之有惡也。此不忍人之心即仁心（亦即上文一直強調之良知），即道德意志，即道德心靈之不容自已。此不容自已之心乃促使民主機制，乃至更優良的政治機制之產生。所以說到最後，道德心仍居最關鍵的地位。據此，吾人似乎可斷言，民主機制只是一手段，居輔助地位；乃以協助、輔益吾人之道德意志、道德心靈以成就理想之政治（譬如民主政治）為目的者。如上述說法不謬，則主宰說似優於其他二說：坎陷／退隱說；擴充／延展說。

至於三說之區別，可簡言之如下：牟先生之坎陷說，於儒學大義似乎有所歧出（或可別子為宗？），且不足以保證民主政治可必然開出。（其實，民主之運作，以至其他人類理性活動之進行，良知（道德主體）皆“參與”其中。唐先生《文化意識與道德理性》一書即暢論並肯斷道德理性參與人類自覺的一切文化活動。就文化活動中之政治活動來說，徐復觀先生的看法與唐先生如出一轍。[86]）至於唐先生的擴充說，似乎陷於另一極端：道德主體

[86] 徐先生說：「政治中當然有道德問題，……人權的實現，是道德最大的實踐，同時即不能不訴之於人類的道德良心，使強者、智者、眾者有所顧慮，以保證其實現。」徐

（良知）仍係一體獨大（甚至可說只是唯一的主體）。視此主體可蘊涵民主政治或開出民主政治，筆者認為，乃僅係理論上（原則上）或理想上如此而已；事實上果如此否，則未見其必然（譬如事實上中國二千年來，即帝制時期，從未開出過民主政治即係顯例）；且直接的道德意識（良知）的延展，縱使真能開出民主政治，此種"民主政治"亦無法根絕政治上之惡（參上文）！至於主宰說，則一方面保住道德主體（良知）之主宰地位，但同時承認此主體外另有獨立的主體，譬如現今所說的政治主體即其一。在道德主體的主導下、監控下，此政治主體（具體落實下來，此政治主體即為上文數度強調的相應於此政治主體的政治機制）乃以輔益之角色出現，以成就民主政制（或比民主政制更優之政制）。夫然，則良知不必坎陷，亦不必只是唯一的主體；而實當居主宰（主導）地位的一個體。然而，在另一主體[87]（即這裡所說的政治主體）之輔益（輔助）下，民主政治或更優質之政治體制遂得以成就者，即得以實現者。[88]

要言之，為穩住儒家大義，並配合現代化之需要（即所謂返本開新），吾人得倡言：良知（道德主體）乃眾多主體中之主體，而其他主體（如政治主體、知性主體、藝術主體等等）乃居輔助之角色也。[89]換言之，吾人得承

復觀，〈給張佛泉先生的一封公開信——環繞著自由與人權的諸問題〉，《論戰與譯述》（臺北：志文出版社，1982），頁 55-67。上引文見 65。

87 此「另一主體」，以位階言，乃稍次者，是以或可稱為「次要主體」、「次主體」或「副主體」；而道德主體乃主要主體；或不妨稱之為「主主體」。

88 唐先生針對「民主政治」這個議題所發表的卓見，學長翟志成教授嘗撰著下文予以討論：翟志成：〈唐君毅對民主政治的想像與批評〉，《中央研究院近代史研究所集刊》，86 期，2014 年 12 月，頁 135-179。針對唐先生的意見（即翟文所說的「想像與批評」），翟文討論得相當全面，且深入細膩，值得一看。針對筆者上文所說的退隱說／坎陷說（翟教授的確切用語是：「道德心的暫時懸隔」說、「良知的自我坎陷」說），翟教授是很能認同的。這與筆者上文的看法，則有所不同。

89 如僅就政治本身來說，則為使得特別堅持政治本身宜居獨立地位（即僅強調政治主體）的人士得以釋懷，筆者願意把上述的論調稍作調整而轉為採取以下的說法（方便說、權宜說）：良知（道德主體）乃輔助政治主體以成就民主政治（或更優質之政治）的一個主體。要之，吾人必得同時承認這兩個主體（即所謂雙主體）在成就民主

認雙主體（一主一輔／一主一副）。夫然，若僅針對成就民主政治或更優良之政治體制來說，吾人便得承認以下的雙主體：道德主體（主）、政治主體（輔／副）。

又：牟先生倡言三統（道統、政統、學統）並建。此說甚具開創性。然而，依筆者之見，三統不必無主次之分（即「並建」並不必然意味著三統之位階全然相等）。個人認為，按儒家大義，依於道德意識而開出之道統，宜永遠居樞軸之地位；至於其他二統，其位階應較低。當然，針對目前政統與學統不如人意的情況來看[90]，吾人特別予以強調、重視，並把此二者視為當與道統平頭並駕，亦無可厚非。然而，依筆者之見，假使「三統並建說」意味著宜賦予三統同樣的重要性而位階遂相等的話，則筆者乃進而建議，宜視此說（即解讀牟先生此說）為先生針對當今之情況而作出的一個權宜的說法（權說、方便說），而非究竟之說法（經說）。而經說則為：三統並建而道統居樞軸（即較高）之位階也。

補充：以上說到雙主體（道德為主主體，政治為副主體）的問題。這個問題，就理論層面來說，比較簡單。然而，就兩者的具體運作的情況來看，則似乎仍有待進一步說明。也許筆者舉一淺譬，如下：就臺灣的法律來說，18 歲（含）以上便算成年人。18 歲以下的年輕人，其父母或合法監護人則擁有監護權。按：未成年之青少年，仍可享有一定的權利和要承擔一定之義務（責任）。就後者來說，譬如因學業表現不佳而被學校退學，該青少年（學生）就要自我承擔被退學這個責任便是一例。（父母或合法監護人不必承擔此類責任）然而，若犯法，則含父母在內的監護人便要承擔一定的責任。簡言之，監護人乃好比這裡所說的道德主體（良知）；未成年行為人（18 歲以下的年輕人），則好比這裡所說的政治主體。政治主體雖為一主體，具有

政治時，乃不可或缺者。至於何者為主中之主，何者為主中之輔（副）的問題，則不妨先擱置可也。

[90] 就我國來說，道統早已建立，而政統、學統並未建立（至少並未完全建立或完整地建立）。因尚未建立，是以牟先生乃倡言要比照道統而建立政統和學統。然其位階是否必與道統看齊，則似乎可以再商榷。

一定的獨立自主的權利或權力，但在重要事宜上，仍得受道德主體之監護（監察、監督、維護等等）。上面的淺譬，希望有助讀者了解作為主主體的良知和副主體的政治（政治機制）所扮演的角色。現在似乎有另一問題有待解決：未成年之行為人，終有成為成年行為人的一天。他一旦成年，監護人便要退場了。假若良知好比監護人，那良知豈非也有退場的一天？筆者的答覆如下：所謂「成年」，乃意味著該行為人心智已成熟了。然而，政治機制雖然有可能得到不斷的改進改善，但似乎永遠無法達到所謂完美或完全成熟的一天。由此來說，良知便永遠都應該守候在一旁（正所謂道德無休假之一日也），繼續扮演監護的角色。筆者以為良知（道德主體）與政治機制（政治主體）的比重，當成一反比，即政治機制越成熟，良知的比重便當越來越減少。若能減少到零，即表示良知的退場。這當然是筆者最樂見之事。之所以最樂見，是由於政治之運作在原則上可以完全在其自己即可，而不必牽扯其他，譬如這裡說到的道德領域——良知。這麼單純、純粹，甚或崇高的一個境界，那當然是筆者最樂見的。然而，筆者深恐這只是可望而不及的一個高貴的夢想（Noble Dream）而已！其實，就實際的情況或現實上的情況來說，良知實不必且亦不應、不能退場的；否則面對世間的險惡，政治主體永遠成不了真真正正的一個主體，即成不了一個合格的，有為有守，能肩負重責大任以保障人權，落實民主，並剪除罪惡的一個成熟的主體的。

本節主要是談雙主體。其實也未嘗不可簡化為一主體。此主體為：政治主體。然而，此政治主體必得以良知為不可或缺且在運作上扮演非常關鍵角色的一個主體。如此說來，筆者的雙主體說，在某種意義上來說，即相當於唐先生的擴充／延展說。

寫到這裡，想起徐先生以下一句話：「政治中當然有道德問題。」這個偉大的命題，若果借用在這裡，吾人似乎可以說：政治主體中當然有良知在裡面。這句話即等同說，如果沒有良知在裡面的話，政治主體即不成其為政治主體；或至少可以說，不成其為合格的、理想的政治主體。

至於針對「政治主體」的本身來說，吾人要真正成為政治主體並隨而建構相應的政治機制，就具體的操作面來說，實必須先滿足以下一條件：「人能依各方面之人生文化價值之追求，以建樹（超政治之）社會文化力量」（語出《人文精神之重建》，頁 406；此語實可反映唐先生理想主義性格下之一貫看法。）；否則人無法成為政治主體並建構相應的政治機制的。此點詳參下文（五）。

（五）政治中的一切思想概念都應放在人文的思想概念之下[91]

在政治掛帥的今天來說，人類活動的一切其他領域，其重要性與應有的地位好像都比不上政治活動；其相應的思想概念，也隨之而高高在上。這似乎已是天經地義之事，個人認為，臺灣尤其如此。然而，唐先生以為這是大謬不然的；其理想的情況應與此正相反。先生說：

> 我認為一切政治中的思想概念，都應放在人文的思想概念之下，民主的思想概念，在我心目中，亦是一引申的第二義以下的思想概念。我認為中國之人文世界，如不能開展，中國政治民主之前途亦復無望。……人們須自覺的以促成中國人文世界之全幅展開為目標，亦使在政治以外之人文領域中之人物，其社會地位，可與政治上之人物並駕齊驅。然後中國政治民主之實現，才有其實效的條件。而共黨之最大的錯誤，亦不只在其一黨專政，不容異黨，而更在其把政治在人類文化中之地位，放在一至高無上之地位，以之宰制全面的人文世界。這樣即決不能有民主。[92]

[91] 徐復觀先生在這方面另有看法。此看法見發表於 1953.10.16 的〈學術與政治之間〉一文，載徐復觀，《學術與政治之間》（香港：南山書屋，1976），頁 134-144。筆者以為唐先生乃就人類活動之理想面言之，而徐先生乃就現實政治之實際情況言之。二師各有道理；亦正可反映二師關注點之不相同。然而，上述徐說，後來有所更動（變成了相當接近唐先生的說法）。其發表於 25 年後的 1979.03.12-15 的另一文可以為證。詳見下注 103。按：1953 年徐先生的學術生涯剛起步；1979 年，其學術上的表現已"熟透"了，生命亦快到盡頭了。如能再多活幾年，那對學術界將會多好，惜哉！！

[92] 〈人文與民主之基本認識〉，《人文精神之重建》，頁 382。

先生在另一文章中又說：

> ……我在這篇文章中，則將說明個人自由、人權，與國家、政治組織等觀念，在今日，雖皆常重視，但在理論層次上說，這些觀念與「政治」之觀念本身，都應成為第二義以下的觀念。理論上在先亦最根本而最應重視之觀念是社會人文之觀念。政治只是社會人文之一部。[93]

以上兩文都表達同一精神：人文思想的概念永遠都應在其他概念之上。也可以說人類所有活動都應以符合人文精神為依歸。若用另一表達方式，吾人也可以說，人文精神若不能獲得開展，則一切人類活動之價值便無從談起。就扣緊中國的政治來說，發展民主（含個人自由、人權、成立政治組織等等）固然重要，但如違反人文精神或不重視人文精神，則中國民主之前途亦復無望。換言之，政治、民主乃第二義的，較次要的（secondary）。人文精神乃首要者（primary）。然而，人文精神是相當抽象的；這個抽象的東西，又可以產生甚麼力量，以貢獻於今人所最重視的政治、民主呢？先生說：

> 然探本溯源而言，只一語可表示西方民主政治之實效條件與充足理由所在，即超政治本身的多方面的人生文化價值之追求。唯人能依各方面之人生文化價值之追求，以建樹社會文化力量，乃能轉而逼使現實政治，不得不遷就此超政治之社會文化力量，逼使現實政治不停滯於君主專制，而成民主的近代國家，以使個人在此國家中成為政治上之主體也。[94]

先生意思是說，人不應隨波逐浪，恆政治掛帥。反之，人應該超政治而從事多方面的人生文化價值之追求。一旦社會文化力量得以建樹之後，它可以反

---

93 〈中西社會人文與民主精神〉，《人文精神之重建》，頁 396-397。

94 《人文精神之重建》，頁 406。

過來逼使現實政治邁向民主國家之建立，並使國人在此國家中成為政治上之主體。先生的意見是非常值得有志於為國家貢獻一己之力量者參考的。這正如同前面說過的，有使命感之國人不必直接以天下為己任。他大可以從事以人文為主軸之其他人生文化活動。一旦有所成就後，國家自可漸次發展出民主並藉以建構成現代化的國家。換言之，有志之士不必急於透過當官從政或組成政治團體，如政黨等等，以服務國家。[95]細水長流，殊途同歸，從事別的事業也是可以為國家作出貢獻的。

政治理念中，恆以自由與平等（民主一項，上面已說得不少；不擬再重複了）為最可貴，最重要。然而，這兩個概念是不能空談，抽象地去談的，否則是沒有建設性，無法彰顯其正面意義的。唐先生以下的說法便深具參考價值。先生說：

> 我們千萬不要離開文化歷史之背景，去理解西方近代之自由平等天賦人權之口號理想，所以有實效之故。亦不要離開人之實現創發人生文化價值之具體要求，去理解個人之自由平等的內涵。……抽象的求自由，只代表一反抗意志。如果此反抗意志之後，無一特定之人生文化價值之嚮往，便只是自然生命的權力意志而已。[96]

上引文有二要點：(1)西方自由、平等、天賦人權之理想之所以產生實效，是有其歷史文化背景，非憑空而來的。(2)國人不要離開人之實現、創發人生文化價值之具體要求，去理解個人之自由、平等的內涵。綜合來說，唐先生是要人認識，自由、平等、人權等等的理想之提出，宜有相應之歷史文化背景，並應符合人之實現、創發人生文化價值之具體要求而後可；否則便只

---

95 當然，二三千年來的傳統中國，針對服務國家或貢獻一己所長來說，早已"孕育"或"培育"出把當官從政視為是唯一（或幾乎是唯一）的管道的一個觀念了。要在短期內扭轉國人這個觀念或想法，實在很不容易。

96 《人文精神之重建》，頁 403-404。

是人之自然生命對權力的追求而已。假若中無所主、缺自立自重[97]，復摒棄人之實現、創發人生文化價值之具體要求而一味隨人腳跟、學人牙語，則自由、平等、人權等等的政治理想，恐怕只會產生非常負面的結果而已。[98]

上面是談論政治問題。政治問題中，愛國或忠於國家可說是其中的重要議題。我們在此便附帶一談唐先生的相關看法。唐先生固然很愛國。然而，愛國或忠於自己的國家，絕不等同只是忠於政府，尤不等同忠於政府中之個人。在這個地方，唐先生的意見是非常清楚明白的，其態度是非常斬截的。然而，說到最後，唐先生所說的忠於國家，原來絕不是一種非理性的心態，或只是一種盲目的行為。所謂忠於國家，究其實，乃依於人之忠於對全面人生文化價值的愛，並望其俱成之正義感，亦即忠於我們自己高度的仁義之心。本此，則所謂愛國或忠於國家，便有一更堅實、更理性的道德上的根據了，蓋愛國或忠於國家乃係吾人仁義之心充量表現之一必然結果。唐先生以

---

97 說到最後，道德自我之建立乃關鍵所在。唐先生孤鳴先發，三十歲左右便撰就《道德自我之建立》一書，蓋以道德自我之建立為人先立乎其大者之大根大本之所在。

98 譬如為了爭取自由、平等、人權等等而人們相互間發生爭執，甚至戰爭，乃常有之事。在這裡，筆者必須作一點補充。讀者千萬不要誤會唐先生，以為先生反對自由。其實，唐先生絕對不會反對自由，只是自由，在先生看來，恐怕只是賴以成就更高的價值（實現、創發人生文化價值）的一種"手段"而已。至少吾人可以說，縱使不宜把自由僅視為手段，但它總不是吾人所追求的終極價值。在這個地方，徐復觀先生與唐先生的看法幾乎完全一致。徐先生說：「自由主義自然也會發生流弊。……自由主義者從傳統和社會中解放出來。並不是根本否定了傳統和社會，而是對傳統和社會，作一番新底估價，將既成的觀念與事業，加以澄清洗鍊，而賦與以新的內容，並創造更合理更豐富的傳統和社會。」在上引文中，唐先生指出，自由平等天賦人權之口號或理想之所以有實效，是由於它們能因應同時代的歷史文化背景而產生對治的效果。這個說法，可說完全等同徐先生所說的，自由主義是「對傳統和社會，作一番新底估價，……」再者，唐先生所說的，自由平等的內涵即在於「實現、創發人生文化價值」，即不啻徐先生所說的「創造更合理更豐富的傳統和社會」。如果一定要找出唐、徐的說法的差異點的話，那麼似乎我們可以說，其差異僅在於唐先生說得比較抽象，而徐先生說得比較具體。其要點，至少其精神是完全相同或相通的。徐說見所著〈為甚麼要反對自由主義〉，《學術與政治之間》（香港：南山書局，1976），頁372-373。

下的說法正好表達了這個理念。先生說：

> ……故國家之理念，乃是涵蓋此中個人與社會團體，與政府，政治團體之一純精神的理念。故人之忠於國家，又即忠於人自心之此純精神的理念，而依此理念，以求社會之各個人，與其所組成之各種社會政治之團體，分別實現、創發各種豐富之人生文化價值，並存不悖，互相協調。所以忠於國家，實只依於人之忠於對全面人生文化價值的愛，與望其俱成之正義感，亦即忠於我們自己高度的仁義之心。這不同於只忠於政府，尤不同於忠於政府中之個人。[99]

一言以蔽之，唐先生的意思是說，人的道德心乃係人對全面人生文化價值的愛並忠於其國家的基礎或源頭之所在。據此，則愛國或忠於國家，實只是人道德心之必然表現。按：在人世間，人道德心之表現可有數之不盡的方式。剋就國家來說，必表現為愛和忠。然而，吾人不能反過來說，人對國家之愛和忠，乃必然係道德心貫注下所產生的結果。（換言之，這個果，可由其他因素導致的。）蓋不少人之愛國／忠於國家，乃源乎一種盲目的感情，不見得是出自理智的，理性的，或上文所說到的是源自道德心的。然而，據上文，則唐先生必賦與此愛、此忠，一種道德上的意涵，即視此愛、此忠，必係道德意志下的產物。所以就邏輯（形式邏輯）上來說，唐先生的說法恐怕是有問題的（即犯上推理上的謬誤）[100]。然而，以唐先生之睿智，豈有明

---

[99] 《人文精神之重建》，頁 386-387。相關文章發表於 1952 年。時兩岸皆談不上民主，皆為一黨專政，甚至可謂一人專政。唐先生文中「……這不同於只忠於政府，尤不同於忠於政府中之個人」等語句當然是有其針對性的，絕非純為理念之闡發而已。其傷時憂國，可見一斑。於此亦可見，其所謂「忠」，絕對不是傳統中國意義下的「死忠」或「愚忠」。先生乃依乎道德心靈（即良知、良心）而說「忠」，宜乎其超越狹義的政治範疇下之忠也。

[100] 據邏輯中針對因果關係而來之假言推理，其有效性（validity）如下：肯定前件（依上文：道德心為前件，即因果關係中之因），則肯定後件（依上文：忠於國家與愛國為後件，即因果關係中之果）；否定後件，則否定前件。今唐先生反之：肯定後件，則

知故犯之理呢？一言以蔽之，唐先生是道德理想主義者。他要向世人亮出一盞明燈，即對人之愛國和忠於國家，做出一種具道德意涵的解讀。於此又可進一步指出，依唐先生來說，道德心之本性，必為自我要求一充量之發展，而世間一切的美好事物（真善美神聖等等）遂由是而俱成。就政治領域來說，其所成就者乃愛國／忠於國家是也。

這裡應該作點補充。上文說到唐先生犯了邏輯推理上的謬誤，這是純粹就形式邏輯來說的。唐先生的思維很多時候是辯證式的思維。所以如果就辯證邏輯來說，唐先生的說法是完全可以自圓其說的、站得住腳的。怎麼說？依唐先生中壯年時即成一家之言的名著《文化意識與道德理性》一書來說，所有人類文化活動，其背後皆有道德理性為之支持。就上例來說，愛國和忠於國家，也許表面上只是某些人情緒（盲目，非理性）下的產物。但這種非理性的表現，或所謂非理性的表現，語其究竟，其背後則仍有道德意識、道德自我、道德理性，為之支持；只是其本人或不太自覺而已。苟依此解讀，則唐先生的說法，便無所謂犯上邏輯推理上的謬誤了。[101]假若世人不識得唐先生為道德理想主義者（即不知其用心、其學說的真精神），復不悉唐先生恆從層層轉進的辯證思維方式來思考問題，則宜乎無法契入先生的思想世界、精神境界了。若以一己之無知而隨意、任意批評唐先生，甚或責難唐先生，則余欲無言了。

肯定前件。此明違反邏輯而產生推理上的謬誤的。

101 就此來說，上注中所說到的前後件的關係，便並非一種假言推理下的因果關係，而係另一種關係："定然關係"（必然關係），即互為因果的關係（互為充要條件）：前件導致了後件，後件也可以反過來導致前件。（如此，則「前」、「後」兩字俱不能用）。就上述情況來說，依唐先生，人之忠於國家／愛國，乃必由且僅由道德心而來。所以一說到「忠於國家／愛國」，則其源頭必為「人之道德心」，而不可能是源自他物的，譬如人之盲目的或非理性的情緒。本此，吾人便不能說唐先生是違反了邏輯！筆者的邏輯知識是很膚淺的。上述的說明（本注和上一注），如有錯誤，尤請方家惠予指正。

五、以人文精神為主軸之儒家思想涵蓋民主精神

（一）中國過去非無民主精神；建基於人文精神之民主精神以追求人格尊嚴、人格平等為目的

唐先生特別指出，中國過去雖缺民主制度，但不表示中國無民主精神，蓋此民主精神即蘊涵於中國人之人文精神中。上文已指出，據唐先生，人文精神是第一義，民主精神只是第二義。[102]且人文精神之充量發展必涵民主精神於其中。[103]然而，中國人所重視的人文精神，其最要者為道德精神、

---

[102] 依筆者之見，人文精神主要源自道德主體；而其他主體，譬如政治主體、知性主體等等，均非人文精神之主要源頭。依唐先生，人文精神既是第一義的，而民主精神只是第二義的，則似乎在某種程度上同意了筆者上文四之（四）之後附識的說法：道德主體為主，政治主體為輔；或道德主體係眾多主體中之主體（主要主體：主主體）的說法。

[103] 此義，徐復觀先生亦有所體認。徐先生說：「……，我則一面強調民主，同時也維護傳統中國文化，於是我和唐牟兩位先生之間漸漸形成要以中國文化的『道德人文精神』，作為民主政治的內涵，改變中西文化衝突的關係成為相助相即的關係。」按：徐先生雖不必一定贊同「人文精神是第一義，民主精神是第二義」這個說法，但人文精神被看重，其重要性至少不在民主之下，蓋為徐先生所首肯者。徐說見撰寫於1979 年的〈「死而後已」的民主鬥士——敬悼雷敬寰先生〉一文，《徐復觀雜文．憶往事》（臺北：時報文化出版企業公司，1980），頁 214。按：以上徐先生的幾句話，尤其是「改變中西文化衝突的關係成為相助相即的關係」這一句話，對於了解徐先生思想上的轉變，具相當關鍵的作用。西方的民主傳統和傳統中國的文化，都是徐先生所推崇的。然而，就一般人的理解來說，此兩者恆相衝突。徐先生也不為例外（細揣上引文即知之）。然而，徐先生後來體悟到中國文化中的「道德人文精神」，乃可成為「民主政治的內涵」，於是一般人所認定的「中西文化衝突的關係」，對徐先生來說，便來了個大逆轉而「成為相助相即的關係」。徐先生在其他文章中，多次承認和感謝唐、牟二先生對他的學術思想作出過很大的啟迪（大意如此）。上引文中提到的「道德人文精神」，蓋其中之一端而已。就筆者的初步了解，唐先生的著作中對人文精神之著墨可能超過牟先生。然則徐先生所得到的啟迪，或以來自唐先生者居多也說不定。筆者的意思絕不是說牟先生不看重人文精神、人文價值。這方面，只要稍一翻閱牟先生的大著，即可得到印證。學者中，甚至有從人文精神的視角切入以論說牟先生的學問者。茲舉一例以概其餘：龔道運，〈新儒學的人文精神——牟宗三論

藝術精神；宗教精神、政治精神，皆融攝於其中。先生說：

> 過去的中國，雖無西方式民主制度，然此不必涵蘊過去中國文化之價值不如西方，亦不必涵蘊其中無中國式之民主精神。因此精神即在中國之人文精神中。……在中國的人文精神中，道德精神，藝術精神為主，而宗教政治之精神，皆融於其中，而環繞於其人性即天道之哲學理念。[104]

上引文說到「中國式之民主精神」，吾人不要因詞害意，以為中國完全沒有西方所說的民主精神；並認為唐先生特別加上「中國式」三字是故弄玄虛，是表示唐先生明知中國沒有西方式的民主精神，但又不肯低首下心坦白承認之，於是便標新立異，魚目混珠，企圖藉「中國式」三字以掩其所缺。其實，筆者認為，因為中國人特別重視人文精神，而中國過去之民主精神即以人文精神為內核，是以唐先生便特別以「中國式之民主精神」標示之。這絕不可誤解為民主精神或西方式的民主精神，中國人是全付闕如的。然而，中國在過去又確實沒有西方式的人權觀念、個人自由的觀念，而此二者則正係民主精神之所在。本此，則吾人又如何可說中國過去有民主精神，或有西方式的民主精神呢？在這個地方，吾人必得了解，人權、自由等等觀念（價

儒學和基督教的會通〉，《道德形上學與人文精神》（上海：上海人民出版社，2009），頁 102-116。龔文末尾的一段的以下語句：「牟先生的人文精神主要在於注重主體性。」，蓋為的論。針對人文精神和民主精神的關係，筆者上文嘗認定唐先生的看法當如下：「人文精神之充量發展必涵民主精神於其中。」，此語則與上引徐文中以下一語：「要以中國文化的『道德人文精神』，作為民主政治的內涵」，乃不相同者，蓋前者視人文精神為主軸而攝民主精神於其中，後者則反之，而視民主精神為主軸而納人文精神於其內。此反映出唐、徐各有所側重也。依筆者看，吾人勿拘泥可也。最要者為民主精神（含民主制度），今天已淪為重量不重質的地步，是以必須有所改進，甚至改弦更張。是以把「中國文化的『道德人文精神』，作為民主政治的內涵」，正係一不二法門。所以就針對流弊而不得不改進或改革來說，徐先生的考量或說法，似更為務實，而深富現實性、時代性。

104 《人文精神之重建》，頁 407。

值）是層次較低的、較次要（第二義、第二階）的觀念（參上文）。[105]是以唐先生要人從人權、自由所追求的更高、更根本的價值去看問題。倡人權，拚自由，其目的不外是追求人格之尊嚴，人格之平等[106]。而代表中國主流思想的儒家或具理想性的儒家（不是小人儒、俗儒，更不是阿諛奉承大

---

[105] 在這裡，我們不妨先看看徐復觀先生對人權和自由的問題的相關論述。一般人恆把人權視為只是政治領域中之事，而認為政治層次中沒有道德的問題；甚至把自由和人權這兩個概念視為同一個東西，而有「人權即自由」、「自由即人權」之論。徐先生則指出「自由」和「人權」是不能劃上等號的，人權只是人所爭取的眾多自由中之一種而已。且先生更明確指出：「政治中當然有道德問題，……人權的實現，是道德最大的實踐，同時即不能不訴之於人類的道德良心，使強者、智者、眾者有所顧慮，以保證其實現。」此中可見「人權」，甚至「自由」，在徐先生的眼中，是低一層次的概念（雖徐先生在上文中沒有明說），是統率在道德領域之下的，是道德良心要成就的眾多人類價值中的一二項而已。詳見徐復觀發表於 1954.08.16 的〈給張佛泉先生的一封公開信——環繞著自由與人權的諸問題〉一文，《論戰與譯述》（臺北：志文出版社，1982），頁 55-67。上引文見頁 65。徐先生在討論自由與德性的另一文中，則揭示了政治上的自由，其層階應在德性的自由之下。其言曰：「政治自由，並非自由的一切；政治自由，須要知性底，尤其德性底自由作根源，須要由德性自由而吸取其營養，這是歷史實踐中的常識。」政治的自由既以德性的自由作為主要根源，即不啻謂相對於德性的自由來說，政治的自由，乃低一層次之概念。徐說見發表於 1956.11.01 的〈為什麼要反對自由主義〉一文，《學術與政治之間（乙集）》（香港：南山書屋，1976），頁 374。至於唐先生，他更肯定人之任何自覺的行為，其背後皆有道德理性作為支柱。政治行為作為人之自覺的行為來說，其必與道德理性相干，便不必多說了。唐說詳見《文化意識與道德理性》，第四章，〈政治及國家與道德理性〉。

[106] 中國人追求人與人之間的平等，徐復觀先生嘗有所論述。先生指出，從西周開始，中國人對此已有所關注，並指出這是中國人在文化上的自覺。文王、周公可說是其中的佼佼者。其後的發展，先生乃引錄《詩經》、《中庸》、《大學》、《孟子》等等文獻以為佐證。可惜的是，含平等為主要內涵的民主政治，「由軍事與刑法合作所建立起的大一統的專制政治，一經建立起來以後，社會任何勢力，一與其牴觸，便立遭覆滅。朝代屢更，而此制不改。」徐復觀，〈中國文化中平等觀念的出現〉，《徐復觀雜文補編》（臺北：中研院文哲所籌備處，2001），冊一，頁 398-402。上引文中以下一語所描繪的現象：「大一統的專制政治，一經建立起來以後，社會任何勢力，一與其牴觸，便立遭覆滅。」，不幸在形式上已非專制政體的臺灣的今天（筆者撰文時之 2022 年孟夏），尚未見專制情況消蹤匿蹟；反之，仍見其活躍不已，悲乎，痛乎？！如復觀先師今天仍健在的話，不知要發出多少遍獅子吼了！！

皇帝的儒家、儒生。然而，不幸的是，中國歷史事實在在揭示，過去大部分的儒家、儒生，或廣義的讀書人，其表現皆阿諛奉承之輩也。當然，在非常險惡的專制大環境下，今人亦不宜深責古人），其所追求者，所要實現者，不正是這個嗎？本此，則怎麼可以說中國過去沒有民主精神，或沒有西方式的民主精神呢？換言之，只要同樣能夠努力追求並成就人格尊嚴，人格平等，則是否非要藉著倡人權、拚自由的途徑不可呢？其答案恐怕是否定的吧，或至少很值得商榷的吧！從民主精神之核心價值或最後根本之處去看民主的話，則中國過去固有民主精神無疑，而自由（德性上「為仁由己」之自由）與平等（人格尊嚴、人格上之平等），皆涵攝其中。這所以先生非常斬截的說：

> 西方民主精神之本源，乃一分途去實現政治之人生文化價值之精神。我們把民主精神，尋根到社會人文之概念去理解，則中國莫有西方式之人權觀念、個人自由之觀念，亦無礙中國過去人民之有自由，無礙於民主精神之存於中國之人文精神中。[107]

> 所謂中國人文精神中之民主精神之根是什麼？即尊重整全之人格，視人格為宇宙間之至尊至貴而與天合德之儒家精神。……此即儒家精神中之大平等精神。踐形盡性以顯此心此仁，即為仁由己之自由精神。現在西方言民主精神之最後根本，不外人格尊嚴，人格之平等。則儒家之此精神，不是民主精神又是什麼？[108]

依唐先生，西方民主精神的要義既在於追求人格尊嚴、人格平等，則同樣以此為追求對象的儒家精神，又焉得謂非民主精神呢？此可見唐先生是從根源處或根本處著眼（亦可說從終極目的處著眼）來考慮問題的，是以便得出一

107《人文精神之重建》，頁 409。

108《人文精神之重建》，頁 410。

個顛簸不破的結論。先生之識見恆高人一等，可以概見。其最要者為，民主精神之真諦，已然為唐先生所揭示了、彰顯了。筆者深獲啟發。於此，筆者永遠心懷感激、感恩！

（二）儒家所追求的自由平等精神有比西方更優勝之處；民主制度在中國建立不起來之原因何在？

唐先生甚至進一步指出，儒家所追求的自由平等精神有比西方更優勝之處。[109]先生說：「我們有種種理由說，儒家之自由平等精神，較西方文化中所孕育出之自由平等精神，有其一偉大之處。……即儒家所言之人性，自其最深之根言，乃與天合德，純善而無惡。不似西方之言人性，自希臘希伯來以來，即有原始罪惡之說。」[110]在這個地方，讀者或會質疑說：唐先生，您不要老王賣瓜了！既然民主精神的要素——自由平等精神，儒家在這方面的表現有比西方更優勝、更偉大之處[111]，則一百多年來何以民主建國始終落空？一言以蔽之，以其關注點不放在政治層面上也，尤其不在意於民主政制之建立也！蓋過去二千多年來，人們只要求依道德理性（其內核為人文精神）以追求人格尊嚴、人格平等，並進一步踐仁盡性即於事已畢。[112]

---

[109] 先生論說「自由」之言論至多，除本文所引錄、闡說者外，其見諸《人文精神之重建》一書者，便有以下各文：〈自由之種類與文化價值〉、〈西方之自由精神〉、〈孔子精神與各類之自由〉。宜並參看。

[110] 《人文精神之重建》，頁 410。當然，西方人或許會反過來說，正由於深信原罪與生俱來，而為求扭轉此原罪，使原罪不致進一步造成人間之罪惡，於是反而促進了民主制度之創立。然而，唐先生是道德理想主義者。就他來說，他相信人性「純善而無惡」（即人性本善之說）。這個自始至終乃係純善而無惡的人性，沒有沾上半點塵埃的人性，當然比起西方人所說的人誕生世間即帶著原罪的說法，是更偉大了，或更有正面價值了。我們必得由此切入來思考，才能夠了解唐先生有關「偉大」的說法。

[111] 唐先生雖未明言儒家的自由平等精神比西方更優勝、更偉大，但根據上引文，其言外之意是十分明顯的。自由平等精神為人性之表現之一。唐先生既肯定儒家人性論超過西方之人性論，則立足於人性論的儒家自由平等觀自較西方為優。

[112] 當然，儒家也是非常重視外王的一面的。然而，說到最後，過去所重視的外王也只不過是內聖面之往外擴充而已。即要求自己本乎道德心以建功立業，或進一步要求統治

這全是在成德之教上用心，企求成聖成賢而已。老百姓對統治者（王者）也只不過要求他要成為聖者，施恩澤於老百姓而已。人們自覺的要在政治上自作主宰（不賴統治者施恩澤），並建立相應的制度（民主憲政、民主法治），則從來不是中國人（指活在傳統中國下的中國人，即 100 多年前的中國人）關注之所在。這所以中國人過去無法完成民主建國也[113]，悲乎！痛乎！唐先生的相關言論極多，其中見諸〈中西社會人文與民主精神〉一文者，尤其值得參看；如下：

> 何以儒家不講西方式民主的，或是甘心為君主之奴隸，為統治者服役的。我對此問題之答覆是：儒家本只以政治為道德的直接延長，政治即人之道德意識直接實現之一場合。純將政治視為道德的延長，他所能說的，只須是王者必須聖，而聖者不必王。因視政治為道德的延長，則人所望於政治者，只是政治好，人民養生送死無憾，皆得實現其禮樂等人生文化價值。只要社會教化流行，德澤大治，人人有君子之行，完成其人格，儒家之理想即達到。儒家只望政治好，能助人之人格之完成，原不以政治上之地位，定人格之品位。

但是我們雖謂儒家涵具民主之根本精神，我們居今日而論故人，仍可

者成為聖王：以聖人之心而當一個好的統治者而已；但並不要求建立客觀的全體人民都可以當家作主的法制。換言之，著眼點不在於建立民主憲政、民主法制。

113 中國過去無法完成民主建國或成就民主政治的原因尚有很多。上文是從中國人缺乏自覺要成為政治上的主宰（當家作主）來說。這是從中國人的主觀精神上說。若從客觀面來說，則給予政府施壓，逼使其不得不讓出權力的社會組織或所謂壓力團體，中國過去幾乎是從來不存在過。希企統治者或政府主動讓出權力以成就民主政治，這是不切實際的空想、妄想。於此可見壓力團體之重要。唐先生對此亦嘗論述。先生指出中國過去缺乏代表各方利益之團體組織為民主政治失敗之原因之一。其說見〈中國今日之亂之中國文化背景・中國民主政治失敗之文化背景〉，《人文精神之重建》，頁 263-267。上文在四之（二）：「文化團體、社會人文組織為政黨與政府組織之基礎」一節中，嘗指出文化團體、社會人文組織在民主政治建構中的重要性。其所以重要即含作為壓力團體便可以對政府施壓以達成民主建國這個目的的一個面向。

謂此民主之根本精神，只潛伏於儒家之道德精神中，而未能充量的發展為一政治精神。……中國過去人民，因未能自覺其有此種種政權，其精神在政治上，乃終不能極其上達之伸展，自覺其為政治上之主體。

中國過去之人文精神中有民主精神，而無西方式之民主政治制度；所以在中國過去，對於政權上人物濫用權力之防制，乃假之於政府內部之御史監察之制度、諫議制度，及君主個人道德上的正心誠意之工夫，下詔罪己之事。徵辟、薦舉、察舉、科舉、學校之制度，則為政府向社會接納人才之媒。同時中國政治指導中，除法家喜講權勢外，其他各家都儘量求將其他（「他」字，疑為衍文）政治道德觀念，放在權勢觀念之上，以免為政者濫用權力。西方政治思想中所謂主權之觀念，亦是中國政治思想中所莫有的。

中國缺西方式之民主制度，不以政府以外之力量制裁政府[114]，而重政府內部之自己制裁，重政府之自動的向社會拔選人才，而以職責、名位之分，代權力之分。大智之士，合而觀之，則知中西已往政治面目之迥異，皆由文化歷史之不同，而二者之人文目標，亦正有相通之處，而正當綜合於未來之中國與世界。[115]

以上四段文字主要是說明以儒家為思想主流的傳統中國何以未能建立民主政治制度之原因，並稍及中西政治文化之差異。先生之論述已極簡明扼要，恕不再進一步展開。

---

[114] 「政府以外之力量」，蓋指民意機關，尤指民間社會團體。此等機關與團體正可對政府構成一股壓力，使其讓出權力。詳參上注 113。

[115] 以上所引錄之四段文字，分別見《人文精神之重建》，頁 413、414、414-415、417。

(三)綜攝中西方人文精神為中國未來開出民主政治之不二法門

據唐先生，中國過去在政治上雖未能發展出民主[116]，但這並不表示對國人來說，民主是可望而不可及的。唐先生討論問題永遠本乎內恕孔悲的情懷；然而，其態度又永遠是積極的、樂觀的，並給予人希望的。對中國未來民主的發展，先生所抱持者也是同一種態度。中國未來政治上的發展，必須承續、綜合中西方的人文精神而始有其前途，且甚或可超越西方。這在觀念上、行為上及制度上，都是可能的，且也是必要的。而所謂中西方人文精神用之於政治上，簡言之，可含兩個面向：其一，一方面應承傳中國傳統中修己治人的理念並予以落實（落實即成上文所說的人治、德治、禮治）；並進而承襲中國傳統所重視之政府內部之監察制度，且透過教育等途徑使一般民眾認識政治上自作主宰之重要性。再者，在野的知識分子，專其志力於一專門之社會事業以自見用於世。其二，應學習西方文化中多方組成人文、社會、文化組織的理念並且予以落實。假使以上各項意見皆被充分考慮、接受，且在相輔相成的情況下得以落實，則中國政治有望，民主有望。中國未來政治發展之必能步上坦途，且甚或超越西方，那絕不是癡人說夢話而已！！唐先生之相關言論，乃以直下承擔之精神、苦口婆心的態度噴薄而出者；甚值參考，今以注文之方式引錄之，藉以節省正文之篇幅。[117]

---

116 以上所引錄唐先生的文章，均發表於上世紀 50 年代。當時無論大陸或臺灣的政治，均談不上民主。就 70 年後的今天（21 世紀的 2023 年）來說，其情況已有所改善，雖然與歐美先進國家相較，我們仍有不少可以努力的空間。

117 唐先生說：「我相信我們現在仍只有承繼中國固有之和融貫通而充實圓滿之人文精神，再開出分途發展之社會文化領域，使社會有各種不同之社會文化力量，各種社會團體組織之存在，而並存不悖，然後中國政治之民主，乃具備其實效的條件。中國未來之政治思想與政治之道路，則係於保存中國傳統政治之分位分職之政治思想，並以人各得實現人生文化價值之要求，為西方傳來權利觀念之內涵，以免人真視政治只為爭權之事。(1)中國古代自政治家之個人人格修養，(2)政府內部之監察制度，限制政治權力之濫用之道；(3)政府與社會人民互相尊重體諒之精神，及(4)中國儒家生發、伸展社會人文，以涵濡政治或感化政治之精神；皆宜保存於今日。而兼采西方式之政府與議會及社會，互相制衡監督之制，以防極權之弊。中國此時之政治家，必須一方中西方人文精神各有所偏重，中國朝野知識分子亦各有其扮演之角色。唐先生乃合而一之；認為必須予以全面綜攝綰合、和融貫通，否則中國民主政治無復有望。上段引文（見注 117）相當長，精義慧解盈篇而累牘。今只摘述其至要者如下：就政府與人民來說，應互相尊重體諒。就在朝的知識分

面本傳統儒者對政治負責之精神，求政府之有能；一方本儒家重視多方面的社會人文之發展之精神，自覺的去扶持客觀社會之各種人文的——即經濟的、宗教的、學校的、教育的、輿論的力量之獨立生長。而在野之中國知識分子，則必須一方保存過去儒者中關心全面社會人文，乃不得已而關心政治，評論政治，並用力於創造社會清議，以轉移政風之精神；而同時學西方知識分子之在社會立根，先專其志力於一專門之社會事業，以自見於世。社會之輿論，亦須轉而特別尊崇各種社會性人物，視一實業家、學者、教育家、慈善家……各種社會事業人物之地位，與政治上之人同樣的重要。並尊崇『把社會人文全面之發展，與社會各方面之自動自發的組織，看來比純粹政治上之系統更為重要』之政治家。今日西方的政治家之重外在的事業的成就與建樹，而表現精神之強度，與中國過去政治家之重內在的開拓胸襟，養成涵蓋包容之德量，以表現精神之廣度，未嘗不可兼備於中國未來之理想的政治家之一身。中國今日，以處於中西文化交流而相衝突之際，此上各種精神，皆以似互相矛盾而互相抵銷，極難綜合。但是我們只要能直下承擔中西之人文精神，便知其綜合，既在觀念上可能，在行為上與制度上亦即可能。而且我相信，由其綜合，並實現於中國未來之社會文化與政治，則中國之未來文化與政治，不僅可超過過去之中國，亦可超過今日之西方。反之，如任其矛盾以相銷，則個人之自由，終不能有客觀之保障。而人民之選舉權、罷免權、創制權、複決權，亦終不能有效的行使；任何民主政黨，亦皆以無社會人文之基礎，而無法健全其自身。同時國家之真正獨立，與政府自身組織之堅實化，與欲政府之有能，亦以無支援社會人文組織基礎，與人民之缺乏由綜攝性人文精神而生之國家意識，而亦歸於不可能。民國四十年來中國政治之無出路，歸根到底，其故在此。大家可以細想一想。」上段中之(1)、(2)、(3)、(4)，為筆者所加，以醒眉目故。唐君毅，〈中西社會人文與民主精神〉，《人文精神之重建》，頁 418-419。唐先生以上語重心長的一番話，很能兼顧到追求民主所應落實的各項具體方案；可以說是一個全方位的布局。這對今天政治上的實際從事者（尤其臺灣政壇上的有頭有臉者）來說，是深具參考價值的。然而，恐怕是言者諄諄，而聽者藐藐也。「今日西方的政治家之重外在的事業的成就與建樹，而表現精神之強度」一語，如扣緊現今臺灣政客們的表現來說，筆者擬改寫如下，以符合實況：「今日臺灣的政客們為了增加其知名度而拚命到處打卡——刷存在感，是藉以表現其生命精神之強度而已。」，悲乎，痛乎？！

子來說，應努力促成一個有能的政府，並自覺的去扶持社會上各種人文的力量。就在野的知識分子（含輿論界）來說，應更重視政治組織外之人文社會組織，並應充分關心社會人文領域之全面發展、創造社會清議，以轉移政治之風氣。朝野雙方均應以協助國人各實現其所追求之人生文化價值理想為職責之所在。按：上段引文出自先生撰寫於 1953 年的文章。當時海峽兩岸皆談不上民主。先生乃語重心長，苦口婆心，為中國政治把脈並獻出良方。情見乎詞，讀來讓人振奮。感心動魄、盪氣迴腸，筆者不能自已者久之。唐先生該段文字，非常值得再三細讀，是以不避冗長之嫌而引錄如上。

六、太和世界——理想人文世界之建構

以上各節中所引錄唐先生的文章皆發表於 1950 年代。其時國共兩黨在實質上皆談不上民主憲政，因此皆不能說已是民主建國。中共明言無產階級專政[118]，故不必贅說；國民政府則嘗推行軍政、訓政、憲政。就其中 1948

118 既言「專政」，則是否意味著共產黨完全不講民主？此又不盡然，蓋共產黨理論中有所謂「民主集中制」。但「民主集中制」與一般人所說的「民主」或「民主政制」，差距頗大。所謂「民主集中制」指的是一般人民對政治議題可發表意見，可予以討論，此即所謂民主也。然而，決定權、決策權則僅在統治階層——共產黨，此即所謂集中也。詳參中國共產黨新聞網（google: cpc.people.com.cn/BIG5/64156/64157/4418487.html；2023.04.10 瀏覽）以下條目：〈甚麼是黨的民主集中制原則？〉。其相關說明如下：「民主集中制由列寧最早提出。概括地說，就是民主基礎上的集中和集中指導下的民主相結合。它既是黨的根本組織原則，也是群眾路線在黨的生活中的運用。……」其實，集中指導下，恐難語乎真正的民主；或至少與吾人平時所說的民主（西方式的民主），有一定的落差吧。說到「專政」，在中共統治下，又有「人民民主專政制度」一名。有關這個制度的建立，可參考〈中國社會主義民主制度的建立與曲折發展・中國人民民主專政制度的建立〉，李洪鈞、劉萬泉、王鴻賓主編，《民主自由人權的歷史與現實》（瀋陽：遼寧大學出版社，1991），頁 389-395。〈中國人民民主專政制度的建立〉一節中的若干描繪，吾人不必照單全收。但當時人民民主專政制度建立的大體情況和過程，還是可以藉以獲悉的。其實，民主的形式是相當多元的，譬如有直接民主、憲政民主，甚至有所謂極權民主等等。可參江宜樺，《民族主義與民主政治》（臺北：國立臺灣大學出版中心，2003），頁 148-169。

年推出的憲政來說，至 1950 年代唐先生撰寫以上各文時，頂多可說只是非常有限度予以落實而已。此所以唐先生發獅子吼，撰寫無數文章，冀對國家有所獻替可否。然而，1949 年大陸易幟前，唐先生對相關問題（以人文精神為核心以倡言民主建國）似乎並不太關注。發表於 1949 年 5 月的一篇文章仍是泛論人文世界而不是扣緊民主建國來說[119]；此或可以反映先生當時關注的重點實異於 1949 年 10 月之後。就今天來說，海峽兩岸（尤其臺灣）在民主憲政方面，既已有一定規模，是以唐先生發表於 1950 年代的相關文章，其對應性或重要性似不及昔日了，甚至可說有點過時了。反之，上文提到的發表於 1949 年 5 月泛論理想的人文世界的一篇文章，在今日則更有其普遍意義與價值。[120]今茲轉錄其重點如下，俾讀者觀覽焉。（原文共九節，唯下文稍作變更：開列重點七項，標目也與原標目稍異；筆者對若干重點並稍作說明。）

（一）前言：重視人的哲學、心的哲學

我們可以說，人之所以異於禽獸者，主要在其心，所以作為人文世界中之人，必當重視人的哲學，心的哲學。[121]

（二）理想人文世界之要素

1、人應該有宗教生活

先生認為，宗教生活為人文生活之一環，所以人應該有宗教生活：相信神之存在。[122]

---

[119] 文章名〈理想的人文世界〉，《人文精神之重建》，頁 53-66。文末注明發表於民國 38 年 5 月；原文刊《民主評論》，卷一期二。

[120] 該文是泛論的性質，而不是為對應時局而寫的。這種文章針對性不強，但正因為如此，因此可說更有普遍價值與意義，歷久彌新。其實，兩類文章各有優點及特色，亦可說各有其對應性。一是針對某一特定議題（譬如政局、時局）而作，另一則是針對人性、人生之普遍現象或人所追求之普遍價值而為說。

[121] 詳參《人文精神之重建》，頁 53。

[122] 詳參《人文精神之重建》，頁 53-55。按：先生相信宗教之重要性及其在人生中所扮

按：唐先生這裡所說的神，乃取其廣義。除外在而超越之神外，人之自性本心，或最高的人格亦是唐先生所說的神。唐先生在他處恆指出宗教精神、宗教意識之重要，並指出中國人的人文精神即含宗教精神。[123]先生又說：「重視人之德性，必崇敬聖賢。」[124]

此可見人文生活含崇敬聖賢一端。

2、禮樂精神之重要

先生說：

> 人之德性自內顯發，欲使之顯發，必賴陶養。（筆者按：陶養的途徑多端，平日持續不斷的做工夫恐係最實際而最具成效者。）經陶養而能自動顯發，不容自已，方為真德性。陶養之道，不重在互相批評、檢責、監督，人皆不敢為非，此是第二義以下。乃是人各以其善互相

演之角色乃係三十歲以後之事。先生自述其學思過程云：「對一切所謂形而上之本體，皆視為一種抽象之執著。」然而，在熊十力先生之點醒下及與牟宗三先生相互切磋下，乃轉而認為：「乃知夫道，一而已矣，而不諱言宗教。並於科學精神，國家法律，民主自由之概念，漸一一得其正解。」詳見〈自序〉，《中國文化之精神價值》（臺北：正中書局，1974），頁 3。筆者對於唐先生宗教觀之闡述，可參本書第七章之 6。

123 素人恆說中國人比較缺乏宗教意識、宗教信仰或宗教精神。然而，唐先生則有不同的看法。在《中國人文精神之發展・宗教信仰與現代中國文化》中，先生即暢論斯旨。其中論三祭（對天地、祖宗、聖賢人物之祭祀）等等章節極具參考價值。其實，先生四五十歲之後，非常重視宗教，相關論著甚多。即以其晚年鉅著《生命存在與心靈境界》而言，其中亦有不少篇幅談論宗教問題。學長梁瑞明先生（志蓮夜書院校長）近 20 年來嘗撰著多種著作以闡述唐先生的哲學。其一名為《心靈九境與宗教的人生哲學》（香港：志蓮淨苑，2007）。按：扣緊人生以談宗教（即不離開以人為本位來談宗教），此唐先生宗教觀的特色所在。至於瑞明先生所說到的唐先生的「宗教的人生哲學」，乃可謂：人之開大其道德心靈而與神之心、佛之心、天地之心相接而成的一種人生哲學。（詳見〈前言〉，《心靈九境與宗教的人生哲學》，頁 1）此說法亦不悖唐先生宗教哲學思想之本旨。吾人甚至可以說瑞明先生這個說法乃探驪得珠的一個解讀；甚值參看。

124 《人文精神之重建》，頁 57。

> 示範，互相鼓勵，互相欣賞，互相敬重。[125]藝術之生活使人忘我，使人與物通情，使人合內外，而血氣和平，生機流暢，是能涵養人之德性。人之以其善相示範、相鼓勵、相讚美、相欣賞、相敬重是禮，藝術是樂。所以理想之世界中必重禮樂。禮樂在文化之地位或須放在科學、政治、經濟之上。[126]

禮與樂是中國傳統文化素養之二大端。其重要性乃在其他領域，如科學、政治、經濟之上[127]。此不必贅言。可以稍予以指出的是，五四之前一年的

---

[125] 是可知陶養絕非藉賴知性的追求即可獲致者，尤其認為透過讀書的途徑即以為可獲致之，筆者恆存疑惑。當然，筆者不否認，尤其不排斥知性的追求亦有助於陶養，但知性之於陶養，其能作出的貢獻，恐相當有限。

[126] 〈理想的人文世界‧禮樂精神之重要〉（刊出於1949年5月，《民主評論》，卷1，期2），《人文精神之重建》，頁57-58。上引文中，以下一語：「藝術之生活使人忘我」，筆者近年頗有體會。三年前退休後，為了保健強身（尤其是為了增加肺活量），乃肆意於歌唱，並似乎唱出了點心得。希望真如唐先生所說的能使血氣和平，生機流暢，並進而讓德性獲得涵養。

[127] 禮樂在傳統中國中之重要地位，於中國史書之內容及排序之先後可以概見。《史記》八書，即以〈禮書〉為首，〈樂書〉次之。《漢書》稍失其旨，〈律曆志〉居首，但〈禮樂志〉仍居第二位。《後漢書》踵武其後，亦以〈律曆志〉居首，〈禮儀志〉次之。至於政書之《三通》，亦無一不把〈禮〉、〈樂〉納入其內。《三通》之首之《通典》都200卷，〈禮典〉即占一半，則禮被重視之程度可知。是唐先生之重視禮樂，乃可謂中國二千多年來之一貫傳統的體現。其實，禮樂在古代之重要地位，孔子的言論可以概見。子云：「不學禮，無以立。」，又云：「不學詩，無以言。」（《論語‧季氏》）在古代，詩可以入樂，可視為同類的文化表現。至少從藝術範疇來說，二者皆屬之。又「溫柔敦厚，詩教也。」是以就陶冶性情方面說，詩樂皆有其貢獻。孔子，二千五百年前人物也。因此我們可以說，禮與作為陶冶性情的詩、樂來說，其重要性在二千五百年前已被關注了。又樂，作為陶冶性情的一項文化活動來說，其理論上的說明，詳《禮記‧樂記》。其中禮、樂，又連德而為說：「知樂，則幾於禮矣。禮樂皆得，謂之有德。」據此，則可推知何以唐先生特別重視禮樂精神了。學人嘗特別關注唐先生對禮樂文化方面的論述的。茲舉一例：陳開穎，《禮樂存在的超越意識——唐君毅文藝思想研究》（北京：光明日報出版社，2010）；相關論述，主要見書中的中篇。

1918 年被視為「吃人」的「仁義道德」這一套東西（或可以「禮教吃人」或「吃人的禮教」等詞概括之）[128]，於 30 年後的 1949 年，唐先生全盤予以翻轉過來，而賦與「禮」全幅正面的意義。至於樂之正面意涵，上引唐先生文，即可以概見一斑；不展開。文不足兩百字，但禮樂可有的重要意義，全揭露無遺了。非本身深有體會者，行文何能至此耶！[129]

（三）科學家應知道人文涵蓋科學，科學不能凌駕人文

一二百年來，物質與科技一層論的理論[130]主宰及嚴重地影響著吾人的實際生活。唐先生對這個問題是深有所覺的。科學，尤其科技在今天的重要性及其對人類所作出的貢獻，三歲小孩皆知之，不必多說。[131]但科學，尤

---

128 「吃人」和「仁義道德」連在一起講，首見魯迅的〈狂人日記〉（此不足 5,000 字的小文章被讀者關注的程度及後來影響之深遠，恐非作者本人始料所及）；首發於《新青年》雜誌（月刊），1918 年 5 月 15 日，4 卷 5 號。翌年 11 月，《新青年》刊登吳虞撰寫的〈吃人與禮教〉一文。「禮教吃人」或「吃人的禮教」等詞大概便定形下來，其後更成為廣為流傳的一個用語了。

129 上引文中以下數語：「人之以其善相示範、相鼓勵、相讚美、相欣賞、相敬重是禮，藝術是樂。」，或稍可一說。其中以五項非常正面的「相ＸＸ」的表現來說出「禮」的內涵。吾人似乎可以說這是唐先生對「禮」所賦予的五項價值。至於「藝術是樂」的「樂」，此「樂」字既與「禮」對舉，其意則必指「音樂」無疑。按：樂乃藝術中之一項；即樂隸屬於藝術領域之下。是以依常理，當說：「樂是藝術」。今唐先生之所以反過來而說：「藝術是樂」，蓋以古代（漢之前）無「藝術」一名（即有，但與現今之涵意殊異），是以先生以「樂」一字統稱一切藝術也。所以千萬別誤會唐先生，視先生頭腦不清，遂說出隸屬關係剛好相反的一句話。當然，「藝術是樂」一語，亦可理解為：「藝術可以樂為代表」。

130 「科技一層論的理論」，恐即今人所常說的「科學主義」。摯友前香港中文大學劉國強教授以下一著作：《全球化中儒家德育的資源》（臺北：臺灣學生書局，2011 年 4 月），精義盈篇而累牘，非常值得閱讀。書中針對物質與科技一層論的理論（存有論）有所闡發，值得參看。詳見書中〈自序〉，XI。

131 唐先生對科學問題、科學與人文的關係的問題及科學與中國文化的關係等等問題，皆有所闡發。其中對科學的價值及其厲害之處，著墨不少。可知先生對科學是持肯定態度的。相關文字見《人文精神之重建》、《中國人文精神之發展》等書。後書收入一文名〈論西方科學精神〉，其中第五節更以“科學之厲害”這個醒目的標題來闡發科

其科技的發展，如其背後沒有一種人文關懷，則是非常可怕的。80 年前，人們經歷過二次世界大戰，而目前又碰上環境嚴重污染、地球破洞、地球暖化、氣候異常[132]等等問題，這都是科技過度發展、土地過度開發、破壞生態或人類濫用地球資源而導致的。唐先生的卓見在今天仍是深具參考價值的。[133]

（四）政治、經濟之位階應低於人類文化之其他領域（筆者按：科學、藝術、教育、宗教、文學等等之地位應較高之謂）

先生說：

> 我們理想的人文世界中，政治經濟是放在較低的地位。……因為政治之目的，只在保障促進人之文化生活，經濟之目的只在使人生存，得從事文化生活，並生產分配財物以使人達其文化之目的，……政治經濟應是手段而非目的。[134]

在價值層次上，政治與經濟的地位是否較低，也許值得進一步討論。但唐先生的意見至少可以使人反省、回視一般人常識性的看法不免流於偏頗。政治掛帥、經濟首位乃現時最流行的價值觀。在其宰制下，吾人確實需要反省。

學厲害之處。其論說層層深入，發人深省，超乎流俗遠矣。五四時代高唱科學重要性之全盤西化論者，恐亦瞠乎其後。學長黃漢光教授 2011.04.26 嘗於宜賓學院儒學論壇上發表一專題演講，題目為：〈唐君毅對科學與文化的省思〉，闡發唐先生對科學意見的慧解，黃文具相當參考價值。

[132] 偶爾異常，那是不足為怪、為患的。但最近二三十年來，異常已成為常態，那就很值得吾人擔憂和省思了。筆者修改本文時的 2022 年 7 月，中國大陸、印度和歐洲不少國家都出現攝氏 40 度以上的高溫，熱死人以千計。嗚呼哀哉！同年 12 月和 2023 年元月，北半球不少地區又面臨幾乎前所未有的嚴寒，地球真的在"生氣"了。其罪魁禍首竟是作為萬物之靈的人類！據悉，2023 年 7 月「地球暖化」一名詞已"過時"，取而代之的是「地球沸騰」！

[133] 詳見《人文精神之重建》，頁 58-59。

[134] 見《人文精神之重建》，頁 60-62。

一般人以掙錢的多寡（具體而言，對於大多數民眾——受薪階級來說，即銀行存摺的月薪金額）來看一個人的“成功度”，這個我們亦早已習焉而不察了。唐先生的意見至少是社會庸俗觀點下的一服清涼劑。吾人的確需要反省，需要學習。記得 40 年前看錢穆先生某書，書中說如果吃飯時因為只有豆腐乳作菜，不是以一隻雞作菜而害怕訪客看見，那是小人役於物（役於一隻雞）的表現。當然，人皆有遮羞（其實何羞之有？）之心；乃怕被人瞧不起、看衰、看扁的心態在作祟。這種心態，乃可謂人性（此「性」指宋儒所說的氣質之性）之常。以上錢先生非常具體而形象化的指陳，的確道盡了吾人恆被物所役的一個活生生的實況！

（五）天下一家乃最理想的政治型態

先生說：

> 我們理想的世界之政治，當是天下一家。但天下一家應以中國為一人為條件。這是說天下一家，仍可有許多國。[135]

上引語「天下一家應以中國為一人為條件」的一句話意謂：中國必須是天下一家這個家中的家庭成員之一。如中國（其他國家亦然）被排除在外，無論是文化上視之為不入流的“化外”之國也好，或政治上視之為不上軌道的專制極權國家也罷，這都使得這個家庭有所缺漏而不圓滿的。幸好，最近二三十年前來，中國崛起了，但似乎僅偏重在經濟方面[136]！人家看得起你的，

---

[135] 見《人文精神之重建》，頁 61。

[136] 然而，2022 年年初開始，以下的情況／事件，對中國的經濟發展可能構成滿大的隱憂：一、全球經濟景氣前景不佳；二、新冠病毒疫情進一步嚴峻（尤其 2022 年 4、5 月之後），政府堅持清零的防疫政策；三、從 4 月開始，爆發河南村鎮銀行弊案：存戶存款被消失。四、7 月爆發 200 多個爛尾樓樓盤（建案）事件；以上種種情況或事件恐怕對中國經濟都會構成一定程度的負面影響：導致經濟增長低於先前的預期。2022 年底，尤其 2023 年年初之後，以上部分情況大為加劇，真不知伊於胡底？！

也只是這個方面而已。[137]我們甚麼時候能夠藉賴以人文精神為主軸的文化、以民主政制為主軸的政治，而見重於世呢？在可預見的未來，恐怕都無法實現。再者，天下一家恐怕也只是理想。就目前情況或可預見的未來而言，世界上各國紛立乃必然現象。然而，就未來的理想情況而言，唐先生是盼望全世界只是同一個國家，不必分此疆彼界。但筆者覺得這個理想是遙遠了一點，恐怕只是一夢想，一空想，甚至一幻想而已。然而，把理想懸在那裡，作為吾人奮鬥的目標，總比沒有理想好。「有夢最美，希望相隨。」不是嗎？

（六）經濟問題之重心不在生產、分配、交換，而在消費

先生說：

> 在我們理想的世界中，經濟當然亦重要。但我們認為財富之價值，一方在維持人之生存，一方在供實現我們之文化目的時之消費。現代人講經濟，重生產，重分配。資本主義之興，初似由生產著眼，社會主義之興，初似從分配著眼。其實生產分配之目的，都在消費。說生產是為再生產，說分配公平之社會主義之生產，更能發展生產力，都是純就經濟說經濟的話。如將經濟與人生人文連起來看，則經濟之目的應在消費上。[138]

唐先生恆重視人生問題、人文問題、文化問題、道德問題。根據唐先生，維持人之生存以外之經濟活動，其目的乃在於消費。然而，吾人不應為了消費而消費。換言之，消費本身非一目的，或至少非一終極目的。據唐先生，消費之目的應在於促進人生、人文方面之文化活動。唐先生既重視人生、人文

---

137 其實，根本不是看得起你，只是您有錢，那就只好侍奉您為大爺吧了！從 2022 年開始，中國經濟惡化程度轉趨嚴重，別國過去所謂看得起你的因素，似乎已逐漸消失了。對他們來說，中國已非大爺了。

138 見《人文精神之重建》，頁 62。

之活動，我們便知道何以先生認為經濟之重心必在消費，而不在生產或分配了。[139]當然，吾人可以不同意唐先生把經濟之重心放在消費上這個說法。但必須指出的是，唐先生這個說法，其背後是有一個理想的，或有一個理念作為根據的。此即對人生與人文之終極關懷是也。

（七）理想之社會關係與太和世界（含論說仁義、自由、正義、平等；及論說何以太和世界優於大同世界）

仁義與理想社會之關係，先生有如下的說明：

> 關於我們理想世界的社會關係的基本範疇，我想應是仁義，應是和諧。仁義是自由平等之基礎，和諧中包含自由平等。……（自由的）最高原則，當是使人我自由不相侵犯之正義原則，或公道原則。……理想的社會，是不只表現正義而且兼表現仁道而致自然的和諧之社會。[140]

上引文最後一句話非常關鍵。就一個社會來說，公平正義是非常重要的。西方人對此尤其看重。《中庸》：「義者，宜也。」《淮南子・齊俗訓》：「義者，循理而行宜也。」然而，所謂循理，所循者又何理也？此仍無定

---

139 在這個地方，筆者作點補充，使唐先生的意思更清楚。依唐先生，消費的目的，乃在於促進人生和人文方面之文化活動。這個說法揭示唐先生深具理想性，所以筆者非常認同和佩服。然而，所以能夠消費，乃由於市場上具有生產品及由此而來的分配（「分配」一詞，取廣義用法；指消費者有機會獲得這些生產品）。生產品來自生產，這是不必多說的。生產、分配既提供消費之資，則吾人似乎可以說，生產和分配至少在間接上，是幫助促進人生和人文方面之文化活動的。

140 《人文精神之重建》，頁 63-64。「正義」乃西方最重視的一種德行。在西化席捲全球之浪潮下，先生當然得“順應潮流”而亦重視之。（當然，正義本身乃係一重要德行，此唐先生亦絕不否認的。）但依唐先生之教（「教」乃指：心量上兼容並包，方法上泛應曲當），則首肯此德行之餘，必隨而指點出，此德行外，人類仍有其他更高的價值理想有待人類追求的。此即中國人向來所重視的仁義也，和諧也。

著。[141]至於一般人所說的「在適當的時間，適當的場所，做適當之事，是謂宜」，則說了等於沒說。蓋何謂「適當的時間，適當的場所，適當之事」，亦無定著而仍不免流於空洞。

孟子云：「惻隱之心，仁也；羞惡之心，義也；辭讓之心，禮也；是非之心，智也。仁義禮智，非由外鑠我也，我固有之也。」（《孟子・公孫丑上》）羞惡世間上不公正、不公義之事，而必有以正之，是謂義。此羞惡之心，非外鑠而為人所本有者，此固然。然而，人又何以有此羞惡之心？此問題可以不必問，蓋其本身即為一價值所在，故不必問（好比不必問「何以上帝存在」這種問題，其理正同。）然而，就另一層次來說，此問題，吾人亦不妨問。其答覆則如下：筆者以為，羞惡之心源自惻隱之心。何以言之？蓋惻隱之心，即不忍人之心。因不忍世間有不公不義之事出現，故當其出現時，吾人之心必羞之，必惡之。[142]然則促成義行、義舉之羞惡之心之所以出現，以其後或其上有惻隱之心故。本此，則仁義禮智，故可平頭並列而為四端，如《孟子・公孫丑上》所言者。但語其究竟，則當以仁居更高一層次，蓋其為其他三端所從出之源頭也。其實，素來說仁，皆可分二個層次。就本體論來說，仁為一道德形上實體，即仁體，故位階高於義禮智。然就其發用來說，則仁亦仁體表現之一端而已，故位階與義禮智實相當。

社會必以和諧為貴。而義不足以致此。蓋為求公義、正義之伸張，有時不免爭鬥、戰爭。此所以唐先生說：「理想的社會，是不只表現正義而且兼表現仁道而致自然的和諧之社會。」[143]然則仁道與和諧社會之因果關係，

---

[141] 當然，此「理」，蓋指「天理」。然而，「天理」何指，且吾人又如何循之？此對一般大眾來說，恐仍不免有所疑惑。今不擬細論。

[142] 2023.06.03 筆者正在修改本文時，驚聞臺灣社會竟在 4 天內爆發了 8 樁性騷擾醜聞案，且大體上皆與執政黨有關！其實，此為已爆彈，其未爆者更不知凡幾？！究其實，性騷事件何日無之（且不限於執政黨）？！問題是有沒有被爆出來；且最關鍵的是相關單位（含相關主管）在處理的過程中的態度問題，譬如有否知情不報（吃案）問題、有否對被害人施壓和縱容加害人等等問題。筆者獲悉後，實在痛心疾首不已、羞惡不已。果然是「權力可以使人腐化，絕對的權力使人絕對腐化。

[143] 說到正義，恐無人不悉約翰・羅爾斯（John Bordley Rawls，1921-2002）《正義論》

不亦昭然若揭乎？由此可見，為求社會之和諧，必以踐履仁道而後可；義道則為輔焉。

次說平等。上一節是從人格方面來論說平等。先生又嘗從仁心出發以論說平等。（其實，人格與仁心無不同。自人言，乃人格也；自人何以得為具人格之一人言，則以其具仁心也。）先生云：

> ……唯從仁心出發，我們乃不忍少數人獨佔政權，不忍少數人之享受有經濟之特權，不忍大多數人之廹於飢寒，不得其生存所需之物質。但真以仁心為本而論平等，則我們亦應不忍人之安於愚昧醜惡。我們便不僅應使人人皆在政治上經濟上平等，而且應使人人都得真美善，都提高其其他文化生活，如學術生活，道德生活。[144]

一般人追求平等，僅從政治與經濟問題上著眼。唐先生高瞻遠矚，乃從更高價值的追求上探討這個問題。知識上之祛除愚昧，道德上、藝術上之棄絕醜惡，使人人都能平等地得到真善美，以提高其生活格調，這是先生所追求的

（*A Theory of Justice*）這本名著。該書是一本具有里程碑意義的政治哲學與倫理學著作。初版於 1971 年，1975 年與 1999 年出版修訂本。在該書中，羅氏嘗試用社會契約的衍生方式來解決分配公正（distributive justice）的問題；由此產生的理論被稱為 "justice as fairness"（以公平體現的正義，或略作「公平即正義」）。這個理論導出了羅氏的正義兩原則：自由原則和平等原則。其中平等原則詳細表述為機會均等原則和差別原則。有時候在某種情況下，人類必須奇怪或正當。以上說明，主要見維基百科「正義論」條。https://zh.wikipedia.org/zh-tw/%E6%AD%A3%E4%B9%89%E8%AE%BA；2022.07.18 瀏覽。日人川本隆史曾對該書，乃至羅氏的其他著作，進行研究；國人詹獻斌嘗予以翻譯：《羅爾斯——正義原理》（石家莊：河北教育出版社，2001）。該書篇幅不大，據版權頁，僅 162,000 字。然而，羅氏的生平事蹟、《正義論》，乃至其晚年鉅著《政治自由主義》等等，川本氏都做了報導或闡述；是可讀性相當高的一本著作。然而，談正義，乃至談自由、公平等等，而不及更高一層次的理念，恐仍一間未達。唐先生以仁道作為高一級（即高一層次）的"指導原則"，其識見與用心，顯在羅氏之上無疑。

144 《人文精神之重建》，頁 64。

目的。何能致此？一言以蔽之，「唯從仁心出發」而後可。即不忍人在任何價值之追求上有不平等之待遇而後可。可知僅著眼於政治上、經濟上之平等，其下焉者也。必從仁心出發始可成就各領域之平等，並由此而達致更高之追求並成就更高的價值。唐先生道德理想主義的性格於此可以概見。

先生又嘗論太和世界優於大同世界。先生的說法甚具參考價值。其要旨闡述如下：

1、 唐先生不相信絕無人我之分別之世界可得以實現。這是從現實的實際情況上立論，甚至可說也是從未來可能出現的情況上立論。

2、 唐先生不相信無人我分別之世界就是一最好的世界。這是從理想上立論。就理想的情況而言，人類必得有不斷自我提昇，不斷自我超剋的機會，否則「這將是人文世界之死亡，而不見有人文世界之存在生長。」唐先生這個說法可反映其樂觀及對現實予以肯定的態度。簡言之，吾人不必嗟怨現實之不完美、不完善。因為現實之不完美、不完善，適足提供了吾人得以進步的空間。否則「君子自強不息」便無從談起：一切已是如此的完美了、完善了，則自強、不息便缺乏所施的對象了！！吾人正因為現實的不完美才映照出可有一更完美者之存在。此更完美者或存在於過去，或存在於未來。然而，有謂：「逝者已矣，來者可追。」這種想法便給人帶來希望。所以唐先生的指陳，無論是其本人真的相信是如此也好，或旨在帶給人希望的一種勸勉式的說法也罷，[145]都是非常富於啟發性而值得吾人珍視的。

3、 至於「同」跟「和」的問題，這讓筆者想到《墨子》的〈尚同篇〉。該文的主旨是要老百姓上同於統治者。用今天的話來說，就是要和上級完全看齊；一切以上級的意見、作法為依歸之謂。[146]其一體化而全不考

---

145 當然筆者相信唐先生是兼而有之。他本人既深信未來的世界必如是，也同時是希望藉此帶給吾人一種希望。

146 據個人過去的理解，〈尚同篇〉旨在指出國家的職能在於統一全國思想。其相應的作法，便是要求老百姓與上級長官保持一致，最後上同於天子，即以天子之是非為是非之謂。對董仲舒研究作出一定貢獻的王永祥先生以下的一句話頗能概括〈尚同篇〉的

慮人個性上的差異與不容許人可有不同的創意性的發展，是至為明顯的。據此，則同不容許異；和則異於是。「異而相容，相感，相通，以見至一之世界」，此即太和的世界。唐先生講學問，一輩子都在講感通。[147]先生云：「相感相通之謂和」。既係相感相通，則必係雙向的。同也可以說是一種感通。但這種感通，乃係向某一人物或向其意見看齊，則這種感通必是單向的。單向的感通必不及雙向的感通（今天人際關係恆強調互動、對話，其原因正同[148]）。此所以大同世界不及太

核心思想。王氏說：「墨子的『尚同』，……其實質則是為天子的專制服務的，就是說，是排斥異的同一。」此說法見所著《中國古代同一思想史》（濟南：齊魯書社，1991），頁 48。然而，近日再讀徐先生《中國人性論史——先秦篇》，則赫然發現筆者以上的說法（含本注對王永祥先生的判斷），似未為究竟。首先徐先生承認：「對墨子〈尚同〉的疏釋，失之於粗率。」；先生又說：「（墨子）是認為只有由選舉出來的統治者，才值得人民與其相同。不把這一層說出來，便冤屈了這位偉大的思想家。」徐先生這個創見，容筆者以後再鑽研、發覆。徐說見〈補記〉，《中國人性論史》（臺北：臺灣商務印書館，1975），頁 5。

147 學者嘗以「感通」一詞作為書名的一部分以闡述唐先生的哲學者；頗具參考價值。黃冠閔，《感通與迴盪——唐君毅哲學論探》（臺北：聯經出版事業公司，2018）。黃先生在其大著中嘗指出：「唐君毅特別重視此概念（按：指「感通」），並賦予形上學的概念意涵，尤其在晚年論述中將感通當作貫串心靈與諸境的基本原則；因此，感通值得作為一哲學概念來再思考。」（頁 145）上引文中說到唐先生的「晚年論述」；以筆者所悉，乃主要見諸《生命存在與心靈境界》（臺北：臺灣學生書局，1977）一鉅著。臺灣學生書局和北京九州出版社出版的《唐君毅全集》均收錄該鉅著。

148 單向的動而不是互動，恐怕只是施壓；單向的話而不是對話，恐怕只是訓話。相感相通（互動、對話），乃係今日邁向太和世界的不二法門。2011 年 5 月 2 日，美國 CNN 報導賓拉登（Usāmah bin Muḥammad bin Awaḍ bin Lādin，1957 年 3 月 10 日-2011 年 5 月 2 日）已遭射殺，美國人幾舉國歡騰。個人則覺得賓拉登被美國人射殺，此事只有惡化以美國為首的基督教文明與伊斯蘭文明之關係而已。這說來話長。筆者在 2001 年 911 事件發生後，曾經很天真的想，如當時的美國領導人能排除萬難，以最大的仁心、慈悲心來寬恕相關計畫的執行者，尤其幕後的主使者（賓拉登），而不進行報復、追殺，則一千多年來兩大文明之間之世仇或由此得以冰釋前嫌亦未可知。然而，誰有這個雖千萬人吾往矣之氣魄呢？誰有「我不入地獄，誰入地獄」、「地獄不空，誓不成佛；眾生度盡，方證菩提」之悲心弘願呢？當時美國總統小布希（Bush

和世界也。唐先生欣賞後者而不欣賞前者，不亦宜乎！[149]

七、結論

在唐先生的逝世追悼會上，牟宗三先生以「文化意識宇宙中之巨人」來稱頌唐先生，這是極允當的。然而，唐先生的「文化意識」，乃以「人文」為核心（當然，牟先生亦深悉之）。然則以「人文意識宇宙中之巨人」來稱頌唐先生，似乎更能彰顯、揭示先生終極關懷之所在，且「人文」二字比「文化」二字似更聚焦。[150]唐先生的另一摯友徐復觀先生即如是說：「……唐君毅先生以深純之筆，開始了中國人文精神的發掘。」[151]建基於人之道德理性而來之「人文精神」，其為唐先生眾多歷史、文化論述之核心，徐先生可謂一語道破之。針對唐先生人文精神在人類文化活動中之重要地位之相關論述，本文僅扣緊國家存在（含發展）、民主政治與理想世界——太和世界之建構諸大端，以闡述唐先生的相關旨趣；而未嘗廣涉其他。

本文篇幅相當大（約 70,000 字），今僅開列上文各要點，或引錄唐先生一二精警語句如下，以便讀者把握唐先生之宏圖大旨。

(一)唐先生扣緊人心以論文化。先生嘗謂：「文化可稱為精神之表現，或客觀之精神，而為心與心、精神與精神相交之媒介。此可說是一切文化活

Junior）固不足語此。參眾兩院議員亦不足語此。民主社會，為求當選、為求連任或為求順應國內的民意、輿論，其領導人之政策必得從眾從俗而庸俗不堪無疑。於此亦可見民主政治之盲點所在。然則兩文明之世讎宿怨果真無解乎？吾以是不得不引領企盼如甘地（Mohandas Karamchand Gandhi，1869 年 10 月 2 日-1948 年 1 月 30 日）之聖雄之再世也。果再有甘地乎？果今日必再無甘地乎？果千百世後仍必無甘地乎？吾焉得不惑？

[149] 本段各引文，詳見《人文精神之重建》，頁 65-66。

[150] 筆者這方面嘗為文討論。黃兆強，〈人文意識宇宙中之巨人——唐君毅先生〉，上揭《學術與經世——唐君毅的歷史哲學及其終極關懷》，頁 529-554。

[151] 徐復觀，〈《民主評論》結束的話〉，上揭《徐復觀文錄（四）雜文》，頁 175。

動之共性。」有謂唐先生乃唯心論者，今暫且不予討論。[152]但先生重視心（依唐先生，此乃人別異於其他動物之關鍵所在）在文化活動中的表現，上引文可見一斑。

(二)唐先生非常重視人文精神，甚至認為人類的一切文化活動都是人文活動。其意為一切文化活動皆有或皆應有人文精神貫注其中。

(三)「自然人即候補的文化人，及候補的人文主義者，說人即等於人文主義者，亦是對的。」這個說法，讓筆者非常震撼。人或視之為一種不務實而過分天真的說法。其實，吾人不妨視之為對人的一種期許。唐先生之為一道德的理想主義者，可見一斑。天真、不失其赤子之心，以正面，正向看人——恆自然而然的本乎一己高貴的心靈而視其他所有人同具備高貴的心靈，正係理想主義者之為理想主義者的特色所在。

(四)先生認為理想的人文主義者應有九項自覺的基本信念，其中含重人過於人所表現之文。而所謂「人」蓋指其人格而言。先生說：「人之人格價值，高於人所表現於外之一切文化活動，文化成績之價值。」

(五)先生深信人文主義的思想（自覺人之所以為人，文化之所以為文化）作為一道理來說，可為一切人所具備，或縱然莫有人，但仍可永恆的存在於天壤間或存於天心之中。

(六)人文之過度發展有可能流為文蔽。而非人文主義者、反人文主義者對文蔽，乃至對其他人文表現之批判，正可促使人文主義者自我反省。以此，唐先生乃進而肯定非人文主義者、反人文主義者之價值。唐先生包容萬物，雖“異端”亦肯定其價值的心量，可以概見。

(七)中西方人文主義之發展各有其特色。前者求自身之自立，後者則以對治或反抗某種文化上的偏蔽而興起。兩者各有其價值，故必須會通合流始可成就更高的價值。然而，先生認為人必須先求自立。是以指出應立根於中國人文主義來融攝西方的人文主義。就未來世界的發展來說，中西方在朝在野的知識分子，必須各貢獻所長，努力協助國人各實現其所追

---

152 其實，相關討論，見諸本書其他部分。

求之人生文化價值理想。

(八)國家之必然出現／存在，乃以其後／其上有一具生生之德之形上實體（道德形上實體）為之支持故。至於國家作為人之共同的自覺理性之構造的一社會團體來說，其存在之理由乃由於國家，比起其他社會團體，更能全面地促進人文精神（含真善美神聖等價值）之落實故也。

(九)國家作為人之共同的自覺理性之構造的社會團體來說，其重要性乃在民族之上，或至少不在其下，蓋民族僅為依血統、語言、信仰、風俗、文化之共同處，而自然形成之一團體而已。

(十)唐先生指出，在民主建國的理念下，「現代的人，只可直接以道自任，而間接以天下為己任。」換言之，「以天下為己任」只不過是行道的其中之一方式而已；只要道能見諸實行，則不是非「以天下為己任」不可的。至於所謂「道」，要言之，可以「以關心天下家國之使命感而促使人文化成天下」一語概括之。再者，民主時代，主權在民。是以過去帝制時代盼望得君行道之心習，亦宜革除。

(十一)民主政治與其說是端賴政府組織之健全，那寧可說是仰賴社會文化團體、社會人文組織之興起。蓋此等團體、組織乃政黨與政府組織之基礎。社會組織發展起來之後，政黨與政府組織才得其成熟的基礎而可有穩健的發展。民主政治亦由此而得以健全化，國人亦因之而始得成為政治上之主體。

(十二)唐先生認為，民主政治在本源上並不一定全是神聖的，但總體來說，總比其他政制（如君主專制，貴族政治）為優。

(十三)唐先生深信，只有具道德、具辦事能力與具備知識，尤其能依道德意識以全面促進一切人生文化價值理想的人，始配從事政治活動。

(十四)民主政治固為現今最理想的政治，但仍有所不足。而道德文化陶養與賢能政治（含禮治、人治、德治）恰可彌補其不足。

(十五)唐先生特別強調，人文思想的概念永遠都應在其他概念，如人權、自由、平等這些概念之上。換言之，倡人權、拚自由、爭平等，都必得在人文精神的理念下為之；即不能違反人文精神。

(十六)根據唐先生，所謂愛國或忠於國家，究其實，即忠於我們自己高度的仁義之心。具體來說，愛國即依於人之忠於對全面人生文化價值的愛，並望其俱成之正義感的表現。因此愛國或忠於國家，不同於只忠於政府，尤其不同於忠於政府中之個人。

(十七)根據唐先生，民主精神必本諸人文精神始得其要領。而建基於人文精神之民主精神乃以追求人格尊嚴、人格平等為目的。

(十八)人文精神包含之範圍至廣。就中國來說，人文精神乃以道德精神、藝術精神為主；宗教精神、政治精神皆融攝其中。

(十九)先生認為，中國儒家所追求之自由、平等精神有比西方更優勝之處。就自由來說，儒家肯定為仁由己。這可說是自由精神的最高表現。就平等來說，儒家乃追求人格尊嚴，人格平等。如吾人確能平等的對待、尊重每個人，則現代國家、社會所追求的個人人權、經濟平等（資源平等共享）、性別平等、男女平權等等，皆必能一一實現。

(二十)中國過去二千多年來未能發展出民主政治之原因為何？唐先生說：中國過去有民主精神，但沒有建立西方式之民主制度（按：如三權分立、議會政治等等），且一般老百姓從不自覺要在政治上自作主宰（即政權由全天下人共享、國家領導人由民選產生等等的觀念，皆闕如）。

(廿一)唐先生的理想世界是太和世界，而非大同世界。要言之，大同世界是一體化而不考慮人個性上的差異與不容許人可有不同的創意性的發展的世界。然而，人的個性與其表現必然是千差萬別的。人類如何能共存共榮，或至少達致和平共處，這是人類必須面對的課題。唐先生認為「異而相容，相感，相通，以見至一之世界」，是關鍵之所在。換言之，「和」（不是同）是關鍵。這所以唐先生理想中的世界是太和世界，而非大同世界。

(廿二)附識：為了成就民主政治，牟宗三先生提出「良知坎陷說」，唐先生又有「道德主體擴充說」。筆者個人則另立一說：「良知主宰說：一主一輔（一主一副）的雙主體說」。簡言之，此說為：良知（道德主體）不必坎陷，但亦不必為吾人唯一的主體。反之，吾人得承認良知外，尚另有主體：政治主體（當然亦有其他主體，如認知主體、藝術主體等等，今不擬涉及）。在道德主體（良知）之主宰、主導（監督、監護）的情況下，此政治主體乃以輔益之角色出現，以成就民主政治或比民主政治更優質之政治。（筆者所以用「輔益」一詞，乃視政治主體，相對於道德主體來說，僅居輔助角色，以輔助／增益道德主體，藉以促進一切人生文化價值理想之實現。當然，「一切人生文化價值理想之實現」含民主政體／民主政制或更優質的政體／政制的實現。）

對「人文」及對本此理念而成就的各種表現，唐先生的論述至多。其中慧解卓識盈篇而累牘，絕不僅限於本文以上之陳述，尤不止上面所撮要的21 項而已。然而，若本文可扮演一媒介之角色而促使讀者進一步細閱唐先生本人的著作，那是筆者由衷的企盼。

八、餘論：補充說明

2023年1月中旬本文增添修訂的工作，基本上已告一段落。偶爾檢起黃冠閔先生《感通與迴盪——唐君毅哲學論探》一書[153]。其中第二章〈主體之位：唐君毅與列維納斯[154]的倫理學思考〉的第一節〈問題：人文主義的危機〉吸引了筆者的注意。拜讀之餘，乃認為其中部分內容對進一步了解唐先生的人文觀，提供了不少助益，由是補充上本節。（主要是綜述黃先生的意見，但為求簡直，或不自覺的把一己的若干理解滲入其中也說不定。）

唐先生與其畢生摯友牟宗三先生都極為關注、重視人文主義（筆者按：

153《感通與迴盪——唐君毅哲學論探》（臺北：聯經出版事業公司，2018）。此書之初稿，筆者五年前已拜讀過，但早已沒有甚麼印象了。真愧對作者；其實也愧對唐先生。愧對作者本人，就不用多說了。至於愧對唐先生，事緣唐先生曾說過：對任何一本書，讀者都應該懷著虔敬之心來讀它的（大意如此）。果爾，則不應把已讀過的著作的內容忘記得一乾二淨的。以有違師訓，是以愧對唐先生。

154伊曼紐爾・列維納斯（Emmanuel Levinas，1906-1995），當代猶太裔法國哲學家，出生於今日的立陶宛共和國。參詳維基百科。瀏覽日期：2023.01.13。

此相當於人文精神。在此不擬細辨其差異）；此透過兩人之著作即可知之。黃先生又指出 1950 年代時（即唐先生中壯年之時），唐先生特以「人文精神」作為兩本著作[155]的書名的組成部分，即可反映彼對人文主義之重視。至於由文章彙整成冊的《中華人文與當今世界》一書（分上下兩卷），當然也反映出同一個精神；其實書名中也有「人文」一詞。晚年鉅著《生命存在與心靈境界》，雖沒有再用「人文精神」這個標記作為書名的組成部分，但擬成立一種「立人極」的哲學的企圖則是很明顯的；其企圖甚至見諸筆端。[156]而「人文主義」、「人文精神」、「立人極」，寬泛言之，實一也。換言之，唐先生一輩子都是為了以人為主角，為內核來建構人文方面的教化（或可簡稱為人文教）的理論與付諸實踐（含傳播弘揚）而作出努力的。[157]以上所提到的各種著作，其撰著的契機是來自時代的呼喚。如借用徐先生的話，那便是不容自已的一顆感憤之心促使唐先生（其實，同為筆者業師的徐、牟二位先生又何獨不然呢？）撰寫了各種相關著作以回應時代的呼喚。[158]針對唐、牟二位先生，黃先生甚至指出說：

> 兩位新儒家哲學家的相互呼應，都指向同一個目的：將儒家思想定位為人文主義，並診斷人文主義的當代處境與發展前途，以療癒時代的創傷。[159]

---

[155] 兩本著作的名稱，已見上文：〈一、撰文緣起〉之首段；此從略。

[156] 見頁 18-19：〈真實行與生命之真實存在及立人極〉一節。黃書作頁 9，恐誤。

[157] 黃先生對這方面，亦做了論述；見頁 78-86，尤其頁 78、86。其具體說明如下：「他對此一危機（按：指人文主義的危機）有他的回應方式，亦即，以儒學的心性與修養為宗，甚至發展出有儒家特色的宗教，具體來說，便是以『哲學的目標在成教』作為人文主義的證成。」（頁 86）

[158] 「感憤之心」一詞，見〈自序〉，《徐復觀文錄》（臺北：環宇出版社，1971），頁 2-3。該詞在 1,000 多字的〈自序〉中出現凡六次。筆者對此嘗稍作探討、說明。參上揭拙著《政治中當然有道德問題：徐復觀政治思想管窺》，頁 401-402。

[159] 《感通與迴盪——唐君毅哲學論探》，頁 80。

以上引文，雖寥寥60個字，但義蘊相當豐富，試剖析如下：

其一：「兩位新儒家……將儒家思想定位為人文主義」一語，是很扼要到位的一個判斷。其實，依筆者之見，凡儒家莫不然也，或莫不應不然也。唐、牟二人（其實，徐先生亦然），其佼佼者而已。

其二：基於儒家所具備的惻隱之心（道德心靈：良知良心），那既診斷出人文主義在當代所面臨的處境——困境、窘境，[160]乃至在勢有必至，事有必然的情況下而預見到其未來可有之發展前景，則儒家必不忍棄之而不顧的。上文早已說過，依唐先生，在「人文」中，唐先生重「人」遠過於重人所表現之「文」。是以如棄人文於不顧，即相當於棄人而不顧。這在唐先生來說，是萬難做到的，即絕不可能的，以良心所不許故也。

其三：此是順上文「其二」而必生起的一個結果，即唐、牟二先生乃發弘願大願，「以療癒時代的創傷」為其畢生職志之所在。二位先生[161]一輩子為中國人，甚至可說為全人類，奉獻其全副心力而撰就數十種擲地有聲之鴻篇鉅製，其終極原因，恐即在於此。二先生，一言以蔽之，一介書生而已。書生經世，見諸文章。此即筆者所恆言之「學術報國，文章經世」也。作為三大師最不肖的受業者，一輩子之所以頂禮膜拜三大師，即以此故。

最後，在結束本餘論之前，筆者必須再指出黃文的另一貢獻，此即主體性一觀念的提出是也。[162]細說之，即黃先生從唐先生的「人文主義」論說到「主體性」這個問題。把兩者關聯起來做論述，這是筆者以前所不曾注意的，當然更沒有做過相關論述。黃先生則把主體性引入以論說唐先生的人文

---

160 黃先生的大著第五章第一節：〈現代性中的人文主義危機與虛無主義〉嘗深入探討這個問題。唐先生所提出的對治方策，黃先生也關注到了；其相關疏釋，可說甚為到位。這方面，筆者上文已有所論述。是以今從略。

161 如同上文多個地方提到過的，除唐牟二先生外，筆者認為宜加上徐先生。當然，也許因為黃先生對徐先生比較不熟悉，是以為求矜慎，而不得不選擇“不理會”徐先生。此正如筆者對徐唐牟三大師外，亦不敢隨便加上其他當代新儒家，其道理正相同。

162 當然，「主體性」一觀念早有人提出過，探討過。這是不必多說的。但從主體性切入來論說唐先生的人文主義或人文觀，則筆者所未見。當然，也有可能以前有看過相關論說，但未嘗多加注意而忽略掉也說不定。年紀大了，隨讀隨忘，奈何！

主義，這非常值得關注。上文已指出過，唐先生重人過於重文。換言之，依唐先生，人文之主體正是人本身。這所以筆者認為從主體性切入以探討唐先生的人文觀，洵探驪得珠、發人深省的一個創意。

九、附錄：〈民主理想之實踐與客觀價值意識〉重點摘要[163]

就民主一項來說，除本文以上所闡述之各要點外，唐先生之相關論述仍相當豐富，惟以篇幅過大，今不克悉數消化以納入上述正文內。唐先生的相關論述中，其中〈民主理想之實踐與客觀價值意識〉一文，卓見慧解盈篇。今茲將其重點摘錄於下，俾讀者便覽焉。（以下開列之重點有七，其標目則為筆者所擬者。）

（一）民主之理想，則求歸於普遍與特殊，平等與差別，皆能成就

有關民主，「在一切的理由後面，同根據二原則。一為人與人人格之平等的肯定，與人與人之個性之差別性的肯定。……民主之理想，則求歸於普遍與特殊，平等與差別，皆能成就。……我們應當先悟到民主理想中之要兼結合平等與差別，普遍與特殊之原則」。（頁 501-502）

（二）須逆轉以效率與成功代表客觀價值之心習

「真欲逆轉金錢為價值尺度之意識，首須改變以效率、成功代表價值之觀念。而欲不使效率、成功代表價值，則必須人有客觀的價值意識。而欲使人真有客觀的價值意識，則必須使人與人能直接的互相欣賞其工作之本身價值。以人與人之工作之日趨特殊化，卻又使人必然日益不能互相欣賞其工作之本身之價值。此中即有現代西方，尤其是美國之社會文化政治問題之一死

---

163 原載《祖國周刊》，卷 20，期 3-5，1958 年。後收入《中華人文與當今世界》，下冊，頁 500-539。

結。」（頁513）

「此死結是否有解開之道？是否人與人真有直接互相欣賞其活動之本身價值，而建立其共同的客觀價值意識之可能？吾以為有。而欲此可能有者，為實有，則必須逐漸轉變此種由『不斷特殊化各人之活動之形式，以表現人之個性特殊性』之文化發展之方式，以改而崇尚『使各特殊的人能在同一或類似之形式下活動，以表現其特殊的造詣』之社會文化活動。所謂在同一或類似形式下活動，以使各特殊的人表現其特殊造詣之文化活動，即重質之增加，而不重量之增加之文化活動。……人於此不須出奇出異增加形式花樣之量，以制勝，而須由其習常而蹈規矩的工夫之深淺之質，以制勝。此處即可培養人之客觀的價值意識，與人之種種超越的願望與超越的向上精神。」[164]（頁513-514）

唐先生又談及由敬與愛之師友之道之互相學習、互相砥勵以促進各種文化、社會活動；冀由此以避免人之精神趨於為其特殊事業所包裹，而特殊化、物化。

「……簡單言之，則此中之人與人之或為先進或為後進者之關係中，可有真正的師友之關係。此師友之關係中，可有真正之愛敬。此愛敬，即使此師友關係，使特殊的個人與其他特殊個人之間，有精神上的互相內在之關係，而形成一內在的結合。此方是真正的志同道合的結合。」（頁518）

「……我所謂物化，尚不是從物質文明之享受本身說。物質文明之享受，亦並不必然使人物化。我所謂物化，是就每人皆忙於其特殊的事業活動，其精神皆趨於為其特殊事業所包裹，而特殊化，遂逐漸與真實的整個世界之隔絕來說。我所謂平面，則是就各人所作之事業活動之成果，皆可直接

---

[164] 先生之指陳，讓筆者想起學術論文量產與sci、ssci及所謂核心期刊等問題。近今衡斷學術成就，乃以論文數量之多寡與是否刊登在上述期刊作為判準。以之衡斷理工科之學術成就，個人不敢置喙。但作為文科（主要是文史哲等科目）來說，此種判準是否恰當，則甚值得商榷。其中尤以量產一項最為人詬病。先生所說的效率問題、成功問題，其實即數量問題。在最短時間內完成最多的數量，即視為有效率者、成功者，或可合稱為有效率的成功者。

間接為全社會人所享受；然而關於價值的等差高下之意識，則逐漸趨於泯除說。合此二者，則人之一切超越涵蓋的精神，將日益墮落；而保衛全人類的自由之心願，亦必然難於提起。」（頁 509）

（三）工作上超越的向上精神之提起以成就更高的價值；重懸一更高之人類未來社會之理想

「由此超越向上的精神之提起，則人仍可在其作一專門之工作時，自超越其工作，以顧念整個之事業、整個之地方、整個之社會、整個之國家，或整個之人類。……我們今日之欲從根救治此現代式文明社會之病，蓋捨重懸一更高之人類未來社會之理想，於此理想中，將古典式之社會精神，重加發揚恢復，使之再透過現代式之社會，而發展為未來人類社會之一精神支柱，別無道路可走。」（頁 525）

（四）民主選舉中應有價值差等之意識；平等與自由都要兼顧

「對於我們上述之重將價值差等之觀念，貫入平等自由之觀念中之理想，也許要被人視為與民主之精神不合。……對於上列的批評，我們的答覆，簡單說是承認價值的差等，並不必然化社會為貴族社會、階級社會，亦並不必需承認有一居金字塔之頂。此猶如我們在道德世界，同承認有聖賢小人之等，然而我們儘可承認：人皆可以為聖賢，並不必承認只有一聖人高居一切人之頂。我們如果不能承認人與人之價值的差等，則我將說真正理想的民主政治的實踐，將不可能。而要使真正理想的民主政治的實踐成可能，正必須依於人之承認價值的差等。在此，我將說明美國現行的民主政治，亦並非理想的民主政治。中國未來之民主政治的實踐，亦正須依於肯定價值差等之意識，才能真正的有成功之可能。民主政治之實踐，所以必須根於肯定價值差等的意識，是民主政治之實踐，不能離開選舉。選舉之活動，即是一衡量諸候選者之價值高下，而選我所認為有較高價值之人之一活動。如果我們不能同時選舉一切人，則我們不能莫有價值差等之肯定。價值差等之肯定，是民主的選舉中，必然已經包含了的。」（頁 529-530）

（五）理想的中國民主的實踐必須重肯定傳統價值中的差等觀念

「中國之民主之理想的實踐，必須重肯定傳統之價值差等之觀念，而以中國傳統式社會組織之原理，為一根據。因唯此方可真實成就中國之民主政治之實踐，而亦可將現代式之社會組織與民主政治，再向前推進一步，以開拓人類社會政治之更高遠的前途。」（頁 535）

（六）中國過去數十年民主政治運動失敗的原因？

「中國數十年來從事民主政治運動的知識分子之所以無成，由於其不深知民主之理想之落到實踐，若只依人與人平等自由之要求，並不能形成真正之團體結合，以共建國家。(1)此或須賴於團體之有外在的壓力，以使其內部凝結，(2)或須賴團體中人之客觀化其理想於社會之事業組織。(3)否則必須內部有一有效的法紀規律之制裁。(4)再不然則需團體內部之具體的人與人間，有直接的人格接觸所產生愛護、佩服、互助等自然情操、與道義關係。我們說在此四者中，一切革命團體主要是賴第一種之原理，以形成其團結的。」（頁 534；文中 1、2、3、4 為筆者所加，以醒眉目故。）

（七）理想的民主政治，其選舉精神應是禮讓精神；其選舉制度應是推選，不是競選

「民主政治之實踐，根本是一選舉的抉擇。此抉擇只能依於差別原則，而不能只依於平等原則。依於平等原則，只能說一切人皆有選舉權和被選舉權或被選出之可能。以此原則，可以推翻一切特權階級。此無問題。然如一切人皆同只有此可能，則一切人皆可被選出，一切人亦可不被選出。如果無『差別原則』之加入，則積極的民主政治之實踐，乃不能成就。……然而我們如何能使選民，對於政治人物本身之才幹、道德之差別，能有真正的認識，以為成就真正選舉之根據，並使有最高之政治才幹、政治道德者，居政治上最高之位？則只有繫於人民之普遍的有一本於禮讓之精神，而尊賢舉能之道德與器度。在君主制度下主權在君，依中國儒家之理想，必要求君主一

人之有尊賢舉能之道德與器度。在民主制度下，主權在民，人人皆是君主，則我們亦必須要求一切人民，同有尊賢舉能之道德與器度。此只是一個道理之擴充的應用。」（頁 536）

「照現在一般之說法，競選便是爭而非讓。但是我們要知道在民主政治之實踐中，重要的是人民之選舉，而非候選者之競選。人民之所以選候選者之一，而不各選他自己，此即依於一讓。[165]如大多數人不讓，則人人皆競

[165] 筆者按：不必然，因可能是評估自己選不上，所以才不參選而已。然而，唐先生的說法乃印證先生乃係一道德的理想主義者。吾人必須對唐先生這種學術性格，乃至其人格（學術性格之背後，就是其人之人格；也可以說，學術性格多少反映其人之人格），有所了解，否則恐怕無法讀懂先生之各大著作，更不要說契入其精神生命了。曾昭旭先生嘗於2022年7月9日為《唐君毅哲學有聲書》之上架而撰寫了下文：〈如何讀唐君毅先生的書〉，其中慧解卓見，盈篇而累牘，甚具參考價值。按：讀唐先生的書（乃至其他作者的著作），乃意在對書中的內容（含作者之精神、人生價值、生命取向等等，不贅），求得客觀的了解。本此，則容狗尾續貂，藉著唐先生本人之說法，稍作補充如下。先生說：「……要成就此客觀的了解，則必須以我們對所欲了解者的敬意導其先路。敬意向前伸展增加一分，智慧的運用，亦隨之增加一分，了解亦隨之增加一分。敬意之伸展，在什麼地方停止，則智慧之運用，亦即呆滯不前。」見唐君毅等，〈中國文化宣言・第三節〉，《中華人文與當今世界》，頁 874。又可參先生〈孔子與人格世界〉，《人文精神之重建》，頁 209-211。針對如何讀書以掌握書中之精粹，並進而了解作者其人，筆者得唐先生之啟發，也略有體會。詳見黃兆強，〈後記〉，《性情與愛情：新儒家三大師相關論說闡微》（臺北：臺灣學生書局，2021），頁 466。業師嚴耕望先生教人寫文章、做學問時，千萬別抱持「抱個題目去翻（找）材料」的心態來看書（讀書）。讀唐先生的書，更千萬不可如此。上引嚴先生的一句話，見所著《治史經驗談》（臺北：臺灣商務印書館，1985），頁20。按：嚴先生的訓誨，良是。然而，今日則頗不容易做到，尤其在大學教書者為然。既要應付教書，又要寫文章（即所謂做研究），甚至要做“行銷”（“中後段班”的大學，為了招生，在上者不得不“鼓勵”，甚至“命令”教師要做一定程度之“行銷”），很多時候真的不得不藉著「抱個題目去翻（找）材料」這種取巧便捷的途徑來寫文章、做學問的！這種情況，當然很不理想，甚至良堪浩嘆。然而，二千多年前管子的話：「倉廩實則知禮節，衣食足則知榮辱。」，在今日仍有其工具理性的價值。這的確很可悲，但無奈！！蓋自己本人或可以選擇餓死。但父母呢，自己的小孩呢？忍心彼等同餓死乎？！上引管子語，見〈牧民〉，謝浩範、朱迎平，《管子（譯注）》（臺北：臺灣古籍出版公司，2000），頁 2。

選，則無人能被選。[166]唯因大多數人皆讓，然後有少數競選者之爭。是民主政治之實踐，所賴之於人民之根本精神，仍是讓而非爭。」（頁 537）

「依我們之理想，則要貫徹民主政治中之讓的精神，終有一日，在政治世界，無一切出於爭心的競選，而只有『推選』。一切所謂宣傳爭辯，皆是為客觀的政治理想而宣傳爭辯。一切政黨與個人之競選，皆只是提供人民以選擇的各種可能，而人實無爭心。因而現代式之一切出自爭心之宣傳爭辯，皆將只以說明理想、報導事實之形態表現。其中另無任何利用人民心理之成分然後可。」（頁 537-538）

有關理想民主政治之落實，除「爭取其政治上之自由平等外，同時亦須求如何本客觀的價值意識之建立，運互讓的精神，於一切自由世界的民主力量之團結之中；並將此力量，客觀化為各種社會政治之事業。否則，一切民主自由之理想之建立與宣傳，都是只能始事而不能成事的。」（頁 539）

---

[166] 這句話讓筆者深有所感。今天（2023.08.28）上午某生意人不顧誠信原則而公開宣布參與明（2024）年的大選。在 2 大在野黨及該生意人皆互不相讓的情況下，最後在野勢力必「無人能被選（上）」無疑！

第二章　中國文化對西方世界可作出的貢獻——以〈中國文化宣言〉與唐君毅之其他著作爲主軸所展開的探討*

提　要

唐君毅先生是近現代著名的哲學家、哲學史家、人文主義者和當代的新儒家。先生的哲學思想極具慧解，且對人類的前途永遠都以一種悲天憫人的情懷給予極大的關注。先生著作的重點固在於論述自己的祖國(中國)

---

* 本文最先用英文撰寫，名 "Universalism in New Confucianism: Contributions of Chinese Culture to the Western World from the View Point of the New Confucianist T'ang Chun-I (1909-1978)"（筆者的英名拼寫是：Siu-keung Wong）；宣讀於 2010 年 10 月 7 日在義大利披薩（Pisa）舉辦有關文化交流的一個論壇上，論壇名為 Western Conceptual Vocabulary and Intercultural Translation。其後收入以下專書內：Anna Loretoni, Jérôme Pauchard & Alberto Pirni, ed. *Questioning Universalism: Western and New Confucian Conceptions* (Pisa: Edizioni ETS, 2013), pp. 69-96.（今作為附錄二納入本書內）筆者應邀發表該文的目的旨在透過唐先生等人的論述，向外國人揭示中國文化對西方文化可有的貢獻。考慮到部分外國學者對中國文化缺乏基本的了解，所以文章力求淺顯。今茲不嫌譾陋，乃迻譯為中文以就教於國人（納入本書前，此中文版未嘗正式發表）。譯文嘗經相當程度之增刪修改，雖不得謂全新製作，但顯與在論壇上宣讀之英文原稿有相當差異。又：該英文原文經修改後，連同中文大綱嘗宣讀（發表）於 2010.12.06-10 由中華炎黃文化研究會、炎黃文化國際協會（會址在新加坡）及新加坡國立大學中文系所舉辦之世界論壇上；文章名稱改易為：Contributions of Chinese culture to the Western World: Discussion on the arguments expressed in the "Chinese Cultural Manifesto of 1958" and in other works by T'ang Chun-I。

學術、文化上各方面的諸多表現。然而，對西方文化，尤其是優點、貢獻，乃至缺點及不足之處，先生亦多所關注。相關著作中針對西方文化之缺點及不足之處而給予針砭的言論所在多有。

本文的旨趣，即在於透過先生所主筆的〈中國文化與世界〉（一般稱作〈中國文化宣言〉）一文，並進而勾稽爬梳《唐君毅全集》中的其他著作，以揭示並闡述先生的相關論述；重點是彰顯先生如何從中國人或東方人的觀點來看待西方文化諸問題。其中，先生論述當今之西方文化應學習東方之智慧，乃至亦應從其西方自身過去之文化汲取養分者，更為本文重點論述之所在。按：〈文化宣言〉中即有一節特別論述西方文化可向東方學習者至少計有五項，如下：當下即是之智慧、圓而神之智慧、溫潤而惻怛或悲憫之情、如何使文化悠久的智慧、天下一家之情懷。

上述〈文化宣言〉乃先生所起草，其後則由牟宗三、徐復觀和張君勱三位先生分別給予意見，相互溝通協調，最後共同聯署而發表於 1958 年的一篇時代大文章。迨譯為英文出版時，謝幼偉先生也參與了聯署。

一、導論

藉著科技上的成就，西方世界給世界上其他國家帶來的影響，乃至支配這些國家，可說已超過二百年。這個態勢導致了西方世界，或更精確的說，西歐及美國，在一定程度上貶視其他國家及其文化上的表現和成就。然而，十八世紀以前，其情況絕非如此。舉例來說，啟蒙時期的偉大思想家，如法人孟德斯鳩（C. L. Montesquieu，1689-1755）、盧梭（J. J. Rousseau，1712-1778）、伏爾泰（F. M. Voltaire，1694-1778）等等學人、思想家，尤其伏氏，對東方的中國及其文化，皆相當欽佩、推崇。再者，吾人不妨說，啟蒙運動之所以產生，其部分原因便是因為受到中國文化的影響所致。[1]歷史哲

[1] 1784 年法國學者 François-André-Adrien Pluquet（1716-1790）發表了以下一著作："Observations sur la philosophie morale et politique des législateurs chinois"（〈中國立法者之道德與政治哲學之探討〉）。這是篇幅相當大的一篇專文，共四章，前有〈序言〉，合共 246 頁。〈序言〉中有句云："Le système de la philosophie morale et politique des législateurs chinois, qui me semble un des plus beaux monuments des efforts de l'esprit humain pour faire régner la paix entre tous les hommes et le bonheur sur toute la terre."（我看，針對造就世人與幸福之間的安寧平靜〔或譯為：帶來安寧平靜以造就世人的幸福〕來說，中國立法者之道德與政治哲學體系是人類努力過的最美好的遺產之一。）其對中國當時的道德與政治哲學體系（要言之，即儒學體系）的推崇讚揚，亦可高矣、極矣。此中實足以反映出中國的儒學／儒教對 17、18 世紀的法國之影響，實非淺鮮。日本人後藤末雄於 1935 年嘗翻譯該文為日文，並命名為：〈儒教大觀〉。後藤氏於譯本前加上一篇〈譯者之話——儒教對日本及法國的影響〉。1952 年徐復觀先生嘗節譯此〈譯者之話〉為中文，名〈儒教對法國的影響〉（對日本之影響的部分全割愛；對法國之影響的部分，亦稍有刪節）；收入氏著《徐復觀文錄（二）・文化》（臺北：環宇出版社，1971），頁 37-52。按："Observations sur la philosophie morale et politique des législateurs chinois" 一文，其後納入 *Les livres classiques de l'Empire de la Chine*（《中華帝國經典》）一叢書內，作為叢書的第一冊。按：叢書原出自諾埃爾（le père François Noël，法籍傳教士，1651-1729，1687 年之後在中國生活凡 20 年之久，當時其名字譯為衛方濟）之手，乃從中文翻譯成拉丁文之著作（詳本注下文）。Pluquet 把該叢書從拉丁文翻譯成法文時，依其個人就儒學對法國的影響的觀察，撰寫了上文。叢書的組成則如下：
第一冊：les Observations sur la philosophie morale et politique des législateurs chinois

學名著《新科學》一書的作者義大利人維科（G. Vico，1668-1744）甚至對中國的皇帝稱頌不已。在比較當時世界各國的政府後，維科在 1744 年寫道：「中國皇帝倡導學術並以一種溫和的宗教來治理國家；他是最富人文精神和最有文化素養的。」[2]

所謂「溫和的宗教」，蓋指儒學／儒教而言。1744 年是乾隆 9 年。因此

第二冊：la Grande Science ou science des adultes（《大學》）

第三冊：le Juste Milieu ou le milieu immuable（《中庸》）

第四冊：le livre des sentences (entretiens de Confucius)（《論語》）

第五冊至第六冊：Meng-Tsée ou le livre de Mencius（《孟子》）

第七冊：Le Livre de la piété filiale（Hiao-king《孝經》）；le Livre de l'école des enfants（Siao-hio《小學》；按：此書乃朱熹與其弟子劉清之所合編）

也許值得指出的是，以上從《大學》以降的六本經典，其中前五本在中國傳統文化上的價值與地位，是不必多說的。至於第六本（《小學》），是朱子所撰寫的眾多蒙學著作中最廣為人知，且影響巨大而深遠的一種讀物。朱氏的著作能與《大學》等經典並列，則彼在當時西方人眼中的地位，很可以想見。有關衛方濟對中國文化的貢獻，可參潘鳳娟，〈衛方濟的經典翻譯與中國書寫：文獻介紹〉，《編譯論叢》，卷 3，期 1，2010 年，頁 189-212。至於現代學者對《孝經》及其相關問題所做的研究，可參呂妙芬，《孝治天下——《孝經》與近世中國的政治與文化》（臺北：聯經出版事業公司，2011）。依筆者之見，此為相關領域之傑作也，甚具參考價值。

以上不少資訊，是摯友香港新亞研究所岑詠芳學姊所提供的，謹此致謝。

[2] G. B. Vico, *La Scienza Nuova* (Bari: Edizioni Laterza, 1974), p. 575. 本段譯文，筆者翻譯自義大利漢學家 Umberto Bresciani（白安理，1942-）以下的英文著作："Introduction", *Reinventing Confucianism – The New Confucian Movement* 現代新儒家 (Taipei: Taipei Ricci Institute for Chinese Studies, 2001), p. iii. 按：*Reinventing Confucianism* 一書是一本很值得關注的著作。該書考察了二十世紀二十年代迄今的中國新儒學運動。該運動的三個階段，即形成期、發展期與國際化時期，白教授都予以探討。每一階段都有若干代表性的人物。人物間因為有一定的承傳關係，所以三階段，學者恆以三代視之。白氏對第一代和第二代的重要人物（白氏開列了十一人）的生平事蹟及此等人物對儒學的貢獻，白氏皆予以個別的論述（一章討論一人）。在論述這十一位人物之前，白書先用兩章的篇幅分別述說該運動的發展史和新儒家的基本信念。最後三章處理的對象則分別如下：新儒家第三代人物簡介、中國大陸的新儒學運動、結論。全書共十六章。該書撰就於 20 多年前；是當時全面性論述現代新儒家的第一本西文專著。該書對看不懂中文的讀者來說，其價值自不言而喻。

維科所說的中國皇帝有可能是指當時統治中國的乾隆皇帝。[3]乾隆皇帝本人是否真的富有人文精神和文化素養，這不是本文需要討論的。然而，「最富人文精神和最有文化素養」一詞，若作為一種基本信念甚或核心思想以描繪儒家的話，則恐怕是最恰當不過了。其實，「人文」和「文化」二詞皆來自《易傳》（易繫辭）同一語句。《傳》云：「……，觀乎人文，以化成天下。」後世「人文化成天下」一語即由此而來。自孔子迄今，儒學經歷了數個階段的變化。每一階段皆有其特色及本乎使命感而生起的為對治時代問題而來的策略／作為。然而，儒學所堅持的核心價值或所具有的主要特質則從來沒有改變過（否則不成儒學之為儒學）。其中最具代表性的是「仁」這個概念。《中庸》：「仁者，人也。」簡言之，即凡按照人所普遍具備的道德理性來行事做人便可稱為仁。[4]儒家相信凡人皆具備此性，因此建基於此人性之上的仁便有其普遍性。[5]從普遍性及重要性來說，「仁」在中國文化上的地位便好比「公平、公正、正義」（justice）在西方文化上的地位一樣。

---

[3] 乾隆的統治期是 1736-1795。維科描述中國皇帝的語句既撰寫於 1744 年，則當然有可能是指乾隆本人。然而，考慮到十八世紀的資訊不像今天的發達，維科也許不知道當時中國的統治者是乾隆；然則維科所說的皇帝，有可能是指乾隆的父親雍正皇帝（統治期 1723-1735）或乾隆最佩服的祖父康熙皇帝（統治期 1662-1722）。當然，「中國皇帝」一詞亦有可能是泛指，不必然是實指某一位皇帝。

[4] 有關《中庸》的研究，就西方語文來說，可參杜維明（Tu Wei-ming），*Centrality and Commonality: An essay on Chung-yung*, Honolulu: University of Hawaii Press, 1976。就上文說到的「人文精神」或「人文主義」來說，可參唐君毅，〈人文主義之名義〉，《人文精神之重建》（香港：新亞研究所，1974），頁 590-605。唐先生在該文中對該名詞做了相當深入精闢的闡述，很值得參看。又可參本書第一章相關部分。

[5] 成書於秦漢之際的《孝經》有以下一句話：「天地之性，人為貴。」其實，這句話在漢代詔令或其他漢代人的著作中出現過不少次。（舉二例：《後漢書．光武帝紀．建武十一年春二月己卯》；《漢書．董仲舒傳》，第 33 段。所謂「第 33 段」，乃指源自「中國哲學書電子化計劃」的版本的一段文字。）於此可見人的尊嚴或人性尊嚴在當時被重視的程度。當然，我們亦不宜過分的推斷，以為漢朝人或漢政府在實際上是非常重視人的。但上述語句至少反映出它本身有一定的賣點，否則這句話不會在文書上經常出現的。換言之，縱使可能只是虛晃的一招，但既然這招被應用，被晃出來，則它必然具有一定的工具理性上的價值的。

此一類比應可使比較了解西方文化而不太了解中國文化的讀者，更清楚的認識到「仁」在中國文化中所占有的關鍵地位。[6]

儒學形成及發展的第一個階段可以從孔子（西元前 551-479）誕生的時代算起。這個時期的儒學，後世稱之為先秦儒學，其思想家為先秦儒家。由於其時孔子、孟子（前 372-289）與荀子（前 298-？）等思想家的卓越貢獻，儒學的基本性格便由此定型下來。儒學發展的第二個高峰是宋（960-1276）、明（1368-1644）時期。為了與先秦儒家有所區別，宋明儒家也被後世稱為新儒家。從上世紀 20 年代算起，儒學開展了一個嶄新的階段。吾人可稱之為儒學第三期；其代表人物被稱為現代或當代新儒家。這個第三期儒學運動的誕生，追本溯源，乃肇因於 1910 年代以來中國所展開之新文化運動。眾所周知，該運動之特色乃在於提倡西化及強烈批評中國傳統文化。該運動波瀾壯濶，支持者固大不乏人。然而，逆水行舟，敢於批逆鱗以捍衛傳統文化為職志以抗衡該運動或認為至少可補救該運動之不足者，亦大有人在。此中部分學人便成為了後世所指稱的現代新儒家。茲依出生先後順序，開列其表表者如下：馬一浮（1883-1967）、熊十力（1885-1968）、張君勱（1887-1969）、梁漱溟（1893-1976）、錢穆（1895-1990）、馮友蘭（1895-

---

6 有關「仁」的問題，2011 年 6 月重讀徐復觀先生〈復性與復古〉一文，深覺其中對「仁」一問題的闡釋，相當扼要簡明，且與本文旨趣十分符合。茲引錄相關語句如下，以見梗概。先生說：「提撕中國文化的真精神，是一種『復性』、『歸仁』的運動。這不僅是中國文化自己的再生，也是中國人在苦難的世界中對於整個人類文化的反省所作的貢獻。……所以儒家說人性是仁，是人的所以生之理，更進而認定宇宙的本體即是仁，而仁即是宇宙生成的法則。……儒家的仁，是與人性為一體，是在人性上生根，所以仁的根子才生得穩固，才生得現成。」徐復觀，〈復性與復古〉，《民主評論》，卷 2，期 5，1950.09.01；又收入《徐復觀文錄（二）．文化》（臺北：環宇出版社，1971），頁 3-7。復性、歸仁這對概念讓筆者想起 50 多年前先父樹萱公（諱煊）在香港所創辦的復禮興仁學會（1971-2000）。淺言之，禮為一種外表上的規範。所以復禮興仁，似不如復性歸仁之來得到位而得人性之究竟。有關復禮興仁學會，參 *Hong Kong Company Directory* 以下條目："Hong Kong Propriety and Benevolence revival literary study society limited"。https://www.ltddir.com/；2022.12.28 瀏覽。

1990）、方東美（1899-1977）、賀麟（1902-1992）等學者。[7]

假如上述人物可被視為現代新儒家第一代最重要或最具代表性的人物的話，那麼熊十力和方東美的大弟子——本文主角唐君毅先生（1909-1978），便是第二代新儒家最重要的代表人物之一無疑。唐先生一生為教育奉獻，為教育行政奉獻，為光暢民族慧命、弘揚中華文化奉獻。「以天下為己任，不亦重乎？死而後已，不亦遠乎？」庶幾可道破先生終極關懷之所在。哲人其萎，但涵蓋中西印哲學及一般歷史文化議題的近千萬言的著述，足令先生永垂不朽。[8]

---

7 這八人中，就錢穆先生來說，其高弟余英時則認為錢先生是不願意接受「新儒家」這個榮銜的。余英時，〈錢穆與新儒家〉，《錢穆與中國文化》（上海：遠東出版社，1994），頁 30。至於方東美，漢學家白安理視之為現代新儒家第二代的人物，但劉述先認為方氏應係第一代人物。劉說見上揭白安理書劉氏之〈序文〉，Umberto Bresciani, *Reinventing Confucianism – The New Confucian Movement*，頁 i. 現代新儒學的特色及其精神，方克立作了一個相當扼要中肯的描繪。他說：「現代新儒家是產生於本世紀（筆者按：本世紀指方氏撰文時的 20 世紀）20 年代，至今仍有一定生命力的，以接續儒家『道統』、復興儒學為己任，以服膺宋明理學（特別是儒家心性之學）為主要特徵，力圖以儒家學說為主體為本位，來吸納、融合、會通西學，以尋求中國現代化道路的一個學術思想流派，也可以說是一種文化思潮。」其中所謂「西學」，主要恐指 1910 年代以來從事新文化運動者所追求的科學與民主而言。按：新儒家返本開新的性格是非常明顯的。如方克立能用上這個概念來描繪新儒家，似更能得提要鉤玄之功。方克立，《現代新儒學與中國現代化》（長春：長春出版社，2008），頁 11。

8 唐先生的生平事蹟及其學術上的表現，見諸多種現代人物傳記的著作。中文版《大英百科全書》（北京／上海，1986）有專條予以述介。據陳學然統計，至 2008 年止，計有七本專著及 470 多篇文章是研究或述說唐先生的。陳學然，〈唐君毅研究概況及書目文獻索引〉，《中國文哲研究通訊》，卷 18，期 4（2008），頁 187-226。唐先生的高足唐端正先生亦嘗為唐先生撰著一年譜。該年譜收入《唐君毅全集》（臺北：臺灣學生書局，1991）。大陸學人筆者摯友何仁富先生亦撰有唐先生的年譜，收入《唐君毅全集》（北京：九州出版社，2016）。此九州版的《唐君毅全集》第 39 卷收入〈唐學研究文獻索引〉（共 103 頁）；甚具參考價值。其中縱然以專書來算，便超過 30 種，含筆者 2010 年所出版的以下拙著：《學術與經世：唐君毅的歷史哲學及其終極關懷》（臺北：臺灣學生書局，2010）。筆者 2021 年所出版的《性情與愛然而，唐先生乃現代新儒學運動的眾多傑出表現者之一而已。以之作為本文闡述的主要對象，其故安在？茲簡略回應此問題如下：唐先生的學術專業主要是中國哲學（含漢傳佛學），此人所共知者。然而，他老人家亦處理一般的哲學問題，且處理得相當深入。[9]（先生嘗云彼閱讀以英文撰寫的西方哲學書籍的時間不在閱讀中文書籍之下。且其本人以英文撰就之哲學論文，為數也不少。）再者，唐先生對不同的文化課題皆有所探討，其中對中華文化的承傳弘揚問題及其背後的中華民族的生存發展問題，論述尤多。復次，先生視野廣濶，心胸寬弘。不同的哲學思想或學派，在先生心中都有一定的位階；當然，其核心思想及終極價值之所在永遠都是儒學。以上幾點陳述無非是說明，建基於學識、視野及胸襟而來的慧解卓識，對於闡述、弘揚儒學並傳播其相關義理的普世價值給西方人來說，應是非常有幫助的。最後，筆者要說的是，由唐先生執筆，並由牟宗三先生、徐復觀先生及張君勱先生修訂後聯署發表於 1958 年的〈中國文化宣言〉，內中有不少篇幅是講到儒家義理的普世價值的。牟、徐、張三位先生雖然在修訂該〈宣言〉的過程中提供過不少意見，然而，該〈宣言〉的基本架構及重點內容，仍是出自起草人唐君毅先生之手。[10]是以吾人不妨說，該〈宣言〉在相當大的程度上

情：新儒家三大師相關論說闡微》（臺北：臺灣學生書局，2021），亦有不少篇幅是論說唐先生的。

9 先生中年約 50 歲出版的兩大冊一千多頁的《哲學概論》，讀者只要稍一翻閱，即可佐證其哲學素養之淵博。

10 〈中國文化宣言〉的全名是〈中國文化宣言——我們對中國學術研究及中國文化與世界之前途之共同認識〉。此名稱後來有所更動，而最後出現的名稱則如下：〈中國文化與世界——我們對中國學術研究及中國文化與世界文化前途之共同認識〉。下文為省便，概以〈中國文化宣言〉，或〈文化宣言〉，甚或〈宣言〉稱之。〈宣言〉於 1958 年 1 月分別刊登於以下二雜誌：《民主評論》，卷 9，期 1；《再生雜誌》，卷 1，期 18。其後則收入多種專著中，其一為：唐君毅：《中華人文與當今世界》（臺北：臺灣學生書局，1975），下冊，頁 865-929。以下引錄該文，除另作聲明外，概出自該書。又：為紀念及慶祝上述〈宣言〉發表五十週年，中央大學儒學研究中心在 2008 年 5 月舉辦了一個研討會。會中有不少文章是討論該〈宣言〉的。文章全用中文發表。然而，研討會之外，則有西方學者以英文和法文撰文來討論（或至少簡單述

反映了唐先生的思想。就此來說，吾人藉著該〈宣言〉來說明以儒家思想為主軸的中國文化之可貢獻於西方者，即不啻是說，藉著唐先生的看法來說明中國文化之可貢獻於西方者。當然，牟、徐、張三位先生既聯署並在實質上亦修訂過該〈宣言〉，則吾人亦不妨說，該〈宣言〉在一定程度上反映了當時海外新儒家的思想。換言之，藉著彼等所倡言的普世價值來說明中國文化對西方可作出的貢獻這方面來說，該〈宣言〉是扮演了相當重要的角色的。

二、〈中國文化宣言〉所揭示中國文化可貢獻於西方世界之普世價值

作為一個現代偉大哲學家與新儒家，唐先生的論著中含藏著不少對人類文化具有相當啟發性，或至少深具參考價值的慧解卓識。本文，尤其在本節中，筆者乃根據〈宣言〉以開列、闡述其中對西方世界能夠生起啟發作用的數項要素而已，不廣涉其他。唐先生在〈宣言〉的第十一節，即〈我們對於西方文化之期望及西方所應學習於東方之智慧者〉的一節中[11]，於末尾處作出如下的聲明：

介）該〈宣言〉的。今舉二例如下：Fabian Heubel（何乏筆），“Chinese Modernity and Transcultural Critique – Reflections on the Confucian Manifesto of 1958”。此文源自何氏 2008 年 9 月 30 日在荷蘭萊登大學現代東亞研究中心（Modern East Asia Research Centre, Leiden University, Netherlands）所作的演講。此外，法國漢學家 Joël Thoraval（1950-2016）至少在二篇文章中提過或簡單述介過該〈宣言〉（標題譯作 “Le manifeste à l’adresse du monde pour la defense de la Culture chinoise (1958)”。就筆者所悉，亦有譯作以下標題的：“Le Manifeste au Monde sur la Culture Chinoise (1958)”）。其一見諸 Thoraval 的遺作：*Écrits sur la Chine* (Paris: CNRS, 2021)，注 443；另一見諸：“La Chine et le confucianisme au défi de la modernité”, *Esprit*, No. 265 (7) (Juillet 2000)，頁 140-154 中之注 3。

11 〈中國文化宣言〉共 12 節，文長約 40,000 言，其中第 11 節約占 4 分 1 的篇幅，即約 10,000 言，是〈宣言〉中篇幅最長的一節。顧名思義，這一節的名稱足以充分反映其內容。是以本文便以該節為主軸以揭示唐先生的相關構想。

> 我們以上所說西方人應向東方學習者，並不能完備。儘可由人們再加以補充。我們以上說的是西方文化如要完成其今日欲領導世界的目標，或完成其自身之更向上的發展，求其文化之繼續存在，亦有須要向東方學習者。而這些亦不是在西方文化中全莫有種子的。不過我們希望西方文化中這些種子，更能由對東方之學習，而開花結果而已。[12]

先生這個說明可說具有三個意義。其一，顯示先生虛懷若谷，充分自覺所開列之相關項目並不完備。其二，這個說明使先生立於不敗之地，蓋先生實無法 100% 肯定所開列之項目乃西方文化中必全付闕如或全無基礎的。其三，希望讓西方人感受到先生等人（即〈宣言〉聯署者）乃意在從旁協助西方人“錦上添花”，使其已有之文化成就能更上一層樓，得以開花結果而已；非要貶低西方人既有之文化上之成就。先生用心之良苦及使命感之強，可見一斑。

現在我們回過頭來，必須先說明一下這些以中國文化為主軸的東方文化具普世價值的要素，或所謂東方智慧，到底何所指？要言之，含以下五項：

（一）「當下即是」之精神與「一切放下」之襟抱。[13]

（二）「圓而神」的智慧。[14]

（三）溫潤而惻怛或悲憫之情。[15]

（四）如何使文化悠久的智慧。[16]

（五）天下一家之情懷。[17]

針對以上五項，茲逐一申述如下。[18]

---

12 上揭《中華人文與當今世界》，下冊，頁 925。

13 詳見《中華人文與當今世界》，下冊，頁 916-917。

14 詳見《中華人文與當今世界》，下冊，頁 918-920。

15 詳見《中華人文與當今世界》，下冊，頁 920-921。

16 詳見《中華人文與當今世界》，下冊，頁 922-923。

17 詳見《中華人文與當今世界》，下冊，頁 923-924。

18 所申述者，乃大體上本諸唐先生本人的意見而予以撮述或闡述；個人意見不多，旨在作點補充或引申而已。

（一）「當下即是」之精神與「一切放下」之襟抱

首先，吾人必須先肯定的是，西方文化之強項乃在其能向前作無限之追求與向外作無窮之開闢。[19]然而，這種追求與開闢是永無底止的。伴隨而來的很可能只是空虛與孤寂而已。為了彌補此空虛與孤寂，則又恆為再追求、再開闢！然而，追求與開闢必有時而窮，蓋外間環境之阻限、自然生命之耗損，亦必伴隨而來。其結果則為，個人生命枯竭，國家生命衰敗。[20]反之，中國文化則異於是。先生說：

> 中國文化以心性為一切價值之根源，故人對此心性有一念之自覺，則人生價值、宇宙價值，皆全部呈顯，圓滿具足。人之生命，即當下安頓於此一念之中，此即所謂「無待他求，當下即是」之人生境界。[21]

中國諺語有謂：「退一步，海濶天空。」這諺語多少反映出中國人生活之智慧，甚至反映中國人的人生哲學。作為人生哲學來說，退讓、退藏、退守比起前進、進取（尤其不知足的無限度的進取）有其更可貴之處。要言之，西

---

[19] 此外，唐先生又指出，超越精神、學術文化多端發展之精神、個人自由之精神及客觀化理性之精神等，皆為西方文化之強項（筆者按：此四項精神正係東方文化比較弱者）。參唐君毅，《人文精神之重建》（香港：新亞研究所，1974），頁 476。又有關西方人「向前作無限之追求、無窮之開闢」一點，唐先生之類似說法，尚見他處。先生說：「西方人除少數之宗教家哲學家外，其現在之文化精神，尚偏於向前之創造，向上之嚮往追求，向外之表現成就。」語見上揭《人文精神之重建》，頁 489。

[20] 唐先生這個看法讓人想起羅素《頌閒》一書。B. Russel, *In praise of Idleness* (London: George Allen and Unwin, 1935)。閒逸的確可使人放鬆心情，紓解壓力。現代人在生活上幾乎每天都要面對不同的壓力。適時的閒逸一下絕非奢侈。

[21] 《中華人文與當今世界》，下冊，頁 916。引文中「一念之自覺」一語讓筆者想起近年來對「自覺」一問題頗有體悟。自覺可說是人能擺脫自然生命之拘限而自我超越、向上提昇，所謂超凡入聖，之必要條件。白沙先生以下一說法，對筆者深具啟發：「人爭一個覺，纔覺便我大而物小，物盡而我無盡。」陳獻章，〈與林時矩書〉，《陳獻章集》（北京：中華書局，1987），卷 3，書 2，頁 243。

方人「知進而不知退」的人生觀恆為危機之所在。[22]

接著，讓我們談一談建構知識不可或缺的條件——概念（觀念）。吾人不能否認概念在建構知識上的重要性。然而，概念之為物，其性質乃抽象者；以其為抽象，故與真實的人生必有一距離。易言之，概念雖為構成知識不可或缺的媒介，但亦可同時成為人與人真實接觸之阻隔。先生即如是說：

> 此種概念的東西，包括我們預定的計畫，用以聯繫人之抽象理想，用以衡量人之抽象標準、成見、習見等。這些東西在我們求與人有真實的了解，都應一切放下。唯由此放下，而後我與人才有彼此生命間直接相照射，直相肯定，而有真實的了解。[23]

進一步來說，為了成就人與人真實的接觸，不只觀念要放下，人所擁有的一切世間物亦宜放下。依唐先生，這種放下的智慧，佛家稱為空之智慧、解脫

22 此處筆者必須作一點補充說明：讀者勿誤會以為東方文化或中國文化都是比較保守和不思進取的。《易・乾卦・象傳》：「天行健，君子以自強不息」即可說明以儒學為主流的中國文化也是相當富有進取精神的。唐先生以上所說的觀點是為平衡西方文化之過分向前向外開擴而說出中國文化比較保守的一面而已。這是相對來說的；其實，退守（保守）與進取，也沒有明確分界線的。

23 《中華人文與當今世界》，下冊，頁 917。徐復觀先生對概念在處理問題上的局限，跟唐先生有相同的看法，亦深具啟發性。茲引錄如下：「據我的了解：演繹法與歸納法，都是在建立概念，運用概念。概念是由具體的東西抽象而來；但任何觀念也不能是具體事物的完全表現。……概念不僅不能完全表達有血有肉的生活內容，並且完全以概念來看問題的人，實際上對問題總是出之以觀照的態度，其精神不能和問題的血肉連在一起；於是對於問題的曲折、甘苦，始終是隔著一層的去測度猜想。」徐復觀，〈文化上的重開國運——讀《人文精神之重建》書後〉，《徐復觀文錄（二）・文化》（臺北：環宇出版社，1971），頁 56。順筆至於，容一說內子慧賢的相關表現。內子一向直來直往，說話常“不假思索”。凡人所謂運用概念以構詞造句，甚至句斟字酌而始言說者，內子則一概“從簡”。如依徐先生的說法，內子反而是最能表達有血有肉的生活內容的一個性情中人。虛飭矯情，則更是沾不上邊。女棣譚麗婷就說過不止一遍：她認識的人當中，真正能夠做到「做自己」的，恐怕就只有師母了。（大意如此）

之智慧，道家稱為無之智慧、虛之智慧，中國儒家稱之為「空空如也」、「廓然大公」之智慧。[24]「廓然大公」語出程顥〈定性書〉。然而，此語頗抽象（即難以知曉其具體內容）；蓋必須連同下一語始得悉其究竟。下一語為「物來而順應」。此語非常關鍵。蓋一切皆「空」，則人在現實生活上又如何過活呢？又「公」又如何公法？「物來而順應」一語則正可使人解惑、解套。簡言之，即以平常心、順乎自然之心，而非患得患失之心來應世接物是也。人既生於世上，則世不能不應，物亦不能不接。然而，「人生不如意事，十常八九。」然則又如何應、如何接而吾人不為其所惑、所害？「聖人之喜，以物之當喜；聖人之怒，以物之當怒。是聖人之喜怒，不繫於心而繫於物也。」[25]上引語頗抽象，且吾人非聖人，喜怒實難不繫於心。稍變易之，其實際操作面之可行作法乃係：應世接物，一切以平常心泰然處之是也。「內省不疚，夫何憂何懼。」（《論語・顏淵》）不憂不懼，宜乎其能物來而順應也。[26]

「當下即是」、「一切放下」的智慧可說是東方文化可貢獻於西方文化的第一個具普世價值之要素。

---

24 詳參《中華人文與當今世界》，下冊，頁 917。

25 程顥，〈答橫渠張子厚先生書〉（又作〈答橫渠先生定性書〉），收入〈明道先生文二〉，《河南程氏文集・卷第二》，《二程集》（北京：中華書局，2019），上冊，頁 461。

26 其實，這是原則性，理想性，或期許性的一個說法而已。人之產生憂懼，恆緣自心中對外界事物有所罣礙；而非僅緣自內省有所疚而已。細言之，內省之所以不疚，乃緣自人之深具道德心（良心）。此道德心促使人不為非、不作歹。然而，「不為非不作歹」則非「不憂不懼」之充要條件。換言之，尚有其他條件（即其他緣由）使人產生憂懼的。筆者認為，譬如深具使命感的人，對世間之不公不義，恐難免全無罣礙而不產生憂懼（此緣自憂患意識而來之憂懼，恆使人欲糾矯此不公不義。而憂懼與欲予以糾矯的用心，即成了人心中的一種罣礙）。簡言之，產生憂懼之原因正多；「內省有所疚」，僅其一而已。也可以說，「內省不疚」不足以窮盡不憂不懼之一切原因。即尚有他因使人憂使人懼也。然而，「內省不疚，夫何憂何懼？」，這個說法，也非一無可取。反之，是相當關鍵、緊要的，蓋內省不疚乃不憂不懼之第一步，亦可說是首要（基礎，primary）的一步。

（二）「圓而神」的智慧

〈中國文化宣言〉所開列的五種智慧中，第二種名「圓而神」的智慧。與「圓而神」相對的是「方以智」。[27]方以智是另一種智慧。這種智慧係成就知識，尤其成就抽象思考不可或缺的智慧。唐先生即如是說：

> 西方之科學哲學中，一切用理智的理性所把握之普遍的概念原理，都是直的。其一個接一個，即成為方的。這些普遍的概念原理，因其是抽象的，故其應用至具體事物上，必對於具體事物之有些方面，有所忽，有所抹殺；便不能曲盡事物之特殊性與個性。要能曲盡，必須我們之智慧，成為隨具體事物之特殊單獨的變化，而與之宛轉俱流之智慧。[28]

一言以蔽之，根據方以智所把握的普遍的概念應用在具體事物上時，實有其局限。反之，能與具體事物相流轉的圓而神的智慧因能曲盡事物之妙，故正好派上用場。而這種圓而神的智慧與具體事物相接觸（處理、應付、解決此等具體事物），唐先生認為即莊子思想中所說的「神解」、「神遇」；亦即孟子所說的「所過者化，所存者神，上下與天地同流」。至於「圓而神」、「神解」、「神遇」、「所存者神」諸用語中的「神」字，唐先生有一慧解，深具創意，其說如下：

> 此神非上帝之神、精神之神。神者，伸也。人只以普遍之抽象概念原理觀物，必有所合，亦有所不合。有不合處，便有滯礙。有滯礙，則心之精神有所不伸。必人能於其普遍抽象之概念原理，能才執即化，而有與物宛轉俱流之圓的智慧，而後心之精神之運，無所不伸。故謂

27　「圓而神」語出〈繫辭傳〉：「蓍之德，圓而神；卦之德，方以智。」

28　《中華人文與當今世界》，下冊，頁918。

之圓而神之智慧。[29]

「神」與「伸」，一聲之轉耳（平聲轉為上聲）；或可以通訓。然而，二詞確可通訓否？則筆者不敢謂必。惟唐先生以「伸」訓「神」，則甚具創意；可說係一創造性的詮釋。人之智慧、人之精神有所伸展，則與事物相周轉、相俱流的空間便變大了，使之能處理、順應一板一眼、直來直往的方以智的智慧所不能把握、處理的具體事物。如此解釋，正符合「圓而神」一語之旨意。[30]唐先生更進一步指出此智慧對西方人可貴之處。先生說：

---

[29] 《中華人文與當今世界》，下冊，頁 919。

[30] 除上文所說的「神遇」、「神解」等等用語外，日常用語中，常見與「神」有關的，尚計有「神妙」、「神化」、「神奇」等等。又有「妙不可測之謂神」、「理不可測之謂神」、「陰陽不可測之謂神」等語。當然，此中之「神」字，其所指謂者，並非一位人格神，是以不宜直接理解為「天神」、「上帝」或「上天主宰」。然而，吾人亦不妨把二者合而一之，即其能具備可作無限伸展的一種神妙、神化、神奇的能力（神力），以與事物神遇，並進一步對之作出神解，並進而與之相宛轉相俱流者，則非神（天神、上帝、上天主宰）而何？作此解釋，則神（天神、上帝、上天主宰）與伸便可有共通之處而把「神」訓作「伸」，便似乎更有所據了。唐先生上引文說：「此神，非上帝之神、精神之神。」唐先生這個說法是扣緊「圓而神」、「神解」、「神遇」等語中的「神」來說的。所以此「神」，便「非上帝之神、精神之神」。然而，如同意本注上文的解釋的話，則此「神」，亦不妨說是「上帝之神」。再者，此「神」亦可說是「精神之神」。蓋吾人只能在精神上（mentally，spiritually；而非肉體上 physically）伸展上述的神力而始可最後達致與事物相宛轉俱流之境界。要言之，「神」（天神、上帝）、「精神」與唐先生所說之「伸」，此三者實可合而一之而得一折衷性的解釋。說到「神」的原義，則宜參考《說文解字》的說法。其說法如下：「神，天神；引出萬物者也。从示；申聲。」古人質樸，不悉抽象事物。其思考所及者，恆為具體之事事物物。是以訓「神」為「天神」。此不具論。針對「神」字，則有作字源解說者，如下：「『申』、『電』、『神』，本是同一個字，後分化。『申』，甲骨文像神秘的劈靂、不同方向開裂的閃電。古人認為打雷閃電是至高無上的天神在發怒。」
原文網址：https://kknews.cc/culture/xxb4ag.html；2022.06.25 瀏覽。要言之，天神具神力（可說無遠弗屆），電又可達致遠方。至於「申」，顧名思義，固不限於原來之處所也，否則何申之有呢？是以唐先生以伸（通「申」）訓神，實合古義也。上引《說文解字注》中「神」字的解釋，見臺北：藝文印書館，1970，頁 3。

> 西方人亦必須有此圓而神之智慧，乃能真與世界之不同民族，不同文化相接觸，而能無所阻隔，並能以同情與敬意與之相通，以了解其生活與精神之情調與心境；亦才能於其傳統文化中所已認識之理型世界、知識世界、上帝世界、技術工業世界，分門別類的歷史人文世界之外，再認識真正的具體生命世界，與人格世界與歷史人文世界中一切，而與之感通。而西方之學者，亦才能於各自著書立說，自成壁壘之外，有真正的交談，而彼此隨時能相悅以解。[31]

上段引文非常清楚的揭示了唐先生是肯定西方文化本身的成就與貢獻的，絕不是只看到東方或中國文化的長處而已。然而，西方文化實有所不足（因恆側重以「方以智」的智慧處事應物），是以必得借重東方文化中的中國文化的「圓而神」的智慧予以補足者。其實，東西方文化各自具備之優點，正可以彌補對方之不足而同有貢獻於全體人類者。

（三）溫潤而惻怛或悲憫之情

東方文化的第三個智慧乃溫潤而惻怛或悲憫之情。唐先生在闡述這個東方智慧之前，他把西方文化之相關優點及其缺失先作一描繪；如下：

> 西方人之忠於理想，及社會服務之精神，與對人之熱情與愛，都恆為東方人所不及，這是至可寶貴的。但是人對人之最高感情，不只是熱情與愛。人之權力意志與佔有之念，都可透入於對人之熱情與愛之中。……但是人之權力意志，亦可借上帝作後盾，自信自己之所行，已為上帝所嘉許，而更向前施展。人亦可以私心想佔有上帝，如在戰事中與人衝突時，祈禱上帝幫助自己。此處上帝之道與人心之魔，又

---

31 《中華人文與當今世界》，下冊，頁 919-920。若果西方人（譬如以美國人為代表）能從唐先生本段話得到一些啟發，則彼與伊斯蘭文明之衝突，甚或與東方文明之衝突，庶可避免，或至少減少。

可俱生並長。[32]

熱情與愛是人類最可貴之處。然而，當人們想到，尤其當一己之滿腔熱情或熱血無所施或雖施展而碰上障礙時（譬如親身經歷熱臉龐貼冷屁股時），則很可能會想到藉著攫取權力與增強意志為手段以達到熱情待人（予人熱情）而不再受人冷淡以對之窘境。又愛與佔有亦只一線之隔而已。可見熱情與愛而不得其法或期許過高時，其後果很可能是很可怕的。至於想像，甚至認定自己的行為必有上帝作後盾，則吾人的行為更有可能為所欲為而達致所謂雖千萬人吾往矣的境界了。然則吾人得不愛人乎？此又不然。先生提供以下的指南：

> 要去此根，則愛必須真正與敬同行[33]。愛與敬真正同行，其涵義之一，是如我覺我對人之愛，是原於上帝，其泉源是無盡的上帝之愛，則我們對他人之敬，亦同樣是無盡之敬。而此中對人之敬，亦可是敬人如敬上帝。……對人若須有真實之敬，則必須對人有直接的、絕對的、無條件的、真視「人之自身為一目的」的敬。能有此敬，則人對人之愛，皆通過禮而表現之，於是愛中之熱情，皆向內收斂，而成溫恭溫潤之德。而人對人最深的愛，則化為仁者之惻怛之情。此可通於

32 《中華人文與當今世界》，下冊，頁 920。

33 愛必須與敬同行，或必須輔之以敬，此唐先生所恆言者。其愛情鉅著《愛情之福音》與《致廷光書》皆嘗論及斯義。前者見第一章〈靈與肉〉；後者見第六函等等。按：「敬」與「愛」二詞恆連用；由此可知二者關係之密切。至於「愛必須真正與敬同行」一語更道說出了愛不能、不應“孤立獨存”，而必須與敬在一起才能得其完整的價值。也可以說只有在這種情況下，愛才算是圓滿的、美滿的。而愛是偏重情感方面來說的；敬則兼具德性一義。換言之，情感必須輔之以德行才得其究竟。下文唐先生更加上「禮」一項。這非常有意思。簡言之，若把禮視為一種形式規範，則愛與敬便相應地成為其內容、內涵。唐先生把「禮」加上去，即揭示內容與形式都必須同時兼顧。至於其下所說到的：「愛中之熱情，……成溫恭溫潤之德。愛……化為仁者之惻怛之情。……通於佛家之悲憫。」，則愛所可能具備的理想價值，唐先生可謂已道盡了。其發覆之深邃，思慮之周密細緻，恐為一般學人所無法企及的。

佛家之悲憫。[34]

我們都知道唐先生不是基督徒，更不是西方人。但先生能順著基督徒之西方文化背景之思路而設想以「敬人如敬上帝」的手段來化解愛，尤其是化解過分熱情的愛，甚至盲目的愛，所可能帶來的災難；並進一步以禮來約束由愛而來之熱情，藉以消除其可能產生的弊端。[35]這是先生依同理心而設身處地構思之一例。先生設身處地為他人著想每每如此。然而，此愛既來自上帝，而上帝又恆為高高在上之超越而外在者，則上帝與現實世間上之人總不免有所隔！上帝與人猶有所隔，則源自上帝之愛，其與人有所隔，或此愛甚至陷溺而成為一種佔有慾，便是很可能的了。在這個地方，先生乃想到東方智慧可提供的良方。先生說：

……更哲學的說，則西方人所重視之愛，要真化為惻怛與悲憫，必須此愛之宗教的根原之上帝，不只是一超越於一切人精神之上，而為其貫通者，統一者，為人之祈禱之對象者，而須視同於人之本心深心，而透過我們之肉軀，以表現於一切真實存在之生命精神之間，直接的感通關係中者，然後可。[36]

---

34 《中華人文與當今世界》，下冊，頁 920-921。

35 由此可見禮之重要性。要言之，愛當然是相關行為的核心內容，即實質的內容。然而，禮在其中也扮演非常關鍵的角色。寫到這裡，讓筆者想起徐先生對義與禮也表達出同一種看法。徐先生說：「義是行為中合理的內容。上面所說的有形式而無內容的弊害，容易為一般人所察視。但有內容而缺乏合理形式的弊害，卻不容易為一般人所察覺。其原因不外一般人以為只要內容合理，形式便自然合理；或者以為只須計較內容，不必計較形式，於是覺得義可以離開禮而孤立的存在。我稱這種沒有禮的正義，是『裸體的正義』。裸體的正義，會得到與正義相反的結果；……」吾人實可以套用徐先生的話來看待唐先生對「愛與禮」的看法。要言之，兩先生都深深的體會到禮在其間所扮演之關鍵角色。上引文，見徐復觀，〈看南韓變局〉，《徐復觀雜文補編》（臺北：中央研究院文哲所籌備處，2001），冊 3，頁 166。

36 《中華人文與當今世界》，下冊，頁 921。

在上引文中，唐先生說得比較抽象。其實其中心意涵非常清楚單純。就是說上帝即吾心，或上帝在我心內，非超越而外在者，或至少非僅超越而外在者（即既超越，又內在也。憶 40 多年前上牟先生課時，先生恆言：既超越而又內在；又說：超越地為其體，復內在地為其性。）而這個本心乃以吾人之肉軀為媒介與他人之心同藉其肉軀為媒介而產生感通。吾心與他心既相互感通（心心相印），則源自心而來之愛，乃一無所隔（不似超越而外在之上帝及由之而產生之愛之與人有所隔），而必真實地化為惻怛與悲憫之情而與他人相互感通起來。此情乃可謂天地間之至情無疑。何以此情能具惻怛與悲憫之性質而成為天地間之至情？蓋以此情源自上文所說的吾人之本心也。心必為至善者。情既本乎心，則此情遂必具惻怛與悲憫之性質而成為天地間之至情無疑。至此，吾人進一步言心與性的關係。上文所言之心實本乎吾人之性。或可逕謂，此心即吾人之性（心即性）。上文已指出情本乎心乃為至情，今又知悉心即性；心既至善，即等同謂性亦至善。是以人有惻怛悲憫之情並據以表現流露者，吾人始可以「至情至性」描述之。（據此可知至情至性乃道德心靈至高的境界或至高的表現；實不宜輕易自許或許人者也。）惻怛與悲憫之東方智慧正可糾矯西方熱情與愛常陷溺於權力意志與佔有慾的流弊。而惻怛與悲憫，施之於熱情與愛時，其有效之具體操作之憑藉，則正係上文所說的敬與禮。發乎本心之敬與循乎日常節文之禮正可使人之熱情與愛不至於過度，更不至陷於縱欲。又：上引文「上帝不只是一超越於一切人精神之上，而為其貫通者、統一者、為人之祈禱之對象者，而須視同於人之本心深心」一語，對了解現代新儒學非常關鍵。此語即等同說：上帝（道德理性、道德自我、道體、仁體、誠體、良知等等，乃異名而同實之稱謂）乃「超越地為吾人形而上之本體，復內在地為吾人之性。」此觀念吾人必須好好把握、牢牢緊記。蓋其為熊十力先生、唐先生與牟宗三先生等現代新儒家所信奉之道德形上學之座右銘。[37]

---

[37] 唐先生嘗云：「一切超越精神境界皆可呈現於一切人，而對之成為內在的。」唐君毅，上揭《人文精神之重建》，頁 489。至於牟先生，他更經常說：「超越地為其體，復內在地為其性。」（按：「其」乃「吾人」之代名詞；「其體」指吾人身軀之

(四)如何使文化悠久的智慧

西方人可從東方文化學習到的第四個智慧是如何使文化悠久的智慧。先生的相關說法如下:

> 中國文化是世界上唯一歷史久而又自覺其久,並原於中國人之自覺的求其久,而後久的文化。[38]現代西方近代文化,固然極精彩燦爛,但

上之形而上之本體。)在這裡,筆者認為,新儒學是有其宗教性的。即新儒家(在這裡,姑暫以熊、唐、牟為代表)與基督徒或其他宗教徒一樣,是有其宗教信仰的。所異者乃新儒家所相信之"上帝",除為一形而上之精神實體外,此實體亦同時內在於吾人軀體之內而成為吾人之心、吾人之性。有關儒學之具備宗教性/宗教色彩,吾人可以透過天、人(即形上精神實體與人心)的關係予以揭示,甚至可說予以證成。「天人合德」、「天人合一」、「天人不二」、「天人同體」等等用語,正可揭示儒家對天、人關係的看法。此中之「天」,絕非指物理層面的天(sky,天空);所指者乃係形而上之精神實體而言,具生生之德之道德性格之創生實體而言。順帶一提的是,被大陸視為當代新儒家第一代的代表人物錢穆先生,對天人合一問題素來極為關注。仙逝前數個月,錢先生對這個問題仍有所闡述,甚至可說是對該問題作出了一個重新的演繹。錢先生認為「天人合一」乃中國文化及中國思想之源頭所在。其說見〈中國文化對人類未來可有的貢獻〉一短文(雖短,但相關核心思想已見),《新亞生活月刊》,新亞書院,香港中文大學,1990年12月。

38 這句話顯示出唐先生的眼光非常獨到、銳利。世界上歷史悠久的國家絕不止中國一個,且中國也不是歷史上最悠久的國家。(世界十大歷史最悠久的國家排行,據其中一種算法是,從第一名到第十名,其順序如下:伊拉克、埃及、中國、希臘、伊朗、印度、黎巴嫩、土耳其、以色列、義大利。中國只排第三位。)然而,其他國家,譬如印度,一方面似乎比較不會自覺其久;他方面,更缺乏自覺求久的意識(因印度人所重視者恆為來世,而非今世)。唐先生這句話,細析之,可有以下五個層次:一、「中國歷史悠久」,二、「自覺其久」,三、「求久」,四、「自覺求久」,五、「而後久」(似乎不妨稱之為中國的「五久文化」、「五久傳統」、「歷史五久觀」、「歷史五久意識」)。第一個是事實層次上的問題,第二個是反省層次上的問題,第三個是理想層次上的問題,第四個是反省加理想層次上的問題。最後一個是理想之實現的問題。以下逐一細說這五個層次。中華文明五千年,此世所共喻者,所以縱然以文明史而論,「中國歷史悠久」乃係確然有據之事實。至於「自覺其久」一項,則凡炎黃子孫必具有此自覺。蓋中國人恆重視歷史。既重視歷史,則中國人必清

晰地知悉（覺察）中華文明綿延五千年而不絕這個歷史事實。此清晰地知悉、覺察，即一種自覺也。「中國歷史悠久」及「自覺其久」，都是針對已然過去的歷史來說的。至於「求久」，則是針對未來而說的。我們現在要問的是：何以知悉中國人具有求久的意識呢？個人認為中國人看重歷史，並進而生起以古為鑑，鑑往（歷史）以知來的意識，其目的正在於求久（求民族國家能長久地生存下去，發展下去）。茲細說如下：中國人治史（關注歷史、記載歷史、研究歷史），其目的恆在於致用。而所謂致用，其終極目的恐怕又在於把既有的歷史文化傳承及發揚光大下去。簡言之，中國人之歷史意識，其為用或其目的乃在於求久。（中國人很少是為學問而學問，為歷史而歷史的，即很少純粹為求真而治史的。）中國是歷史意識（所謂「歷史意識」，簡言之，即「關注過去之意識」）很強的民族，此人所共知者。中國人的歷史意識既在於求久，則歷史意識強，即等同說求久意識強。兩者可說是二而一，一而二的。我們也可以說，歷史意識與求久意識相輔為用、互相支援。歷史意識藉求久意識而完成，求久意識藉歷史意識而充實。我們現在再進一步談「自覺求久」的問題。上文說過「求久意識藉歷史意識而充實」。其實，這只是一個粗淺的說法、簡約的說法。因為如果吾人只有一個懵懵懂懂的歷史意識，即只是關注過去，想粗淺的了解一下過去而已，則這種歷史意識是充實不了求久意識的。換言之，求久意識便成為只是虛的，空洞的，不牢靠的。我們只有把歷史意識付諸實行——要自覺的予以落實，使之成為一門學問（史學），那麼歷史意識才有致用上的價值——達致求久的目的。據此，則「自覺求久意識」與自覺的促進歷史意識以成就「史學」，這兩者是息息相關的。只有對吾人祖先之業績具有深入、切實的了解和體認，並在同情與敬意的治史態度下而成就的史學，才可以使得求久意識提昇至自覺的層次，即自覺要從歷史中總結經驗、汲取教訓，藉著古為今鑑的落實而達致自己的民族國家萬古長存下去的目的。於斯可見史學（記載、研究歷史）之為用，大矣、盛矣。中國人重視史學，此世人所共喻者。原來史學（指理想的史學，即具有使命感之史家所成就之史學）蘊藏了「自覺求久」這個內涵，然則治史之貢獻亦可謂偉矣，鉅矣！至於上述五項中的最後一項：即「而後久」（「中國人之自覺的求其久，而後久的文化」）這一項，我們也作點說明。其實，「自覺的求久」，不必然一定達致「而後久」的。即理想不必然能實現的。但反過來說，如果連求其久都無所自覺（不自覺，不覺得要努力的去踐履，去達成），則「而後久」的結果恐怕就更遙不可及了。至於唐先生，他當然是自覺求久的學者（指求中國歷史文化之久，非求一己生命之久。讀者幸勿誤會。）這就可以說明為甚麼唐先生是多麼的重視歷史、重視史學了。唐先生之重視歷史及重視史學，可參筆者，《學術與經世——唐君毅的歷史哲學及其終極關懷》（臺北：臺灣學生書局，2010）。又：值得一提的是，唐先生熟讀黑格爾，並深受其辯證法的啟迪。上所引的一段文字正可展示唐先生層層深入、步步轉進的辯證思維能力。這種思維能力，或所謂辯證法，似乎最足以說明歷史發展的行程，因為歷史發展的行程，尤其「理」在歷

> 如何能免於如希臘羅馬文化之衰亡，已有不少的人憂慮及此。照我們的意思，文化是各民族精神生命之表現。依自然的道理，一切表現，都是力量的耗竭。耗竭既多，則無一自然的存在力量能不衰。人之自然的精神生命力，亦然。欲其不衰，人必須一方面有一由上通古今，下通萬世之歷史意識，所成之心量，並由此心量，以接觸到人心深處，與天地萬物深處，與天地萬地深處之宇宙生生之原。[39]

上引文的主旨在於說明，中國人上通千古下開萬世之歷史意識，及由此意識而成就之心量是使人接觸並認識生生之原（源）的關鍵所在。《周易・繫辭下》：「天地之大德曰生。」這個生生之原（源）必以成就歷史文化之悠久長存下去為其職志所在。就西方人來說，難道他們不重視這個生生之原，不重視歷史文化之悠久長存嗎？當然不是。且個人認為他們也不是不重視過去的歷史。然而，相對中國人來說，西方人更重視的是上帝，上世紀之前尤其如此。上文所說的生生之原，就他們來說，就是上帝。而上帝的永恆，及由相信上帝的永恆遂進而相信天國的永恆，復進而相信人在天國的永恆，在他們眼中，恐怕比人類歷史文化的悠久永恆來得重要。

唐先生又指出，中國人不只是「順著自然的道路走，而須隨時有逆反自然之事，[40]以歸至此宇宙生生之原，而再來成就此自然。」[41]此可見唐先生

史中的表現方式，蓋為辯證的。有關「理」在歷史中的表現方式（按：歷史，簡言之，事也；所以理在歷史中的表現方式，簡言之，即理在事中的表現方式之謂。所以這個理，乃指事理之理而言；而絕非物理之理也。此中必須簡別。）之為辯證的，可參牟宗三，〈三版自序〉（撰於 1974 年 8 月於香港），《歷史哲學》（臺北：臺灣學生書局，1984），頁 1-9，尤其頁 6-9。憶 1970 年代中後期，筆者上牟先生課時，牟先生便說到了解歷史，須辯證地為之（大意如此）。當時懵懵懂懂，連所謂「知其然而不知其所以然」的程度恐怕都說不上！今轉眼牟先生已作古將近 30 年；當時不用功，悔之無及矣！！今細閱〈三版自序〉，乃得悉所謂「須辯證地為之」，其意蓋謂須具「辯證的直覺」始可了解歷史也。

39 《中華人文與當今世界》，下冊，頁 922。

40 唐先生、牟先生是反對自然主義（naturalism）、現實主義（realism）和唯物主義（materialism）的。唐先生富包容性，其反對不至於過甚，牟先生也許稍微甚一點

絕不是要人違反自然。剛相反，他是贊成成就自然的。但大前提是必須先歸至宇宙生生之原。這個生生之原很明顯是要人類的歷史文化長存悠久下去的。要言之，必須是在不違反這個大前提下，我們才適宜順著自然的道路走。落在具體的操作面上來說，其法又當如何？唐先生在這裡提供了一劑靈丹妙藥。先生說：

> 中國人在一切文化生活上，皆求處處有餘不盡，此即所以積蓄人之生命力量，使之不致耗竭過度，……而以此眼光，看西方近代文化之只求效率之快速，這中間正有一大問題存在。[42]

換言之，寬閒從容的處事態度正可以救治西方人以下的弊病：不斷向前向外追求所導致生命力的虛損耗竭，並由此而進一步導致歷史文化之不能悠久長存[43]。最後，先生語重心長的指出說：

點。其實兩先生對以上三主義，其反對程度，恐怕都是一樣的。筆者這裡用「甚」一字，乃指兩先生行文遣詞用語上之斬截來說。

41　《中華人文與當今世界》，下冊，頁 922。

42　《中華人文與當今世界》，下冊，頁 922-923。「中國人在一切文化生活上，皆求處處有餘不盡。」這是很有意思的一句話。就全體中國人來說，這是我們的一套文化生活哲學。就個別中國人來說，這成就了我們的人生哲學。先嚴樹萱公嘗訂下以下家訓：「忠厚留有餘地步，和平養無限天機。」（1976 年孟春先嚴毛筆手書之；此對聯今掛於寒舍壁上）即做人做事，總要為別人留點後路，不要得寸進尺。得勢時，縱然對待仇家，也不宜趕盡殺絕。所謂山水有相逢，待人處世，又何必做得太絕呢？

43　對這個問題，余英時先生也有類似的看法。余先生 1952 年畢業於唐先生任教的新亞書院。他這個類似的看法，是否承自師說或另有所本則不得而知。按：余英時治史學，在新亞肄業其間，所追隨者主要為史學大師、國學大師錢穆先生。唐先生則為英時先生所敬佩的另一位新亞老師。大陸有些學者把余英時視為現代新儒家的第三代傳人。余英時的類似看法，見所撰〈從價值系統看中國文化的現代意義〉，《中國思想傳統的現代詮釋》（臺北：聯經出版事業公司，1987），頁 1-51，尤其是頁 21。在該文中，余英時以相當長的篇幅（22 頁）綜述中國文化的價值系統後，便按照以下四要點來申述相關看法。該四要點為：「人和天地的關係」、「人和人的關係」、「人對於自我的態度」、「對生死的看法」。

> 西方人亦終當有一日會感到只有上帝之永恆，而無歷史文化之悠久，人並不能安居樂業於此世界，到星球中，亦不可久居。這時西方人當會發展出一上通千古下通萬世之心量。並本此心量，以接觸宇宙生生之原，而生活上處處求有餘不盡之價值，並會本此心量，而真重視到父母祖宗之孝，並為存宗祀而生子孫，為承繼祖宗遺志而求文化保存與延續，以實際的實現文化歷史之悠久。[44]

（五）天下一家之情懷

根據〈中國文化宣言〉，西方人可以從東方人學習到的最後一項具普世價值的智慧是天下一家的情懷。唐先生相信各國走上民主建國的道路之後，人類社會最後必然歸向於天下一家。唐先生這個理念或構想，大概是根據他對傳統學術文化的理解而來的。先生認為天下一家的情懷，儒家、道家、墨家、佛家的思想，皆嘗作出貢獻。先生說：

> 墨家要人兼愛，道家要人與人相忘，佛家要人以慈悲心愛一切有情，儒家要人本仁心之普遍涵蓋之量，而以「天下為一家，中國為一人」……儒家之講仁，與基督教講愛，有相通之處，因基督教之愛，亦是遍及於一切人的。[45]

然而，先生認為基督教教義不及儒家義理之周延。蓋前者認為凡人皆有原罪，救贖只由上而下，即只來自上帝。儒家則多相信人性本善，人自身可成為聖人，與天合德。此其一。再者，基督教之愛，其背後仍有一先決條件，

---

44 《中華人文與當今世界》，下冊，頁 923。

45 《中華人文與當今世界》，下冊，頁 923-924。引文中先生認為儒家的仁與基督教的愛有相通之處。此固然；然而，墨家之兼愛、佛家的慈悲，亦與基督教之愛有相通之處。先生未提及此，似緣乎此比較明顯而不必再提及。反之，儒家的仁與基督教的愛，在義理上則頗有差距，此所以唐先生特予表出之歟？

即「信我的教」。此則與儒家大有分別。照儒家義理，只要是人，便同有能成聖而與天合德之性。儒家無教會組織，且不要求人們必崇拜孔子，因凡人本身即可成聖而同於孔子。既無教會，亦無必崇拜之對象[46]，故儒家不與他人之宗教成為敵對。[47]儒家有天地之觀念，而無地獄之觀念[48]，更無地獄以

---

[46] 既有崇拜的對象，則此對象恆成為教徒心目中之神。而人之“得救”恆藉賴此外來的神力。

[47] 唐先生這個說法，容筆者作點補充。儒家固不主動與他教為敵，不主動或積極的要求他教之信徒改信儒教；然而，就他教（尤其他教中之基本教義派信徒）來說，若不崇拜彼教之神，不奉行彼教之教義，你即為異端，你即為彼教之敵。順著唐先生所信持的儒家不與他教為敵對的看法，筆者再作點申論。唐先生係一道德理想主義者，此人盡知者。但個人認為先生亦係一宗教理想主義者，且嘗申論「新宗教精神」的要點。有關新宗教精神，茲簡述先生的看法。先生認為圓滿之宗教，不僅當事神如有人格，且當包含事人如有神格。依唐先生，凡人一無例外的，皆係一潛在的神（上帝）或候補的神（上帝）。本此，則任何人皆應同樣被尊重、被尊崇；這好比上帝之被吾人尊崇的道理是一樣的。其後果則必為人間不再有任何紛爭。推而廣之，在生的人既被尊重、尊崇，則已逝世者，尤其吾人之祖、師、尊（聖人），亦應同被尊崇。換言之，崇敬天、地之外，吾人亦必當同時崇敬聖、親、師。新宗教精神便由是而誕生。詳參上揭《人文精神之重建》，頁 510-511；頁 587。天、地、祖、聖、師的崇拜、祭祀問題，先生論之綦詳，見〈宗教信仰與現代中國文化（下）〉中論三祭的文字，《中國人文精神之發展》（臺北：臺灣學生書局，1974），頁 382-386。

[48] 有關地獄的問題，頗可一說。基督宗教和伊斯蘭教皆有地獄這個觀念，視地獄是人生前犯惡行而死後受到永恆懲罰的地方。猶太教對地獄沒有明確的概念。印度教和佛教則視地獄是人死後輪迴轉世前的一個暫時的居所。儒家／儒教、道教和神道教中則沒有地獄這個概念。詳參維基百科：https://zh.m.wikipedia.org/zh-tw/%E5%9C%B0%E7%8D%84；2022.06.28 瀏覽。頗值得注意的是，據上文，可知東方的宗教（如儒教、道教、神道教，乃至印度教、佛教）中並沒有地獄這個概念；即有（如印度教、佛教），也只不過視之為一個暫時的居所而已。如上所述，地獄被視為人生前犯惡行，因而其死後得受懲罰而必須永遠居住其間的一個居所。這個構思意味著不給逝世者的靈體／靈魂遷善改過／補過／贖罪的機會。筆者認為這於教義上似欠周延。天主教於天堂與地獄之間，則構思出一個折衷的概念：煉獄。筆者認為這是比較理想、周延的。至於儒家／儒教（先不談道教、神道教），當然是承認人是會犯過錯或所謂犯罪的；然而，並沒有設想（構思）地獄一概念作為懲罰“罪人”之所在地。這多多少少反映儒家之深富包容性、攝受性。

容納所謂異端的觀念。

唐先生最後作總結說：「人類真要有天下一家之情懷，儒家之精神實值得天下人之學習。」[49]則先生對儒家之推崇，亦可謂至矣。

唐先生雖然非常推許以中國文化精神為主軸之東方文化精神，視之為西方人宜學習之智慧，但唐先生仍一本其謙遜的態度指出：「這些亦不是在西方文化中全莫有種子的。不過我們希望西方文化中這些種子，更能由對東方之學習，而開花結果而已。」[50]先生之肯定西方文化，及進一步本於東方文化而對西方文化之期許，不亦情見乎辭乎！

三、唐先生其他著作中所揭示中國文化可貢獻於西方世界之普世價值

東方文化所蘊藏之智慧／普世價值可貢獻於西方世界者，除見諸上文所闡述之〈中國文化宣言〉一文外，唐先生之相關論說，尚見諸他處。其中部分論點與〈宣言〉之內容頗有雷同之處。今茲就其相異者，一一開列如下，並略予闡述。

（一）中國人所追求的核心價值為理想的人文主義或人文的理想主義

依唐先生，中國人所追求之民主（或可稱為「中國式民主」）異於西方人所追求者。蓋中國式民主已融入於人文精神之中。[51]具體來說，民主精神涵藏於中國人之人文文化活動中。先生指出：「在中國的人文精神中，道德精神、藝術精神為主，而宗教、政治之精神，皆置於其中，而環繞於其人性即天道之哲學理念。」[52]一般來說，民主被視為主要是政治活動範疇內的一

49 《中華人文與當今世界》，下冊，頁 924。

50 《中華人文與當今世界》，下冊，頁 925。

51 《人文精神之重建》，頁 407。

52 《人文精神之重建》，頁 408。又可詳參本書第一章。說到中國的道德精神、藝術精

種表現。政治既被唐先生視為人文精神下的東西，則民主當然亦納入其內了。簡言之，依唐先生，中國人非不看重民主，但民主相對於人文精神來說，其位階層次是較低的，乃隸屬於人文精神之下的，即僅為其中的組成部分而已。中國人所追求的毋寧是人文精神之整體（即整個人文精神）[53]。如果我們細看上引語，則中國人文精神的內涵，依唐先生，其排序是道德精神居首，藝術精神次之，宗教精神又次之，而政治精神又再次之。連政治精神都居於"末流"，則政治中之民主在唐先生整體思考中（整體人文精神之光譜中），其位階為如何，非昭然若揭乎？[54]要言之，依唐先生，人文精神才是中國人所追求的核心價值所在。

（二）民主與自由之概念乃第二義者：包容與自我提昇、自我超越才是最根本的

唐先生認為現代人所奉為圭臬的自由與民主不應是吾人追求之終極價值所在。尋根探源，我們反而應該追問，為甚麼要追求自由與民主？一言以蔽之，自由與民主只是手段，藉以追求更高的目標／目的而已；其本身絕非吾人要追求之目的，至少非終極目的！而更高的目標／目的，依唐先生，乃係依於人文精神所成就，所建構之具有人生文化價值理想之人文世界、人格世界。如吾人心中含存此理念，並依之而努力奮鬥，則吾人之視野必由此而拓

神的問題，現代新儒家第二代人物，且亦同為〈文化宣言〉的聯署人之一的徐復觀先生，對這個問題亦有所論述。徐先生甚至認為：「道德、藝術、科學，是人類文化中的三大支柱。」徐復觀，〈自序〉，《中國藝術精神》（臺北：臺灣學生書局，1976），頁 1。

53 「人文精神」或「人文主義」一詞，稍嫌抽象，英文 Idealistic Humanism（理想的人文主義）或 Humanistic Idealism（人文的理想主義）在涵義上可能清晰明確一點，或更具體一點。參《人文精神之重建》，頁 593。唐先生對「人文主義」之名義，嘗撰專文詳細予以論述，非常值得參看。唐君毅，〈人文主義之名義〉，《人文精神之重建》，頁 590-605。

54 然而，讀者千萬別因詞害意，以為唐先生不重視民主。蓋如僅針對政治這個範疇來說，則民主當然是非常重要的；唐先生遂亦必然非常重視它的。

展，胸襟亦由此而開濶；人亦由此而懂得欣賞與承認社會上、文化上各方面之價值理想，又使人進而肯定各種社會組織、文化團體之當獨立存在。再者，又使人知道各種不同型態之人格之值得尊重，「把他人當真人，而設身處地對他人之生命心靈的活動，作共同的振動。」[55]換言之，唐先生認為必須要本乎上文的認知並予以具體落實之後始可言政治上的民主。先生乃據此而作出以下的總結：「……然後從政的人，才可有真正的民主精神、自由人的風度，去推行民主制度。」[56]可嘆的是，唐先生這個本乎仁，發乎智的偉大卓見，在今天恐怕只落得言者諄諄，聽者藐藐的下場。惜哉！痛哉！

（三）史學可救治科學之弊病

中國在史學上的表現是有目共睹的。梁啟超即指出說：「中國於各種學問中，惟史學為最發達；史學在世界各國中，惟中國為最發達。」[57]任公的言詞或稍涉誇張。然而，恐怕無人會否認中國在史學上的成就和貢獻。以中國科學史名著《中國之科學與文明》一書享譽士林的李約瑟氏（J.

55 《中華人文與當今世界》，下冊，頁 802。

56 《人文精神之重建》，頁 616。今天，誰都知道並承認民主在政治上的重要性。然而，就實際操作面來說，所謂民主（特指現今一般人所追求的主流民主，或即所謂英美式的民主），只不過是一個重量而不重質的機制。其後果是負面的東西，如一連串負面的事件、勾當，幾無日無之。就以選舉來說，賄選、造假、中傷、詆譭、誹謗、污衊、暴力等等，皆係其例。釜底抽薪的辦法恐怕是民主的型態必須扭轉過來，即量以外，恐怕質亦必須予以重視。為了糾補上述負面東西的出現，上文提到過的理想的人文主義或人文的理想主義，恐怕是一劑靈丹妙藥。蓋非如此，恐民主不能轉型，質素也無法提昇。最近幾年，中美爭奪話語權（含對民主一概念的看法）。2021 年 12 月 4 日，在美國政府舉辦「民主峰會」（Summit for Democracy；110 國家或地區受到邀請出席；日期是：同月 9-10 日）之前夕，中國大陸發布了民主白皮書。該白皮書的發布，很明顯是有針對性的。異於英美式民主，「中國的民主」或所謂「全過程人民民主」，是以習近平為首的中國執政當局所提出來的。其相關內容，頗值得探究；惟與本文主題不直接相關，恕從略。當然，就民主之有效實踐來說，依筆者之意，良知（人之道德主體）扮演了非常關鍵的角色。此可參上章四之（四）後之〈附識〉。

57 梁啟超，《中國歷史研究法》（臺北：臺灣中華書局，1972），頁 9。

Needham，1900-1995）嘗云：「吾人似可斷言者為，在中國文化中，史學為『萬學之母』。」（“It would really be true to say that in Chinese culture, history was the ‘queen of the sciences’”）[58]

在上文所引述過唐先生的眾多意見中，先生嘗指出，西方人不斷的向前向外追求，其結果必至耗損人之生命力，枯竭亦立時而可待也。為扭轉此一形勢，人由歷史意識而培養出來的上通千古，下開萬世的胸襟雅量，便可派上用場。人之歷史意識或歷史關懷、歷史警覺最後必引向於建構而成就史學這門學問。因為重視過去祖先業績的中國人不可能任由歷史意識虛懸在那裡而不為中國人所用。為了達到致用這個目的，必得先建構一門有效的系統知識。此即史學是也——歷史記載、歷史研究是也。[59]唐先生指出，作為一門學問的史學，它正可以糾正、救治自然科學所產生的流弊。

然而，我們現在先述說一下科學的性質及其優長處。眾所周知，科學，尤其自然科學，是要建構通則、定律的，並應用這些通則、定律到個別事物上去的。人之研習旨在建構以通則、定律為其本性之科學，這在理論上必使人之眼界、視野有所開濶，而使人之精神不致於糾纏、黏貼於個別事物之個別性或特殊性上。在這種情況下，科學，或說得更精確一點，科學精神，便促使人不斷的向前向外開拓而不自限於過去的成就。科學的成就及貢獻由此可見。然而，物極必反。任一物有其利，亦必有其害。且其利之本身有時候亦可反過來而成其害。世事經常是如此的吊詭！上述科學之優長處，亦可以反過來而成為它的缺點、弊端。何以言之？上文說到的通則、定律，以其性質為普遍性者、抽象者，所以便不克處理具體事物或不克應用在具體事物上。在此情況下，以回顧逆溯個別事件為職志的史學便正好派上用場而彌補科學之不足，甚或糾矯其弊端。唐先生探討了史學與科學的性質後，得出如下的結論：

---

58 J. Needham, “Time, Chronology and Chinese Historiography”, *Time and Eastern Man* (London: Royal Anthropological Institute of Great Britain & Ireland, 1965), p. 15.

59 史學知識之所謂「有效」，簡言之，乃指此門知識確然符合並真實地報導（含說明、反映與詮釋等等）過去所發生過之實際或實然情況而言。

> 科學之用，直接在使人精神，貞定於普遍之定律概念，而超臨凌駕於「定律概念所可應用之事物」之上。史學之用，則直接在使人精神收攝於具體之史事中，而返求當前事變，與吾人之生，所自來之本。故科學使人心，向前向外。史學使人心，向內向後。科學使人前瞻，以求肆志。史學使人回顧，人乃多情。[60]

據此，則科學與史學，各有其優長處。兩者實可互補相濟。唐先生本乎通識的眼光而鑑空衡平，其論斷洵乎確然不可拔也。

在這裡，或可作點補充。科學（含科技）的價值及對人類的貢獻，當今之世，無人不知，無人不承認。然而，史學之價值與貢獻，則知悉者相對地少得多；即知之，也不願意多提或多談；反之，對史學及對史學之研究者／從業員，恆嗤之以鼻！唐先生則異於是。其識見之卓然不拔有如此者。也許，更不可思議的是，唐先生胸襟開濶，廣納百川。是以其重視史學，是可以理解的。但居然指出史學可救治科學之弊，那就更非常人所能及了。於此，筆者能不五體投地耶？

---

60 《人文精神之重建》，頁 544。按：史學所回顧者，人也（當然含人之行事）。作為史家的今人，亦人也。既同為人，所以在回顧中，作為今人之史家焉能無「情」存乎其中？劉知幾、章學誠所說的史家三長、四長（史才、史學、史識、史德），其實仍有所不足。筆者以為，要成為一個偉大史家，其實「史情」扮演很重要的角色。對古人（尤其苦命的老百姓）若無感同身受的一種大情大愛，你根本無法進入（在這裡，「神解」、「神思」，或類似的概念，給予了筆者一點啟發。這種「進入」，或可名之為「神入」。）歷史的真實世界；因此亦成為不了一個偉大史家。業師徐復觀先生恆以百姓之心為心以探究歷史，故其必能神入史事中（即深入古人的世界中，此含具體生活形形色色的世界、內心深處的精神世界）而成為偉大史家無疑。當然，筆者這裡所說到的「史情」，亦為具史德之史家（乃至具史識之史家）所當具備者。然而，以「史德」一詞之範圍相當廣泛，不容易使人意會到、意識到或注意到「史情」亦為其所涵蘊之眾多內容之一，是以值得把「史情」獨立出來自成一目，藉聚焦以引起注意。筆者又進而想到「史膽」一目。史膽（此亦為具史德之史家所當具備者）之重要性，亦好比史情；其功能，亦相類。為求聚焦以引起注意，把它獨立出來自成一目，似值得史學界前賢惠予考量。

（四）西方人可從東方文化學習到的其他智慧：倫理人文主義、對父母祖先之孝思、禮樂精神、重視通才、興滅國繼絕世、反躬自省

唐先生指出，一切學術文化工作，皆旨在形成人與人理想的倫理關係，以作為人與人之間互為存在的橋樑。換言之，就唐先生來說，相對於更為重要的倫理關係來說，學術文化工作只是一手段而已。先生並由此而斷言說：「此即中國傳統之人倫的學術文化觀。簡名為中國之倫理的人文主義。」[61]唐先生所以特別扣緊學術文化來談倫理的人文主義，是因為唐先生這句話是針對「現代世界文化交流之意義與根據」的問題而寫的。我們現在倒不必牽扯學術文化工作的問題。就「倫理的人文主義」來說，這個概念的本身實已反映中國文化的特質與中國人的核心價值。依唐先生，中國人固然非常重視人文主義。但人文主義或人文精神可有眾多不同的表現內涵的，面向亦是雜多殊異的。就中國人來說，重視倫理的人文主義是中國人文主義最重要的內涵。相對來說，這正是西方人比較欠缺或不重視的。換言之，這正是西方人需要向東方人學習之處。

中國過去數千年所重視的孝道：對祖先父母的孝思，是世人所共喻的。這種文化特質恐亦很可以提供西方人參考借鏡。[62]

禮樂精神，中國人素所重視。以仁為本的禮在調節人與人的倫理關係上，樂在陶冶個人性情及促進人與人之和諧關係上，所各自扮演之角色，是不必多說的。[63]然而，進一步來說，禮樂之融合則為自孔子以來，中國歷代儒者所嚮往的最高的理想境界。其實，就「禮」和「樂」的狹義定義來說，禮可以說是屬於道德方面的，樂則是藝術方面的。本此，則前者求善，後者

61　《中華人文與當今世界》，下冊，頁825。

62　上述〈文化宣言〉亦稍及孝思問題，可參看。《中華人文與當今世界》，下冊，頁893。

63　《中華人文與當今世界》，下冊，頁616。

求美。[64]二者的結合，則成就善與美。這個既善且美的組合，西方人總該學習一下，或至少參考一下吧。

一般而言，吾人可以說西方人皆重視專家之學，都盼望成為專家，即某一專業上的達人。今天各行各業都是重視所謂專業知識的。當然，專業知

64 說到藝術和美，讓人想起詩這個領域。其實，除了禮和樂之外，唐先生亦重視詩教。其言曰：「及今年已垂老，方漸知詩禮樂之教，為教之至極；……。」此見諸先生晚年（1973 年年中）所寫的以下一文：〈編後記〉，《思復堂遺詩》，收入《唐君毅全集》，卷 29。有關唐先生與詩和詩教的關係，似乎可以細分為若干個階段。據《年譜》，唐先生九歲時，其父迪風公便以唐詩教授之。此可視為是先生與詩有所接觸的開端。又先生早期文稿中，先生本人已有詩作十多首（今所見者，撰於 14 歲。應更早便有詩作，昔今不存。參《早期文稿》，《唐君毅全集》，北京九州版，第 1 卷。）此可視為是第二個階段。再者，1934 年年初，先生已撰有論杜甫和李白的文章，名〈詩人與詞人——杜甫與李白〉。其中已頗能讓人嗅出詩作做為性情之教的味道了。這應可視為是第三個階段。當然，這種味道還不是很濃郁的；不能與上引文中「詩禮樂之教，為教之至極」一語所透出的味道，相媲美。此視詩為教之至極的說法，可視為是第四個階段。按：作為說理性質很強的學科的哲學，若就「教」（社會教化）這個層面來說，容易給人有硬蹦蹦的感覺。反之，詩教（加上禮樂之教，尤其樂教）所扮演的角色便柔順多了。然而，其教化、教誨的功能、力道，絲毫不減於哲學，或許更強也說不定。其實，唐先生與詩作（詩篇）和詩教的關係，似乎很值得深入研究以寫成專論的。就這方面來說，以下一文便有其價值，值得參看。秦燕春，〈重審「抒情傳統」——再論唐君毅、胡蘭成交往的文化史意義〉，《臺灣東亞文明研究學刊》，卷 16，期 1，2019 年 6 月，頁 143-188。走筆至此，憶起梁啟超以下一論著：〈論小說與群治之關係〉。其開首處云：「欲新一國之民，不可不先新一國之小說。故欲新道德，必新小說；欲新宗教，必新小說；欲新政治，必新小說；欲新風俗，必新小說；欲新學藝，必新小說；乃至欲新人心，欲新人格，必新小說。何以故？小說有不可思議之力支配人道故。」文章結尾處則作出如下的呼籲：「故今日欲改良群治，必自小說界革命始！欲新民，必自新小說始！」壯哉斯言。詩作乃至其他文類之對國民（尤指群治方面）所產生的影響（上引任公一文是針對負面的影響來說，任公甚至稱之為「支配」），就方面之廣、程度之深來說，大概皆比不上小說。然而，不論正面的影響也好，負面的影響也罷，吾人對各種文類，皆不宜小覷其可產生之能量。然則，唐先生臨終前數年的體會：「詩禮樂之教，為教之至極」（先生既稱之為「教」——教化，當然是就詩禮樂對人之正面的影響來說），是非常有道理的，真見道之言也。任公上文載其本人所主持（名義上的編輯和發行人是趙毓林）之《新小說》月刊，1 卷 1 期，1902 年 11 月。

識、專門技能，作為現今社會謀生的工具來說，其重要性不言而喻。然而，也不宜走極端，否則人對於很大／很多的領域知道得很小／很少，而對於很小／很少的領域知道得很深／更少，那不見得是好事。近三四十年來，東西方教育界漸漸有所反省，乃有通識教育之重視。這可說是物極必反的必然結果。就中國人來說，向來重視通才教育（就此來說，則是「物極必返」：返回過去之優良傳統）。過去有謂：「一事不知，儒者之耻。」當然，我們現在不必，且不可能以擺脫、超克「一事不知，儒者之耻」來自我期許，或期許他人。但無論是為了更適應日新月異、千變萬化的社會也好，或為了增廣見聞、開發多元興趣以自我薰陶也罷，通才教育都是很必要的。唐先生在這方面亦有所論述。對知識分子的相關期許，其卓見慧解盈篇而累牘。茲引錄如下：

> 知識分子不只有專門之知識技能，亦能畫畫、作詩、彈琴、下棋，談笑風生的論天下事，如以前中國與東方之士……。（筆者按：此省略號為原文所有）必如此然後才能轉化西方之學術文化之「只分為各專門之領域，各專家只各求有專門之表現與創造，不求其個人之文化生活之完整，亦不求其表現與創造，皆有所貢獻於一般人民之文化生活的完整」之態度；而使西方人文化生活與日常生活，打成一片，隨處覺心安理得，而自得其樂，悠然自足。[65]

中國與東方之士所具備的才藝（畫畫、作詩、彈琴、下棋等等），唐先生亦盼望西方人能同具備之。先生對西方人充滿了期許，其「獨（中國與東方人）樂樂，不如眾（兼西方人一起而構成的全人類）樂樂」的一番心意，上引文，真的是情見乎詞。

中國人歷來所重視，尤其西元前 12 世紀以降，周公即付諸實行的「興滅國，繼絕世」的政策，是唐先生認為西方人應向東方人學習的另一重

65 《中華人文與當今世界》，下冊，頁 616。

點。[66]筆者以為這個智慧對西方人，尤其對具有企圖心而仍想稱霸世界，或至少希望在政治上，乃至科技文化上欲領導全球的美國來說，是極其重要的。霸主要有霸主的風範、風度、胸襟與雅量。更應有救世人於水火、人溺己溺的悲天憫人的使命感。假若連「興滅國，繼絕世」都做不到，甚至動輒以"弔民伐罪"（今語即所謂扮演「國際警察」的角色，以所謂維護世界和平、正義、公平為藉口）自許，那就不必妄想南面稱孤了。

中國人素來深於反躬自省、反求諸己。[67]這種反思內省的精神，西方人是比較欠缺的。[68]西方人經常信心十足，活力無窮。這是好的。但自信過了度便成為自負，甚至狂妄自大。這就"太超過"了。一旦到了太超過的程度，那縱然犯錯誤，也絕不會承認。一切過錯都必然予以推諉，而只算在別人的頭上。有功則攬，有過則諉。筆者在臺灣生活 30 多年，這種情況幾舉目皆是（筆者指的主要是政界人物。反之，一般老百姓，則是很善良的、具反省意識的。），可悲！臺灣的民主政治是學歐美的。歐美的民主政治有它善美的一面，但橘越淮而為枳。何以乃爾？歐美人的自信，信心滿滿，東方人沒學到。然而自家「反躬自省、反求諸己」的精神則丟光了，奈何！中國人過去更有「嚴以治己，寬以待人」的精神。當然這種精神亦是西方人可向中國人學習的一種智慧。然而，這種智慧，在今天中國人或華人的身上，恐怕是不容易找到了。每念及此，筆者恆悲從中來，難道連這個都要禮失求諸野（借用此「野」字以泛指外國，非作貶義用）乎？

---

66 《中華人文與當今世界》，下冊，頁 894。

67 據記憶，唐先生一定說過這句話（當然用字上或稍有出入），或至少類似的話，但筆者一時間未能覓得其出處！這對讀者來說，實在非常抱歉。

68 其實，「反躬自省、反求諸己」的精神，不是東方人或中國人的專利。西方亦有深具這種精的。譬如蘇格拉底即說過，不反躬自省、自我檢討的生活，是不值得活下去的。羅馬皇帝且亦係斯多葛派哲學家 Marcus Aurelius（西元 121-180）亦甚注重反躬自省的精神。所以我們說中國人或東方人深具這種精神，絕不是說西方人便不具有這種精神。只是相對來說，東方人這方面似乎比西方人更有自覺，有更多自我期許而已。然而，筆者這裡所說的中國人，恐怕已成過去式了。現今的中國人，或華人，其深具反躬自省能力者，似乎已越來越少了，悲乎！

四、餘論

西方人可以從以中國文化為主軸的東方文化中學習到的智慧，上文已根據〈中國文化宣言〉和唐先生其他著作，作了闡述。筆者在這裡願意作點補充。根據唐先生，〈宣言〉中所開列並探討的東方智慧，並非一份完整的清單。當然，筆者根據唐先生的其他著作，已盡可能予以補足。但掛一漏萬，恐在所難免。此其一。再者，筆者必須再次指出，唐先生並不認為開列於〈宣言〉中的五項智慧，西方人是全然繳交白卷的。（上文第三節所開列的其他智慧，亦然。）只是相對東方人來說，以關注點不在這些方面上，所以西方人[69]的表現比較弱而已。

唐先生又嘗指出，其實，現代西方人除可向東方人學習外，亦應向其祖先學習以汲取更多資源以為其今日所用。這些資源是相當豐富的。今僅開列並闡述其中兩項如下以見梗概。

[69] 針對「西方」、「西方世界」、「西方人」的概念，筆者在這裡恐怕要作點補充說明。其實，此等用語所指涉的範圍是沒有一個絕對標準的。所有國家（含人民）位於中國、日本、韓國和印度之西者，皆屬之。然而，地球是圓的。因此是東是西，看你按甚麼“起跑點”為準來計算而已。當然，這是比較極端的說法。但無論如何，這兩個詞之含混性與歧異性，是可以想見的。然而，筆者以為，根據唐先生與大部分的中國人來說，今天的歐洲，如英國、法國、德國、義大利、荷蘭、比利時，與芬蘭、瑞典、挪威等國家及南半球之澳大利亞、紐西蘭、美洲之美國、加拿大等國家，皆可說係「西方」一詞所指稱的核心國家。至於這些國家的鄰近或周邊國家算不算西方國家，那恐怕便見仁見智了。要言之，「西方」一詞，其中心範圍是很清晰明確的，但周邊指涉範圍便可以再討論了。對筆者，甚至對大部分的中國人來說，筆者相信，其能滿足以下五條件者，大概便可視為西方國家。首先，它得為高度工業化者；其次，高度或至少在相當程度上實行民主政治者；再次，地理上，位於中國、印度之西；又次，其文化是溯源自希臘羅馬者；最後，過去二百年嘗對中國產生一定程度的衝擊、影響者。最後一個因素恐怕是最關鍵的一個因素。或適宜稍作補充的是，北歐的芬蘭、瑞典、挪威和南半球澳、紐這兩個新興國家，雖不盡能滿足上述五條件，但仍應算是筆者所認為的西方國家。

（一）西洋古典精神及基督教的貢獻

上文已數度指出近現代西方文化固有其貢獻，表現亦極精彩絢爛。然而，其無窮向前向外的開拓發展，所謂知進而不知退的精神，亦正係其弊端所由生之所在。唐先生嘗試從西方文化的自身中去尋求解藥。先生往前追溯，乃發現西洋古典文化與基督教文化正可救治近現代西方文化的弊病。其說如下：

> 如果用中國儒家的說話，希臘精神尚智與美，是智教與樂教。斯多噶尚平等是義教。基督教是仁教中之一義。……西洋文化之缺點，本原在希臘人之尚智即過於美，其樂教實亦不夠。基督教之仁教，則病在人心天心相距太遠。各時代各地域之西洋人，恆一往向一方用力，而割裂道術之全，因而處處造成對待相抗之局面。（此亦可謂由於其科學精神與宗教精神中，即包含對待精神。）然由西洋古典精神與近代精神之綜合，則可並補其仁教智教之所不足，亦更接近中國儒家所謂內聖外王之道之全。[70]

要言之，西洋古典精神中之智教與樂教，乃至基督教之仁教，雖仍有所不足，但至少在相當程度上可救治近現代西方文化之割裂道術及各方面相互對待相抗的窘局。

（二）西方之神學與宗教思想及存在主義之貢獻

《莊子・天下篇》云：「內聖外王之道，闇而不明，鬱而不發，天下之人各為其所欲焉以自為方。悲夫，百家往而不反，必不合矣！後世之學者，不幸不見天地之純，古人之大體，道術將為天下裂。」道術將為天下裂，其最明顯的例子見諸西方現代學術文化之過分分門別類之情況中。唐先生對這個現象非常關注，並注意到西方之神學與宗教思想可扮演一解套的角色。先

70　《人文精神之重建》，頁169。

生說：

> 在西方現代學術文化中，表現由分求合的精神與高度智慧之一尖端，乃西方之神學與宗教思想。我希望大家注意：決定人類思想的方向，在根底上乃在人之自覺或不自覺的，對宇宙人生之歸宿的根本信仰。此即宗教思想與神學的課題。此根本信仰，若無互相了解而會合的道路，則一切科學、哲學的知識之綜合會通，皆不可能。[71]

唐先生的意思是說，當西方人了解到，只有在有關人生之歸宿的根本信仰的問題上，人們能互相了解並進一步求融合的情況下[72]，西方的學術文化之由分而趨向於合，才有可能實現的一天。而西方的神學與宗教思想在這方面正扮演一積極的角色。唐先生認為以下的神學宗教思想家或學者，如 B. Russell（1872-1970）、N. Berdyaev（1874-1948）、J. Maritain（1882-1973）、K. Barth（1886-1968）等人的反省，尤其彼等對近代西方機械文明、極權主義之視人如蜂蟻之罪惡之批判，都是非常具有深度的。但唐先生又進一步指出，其更能代表西方宗教神學思想之進一步發展者，毋寧係以下二人：R. Bultmann（1884-1976）、P. Tillich（1885-1965）。依唐先生，此二位學者都是具有存在主義的色彩或至少受其影響的。至於其他學者，如 H. G. Keyserling（1880-1946）及 F. S. C. Northrop（1893-1992），前者非常

---

71 《中華人文與當今世界》，下冊，頁 812。

72 有關宗教或根本信仰上相互了解的問題，唐先生的意見是極具參考價值的。1960 年有一位從美國到香港的何理世德夫人（Mrs. Juliet Hollister）往見唐先生和程兆熊先生，她請求唐、程先生等人簽名發起贊助一個五百萬美元的計畫：在華盛頓建立一所六大宗教（印度教、基督教、儒教、回教、猶太教、佛教）的了解堂（A Temple of understanding）。唐先生對何夫人的努力十分欣賞和尊重。唐先生事後並為此事寫了一篇文章。唐君毅，〈「世界六大宗教了解堂」之建立之感想〉，《中華人文與當今世界》，下冊，頁 493-499。唐先生外，現代新儒家第三代代表人物之一的劉述先教授，在其中晚年時，亦相當關注宗教會通、倫理會通的問題，乃建議透過對話的方式來努力促進不同意見間的相互交流、了解。

欣賞東方的宗教，而後者更明確主張，就未來的文化來說，針對宗教方面，西方應向東方學習。大體上，上述諸人對神學或對宗教的反省，都是相當深邃而富啟發性的。彼等的意見更促使西方人重新尋找並檢視基督教義的原始性格或本來面目，[73]甚至使得他們重新去了解並估量東方宗教的價值及地位。

西方之神學及宗教思想對西方學術文化之由分而合所作出的努力，尤甚是自 16 世紀以來所作出之貢獻（含神學宗教家其他方面的進步思想），唐先生是相當首肯的。彼等之意見，大體上已揭示如上。但唐先生最欣賞的毋寧係存在主義哲學所作出的貢獻。此上文已稍及之。今進一步引錄先生的說詞如下：

> 我認為最能代表西方學術文化界之由分求合的大勢者，仍不是西方之神學宗教思想，對西方文化宗教的自我批判，而是今之存在主義哲學的思想方向。此存在主義哲學各派之內容，亦似十分複雜。然皆表示一對西方近代文化與哲學，有一自我批判。此批判的目標，則在使人成為一真實的存在。……此是西方之存在主義，共有之「存在的感受」，而有其「存在的呼喚」以求人之人格如何由分裂，以再整合其自己。在此義上說，存在主義即最能代表一西方人由分而合的思想方向者。[74]

[73] 唐先生認為，「耶穌本人並未明白否定上帝之啟示可及於異教。」其實，基督教士中，如 Origen Adamantius（185-254 A.D.）和 Johannes Scotus Eriugena（815-877 A.D.）即明言救贖是普遍的。換言之，即認為一切人均可得救，並謂人之有限罪惡不當受無限之懲罰，是以反對永恆地獄之說法。然而，這種比較開明的思想，在中古時代皆被判為異端。先生乃感慨的說：「如循人之宗教的良知，而充量發展耶穌精神，正當升此異端為正信。基督教中，又有主張於形式上之教會外，有精神之教會者。在此精神的教會中，正可包括於一切在形式上不信基督教者。而肯定其皆可入天國。」唐先生海涵百川之雅量，可以概見一斑。參《人文精神之重建》，頁 587-588；《中華人文與當今世界》，下冊，頁 812-818。

[74] 《中華人文與當今世界》，下冊，頁 816。

根據上文，可知唐先生之所以欣賞存在主義思想過於欣賞神學宗教思想，乃不僅在於存在主義之致力於整合西方學術文化界過去分裂的情況；其最要者，乃係存在主義思想之能從更根本處，更廣大處著眼：依各人之存在感受而來之存在的呼喚，其目的乃在於求人之人格於分裂之後，如何再整合其自己。[75]這是從整個人方面來作考量，而不僅從人之表現在學術文化上來作考量而已。兩者相較，不消說，當然是前者更重要，更關鍵了。唐先生之所以重視存在主義思想而過於重視神學宗教思想，不亦宜乎！

* * * * * * *

最後，筆者作一簡單的結語如下：

作為一位人文主義者、理想主義者，且視野寬廣、心靈開濶、使命感強烈，又對中西印哲學思想與一般的學術文化問題，深具慧解通識的唐君毅先生，乃以一種悲天憫人的情懷，在多篇文字中，尤其在〈中國文化宣言〉中闢一專節（約 10,000 字），來闡述以中國文化為主軸的東方文化對西方文化可作出的貢獻。先生之用心亦可謂良苦矣！其理想亦可謂偉矣、卓矣！先生深悉西方文化之成就與貢獻，故絕不抹殺之。其在今天（指先生在世撰寫上述文章的時代——即上世紀 50-70 年代，非筆者現在所處的 21 世紀）的領導地位、支配地位，先生亦只得點頭承認。然而，再美善的文化也不可能是圓具自足而不需要借助其他文化，甚或不借助其本有的古代文化，而獲得補苴充實的。[76]唐先生乃係在這種考量下而對西方文化提出上述一連串的建言。假若西方人意欲使其心靈得一安頓、文化悠久恆存，乃至最後與人類之全體得一真正的融合和諧，則唐先生發乎悲心弘願的各項慧解卓識，是斷然

---

75 詳參《中華人文與當今世界》，下冊，頁 812-818；827。在不同文字中，唐先生所強調者為：必須自我培育出一個開放通達的心靈，蓋此心靈乃係世界學術文化之相互交流，並由分而求其合，乃至求人與人互得安穩地真實存在於彼此的生命心靈之中的基礎。

76 先生之補苴充實，其實不光是為了該一文化而已；而是藉此而使得整個未來世界的文化更充實、更完美。

不可輕忽滑過的。

最後筆者必須作點補充說明。唐先生以上的論點雖多，意見亦紛繁，但就其總精神來說，先生絕無意要表示東方文化遠勝西方文化。語句表達上或有過當，甚至偏激之嫌，乃由於東方文化長久以來恆被嚴重貶視，甚至居於被打壓的地位，先生乃故作「矯枉過正」之論耳。不過正無以矯枉。先生之意見，尤其是其行文用語，吾人必得從此處看，而絕不能僅從表面看，否則必誤會唐先生，而先生之用心，以至〈中國文化宣言〉各聯署者之用心，必被誤解、扭曲無疑。其實，唐先生等人充分承認每一種人類文化體系皆有其優點在、勝義在。而東西方文化所已成就者，實可互補共濟。[77]所謂「合之雙美，離之兩傷也。」只有在攜手並進，相互扶持下，人類才有舒坦而光明的前途可言。[78]

---

[77] 東西方文化是就「東西方」一詞的廣義來說。其實，它已包含各種現存的文化。當然，伊斯蘭文化，以至其他文化如不認為當歸入東方或西方文化之內，則吾人說世界上有三個文化或四個文化或更多的文化體系，也是可以的。這只是分類上的問題而已。總之，各種現存文化（無論分為兩個、三個，或無數個）必得互補共濟，相互支援扶持，否則人類斷無光明美好的前途可言。

[78] 本文以上主要是陳述以中國文化為主軸之東方文化如何對西方世界作出貢獻。我們的意思是說西方文化有其弊病，或至少有其不足之處，而東方文化在這些方面正可給予援手，或至少可以提供一點參考。其實西方人本身反省西方文化之病痛的著作亦相當多，如俄人美籍社會學家索羅金即係一例。年前讀徐復觀先生翻譯的〈索羅金論西方文化的再建〉一文，乃知悉近現代西方人在這方面所作出過的努力。徐先生對上述索氏的著作相當欣賞，嘗謂：「……由其向東方文化傾注之感情，彼雖未能真正接觸到中國文化，而中國文化對現代人類所應有的貢獻，亦不難於索氏不完全之結論中反映得之。」徐復觀，《論戰與譯述》（臺北：志文出版社，1982），頁 213。又：唐先生與徐先生在往來書信中，嘗討論索氏對文化的看法，頗值參看。其中，徐先生云：「君毅兄前謂索羅肯稱近代文化為感性的文化為不足，實則真正代表近代文化之性格者為感性的文化，……。」（見〈徐致唐函〉，未刊，1952 年 3 月 24 日）一週後，即同月 31 日，唐先生函覆了徐先生，但並沒有直接回應徐先生的質疑。唐先生的回信，見〈致徐復觀〉，臺灣學生書局版《唐君毅全集》，卷 26，頁 70-71。

在這篇拙文的末尾之處，容筆者作點補充，如下：

唐先生對文化的看法，尤其是對以中國文化為主軸的東方文化，之可貢獻其若干成就或經驗於西方文化者，筆者乃闡述如上。然而，就某些學者或讀者來說，唐先生的見

解與筆者之附驥尾，或不免老王賣瓜而已。國人或西方人對唐先生（某一程度上，含對〈中國文化宣言〉之其他三位聯署人）之批評（含質疑、不認同、不欣賞等等之負面意見），雖不至於此起彼落，但幾乎從來沒有間斷過。茲舉若干例（含對唐先生之人文觀之批判）如下以見一斑：（一）林毓生，〈當代新儒家與中國的現代化（座談會）．面對未來之終極關懷．唐君毅缺乏批評精神〉，《中國論壇》，卷 15，期 1，1982 年 10 月，頁 22-23；（二）韋政通，〈現代儒家的挫折與復興——中心思想的批判〉，封祖盛主編，《當代新儒家》（北京：三聯書店，1989），頁 80-136；其中對唐先生（含牟先生）的批判，主要見頁 112 以下各頁；（三）景海峰，〈宗教化的新儒家——略論唐君毅重建中國人文精神的取向〉，方克立、李錦全主編，《現代新儒學研究論集》（北京：中國社會科學出版社，1991），冊二，其批評見頁 232、237、243；（四）啟良，〈第七章　第三代新儒家思想批判．唐君毅的人文宗教學〉，收入氏著，《新儒學批判》（上海：三聯書店，1995），其批評見頁 280-281；（五）余英時，上揭〈錢穆與新儒家〉，《錢穆與中國文化》，其負面評價見頁 64 以下各頁，尤其頁 86-90；（六）Thomas A. Metzger, *Escape from predicament: neo-Confucianism and China's evolving political culture* (New York: Columbia University Press, 1977)，批評見 vii, p. 33, 39-40. 摯友陳學然教授對唐先生的思想，研究得相當深入；對唐先生之文化觀與人文主義之研究即一例，其見解相當中肯客觀，見所著〈唐君毅的多元文化觀與人文主義思想表述〉，《新亞學報》，第 31 卷（上），2013 年 6 月，頁 417-451。最後，筆者必須指出，以上六位先生對唐先生的見解，雖都做了深淺不一的若干負面的評價或所謂批評，但也有不少正面的稱述。其中如 Metzger（墨子刻）對唐先生的稱述更是遠多於對唐先生的負面評價。也許可以一提的是旅美學人張灝先生對〈宣言〉所做的闡述（含對唐、牟先生等人思想上的闡述）是相當中肯的。這也許可以平衡一下以上六位學者的一些看法。張氏的意見，見 Hao Chang（張灝），"New Confucianism and the Intellectual Crisis of Contemporary China", Charlotte Furth, ed. *The Limits of Change* (Mass: Harvard University Press, 1976), pp. 276-302, 尤其是頁 287 以下各頁。此文，林鎮國翻譯為中文：〈新儒家與當代中國的思想危機〉，傅樂詩等著，《近代中國思想人物論：保守主義》（臺北：時報文化出版企業公司，1980），頁 367-397。張文，陳弱水曾做評介，大體上是介多評少（批評或陳弱水所說的商榷，其要點有三），可並參。陳文附在張文後面（頁 399-407），約六七千字。

第三章　〈中國文化宣言〉之草擬與刊行經過編年研究*

提　要

本文主要是從歷史發展的角度切入，以充分揭示〈中國文化與世界——我們對中國學術研究及中國文化與世界之前途之共同認識〉（即一般人所稱的〈中國文化宣言〉）一文之草擬及刊行的經過。文章以輯錄相關的原始材料為主；筆者個人的按語或闡述為輔。宣言由唐君毅先生起草（或可稱為總主筆），其後乃由牟宗三、徐復觀及張君勱三位先生分別修訂並聯署而發表。唐先生寄人之書簡因部分為師母所鈔錄而得以保存下來；再者，唐先生 1948 年 5 月以後之日記又非常完整，是以本文之原始材料，乃以唐先生之相關材料為主。當然，上述三位先生與唐先生之相關通訊亦構成了另一重要原始材料之來源。下文主要按〈宣言〉之草擬及刊

* 中央大學中文系、中央大學哲學研究所、臺灣師範大學國際與僑教學院、東方人文學術研究基金會、鵝湖月刊社等單位為紀念〈中國文化與世界宣言〉發表五十週年，乃於 2008 年 5 月 2 日至 4 日舉辦一紀念性之國際研討會。筆者應邀出席參加並發表以下論文：〈人文意識宇宙中之巨人——唐君毅先生〉。會後大會擬出版論文集，惟企望投稿之論文以上述文化宣言為主軸。是以筆者另撰一文，即本文：〈中國文化與世界宣言之草擬與刊行經過編年研究〉以為回應。此拙文納入之論文集乃由李瑞全、楊祖漢主編：《中國文化與世界——中國文化宣言五十週年紀念論文集》（桃園：中央大學儒學中心，2009），拙文載頁 65-121。後經大幅修改濃縮並易名為〈〈中國文化與世界宣言〉之啟示——論聯署發表及共同參與撰寫之意義〉，發表於「唐君毅、牟宗三百周年誕辰紀念國際學術研討會」，會議日期：2009.09.19-20；地點：香港新亞研究所。後又收入拙著《學術與經世——唐君毅之歷史哲學及其終極關懷》（臺北：臺灣學生書局，2010），頁 479-505。現今則把原文：〈中國文化與世界宣言之草擬與刊行經過編年研究〉，大幅增訂後納入本書內以便讀者惠予參考指教。

行經過之時間先後為序而撰寫；本文題目之所謂“編年”，即指此而言。

尚有一點，也許值得向讀者一說的是，針對〈宣言〉之內容、發表形式及在何刊物上發表之相關事宜之討論，概見唐、牟、徐、張四位先生之往來書簡。此上文已有所道及。從這些書簡當中，吾人並隨而獲悉四位先生在處事上之若干態度與相應之表現。而這些表現又可進一步反映四位先生之性情，這是筆者喜出望外而堪向讀者報告者。簡言之，本文之內容，間接地揭示了四位先生應世接物與待人處事上之若干態度與相應之表現。

按：以上四位先生，尤其是唐、牟二先生之成就及對世間所作出的貢獻，主要是在學術上的（唐先生在教育行政上尚投注過極大的心力，其貢獻亦非凡）。是以欲知悉四人之成就，其重點固宜挖掘彼等學術上之表現。然而，四人之生平、性情等等，吾人亦絕不宜輕忽滑過，否則所挖掘探討者，恐未得其究竟也。本文在一定程度上則正可揭示、彰顯四人之性情。這方面，或頗值得讀者惠予注意。

一、前言

〈中國文化與世界〉宣言[1]是牟宗三（1909-1995）、徐復觀（1903-1982）、張君勱（1887-1969）與唐君毅（1909-1978）四位先生[2]聯名發表於60多年前的一篇醒世大文章。此文章1958年元月發表於香港出版之《民主評論》及《再生》雜誌。文章發表的緣起，二雜誌的〈編者按〉有相當詳細的交待[3]。茲引錄如下：

> 此宣言之緣起，初是由張君勱先生去年春與唐君毅先生在美國談到西方人士對中國學術之研究方式，與對中國文化與政治前途之根本認識，多有未能切當處，實足生心害政，遂由張先生兼函在臺之牟宗三、徐復觀二先生，徵求同意，共發表一文。後經徐、牟二先生贊同，並書陳意見，遂由唐先生與張先生商後，在美草定初稿，再寄徐、牟二先生修正。往復函商，乃成此文。此文初意，本擬先由英文發表，故內容與語氣，多為針對若干西方人士對中國文化之意見而說。但中文定稿後，因循數月，竟未及迻譯。而諸先生又覺欲轉移西方人士之觀念上之成見，亦非此一文之所能為功。最重要者仍為吾中國人之反求諸己，對其文化前途，先有一自信。故決定先以中文交

1　本〈宣言〉之標題，最早的油印本作〈中國文化宣言——我們對中國學術研究及中國文化與世界之前途之共同認識〉。此據江日新，〈張君勱與「中國文化與世界」宣言——其想法及訴求〉，頁1，注1。江文發表於上揭2008年5月之研討會。江文後收入上揭《中國文化與世界——中國文化宣言五十週年紀念論文集》，頁43-63。〈宣言〉其後正式發表於刊物時及收錄於相關論文集或唐先生的若干專書時，題目稍有更動。詳見上揭《學術與經世——唐君毅之歷史哲學及其終極關懷》（以下簡稱《學術與經世》），頁481-482，注2。

2　下文為求省便，牟宗三、徐復觀、張君勱、唐君毅四位先生，在不引起誤會之情況下，恆以牟、徐、張、唐分別省稱之。

3　二雜誌的編者按語，其內容全同，只有無關宏旨的個別文字上的差異；比較值得注意的是《再生》雜誌有「實足生心害政」一語，此則為《民主評論》所缺者。《民評》上缺此語，蓋考慮避免牽扯政治問題故也。以下引文概出自《再生》雜誌。

《民主評論》及《再生》二雜誌之元旦號發表。特此致謝。

要言之，即有感於西方人士對中國文化之認識未能切當，並深恐因此而生心害政，乃決然毅然聯袂發表文章，以正視聽，並欲進而轉移西方人士觀念上之成見。唯以一時間不克迻譯，乃先以中文發表。[4]

其實，類似之宣言在上述宣言發表之23年前，即1935年時已出現過；而上述宣言發表之 46 年後，即 2004 年時又出現另一文化宣言（下詳）。1935年之宣言乃當年1月在國民黨中宣部組織下，由十位教授聯名共同發表[5]，其標題為〈中國本位的文化建設宣言〉。要旨如下：

(一)中國是中國，不是任何一個地域，因而有它自己的特殊性。

(二)對中國制度思想，加以檢討，存其所當存，去其所當去。

(三)吸收歐美的文化，但須吸收其所當吸收，而不應以全盤承受的態度，連渣滓都吸收過來。吸收的標準，當決定於現代中國的需要。

(四)中國本位的文化建設，是創造，是迎頭趕上去的創造；並且對於世界的文化能有最珍貴的貢獻。

(五)我們在文化上建設中國，並不是拋棄大同的理想，是先建設中國，以促進世界大同上能有充分的力。[6]

---

[4] 不數月，此宣言即被節譯成英文，二年後即有全譯本之出現。下詳。

[5] 十位教授為：王新命、何炳松、武堉幹、孫寒冰、黃文山、陶希聖、章益、陳高傭、樊仲雲、薩孟武等十人。此據 www.zlunwen.com。又參黃漢光，〈同情與敬意——讀「中國文化宣言」〉，發表於上揭 2008 年 5 月之學術研討會；李宗桂，〈中國現代化的文化努力與民族精神的自我挺立〉，上揭同一研討會。徐復觀先生針對此 1935 年的宣言嘗作論述。〈三十年來中國的文化思想問題〉，徐復觀，《學術與政治之間》（香港：南山書屋，1976），頁 348-349。此外，上揭黃漢光教授一文嘗比較論述 1935、1958 與 2004 年所發表的三份〈宣言〉。文中並開列具以下思想特質的學人對三份〈宣言〉的看法。其一為觀點接近自由主義者；其二為持馬克思思想者；其三為關心和持正面態度研究中國文化者；其四為對傳統文化有所承擔者。黃文於彙整梳理方面，作出了貢獻，值得肯定。黃文收入上揭《中國文化與世界——中國文化宣言五十週年紀念論文集》，頁 149-167。

[6] 王新命等，〈中國本位的文化建設宣言〉，《文化建設》，第一卷，第四期，收入羅

發表於 2004 年（歲次甲申）之宣言，其緣起如下：中華民族文化促進會於當年9月在北京舉行「2004文化高峰論壇」，論壇主題為「全球化與中國文化」。應邀出席者，如許嘉璐、季羡林、任繼愈、楊振寧、王蒙等 70 位學者名流於會議的閉幕式上通過和公開發表了〈甲申文化宣言〉。[7]其要旨為：

(一)認為文明多樣性是人類文化存有的基本形態。因此反對排斥異質文明的狹隘民族主義。

(二)主張每個國家、民族都有權利和義務保存和發展其自身的傳統文化。亦有權利自主選擇接受或不接受外來文化因素。

(三)中華民族應與時俱進，反思自己的傳統文化，學習和吸收世界各國文化的優長，以發展中國的文化。

(四)推行公民教育，特別是未成年人的文化、道德教育，以及激勵國家、民族和地區間的文化交流。[8]

以上三篇宣言[9]，以發表的時代大環境前後有別、關注主旨不盡相同及

榮渠主編，《從「西化」到現代化——五四以來有關中國的文化趨向和發展論爭文選》（北京：北京大學出版社，1990），頁 399-403；www.zgrj.cn；又參黃漢光，發表於上揭 2008 年 5 月研討會之論文，頁 2。

7 www.chinaelections.org/NewsInfo.asp?NewsID=61176 - 28k -；黃漢光，上揭文，頁 1。

8 許嘉璐等，〈甲申文化宣言〉。摘錄自《大地》，2004，第十八期；「人民網」（www.people.com.cn）；又參黃漢光，上揭文，頁 4。

9 其實，至少還有另二篇宣言。其一由李伯淳先生執筆，其後並由張岱年、季羡林、侯仁之等 86 位先生聯署而發表於 2001 年 10 月之〈中華文化復興宣言〉，載李伯淳主編之《中華文化與 21 世紀》（北京：中國言實出版社，2003），頁 1-8（含簽名專家之名單；宣言本身約 10,000 字）。詳參李宗桂，〈從三個「文化宣言」看中國現代化的文化努力——以當代新儒家〈為中國文化敬告世界人士宣言〉為重心〉，上揭《中國文化與世界——中國文化宣言五十週年紀念論文集》，頁 7-24，尤其頁 8，注 2。其二則由霍韜晦先生（筆者業師；香港東方人文學院院長暨法住文化書院院長）發起並任主筆。按：2009 年 11 月 12-14 日，香港東方人文學院等單位假廣東省肇慶抱綠山莊舉辦「百年儒學」學術研討會。會議結束的當天（11 月 14 日），中國大陸、臺灣、香港及星加坡的與會學者共同簽署了上述霍先生起草的〈中國文化的轉折與開新——「百年儒學」會議宣言〉。全文接近 8,000 字，共分十一節。這可說是針對中國

發表者之學養各異，因此宣言的內容、重點，遂隨之而有所別異。然而，三宣言之要旨均在於肯定中國文化，則 70 年來皆前後一貫也。1935 年及 2004 年的宣言，其篇幅皆不大[10]，均可說只是對相關課題作大綱式的宣示而已，未及深入析論各主旨。至於 1958 年的文化宣言，則以四萬字的篇幅，析論相關題旨。以深度及廣度言，均非其前二宣言所可企及。至於發乎至情、秉乎至理而對中華民族及中華文化因深情厚愛而生起之憂患意識與悲憫情懷，則更非 1935 及 2004 宣言所可仰望。[11]此則時代大環境不同、宣言發表者學養、感受有別，以至終極關懷及慧命所繫不同而有以致之者。此吾人無能為力且亦不必強求前後三宣言必須同條共貫而一致也。[12]

58 文化宣言共分為十二節。[13]其主旨蓋見於各節標題；茲不贅。

文化而發表的第五個宣言。詳參上揭拙著《學術與經世》，頁 486，注 12。以上五個宣言的發表年分如下：1935、1958、2001、2004、2009。此可看出，時代越近而宣言越多；密集程度亦越甚。此亦多少反映出近 20 年來國人對中國文化之關注及對外（此"外"字取其廣義；共同聯署發表宣言之學者之外，皆屬之；不一定指外國。）發聲意願之強烈。此外，還有一宣言，即 1933 年唐先生承摯友程兆熊先生之委託，而代寫之一文化宣言；惜不悉此宣言已撰就並發表否？今則未之見。如已撰就並發表，則此為第 6 個文化宣言矣。詳參下文注 17。可並參《學術與經世》，頁 490，注 17。

10 35（1935 年）文化宣言約 2800 字，04（2004 年）宣言約 1500 字。

11 58 宣言的聯名發表者共四人，其中三人（徐復觀、唐君毅、牟宗三）為筆者的業師。讀者或以此而認為筆者遂對 58 宣言有所偏好。實則不然。試引錄與三先生無師生關係的廣州中山大學哲學系教授李宗桂先生的判語如下，以見筆者之意見絕非以師生關係而對相關宣言有所偏愛。李先生云：「總的來説，三個文化"宣言"在文化價值上各有千秋，但都反映了一代知識分子在實現中國現代化問題上的努力，體現了民族精神的自我挺立。其間，又以當代新儒家文化"宣言"的貢獻為大。」（李宗桂，上揭文：〈中國現代化……自我挺立〉，頁 11。）「當代新儒家文化"宣言"」，指的就是唐先生等人 1958 年所發表的宣言。

12 三宣言各有其針對性而各有其相應之價值。此方面，可參上揭李宗桂以下論文：〈從三個「文化宣言」……為重心〉，尤其頁 20-24。

13 此十二節，分為上、下兩篇，其中第一至第七節為上篇，八至十二節為下篇。按：〈宣言〉分為上、下兩篇應係原文即如此，而非二雜誌（《民主評論》、《再生》）編輯之意。參下文「1957.10.11 張先生致函唐先生」條。然而，該〈宣言〉爾後收入其他書刊時，則不盡然再分為上、下篇，如 1974 年出版之《說中華民族之花果飄首節為前言，旨在闡述宣言發表之緣起；末節對世界學術作出期許；可謂有本有末。末節更可說是為讀者構築一個未來的願景。中間各節則闡述並肯定中國固有文化的發展特色及重點所在，又指出西方文化之不足及可向東方文化學習之處。整份宣言，以結構言，則嚴謹而有序；以內容言，則充實而周延；以態度言，則不卑且不亢。洵乎體用兼備而為上乘佳作無疑。非學養湛深，發乎至情、秉乎至性而悲願弘深者，不足以撰就之也。

上揭舉辦於 2008 年 5 月的「中國文化與世界宣言五十週年紀念國際研討會」中，不少論文對該文化宣言之內容，已作過相當詳盡的討論。今茲不擬贅說。[14]

本文主要是從歷史發展的角度切入以充分揭示該宣言草擬及刊行的經過。文章以輯錄相關的原始材料為主；筆者個人的按語或闡述為輔。宣言既由唐君毅先生所起草，且唐先生寄人之書簡因部分為師母所抄錄而保存下來[15]；再者，唐先生 1948 年 5 月以後之日記又非常完整[16]，是以本文之原始材

零》與 1975 出版之《中華人文與當今世界》二書中，該〈宣言〉即不再分篇。

14 該研討會論文（含不克出席會議而寄來之一文）共 27 篇，其中直接與宣言相關者僅得 5 篇。然而，間接與宣言相關之論文，或與宣言之發表人，尤其與宣言執筆者唐君毅先生之思想相關之論文，則可說仍在半數以上。至於與研討會主題全不相關的論文，亦不在少數。其論述之主題為何，可參上揭拙著《學術與經世》，頁 488，注 15。

15 謝廷光（唐師母）：〈唐君毅書簡刊行記〉，收入《唐君毅全集》（臺北：臺灣學生書局，1991），卷 26《書簡》。頁 529。又可參上揭《學術與經世》，頁 489，注 16。

16 唐先生日記見於《全集》，卷 27、28。出版者於卷 27 之〈目錄〉後加上如下按語：「本書乃作者日記遺稿，由謝廷光（方回）謄寫編排，收入《全集》前從未發表。」謝廷光：〈唐君毅日記刊行記〉，《全集》，卷 28，頁 481 載：「先夫……又言在香港日記，則無大的價值，不過對他個人則有極大之歷史意義。所以先夫逝世後，為其出全集，編委們主張將在港日記發表，作為全集之一卷，廷光初不同意，繼而同意選錄發表，但編委們總望全部發表，廷光不敢多固執，遂逐日抄錄，抄成計約五十萬言。」又云：「先夫在港日記由一九四八年五月三十一日起，至一九七八年二月一日即逝世前一日止，無一日間斷，除母喪期間，病中，忙中，或旅途中，有廷光代筆處。廷光代筆處不多，……」（頁 486）是先生之日記三十年來無一日或缺而極完整也。唯每日所記之內容則相當簡略，大抵只有一兩行（且以一行為多）。其體例依順

料，乃以唐先生之相關材料（含唐先生與牟、徐、張三位先生的來往信函）為主。

二、〈宣言〉之草擬與刊行經過編年述要

唐先生之草擬〈文化宣言〉，事緣1957年2、3月旅美途次與張君勱先生見面時，由張先生倡議，復經在臺之牟宗三、徐復觀二先生贊同而付諸行動。[17]下文乃按年月日以列述該〈宣言〉之草擬及刊行經過。各日期前所擬之小標題，乃筆者針對相關事件所做之撮要。

序為年、月、日、天氣（陰、晴、雨）；其後則大體分「上午」、「下午」、「夜」三時段記事；如同一日內只做一事，則不再細分為三個時段。1948.05.31 至 1978.02.01，計有約10,830日。據師母上所言，所鈔成之日記約有50萬言。是即一日平均不足50字，其簡略可知。按：孔子之《春秋》記載242年間（前722-481）眾諸侯國的大事而僅得18,000字，則一年僅70餘字。以此衡之，則唐先生之日記又可謂極詳盡了。是以所謂詳、簡，亦相對而言而已。

[17] 唐先生1957年2月至8月出國（指離開香港）半年多。此行2月10日首赴日本參訪。同月23日赴美國，7月23日自美國轉赴歐洲，8月27日離開西歐轉土耳其及印度而於29日返抵香港。《日記》1957.08.27條云：「此行共二百日。」先生出國參訪，乃應美國國務院之邀而成行者。（應美國國務院邀一事，參唐師母，〈讀隱名信有感〉，《唐君毅全集》，卷27，頁320；又可參「1957年」與「〈第43函〉」之間之說明，《致廷光書》，《全集》，卷25，頁321。）唐先生之美國行先赴檀香山，而於2月27日抵舊金山（三藩市），翌日即往訪寓居舊金山之張君勱先生。《唐君毅全集・日記》〈1952.10.26〉條云：「我有一天生厭惡機械性之活動或紀律之性格，故少年時厭惡軍事操。廿二年在南昌直斥當時國民黨中之藍衣社之理論並欲自內部加以修改。當時程兆熊囑我代寫一文化宣言，我即首指出中國文化精神為寬容博大。」（筆者按：民國廿二年，先生時年24歲，即大學畢業之翌年。）據此，則唐先生1957年之撰寫文化宣言，其來有自矣，即1933年已開其端了！當然，此宣言與撰就於1957年之宣言當有所不同（以撰寫之動機而言，以唐先生之學素而言，以可能參與其事之撰寫者而言，皆不同）。但無論如何，他人看重唐先生而囑之撰寫宣言，原來早有先例，且比1935年由十位教授聯名共同發表之〈中國本位的文化建設宣言〉還早了兩年。程先生囑唐先生寫一文化宣言事，不知其最後結果如何：實未嘗動筆？未嘗撰就？抑已撰就，但不曾發表？又或已發表，但其後散佚？茲存疑待考。

（一）張、唐首次面談撰寫〈文化宣言〉事

1957.02.28及03.01　（據《唐君毅全集・日記》（以下簡稱《日記》）相關條目）分別載：

……後訪張君勱先生。

下午歸（旅館），至張君勱先生處晚飯。

1957年2月無29號。是唐先生一連兩日皆往訪張君勱先生。唯《日記》中不載是否談及草擬〈文化宣言〉事。今得知張、唐二先生必於此兩日之會晤時議及草擬〈文化宣言〉事者，乃轉據其他資訊而知之。參下條。

（二）唐致函牟、徐首談發表一〈文化宣言〉事

1957.03.07　（《唐君毅全集・書簡》（以下簡稱《書簡》），頁172-173）唐先生致牟宗三、徐復觀函云：

彼（筆者按：指張君勱先生）謂在美之中國人皆罕能爭氣，西方人講中國學者皆亂講。據弟所見亦是事實。在三藩市時有一亞洲學術之研究院，弟曾參加其佛學討論會，實覺彼等之可憐。書不能說他們不讀，只是缺智慧。[18]君勱先生在後一次談後，[19]彼提議一事囑與兄等

[18] 唐先生五月中、下旬撰寫及修改〈宣言〉時，對於當時所見之西方人（美國人）之缺乏智慧，即嘗有所描繪。其1957.05.23致函《人生》雜誌創辦人王道先生時指出云：「此民族（筆者按：指美國人）缺真正之歷史意識與憂患中生出之智慧，……」（《書簡》，頁345。）可知認為西方人（尤其唐先生當時所見之美國人）之缺乏智慧而不解中國文化，是二三月分唐先生從君勱先生口中印證其聞見後至五月中下旬撰寫〈宣言〉時之一"歷久不衰"的印象。當然，唐先生此印象，是其來美前早有之感覺，只不過來美後更予以證實而已。參《書簡》，頁345-346。

[19] 據《日記》1957年2月27日及28日條，唐先生曾於該兩日先後參加由Academy of Asiatic American Studies of Pacific University（此即唐先生所說的「亞洲學術之研究院」）所舉辦之兩次討論會（《日記》中稱之為Class）。28日討論會結束之後，當

> 商，即彼謂當今之世，一人之聲音必不能聞於世界，可否約若干人思想大體相同者，共向世界發表一 manifesto。弟當時謂為求對世界影響仍須中國人自己多有著作。彼意此二者皆所亟須。弟對此事無一定意見，不知兄等以為如何是好。

據此函，可知唐先生事後草擬該〈宣言〉，乃緣自張君勱之提議。[20]而張氏

晚唐先生即往訪張。翌日，即3月1日又赴張處晚飯。1957年3月2日，唐先生致師母函亦談及與君勱先生見面事。函云：「張君勱先生曾見二次，談最久，彼身體尚好，但亦似頗寂寞，據張言此間研究漢學者皆不行，以我所見，亦無特別之處。哲學系教授亦看見數個，氣象無大足觀。」見《致廷光書》，《唐君毅全集》，卷 25，頁 344。

[20] 唐先生之下定決心草擬及與眾人共同發表該〈宣言〉，張君勱固係最大的推手，但如唐先生對張君勱所提之意見無同一感受，甚至不予認同，則草擬及發表事亦必無疾而終。唐先生之認同，概見於上所摘錄之信函中。函云：「彼（筆者按：指張君勱先生）謂在美之中國人皆罕能爭氣。西方人講中國學者皆亂講。據弟所見亦是事實。」如上所述，唐先生在三藩市探訪君勱先生前，曾兩次參加中國文化問題（含佛學）的討論會，領教到西方人講中國學問之不得要領而淪為張君勱所說的亂講。依唐先生惻隱之心，必不忍看中國學問被扭曲如斯，因而觸發了他發表宣言的衝動，唯一下子又不知如何是好。是以去函請教兩位生平摯友。唐先生發表該〈宣言〉的心路歷程，細讀上引函即可察悉之。唐先生的心路歷程，唐師母亦有所揭示，如下：「一九五七年唐先生應美國國務院之邀，……只覺西方人士對中國文化的認識誤解甚深，……當時張君勱先生在美亦有同感，希望唐先生為文解說，唐先生亦覺這是他責任，於是邀牟、徐先生參加，由唐先生主稿，大家貢獻意見，寫成……。」所謂責任，即義也：責任之所在，即義之所在也。「見義不為，無勇也。」（《論語・為政》）於此大是大非處，唐先生固當仁不讓而一肩扛起之。一般學人恆視唐先生為「仁者」。其實，非勇者不足以主動承擔撰文之重責大任；非智者（具智慧及相關知識學養）不足以成就這篇大文章。由是言之，智仁勇三者，唐先生兼之矣。上引師母語，見《懿範千秋》，頁 98。今或稍可補充的是，唐先生固係〈宣言〉之總主筆，但 1957 年 3 月上旬時（參上文3月7日先生致牟、徐二先生函），要否「共向世界發表一 manifesto」，先生尚不免猶豫。是以江日新乃表示：「……。不過在一開始時，對於是否要與西方這種偏見或誤解周旋，唐君毅的態度並不算積極。」江日新，〈張君勱與「中國文化與世界」宣言——其想法及訴求〉，上揭《中國文化與世界——中國文化宣言五十週年紀念論文集》，頁 46。

的提議，必定係唐先生於 1957 年 2 月 27 及 28 日（參《日記》相關條目）參加上揭討論會後而於 28 日當日或翌日（3 月 1 日）往訪時，彼所提出者；蓋 3 月 2 日至 3 月 7 日唐先生去函牟、徐二先生之六天之期間，唐、張未有再面晤。是可知 1957 年 2 月 28 日或 3 月 1 日是該〈宣言〉得以草擬的“啟動日”或“發起日”，惟當時唐先生尚未決定是否附和張氏的意見而與他人共同發表一宣言（manifesto）。至於所謂啟動日，是〈宣言〉被草擬出來，並得以發表後，筆者追源溯始而得出來的一個認定；即可謂一追認，而原先固無所謂“啟動日”也。（筆者意謂：假若其事無所後繼，那便談不上前啟；蓋既無「後」，那又何來「前」耶？）

（三）張批評西方人士不解中國文化（按：此批評與〈文化宣言〉之基調相同）

1957.03.15　君勱先生認為西方人不解中國文化緣乎治學觀點與方法上有偏差。此看法見所著《新儒家思想史》：

> 為什麼要在這個時候寫一部討論新儒家思想的著作？對我來說至少有兩個理由。第一：由世界上發生的諸事端看來，西方學者對於中國的研究，應當從一新的觀點再作考慮。而以相當公平的態度來說，我以為到如今為止，研究中國的方法，是相似於研究古希臘、羅馬和埃及，即以她為一斷絕的文明來看待她！而那個怪字「漢學」（Sinology）的存在，似乎暗示著是在對這個文化做「驗屍」的工作（Post-mortem examination），亦即表示西方學者相信中國文化在今日已不再有生命了。不消說，這樣的作法是錯誤的，而且是危險的。中國藉著許多以不斷發展的鮮明歷史產生強烈自覺，而使文化變得生機蓬勃；她是一個生命體，而不是一個博物館。[21]

[21] 張君勱，《新儒家思想史》（臺北：中國民主社會黨中央黨部，1980），〈前言〉（撰寫日期，作者張氏標明為 1957 年 3 月 15 日），頁 1。

看到 1957 年 3 月 15 日張君勱所寫的這篇〈前言〉後，我們便發覺他半個月前給唐先生的建議是其源有自的。〈前言〉雖作於 3 月 15 日，但對相關問題的思考當已久蓄心中，蓋按常情常理，張氏不可能當日才想及該問題的。他當早已察覺到西方學者對中國文化的研究／認識是很有問題的，這才所以在半個月前看到對中國及對中國文化與他有相同認識，甚至有同一使命感的唐先生時，便一吐蓄之已久的心曲。

（四）徐致函唐請其動筆起草〈文化宣言〉

1957.04.17　徐先生致唐先生函：

> 奉到三月七日　手教，……中國文化，在今日實處於一四無搭掛之地位。一部分通洋文者，為欲向美國人騙飯吃，不得不標賣中國文化，而其內心實對中國文化一無所知，則今日西方之漢學家，皆胡說八道，又何足怪。（同意）[22]
>
> 君勱先生有信給宗三兄，亦提到中國文化問題共發表一宣言事，其用意甚善。……宗三兄昨晚來弟處商量，如何復君勱先生之信，弟意此稿不妨由　兄起草，經君勱先生商酌後，如僅以英文發表，即可由弟與宗三兄參加，在美發出，即可。此一問題，以　兄把握得最清楚、最周到，故以　兄動筆為宜。弟僅補充下列數點：
>
> 一、自對民族之真實影響言，則中國文化，實由孔、孟、程、朱、陸、王之系統所代表。西方人士，欲由了解中國之文化以了解中國之民族，必向此一方向致力。否則，皆為白費氣力。（同意）[23]

---

[22] 此「同意」二字，蓋為唐先生閱讀徐先生本函後所附加的意見。（按：臺灣中央研究院嘗聘請專人整理唐先生之文獻資料，先生之友朋來鴻由是皆打字列印出。）筆者之所以知悉此二字為唐先生所附加者，乃源自此處有一附註，如下：「本信共有四個括號內之按語，字跡與徐復觀的亦有所不同，疑是唐君毅閱信時所加之按語。」此一附註，蓋為整理唐先生之文獻資料（含本函）的人士所加上去的。

[23] 此「同意」二字，蓋亦為唐先生閱讀徐先生本函後所加上的意見。「自對民族之真實

二、中國文化，在其演進過程中，實受有長期專制政治之影響。此一影響所給與中國文化發展之干擾及滲透，今日研究中國文化者，□自先加以澄清。然據吾人初步研究之結果，則就政治而言，民主政治，乃中國文化自然之趨歸。且民主政治，在中國文化中，可得其新的營養，新的生命。（甚是）[24]

三、在中國文化中，沒有科學的成就。但吾人不能發現中國文化中含有排斥科學之因素，亦不能發現現時科學之結論就推翻中國文化之基本精神。反之，今日世界文化的危機，乃發生於人對其自身之不能了解，因而無法在此一方面，乃有其偉大的世界意義。並且，近六億人口之大陸，欲由共產暴政下翻身而重新站起，只有中國文化在中國人民之血液中復活（同意）[25]，始有其可能。[26]

影響言，則中國文化，實由孔、孟、程、朱、陸、王之系統所代表。」，徐先生此意見甚具卓識；然而，恐主要係針對內聖之學（身心修養之學：成德之教）來說。至於中國文化上之其他表現或成就，譬如科技上之成就（四大發明之類等等）、醫學、針灸、氣功、武術、民間信仰，乃至選拔人才之有效途徑，並與此息息相關之政府運作上所依賴之文官系統等等，恐皆不能全由孔、孟、程、朱、陸、王之系統所代表。徐先生對此，固絕非無知。然而，能跟外國人爭一日之長短並能醒豁西方人士者，故在此（孔、孟、……之系統）；而不在彼（科技等等方面上之表現或貢獻）也。對此，徐先生，乃至在信函中恆以「同意」或「甚是」以表示意見之唐先生，又豈有不知之理呢？吾人必須從此考量（具相應之背景，並由是產生同情共感）切入以解讀「實由孔、孟、……」一語，否則不足以理解，甚至誤解二先生之用心、苦心。

24 此「甚是」二字，猶如上注，蓋亦唐先生所加上者。

25 此「同意」二字，猶如上注。

26 此函未刊。今所見者為原函（手寫）之打字稿影印本（姑稱之為A本）之影印本（姑稱之為 B 本；其實，就相同度或清晰度而言，與 A 本無別異）。而後者（B 本）為 2008 年 8 月筆者從香港中文大學劉國強教授處商借得之原函打字稿影印本（A 本）之再影本；特此致謝。參上注 22。原函為唐師母謝方回女士所藏。據國強兄云，此函及唐先生生前所接獲之其他書函，乃師母交予國強兄代為保管者。國強兄後交付中文大學新亞書院保存。本文所引錄唐先生友人致唐先生之各書簡，除特別聲明者外，皆為B本。

此函一方面顯示徐先生與牟先生於商議後均同意發表一宣言，並同意彼二人一併參與其事。徐先生且認為以唐先生對該問題把握得最清楚而請唐先生先起草。徐先生推許唐先生，一方面固係客氣。但以 1950 年代而言，張、徐、唐、牟四人當中，似的確以唐先生最適合動筆。張君勱半輩子從政或偏重於政治思想之研究固無論矣。即徐先生而言，其從政亦幾近半輩子，中年以後始鑽研學術。彼對中國文化之認識固不若其時之唐先生也。至若牟先生，則彼對中國文化之認識及把握固不必不如唐先生，然以胸襟言或所謂包容度言，或對西方人士之誤解中國文化而能婉轉引導而使之歸於正解而言，則或恐不及唐先生。牟先生之學問、行文皆斬截，宣言既係對西方人士而發，則與其以理上之斬截而屈人聽從，恐怕不如情理兼顧而使人"同情之"、理解之。是以唐先生為起草人，乃不二之人選。[27]再者，原先考慮用英文發表乃便於向西方人士表白[28]，然則固宜請當時在美國之張君勱[29]或唐

---

[27] 《日記》〈1954.03.15〉條載：「四十一歲至今則又著重論中西文化及人類文化前途等問題而針對時代立言。……不知此後數年尚如何。」此中之所謂「至今」是指至 1954 年 3 月 15 日唐先生撰寫本條日記的當日來說的。其實唐先生 1954 年後之數年之用心所在與其前之數年無異。是以 1957 年年中撰寫〈文化宣言〉是很符合彼當時的志趣所在及所關注的重點的。

[28] 張君勱對此持不同意見，而認為「此稿原為轉移國內風氣而作」。參下文「1957.10.11　張先生覆唐先生函」條。然而，若根據 1957.11.25 唐先生給徐、牟二先生函（參下文該條），則君勱先生「在美迭次與弟函，都說要對世界人士說話，並主先以英文發表，由彼自任譯事」。此則顯與君勱先生所言有極大出入。個人認為，該宣言既係君勱先生有感於西方人士之誤解中國文化而意圖糾繩之而發機動念，並因之而建議共同發表一宣言，則唐先生以下的說法：「……都說要對世界人士說話，並主先以英文發表」，當為事實。或因君勱先生後「以生活忙」（此為唐先生 1957.11.25 致徐、牟二先生函之用語），不願意任譯事，故轉謂其原意為如此如此云云歟？筆者又想到，也許君勱先生原先未預料到最後成文之該〈宣言〉，竟有 40,000 字之多。按：中譯英，本來就不容易。（歐洲語文間之相互翻譯，便容易得多了，以語句結構言，乃至遣詞用字言，都比較接近，甚至相同也。）如僅為一萬幾千字之短文，也許君勱先生便扛起翻譯之責。但最後得悉竟然是 40,000 字，那便只好"爽約"了。果真如此，則筆者個人認為，吾人當予以體諒。

[29] 張、徐、唐、牟四人中，應以張之英文能力最好。徐先生留學日本，不諳熟英語固無

先生為文：唐先生雖不克撰寫非常流暢之英文，但以中文成稿後再找人翻譯，在美國似比在臺灣便捷。

另一方面，此函印證徐先生為人確係古道熱腸，勇於承擔責任者。是以在上函中表示不少相關意見。唐先生在該等意見後，嘗加上「同意」、「甚是」等按語。是徐先生於唐先生動筆草擬〈文化宣言〉前而於 1957 年 4 月 17 日，便先主動提出意見。而唐先生亦甚贊同該等意見。

上引徐致唐函，其談論中國文化者共三項。要言之，即義理之學、中國政治特色、對科學的態度；皆可謂深中肯綮。此中政治一端，似最值得一說，蓋以其最能彰顯徐先生畢生最為關注之所在。此即徐先生深悉中國傳統政治（專制型態的政治）對中國文化所構成之鉅大影響。當然，其他三位先生對這方面亦有所悉。但個人認為，四先生中當以徐先生對這方面認識最深（非義理上認識最深。有謂「於事見理」。於事而言，四先生中，徐先生對史事之認識及研究，蓋最為深邃也。當然，張先生之相關認識，似亦堪足比肩。），且亦最有感。

（五）張致函唐請其起草〈文化宣言〉

1957.04.27　張君勱致唐先生函：

君毅吾兄：

昨寄函，想校中為　公寄去，刻宗三與復觀已覆贊同，更推廣原

論矣。唐、牟固有能力閱讀英文，且唐先生能撰寫英文文章在美國宣讀、發表，牟先生又能仰賴康德著作之英譯本而再轉譯為中文。然而，三先生皆未嘗留學於西方。張先生留學地雖為日本及德國而非英語系的國家，但少年時因學習於上海廣方言館，又曾以英語教學，並嘗用英文撰寫論文、專書，是以四人中自以張氏之英語能力為最強。有關張氏與英文之關係，參〈寶山張先生年譜初稿〉，《張君勱先生九秩誕辰紀念冊》（臺北：中國民主社會黨中央總部，缺年分），先生 12 歲、19 歲、21 歲、68 歲、78 歲等各條目。

意，有昭告世界之意[30]。望　兄挺身而出，共為此事努力，千萬不可太拘謹，此勱對　兄之印象，故力勸　兄此次放手做去。勱一貧如洗，無法東來，仍望　兄先擬一詳盡之稿（不一定一稿便了，須修改多次方能決定），彼此同意後，再寄與宗三一商。賓四見解是否與吾輩相同，然恐彼與吾輩觀點微異，故不如從緩。　公意如何？即頌

旅安

張君勱拜啟　四、二七

稿定後再英譯。[31]

上函可注意者有數端：

(一)據 4 月 17 日徐先生致唐先生函（參上文），徐先生當時仍未函覆君勱先生。然君勱先生於 10 日後，即 4 月 27 日已得徐、牟二先生函，則二

---

[30] 所謂「昭告世界」，據君勱先生意，既係「原意」之推廣，則頗可證明彼提議發表宣言者，原意應僅在於擬「轉移國內風氣」而已。但問題是，君勱先生所云之原意，是否的而且確其原意即係如此，抑原意實非如此，惟其後改變初衷，然轉謂其原意乃如此耶？若據 1957.11.25 唐先生給徐、牟二先生函，則君勱先生之原意，實非如此。

[31] 收入張君勱著，程文熙編，《中西印哲學文集・函牘札記》（臺北：臺灣學生書局，1981），下冊，頁 1436。時唐先生雖人仍在美國，但先生與君勱先生晤後之第三日，即 57 年 3 月 3 日，已從三藩市乘機他往了。（參《日記》相關條目。）是以二先生乃以通信方式溝通。4 月 27 日君勱先生寄發此函給唐先生時，唐先生人在 Lexington 或附近地區，翌日（即 4 月 28 日）先生即乘機赴 Chicago。5 月 4 日先生與君勱先生一長函。《日記》云：「乃復彼所來函者」，蓋指覆 4 月 27 日君勱先生之來函也。其實，自 2 月 28 日或／及 3 月 1 日唐先生與君勱先生面談〈文化宣言〉事起，迄翌年（1958 年）元月〈文化宣言〉發表為止，據唐先生之《日記》，其間唐先生嘗與君勱先生書簡九通。前六通乃在美時所寄發，餘三通則返港後所寄出。惟《日記》均沒有記載該等信函是否曾商議〈文化宣言〉事。據《日記》，唐先生給君勱先生各函之撰寫日期如下：3 月 23 日、5 月 4 日、5 月 8 日、6 月 6 日、6 月 29 日、7 月 22 日、9 月 29 日、10 月 27 日、12 月 6 日。《唐君毅全集・書簡》中收錄唐致張函共 3 通，撰寫日期分別為 1954 年（缺月、日）、1956 年 10 月 13 日、1959 年 11 月 5 日。以上最後一函計有超過 100 字道及〈文化宣言〉翻譯之事。可並參下文相關條目。

先生之函覆君勱先生應在徐先生寄唐先生函後不久即已寫成並寄出，否則君勱先生無法 10 天內即收到二先生之覆函。此可知二先生之行動亦相當迅速。

(二) 君勱先生希望唐先生挺身而出者，乃指請唐先生先起草〈宣言〉，並依彼對唐先生之印象而建議唐先生「放手做去」、「千萬不可太拘謹」。

(三) 函中又指出〈宣言〉之稿本於唐、張二人彼此同意後，再寄與牟先生商議。

(四) 由「賓四見解是否與吾輩相同，然恐彼與吾輩觀點微異，故不如從緩。」一語，可推知唐先生曾與君勱先生洽商擬邀請錢穆先生共參其事，唯君勱先生傾向於反對（“從緩”其實意同反對，只不過用語上較“反對”為婉轉、含蓄而已。）。[32]

(五) 〈宣言〉須英譯，但中文定稿後再為之。

---

[32] 按：君勱先生與錢穆先生對中國歷史上的政治問題，尤其對歷代君主權力根源問題看法極不相同。錢先生認為中國沒有君主專制問題，只有明清兩代的君主比較專斷。君勱先生則從權源角度切入，認為中國的政治，其權力根源永遠來自皇帝；是以實係專制政治，無民主可言。君勱先生非常清楚彼與錢先生這方面的看法截然不同；函中以「彼與吾輩觀點微異」稱述之，則只是客套話與藉以淡化兩者之衝突矛盾而已。其實，唐、牟二先生對中國心性之學的問題，甚或道德倫理問題的理解，亦與錢先生不同。唐、牟二先生從道德形上學的觀點切入以作解釋，此顯非錢先生所能首肯者。錢先生一輩子談中國學術，談中國學術思想，談思想家的觀念，但不認為中國有所謂哲學，且幾乎絕口不提“哲學”這個詞語，則彼與二先生學術性向之差異，亦可概見矣！

又：唐先生於接獲徐先生及君勱先生函之約莫同時，曾去函錢穆先生。函中雖未談及文化宣言事，亦未邀請錢先生共同聯署；然而，須向西方人宣揚國人成績之想法已表露其中。筆者以為這正是唐先生其時心中意念之充分流露。先生云：「吾人之缺點過失，固當依中國聖賢之道理自己反省，但對外亦須學西方人之表示自信與宣揚成績。」上引文中最後一句話，看來似已有點投石問路的味道。見《書簡》，頁 37，1957.04.27 致錢穆之書簡。

（六）唐首為〈文化宣言〉起草事寫下數要點

1957.05.13 《日記》：

> 將擬寫中國文化宣言之數要點記下。

唐先生接獲徐先生 4 月 17 日函與君勱先生 27 日函，籲請執筆寫〈宣言〉，其事迄今業已接近一個月。而至今唐先生始寫下數要點者，乃因一個月來，唐先生在美國到處奔波，或參觀，或訪友，或演講，或開會；其間並得經常修書覆函各友好[33]。5 月 6 日（即寫下〈宣言〉數要點之前 7 日）之《日記》即有如下記載：「此次離 Annapolis 至各處參觀共一月半，上下飛機十餘次，共到過十一城市，……」繁忙至此，則未克於接獲君勱先生等人的來函後隨即動筆草擬〈宣言〉，實事非得已。

（七）唐致函其夫人談〈文化宣言〉起草事

1957.05.15 《致廷光書》：

> 張君勱先生謂要振奮人心須先有一學術文化宣言，他要我及宗三、復觀同發此宣言。他與宗三、復觀都來數信要我先起草，我緩日當寫一個，再由他們斟酌決定。此宣言是對世界說的，將先由英文發表，不過不知何時定稿、找誰翻譯，亦不知何時才能發表，張說或者由他任翻譯。[34]

函中唐先生明確表示接受眾人建議，將起草一文化宣言。惟有關何時定稿、

---

[33] 其實唐先生出國二百天，其行程之緊湊大皆如此，不僅此時期也。精神體力之耗損，可謂至乎其極。按：唐先生一輩子為家、國、教育、文化等等而無時無刻不在付出——作出貢獻。出國行程緊密之安排，僅一例而已。

[34] 上揭《致廷光書》，頁 384。

何時發表及由何人任翻譯等等問題，唐先生有所疑慮，蓋皆為未知數也。

（八）唐正式起草〈文化宣言〉，寫成三千字

1957.05.17　《日記》：

> ……歸來寫文至夜十二時成三千字，乃中國文化宣言之初稿，此張君勱及宗三、佛觀與我將聯名發表者。

此為唐先生正式草擬〈宣言〉的第一日。其時大體上已決定由張、徐、牟、唐四人聯名發表。

（九）三天後〈文化宣言〉初稿完成

1957.05.20　《日記》：

> 寫文一萬字完，共三萬四千字。

唐先生文思敏捷，執筆行文素來極迅速。據《日記》，唐先生一天經常能寫八千字、一萬字，甚或一萬三千字、二萬字[35]！5 月 17 日寫〈文化宣言〉三

---

[35] 《日記》〈1970.02.13〉條載該日「寫文一萬三千字」便是一例。細閱《日記》各條，唐先生一日所寫之文字，其最多者似為一萬三千字。近翻閱《致廷光書》，則唐先生自謂一日能寫二萬字。其相關記載如下：「我今年（按指：1940 年）上半年為他此書寫上半時，一日我曾寫二萬字。我可以全部精力來工作，不食不眠都可，我思想開時，觀念即風起雲湧，如有神力，下筆千言，所以我有我非常自負之處。」見《致廷光書》，第十一信；去信日期為 1940.10.11。筆者按：「為他此書寫上半時」之「他」，是指時任教育部長的陳立夫先生。唐先生所改寫之書，最後分上下兩部，前者名「唯生論」，後者名「生之原理」。參看駱為榮，《儒學大師唐君毅》（北京：中國文聯出版社，2014），頁 63；何一，《悲情儒者與儒者悲情——唐君毅生平、學術研究》（北京：光明日報，2011），頁 120。先生之聰慧、精力及行文之速捷，固非常人可企及。不要說一日寫二萬字了，就是一日鈔二萬字也不容易做到。我們可以作一點計算：假如一分鐘鈔寫三十個字，那一小時也不過 1800 字，十小時亦

千字後，18 日又寫八千字，19 日又寫一萬二千字即可為證。（以上皆據《日記》）本條云：「寫文一萬字完，共三萬四千字」。是四天內即完成中國近世五大〈文化宣言〉之一之 58〈宣言〉也。[36]此〈宣言〉體大思精，且篇幅超過其他四〈宣言〉不可以道里計。[37]雖僅為初稿，然已絕非易事。先生才大、思捷，且體力精力過人（時先生已 48 歲矣），真非常人所能及！

筆者常想，若果唐先生不是早年（22 歲大學尚未畢業而慈父見背）便要全力承擔家計、壯年（35 歲）後又要長期承擔教育行政的職務（系主任、系務會議主席、教務長、院長等等），且除授課、指導學生外，又努力從事社會事業（如應邀做演講，編輯刊物等等），再加上如果上天能多假予春秋的話，那唐先生在學術上之成就，定必超邁目前之情況甚遠！

（十）唐先生盼望中國文化生命之發展之相關聲音能為世界所聞

1957.05.23　唐先生致胡欣平函：

> 弟來此（按：指美國）後，頗有感觸。此間之研究中國文化歷史及思想者，尤只知在搜集材料上下工夫，其觀點多甚偏。……此種種思想，由所謂大學中之中國學之教授發出，實是生心害政。……故先在三藩市時與君勱先生，在 Iowa 與梅貽寶談及，皆覺此為一大問題，而一切皆由數十年來中國人對自己文化及未來前途之信心不足，更不能影響他人之故。此間之研究中國學者，多受五四後北平風氣之影響，只是幫助整理中國國故，不相信中國有文化之生命之發展，故在大觀點上多偏見。吾人今實須讓吾人有聲音能為世界所聞。……平心

不過 18000 字，尚不及二萬字。且人之精力有限，鈔寫的過程中，一定會越鈔越慢。鈔寫二萬字，那非十多個小時不可！

36 其實，前後撰文時間不足四整天。因第一天（5 月 17 日）之上午及下午，唐先生均忙於他事，所以嚴格來說，可用的時間頂多只有三天半。

37 按：四個宣言，每個宣言之字數皆數千字而已，其最短者僅約 1,500 字。詳參上注 10。

> 而論，數十年來，東方人之對西方之了解早已超過西方人對東方之了解。此間有《東西哲學季刊》，其編者即自認此點而寫為文章。弟來此後，他事未作，但凡遇中國人必先言吾人皆互鼓舞自信之心，蓋如無自信心，則在美國社會一切局面皆擺定，中國人側身於此，久之未有不歸於頹喪麻木者。此甚可畏。[38]

上函寫於唐先生撰畢〈文化宣言〉初稿後的第三日。函中雖沒有明確道說及〈文化宣言〉一事，但函中所討論者，實與草擬及發表該〈宣言〉有絕大關係。是以今引錄相關內容如上。唐先生的美國行，恆繫心縈懷於以下一事（並時見諸行動）：在中國人的族群中相互鼓舞，藉以對中國文化增加自信心。其實，此乃先生畢生志業之所在；今亦見諸上函而已。

（十一）唐指出將仔細修改〈文化宣言〉

1957.05.23 《致廷光書》：

> 前數日已寫了一文，本擬作與張、牟、徐等同發表之宣言用，但體裁不像宣言，又太長，有三萬多字，還須細細改才行。[39]

此唐先生自覺所寫之宣言，就體裁及篇幅而言，均須修改。

（十二）唐修改〈文化宣言〉

1957.05.26 《日記》：

---

38 〈致胡欣平函〉，《書簡》，《唐君毅全集》，頁 367-368。按：胡欣平即司馬長風先生（1920-1980）。胡欣平乃其原來之名字。別名胡若谷、胡靈雨；筆名嚴靜文。原籍遼寧瀋陽，出生於哈爾濱。1945 年畢業於國立西北大學歷史系和文學系。筆者在香港浸會學院（後升格為大學）讀書時，嘗修讀彼所教授之「中國現代史」一科目。其生平，詳參百度百科：Baike.baidu.hk，2023.01.02 瀏覽。

39 上揭《致廷光書》，頁 386。

閱〈中國文化宣言〉一次至夜，改鈔二張，擬三日內將其鈔完。

5 月 20 日〈宣言〉撰畢後，唐先生忙於他事，故延至六日後之 5 月 26 日始得謄正其文。其後之兩日，即 27 及 28 日，唐先生皆全力在鈔、改〈宣言〉初稿。

（十三）唐致函徐、牟徵求〈文化宣言〉之修改意見

1957.06.28 《日記》：

與佛觀、宗三各一函。[40]

其內容如下：

學術文化宣言承兄等囑草初稿，弟於上月曾費半月之力，草了四萬餘字。以太長，不甚類一般宣言。用意在針對西方人對中國文化及政治之誤解求加以說服，內容則多是平時吾人所談，亦有數點是臨時觸發者。兄等一看如何，如以為意仍不能盡，則分題各人另寫一篇合為一冊，是一法，但如此則翻譯較麻煩；如覺太長，則可加以刪節。第一、二、三、四節，君勱先生亦以為應加以刪節，第十二、三節論西方文化之缺點，君勱先生以為語太露骨。弟想此中問題較多，亦不易使西方人相信，可暫根本不要。兄等以為如何？……

宣言稿如改得太多，望請學生以複寫紙抄一份。如在七月十二日以前抄好，則望寄弟一份。如十二日以後乃能抄好，則直寄君勱先生。弟十八、九號即離此，由歐回港。[41]

---

40 今所見者，乃給二先生共發一函，上款即作：「宗三佛觀兄」；是以恐《日記》有誤（蓋筆誤）；或本擬各發一函，但後來改為共發一函歟？

41 《書簡》，頁 174-176。函中唐先生自謂 7 月 18、9 日便返港，所以如徐、牟二先生

上引文可注意者有四點：

(一)唐先生自 5 月 27、28 日鈔、改〈宣言〉初稿至 6 月 28 日去函徐、牟二先生為止，據《日記》，其間計有三日（6 月 6 日、7 日及 12 日）之部分時間是用作修改文字或整理文稿的。《日記》中雖未明言所鈔、改者為〈宣言〉初稿，但除非《日記》有所遺漏，否則實無其他時間可使先生從原來三萬四千字之文稿變成本條所說的四萬餘字的一文。且唐先生云「費半月之力」而畢其功，然則如不含改、鈔之數日，則無論如何不足半個月。實則初稿之完成，如上所述，耗時僅四天，再加上改、鈔之數天，亦不足半個月。是以所謂「費半月之力」，乃籠統言之；或其算法乃從寫下數要點之 5 月 13 日算起，及至 17 日正式動筆，其間又多增四、五天。換言之，構思、寫下數要點，再加上撰寫、改寫、謄正，共計約半個月，即 5 月 13-20 日、26-28 日、6 月 6-7 日、6 月 12 日。

(二)唐先生為文固速捷，但從構思、撰文至改、鈔完竣只耗時半個月，此則得力於唐先生平時之學養及對相關問題認識之透徹，此即上引文中唐先生所謙稱的「內容則多是平時吾人所談」；此外，再加上「數點是臨時觸發者」。是以半月（其實只有四天）便完工。尤須指出者為唐先生當時是在旅美途次，可說是在沒有任何參考書或相關文獻下而撰就該〈宣言〉的，此非賴平時所積累之學養不為功。[42]

(三)從上引文得悉有不少篇幅（二節）是討論西方文化缺點的，今本〈宣

之覆函在 7 月 12 日前寄出的話，便可寄至美國，否則便寄到香港。這間接反映出當時（1950 年代）臺灣和美國的郵遞往來甚便捷，蓋一週之內便可寄到。

42 於此或稍做一點補充說明，否則年輕讀者或有所不悉。今日非常流行之互聯網（上網）在找資料方面，幾乎可以做到“無孔不入”、“無遠弗屆”。但唐先生撰文時之 1950 年代，絕對沒有這“玩意”；就算連電腦中文打字也沒有！影印機也是 1960 年代才比較廣泛流行起來的“新生事物”。所以撰畢之文稿，若想多一兩份，那就只好再行鈔寫了。上函說到：「望請學生以複寫紙抄一份」。這已是比較進步的方法了。透過複寫紙，大概一次可以同時複寫出四、五份。五份恐怕是上限了，因為人手寫（手鈔）的力度有限，所以就算多放一兩張複寫紙想多複寫出一兩份，那也是無法成功達陣的。

言〉中不見，[43]大抵是徐、牟二先生附和唐先生「根本不要」的意見而唐先生最後遂刪去之。

(四)君勱先生認為有四節應予以刪節。

(十四) 張致函唐談〈文化宣言〉修改事

1957.07.05　張君勱致唐先生函：

君毅吾兄：

六月二八日手書已悉。　大稿不可刪去過多，以免前後不呼應，改後乞屬宗三即寄來。……

張君勱手啟　　七、五[44]

據此，則唐先生於6月28日給徐、牟二先生函時，亦同時給君勱先生一函，惟筆者未見該函，《日記》亦失記其事。猜該函內容大抵與唐先生寄徐、牟二先生函相同。然則〈宣言〉初稿擬刪削者計有四節，根本不要者計有二節。此刪削或失諸過多，是以君勱先生建議「大稿不可刪去過多」。據唐先生 6 月 28 日給徐、牟二先生函，悉君勱先生認為第一、二、三、四節，應予以刪節。今君勱先生大概心中有點過意不去，恐怕唐先生太過順從其意而刪去過多，所以轉而建議「大稿不可刪去過多」也。

(十五) 徐致函唐談〈文化宣言〉修改意見並表示充分尊重唐先生之裁量權

1957.08.21 徐先生致唐先生函：

---

43 當然，〈宣言〉中仍有討論西方文化缺點的文字，只是沒有針對這方面用“缺點”二字作為文章中之章節小標題而已。也許〈宣言〉第 11 節後半所論及之「西方所應學習於東方之智慧者」，即預設了或暗示了西方文化有其缺點也說不定。

44 張君勱，《中西印哲學文集》（臺北：臺灣學生書局，1981），頁 1437。

關於文化宣言事，宗三兄與弟皆贊成。兄在旅途中肯寫此文，此乃真出於對文化之責任感。弟擬刪去數段，並在文字上有少數之修改刪改之用意，在於凸顯出最主要之意思，不使次要及最易引起爭論者影響到所欲講之中心問題。為節省時間，已照刪改者油印十餘份。凡經宗三兄同意刪去者即未印上，宗三兄不甚同意者，原文及刪改者皆印上，以便去取。第九章之前半段，弟初讀時，稍嫌文氣之間多所委曲，故欲刪去。再讀，則覺保留亦未嘗不可。第十章之第三項，弟意仍以刪去為妥，因覺過於刻露也。但一切由 兄作最後決定，故將原稿奉上，望讀細看一遍，何者應改回，何者仍應保留， 兄可逕行處理，弟毫無他見。為節省時間，油印稿由宗三兄直寄君邁【勱】先生二份。將來正式之印刷費及郵費，如由張先生在美辦理，弟可幫助美金一百元。如在港印發，則全部經費可由弟負責。印時以中、英文並舉為宜（如太貴，則分印亦可。）簽名的人數恐不會多，亦不必多。錢先生處，弟已試探其意見，彼乃大為反對，此自在意中，故 兄不必再提。

兄將稿作最後決定後，速與君邁【勱】先生取一連絡。中國學藝之復興，在日本方面之希望大于中國，故印出後，日本學術機關及學人，似可多寄。將來在港之印寄工作，如新亞方面不便辦理，可由《民主評論》辦理。……對此宣言發表後，須準備對各種攻擊作答復。[45]

上引文可注意者有數點：

(一)徐先生把刪改後之修訂本油印十餘份，大概其中大部分是要寄給唐先生的。這大抵是回應唐先生 6 月 28 日函所建議的以「複寫紙抄一份」而擴大處理的結果。筆者猜大概徐先生是想到唐先生會把文稿寄給其他人

---

[45] 此函未刊；為唐師母謝方回女士交託劉國強教授保管而現今當存中文大學新亞書院者。參上文相關注釋。

徵求聯署或徵求意見。油印中文文稿，其事在臺灣進行自然比在美國方便。這所以徐先生便先做。另寄二份給君勱先生，其原因亦正同，蓋亦為方便君勱先生徵求他人聯署也。除因徵求聯署（含徵求他人閱後之建議或意見）而多印外，徐先生定想到唐先生與彼等爾後必仍有往復之討論及修訂，是以不得不先油印十多份，否則到時每一次都需要唐先生重鈔一遍，或請人鈔錄謄正始寄出，則甚費時失事。今茲既有多份油印本，則其後迭次之增刪逕在其上進行便可。徐先生兩次強調「為節省時間」而油印十餘份，又寄君勱先生二份，蓋以此故。

(二) 文稿最後之增刪修改，徐先生建議由唐先生做最後之裁量，並云：「兄可逕行處理，弟毫無他見。」然則徐先生之尊重唐先生亦可知矣！此外，「一切由　兄作最後決定」一語中所劃之線，大概乃徐先生之所為，然則更可反映徐先生對唐先生之尊重。

(三)「簽名的人數恐不會多，亦不必多。」徐先生說這句話是有當時大環境的考量的。當時臺港學術界以全盤西化論的主張為基調、為學術主流。〈文化宣言〉既以維護及闡述中國傳統文化為主要訴求，則簽名聯署者不會多，那是必然的了。至於所謂「亦不必多」，那恐怕是在無可奈何下說出的一句話。當然，唐先生常說，真理自在天壤；縱使無人道說出，其為真理亦自若，不因此而減其價值之分毫。[46]本此，簽名者固貴

46 《唐君毅全集・日記》中即有類似的說法。〈1968.10.30〉條載：「二星期中時念將哲學筆記重組織為一書，但以目疾之故，時憂念今生能成此書否。此憂念乃一魔，因我所信真理在天壤不增不減之義，我不發現之，亦不增不減，吾人不應存此憂念。」先生之《書簡》中亦有相類的說法。彼 1968.04.01 致函孫守立即云：「道自在天壤，人皆可自見得，亦可作、亦可不作也。」（《書簡》，頁 402。其中“作”是指“撰著”來說，是指要否撰寫《原道》一書。）其實，〈宣言〉中的第一節第一段亦有類似之說法。其文如下：「我們相信：如我們所說的是真理，則用一人的名義說出，與用數人的名義說出，其真理之價值毫無增減。」唐先生這個真理價值不增不減（當然亦預設了不減一義）的說法，固諦當不易；然而，在這裡容稍作補充。其一：據記憶所及，先生在他處又嘗說過（一時間找不到相關出處），一真理果在世間不得廣為流通，亦未嘗不是一憾事。是以吾人即有責任力求予以廣泛傳播之。此其一。再者，「道自在天壤，人皆可自見得，亦可作、亦可不作也。」此數語則似可再商榷。其中

精不貴多也。然而，話得說回來，為求壯聲勢[47]，並生宣傳之效，那自然越多人簽名越好，那有「不必多」之理呢。但大環境如此，那徐先生，以至其他三先生又能如何？！

(四)有關是否邀請錢穆先生參與〈文化宣言〉事，4 月 27 日張君勱先生已明確向唐先生表示「不如從緩」（參上文相關條目）。大抵唐先生對錢先生仍有所期望，故曾去函徐先生，請徐先生徵詢錢先生之意見。今徐先生明確函覆謂錢先生「大為反對」。按：錢先生認為學術研究貴在沉潛縝密，又貴相互間各有專精。據翟志成，錢先生又嘗把徐、唐、牟三先生視為宋學家，深恐參與其事會引起門戶壁壘之見；是以婉拒徐、唐等人之邀請。[48]總之，錢先生不願意參與其事。

「人皆可自見得」，個人認為乃原則上如此而已，實未見其必然。以實際上能見得否，仍有待一定的客觀機緣也。（此牽涉主客問題、能所問題，頗複雜；今不擬展開。）然則「亦可作、亦可不作」一語便欠周延。蓋作，甚至盡量多作，總可以多提供機會使人見到天壤間本已存在之道的。在這裡，筆者不是說唐先生說錯了話，更不是說唐先生的幾句話於義理上欠妥當。按：唐先生是為了回應具體情況（勉勵孫守立先生不要因為可能沒有機會看到唐先生撰就《原道篇》一書而失望氣餒）而說出上語的。既旨在勖勉，則「道自在天壤，……亦可不作也。」數語，固諦當不易也。有謂：「言亦各有所當。」，豈不信歟？是以讀者勿拘泥可矣！

47 「壯聲勢」一點，非筆者臆測之言。1957.09.29 唐先生致徐先生函便考慮到「由贊成者簽署以增聲勢」的主張。參下文相關條目。

48 錢先生 1955.08.17 及 1957.08.01 嘗去函徐先生分別談論漢、宋之爭事及認為發表文化宣言無甚意義。二函均未刊。說見翟志成，〈儒學與現代化：港臺新儒家的文化宣言〉，李瑞全、楊祖漢編，上揭《中國文化與世界——中國文化宣言五十週年紀念論文集》，頁 29。又可參下文注 81。按：錢先生素不喜門戶之見。章學誠嘗云：「學者不可無宗主，而必不可有門戶。」（《文史通義・浙東學術》）錢先生相當佩服章氏，嘗對實齋斯言下按語曰：「真知學者，莫不實事求是，不爭門戶。」其不滿意學者各立門戶，而調停漢宋之說，具見其名著《中國近三百年學術史》（臺北：臺灣商務印書館，1976）。上引錢先生語，見該書，頁 389。錢先生之看法，固確當不可易。然而，針對洋人之誤解中國文化而發表一嚴正之宣言恐與涉門戶之見不相干，錢先生或有點過慮了。且退一步來說，向洋人發表此〈宣言〉，以正其視聽，此乃大關大節之所在；縱然國人間真有所謂門戶甚或壁壘（按：「壁壘」一詞乃錢先生原用語，詳本注下文）之形成，或產生相關之顧慮，吾人又何須介懷呢？寫到在這裡，筆

(五)徐先生願意為此事出錢出力可見一斑。

(六)「旅途中肯寫此文，此乃真出於對文化之責任感。」其實，對文化也好，對教育也罷，乃至對其他事情也罷，唐先生都是盡力而為的。就教育來說，其出於責任感或使命感而在 35 歲（1944 年）便承乏中央大學哲學系主任一職，當時面對好友許思園先生與方東美先生（唐先生的業師）之間的紛爭，左右彌縫，可謂兩面不討好，實煞費苦心也。[49]

者另有兩個想法。按：錢先生與〈文化宣言〉發起人張君勱先生對政治權力根源（權源）的看法差異極大。再者，唐、牟二先生均相信並認為宇宙間存有一道德形上實體，錢先生之信念則異於是。是以光從個人信念及學術路數來看，錢先生均與張、唐、牟、徐四先生不同。錢先生之所以不參與〈文化宣言〉聯署事便很可以理解了。詳參上注 32。又：對於錢先生之不參與聯署事，余英時亦嘗從思想路數上的差異做了說明，如下：「這種疏離（按指：錢先生與現代新儒家的第一、二代——特指熊、唐、牟三位先生——在思想上的關係）從錢先生拒絕在他們的〈宣言〉上簽名這一行動具體表現了出來。錢先生在一九五九年五月六日給我的信上說：『年前張君勱、唐君毅等四人聯名作中國文化宣言書，邀穆聯署，穆即拒之。曾有一函致張君，此函曾刊載於香港之《再生》，穆向不喜此等作法，恐在學術界引起無謂之壁壘。』」上引文見余英時，〈錢穆與新儒家〉，《錢穆與中國文化》（上海：遠東出版社，1994），頁 63。余氏對新儒家的討論，又可參陳致，〈關於錢穆與新儒家〉與〈學術紀律不能違反〉，《我走過的路：余英時訪談錄》（臺北：聯經出版事業公司，2012），頁 197-201；205-208。其中或可視為批評的言詞，則見頁 207。至於「唐先生與新儒家的興起」這個議題，余氏亦作了討論。見氏著《余英時回憶錄》（臺北：允晨文化實業公司，2018），頁 111-116。其中對唐先生可謂推崇備至，真不忘師恩也。其相關言詞如下：「每次讀到他的論著，都逼使我對許多問題重作探索和思考。所以除了錢先生之外，唐先生在學術和思想兩方面，對我的啟發是既深且遠的。」（頁 116）

49 教研和行政，實不易兩面討好。何一教授很敏銳的觀察到：「於書齋和辦公室，……個人和“組織”……，後來的事實證明，以他的個性和人格，這種“跨界”，利了大家的事業，卻傷了他自家的身心。」洵為的論。何一，上揭《悲情儒者和儒者悲情》，頁 116。唐先生為組織（機構、單位）之奮鬥，容舉一例。此即為新亞理想之堅持所作出的“犧牲”：與有關單位抗衡至生命即將終結且身患絕症（癌症）之時。此即著名之香港中文大學聯合制與統一制之爭也。先生云：「香港政府先以聯合制度之名義，邀約新亞、崇基參加中文大學之創辦，而終於背信食言，改為實際上之統一制，是犯了道德上的罪過；……。」唐先生為人極為忠厚，此世人無不知之者；是以責備人家之言詞幾絕不出諸口（出於善意之勸善規過則另當別論）。然而，上引文迴

（十六）相當欣賞〈文化宣言〉之內容，但不擬參加聯署

1957.09.03 吳康（1897-1976）覆徐先生函：

> 復觀先生道席 旬前奉大示，並中國文化宣言稿一通敬悉。牽於他務，昨始展誦全文。篇中精義甚多，極所欽佩。關於鄙見所及，已遵囑分別簽注各頁，以備公等參考。第八章鄙意謂可刪去，以學術文章忽談目前現實問題，不獨覺其不類，且易惹起誤會。又篇中行文，間有過於拖沓歉（欠？）洗鍊處，此想執筆者匆匆屬稿，未遑慮及。直陳管窺，乞恕其悖妄。至囑簽名一節，不知發表方式如何，且俟酌定文字後再馳函請示如何？文稿另寄還，並謝雅注……[50]

江日新引錄上函之後，在函末加上一按語，如下：「附吳康墨書條議九段，及徐復觀鋼筆注記，於此不具錄。」對唐、牟二先生來說，以年齡論，吳康先生算是半個前輩。大概由於這個緣故，是以在若干句恭維語之後，吳先生還直陳其謙稱之"管窺"，此誠不易也。姑無論其意見是否可取，但既分別簽注於各頁，且又以九段文字作進一步之條陳，則可見吳先生對〈宣言〉之內容當如何如何始為允當一事，已作出過相當周詳之考慮無疑。

異；且以「背信食言」、「犯了道德上的罪過」等語以指責港府，則其憤慨可以想見。上引唐先生文出自〈關於〈中大發展史〉〉，載《明報月刊》，卷 12，期 10，1977 年 10 月。收入《中華人文與當今世界補編（上）》，《唐君毅全集》，卷 9，頁 620-621。北京九州出版社之版本則收入《新亞精神與人文教育》，《唐君毅全集》，卷 16，頁 179-180。按：〈關於〈中大發展史〉〉其實乃唐先生寫給《明報月刊》編輯的一封信（僅數百字），本無標題，今作〈關於〈中大發展史〉〉者，蓋為《唐君毅全集》之編輯所擬訂者。而〈中大發展史〉之完整名稱為：〈中大發展史——政府奪權的手法〉，原載《中大學生報》，1977 年 8 月 18 日；轉載於上揭《明報月刊》，頁 74-78。唐先生的一信，則置於〈中大發展史〉一文之前。信末所押的日期為（1977 年）9 月 1 日。

50 此函未見，轉引自上揭 2008 年 5 月 2-4 日研討會江日新以下一文：〈張君勱與「中國文化與世界」宣言〉一文，頁 63。

（十七）欣賞、佩服〈文化宣言〉之內容，但不擬參加聯署

1957.09.06 陳康（1902-1992）覆徐先生函：

> 復觀先生道席　劉述先君自臺中帶回中國文化宣言底稿一份，交到敝寓時，適弟移居郊外休息。前日回北市後始見全稿。靜心細讀一遍，深為佩服。此乃一篇極有分量之宣言。其中無一不當之指責，而悲天憫人之意，溢於言表。所言西方人士與中國接觸時所抱之態度，由（尤？）為允當。凡此種種預想，人皆可無異詞贊同。……今讀此宣言，所得啟發不少。弟自身須學習者甚多，而以「圓而神之智慧」為最。蒙以此稿見示，心感無既。簽名一事，本願附驥，唯弟於篇中主要之點（心性之學），素稱外行[51]，人所共知，論者將謂弟假冒行家。然此仍係小事，若進而指責此宣言，謂將對於此學素無研究者，亦許其列名，因而影響此宣言之內容，此則非吾儕愛護此宣言者所願見。尊意以為如何？弟所言皆實話，……宣言底稿仍交劉君璧還。……[52]

陳康被視為治學很嚴謹的學者。其治學態度，大概可以借用胡適以下幾句話以描繪之：「有幾分證據，說幾分話。有一分證據，只可說一分話。有七分證據，只可說七分話，不可說八分話，更不可說十分話。」[53]所以上函中他

---

51 此為實話。陳氏治西方哲學，對柏拉圖與亞里士多德之哲學，尤其專精。詳參百度百科「陳康」條，2023.01.03 瀏覽。

52 此函未見，轉引自上揭江日新，〈張君勱與「中國文化與世界」宣言〉，頁 62-63。

53 此語轉引自〈有一分證據，說一分話　讀胡適的兩封佚信〉一文。文章的作者指出：「這兩封信，都是胡適針對劉修業所撰《吳承恩年譜》初稿中一些過頭話而說的。」按：胡氏的兩函分別寫於 1946 年 3 月 2 日和 7 日。參 http://bashusong.blog.caixin.com/archives/35807；http://cul.book.sina.com.cn/o/2006-06-29/0018160757.html；2023.01.03 瀏覽。至於更為人所熟悉的兩句話：「有幾分證據說幾分話，有七分證據不能說八分話。」，則為胡氏所留下的墨寶：條幅。

所說到的〈宣言〉中主要之點的心性之學，大概不是他能夠接受或認同的；「素稱外行」，遂亦非一客套語。彼不參加聯署，是很可以理解的。至於指出〈宣言〉深具「悲天憫人之意」，則得其實也。此乃唐先生一輩子如實的寫照。

（十八）方東美先生（1899-1977）對〈文化宣言〉所提供的意見

1957.09.08　徐先生致唐先生函[54]

君毅兄：前奉一函，不知近已返港否？文化宣言曾分送方東美及吳康、陳康先生各一份。方先生對此雖未必願簽名，但大體上他非常贊成，且提出許多意見（弟與其談過兩小時）。茲將方先生的意見，就記憶所及，零雜分述如下：

一、西方人因虛幻之進步觀念，認過去一切已溶解於現在之中，現在較過去進步，故有菲薄一切古典之傾向。尤其是彼等只能了解「可視的」東西，故對中國之藝術品，其研究確有成就。且研究東方藝術之人，已先有基本訓練。中國之精神史，因係「不可視的」，故彼輩不願了解，也不易了解。而作此種之作者，多係來中國之傳教士或商人，缺乏思想上之根本訓練，故其所了解多屬可笑。如牛津大學某一作者釋一以貫之為一根線穿下來。

二、宣言必具備宣言簡單之行是[55]。其本身只須將吾人之主張觀點列成二三十條為已足。而將各條所需要之論證，分附在後面。成為各個論文，則再長亦所不妨。

---

[54] 此函未見，轉引自上揭江日新以下一文：〈張君勱與「中國文化與世界」宣言〉。

[55] 筆者案：「行是」一語不好懂，蓋當為「形式」之誤；兩語發音相同，是以打字者從手鈔本之原函以注音打字方式（臺灣最為流行之中文輸入法）鍵入此兩字時，在選字上一時失誤耶？按：〈張君勱與「中國文化與世界」宣言〉一文其後納入上揭李瑞全與楊祖漢所編之相關論文集時，錯別字蓋已改正過來。

三、兄之文字過於繁複，此點為思想成熟後之自然結果。但英文必要求能深入淺出。美文（美國之英文）更須簡練明白；中國一般讀者亦必有此要求。故在文字上仍應下一番工夫，將許多繁複之語句，改成若干好念之短句。方先生並謂「君毅原來的文字寫得很美，以後因只注意思想表達之完全而忽視文字之技術，大有只向自己傳教的趨勢。（另講有致函）。這是應勸他注意的。」

四、西方人非常重視宗教，故應特強調中國文化中所含攝之宗教精神而另成一章。（此點兄原文已有而為弟所刪。）

五、關于現代政治問題的見解，他很贊成，但恐因此使許多人不敢簽名。

六、關于科學，不僅為中國文化所需要，同時應證明科學精神原為吾文化中所固有，（如考工記之成立等），且說明由我國文化自身走向科學之道路。彼之意見為通過藝術。又漢學一詞有如埃及學，此名詞非不能成立。方先生又謂，自康德至邏輯實徵論等，皆是科學的哲學，而非科學。應將科學的哲學與科學分開；可反對某一種科學哲學，不可反科學。按此點大約係對結論中之第三項而發。

七、關于民主政治應指出西方與吾人不同的來源。西方來源於權利，而在中國文化中則應來自人格的尊嚴。在此種根源地方應弄清楚。

方先生提了很多的意見，惜弟記憶不完全。

又吳康先生來信及其簽請之意見，亦奉上參考。

弟意此宣言不妨改寫。宣言知[56]本身改為極簡單明瞭之形式，後面再附已[57]若干篇附件，計：

一、對世界漢學研究之批判（原第二章）

---

[56] 筆者案：蓋為「之」字之誤，乃手民或電腦誤植。

[57] 筆者案：蓋為「以」字之誤，乃手民或電腦誤植。然而，就古代來說，此兩字相通。

二、研究中國歷史文化應具備之基本前提與態度（原第三章）

三、作為中國文化核心的心性之學

四、中國文化中之宗教問題

以上望兄就原文整理

五、中國文化發展中之科學問題（由宗三兄就原第六章整理）

六、中國文化發展中之民主建國問題（由弟就原第七八章合併整理）

七、西方可學習于東方之智慧者（由兄就原第五第九兩章合併整理）

八、我們對世界學術思想之期望（就原第十章整理）

關于文字方面，凡看到此文者之意見大體相同，即覺太多，太複雜，故必須加以簡化。兄之意見如何？望決定後告訴君勱先生，並回弟一份。敬請儷安

弟復觀敬上　　九月八日

如原稿不動，弟亦贊成　　又頃接陳康先生回信，亦附上。

要言之，上函乃希望唐先生把已撰就之〈宣言〉初稿，簡化改寫成若干條；各條之論證，則附在後面成為相對應之論文。再者，針對西方人誤解中國文化之處（如科學精神原為中國文化所固有，此則非西方人所了解）及中國文化之異於西方之處（如中國人重視人格之尊嚴，西方人則重視權利），應特別予以注意。就文字表達上來說，建議唐先生必須加以簡化。[58]

---

[58] 唐先生行文恆翻來覆去述說同一問題，先生本人亦深知之。其 1950 年代致徐先生函便指出云：「弟文有不能割愛之病，弟亦自知之。唯弟作文是凡想著之意未說到盡致便不能繼續寫下去。且弟是要充量肯定一切有價值者，故下筆難自休，亦非全出於貪多鬥勝之意。」（《書簡》，頁 134。）按：唐先生此自我表白，對於理解其說理行文之特色、其背後可有之原因，乃至理解其治學之用心，實甚具啟發性——深具指引作用，是以引錄如上。順筆至此，容作以下贅言。先生說：「凡想著之意……故下筆難自休」，此固可使讀者充分解理唐先生所討論的問題。然而，為求「凸顯出最主要之意思」（語見上揭 1957.08.21 徐致唐函），則有時不得不割愛。筆者想到的一個折衷作法是，「最主要之意思」，利用正文來表達。其引申者或較次要者，則利用注文的方式予以表達便可。當然，唐先生的著作中也有用注的，但似乎用得不太多，也可

上函中，徐先生把方東美先生的意見及自己的意見作了相當詳細的陳述。當然，他的意思是希望唐先生能夠惠予考量的。然而函中最後竟說：「如原稿不動，弟亦贊成」一語，則頗讓人費解。猜徐先生是想到要求唐先生必須根據彼等意見而整理、改寫業已撰就之文章，其事不易。[59]且唐先生是執筆者，對中國文化與西方人士之誤解中國文化者本已有深入之認識，今要求唐先生必以彼等意見為是而改寫其文，或係相當不客氣且不太尊重唐先生的一個要求。此或係徐先生在函末寫上「如原稿不動，弟亦贊成」一語的根本原因所在。換言之，該〈宣言〉之內容與呈現之方式最後該如何，徐先生全交由唐先生作主。再者，唐先生廣納百川，素來樂於考慮並接受他人的意見或訴求的。然而，中西文化之內涵，茲事體大，必一人一說，十人十說。凡被徵詢者，彼等所提出之意見，皆要求唐先生不得不接受（即必須納入〈宣言〉內），此或不免陷唐先生於極大之困擾中。徐先生對這方面當然深有所覺。由此來說，「如原稿不動，弟亦贊成」一語的出現，便很可以理解了。又：以上吳康、陳康與方東美三先生所給出的意見，個人認為當以方氏之意見最能反映中國哲學方面的學養。（惜未見吳氏所條議之九項意見，是以不敢置喙。）針對三位先生之意見，唐先生嘗有所回應，此見下文「1957.09.29 唐先生致佛觀、張君勱各一函」條。最後或可一說的是，方先生如上甚為繁富的意見或建議，乃徐先生僅「就記憶所及」而寫出來的。然則徐先生之記憶力亦可謂驚人矣。筆者以為凡大家，恐莫不如是也。

（十九）唐致函徐討論各項修改意見與討論〈文化宣言〉發表之形式

1957.09.29　據《日記》，唐先生致佛觀、君勱各一函。[60]

說用得不太夠。

59 參下文「1957.10.11　張先生致唐先生函」條，則可知討論文化事，其問題太大，似無法改為簡潔之條文。

60 致君勱先生之信函，《書簡》缺。惟據彼 10 月 11 日覆唐先生函（下詳），則大體上可知唐先生 9 月 29 日去函之內容。

致前者之函如下：

兄之數示及方、陳、吳諸先生之意，今乃細讀，改稿亦重閱一遍，唯未早覆為罪。

方、陳、吳、劉諸先生之意見皆足資參考，亦多可取。兄之改稿將原稿第四節刪去，甚好。第九節兄之改稿亦較簡單直接。弟原稿雖另有所用心，但嫌太刻露，非西方人所能受。兄改稿實較好。但兄將弟原稿第五、六節刪去，弟不甚謂然，因第五節說中西文化來源之不同，第六節辨中國非無宗教精神，皆是為說明中國心性之學為中國學術文化核心作準備，並皆所以端正西方人對中國文化之觀點。如此二節刪去，則中國心性之學一節便來得突兀。

又吳先生說論中國心性之學須先論孔孟仁學，再及宋明，唯弟意此宣言所重實不在中國學問之內容，而在明中國學問之性質，則關於具體之討論皆可略。

兄將此稿與吳、陳、方等看，引起多人注意此問題亦皆甚佳，但如要人簽名，則彼此處處同意實難，如此長文字句斟酌書信往返得一最後結論，恐非數年不辦。

兄謂可將原文改為若干條，另分別撰文說明。弟亦原有此想法，此事初由君勱先生發動，其本意仍是有感於西方人對中國學術文化之認識足以生心害政，故弟今將兄及諸先生之意見一併寄彼，弟建議：一法是只用英文發表，便不須多徵在臺、港之中國人簽署以減少麻煩；一法是約為若干條，由贊成者簽署以增聲勢。弟等皆無成見云云。[61]

上引文可注意者有數端：

(一)「方、陳、吳、劉諸先生」，方是指唐先生中央大學求學時的業師方東美

61 《書簡》，頁 112-113。

先生。陳、吳分別指陳康與吳康二先生。[62]劉先生疑為劉述先先生。[63]

(二)唐先生對徐先生的修改意見，很能認同。但徐先生建議刪去之二節，唐先生不甚同意。此可見唐先生既能從善如流，但亦有自己的堅持。

(三)徐先生主動把文稿給多人看，唐先生認為甚佳。此充分反映唐先生治學（甚至辦事）素來具廣納百川之雅量與器度。又：徐先生之為人，素來古道熱腸；彼主動把文稿給予多人看以徵詢意見，其一例而已。

(四)唐先生認為〈宣言〉所重不在於中國學問之內容，而在於明示中國學問之性質。此定位非常重要，蓋使西方人開竅以明瞭中國文化之所以別異於西方者，其關鍵乃在此而不在彼也。

(五)給多人看〈宣言〉固宜，但要一起簽名以示彼此同意，則必待書信往返研商始得定論，則恐怕曠日持久。

(六)唐先生對於是否適宜如徐先生所建議者，「將原文改為若干條，另分別撰文說明」，或只用英文發表，不必多徵臺、港之中國人簽署，並無定見；認為此事得請〈宣言〉之最初發起人張君勱先生斟酌。由此可見，〈宣言〉有可能以條目方式發表，非如今日所見者。果爾，則皇皇鉅構四萬字的鴻文只是歷史上的一偶然（當然，1958 年元旦之後便成為了實然），是當時多種擬表達形式之其中一個選項而已。由此觀之，則今日得見此鴻文，實吾人之大幸。

(七)徐先生所建議刪去之兩節，其中首節論說中西文化來源之不同，次節論辨中國非無宗教精神。筆者認為該兩節皆極重要而確不宜刪去。筆者猜想，徐先生之所以建議刪去首節，蓋中西文化來源不同，乃學者之共識，且文稿已相當長，所以不必贅說。至於刪去次節，則筆者以為徐先生絕非不認識「中國非無宗教精神」；然而，此精神於周初制禮作樂

62　參上文二人分別致徐先生函及其後即 1957.09.08　徐先生致唐先生函之各條。

63　上揭 1957.09.06 陳致徐函嘗提及劉述先先生，指出劉先生從臺中徐先生處嘗帶回〈宣言〉底稿一份到臺北轉交給他（陳康）。按道理，徐先生把文稿交予劉先生時，當有提及相關內容，甚至把文稿內容轉示之。劉先生得悉相關內容後，蓋嘗修函唐先生提出意見，或請徐先生轉陳其意見。

後，大體上已漸為人文精神所代取（或可稱為宗教精神已人文化）。[64] 是以不必再強調宗教精神。然而，宗教精神（含中國人的宗教精神）在唐先生的哲學體系中佔極重要的位階，是以不能認同徐先生的意見。

（二十）〈文化宣言〉之修改、發表、翻譯及以何種語文發表等問題

1957.10.11　張先生覆唐先生函[65]：

君毅先生：奉十月一日　手書，誦悉一一。宣言上篇不可缺。足下所寄來之（四）一段，宗三[66]所寄來之印件，即應改四為五，五為六，此為上篇。

下篇之四十七頁至五十七頁可刪，應以復觀之五六頁至五七頁一段[67]以代之。下篇題目一頁「中國文化之發展與科學，與民主建國」，不如去「與」、「與」字，而加以一柱「——科學，——民主建國」。此問題太大，無法改為簡潔之條文，請以此意告方先生等。

以上為稿之全部，如要句斟字酌，實在太苛細。勱以為，　兄即用四人之名在港發表，此稿原為轉移國內風氣而作，如　兄函云，只由（當作「用」）[68]英文發表，不用中文發表云，大大不可。還請

---

[64] 詳參氏著《中國人性論史——先秦篇》，第二、三兩章。

[65] 此函未刊；亦唐師母謝方回女士交託劉國強教授保管而現今當存中文大學新亞書院者。參上文相關註釋。此函亦為江日新所引錄，見上揭 2008.05.02-04 研討會江著之論文，〈附錄〉；上揭《中國文化與世界……論文集》，頁 60。江先生所引錄者與筆者所見之打字稿影印本，文字上微異，語句之組合亦略不同。大體上言之，以江先生之版本之行文比較通順，是以今所引錄者為江先生之版本。

[66] 此語句，筆者從劉國強教授所取得之打字稿影印本作：「所寄來之（四），一□宗三所寄來之印件……。」

[67] 此「段」字，打字稿影印本作「□」；蓋打字者未能辨識張先生之筆蹟也。

[68] 筆者案：其實江先生不必把「由」改作「用」。蓋「由」有「用」之意。《左・襄》三十年條：「以晉國之多虞，不能由吾子。」杜《注》：「由，用也」。見楊伯峻編著，《春秋左傳注（修訂本）》（北京：中華書局，1990），冊三，頁 1172。

兄依原議在港交《再生》或《民主評論》印出。將來即由勱與友忠再譯為英文。（友忠處已寄一份去，如渠同意，可以附加其名，兄緩十日付印，屆時友忠定有覆音矣）其中不無可省改之處。將來譯後寄上，乞　並以上各點請轉達牟徐兩公為幸。即頌

著安

張君勱拜啟　　十月十一日

上函可注意者有三：

(一)唐先生未能決定〈宣言〉表達的方式，是否該依方東美先生之意見，改為以條目方式呈現，抑維持以文章之方式呈現。是以 9 月 29 日去函徐先生時指出，以君勱先生為原發起人，故「將兄及諸先生之意見一併寄彼」。（參上文）。今君勱先生意見為「此問題太大，無法改為簡潔之條文」。換言之，即建議唐先生仍維持原形式而不必改變。

(二)上函中，君勱先生云：「此稿原為轉移國內風氣而作。」此則與其他三先生以〈宣言〉原為針對外人而作之想法，顯有相當大的落差。牟先生對君勱先生此意見頗不以為然。（詳參下文「1957.10.12　牟先生致唐先生函」條。）

(三)函中，君勱先生自謂英譯事由彼本人與友忠（施友忠）共為之。然而，君勱先生最後並未作任何翻譯。據 1957.11.03 君勱先生致唐先生函及 1957.11.25 唐先生致徐、牟二先生函（參下文），乃君勱先生「為生活所苦」、「以生活忙」之故而不克從事翻譯。

（廿一）牟致函唐談〈文化宣言〉翻譯事

1957.10.12　牟先生致唐先生函：

近接君勱先生函，言文稿譯事，初欲託趙自強（在美）譯，須有酬，後復謂依原意重寫，不能直譯，並謂中文稿可先在《民評》發表，中、英文不必同時印行。如此，則失初衷，無意義矣！此公謀事總是軟疲失機。弟意在港能找一譯者否？如此則比較集中。本施友忠可

譯，然他不必願任勞，君勱先生亦不肯強他。趙自強程度淺，不理解也。究不知他如何處理？……

弟宗三上 十月十二日[69]

依牟先生意，〈文化宣言〉之英譯本如不能及時刊行，則失去初衷而無意義；並對君勱先生處理相關事宜之態度頗感不滿。由「軟疲失機」一語蓋可反映出牟先生做事恆較果斷、斬截。然而，亦有不盡然者。[70]

（廿二）唐旅美見聞、感受融入〈文化宣言〉中

1957.11.02 據《日記》，唐先生向出版人協會報告赴美觀感。其中有若干內容與〈文化宣言〉相關，如下：

美人之了解中國問題之態度與中國人異，信統計數字。中國人重理想之力量、民心、潛力。已有之了解，多以西方觀點看中國歷史之發展，觀點不確，即正確了解後亦不必繼以同情欣賞。……指導原則受資本家決定。……民主政治選舉重後台。

唐先生 1957 年 2 月下旬至 7 月下旬赴美參訪講學，此上已言之。8 月底假道歐洲返港。二個月後之 11 月 2 日報告美國行之觀感。先是，於 6 月 28 日先

---

[69] 此函未刊；亦唐師母謝方回女士交託劉國強教授保管而現今當存中文大學新亞書院者。筆者所據者為打字稿之影印本。詳參上注 26。

[70] 茲舉一例如下：1939 年牟先生與當時主持《再生》雜誌之君勱先生嘗有齟齬，牟先生云：「……赴《再生》雜誌與諸熟友晤面。（此著亦不斬截。吾常有順自然之情而來之拖泥帶水處。……）……吾曰：『既無理，焉有情？』言訖泣下。……彼此（按：指牟、張兩人）黯然淚下。吾亦終不能絕情，乃心軟。」筆者讀此段文字不下十次。每一讀，輒淚下。有謂：「男兒有淚不輕彈，只因未到傷心處。」其實一到傷心處，則哭泣豈僅係女兒家的“專利”呢？牟先生，甚至張先生，亦真性情中人也。所以「軟疲」或「斬截」，亦相對而言而已。上引文見，牟宗三，《五十自述》（臺北：鵝湖出版社，2000），頁 98-99。

生嘗致函牟、徐二先生，函中明言〈文化宣言〉中「有數點是臨時觸發者」。（參上文）此臨時觸發者想與先生刻在訪美時之見聞、感受不無關係。現今看到上引美國行之觀感，則更可確信〈文化宣言〉中之若干意見乃美國行相關見聞、感受之融入其中也。

（廿三）張致函唐談〈文化宣言〉翻譯事

1957.11.03　君勱先生致唐先生函：

君毅兄：

……廿五日　大函已讀。弟每日為（作文）生活所苦，恐〈宣言〉翻譯不易即成，曾函宗三商量，先在臺託人譯一底子寄來，由勱與友忠再加以潤飾。宗三在臺找人不易，請　兄在港求通英文者為之較易。有匈牙利天主教士，名拉達尼，王厚生[71]與之往來，此人如能執筆，則譯筆定可滿意。否則，在港大中求一人為之，然後寄來，由我與友忠校閱一過，屆時再寄港由　兄與復觀發表可也。勱意漢文本與英文本發表時間，即有先後，亦無妨。總之，待　尊意將初譯稿寄來，當即校，後寄回。至於 *Philosophy East and West* 肯登否，不敢說，尚未有稿，無法與之譚。Hummel 對此事有興趣，當與商公開發表之地。勱《新儒家史》序中，已攻擊視中國文化如博物館之非。姑待此間書評出後，即其對於〈宣言〉反應可以推見。專此覆　頌

教安

張君勱手啟　　十一月三日[72]

---

71 「王厚生（1910 年代－20 世紀），江蘇人，中國著名政治家張君勱心腹，香港文化人士，中國民主社會黨成員。1949 年離開大陸，後旅居港臺和美國。」以上見維基百科，2023.01.06 瀏覽。

72 此函未刊，亦唐師母交予劉國強教授而現今當保存於中文大學新亞書院者。參上注 26。

由上函可知君勱先生明確表示不擬任譯事；但他人翻譯後，彼與施友忠則願意從事校閱及潤飾。此函亦揭示另一資訊：Hummel 對〈文化宣言〉感興趣，大概彼先前曾看過此〈宣言〉。[73]函中君勱先生又談到 *Philosophy East and West* 是否願意接受刊登該〈宣言〉英譯本問題，可知其前唐先生應跟張先生談過這個問題。[74]至於 *Philosophy East and West*，乃美國夏威夷大學哲學系的著名期刊；1950 年代初即已發行並廣泛流通學術界。

(廿四)〈文化宣言〉之翻譯、刊登及以何種語文發表事宜

1957.11.25　唐先生致徐、牟二先生函：

> 文化宣言事，弟曾將佛觀兄寄來各件及四、五二節抄寄君勱先生，請其改正。彼回信謂不必再在文字上苛求，但主張先以中文發表，以後再謀翻譯；並要《再生》編輯劉君[75]來索稿，在《再生》專刊登載。弟於此不甚謂然。因彼在美迭次與弟函，都說要對世界人士說話，並主先以英文發表，由彼自任譯事，而弟初草此稿時，亦是先針對西方人對中國文化之誤解寫。故弟曾一函告之，謂最好中英文同時發表，中文在《民評》元旦號刊登，《再生》要同時刊登亦可。仍請彼改正後依大意翻譯。彼後又回信謂彼以生活忙，望在港先找人作初譯，寄彼修正，再覓刊物發表。弟亦不便相強。唯此間覓譯筆好者亦不易。姑先命新亞一外文系畢業生雷君試一試。(雷君前曾譯弟一文，經二人修改在美《東西哲學》載。)將來如在《民評》發表可以一部稿費

---

[73] Hummel 乃美國著名漢學家恆慕義(1884-1975)的姓氏，其全名為 A. W. Hummel，嘗主編人名大辭典 *Eminent Chinese of the Ch'ing Period*(《清代名人傳略》)一書，貢獻良多。

[74] 此 1957.11.03 之張致唐函有句云：「廿五日　大函已讀。」蓋唐先生「十月廿五日」嘗寄君勱先生一函，「廿五日」的一函，當指此函而言。大抵該函嘗談到相關問題，但《書簡》中缺此函。

[75] 劉君蓋指劉劍生，乃《再生》雜誌之主編。

> 與之，再請人修改。唯不知二兄對此文之發表意見如何？弟於此亦無成見。中文先發表，或只以中文發表與根本不發表，或俟英文譯好後再發表，弟覺皆無不可。希二兄一考慮何者較為有客觀價值。（如只以中文發表，則油印本第九段之原稿中論西方人對東方人之心習之文化根源一節，亦似宜保留。此節佛觀兄所改較乾淨，但對問題之根源，則原稿較詳明，希再一酌）[76]

函中，唐先生明言對君勱先生「先以中文發表，以後再謀翻譯」的主張，「不甚謂然」[77]。但是終以「覓譯筆好者亦不易」，而不得不道說出「中文先發表，或只以中文發表與根本不發表，或俟英文譯好後再發表，弟覺皆無不可」的無可奈何而語帶感慨的話了。當然，語文只是工具，但工欲善其事，必先利其器。當事人本身欠善巧之工具，而必得仰賴他人時，則事情之推動、落實，其困難可知！

上函又揭露了君勱先生對翻譯事嘗改變初衷：原先願意「自任譯事」，後「以生活忙，望（唐先生）在港先找人作初譯，……」。[78]對此變卦，恐唐先生頗感失望。然而，君勱先生算是前輩（若以年齒論，至少長半輩），且以唐先生溫婉包容之個性來說，其結果便當然是「不便相強」，而由之任之了。

---

76 《書簡》，頁114-115。據《日記》，1957.11.24唐先生嘗與宗三、佛觀各一函。《書簡》中缺此，唯《書簡》中收錄唐先生11月25日給徐先生與牟先生二人共一函；此函與24日函只相差一天，所以是否唐先生把日期記錯了？其去函日期是25日而非24日？

77 據唐先生意，「先以中文發表，以後再謀翻譯」乃張氏的新主張；此與張氏原所主張者有所不同。「不甚謂然」一語，足以反映唐先生頗不滿意此新主張。又：由此語的下文（尤其「根本不發表」一語）來看，「不甚謂然」乃一婉轉的說法而已。其實，作「甚不謂然」始得其實。當然，唐先生為人忠厚，說話、行文，恆留有餘地步；是以僅用「不甚謂然」一詞以表達其不滿。吾人心知其意即可。

78 至於君勱先生建議初譯後，請唐先生「寄彼修改」，這可以說是改變初衷後的一點小彌補；當然，此語或不免自找台階下的一個說詞歟？

（廿五）〈文化宣言〉在何種刊物上發表事宜

1957.11.28　唐先生致徐、牟二先生函：

> 佛觀兄示已奉悉。弟頃與君勱先生一函，問可否只在《民評》發表。如彼同意，弟意仍可在《民評》元旦號登載。此文本意是在教訓西方人治漢學者，今雖不能即譯為英文，但仍表示吾人之一聲音及態度。同時間接可端正若干中國人之態度。故弟意，只須君勱先生不堅持在《再生》發表，仍可在《民評》發表。佛觀兄可兼以編者名義，作一按語，說明本意是對西方人說話，則可無成群結黨之嫌也。一切俟君勱先生回信再說。[79]

據此，在一時間不克譯為英文的現實考量下，唐先生乃同意張君勱先生先以中文發表的主張。當然，唐先生是深悉中文發表仍有其價值在而始贊同以中文發表的。上引文中以下一語可以為證：「仍表示吾人之一聲音及態度。同時間接可端正若干中國人之態度。」其實，如唐先生怒氣未消而選擇堅持 3 天前，即 11 月 25 日一函之意見：「根本不發表」，則天下間之至文，便付諸流水了。於此即可見人之胸襟、氣度與識見於成就一世間事業之關鍵。現在再回來談中文發表這個問題。既同意以中文發表，則《再生》亦當為選項之一。然而，考量到《再生》與政治上的關係，[80]乃不擬在該雜誌上發表。至於函中說到「成群結黨之嫌」的問題，則並非空穴來風，而頗值一說。今

---

[79] 《書簡》，頁 116。

[80] 《再生》雜誌為 1931 年張君勱先生與友人在北平發行之雜誌（後在香港發行者為復刊），而張先生又曾與友人組成中國國家社會黨（1931 年），又嘗任中國民主社會黨黨主席（1944-），半輩子從事政治活動及從事相關思想之宣傳、推動、研究。大抵唐、徐、牟三先生想到若〈文化宣言〉在《再生》上發表，則擔心讀者或不免聯想〈宣言〉必與政治脫離不了關係，是以不欲〈宣言〉在該雜誌上發表。詳參下文「1957.12.16　唐先生致徐、牟二先生函」條。有關張先生之生平行誼（尤其治學及著述概略），最簡要者，可參上揭《中西印哲學文集》程文熙所撰之〈編後記〉。

試舉一例以概其餘。連畢生為中國文化作出奉獻，並被稱為為故國招魂（余英時描繪其業師錢穆先生的用語）的錢穆先生，亦嘗深恐「聳視聽而興波瀾，又恐更引起門戶壁壘」（詳下文），而無法苟同「對中國文化態度發一宣言」這個作法，則他人更無論矣。錢先生之意見，詳 1957 年 8 月 1 日彼回覆徐先生的一函：

> 君勱先生意欲對中國文化態度發一宣言，私意此事似無甚意義。學術研究，貴在沉潛縝密，又貴相互間各有專精。數十年學風頹敗已極，今日極而思反，正貴主持風氣者導一正路。此決不在文字口說上向一般群眾聳視聽而興波瀾，又恐更引起門戶壁壘耳。[81]

上引言中，錢先生說「學術研究，貴在沉潛縝密，又貴相互間各有專精」，此確然不拔之睿見也。至於糾矯頹敗的學風，則賴「主持風氣者導一正路」，此亦不刊之的論無疑。然而，君勱先生等欲發表一文化宣言，其旨趣則在於向不解、誤解，乃至曲解中國之政治、學術、文化而妄發議論之洋人發聲；此不妨礙國內學者各自努力以成就其一己既縝密又專精之學術研究。換言之，此兩途（向洋人發聲為一途，各人各自努力為另一途。此兩途不相妨礙，更不相互排斥）實可同時並進而同有貢獻於學術、文化。在此問題上，錢先生似乎有點過慮，遂進而產生誤會；茲不深論。根據上引各條，應得悉發表宣言之初衷本在於糾矯洋人若干錯誤的觀念及意見。惟其後以迻譯不易而稍變更發表之對象為先向（或同時向）國人發聲，藉以糾矯國人之風

---

81 轉引自上揭翟志成：〈文化激進主義 vs. 文化保守主義：胡適與港臺新儒家〉，《新亞學報》，第二十六卷（2008 年 1 月），頁 159，注 114。錢先生此意見，又見引錄於翟氏下文：〈儒學與現代化：港臺新儒家的文化宣言〉，上揭《中國文化與世界——中國文化宣言五十週年紀念論文集》，頁 29，注 11。按：1959 年 5 月 6 日錢先生嘗致函其門生余英時，函中亦道說出相同的意見：恐在學術界引起無謂之壁壘。此見上揭余英時，〈錢穆與新儒家〉，《錢穆與中國文化》，頁 63。錢先生的意見，上揭 1957.08.21 徐致唐函已有所道及，可並參。

氣。錢先生乃視之為「向一般群眾聳視聽而興波瀾」，則其誤會可謂大矣、深矣。誤會既成，則進而認定「門戶壁壘」必由是而產生。（錢文中所謂「恐」，乃一婉轉、疑似、客氣的說法，其意實謂「必」也。）平情而論，個人認為，「門戶壁壘」或確由多人聯署而導致。要言之，聯署為形成門戶壁壘之關鍵原因——即原因不在於向國人發聲或向外人發聲，也不在於所發表之內容乃關乎學術、文化，或關乎其他領域。所以錢先生的說法（疑慮、擔憂門戶壁壘隨而形成），也有其道理在而非全然係無的放矢。至於唐先生所說的「本意是對西方人說話」，雖或可稍減削被國人視為「成群結黨之嫌」（語見上揭 1957.11.28 唐致徐、牟函）；然而，宣言既出諸聯署之方式，則「成群結黨」之譏，恐仍不可免也。最後，個人表示一下管見如下。為增強宣言之力道（力度），恐聯署乃一不得不為之途徑。至於或由此而引起「門戶壁壘」，恐多多少少為意料中事。以唐先生等人之睿智，非不預見及之者。然而，相對於以個人名義各自發表一宣言之單打獨鬥之方式而言，聯署之效力必遠勝矣。利害相權下，唐先生等人乃捨此而就彼也。

（廿六）〈文化宣言〉決意不交《再生》雜誌發表，以避免被視為政治宣傳之工具

1957.12.13　君勱先生致牟先生函：

> 宗三弟：接君毅函，言〈宣言〉停止發表。勱所以與君毅提及此事，原為轉移國內風氣與外人感覺，初非為《再生》宣傳之用。勱曾告君毅，如何發表由彼決定。彼既決定，乃屬人取稿。勱未嘗有政治宣傳之意存乎其間也。至於外國人宣傳云云之意，文既發表，外人自來翻譯，況比時君毅既令人初步試譯成後，可以寄美，由勱修改後再寄港印行，此與原意無差異可言也。大家對於文化既有共同見解，應有說出之勇氣。即令有困難，可以商量解決，勱決意不交《再生》發表。如弟與復觀同意，可交《民主評論》登載，仍以公表為是。勱《新儒家哲學》出版後，反映極佳。吾國人有信心者，應及時爭取，不可狐

疑以自誤也。如何之處，乞弟與復觀商後告君毅為幸。即頌年安
張君勱手啟[82]

上引函中說到的唐先生致君勱先生的「君毅函」與君勱先生致唐先生的「勱曾告君毅」的一函，筆者均未見，未悉其內容。但觀看唐先生 11 月 25 日與 28 日致徐、牟二先生之兩函，則唐先生在上揭「君毅函」中必嘗對君勱先生表示過不滿。又：從上引函之內容，更可佐證筆者這個推斷。大體言之，此函旨在表示君勱先生願意配合，甚至可說願意順從唐先生之意見，藉以“安撫”唐先生。其可說者有五：

(一) 發表之語文媒體（中文？英文？或兼用中、英文？），君勱先生說全由唐先生決定。

(二) 君勱先生明確表示，全無意於藉著發表該〈宣言〉來作政治宣傳。具體落實下來，便是「決意不交《再生》發表」。反之，建議「可交《民主評論》登載」。

(三) 〈宣言〉初步翻譯出來之後，君勱先生明確表示願意負擔修改之責。此在某一程度上為爽約（其前表示願意承擔翻譯之責）作出點彌補。筆者認為，這是值得吾人肯定的。

(四) 建議藉著商量來解決可遇到之困難。

(五) 「既有共同見解，應有說出之勇氣。」與「吾國人有信心者，應及時爭取，不可狐疑以自誤也。」二語，其中「勇氣」、「信心」、「自誤」等字眼，用在這裡，筆者認為頗有激將法的味道。

(廿七)〈文化宣言〉在何種刊物上發表及聯署者四人排序問題

1957.12.16　唐先生致徐、牟二先生函：

佛觀兄示敬悉。君勱先生來函謂並無藉此文為《再生》宣傳意，只在

82 此函未見，轉引自上揭江日新：〈張君勱與「中國文化與世界」宣言〉，頁 55-56。

> 《民主評論》發表亦可，並謂譯稿仍盼請人作初譯以後，由彼再修正云云。弟考慮後決定仍兼在《民評》及《再生》同時於元旦號發表，因彼之覆信既全犧牲己見，彼終屬老輩[83]，且《再生》並非民社黨之刊物，只為彼個人之刊物，宗三兄亦曾任該刊編輯，同時發表亦可更引人注意，並多一些讀者，想二兄亦以為然也。今日已整理了二份稿，分別交達凱與裕略[84]。題目原為〈中國文化宣言〉，頗不詞，今改為〈為中國文化敬告世界人士宣言〉。內容弟重細看了一次，覺大意仍不壞，標點及誤字亦改了。名字次序將宗三兄與兄列在前，以免其他人政治上之聯想。此文稿費弟意作為補貼譯者之用。在編者按語中，弟說明本意在針對西方人之誤解說話。今日此間人之思想甚麻痺，此文仍有喚醒鼓舞之作用。[85]

上引文可見唐先生為尊重君勱先生及為「多一些讀者」而仍贊成可兼在《再生》發表。[86]原題目〈中國文化宣言〉改為〈為中國文化敬告世界人士宣

---

[83] 唐先生對君勱先生固相當尊重，但對他的哲學素養及文教使命感則不甚恭維。1964.05.24 致函牟先生時便指出說：「君勱先生亦只知重學術，對文教存亡並無深感，其哲學亦不大行。」（《書簡》，頁 183-184。）

[84] 此語若參照下一條：「〈文化宣言〉之最後定稿 1957.12.18」，乃得悉 12 月 18 日文稿始修改完竣，然則 12 月 16 日，該文稿實不太可能已然交給達凱與裕略。是以「分別交達凱與裕略」一語，疑其前應有「擬」一字或「打算」二字。不然，兩項日期或其中一項日期可能有誤。其可能情況是：「16 日」應作「18 日」而「18 日」應作「16 日」；或兩項日期皆作「16 日」；或兩項日期皆作「18 日」。又：達凱，即金達凱（1925-），香港中國問題研究所研究員，曾擔任《香港時報》社長等要職。唐先生把相關文稿交給金先生時，金先生蓋為《民主評論》之編輯。至於裕略，則不詳其生平事蹟。然而，既與達凱先生對舉，則當時當任職於《再生》雜誌，蓋亦擔任編輯之職務也。有關金達凱之生平，詳見臺灣文學館線上資料平臺：https://db.nmtl.gov.tw/site4/s6/writerinfo?id=893；2022.12.24 瀏覽。

[85] 《書簡》，頁 117-118。

[86] 可以讓〈宣言〉在《再生》上發表，是因為《再生》乃張氏個人的刊物，而非民社黨之刊物。此明確透露出一消息：唐、牟、徐等先生不想讓純學術、文化性質之〈宣言〉跟政治扯上任何關係；更不要說企圖藉政治以為奧援也。

言〉者，可知出自唐先生意。牟先生與徐先生之名字列在前面而非年輩最長且為〈宣言〉發起人之君勱先生放在前面，乃為避免他人政治上之聯想之故。[87]當然，另一可能原因是，唐先生或認為牟、徐二先生對相關問題之認識乃在君勱先生之上，是以二先生之排名便置於君勱先生之前也說不定。[88]然而，何以年齡稍長之徐先生，其名字反排在牟先生後，則唐先生函中沒有說明。蓋或唐先生認為牟先生對相關問題之認識／認同，乃在徐先生之上歟？或以牟先生當時之學術成就與學術地位乃在徐先生之上歟？或以徐先生在學術上出道較晚歟？或以他故歟？（宜並參下文「1958.02.23　唐先生給胡蘭成函」條。函中有句云：「其中之意則取於牟宗三兄者較多」，或以此而唐先生先列牟名而後列徐名耶？）據上引文，則〈宣言〉前之按語，乃出自唐先生本人之手筆，而非作為《民主評論》之編者（徐先生）依唐先生11月28日之建議而撰寫者。（參上文「1957.11.28」條）一般來說，雜誌文章之按語，乃出自編者之手。此所以唐先生嘗作出如下之建議：「佛觀兄可兼以編者名義，作一按語。」其後唐先生或認為撰文之來龍去脈，其本人最清楚，是以乃一力承擔而兼作按語耶？

（廿八）〈文化宣言〉之最後定稿

1957.12.18　《日記》云：

> 上下午改中國文化告世界人士宣言至下午乃畢。

〈宣言〉於改畢後不到半個月便見諸58年元月出版之《民評》及《再生》。[89]

---

[87] 政治聯想，尤其是臺灣方面某些人士之聯想，參1958.01.09唐先生致徐先生函（見下文）。至於身為〈宣言〉起草人（總主稿人）的唐先生，反而自列己名於最後，蓋謙讓而不居其功也。

[88] 此名字排序先後的問題，江日新亦有所探討，宜並參。上揭〈張君勱與「中國文化與世界」宣言〉，頁56-57。

[89] 1958年之《民評》元月號（第九卷第一期，總193號）與《再生》元月號（復字第一

今唐先生所作之修改，蓋為最後之定稿。

（廿九）〈文化宣言〉公開面世

1958.01.01　〈文化宣言〉見諸《民主評論》及《再生》雜誌。從 57 年二月底或三月初，唐、張二先生首談共同發表〈宣言〉事，至今得以刊出，其事已歷時幾近一年。唐先生於 200 日（據《日記》，先生的離港時間是：1957.02.10-08.28）的旅途中不辭辛勞，與其他三位先生魚雁不輟，往返研商、協調折衷，實煞費苦心；非唐先生，則天下間缺一至文矣。

（三十）唐致函徐說明排序問題

1958.01.09　唐先生致徐先生函：

> 示悉。宣言文發表，未置君勱先生名於前，乃慮引起臺方之人之政治聯想。君勱先生後有二函來，並謂恐在《再生》發表，於兄等不便，仍只在《民評》發表即可云云，但《再生》已付排，亦即算了。唯《再生》今尚未印出耳。[90]

此乃唐先生覆徐先生函。據此，則徐先生應先來函詢問何以「未置君勱先生

卷第十八期，總 366 號），據版權頁，皆出版於該月 1 日。〈宣言〉分別見二雜誌頁 2-21 及頁 2-39。

[90] 《書簡》，頁 118-119。據此可知《再生》元月號版權頁所載一月一日出版者，實非事實（唐先生所言當可信，蓋在日期上先生不必別有他說也）。版權頁所載與事實恆有出入，此為一例。今以拙著《性情與愛情：新儒家三大師相關論說闡微》（臺北：臺灣學生書局，2021）做點說明：該書版權頁出版日期一項僅寫：2021 年 9 月初版。然而，網上書店則標示該書出版於 9 月 1 日。其實，9 月上旬，該書封面設計事宜，筆者與學生書局仍在討論中。也許網上書店為了某些緣故而不得不明示日期。但在不克獲悉確實日期的情況下，便只好自作主張而寫上「1 日」了也說不定。從這個例子中，吾人獲悉（也可以說獲得一點啟示），有時候越明確，但反而越不準確了。見諸白紙黑字之日期，也作不得準啊！此一例而已。

名於前」？唐先生則明言以避免引起「臺方之人之政治聯想」故。

（卅一）唐係發表〈文化宣言〉發機動念之關鍵人物

1958.01.19　唐先生致謝幼偉先生（1905-1976）函：

> 弟去歲游美，頗感中國人之在世界上已無聲音，曾與君勱先生談及，彼亦深有所感。彼發起共發表一宣言。弟曾窮半月之力寫一草稿。今已在《民評》元旦號發表。其最後一節乃對西方文化之一不客氣之批評。未知兄以為如何。[91]

據此函，則〈宣言〉發起人雖為君勱先生，然而促使彼有此構想、意念者，原為唐先生先談及「頗感中國人之在世界上已無聲音」等問題而引起。由此來說，唐先生可說是發起人之發起人（促使發起人起心動念之人）、推手之推手。當然，若依據 1957.03.07 唐致牟、徐函（上詳），則君勱先生當係最先談及相關問題，並具體建議唐先生「約若干人思想大體相同者，共向世界發表一 manifesto」的一人（下面 1958.02.23　唐先生致胡蘭成函中，唐先生更明言「宣言事乃君勱先生發起」）。要言之，張、唐二先生談論相關問題時，乃同時生起一共識也。

（卅二）牟、徐在〈文化宣言〉起草上所扮演之角色

1958.02.23　唐先生致胡蘭成函：

> 關於宣言事乃君勱先生發起，弟初不喜與人共列名宣言，乃彼等共推弟起草，故全文實皆弟手筆。唯其中之意則取於牟宗三兄者較多，如論政治科學等處，皆彼之文所嘗論。又成稿後佛觀兄亦有文字上之增改。後即交《民評》付印。印出後見錯落不少，已囑該社另印一小

91　《書簡》，頁 188。

冊。本擬印成後再寄上請教，不意兄先已見之矣！[92]

此函相當重要。唐先生直言〈宣言〉一文雖全出其手，「唯其中之意則取於牟宗三兄者較多，……」，「成稿後佛觀兄亦有文字上之增改」。此中不提〈宣言〉一文是否有資取君勱先生之意見，但君勱先生確嘗給予過不少意見，如章節段落之修改增刪，以至文字上之改動即是其例。[93]然而，就唐先生的認知上來說，既然認為「其中之意則取於牟宗三兄者較多。……又成稿後佛觀兄亦有文字上之增改」，然則較諸牟、徐二先生來說，君勱先生之參與，無疑是較少的。[94]此所以唐先生排其名字於最末[95]。尅就徐、牟二先生

---

92 《書簡》，頁 267。本函只標示年分（1958），缺月、日。據黎漢基考證，此信應寫於 1958 年 2 月 23 日。黎漢基：〈當代儒學專輯——唐君毅書簡繫年獻疑補訂〉，《中國文哲研究通訊》，第七卷，第三期，1997 年 9 月，頁 138。

胡蘭成（1906-1981）乃唐先生之好友，《書簡》中收錄唐先生去信十九通。唐先生赴日本或赴美國而假道日本東京時，必與胡氏會晤；1974 年唐先生赴臺北參加中日文化交流會議時，亦與胡氏會晤過。可知二人交情匪淺。胡氏 1944 年與當代著名作家張愛玲結婚。胡氏為才子型之文學家、作家。以上據百度百科。至於胡氏，則彼嘗致函唐先生 87 通，已輯錄成下書：薛仁明編，《天下事猶未晚：胡蘭成致唐君毅書八十七封》（臺北：爾雅出版社，2011）。

唐先生嘗稱頌各好友之文章特色，胡氏亦為其中之一，而與牟先生、徐先生及程兆熊先生之文章並列。《日記》1971.01.18 條云：「兆熊論花卉草木田園之文可親，胡蘭成論中國民間生活之文可喜，宗三論義理之文能斬截，復觀論世風之文能疏通，皆非我所及也。然我之為文無定體，唯依義以為體，亦能知不同文體之各有其用。唯才力不足盡各體之文之用耳。」按：「才力不足盡各體之文之用」乃唐先生之謙辭耳。其實，「為文無定體」，非才之展現而何？「依義以為體」，非才大，曷克臻此。且亦非僅才大而已。若心無所主、見無所定，則義必泛濫無所依歸也。所以「義以為體」一語，最足以見唐先生行文運思之卓異。

93 詳參上文「1957.10.11　張先生致唐先生函」條。

94 君勱先生嘗建議唐先生起草〈宣言〉：「千萬不可太拘謹，……兄此次放手做去。」（參「1957.04.27　張君勱致唐先生函」條）此即預示彼不擬參與太多了。按：張先生比唐先生早出生 22 年，出道亦較早；是以至少算是半個前輩。如意見給與太多，那恐怕反而妨礙了唐先生的行文構思了。深於世故的君勱先生，這方面定然是早已考慮到的。

來說，按書信中所見，則徐先生之參與似最為積極。然而，牟先生不必過於主動地積極參與其事，因彼之意見與唐先生最為接近，且據上引文，則唐先生已先主動攝取汲納之矣。文章固以內容為首要，文字增刪潤飾次之。是以牟先生名字居首，徐先生次之，君勱先生再次之，宜也。若更考慮避免引起臺方人士之政治聯想，則三人中君勱先生名字居末，徐先生居次末，亦更見其宜。（參上文 1958.01.09 條）

(卅三) 唐師母道說出唐先生之人生價值取向、抱負、發表〈文化宣言〉之動機及唐先生文章紆迴曲折之緣由

1958.05.20　謝方回（唐師母）〈讀隱名信有感〉：[96]

……自赤火橫燒，大陸變色，我們隨著炎皇（按：當作「黃」，蓋手民之誤）子孫苦難同胞來到香港。而余觀外子則栖栖皇皇，夢魂繚繞，未嘗一日忘情國事。時念山河破碎，吾人已一無所有，惟此孤心長懸天壤而已。然緬懷昔賢之典型，故信道彌堅，著述愈勤。當他人皆惶懼不敢直言時事之日，即與數先生寫文發表於《民主評論》，欲由學術智慧上，保存文化之命脈，並對世道人心，盡其呼喚鼓舞之責任。志在望祖國能拔出於國際漩流之外，而自有其立國之道，為當今世界之一頂天立地之獨立國家。彼恒感彼與友人等，其主張與時下知識分子相差甚遠，不易為人所了解，常有不欲多言之意。唯又感世亂日亟，自覺另無報國之道，除直本義理之當然以為文，冀引起廣泛性

95　當然政治考量是另一重要因素，參上文「1957.12.16」條。

96　《日記》，頁 319-321。此感言出自師母手筆，乃以無法接受一匿名信對唐先生之謾罵、毀詆而撰寫者。唐先生認為不必回應。惟師母看不過眼，故寫下此感言。唐先生認為不必發表，而附記在《日記》上即可。（《日記》，頁 318）個人認為此感言對了解先生之思想與人生價值甚重要，且出自師母之手，非常親切，宛如唐先生自道肺腑之言。師母之堅持（再加上唐先生仙逝後，師母同意出版《日記》），竟為人間留下此"至寶"，實吾人之大幸也。以下謹擇錄其與〈文化宣言〉有關係者而已。

> 之思想運動[97]，拓展國人之心量與智慧，協力轉移國運外，實亦無他事可為也。

上文非直接與〈文化宣言〉有關，但該〈宣言〉背後之國族自立之理念及中華文化應獲世人確解之理念，皆可概見，故謹錄如上。依虛歲，筆者今年（2023）已七十有三矣。唐先生之「栖栖皇皇」以盡報國之道，筆者固無法追蹤一二；然而，「夢魂繚繞，未嘗一日忘情國事」，則亦筆者內心之寫照也。三大師之遺教，豈敢一日或忘歟？師母又說：

> ……去年應美國務院邀，曾以七月時日遊美，並假道歐洲歸來。[98]余問曰：君何所得乎?乃曰：依然故我，無所得，亦無所減。若要說有所得，即愈證余前所信者之不誤，只覺西方人士多不相信中國之文化生命之尚存，對我文化之認識誤解甚深，此實足以生心害政。故與張、牟、徐三位先生聯名發表〈為中國文化告世界人士宣言〉一文。此文情理兼至，如從肝膽中流出，期能改變外人之看法，並兼示國人

---

97 這裡所說的「思想運動」，大略言之，恐即相當於勞思光先生（勞先生自稱與唐先生是忘年之交）在悼念文或紀念文中所說的一個「中國文化運動」。而這麼一個運動，就勞先生的觀察來看，若「被人懷疑為受主觀及特殊因素支配時，即與天下對立；與天下對立者何能轉移天下風氣？這裏我們便看見中國文化運動的悲劇性了。」要言之，就勞先生來看，這麼一個運動，就某一程度上來說，是失敗的；或至少，不算是成功的。眨眼間唐先生已作古 45 年了。筆者個人深深地感覺到，勞先生的觀察，縱然以今天來說，也是入木三分的。蓋接近半世紀了，勞先生的觀察，仍為的論也。作為後輩來說，我們沒有做到應盡的義務，或至少做得很不足夠；實在枉為唐先生的學生。勞先生的言論，見所著〈成敗之外與成敗之間——憶君毅先生並談「中國文化」運動〉，馮愛群編，《唐君毅先生紀念集》（臺北：臺灣學生書局，1979），頁 263-269。其中所附輓詩四首，個人認為甚好。其才華實可以概見。其中用典甚多，讀者或可參下書以明究竟：王隆升主編，《勞思光　韋齋詩存述解新編》（臺北：萬卷樓圖書公司，2012），頁 331-339。

98 七月含赴日本及歐洲；如僅算在美國之時日，則為時五個月（二月下旬至七月下旬）。

> 在受此西方文化洪流衝擊之時，卓然有以自立。又謂西方之文化實只有神道與地道與共黨之魔道，而無真正之人道。所謂人道者，除吾儒之主立人極，言心性外無他，他人若無此智慧、此情感，則世界悠久和平不可能，世界亦終久（按：蓋為「究」字之誤植）是悲劇。

此師母明確指出唐先生與張、牟、徐三先生聯名發表〈宣言〉之背後理想及動機所在。

〈讀隱名信有感〉尚有以下非常值得關注之言說：

> 回憶十六年來，與外子早夕相共，未嘗一日不以道義相勉。其使余大為感佩者，為其溫純敦厚，勤勞孝友之天性，及一種由內在的道德自覺而表現的至誠惻怛之性情。……又嘗曰：學絕道喪，樹立儒者之規範最為重要。……嘗主張兼祭天地、祖宗、聖賢。……余覺外子缺點，即為仁厚有餘，而剛健不足，故對人姑息之處太多，嚴立規範，責勉人之意不夠，說話行文都要繞一個圓圈，此仁者之道，蓋惟恐傷人之意也。

上段文字雖與〈宣言〉無直接關係，但〈宣言〉文字多少流於「繞一個圓圈」而不夠斬截，師母已間接指出其緣由之所在：緣乎「仁厚有餘，而剛健不足，故對人姑息之處太多」而至之也。先生性情上之至誠惻怛，乃至對人類深具猶似宗教使命感的一份不容自已之深情大愛（此「深情大愛」，蓋由先生所倡言之宗教特色見得出來；其中特別強調宜祭祀之具體對象等等即是其例），恆流露不已。

（卅四）〈文化宣言〉最早之英譯本刊登在基督教刊物上

1958.05　R. P. Kramers 翻譯〈文化宣言〉為英文，題作 “A Manifesto for a Reappraisal of Sinology and Reconstruction of Chinese Culture”。刊登於基督教中國宗教文化研究社（Christian Study Centre on Chinese Religion）出版

之《基督教與中國宗教季刊》（*Quarterly notes on Christianity and Chinese Religion*），1958 年 5 月，二卷二期，頁 1-21。[99]

此譯本之篇幅不及中文全文之一半；換言之，這是一個節譯本。中文本之十二節皆譯出，然而，各節所濃縮之程度極不一致。首四節相當短（即濃縮之程度很大），而以第十一節討論「我們對世界學術思想之期望，及西方所應學習於東方之智慧者」最長。蓋此節為西方人士最感興趣之所在，故特長歟？

又：此譯本所開列之署名者，其順序為：Chang, Carson, Mu Tsung-san, Hsu Fu-kuan, Tang Chun-yi。不知何故而以張君勱居首？

此譯本之標題作 "A Manifesto for a Reappraisal of Sinology and Reconstruction of Chinese Culture"。在譯本正文第一頁 R. P. Kramers 的簡短說明後，標題則作 "A Manifesto to the World on behalf of Chinese Culture"。其實，前者乃係刊登於《民評》及《再生》二雜誌之〈宣言〉之副標題之英譯，而後者則為大標題之英譯。

此譯本最值得注意者為全文十二節節譯完畢後，文末附上四點意見，題為〈針對此宣言之評論及問題〉（Comments and Questions regarding the Manifesto）。在第一點意見之前，附有一段五六行字的文字，主旨為希望藉此數點意見來引起更多人關注、討論〈宣言〉中的問題。此段文字及其後之四點意見，撰文者皆用「我們」（we）來行文。這顯示出這四點意見可能是《基督教與中國宗教季刊》的編輯們代表該刊而表示的一種共同意見，不像是翻譯者 R. P. Kramers 的個人意見。

---

[99] 翻譯者 R. P. Kramers 於該譯本中之首頁指出云，此譯本既非全譯本，亦非逐字翻譯本（neither complete nor literal）。此〈宣言〉的中文原稿以〈中國文化與世界〉的標題收錄於唐君毅，《中華人文與當今世界》（臺北：臺灣學生書局，1975）一書中（頁 865-929）。據唐先生 1974 年於〈宣言〉末所附上之按語（上書，頁 929），吾人得知 Kramers（按語則作：Kramer）先生為瑞士蘇黎世大學教授。又：據唐先生〈從科學與玄學論戰談君勱先生的思想〉一文，此 Kramers 先生為該大學中文系教授，其中文名為賈保羅。該文收入《中華人文與當今世界（補篇，下冊）》，《唐君毅全集》（臺北：臺灣學生書局，1991），卷十，頁 665-672。相關描述見頁 671，Kramers 作 Kramer。

（卅五）胡適對〈文化宣言〉非常注意

1958.06.02　徐先生致唐先生函：

> 胡適之先生對〈文化宣言〉非常注意，曾多次提到，但未表示贊成或反對，大約以反對之意為多耳。[100]

唐先生等人發表〈文化宣言〉，其原意本在於端正西方人士之視聽。不意國人西化論之主帥胡適[101]竟非常注意此〈宣言〉。此或使唐先生等人“喜出

100 此函未刊；為唐師母謝方回女士交託劉國強教授保管而現今當存中文大學新亞書院者。參上文相關注釋。又：1958.12.08 胡適嘗應邀分別赴臺中農學院與東海大學作演講，當場強烈批判中國傳統文化。據徐先生，胡適更進而點名批判張、唐、牟、錢穆先生，含徐先本人，即共批判五人。徐先生乃於胡適演講之翌日，即 12 月 9 日，去函唐先生報告其事。函中指出云：「……此公之語無倫次，全無心肝，一至如此，真出人意外，……」（此函亦未刊）胡適對〈文化宣言〉的反應，學長翟志成教授嘗有所關注；詳下注 102。

101 胡適西化論之言論，以英文著作來說，至少見諸 “The Cultural Conflict in China”（〈今日中國的文化衝突〉）一文，載 *China Christian Year-book*（《中國基督教年鑑》），1929, pp. 112-121；又載 Bruno Laska, ed. *Problem of the Pacific*, 1931. Chicago: University of Chicago Press, 1932, pp. 471-477; 499；又收入《胡適全集》（合肥：安徽教育出版社，2003），卷 36，頁 383-393。胡文源自一會議（the Fourth Conference of the Institute of Pacific Relations）上宣讀的文章，是以文中含有不少呼籲國人革故更新的意味。會議舉辦日期：1931 年 10 月 21 日－11 月 2 日；地點：杭州與上海。胡氏西化論的言論又見諸胡氏同一書（《胡適全集》，卷 36）的另一文：“Our Attitude toward Modern Western Civilization”, pp. 81-105。此外，又見諸 1934 年連續發表的三篇〈信心與反省〉的文章。（三文分別載《獨立評論》，第 103、105、107 號，1934 年 6 月 3 日，6 月 17 日、7 月 1 日。）其實，當時的西化論者，有比胡氏更激越者，其人即為陳序經（1903-1967）。所以若以全盤西化論來說，也許陳氏更具代表性（胡氏「全盤西化」的說法，其後改為「充分世界化」）。其相關言論主要見諸彼 1930 年代出版的以下著作：《中國文化的出路》（1934 年出版）；〈東西文化觀〉（上、中、下 3 篇），《嶺南學報》，1936 年，第 5 卷，第 1 期（頁 37-98）、第 2 期（頁 75-133）、第 3 期（頁 28-51）。上開胡氏與陳氏的著作，筆者皆嘗瀏覽。平情而論，其缺點有二。其一，膚淺，欠深入；其二，某些論說失諸偏頗，欠周延。然而，筆者以為，就別些論說來說，則確中中國文化之弊端（含時弊）。且二人的出發

望外”。當然，吾人亦不能說此全在唐先生意料之外，蓋 57 年 12 月 16 日給徐、牟二先生函已指出云：「今日此間人之思想甚麻痺，此文仍有喚醒鼓舞之作用。」（參上文）所謂「此間人」，固含胡適等人也。[102]

（卅六）基督徒極注意〈文化宣言〉

1958.06.22　唐先生致牟先生函：

> 〈文化宣言〉此間基督徒極注意[103]，曾有集會討論者，但若干傳教士連文字都看不懂。不知王世憲拿去翻譯否。日本池田擬譯為日文[104]，不知其譯出否。[105]

基督徒極注意〈文化宣言〉是很可以理解的，因〈宣言〉中有若干篇幅是談到基督教與中國文化問題的。其中第十一節〈我們對於西方文化之期望及西方文化所應學習於東方之智慧者〉，談到西方人應向東方學習之第四點時批評西方人士云：「一般宗教生活，只賴祈禱與信仰來接觸上帝，……。」此等言論之引起基督徒之注意，是很可以理解的。按：〈宣言〉中第十一節的

點，皆善意者。是以吾人亦不宜全般抹殺其可有之參考價值。「惡而知其美」（《禮記．大學》），其此之謂歟？其所指出者，有則改之，無則加勉；斯可矣。

[102] 翟志成對胡適之反應及相關問題，嘗作相當深入的討論。參所撰〈文化激進主義 vs. 文化保守主義：胡適與港臺新儒家〉，第四節：〈文化宣言〉、第五節：〈胡適的「踢館」〉，《新亞學報》，第 26 卷，2008 年 1 月，頁 157-175。

[103] 摯友義大利漢學家白安理教授（Prof. Umberto Bresciani 1942-；2022 年 6 月榮獲義大利總統頒贈以下殊榮：建國 76 週年義大利之星騎士勳章）嘗向筆者指出說，提倡敬天祭祖且非常愛國和十分推崇儒家教義的于斌樞機主教（1901-1978；國民政府統治大陸期間，嘗擔任南京總主教，1949 年遷居臺灣，1969 年擢升樞機主教）即曾仔細研讀過此宣言。參白安理，〈祖先崇拜和于斌樞機〉，《第三屆臺灣儒學研究國際學術研討會論文集》，2003 年 2 月，頁 713。

[104] 池田指日人池田篤紀，《書簡》中收有唐先生 1953 年 8 月 30 日去函一通。

[105] 《書簡》，頁 177。本函只標示年分（1958），缺月、日。據黎漢基考證，此函應寫於 1958 年 6 月 22 日。黎漢基，上揭文，頁 139。

內容，本書第二章嘗作深入探討，可並參。

(卅七)〈文化宣言〉功不唐捐；〈文化宣言〉有日譯本

1958.06.25 牟先生致唐先生函：

> 六月廿日 示敬悉。〈文化宣言〉，王世憲先生前擬託譯 兄文者譯，近來無消息，不知他接洽的如何，當去函一詢。此間洋人聽說有此〈宣言〉，曾約討論一次，但他們程度太淺，根本不入。時下人，無論國人或洋人，誠如〈宣言〉中所示，皆是考古與近代史，連傳教士都不可得。胡適之回國很注意此〈宣言〉，他認為我們要革他的命，所以他心中略有振動，讓他的隨從者注意。其實他是多餘，他的徒眾根本無觀念，被他的科學方法封死了，連他的科學方法之來歷也不過問了。他還怕什麼？弟常發感慨，自由世界已到無觀念的境地了，已進入涅槃了，進入純感覺層面而窒息死的涅槃[106]，真所謂「天地閉，賢人隱」了，只好讓共產黨天天耍魔術。弟書能銷二百餘部已是甚好，……友聯書不甚能進來，它在臺又無正式發行處。……[107]本亦無幾人能看，但擺在那裡，究亦是一迷糊的力量，善導寺和尚買了好多部，但看不懂，仍是〈文化宣言〉中那類問題可以感動有

---

[106] 涅槃，佛家語，原自梵語 nirvana，一般意譯為不生不滅（擺脫生滅）、寂滅、滅度、寂、無生。《涅槃經》說：「滅諸煩惱，名為涅槃。」由此可見，就佛家義來說，涅槃是一個很棒的境界。《心經》即如是說：「心無罣礙，無罣礙故，無有恐怖，遠離顛倒夢想，究竟涅槃。」然而，今牟先生乃從儒家義而為說（以積極剛健之性格為主軸；此與佛家傾向消極義而為說者，大不相同），故從貶義定位「涅槃」一語。讀者於此不宜混。

[107] 據此函之撰寫日期及該書乃由友聯（出版社）出版，可知該書即《認識心之批判》一書。按：該書分為上、下冊，出版日期分別為 1956 年 9 月和 1957 年 3 月。如以下冊來說，從 1957 年 3 月到 1958 年 6 月，已是 1 年多了。以該書之性質與內容之難讀來說，1 年多能銷售二百餘部，當然「已是甚好」了。

> 心人，並不唐捐也。日譯據復觀兄云已出版。……[108]

據此函，則徐、牟二先生先後來函皆指出胡適甚注意〈文化宣言〉。牟先生更指出該〈宣言〉感動有心人，功不唐捐。感動有心人，此是就積極面來說。就消極面來說，則對中華文化表示異議甚或反中華傳統文化之西化論者，如胡適之流，亦不得不「非常注意」、「很注意」該〈宣言〉。此使思想甚麻痺的人（指對中華傳統文化而言）亦或可作點反省，個人認為此尤為功不唐捐所在。[109]

個人認為洋人曾討論該〈宣言〉，總是好事。牟先生說的「程度太淺，根本不入」，則假之時日可也。吾人不必太悲觀。

據此函，則〈文化宣言〉出版後不及半年已有日譯本面世。[110]

（卅八）〈文化宣言〉之副標題受人非議

1958.10.30　東方望在〈費解的詞令〉一文中指出云：

> 今年年初，牟宗三、徐復觀、張君勱、唐君毅四位先生聯名發表了一篇宣言，題目是：〈我們對中國學術研究及中國文化與世界之前途之

---

[108] 此函未刊；參上文相關注釋。

[109] 功不唐捐，此固然。但是否具影響力，且影響力多大多深，則不同學者有不同的看法。譬如江日新即認為上世紀 80 年代張灝的一篇評述該〈宣言〉的文章譯為中文之後，〈宣言〉才再引發熱烈的討論。江氏又補充說：「事實上直到此時，唐君毅、牟宗三、徐復觀早已藉由他們的生平鉅著，奠立起一個實現此宣言的學術發展潮流。」江氏的意見，是有一定的參考價值的。其意見，見上揭〈張君勱與「中國文化與世界」宣言〉，頁 57-58。至於張灝（Hao Chang）的文章，則名："New Confucianism and the Intellectual Crisis of Contemporary China", 收入 Charlotte Furth, ed. *The Limits of Change* (Mass: Harvard University Press, 1976), pp. 276-302. 中譯者為林鎮國，〈新儒家與當代中國的思想危機〉，收入傅樂詩主編，《近代中國思想人物論：保守主義》，臺北：時報文化出版企業公司，1980，頁 367-397。

[110] 然而，如果這個日譯本指的是昭和 34 年（1959）在《亞細亞雜誌》刊登的一個版本，則日譯本最早面世的日期是 1959 年，而非 1958 年。參下文「1969.03.01」條。

共同認識〉，有人指出：「這題目是多麼費解，既不像中文，又不像洋文。」[111]

（卌九）〈文化宣言〉英譯本刊登事

1958.11.13　唐先生致徐先生函：

〈文化宣言〉能譯成，甚好。弟意看可否試兼介在一美國之一《東西哲學》雜誌 *Philosophy East and West* 發表。此刊在美為有數哲學雜誌之一，亦曾刊載弟之一譯文。張君勱及胡適之亦有文在該刊發表。如此可減少印費，但不知該刊能否載此長文耳！（此間教會有一大意之譯文，弟向有關方面索取一份寄上，弟尚未看見。）[112]

〈文化宣言〉的英譯本問題，下詳。該〈宣言〉不能在 *Philosophy East and West* 發表，以文章太長故。（參下文「1959.03.24　唐先生致牟先生及徐先生函」條。）

（四十）〈文化宣言〉已譯出之英譯本之刊登及寄何人收存事

1959.03.02　徐先生致唐先生函：

〈文化宣言〉譯稿，日內由宗三兄航寄，望兄詳細過目，再加以改定後，交人打三份（打字費由《民論》出）。一由　兄寄美國哲學刊物發表，一寄君勱[113]先生，一存　兄處作底稿。如在刊物上不能刊

---

[111] 《聯合報》，1958 年 10 月 30 日。轉引自謝鶯興，《徐復觀教授年表初編》（臺北：東海大學圖書館，2017），頁 52。上引文中有句批評該〈文化宣言〉云：「題目是多麼費解」。以筆者所見，題目冗長，或有之；費解，則未也。

[112] 《書簡》，頁 122。「教會有一大意之譯文」，其事詳上文第卌四條。

[113] 「君勱」及「打字費由《民論》出」，其下之劃線，皆原函（筆者所見者為打字稿影本）所本有者。《民論》即《民主評論》之簡稱；一般作《民評》。

> 出，則仍由《民論》社印行。兄既已費了這大的力，總望能多發生一點影響。[114]

上引文可說者有三：1、徐唐牟三大師中，徐先生基本上不懂英文。至於唐牟二先生之英語／英文程度，以聽、說和寫方面來說，筆者猜想，唐先生應較強，因經常出國以英文發表學術論文故。但以閱讀方面來說，二先生中何者較強，則筆者未能肯斷，亦不擬猜想（唐先生曾說過，彼一生主要是治中國哲學。但看英文書籍以了解西方哲學思想者，約占去其讀書時間之一半云）。今英譯稿既由牟先生寄出，則按道理，在寄出之前，牟先生應已過目、改正過。今徐先生之所以仍盼望唐先生「細詳過目，再加以改定」，筆者猜想大概是徐先生一方面認識到唐先生深具耐煩之性格；再者，唐先生是〈宣言〉撰寫和發表一事的"總主持人"。所以在交由刊物正式發表前，乃再懇請唐先生作最後的努力。2、徐先生做事恆深具責任心（含義氣）。〈宣言〉譯稿若能在外國哲學刊物上刊出，固上上大吉；不然，《民評》社願意承擔刊出之重責——予以印行。此可說是徐先生深具義氣之具體表現。3、「兄既已費了這大的力，總望能多發生一點影響。」此二語頗能揭示徐先生之性情。其一，前語預設了徐先生肯認唐先生之努力（功勞）之外，並反映出徐先生對唐先生深具感激之意。其二，「總望能多發生一點影響」之人，到底是何人？即這句話的主詞是誰？筆者認為應是徐先生，似不是唐先生（不消說，作為〈宣言〉撰寫及發表的總主持人，唐先生定然是希望多發生一點影響的。這是意料中事，不必多說。再者，此函是發給唐先生的，所以徐先生似乎不必替收件人和主事者的唐先生對未來預作期許。）要言之，這句話是承前語「兄既已費了這大的力」而來的。即這句話的主詞（subject）仍是徐先生。徐先生意謂：君毅兄您已花了這麼大的一番努力，則弟作為聯署人、作為您的好友、作為抱持同一弘願的中國人，總希望……。然則徐先生玉成美事的公心、仁心、正義心，由此可以概見。而徐先生玉成美事的具

[114] 此函亦未刊，詳參上注 45。

體表現，蓋見以下一語：「如在刊物上不能刊出，則仍由《民論》社印行」也。當然，「總望能多發生一點影響」這句話，若視主詞是唐先生，也未嘗不可。若然，則這句話即等同說：弟（徐先生之謙稱）想　兄（唐先生您）總望〈文化宣言〉能多發生一點影響的；然則弟必盡力促成其事。

（四十一）〈文化宣言〉英譯本刊登事

1959.03.24　唐先生致牟先生與徐先生函：

> 兩示及〈文化宣言〉譯稿並於昨日收到，希釋念。譯稿只翻了數段，覺文字較此間教會所譯為活潑，俟看後囑人打好[115]，當即寄君勱先生一份，看彼在美能否介其他刊物發表。弟前所說之《東西哲學》雜誌不願刊登太長之文，恐不能刊登。唯此雜誌編者近得基金會支持，暑將在夏威夷開一哲學會，曾函約弟去，因旅費用度由彼付，弟或將去一短期[116]，可藉茲散發西方治哲學者幫助宣傳，再看有無其他刊（物）願轉載者。如印費不多，還是由民評社印，表示一獨立性亦好。現代西方人中英國人最可惡，美國人因其無文化歷史，故還較虛心，只是太浮動。中國現代人不中不西，真難說話。但目前影響大小亦不能管。我們總算已盡力之所及了。[117]

譯稿事下文詳。〈文化宣言〉英譯本覓一刊物予以發表一事，至本函撰寫時

---

[115] 原打字文本要囑人再打好後才可以多有一份，現今年輕人恐無法理解！原因是年輕人恐不悉影印機之廣泛流行是 1960 年代全錄公司（Xerox）積極開發後而始有之結果也。詳參上注 42。

[116] 據《日記》，1959 年 6 月 20 先生從香港乘機先赴日本東京，次日轉赴美國夏威夷；8 月 1 日從夏威夷乘機赴日本東京，7 日晚從東京返港。抵港時，已是 8 日之早上。留美期間，有否談及〈文化宣言〉事，《日記》中無相關記載。然而，據唐先生致徐、牟二先生函（詳下「1959.09.01　唐先生致牟先生及徐先生函」條），則先生嘗接洽刊物以利〈宣言〉之發表，唯其事未果。

[117] 《書簡》，頁 126。

仍未有頭緒。「正其誼，不謀其利；明其道，不計其功。」所以〈文化宣言〉「目前影響大小亦不能管」，總算盡力之所能及就是了。「如印費不多，還是由民評社印，表示一獨立性亦好。」此語可以反映出唐先生是很注重學術文化之獨立性的。然而，儒家不能只講經（經道）；必要時，則不得不從權。經濟拮据而承擔不起印費時，則從權而〈宣言〉依附於學刊雜誌發布可也。

（四十二）〈文化宣言〉學生打字事

1959.05.23　唐先生致徐先生函：

> 〈文化宣言〉譯稿，弟命一附近學生打，彼甚清苦，亦當幫助，因彼要上課，近方打完。原稿所打字多不清楚，照打後錯落不少，尚須由弟校對。弟之時間常分配不過來，俟整理完竣方能付印。當照兄囑命一較好之學生辦理其事。[118]

找學生打字以幫助其生活，唐先生的仁者心懷於此亦可見一斑。「弟之時間常分配不過來。」只要稍一翻閱唐先生的《日記》，便可知唐先生之忙碌。除讀書、寫文、教書外，校內之行政庶務、出席會議、校外之講演、人事酬酢等等，皆耗費先生甚多時間精力。按：唐先生畢生勞碌，或所謂命乎？（對於「命」，今取唐先生針對《孟子》相關語句而來之解讀：「義之所在，即命之所在也。」[119]）唐先生中晚年時，即 1950 年代中晚期新亞書院在經濟上已漸入佳境之時，先生生活無虞，實不必像以前不得不為胃口而奔馳（順便一說的是，先生極為孝順父母；此外，以長子之故及家庭責任感本來就很強，是以其弟妹之成長，尤其受中等和高等教育方面，唐先生也付出了極大的心力）。據悉，師母以愛夫深切，嘗多次跟唐先生說，既不愁溫

---

118 《書簡》，頁 127。

119 詳見唐君毅，《中國哲學原論：導論篇》（香港：新亞研究所，1974），頁 516。

飽，則宜多休息，過點安逸生活了。然而，以義之所在（為教育，為文化，甚至為了國家、人類的前途），則唐先生就當然全力以赴了。此乃先生之命歟？然則義無反顧而認了。

（四十三）〈文化宣言〉英譯本刊登事與謝幼偉先生願意聯署事

1959.09.01　唐先生致牟先生及徐先生函：

> 關於〈文化宣言〉譯稿，弟帶至夏威夷，未接洽得發表刊物。曾寄一信與君勱先生，彼似亦未洽得出版處。因在美印刷太貴，單獨出版亦不易為人所注意。幼偉對此文甚同情，弟與彼商談後[120]，彼願列名譯稿，以表聲應氣求之意。弟等意擬交在臺出版之《中國文化季刊》[121]登載，因此刊雖不全合吾人理想，但在海外頗為人所注意，如此亦可節省一筆印費。頃幼偉來函謂張曉峰[122]已允登載譯文，（原稿為主文，譯稿在該刊登即為次要。）弟已於今日將譯稿寄去[123]，並謂將徵兄等同意云云。弟意在該刊登載亦可更與一般之中西治中國學者一激刺，因此〈宣言〉乃明與該刊之一般著者之態度為異類也。不知兄等意以為如何，如實不以為然，則可通知幼偉緩發表。[124]

---

[120] 唐先生 1959 年夏天在夏威夷與謝氏會面數次。商談〈文化宣言〉事，當在其時。參《日記》6 月、7 月相關條目。

[121] 此刊物之英文名稱為 *Chinese Culture – A Quarterly Review*（1957 年首發）。出版者為位於臺北之 Institute for Advanced Chinese Studies（Zhongguo-Wenhua-Yanjiusuo 中國文化研究），China Academy。China Academy 蓋為中國文化學院之前身。詳下條。

[122] 張曉峰即張其昀先生（曉峰，其字也），嘗任教育部長（1954.05-1958.07），乃中國文化學院（創辦於 1963 年，1980 年升格為大學）之創辦人。唐先生與張氏之哲嗣張鏡湖教授亦相善，1959 年夏天在夏威夷時，嘗數度與鏡湖先生會晤。詳參《日記》。

[123] 其實，唐先生修此函之當日，即 9 月 1 日並未寄出〈文化宣言〉譯稿。其寄出譯稿乃在翌日（即 9 月 2 日）。參 9 月 2 日之《日記》。

[124] 《書簡》，頁 128-129。

〈文化宣言〉之英譯已於 1958 年 11 月在臺灣完成。（參上文 1958.11.13 條。）後以打字及校對而拖延至今幾近一年始獲得並不完全符合唐先生等人之理想之《中國文化季刊》答允予以登載；又再經一年至 1960 年 10 月始獲得正式登出，[125]可見文化事業之難為。

上函云：「在該刊登載亦可更與一般之中西治中國學者一激刺」。此語可見唐先生之樂觀心態。又：謝幼偉先生同意把名字加入譯稿中亦可稍壯聲勢。按：〈文化宣言〉有不同之英譯本（下詳）。此刊登於《中國文化季刊》者，為唯一之全譯本，全文 71 頁。就此而言，其價值仍不可少覷。是以幼偉先生功不可抹。一般談及聯署人，則不及幼偉先生。今茲特表出之。

（四十四）唐校英譯〈文化宣言〉

1959.09.01　《日記》：

> 校英譯〈文化宣言〉。[126]

（四十五）唐校對〈文化宣言〉譯稿並寄出

1959.09.02　《日記》：

> 校對〈文化宣言〉譯稿並寄出。[127]

指寄往前面說過的《中國文化季刊》上刊登。

（四十六）〈文化宣言〉須列出譯者名字否？

1959.10.01　唐先生致徐先生函：

---

[125] 登在 *Chinese Culture*，第三卷，第一期，1960 年 10 月。

[126] 《日記》，頁 360。

[127] 《日記》，頁 360。

> 吾人之〈宣言〉譯文，幼偉謂交《中國文化》刊登，前曾函告，想兄等同意。弟意譯者之名字亦可列入，一方是不沒其功之意，一方如譯筆有未盡善處，亦有譯者兼負責。不知兄等意以為如何，如以為然可將其名告幼偉。[128]

唐先生擬把譯者名字列入的兩個考量是很可取的，其中尤以第一個考量為然。再者，如把譯者之名字擬列入一事，當時即告知譯者，則該譯者基於一己名譽之考量或責任之考量，也許會更仔細從事翻譯也說不定。所以唐先生的建議，筆者認為是很周延周到的。然而，該譯文上今不見譯者名字，則不知何故？60 多年後之今日，吾人要找出譯者是誰，那就更困難了。從歷史研究的角度來看，尤其可惜。[129]

（四十七）〈文化宣言〉英譯本刊登事

1959.11.05　唐先生致張君勱先生函：

> 關於前與　先生等共發表之〈宣言〉譯稿，今暑在夏威夷擬洽印刷處

128 《書簡》，頁 127。趙敬邦先生嘗為文指出，刊登在《中國文化季刊》的〈中國文化宣言〉的英譯本，其翻譯者有可能是謝幼偉先生。然而，據上引本函以下一句話：「……，如以為然可將其名告幼偉」，則可知幼偉先生絕非〈宣言〉的譯者。按：譯稿於 1958.11.13 之前已完成，參上引 1958.11.13 一函。趙氏的意見，詳其大文：〈試析謝幼偉和〈中國文化與世界〉譯者的關係〉，《國文天地》，卷 32，期 9，2017 年 2 月，頁 64-68。幼偉先生與〈宣言〉的關係（含幼偉先生的貢獻），趙氏有如下一個看法：認為筆者視幼偉先生在「該期 Chinese Culture: A quarterly review 之目錄頁中，以主要作者的身分出現，實極不合理。」（頁 65），並以注文方式（注 20）明言筆者這個說法見拙著《學術與經世》，頁 493。以原文俱在，這個問題，恕筆者不細說。其實，筆者的原意只是：「Hsieh Yu-wei（謝幼偉）」一名的排序位次，似不太恰當；也可以說不太合理。然原文中沒有用「實極不合理」一詞，且此亦非筆者之意；是以實不悉趙氏何所據而云然？！趙氏於其另一大作中亦嘗稍論及此問題。此見諸《唐君毅與香港》（臺北：聯經出版事業公司，2023），頁 166-167，注 24。

129 有關翻譯者到底是誰的問題，詳參下文相關注釋。

> 未遂，謝幼偉看後彼願列名於下，並謂在臺出版之《中國文化季刊》可為發表。因與宗三兄商，即交該刊先行刊載，以後當可再印單行本。不知尊意以為如何。如先生對該譯文已有所修改，[130]希並寄宗三，因毅對該譯文亦略有校正，只求大體不差而已。[131]

據此函，可知君勱先生對〈宣言〉英譯稿曾作過若干修改，惟不知最後有郵寄牟先生，俾該英譯稿刊登於《中國文化季刊》前得據彼意作出修改否。

（四十八）1959 年〈文化宣言〉日文譯本面世

日本《亞細亞》雜誌二十五號刊登了〈文化宣言〉。此為節譯本。[132]

---

[130] 1959.03.24　唐先生給牟先生及徐先生函云：「俟看後囑人打好，當即寄君勱先生一份」。據此，則君勱先生所以得修改該譯稿者，緣自唐先生事先嘗寄一份予彼也。惟唐先生該年 5 月中下旬始囑人完成打字，又 9 月 2 日始校對畢該譯稿，則不知唐先生於何日寄出此譯稿給君勱先生。參上文「1959.05.23　唐先生致徐先生函」條及「1959.09.02」條。

[131] 《書簡》，頁 22。

[132] 唐君毅、張君勱、牟宗三、徐復觀，〈東洋文化と世界の將來——唐君毅教授滞日講演特集〉，《亞細亞》，25 號，亞細亞問題研究會出版，昭和 34 年（1959）11 月。惟《儒學在世界論文集》（香港：東方人文學會，1969 年 3 月 1 日）之編者案語（頁 167）則指出此譯文載《亞細亞》第 20 期。然而，筆者遍尋不獲該譯文。後得友人島田和美小姐幫助始知悉該譯文載《亞細亞》第 25 號。謹此致謝。此譯文僅得 20 頁，蓋為節譯無疑。筆者從上開文章標題中「唐君毅教授滞日講演特集」一語想到，此文章有可能不純粹是〈中國文化宣言〉一文的節譯而已，否則何來「講演特集」一語。據《日記》，1959 年 8 月 3 日至 7 日，唐先生乃在日本東京（從夏威夷返香港途中路經東京而停留數日）。其間的 5 日和 6 日嘗進行二次學術活動。其一為應亞細亞學會之邀在茶會中討論中國問題，另一為發表有關心靈與日常生活的演講。從講話的主題來看，前者與〈中國文化宣言〉的內容，應有一定的關係。所以筆者由此推測，〈東洋文化と世界の將來——唐君毅教授滞日講演特集〉一文，如上所言，不純粹是〈中國文化宣言〉的節譯；當係此〈宣言〉與上開茶會討論的內容的一個結合。此外，尚有一旁證：邀以茶會方式進行討論的單位是亞細亞學會，而上開文章又在《亞細亞》上發表。所以筆者相信該文章與茶會上的討論內容必然有相當關係。又：日人中村俊也嘗研究〈文化宣言〉而以日文寫了一篇學術論文。此即〈唐君毅東西冷戰期の思想

（四十九）〈文化宣言〉英文全譯本終於順利面世

1960.10 The Institute of Chinese Culture 所出版之 *Chinese Culture*（卷三期一）刊登英文版之〈文化宣言〉。[133]

——『現代新儒家宣言』研究〉，《東亞地域研究》，第七號，2000年7月，頁1-15。

133 文章收入該刊頁 1-71（又收入唐先生《英文論著彙編》一書內。此書則收入臺灣學生書局與北京九州出版社所出版之《唐君毅全集》一書內，分別作為書中之第 19 卷和第 29 卷。）文章之英文題目作 "A Manifesto on the Reappraisal of Chinese Culture"。副標題為："Our Joint Understanding of the Sinological Study Relating to World Cultural Outlook"。目錄頁無副標題，而作者為："Hsieh Yu-wei（謝幼偉）& others"。文章首頁（該刊頁 1）則開列所有作者名字，其順序為：Carson Chang, Hsieh Yu-wei, Hsu Foo-kwan, Mou Chung-san, Tang Chun-i。此順序大抵按五人姓氏之英文字母先後為序。至於目錄頁只列謝氏一人，其他以 "others" 代之，則或以謝氏為引介至該刊發表之介紹人，故只列出其名字歟？謝氏之為介紹人，參「1959.09.01 唐先生致牟先生及徐先生函」條及「1959.10.01 唐先生致徐先生函」條。個人則認為此排名先後雖或出自該刊之意，但幼偉先生理應提出異議而予以更動，蓋彼自知於〈宣言〉之起草與修改並無作出過貢獻，或幼偉先生本人亦不知其排名順序乃如此耶？有關英譯之進行，其事蓋在臺灣。1958 年 11 月 13 日唐先生給徐先生函云：「〈文化宣言〉能譯成，甚好。」此可證其時〈文化宣言〉已譯成。此函為唐先生回覆徐先生者，時徐先生人在臺灣。由此可推想徐先生嘗於日前在臺去函唐先生告之譯成事。蓋如翻譯事在臺灣以外地區進行，以香港學術資訊流通之便利速捷，且唐先生又為〈文化宣言〉之"總主持人"而言，則唐先生斷無不知之之理。今唐先生獲告知始悉其事，則今所謂譯成者，其事應在臺灣進行無疑。然而，唐先生遲至 1959.03.23 才收到譯稿，參 1959.03.24 唐先生給牟先生及徐先生函。兩個月後之 1959.05.23 前不久（約數天），〈文化宣言〉譯稿始完成打字，參 1959.05.23 唐先生給徐先生函。譯文不知是否出自王世憲先生手筆或王先生請託他人翻譯而成者，蓋 1958.06.22 唐先生給牟先生函有以下一語：「不知王世憲拿去翻譯否」；然而，1958.06.25 牟先生致唐先生函則有「王世憲先生前擬託譯　兄文者譯，近來無消息，不知他接洽的如何」一語。依後者，則王世憲本人乃不擬翻譯該〈文化宣言〉者。然而，若王先生找不到理想的人選以從事翻譯，則其本人扛起翻譯的重責大任，亦非不可能。按：王世憲（1908-1993），字君始，福建福州人，張君勱的內弟，嘗獲美國南加利福尼亞大學行政管理學碩士，是以應有能力從事翻譯（中譯英）的工作。參維基百科，「王世憲」條：https://zh.wikipedia.org/zh-tw/%E7%8E%8B%E4%B8%96%E6%86%B2；20220.6.12 瀏覽。

此〈文化宣言〉，今所知悉者計有三個英譯本。一為本條所指稱的載於 *Chinese Culture* 之譯本。另一為上文提及刊載於 *Quarterly notes on Christianity and Chinese Religion* 與下文將提及附錄於 Carsun Chang (張君勱), *The development of Neo-Confucian thought* 一書中的英譯本。三個譯本中，只有 *Chinese Culture* 所載的譯本為全譯本，其他二譯本則為節譯本。這是這個譯本最可取之處。然而，以英文的流暢度來說（或所謂是否 Good English 來說），這個譯本（英語似乎不是這個譯本翻譯者的母語。譯者也許是王世憲先生，詳上文。）與 R. P. Kramers 所譯者相若，而不如 Carsun Chang 一書中所附錄的英譯本。

（五十）儒家思想晦暗不彰與〈文化宣言〉

1960（?）　張君勱指出中國儒家思想之所以晦暗不彰，其原因有三：

> 第一是共產主義在中國大陸上的勝利。（第二個因素是）基督教傳教士自覺地或不自覺地試行以基督教的觀念去代替儒家傳統。第三個因素則是一少部分中國知識分子自覺的去摧毀儒家的傳統。……「中國文化宣言」一文，於兩年前已經由唐君毅先生、牟宗三先生、徐復觀先生和我自己共同聯名發表，並已翻譯成英文附錄本書之末。這些都是儒家思想將獲得新的承認和將要盡它的規範中國人或全世界的生活和思想的本分的一些顯示。[134]

[134] 張君勱，〈再序〉，《新儒家思想史》，下冊（臺北：中國民主社會黨中央黨部，1980），頁 1-6。此〈再序〉不知撰於何時。惟序中明言〈文化宣言〉發表於兩年前。〈宣言〉既發表於 1958 年，則〈再序〉約撰於 1960 年無疑。按《新儒家思想史》原以英文出版，名為 *The Development of Neo-Confucian Thought*，由 New York: Bookman Associates 於 1957 年出版。張氏之外文姓名為 Carsun Chang。中文版之〈前言〉與英文版之 Foreword，其內容全同；蓋為譯自此英文原著者。至於 *The Development of Neo-Confucian Thought* 的第二卷（vol. 2）則出版於 1962 年（New York: Bookman Associates）。《新儒家思想史》下冊之〈再序〉乃翻譯自此第二卷之

上引文是君勱先生《新儒家思想史》（下冊）的〈再序〉。個人認為其中所談到的中國儒家思想之所以晦暗不彰的三個原因，與君勱先生發機動念建議共同發表〈文化宣言〉的原因大體上是一致的。是以特錄載其〈再序〉相關文字如上，以見其思想之前後一貫。

君勱先生又說：

> 范先生[135]，史丹佛大學一位優秀唸哲學學生，很成功的將「中國文化宣言」譯成英文，將中國哲學的觀念譯成通順的英文是件很困難的工作，……[136]

（五十一）1960 年（含）前出現另一英譯本

1960 年或稍前　Carsun Chang, Tang Chun-i, Mou Tsung-san, Hsu Fo-kuan（譯者：Warner Fan[137]），“A Manifesto for a Re-appraisal of Sinology and Reconstruction of Chinese Culture” [138]

此英譯本為一節譯本。中文之原著共十二節，此則只有十節。原著的第三節〈中國歷史文化之精神生命之肯定〉、第四節〈中國哲學思想在中國文化中之地位及其與西方哲學之不同〉與第五節〈中國文化中之倫理道德與宗教精神〉，乃合併為一節；其標題亦改作：〈新取徑：藉著瞭解來賞識〉

Preface。如上所言，此 Preface（〈再序〉）既撰於 1960 年，則其中所提到的 Warner Fan 對〈文化宣言〉所作的翻譯，必完成於 1960 年或之前無疑。

[135] 按指：Warner Fan。詳參下文。

[136] 上揭《新儒家思想史》，〈再序〉，頁 8。

[137] 有關 Warner Fan 翻譯該〈宣言〉時的學經歷，今所知悉者如下：“the translator-Warner Fan, at that time a philosophy student at Stanford University.”，語出 Jesús Solé-Farràs, *New Confucianism in 21st Century China-The Construction of a discourse* (New York & London: Routledge, 2014), p. 176. 此說法當源自張君勱。參上注 135 和 136。

[138] 作為附錄收入 Carsun Chang, *The development of Neo-Confucian thought* (New York: Bookman Associates, 1962) 一書內，頁 455-483。筆者之所以判定 Warner Fan 之英譯本當完成於 1960 年甚或稍前，可參上注 134。

（The New Approach：Appreciation through Understanding）。此譯本雖為節譯，但英文寫得很漂亮，讀來讓人賞心悅目。

（五十二）〈文化宣言〉發表緣起及英、日譯本之出版

1969.03.01　〈儒學在世界論文集・文化宣言・編者案〉：

> ……此稿先於一九五八年在《民主評論》及《再生雜誌》之元旦號同時發表，繼由民主評論社出版單行本。[139]一九五八年五月，基督教中國宗教文化研究社出版之《基督教與中國宗教季刊》（*Quarterly notes on Christianity and Chinese Religion*）在二卷二期由 Dr. R. Kramers 以英文節譯約一半。[140]一九六〇年《中國文化季刊》三卷一期轉載全文[141]，昭和三十四年日本亞細亞雜誌二十期節譯成日文。[142]此外，本文亦在張君勱先生英文版之《宋明儒學之發展》[143]一書中列為附錄。[144]惟近年來搜求此文者仍苦於無從獲得，故特重刊於此，以便讀者。[145]

---

[139] 今未獲悉單行本發行之時日。據 1958 年 2 月 23 日唐先生給胡蘭成函，唐先生曾囑咐民主評論社「另印一小冊」。所謂「小冊」，蓋指單行本而言。

[140] 詳參上文「1958.05」條與下文「1990　唐端正，《唐君毅年譜》」條。

[141] 參上文「1960.10」條。此語句欠明晰，其中所謂「轉載全文」，非轉載 Kramers 所翻譯者，而實係把〈宣言〉之中文本全文予以翻譯後而全轉載之之謂。詳參上文。

[142] 「二十期」有誤，實為二十五號（即二十五期），詳上注 132。又：昭和三十四年，即 1959 年。

[143] 此書之英文原著名為 *The Development of Neo-Confucian thought*。後來張先生所出版之中譯本，其書名則作《新儒家思想史》。是以不宜把英文書名譯作「《宋明儒學之發展》」，否則易使人誤會是二書。

[144] 按：此列為附錄之一文與刊登在 *Chinese Culture*（卷三期一）及刊登在 *Quarterly notes on Christianity and Chinese Religion*（卷二期二）者，並非同一譯文，而為三篇不同之譯文。此問題前文已有所交待。

[145] 牟宗三、徐復觀、張君勱、唐君毅，〈中國文化與世界——我們對中國學術研究及中

唐先生等人努力尋覓適當人選翻譯〈文化宣言〉為英文並找機會在英文刊物上刊登，前後花了兩年多的時間。最後在"雖不滿意但仍可接受"[146]的《中國文化季刊》（*Chinese Culture*）上登出（上詳）。不意在尋找英文刊物（學報，期刊等）刊登的過程中，〈宣言〉在《民主評論》及《再生雜誌》上登出不及半年，即 58 年之 5 月，基督教人士已先把該〈宣言〉譯翻成英文了。雖節譯，但已接近原文的一半，這已經很不錯了。基督教人士重視該〈宣言〉可見一斑。

上引文云：「一九六〇年《中國文化季刊》三卷一期轉載全文」，此所謂「轉載」，其實即 1959.03.23 唐先生從牟、徐二先生處收到之譯本而後來刊登於《中國文化季刊》上的一文（詳參上注 141）；而非 Dr. R. Kramers 節譯本之轉載。（參上文「1959.03.24　唐先生給牟先生及徐先生函」條。）此外，尚有另一英譯本。此後者收入張君勱先生 1962 年出版之 *The Development of Neo-Confucian thought* 一書之第二卷（即中譯本之下冊）內，作為該書的附錄。此上文已說過。[147]此翻譯本蓋完成於 1960 年或稍前，譯者 Warner Fan 的名字，僅見於該書之序文（preface）中。必須指出的是，作為張書的附錄，此英譯本〈宣言〉的簽署人（英文原文作 "signed by"，逐字譯則應作：被（以下人士）簽署），其順序如下：Carsun Chang, Tang Chun-i, Mou Tsung-san, Hsu Fo-kuan。按：Carsun Chang[148]即張君勱。在原〈宣言〉中，唐先生以起草人而謙讓，自殿其名於末。據此，則吾人自不必以排名序次之先後而定其貢獻之高下，或定其參與度之多寡。惟其他三先生則不同。唐先生以牟先生排首位，徐先生次之，張先生居末是有一番考量的，此前文已言之。今張先生在其所出版之專著中，作為附錄的英譯本〈宣

國文化與世界文化前途之共同認識〉，上揭《儒學在世界論文集》（香港：東方人文學會，1969 年 3 月 1 日），頁 167。

146 唐先生的原語句為：「此刊雖不全合吾人理想，但……」，參上文。

147 參上文「1960（?）」與「1960 或稍前」條。此譯本之譯者為 Warner Fan。

148 按："Carsun Chang" 在 *The Development of Neo-Confucian thought* 一書的封面上則作 "Carson Chang"。英文名字中，似無 "Carsun" 一名者；是以作 "Carson" 為合。

言〉上，彼排名自居首位，此則顯與唐先生等人的考量不同。或張先生自認為彼乃〈宣言〉之發起人，又或認為得到 Warner Fan 之助而從事英譯，乃彼之力，是以應居首功，故名列首位歟？當然，或有另一比較單純之考量：此英譯本在四人之名字前是用 “signed by” 起首的。四人中君勱先生既為發起人，故依序便居首位；唐先生為被徵詢其事之第一人，故名字便居次；1957.04.27 張君勱致唐先生函云牟先生及徐先生已覆函贊同[149]，依此，則似乎在時序上是牟先生先去函首肯，而徐先生次之。（其實應只是二先生寄信之順序或張先生收信之順序而已，不必然與所謂首肯其事之順序有關。）如果這個解釋是合理且可接受的話，則四人排名的先後，便與該〈宣言〉撰寫過程中的參與度或貢獻度之大小不相關了。

又：上引文中提到昭和三十四年〈宣言〉已譯成日文。按：昭和三十四年即公元 1959 年。雖為節譯，但〈宣言〉出版一年之後即有日譯本，亦可見日人對此之重視了[150]！

---

[149] 參上文「1957.04.27」條。

[150] 1958年6月22日唐先生與牟先生函即已指出：「日本池田擬譯為日文」。是〈宣言〉出版後不到半年已獲日人之關注並擬作迻譯。又 1958.06.25，牟先生致唐先生函嘗云：「日譯據復觀兄云已出版。」據此，則日譯本於中文本出版後不及半年即面世矣。然而，牟先生這個說法，筆者目前尚無法證實。即目前尚未見 1958.06.25 前任一日譯本面世。牟先生亦只是說：「據復觀兄云」；此疑似之詞也，吾人自不必當實看。

按：唐先生《中華人文與當今世界》，下冊（臺北：臺灣學生書局，1975）及《說中華民族之花果飄零，1974》（臺北：三民書局，1976）亦收入〈文化宣言〉一文。又：《說中華民族之花果飄零》的案語則作“編者案”，異乎《中華人文與當今世界》之僅作“案”。個人認為宜僅作“案”即可，因該案語為〈宣言〉總主筆唐先生所寫，而唐先生固非編者也。後人多事，不免畫蛇添足而使人誤會唐先生外，另有編者矣！但吾人亦不宜厚責《說中華民族之花果飄零》一書用“編者案”三字，蓋〈文化宣言〉原先刊登在《民主評論》及《再生》雜誌時，即已如此；《說中華民族之花果飄零》一書不過逕行過錄原文而已。然而可以指出的是，《民主評論》及《再生》雜誌為求形式上客觀，便不得不用“編者案”三字以說明唐、牟等四人撰文之由；今轉載於《說中華民族之花果飄零》一書中而仍用此三字，則容易使人誤會兩雜誌之編者乃《飄零》一書的編者了。其實《飄零》一書並無編者，而只有作者，此即唐先生也。按：《飄零》乃一文集（非研究某一主題的專書），含附錄一文，共六文。

（五十三）[151]、1976　〈張君勱年譜初稿〉[152]〈民國四十七年戊戌〉條：

> 七十三歲　一月五日[153]，先生與唐君毅、牟宗三、徐復觀先生等四人，發表「為中國文化告世界人士書」。

（五十四）1981.06　張君勱著，程文熙編《中西印哲學文集》（臺北：臺灣學生書局，1981）附錄，頁 849-904 亦收入〈文化宣言〉。作者排名次序與原先在《民評》及《再生》所見者無異。

（五十五）1986　江日新，〈張君勱先生（1886-1969）著作目錄初稿〉[154]〈1958 年〉條：

> （民國四十七年）1958 年，《為中國文化敬告世界人士宣言》，與牟宗三、徐復觀、唐君毅先【生】共同聯名，《民主評論》，卷九期一，頁 2-21。

（五十六）1990　唐端正，《唐君毅年譜》，〈1958 年〉條[155]：

---

151 本條之前，筆者皆於每條起首之日期之前，加上一概括該條內容之小標題，藉以幫助讀者更好掌握該條之內容。從本條起，所涉內容皆瑣碎而無關宏旨，為求減省篇幅，今不擬加上小標題。

152 收入中國民主社會黨中央黨部主編，《張君勱先生九秩誕辰紀念冊》（臺北：中國民主社會黨中央黨部，1976）。

153 此「五日」蓋為「一日」之誤；或《民評》之出版頁雖作「1958 年 1 月 1 日」，但「1 月 5 日」乃其實耶？以無傷大雅，恕不深考。

154 收入《張君勱先生百齡冥誕紀念文集》（臺北：中國民主社會黨中央黨部，缺年分）。筆者按：此紀念文集大概出版於 1986 年，蓋既為紀念君勱先生百齡冥誕，則當出版於是年也。

155 收入《唐君毅全集》（臺北：臺灣學生書局，1990），卷 29，其中對〈文化宣言〉內容之描述頗詳盡，共計六頁（頁 112-117）。

> 是年元旦，先生與張君勱、牟宗三、徐復觀先生聯名發表一文化宣言，題為「中國文化與世界」[156]，副題「我們對中國學術研究及中國文化與世界文化前途之共同認識」。……至於英文譯本，先有瑞士蘇黎世大學教授 Kramer 先生之節譯[157]，在香港道風山出版之英文中國宗教雜誌發表。[158]全譯本在臺灣出版之英文《中國文化》雜誌發表，後更附載於張君勱先生在美國出版之英文中國《新儒家思想史》第二卷中[159]。

《儒學在世界論文集》收有〈文化宣言〉一文，此上文已言之。〈宣言〉前之〈編者案〉指出 Kramers 先生嘗翻譯此〈宣言〉為英文。Kramers 先生乃瑞士蘇黎世大學之教授也。（參前〈1958.05 R. P. Kramers 翻譯〈文化宣言〉為英文〉一條目。）

（五十七）1991 〈中國文化與世界——我們對中國學術研究及中國文化與世界文化前途之共同認識〉，收入《唐君毅全集》。[160]此標題與 1969 年 3 月 1 日東方人文學會（香港）出版之《儒學在世界論文集》全同。

（五十八）1991 Carson Chang, Hsieh Yu-wei, Hsu Foo-kwan, Mou Chung-san, Tang Chun-i “A Manifesto on the Reappraisal of Chinese Culture”。副標題為：“Our Joint Understanding of the Sinological Study Relating to World Cultural Outlook”。收入《唐君毅全集》。[161]

---

[156] 1958 年元旦所發表於《民評》及《再生》之〈宣言〉，其題目為〈為中國文化敬告世界人士宣言〉；作〈中國文化與世界〉者，乃該〈宣言〉在《儒學在世界論文集》一書中之標題。

[157] Kramer 蓋為 Kramers 之誤；其全名為 Robert Paul Kramers。

[158] 此雜誌之中英文名稱，參上文 1969.03.01 條。

[159] 此附載於張氏書者非《中國文化季刊》同一譯文。此上文已詳及。

[160] 《唐君毅全集》，卷四，頁 1-67。

[161] 《唐君毅全集》，卷十九，《英文論著彙編》，頁 492-562。此乃轉錄自上揭《中國

（五十九）1996　呂希晨、陳瑩，〈張君勱論著編年目錄〉[162]，〈1958年〉條：

〈中國文化與世界——我們對中國學術研究及中國文化與世界文化前途的共同認識〉，《民主評論》，第九卷第一期，1958年1月1日。[163]

（六十）2001　黎漢基，〈徐復觀先生出版著作繫年表〉[164]，〈一九五八年（民國四十七年戊戌）五十五歲〉條：

一月一日　〈為中國文化敬告世界人士宣言〉，《民主評論》第九卷第一期。（作者原注：此文由唐君毅起草，經徐先生改修後，與牟宗三、張君勱聯署發表，現收入《唐君毅全集》第四冊（臺北：學生，一九九〇年））[165]

（六十一）2002　李維武　〈徐復觀著作編年目錄〉[166]，〈1958年〉條：

〈為中國文化敬告世界人士宣言——我們對中國學術研究及中國文化與世界文化前途之共同認識〉　與牟宗三、張君勱、唐君毅合著[167]，

文化》雜誌（*Chinese Culture*，卷三期一）者。

162 收入《張君勱思想研究》（天津：天津人民出版社，1996）。

163 案：此〈宣言〉在《民主評論》中，其大標題為〈為中國文化敬告世界人士宣言〉。又：此〈編年目錄〉中不提其他共同發表者的名字；此易使人誤會以為張君勱先生為唯一的撰人。

164 收入黎漢基、李明輝編，《兩岸三地卷》（下），《徐復觀雜文補編》（臺北：中央研究院文哲所籌備處，2001）。

165 上揭《徐復觀雜文補編》，頁 494。按：作者之原注顯示彼不解〈文化宣言〉之修改及發表過程；其言使人誤會以為牟、張二先生只是聯署而未嘗參與修訂事！

166 收入李維武編，《徐復觀文集》（武漢：湖北人民出版社，2002），頁548-636。

167 合著顯非事實而容易引起誤會，宜作「聯署發表」。

《民主評論》第 9 卷第 1 期　1958 年 1 月 1 日。

（六十二）2003　《牟宗三先生學思年譜》，甲〈學行紀要〉[168]，〈民國 47 年（1958），戊戌，五十歲〉條：

> 元旦，與唐君毅、徐復觀、張君勱諸先生聯名發表〈為中國文化敬告世界人士宣言〉，由《民主評論》、《再生雜誌》同時刊出。

又《牟宗三先生著作編年目錄》[169]：

> 〈為中國文化敬告世界人士宣言〉，《民主評論》第 9 卷第 1 期　1958 年 1 月 5 日。[170]

（六十三）2006　〈文化宣言〉，收入張君勱，《新儒家思想史》（北京：中國人民大學出版社，2006 年 9 月）。據翟志成，〈宣言〉第十節全節與第十一節中若干段落涉及馬列主義者全刪去。[171]

（六十四）2009 年 1 月　林瑞生〈牟宗三年表〉[172]，〈1958 年〉條：

> 1958 年元旦，與唐君毅、張君勱、徐復觀聯名發表《為中國文化敬告世界人士》宣言。

---

[168] 收入《牟宗三先生全集》（臺北：聯經出版事業公司，2003），卷 32。

[169] 收入上揭《牟宗三先生全集》，卷 32。

[170] 此中不提其他共同發表者的名字；此易使人誤會以為牟先生為唯一的撰人。又：「1 月 5 日」似應為「1 月 1 日」；詳參上注 153。

[171] 翟志成對此表示不滿。參上揭〈儒學與現代化：港臺新儒家的文化宣言〉，頁 32，註 21。

[172] 林瑞生，《牟宗三評傳》（濟南：齊魯書社，2009），頁 399。

（六十五）2017 年 6 月 20 日　謝鶯興，《徐復觀教授年表初編》〈1958 年〉條：發表〈為中國文化敬告世界人士宣言——我們對中國學術研究及中國文化與世界之前途之共同認識〉……見《民主評論》（9 卷 1 期），……後來由民主評論社出版抽印本。[173]

（六十六）其他

前賢研究唐、牟二先生者，不少相關著作論述到或提到〈宣言〉一文。今為節省篇幅，不細說。[174]

三、結論[175]

牟宗三、徐復觀、張君勱、唐君毅四先生於 1958 年聯署發表〈中國文化宣言〉。其發機動念、起草、往復討論、修改、刊登、英譯、英譯之刊登，以至被轉載，甚至被上述四人之年譜或著述編年目錄等等所提及者，筆者均按時間先後逐一條列相關文字。條列相關文字之後，筆者大抵作一些簡單的說明，藉以把各自獨立的條目貫串起來，以方便讀者知悉其間的來龍去脈。筆者亦偶爾按照個人之體會作一些解讀詮釋。大體來說，這是按時間順序臚列、整理相關史料，並作一些解讀與考證的一篇文章。當然，四位先

[173] 謝鶯興，上揭《徐復觀教授年表初編》，頁 52。

[174] 今據所悉，開列相關著作如下：何一，《儒者悲情與悲情儒者——唐君毅生平、學術研究》（北京：光明日報出版社，2011），頁 178-188；駱為榮，《儒學大師唐君毅》（北京：中國文聯出版社，2014），頁 128-133、161、177；鄭家棟，《牟宗三》（臺北：東大圖書公司，2000），頁 277；李山，《牟宗三傳》（北京：中央民族大學出版社，2006），頁 317；Hao Chang (張灝), "New Confucianism and the Intellectual Crisis of Contemporary China", Charlotte Furth, ed. *The Limits of Change* (Mass: Harvard University Press, 1976), pp. 276, 287-300. 張氏此文刊出四年後，即 1980 年時，被翻譯為中文。譯者為林鎮國，詳上注 109。

[175] 上揭〈〈中國文化與世界宣言〉之啟示——論聯署發表及共同參與撰寫之意義〉（見注 1）之「結論」與本節之內容大體相同且更詳盡，但其中錯謬者，本節乃予以糾矯。建議對本問題深具興趣之讀者，宜並參該結論。

生，尤其唐先生，待人處事方面之態度及相應之表現，或所謂性情，亦隨而概見。

唐先生等人撰寫與發表這篇〈文化宣言〉，其事絕不容易。文章四萬字；撰文者（起草人、總主筆）為唐先生。以唐先生運思之精巧周延與為文之速捷來說，撰寫三四萬字的文章，兩三日即可完事。據上文，可知唐先生亦只用了不到四天的功夫便完成了這篇〈宣言〉的初稿。然而，從張君勱先生率先倡議、唐先生隨而發機動念起計，至這篇〈宣言〉最後有機會刊登在《民主評論》與《再生》二雜誌上，前後共花了十個月的時間。此〈宣言〉，按唐、牟、徐三先生之意，旨在對外國人士而發，是以本來是要先用英文發表的。惟以譯事不易，最後乃決定附從君勱先生之意見，先以中文發表；蹉跎歲月幾近三年，至1960年10月始在雖不滿意但仍可接受之*Chinese Culture-A quarterly review*上發表英文全譯本。[176]

以上粗見撰寫與發表過程之非輕易。茲稍說明如下。

(一)士林佳話：牟、徐、張、唐四先生，各人在學術上皆獨當一面，且各有主見。據筆者所知，四人所撰寫、發表之各著作，大皆以個人一己之力為之，幾從不與他人合作而成文。[177]就撰寫一文化宣言而言，四人皆有足夠之能耐、學養各自獨立成篇。今茲四人和衷共濟，求其大同棄其小異以成文，且非只是掛名，除唐先生為執筆者而貢獻最多最大外，其餘三先生皆各付出不少心力。就此來說，已是一士林佳話。此外，方東美、吳康、陳康、劉述先等先生在〈文化宣言〉起草的過程中亦提供過若干意見，[178]又英文本〈文化宣言〉於1960年10月發表時，謝幼偉先生同意列名其上。此等事實皆可謂增加了這個士林佳話的"濃度"。

---

[176] 非聯署人授意之節譯本則於1958年5月已刊出；另一由君勱先生授意／同意之節譯本亦於1960年或稍前刊出。此上文已道及。

[177] 君勱先生或稍為例外，嘗於1921年以德文與德國哲學家倭伊鏗（R. C. Eucken，1846-1926）合著《中國與歐洲的人生問題》，並於翌年在德國出版。參上揭《中西印哲學文集・編後記》。

[178] 參上文「1957.09.08」與「1957.09.29」條。

(二)耐煩抗壓：臺、港、美三地，四先生從1957年3月起至1959年底，三年間魚雁往還不絕[179]。針對四萬字長文之增刪修改謄錄、宣言以何方式發表（以條目方式呈現，另分別撰文說明；或四人各寫一文合為一冊；或以現今所見之方式呈現）、在何雜誌發表、只發表英文版抑中英文版同時發表或先發表中文版、找何人英譯、英譯本又宜在何雜誌發表、要付費英譯者否、聯署者四人排名序次先後等等問題，在書信中皆往復研商[180]。且60多年前，既無影印機、傳真機、更無e-mail、MSN、FB、手機上之聯絡功能（如 whatsApp，line 等等）；越洋電話費又高昂，電話機又非隨處皆有，且通話品質恐不如今日（四先生之通訊以書信或面晤為主，似未嘗用越洋電話）。箇中之種種困難，可以想見。再者，唐先生起草初稿及與三先生書信往返往復討論之初期，人在旅美途次；且在美國多個城市間奔波，此更增加通訊上之困難。

(三)得道多助：特別需要進一步說明的是上文已提及的英譯問題與英譯本之刊登問題。四人中以君勱先生之英語最好（參上文）。但彼「為生活所苦」、「以生活忙」而不克任翻譯，這所以以上眾問題中，似以英譯問題最為棘手。又以篇幅特長，外國出版之一般英文刊物不予接受刊登。最後幸好在謝幼偉與張其昀兩先生之幫忙下，〈宣言〉全譯本乃得以在 *Chinese Culture* 刊出，否則擬為中國文化事業對不懂中文的外國人發聲的一番美意，便只好大打折扣了（只是打折扣而非全付諸流水，因為尚有兩英文節譯本與日文節譯本可供不懂中文的洋人和日人知悉〈宣言〉之梗概。）。

(四)衷誠合作：唐先生是〈文化宣言〉得以順利撰就與成功發表的最關鍵人物。上文已指出，建議共同發表一宣言者，固君勱先生也。但如非唐先

[179] 上所引錄者即已超過20函；此不含唐先生給謝幼偉與胡蘭成亦談及〈宣言〉事之二函。

[180] 其中比較不甚重要之問題，如與否付費英譯者的問題，雖不必皆往復研商，但唐先生至少得先有一定之構想，然後始可向其他三位表示，俾徵求彼等之同意。此皆須費神用心。又：四人排名先後一問題，雖未經研商，但唐先生嘗向徐先生作出過說明。

生旅美時在彼面前嘗道說「頗感中國人之在世界上已無聲音」云云[181]，則不見得君勱先生會主動建議共同發表一宣言的。是以吾人似乎可以說，如君勱先生是〈文化宣言〉的推手，則唐先生更是推手中之推手。再者，在起草、研商與尋覓刊物發表過程中，唐先生任勞任怨，既不畏難，更不輕言放棄。當然其他三位先生對唐先生之充分尊重、“充分授權”[182]，乃係〈文化宣言〉最後得以成功撰就並順利發表之最關鍵原因之所在。

由上觀之，要共同成就一文化事業，非有推手、非有執行者、非有決然

---

[181] 詳參上文「1958.01.19　唐先生給謝幼偉先生函」條。此外，從唐先生論述張君勱先生的一篇文章中，亦可知唐先生實係〈文化宣言〉得以撰就之主帥，並可知悉二人擬發表〈文化宣言〉之動機。唐先生說：「他（君勱先生）說，美國人講中國學問，有些太不成話！我到美國之後，第一個印象亦是如此，我覺得許多美國人講中國學問，他們的觀點有問題，或者是傳教士的觀點，或者是外交家的觀點，或者某一西方學術的觀點。我看了這些情形，深不以為然，就向君勱先生提及。君勱先生說，我們應該約幾個人共寫一篇文章來討論中國學術文化的性質與應如何研究的問題。他旋即寫信與當時在臺灣的牟宗三和徐復觀兩先生徵詢意見，於是由我寫成初稿，再經君勱先生及牟、徐二先生修正若干處，定名為〈中國文化與世界〉。……」唐君毅，〈從科學與玄學論戰談君勱先生的思想〉，《中華人文與當今世界補篇》（下冊），《唐君毅全集》（臺北：臺灣學生書局，1991），卷十，頁 670。有關君勱先生，他對國家、民族，乃至對中國文化等等方面之關注，並因而產生的使命感，其濃郁程度，其實，並不在筆者三位業師（徐唐牟三位先生）之下。彼旅美期間在學術上之表現，重點有三：其一是闡揚我國儒家思想，《新儒家思想史》即為其代表作。其二是批駁共產主義；相關文章相當多。其三是發表自己的政治主張，譬如鼓吹第三勢力，其代表作為《中國第三勢力》（臺北：稻鄉出版社，2005）。此外還經常到世界各地（尤其當時的西德）講學，以儒家學說為主軸，結合政治、文化等議題，以批判西方世界對儒家思想之誤解。詳見楊永乾，《張君勱傳》（臺北：唐山出版社，1993），頁 178-180；並參黃麗生，〈海外離散體驗與當代新儒家的文化論題——以〈中國文化與世界宣言〉為中心〉，上揭《中國文化與世界——中國文化宣言五十週年紀念論文集》，頁 140。

[182] 徐先生嘗去函唐先生云：「兄可逕行處理，弟毫無他見。」（參上文「1957.08.21　徐先生致唐先生函」條）此固係徐先生函中之個人意見，但筆者認為，不妨視張、牟二先生亦持同一意見。

毅然之意志，且必兼具備求大同棄小異（或存小異）之胸襟雅量，則事必不濟也。〈文化宣言〉，其一例而已。吾人有志於文化事業者，四先生此先例乃為楷模、典範，此確然無疑者也。

最後，必須要對〈文化宣言〉所生起的效果或所引起的關注作一點說明。〈文化宣言〉發表後半年之間，已引起不少人士廣泛的注意。如香港之基督徒、臺灣之洋人與時在臺灣之胡適先生，不是集會討論，便是要求徒眾注意；[183]又：兩三年內出現了三個不同英譯本與一個日譯本，可知唐先生等人之努力，功不唐捐！〈宣言〉發表的目的可說達到了。當然，要藉此來完全扭轉時人對中國文化偏頗甚或錯誤的認識，甚至轉而促使彼等全盤肯定中國文化之價值及對人類之貢獻，那是過高且不切實際的期許。但無論如何，作為中國知識分子來說，唐先生等人已盡了最大的責任，也可說擔負了時代的使命。

六十多年後的我輩，能聞其風而愉悅讚嘆之、睹其行而接踵繼武之，藉以光暢吾國族之慧命、弘揚我華夏之文化者歟？凡有志之士，固當自反自勵、思齊奮發焉！筆者固不才甚，但費了相當大的時間精力以草就並修改本文，區區之意，正在此矣！願共勉！

[183] 參上文「1958.06.02　徐先生致唐先生函」條、「1958.06.22　唐先生致牟先生函」條及「1958.06.25　牟先生致唐先生函」條。

中篇：史

第四章　唐君毅史學理論管窺*

提　要

業師唐君毅先生是一個偉大的思想家、理想主義者、人文主義者、文化意識宇宙中的巨人（後者為業師牟宗三先生悼辭中對唐先生的稱頌語）。其學問既精且博，固無論矣。其道德使命感之強，其淑世情懷之厚而落實之以奮鬥不懈之精神而成就百年樹人之教育事業，尤使人欽佩。先生的學術專業是哲學，但先生的學問絕不以哲學為囿限。文學、史學、教育學、藝術，以至一般的社會科學與人類文化諸大端，唐先生都有深厚的認識和研究。各專著中慧解通識盈篇而累牘，尤使人讚嘆莫名。筆者雅好諷誦唐先生的大著。以先生才大學博，中西印等各哲學問題，皆極深研幾。筆者如鼴鼠飲河，充其量而止。顧以研治史學之故，唐先生之相關論述，個人尤其珍好。針對此等論述，筆者於 2010 年嘗彙整相關研究，出版了以下拙著：《學術與經世：唐君毅的歷史哲學及其終極關懷》。然其內容或失諸簡直粗陋，或失諸微末纖細；乃旨在揭示誦讀唐先生史學論著後之心得而已，固無當於著述也。

顧世人多不識唐先生史學上之成就與貢獻者。筆者乃透過上揭拙著以闡述弘揚師說，藉以揭示其史學上之成就與貢獻之餘，更企盼讀者或藉以

---

* 本文主要探討唐先生對以下議題的卓見：歷史知識論、史學價值論、史學價值判斷論；嘗發表於以下研討會：「全球視野下的史學：區域性與國際性」國際學術研討會；主辦單位：上海華東師範大學；日期：2007.11.03-05。由此可見，筆者於2010年出版內含唐先生對以上三議題的看法的拙著《學術與經世：唐君毅的歷史哲學及其終極關懷》之前，筆者對該等議題，已發表過相關研究成果了。按：在上述研討會上，此拙文乃以如下一標題發表：〈唐君毅先生史學上的成就與貢獻〉；為了突顯其主旨，今則改易為今題以納入本書內。

一窺唐先生之學問堂奧，並進而認識此一中國近現代史上不世出之偉大心靈焉。惟《學術與經世》一書之部分章節，如上所述，恐不免失諸論述過細者。果爾，則先生史學上之弘言大旨反隱而不彰、藏而弗聞。今茲乃彙整濃縮該拙著中的若干章節，並作若干補充說明，以草就本文；先生之史學宗趣當可概見。至若史學上之成就與貢獻，則於拙文末尾之處特別予以條列表出（凡 26 項），企讀者能獲悉其梗概。

下文除前言與結論外，計分三節，分別闡述先生之歷史知識論、史學價值論與史學價值判斷論。唐先生史學理論之精粹並藉以揭示之史學成就與貢獻，當可概見。又：本文嘗引用牟宗三先生對「道德判斷」與「歷史判斷」的一個精彩說法（見最後一個注釋）以總結全文，藉以補充本文闡述上之不足。讀者宜參看。

一、前言

唐君毅先生無疑是一位哲學家。然而，先生的著作中，研討歷史或探究史學的文字見諸多處。[1]他是以哲學思維來對歷史本身的發展和對歷史研究

[1] 唐先生除了對歷史上的大問題（如民族、文化興亡，或時代世局變遷等等問題）與史學問題（如史學致知等知識論問題、史學價值論等問題）有所關注外，先生其實亦甚精於歷史問題之考證。茲舉一例。〈孔子誅少正卯傳說之形成〉一文便是一篇非常具有深度且寓有慧解的考證上的大文章。筆者的專業是史學，且治史學 40 多年。但頌讀上文後對先生的考證功力與慧解精識，不能不一唱三歎。所以筆者經常有一想法，認為如果唐先生不治哲學，而改為治史學，則其成就亦必不在偉大史家或一流史家之下。上文收入先生《中華人文與當今世界》（臺北：臺灣學生書局，1975），下冊，頁 739-759。又：先生之歷史知識異常豐富，史識（此指評斷歷史之眼光）尤其卓異。茲先言前者。程兆熊先生嘗以「彌天蓋地」一語描繪先生。此當指唐先生整體學問上之素養來說，而歷史知識蓋在其中無疑也。唐先生歷史知識之豐富，其各大著作中幾隨處可見。今舉一例以概其餘：〈中國文化之原始精神及其發展〉一文，顧名思義，其旨趣當然是論說中國的，但文章首節嘗論及世界各地或各民族之文化中所展現之原始精神，以作為文章之引子。此中計有猶太民族之文化、印度文化、希臘文化、羅馬文化、阿拉伯文化、日耳曼民族之文化、日本大和民族之文化等等。如不具備相關知識，此簡述（雖僅寥寥數百字），是寫不出來的。茲再言史識。唐先生於述說以上各民族文化中之原始精神之後，又用了大概 1000 字以揭示中國古代文化之特殊意義。此則充分彰顯先生深具史識：評斷歷史所表現出之通觀通識（亦即上文所說的「眼光」）。唐代大史學家劉知幾認為史家當具備三長：才也、學也、識也。上文所說到的「歷史知識」，即劉氏所說之「學」（史學）；「史識」，即劉氏所說之「識」。綜上，〈中國文化之原始精神及其發展〉一文之首節已充分分別彰顯先生史學之豐富與史識之卓絕了。文章收入上揭《中華人文與當今世界》，下冊，頁 687-708。上引程先生「彌天蓋地」一語，見〈有關山中事〉（程先生致唐先生的一函），收入程兆熊，《山地書》（新北市：華夏出版有限公司，2022），頁 60。此程致唐函，並未標示撰寫年月。然而，據唐先生之日記，先生嘗於 1956.08.03-29 從香港赴臺灣，並曾與時居臺灣之程先生面晤。據程函之內容，大抵係唐先生返港後不久而程先生去函說明其近況者，然則此函之撰寫日期當在 1956 年年底之前也。《山地書》乃程先生之高足蘇教授子敬兄委請華夏出版有限公司贈與筆者者，特此申謝。尚值得一提的是《山地書》除收錄上揭〈有關山中事〉一文（致唐先生函）外，尚收錄致其他人士之書函，總共 8 通；頗可以反映程先生之性情。其中〈有關教育〉一文（一函），大概以關係臺灣之學校教育甚大之故，而得到「極力推廣程先生之學的李

（史學）作反省的。這種反省，我們或可以籠統地稱之為「歷史哲學」。然而，更細緻的來說，甚麼是「歷史哲學」？唐先生本人對這個問題或對這個概念是有一個很明確的說明的，如下：

> ……吾人如了解上文之所言，則知在任一部分之文化哲學及總的文化哲學，與歷史哲學中，[2]皆各同時包涵邏輯、知識論，存在論或形上學，及價值論或人生論，三方面之問題。[3]

依上說，則研究一門文化哲學，如歷史哲學者，我們大概可從三方面著手；即對該門學問作：(一)知識論之研究，(二)存在論或形上學之研究，(三)價值論或人生論之研究。其實，就研究的對象來說，以上一、二、三這三項，其對象不是全然相同的。一、三兩項的研究對象是歷史學。細言之，第一項是針對已過去的歷史，如何建構相應的知識，或所謂如何始可有效獲悉過去史事的真際，來說的。第三項是針對業已建構之歷史知識，其對人類的價值到底如何，來說的。至於第二項，簡言之，其關注點是過去歷史的本身，其發展演化是否有一定之進程及其背後是否有一定的推動力，來說的。

對於這些問題，唐先生都有專文予以研究或至少在不同文章中有所觸及。惟今茲不擬針對第二個問題，即針對歷史的「存在論或形上學之研究」問題作闡述。（上面〈摘要〉提到過的拙著，即《學術與經世》，已處理過這個問題。）下文擬針對歷史知識論問題與史學價值論問題作探討。至於人們（主要是史家）應否對史事與對歷史人物作出價值判斷，先生亦深具慧

惠君女士，……單獨刊行此篇為小冊子，以贈送教師們。」（語見蘇子敬，〈序〉，《有關教育》，華夏，2022，頁 30）。惠君女士大力推廣程學之用心及相應之行動，筆者感佩不已。又：上揭劉知幾的三長論，見〈劉子玄傳〉，《舊唐書》，卷 102；《新唐書》，卷 132。

2　唐先生釐析文化哲學與歷史哲學為二，筆者則把歷史哲學歸併入文化哲學內，蓋廣義言，歷史哲學亦文化哲學之一支，故不擬細分。

3　唐君毅，《哲學概論》（香港：友聯出版社，1974），頁 149。

解。所以下文亦一併予以處理。

二、唐先生的歷史知識論

要了解一門文化哲學的內涵，恐怕得先弄清楚這門哲學的名言概念。研究文化哲學之一的歷史哲學，尤其此領域下之歷史知識論時，我們更得先了解相關的名言概念。所以下文擬扣緊唐先生的意見先來探討何謂「歷史」，何謂「歷史學」等等的名詞。隨後始闡述、疏析唐先生其他方面的精闢見解。

（一）歷史

歷史，簡言之，指事物之變化發展。我們從唐先生說明何謂歷史學時，了解唐先生心目中的所謂「歷史」即指此。先生說：

> 吾人欲求對於任何客觀個體之知識，即必須於此客觀個體所具體關聯之事物，與其自身之變化發展之歷史，有所了解。而專以研究一個體對象之歷史為目的者，為歷史學。故天文學、地質學、人類學中，皆有關於天體地球之歷史之一部。[4]

「變化發展」，可指過去而言，可指現今而言，亦可指未來而言。就此來說，歷史可有過現未三世。而通常所謂歷史，蓋指過去一階段而言。下文言及「歷史」一詞時，即指此而言，不涉及現在與未來義。上引文中，唐先生雖無明言此意，然觀其上下文意，當涵此旨。又先生於上引文曾用「知識」一詞。很明顯的，歷史之所以能夠成為一種知識，乃指必已形成者而言。蓋吾人對未來事物之發展變化，嚴格來說，不能具有若何確乎不拔之知識，而僅可謂有若干預測猜度而已。而預測猜度，明不同於知識，其理顯

---

[4] 《文化意識與道德理性》（臺北：臺灣學生書局，1978），下冊，頁 34。

然。故言歷史，恆扣緊過去之變化發展而言，而不語及未來。

坊間所見書籍，通常把「歷史」一詞析為兩義：一指過去事物發展之本身（The past itself）。一指針對過去所作出的重建——使之構成概念知識並筆之於書（The written past）。上段所言，概指前者。後者則見下文，即所謂歷史學。

上引文中，以下一語，頗堪注意：「欲求對於任何客觀個體之知識，即必須於此客觀個體所具體關聯之事物，與其自身之變化發展之歷史，有所了解。」一般來說，欲求對一客觀個體之知識有所了解（即欲對此客觀之個體具備知識；換言之，即欲對此個體有所了解），則對此個體自身之變化發展（含對此個體之自身）有所了解，便於事足矣。然而，上引語即意味著唐先生認為，僅此仍有所不足；而需要補上：必須於此客觀個體所具體關聯之事物，亦要有所了解。此「補上」實極為重要。王安石〈答曾子固書〉有句謂：「讀經而已，則不足以知經。」[5]（筆者認為，此為的論。）同理，僅對個體自身之變化發展作出鑽研探討，對於了解其變化發展實有所不足（含不足以了解此個體之自身）。所以筆者認為唐先生的「補上」，實至為重要。蓋任何物，表面言之，乃一獨立自存之個體。然而，實際上，世間豈真有獨立自存之物耶？物之為物（物之被視為一存在），必相互依賴而始見其存在，或至少必以他物之存在而見（襯托出、反照出、認識到）此物之存在也。是以所謂獨立自存，乃一方便說法而已。簡言之，唐先生之說法，實深具至理。此說法，其實亦反映出，唐先生雖僅針對某一個體事物作出考量，但恆能對與之相關聯之其他事物一併作出考量。其實此乃一通盤之考量也。先生考量事事物物之周延穩當，有如此者。

（二）歷史學之兩義

「歷史學」一詞，有廣狹兩義。上引先生所言，當係狹義，即指歷史學

---

[5] 王安石，〈答曾子固書〉，《臨川集》，卷 73。中國哲學書電子化計劃：https://ctext.org/library.pl?if=gb&file=9817&page=108；2023.03.05 瀏覽。

科（The discipline of history）或歷史科學（The science of history）而言。廣義而言，歷史學一詞，尚有另一義，此歷史哲學是也。先生說：

> 至於歷史科學與歷史哲學之不同，則在歷史科學恆只順時間先後的秩序，以了解歷史事實為目的，其對於歷史事實中所實現之文化理想，亦可只敘述之，而未能超越時間的先後秩序之觀念，以觀一時代之歷史事實中所實現之文化理想對於整個民族國家之歷史，對於全部人類歷史宇宙歷史之價值與意義，或未能先構成一整個民族國家全部人類文化之理想之圖景，以觀一時代歷史事實中所實現理想，在此圖景中之地位。反之，吾人若能如此，即入於歷史哲學之範圍。[6]

上文說過歷史哲學可涵三方面。然而上段引文中，唐先生因順《文化意識與道德理性》一書之主旨直下而為說，故僅扣緊價值論、人生論而已。然由此已可窺見歷史科學實不同於歷史哲學。前者旨在重建歷史事實，復活過去的真貌為滿足。後者乃對過去作一反省／思考／思索。其實，凡言任一哲學，均無不言反省。但吾人之眾多反省中，所著重者當在精神一面（唐先生尤重斯義）。人類的精神表現見諸文化。故以反省歷史為務的歷史哲學所側重者亦係文化。而言文化莫不言理想。蓋非此不足以振拔人心，非此不足以提撕人之精神向上故。以唐先生理想主義之學術性格言，講歷史哲學，必然扣緊文化理想；或更由此而建構一理想藍圖，用以衡定過去之不同文化表現在此藍圖中之地位。

至於歷史科學，如上所言，旨在重建過去，彰顯事物之變化發展。但過去之事物無限。而史家所重建者，通常限於人類的自身。此何以故？唐先生說：

> ……唯愈表現連續之變化發展之存在，吾人對其歷史之了解乃愈感重

6　上揭《文化意識與道德理性》，下冊，頁69-70。

> 要。故生物之歷史之重要，過於地理之歷史。而人類之歷史之重要，所以過於生物之歷史，則在人類之兼為而能自覺其連續之變化發展之存在。而通常之歷史學則限於研究人類之歷史。[7]

是可知以歷史科學而言，吾人莫不重視人類之歷史，以其變化發展至繁至多故。而建基於歷史科學的歷史哲學亦必定隨之而重視人類。但更重要的是，歷史哲學之側重人類，以人類為生物中唯一有自覺反省能力故。[8]其他生物，不足語此。死物更不必說。唐先生之重視人類之反省自覺，從彼對歷史哲學的看法中，已見其端倪。

（三）歷史科學、其他科學

「歷史學」何以又稱為「歷史科學」（即何以被視為一門科學）？究其原因，可以有多種說法／解釋；要言之，以其研究重視證據、研究過程合乎理性法則等等。今擬就其研究得應用符合科學之通則（generalization）、法則、律則、定理、定律（此相當於英文 "law" 一詞）與應用科學方法等等方面來做說明。吾人對過去作重建，使之復活重現，在此建構過程中，必須應用到若干律則（含通則）、以邏輯為核心之科學方法[9]（研究者本人，或

---

[7] 上揭《文化意識與道德理性》，下冊，頁 34。

[8] 唐先生恆言「道德自我」、「精神自我」、「超越自我」。此見諸〈自序（二）〉，《文化意識與道德理性》，上冊，頁 18。先生更恆言「反求諸己」等等的精神。此皆以人本身有自覺，且能行此自覺之內容為先決條件。先生對此深信不疑。此可參先生早年賴以成名且成一家之言的著作《道德自我之建立》一書。相關〈自序〉寫於 1943 年，先生時年 34 歲。

[9] 科學方法，要言之，其過程主要含三個步驟：建立假設、作出推理／推斷、訴諸驗證。或許頗值一說的是：中國古代，譬如清朝以前，無「科學」一名，亦無今人所指謂之「通則」、「科學方法」諸名目（即無現代義下的此等名目）。然而，無此等名目，並不表示古人治史者在腦海中無相同之概念。更不能說，古人治史時，不懂、不應用通則、科學方法。徐復觀先生嘗指出說：縱觀人類的發展史，經常是先有實際行動（行為），而後才在腦海中依稀形成概念，最後才出現相應的名稱。所以吾人絕不要誤會，以為有了名稱／稱謂，相應的事實才出現。茲舉一淺譬，岳飛背後刺有四

不見得自覺）。就應用科學通則來說，茲舉一淺譬：我們不可能說歷史上曾有一人，譬說一將帥，心窩被人挖掉了，但還能領兵衝鋒殺敵。我們之所以不相信此歷史事件之為真，不在於有沒有史料為據，而在於此事件違反作為科學之一的生物學的知識（甚至可說只是常識）或生物學通則，因為人不能沒有心臟而還能生存下去，更不必說衝鋒殺敵了。[10]至於歷史學之應用科學方法作為研究的手段，那就更不必說了。如建立假設，然後運用所蒐得並已證實為真[11]之史料進行邏輯推理，最後證成假設或否證假設即是其例。歷史學與科學既有上述之關係，是以吾人得稱歷史學為歷史科學。

然而歷史學之為科學，又與其他科學，尤其自然科學，確有不同。為免於混淆，吾人宜有所區別。唐先生即有如下之指點。先生說：

> (一)大率一般科學重普遍抽象之理，史學重特殊具體之事。(二)一般

字：盡忠報國（此據《宋史・本傳》、《宋史・何鑄傳》；一般則作「精忠報國」。或謂宋高宗曾手書此四字贈予岳飛，或以此而誤會為刺背者即此四字耶？）。但盡忠報國之事，何代不有，且史不絕書，絕不因為「精忠報國」這個名稱／稱謂／概念出現之後，岳飛才作出相應的表現，其後又再有其他中國人（甚至外國人）作出同一表現的。

10 筆者猶記得為諸生上史學方法一課時，經常舉以下的例子以說明科學定律或科學通則在治史時，尤其考證史事時，為不可或缺者。《詩經・商頌》有以下一句：「天命玄鳥，降而生商。」針對這句話，百度百科有以下的說明：「（一女子名）簡狄誤吞了玄鳥（燕子）卵，因此降生了商的始祖契。商部族是以鳥作為氏族的圖騰。」就科學的立場來說，這個說法當然是荒謬絕倫的。蓋鳥卵絕不可能和人類結合而誕生下人類的。換言之，其必違反科學定律或科學通則，即必不可能在歷史上出現的。由此可見，史事成立的必要條件或大前提是一定要符合科學定律或科學通則。在此或可順便一說：上例（即「天命玄鳥，降而生商」的一句話）雖違反科學，但吾人仍可視之為史料而予以應用，即該句話仍具有史料的價值。其價值為：古人（商部族）深信此不疑，並以鳥作為其氏族的圖騰。於是吾人（治史者）遂可據以知悉、探究商人的意識型態，即所謂商人之信念或信仰也；並由此而得悉以鳥作為其氏族圖騰的一段因緣。

11 此所謂「真」，就文獻史料而言，至少含兩義：其一為該史料為原件，或為已恢復原貌（至少已盡可能恢復原貌）之史料。其二為此史料已經考證過確為相關史事之真實反映／真實報導。

> 科學可惟以理智、冷靜的了解客觀之物理之因果為目的，可不用人生文化價值之概念，以從事評價。而史學則須以同情的智慧，理解事理之得失，不能不用人生文化價值之概念，以從事評價。(三)科學重在異中求同，變中求常。史學則重在常中觀變，而由同以識異。(四)科學之假設，求證實於未來經驗。史學之考證，則求證實於已往之文獻。(五)科學之用，直接在使人精神，貞定於普遍之定律概念，而超臨凌駕於「定律概念所可應用之事物」之上。史學之用則直接使人精神收攝於具體之史事，而返求當前事變，與吾人之生，所自來之本。[12]

由上引文之五點，先生更指出此中之不同導致其結果與使命有所別異。其說法如下：

> (一)故科學使人心向前向外。史學使人心向內向後。(二)科學使人前瞻，以求肆志。史學使人回顧，人乃多情。(三)科學上之定律既得，必求實際應用，以達人之目的，而轉成科學技術。並廣求可實際應用之場合而運用之。此即西方之近代科學技術，所以與西方近代人，向外業商殖民，開發地區之精神，可相配合而相得益彰之故。而史學之使人知當前事變，與吾人之生，所自來之歷史文化之本原之共同，則人與人情意相通，將益助人之求其民族之和融凝翕。[13]

歷史學之異於一般的科學（尤指經驗科學或自然科學）及兩者之使命各自不同，唐先生上述之說明，至為明確。史學使人情意相通，不各自鑽營於現實，而避免使人情意疏離；並進而使民族達致「和融凝翕」，不奢鶩於未來而使得民族間之成員勢成水火。其事之所以可能，正由於吾人對過去（The past）作重構所產生之結果——歷史知識，實必可（或至少理當）導

---

[12] 唐君毅，《人文精神之重建》（香港：新亞研究所，1974），頁 544。引文中之數碼為筆者所加，為便於統計並明列其相異數量故。

[13] 同上註，頁 544-545。

出此宗趣。此宗趣乃不為外加者。不為外加，故見其剛實與必然。[14]下文即順此而言歷史知識之性質。

（四）歷史知識為概念知識

科學知識，如上引文第四點所言，乃求證實於未來經驗。而正因為可證實於未來經驗，故使人之精神往往向外馳騖，求成果於未來之現實。史學知識之所對，一一皆成過去，其考證主要求之於已往之文獻、遺物。其所建構之知識乃屬概念知識。而正因為求證於過去，故人之精神可超越當前經驗，更不必牽繫於未來之光景而心向外馳。唐先生於此有如下說明：

> 凡對一個體事物之變化發展，有一歷史的概念知識，是對於已成過去事實之概念知識。由是而歷史知識與一般經驗科學之知識，遂有一根本之不同。即經驗科學之知識，皆原則上可由未來經驗重複的證實者。而歷史上之事實，皆為已成過去，而永不再現者。吾人關于歷史之知識，皆永不能再由未來經驗重加以證實者。吾人固可望歷史上之遺物、文字紀載，或歷史事實之影響在未來發現，以證明吾人對歷史事實之判斷為不誤。然此所證明者，仍是我對於過去歷史事實之判斷，而非過去歷史事實之再現於未來。因而吾人之經驗知識，可由未來經驗重複的證實，則使吾人想望其證實於未來現實，遂不易破除吾人對之之法執，與吾人對現實世界之陷溺。而歷史知識所對之歷史事實，永不能再現，乃吾人所確知為已過去，乃非現實存在，亦不能再成現實存在者。故當吾反省吾對歷史事實之了解力，乃向一非現實之歷史事實而施，吾即有一念超越現實之精神之呈現。歷史事實，人唯

14　視史學可以使民族達致「和融凝翕」等等的判斷，這可能只是唐先生一種期許性的說法，或其理想主義性格下所得出的一個結論而已；蓋按諸史實，實未見其必然也。以唐先生之睿智，對此焉有不知之理呢？是以這個說法或結論，甚至整段引文的相關說法，乃反映唐先生為一仁者。仁者之視野，故如是也。若以為唐先生智不及此，則不識唐先生之為唐先生也。

> 通過觀念而知其存在，則了解一唯通過觀念乃知其存在之物，亦即了解一在本性上即為觀念所間接，在認知上不通過觀念，絕對不能認知之物。此時吾人之認知，遂為含超現實之意義者，而研究歷史，可以使人發思古之幽情，而尚友千古，以下通百世者以此。[15]

歷史知識之性質為何，及由此性質而必引申出之涵意為何，唐先生之說明，至為詳明。以縱軸的時間言，既可尚友千古，下通百世；以橫面之現實言，人際間的情意相通，民族間感情之和融凝翕，更可實現了。[16]（「和融凝翕」的一點，詳上節。）

歷史學所研治之對象，一一已成過去，吾人不能直接的對其產生知識。在此意義下，我們遂謂歷史知識乃概念知識。因其使人不膠固於現實；反之，能超越現實，是以可使人從縱的時間方面言或從橫的現實方面言，都可獲致上述的收穫。然而，只有善讀歷史的人，善讀歷史的民族，有反省智慧的人，有反省智慧的民族，方可獲得如此的一種"恩澤"。相反，人之重視歷史知識，亦可衍生適得其反的效果。研究者（史家）因長期埋首於過去的特定時空、特定人物之研究，則研究者容易陷溺其中，而僅見其研究之對象一一皆為具體的、獨一的、互不相涉的。歷史所研究之對象及由此而建構之知識，依其性質，固不免如此。然而，此等知識，一一皆成過去，故吾人不必再執著於歷史知識之具體義、獨一義、互不相涉義；反之，當力求擺脫此執著。蓋此執著恆使人之認識心靈支離破碎。其補救之方，厥為吾人應該切實的明瞭歷史知識為對過去（The past）之概念知識。研究歷史，吾人之心

---

15 上揭《文化意識與道德理性》，下冊，頁 36-37。

16 當然，嚴格而言，視之為可以實現，只是原則上予以肯定而已；其實亦可說只是一理想。人或以此而視先生之說法流於一廂情願。這點吾人亦不必予以否認。先生本來就是一理想主義者。只要有一絲一毫可能實現之機會，唐先生是不會放過或放棄的；反之，必予以肯定的。唐先生所看到的恆是人間的光明面、理想面。我們要了解唐先生的學術及其用心所在，必得從這裡切入方可得其確解。其實，唐先生亦知道這個理想之得以實現，並不是全無條件的。這個我們看下文便知悉。

靈，「乃向一非現實之歷史事實而施，吾即有一念超越現實之精神之呈現」；復由此擴充心量，藉以究天人之際，通古今之變。然而，具體來說，當如何做方可使人免於上述的執著，而真能使人開啟心量？對此，唐先生有很好的開導。下引文中，先生先指出過分重視歷史知識所可能產生的流弊，跟著指點一破執的法門。先生說：

> ……但人過重具體的歷史知識，亦有一大流弊。即在歷史知識中，人所知之對象，皆為局限在某一特定時空之人物事件等的。此人物事件等，只分別佈列於時空之系統中。然時間空間中，相接近之事物，其所涵之「理」，不必相近而相通。由此而人對於歷史世界各種人與事物之知識，恆有某種相對的分離性獨立性，此種歷史知識之分離性獨立性，即同時為使人之研究歷史的心靈，不免於一程度之破碎或支離者。……我亦認為確有係於補足之以科學的學問態度之重視。……由此而純從科學之研究，所訓練出的心靈自身而觀，亦即可為一更能貫通周運於主客之間，及不同時空之事物及經驗，而得免於上述之心靈陷溺於個別歷史知識時，所致之破碎支離之病者。[17]

科學的學問態度，是分析的、抽象的。此正可彌補過於重視具體事物的歷史知識的支離破碎之病。（此點，下文二之（二）〈歷史學對個人的價值〉將再予以詳說。）由上引文可見，歷史知識，如同其他學科的知識一樣，於人生日用方面，乃至精神境界之開拓方面，必有其利（即係一利多）；然而，亦必有其弊（利空）。唐先生皆予以指出，以避免讀者知其一，而不知其二。這一方面反映唐先生之用心良苦。當然亦可使人見出，先生凡立一說、倡一議，皆周延允當，而絕少陷一偏之見者。筆者喜愛諷誦唐先生書，則除了可從中獲得知識外，其使人開拓心胸、增廣器度，甚至提撕精神，尤為關鍵之所在。

---

[17] 唐君毅，《中國人文精神之發展》（臺北：臺灣學生書局，1974），頁 149-150。

（五）常識義下之歷史知識觀與歷史意識所施之對象

唐先生對「歷史」或對「歷史學」所做的闡述，其中年與晚年頗有不同。中年的相關闡述，以下的專著或文章，蓋可為代表：1、自序於一九五九年，出版於一九六一年的《哲學概論》，2、出版於一九五七年的《中國人文精神之發展》及 3、撰寫於一九四七年的〈文化哲學與歷史哲學意識〉（收入《文化意識與道德理性》一書[18]內，作為書中的第十四章。）相關文字均大體上從常識義闡述「歷史」或「歷史學」的問題。[19]以下即據此等文字論說唐先生的觀點。

唐先生指出歷史與地理之知識乃「時空中分佈之事物之知識」，「此種對時空中分佈之事物之知識，有某一種之必然性或定然性。」[20]又說：「……純從其與他物之現實的空間關係上說，則其是如何即如何，此中即無其他之可能，而為定然及具一義上之必然性者，由此而吾人對一切時空分佈中之事物，皆同有此種定然必然之知識。」[21]

唐先生嘗扣緊文化承先啟後之跡以論歷史。先生說：

> 至於歷史學之異於一般所謂專門之文化科學或文化哲學者，則在其不重以橫剖面論文化，而重在順時間之流行，以縱論人類文化之歷史的發展。在歷史中，吾人所注目者，乃文化之變遷中，承前啟後之跡。於是吾人當注目於其一時代各方面之參伍錯綜之關係，在此參伍錯綜關係中之人物，如何從事於各種文化活動，及其他活動，所成之種種事件之相繼相承之跡。[22]

---

[18] 本書應初版於 1957 年，此可參〈自序〉，頁 1。本文所據者乃臺灣學生書局 1978 年之第三版。

[19] 至於對相關問題的進一步反省，則可以〈歷史事實與歷史意義〉一文為代表。此留待下文再詳論。

[20] 上揭《哲學概論》，頁 324。

[21] 《哲學概論》，頁 325。

[22] 《哲學概論》，頁 148-149。

人類活動的橫剖面為文化，縱切面則為歷史。故論歷史，即論文化之演變發展。唐先生特用上「承前啟後」一語，則變化發展過程中各關鍵肯綮之環環相扣、節節相連之因生果，果承因的關係便突顯出來。光是這語，便很可以窺見先生的歷史意識。蓋「變化發展」猶不免只是浮泛的描述客觀歷史演進之跡而已；「承前啟後」一語則透顯出人類有意識的，甚至自覺的要求相承相續的意味。文化活動固各具領域，但亦相互關聯。然則以研究文化、展露文化承前啟後之跡的歷史學，其能不以「注目於其一時代各方面之參伍錯綜之關係」為職志乎？文化活動的主角是人。上段引文以人（人物）為結穴以導引出歷史事件之生成，此乃揭櫫人文主義大旗以論歷史、文化的唐先生之必然之論。

生於斯、長於斯；人類之關注其眼前之各文化活動，此義很容易理解。但人類過去某一時代之活動，恆被視為與後此時代之人類無切身之關聯；故過去文化活動之被注目乃非必然者。這必有待人之歷史意識之孕育、生起，始產生轉機。這種歷史意識，唐先生或稱之為歷史精神。唐先生說：

> 真正的歷史精神[23]，應當是一種由現在以反溯過去，而對古今之變，沿源溯流，加以了解的精神。……此回抱回顧，即真正的歷史精神，所以為歷史精神之本質所在。而司馬遷之《史記》，即一劃時代歷史著作，而表現漢人之歷史精神最好的一部書。[24]

中國人的歷史意識起源甚早，且殷商時期，即有史官之設[25]。孔子的《春

---

[23] 這裡的「歷史精神」，指的是人對過去欲有所了解、察識的一種認知精神；與黑格爾所說的歷史絕對精神之為一種形上學意義下的形上實體，截然不同。為免混淆，筆者認為可用「歷史意識」一詞取代之。

[24] 唐君毅，《中國人文精神之發展》（臺北：臺灣學生書局，1974），頁28。

[25] 當然，殷商史官，乃至周代史官，其職掌並不全然負責紀事；而尚負責人神之間的溝通。這與巫祝的職掌沒有太大的差別。天文曆法等的學問，也是古代史官所專司。在〈司馬子長報任少卿書〉（收入《昭明文選》）中，史公所自述（含相當程度之自貶）的如下一語：「文史星曆近乎卜祝之間」，固不必係漢朝實況，但殷周史官的職

秋》則更係歷史意識的充分流露。然而，為突顯漢人的歷史意識之超邁前人，唐先生乃特別推崇司馬遷之《史記》。人文精神經暴秦之頓挫，漢人於斷港絕潢後，重新撿拾，加以環抱回顧，於是更覺先秦人文精神之可貴。司馬遷之《史記》雖非盡記漢初與先秦人文精神之流變及各種人文活動，但其紀錄上自黃帝，下迄漢武，上下三千年，此紀錄之本身則明係一種人文精神之表現。[26]此所以唐先生特別稱許、推崇太史公。

歷史精神，據上文所論，乃可謂一種認知意識（所以上文嘗用「歷史意識」以取代「歷史精神」）——欲求對過去文化有所了解。但據唐先生，歷史精神又不只是一種認知意識的活動而已。先生說：

> 歷史精神是一回顧過去，復活已逝去之人文世界人格世界，同時亦即一承載負戴：過去至今人文發展之一切成果的精神。承載負戴，乃中國易之哲學中所謂地道。漢人之厚重、樸實、敦篤，正處處表現地德。……[27]

復活過去的世界，如純從欲求建立知識的角度來說，乃可謂只是人的一種認知意識的表現而已。但唐先生認為歷史精神之流露尚有另一層涵義，而此層涵義則非「歷史認知意識」或「歷史意識」一詞所可全然概括者。此即人之道德意識的表現是也。復活過去的世界，不光是為了要滿足人的認知方面的好奇心，而更是要彰顯人對過去的一種責任感。過去祖先的各種業績、成

掌則確係如此。可參張家璠、耿天勤、龐祖喜主編，《中國史學史簡明教程》（桂林：廣西師範大學出版社，1992），頁 14-19；尹達，《中國史學發展史》（臺北：天山出版社，缺出版年分），頁 9-14。按：尹氏此書原由鄭州：中州古籍出版社出版於 1985 年。

26 《史記》一書所彰顯的人文關懷，徐復觀先生最有研究。史公之推尊儒家與貶斥專制政治，最可以反映作者這方面的特色。可參拙著：〈現代新儒家徐復觀先生對皇權專制政治的批判——以〈論《史記》〉為例作說明〉，收入上揭《政治中當然有道德問題》，頁 347-393。

27 上揭《中國人文精神之發展》，頁 29。

就，我們作為他們的後嗣，實有義務，有必要給予彰顯表白。這可說是作為後嗣該有的一種道德責任，即義之所當為也。唐先生以承載負戴之地德精神稱呼之（甚至定位之）是極穩當、且深富啟發性的。上段引文尤須注意的是，吾人所要復活之歷史或所謂歷史意識所施之對象，乃人文世界、人格世界及人文發展之一切成果。唐先生脫口恆不離人文，於茲可見一斑。[28]

綜上所論，我們可以說人的歷史意識（唐先生稱之為歷史精神）成就了歷史知識，並建構了歷史學。然而，又不止於此也。根據上述唐先生的看法，歷史意識更兼負承載負戴的任務。換言之，成就歷史知識、建構歷史學之外，歷史意識尚使人承擔一種道德使命，使人肩挑承續吾人祖先文化發展之一切成果。由此來說，緣於歷史意識而建構之歷史學便不同一般自然科學，如物理學、化學，之為一種“純客觀”、無價值意涵的學科；而是兼具孕育吾人道德承擔意識的一門學問。然而，這方面便關涉到歷史學之價值論、目的論等問題；此下文再予論述。

（六）歷史知識之獲取

人如果沒有歷史意識，則歷史知識便不必談。換言之，前者乃後者之必要條件；然而非充分條件。是可知光有歷史意識，亦不能保證必能獲得歷史

---

28 上段引文中，先生只言人文而不言其他。但我們不要誤會唐先生不重視人類歷史其他方面的表現和發展；而寧可視為先生是把所有人類自覺的活動都收歸到人文世界、人格世界中來講。這講法，我們認不認同是一回事，但唐先生的用心則是很明顯的。或至少我們可以說：唐先生一輩子念茲在茲的，是以闡述人類文化、弘揚人文精神，並彰顯人格世界為職志。因是之故，當縱目過去的歷史世界時，便不期然而然的把目光全幅投射到這上面去，並視之為人類各種形形色色的活動的主軸了。
這情況與唐先生把一切文化活動都收歸到道德意識下來講，實有異曲同工之妙。唐先生在說明《文化意識與道德理性》一書的宗趣時即如是說：「本書之內容十分單純，其中一切話，皆旨在說明：人類一切文化活動，均統屬於一道德自我或精神自我、超越自我，而為其分殊之表現。」（頁 3。）霍韜晦先生對這個問題曾撰專文探討，可並參。霍氏：〈唐君毅先生的文化哲學體系——以《文化意識與道德理性》一書為中心〉，《唐君毅思想國際會議論文集 I》（香港：法住出版社，1992），頁 97-111。唐先生對人文的重視，可並參本書第一章：〈唐君毅的人文觀〉。

知識。本節的重點即在於具體地論說獲取歷史知識之各相關問題（含各相關管道）。唐先生於此皆有直接或間接的說明。現先引錄先生論說讀歷史書的相關言論。先生說：

> 讀歷史書，則如志在研究考證歷史，亦對愈古而愈是第一手之材料者，愈當注意。但如目標在了解他人研究考證之成績，則愈近之歷史考證之著作，常為總結前人研究之所成，而愈當注意。[29]

歷史知識之獲取，二三千年來，主要的還是靠閱讀歷史書籍[30]。唐先生雖為專業哲學家，但對歷史研究之具體作業，絕不外行。業師故中央研究院院士嚴耕望先生治史數十年，彼為引導後學而撰寫之《治史經驗談》論研究歷史時指出說：「儘可能引用原始或接近原始史料，少用後期改編過的史料。」[31]唐嚴二先生的觀點可說是完全一致的，只是用語上稍有差別而已。至於「目標在了解他人研究考證之成績……」的論點，雖為老生常談，但亦係顛撲不破之至理。

文學恃才、哲學仗識；治史則重學[32]，尤重循序漸進的功夫，歷史考證

---

29 上揭《哲學概論》，頁 168。

30 當然，就廣義來說，上古的甲骨彝器，中古的碑銘石刻，以至今日之電腦光碟及影視器材，凡可以提供吾人歷史知識者，亦未嘗不可以“歷史書籍”視之。此「書」字不必看得太死板。

31 嚴耕望，《治史經驗談》（臺北：臺灣商務印書館，1981），頁 49。

32 這只是相對的就三門學問各有所偏重來說。其實，治史又何嘗不重視才、識？才、識之外，尤重視德。唐劉知幾對該問題有所論述發揮。參兩《唐書》，本傳。清章學誠對史德一目，論述尤深邃。參所著《文史通義・史德篇》。按：史德也者，史家之心術也。然則元儒揭傒斯早已暢論史德之義。其言論見歐陽玄所撰〈同知經筵事豫章揭公墓誌銘〉：「……丞相與候見便殿，因問……又問：『脩史之道何先？』曰：『收書、用人。』又問：『用人何先？』曰：『用人先論心術。心術者，脩史之本也。心術不正，其他雖長，不可用。』」見《圭齋文集》，卷十。《圭齋文集》見中國哲學書電子化計劃：https://ctext.org/wiki.pl?if=gb&chapter=858206；瀏覽日期：2023.03.06。《元史》卷 181，〈揭傒斯傳〉亦有相關記載，且更詳盡，如下：「詔修遼、金、

工作更係如此。唐先生說：

> ……唯大體上，我們可說，在科學之研究中，比較更接近科學之歷史考證工作中，與哲學中之邏輯知識論與宇宙論之研究中，人最須循序漸進，逐步的用功夫，並宜先自一專門之問題下手。尤須先求思想之有一定之法度，或循前人已成之規矩，以求自己之進步。[33]

唐先生上文雖然不光是針對歷史研究來說的，但其說理之精，一般治史者，乃至史學方法論的專家恐亦無以過之[34]。嚴耕望先生嘗申論歷史論文所處理問題的大小與治史者年歲的關係，認為「青年時代，應做小問題，但要小題大做；中年時代，要做大問題，並且要大題大做；老年時代，應做大問題，但不得已可大題小做。」[35]唐先生認為「人最須循序漸進，逐步的用功，並宜先自一專門之問題下手」，這就與嚴先生所說的「青年時，應做小問題，但要小題大做」，如出一轍。青年人「學力尚淺，但精力充沛，小問題牽涉的範圍較小，易可控制，不出大毛病，但也要全副精神去大做特做。這樣可以磨練深入研究的方法，養成深入研究的工作精神，為將來的大展鴻圖作準備。」[36]至於所謂「先求思想之有一定的法度」，這就與業師許冠三先生論

宋三史，傒斯與為總裁官。丞相問：『修史以何為本？』曰：『用人為本，有學問文章而不知史事者，不可與；有學問文章知史事而心術不正者，不可與。用人之道，又當以心術為本也。』且與僚屬言：『欲求作史之法，須求作史之意。古人作史，雖小善必錄，小惡必記。不然，何以示懲勸！』」見中國哲學書電子化計劃：https://ctext.org/wiki.pl?if=gb&chapter=937160；瀏覽日期：2023.03.06。又：拙著《章學誠研究述評（1920-1985）》（臺北：臺灣學生書局，2015）嘗於書中多處論述「史德」。參該書附錄索引二：主題索引「史德」一目。

33 上揭《哲學概論》，頁 169。

34 筆者在大學任教「史學方法」一科目，前後幾近 30 年。史學方法各專著（尤其以中文撰寫者），大體上皆嘗瀏覽。其論述之精微細緻或有過於唐先生者。然就識見來說，實難以比肩並駕。

35 上揭《治史經驗談》，頁 78。

36 上揭《治史經驗談》，頁 78-79。

述史事重建必有賴「以邏輯知識為核心的方法學知識」[37]的論點，若合符節。

又「循前人已成之規矩，以求自己之進步」，這點可稍作申述。治史有所謂「兩條腿」走路。一是必須研讀仰仗第一手資料，否則研究成果（含相關立論）便缺乏踏實之基礎；二是必須參閱前人之研究成果，否則無以借鑑並超越勝過之[38]。二者必須交相為用，否則治史難獲得成果，更不要說史家藉以獲取一定的成就了。

唐先生論說歷史考證工作之卓見，已如上所述。其實，唐先生對中國歷史若干問題亦展現出考證學方面的才華。換言之，先生不光是說，而是有實踐的。別的不必說，只需要稍一翻閱收錄在《中華人文與當今世界》中〈孔子誅少正卯傳說的形成〉一文或甚至略一披覽同書〈歷史事實與歷史意義〉（下）考證顏回卒年的數頁（144-147），便使人驚嘆唐先生歷史考證工夫的深邃；縱然視先生為歷史學家亦不為過。[39]

考證一歷史問題，唐先生已指出必須「循序漸進」，「求思想有一定的法度」，筆者上文嘗借用許師冠三的相關論述釋讀這個「法度」的問題。然而，要綜觀人類歷史的發展、趨勢，而不是某個別歷史事件的重建、考證，則須另一更有效的方法。此辯證法是也。唐先生說：

> 其（黑格爾）早年之《精神現象學》，與晚年之《歷史哲學》，均重由人類精神發展之歷史，以展示其哲學之全貌，其哲學中所用之辯證法，為一透過正反合之思維歷程，以理解諸真理之關聯；而歸向絕對

---

37 許冠三，《史學與史學方法》（臺北：萬年青書廊，缺年分），上冊，頁27。

38 當然尚有其他原因使治史者必須參閱前人已有的成績或已成的規矩的。可參 Louis Gottschalk, *Understanding History* (N.Y.: Random House, 1969), p.116。

39 其實，先生天分之高，實不能僅以學問之某一家範圍之。用「家」字稱呼，已不對！稍翻閱《愛情的福音》、《致廷光書》，甚至《人生之體驗》等書，則當今之世的文學作品又何以過之！若必以家稱之，先生亦偉大的文學家也。

真理，絕對精神之把握，即一徹始徹終之歷史方法。[40]

此中所謂「歷史方法」，與一般意義下的「史學方法」不同。作為工具，後者偏重把握個別具體的史事的重建，或規模並不太大的史事的重建；前者側重綜述、呈現全體人類之發展歷程，或至少個別民族、國家較長時段之發展變化。猶記得 40 多年前聆聽牟宗三先生講課時，先生亦嘗指出，綜述統覽歷史之變化發展，須用正反合的辯證法。可知以辯證法描繪詮釋歷史發展，乃中外大哲學家之共識。

上文指出個別歷史事實之考證與大歷史（Macro-history）之發展變化之詮釋係用不同的方法來處理。然而，無論是小事件或大演變，史學方法或歷史方法所施之對象皆已成過去者。而凡對過去（the past）所建構之知識，皆為概念知識，此上文已有所述說。然則吾人又如何獲得、認取此等概念知識呢？

唐先生於此有所指點。先生認為吾人欲了解非當前現實世界，而為過去歷史世界中之事物時，則吾人必須具備一超越現實世界之心靈；並認取不通過觀念對過去世界作理智的重建，則過去的世界便不能被吾人所認知。[41]

40　《哲學概論》，頁 35。

41　筆者這句話：「吾人必須具備一超越現實世界之心靈；並認取不通過觀念對過去世界作理智的重建，則過去的世界便不能被吾人所認知。」是概括自：《文化意識與道德理性》，下冊，頁 36-37。唐先生的說法，固顛撲不破之至理。然而，於此筆者又想到徐先生的一個說法，與此似截然相反。其說法如下：徐先生自謂彼之所以能夠讀懂《史記》（按：意謂了解《史記》之內容；亦意謂了解史公之思想、用心。），乃緣自彼在現實上有其相應的生活經驗。要言之，要了解歷史，唐先生要人先具備一個「超越現實世界之心靈」；徐先生似乎恰好反過來，而要人具備與現實生活不隔的一種經驗！然則兩大師之意見正相反耶？其實不然。唐先生之意思，是要人千萬別陷溺、膠固於現實世界中而不能自拔，否則無以產生超越之情懷以了解過去之歷史。而徐先生的意思，是要人（譬如史家）借助於其當前活生生的個人經驗，俾對古人產生同情共感，否則無以契接古人之心而了解其當時之實況（「古人當時之實況」，對吾人來說，即「歷史」也。其實，藉同情共感以了解古人，唐先生亦非常重視斯義。下詳）。一言以蔽之，陷溺於現實固不對；全然與現實不沾（俗諺所謂：不沾鍋），亦了解歷史除一方面必須具備超越現實世界、不陷溺當前世界之心靈外，還必須設想自己是古人，使自己生活於歷史之中。唐先生即如是說：

> 此諸義要點，在言看歷史與看外在之自然不同。看歷史須透過歷史之文字記載，如湧身千載上，而自己生活於歷史之中。[42]

看歷史，自然當如上文所言；了解歷史亦然。此外，尚須透過同情心（同理心）以達致一種同情的了解（sympathetic understanding），始可神入過去的世界、深徹透悉古人行事背後之精神。古語有謂「論古尚恕」，此與今語「同情的了解」實同一涵意。若先存一「古不如今」、「古人落後保守，今事事先進創新」之觀念，則古人必百無一是，無一可稱道者。此則落入進步史觀這個一元論歷史詮釋法的泥淖中去了。如此，則歷史之真相頓失[43]。唐先生對此亦有所論述。他說：「……而史學則須從同情的智慧，理解事理之得失，不能不用人生文化價值概念，以從事評價。」[44]如何評價的問題，今暫且不談（此詳見下文第四節）。但用「同情的智慧」以理解歷史，則是必須的。這所謂「同情」，不必理解為先存一諒宥寬恕之心來對待古人，而宜理解為設想自己與古人遭遇「同一的情境」時，自己該如何處事應物？為求解答這問題，史家必須超越個人現實的世界，而跳進飛躍到古人的世界，而自為當事人，或至少自為當時人方可。

由「同情的了解」、「論古尚恕」，我們可進一步論說人的整個的存在

不對。俗諺有謂：有點黏又不會太黏，則庶幾近之。過猶不及也，即分寸要拿捏得恰到好處也。是徐唐二先生之意見，對於歷史之了解、研究、探討來說，皆顛撲不破之至理也。徐先生之意見，參上揭《政治中當然有道德問題：徐復觀政治思想管窺》，頁348-349。

[42] 唐君毅，〈附錄一：中國歷史之哲學的省察〉，收入牟宗三，《歷史哲學》（香港：人生出版社，1970），頁10。

[43] 歷史之真相到底如何？歷史到底有沒有真相？這當然是一個很值得探討的問題。但我們先不要預存某一史觀以解釋歷史，這是首應注意的。

[44] 唐君毅，《人文精神之重建》（香港：新亞研究所，1955），頁544。

狀態，實可決定、左右吾人歷史認知程度的多寡。上段就人之恕心（同情的了解）以說明人對歷史所能了解的程度。其實，恕心只是人之整個存在狀態之一端而已。然而，縱使一端其實也可以影響人對歷史之認知的，然則整個存在狀態對歷史認知所產生的決定作用，便更是顯然了。唐先生說：

> 人之整個的存在狀態，決定歷史之認識之方向，唯對人之能以光明正大存心者，歷史學乃有其充量的真實存在的意義。我們在本節所要歸宿到之義，是：必須人之整個的存在狀態，是依於一光明正大之心，然後人能多方面的發現歷史事實之理想的意義與可能的意義。[45]

這裡所說的「歷史事實之理想的意義」、「可能的意義」，我們暫且不加以探討。蓋僅從歷史事實被認知的角度出發，上引文已足以說明問題之所在。簡單來說，上引語中「之理想的意義與可能的意義」一片語可先略去。相關語句便成：「……是依於一光明正大之存心，然後人能多方面的發現歷史事實。」所謂「光明正大之存心」，簡言之，即道德心。但「道德心」或稍嫌抽象籠統，於是唐先生便易之以「光明正大的存心」。由光明正大的存心所孕育而成的人之整個存在狀態（尤指心態）必然各方面都是美善的（用心是善良的，出發點是善意的，心態是正常的，健康的）。由此美善的存在狀態始可如實地獲知過去的史事。否則，如果史家先有成見，預存立場，無一開放的心靈，則您能期盼這樣的一位史家可如實地獲知過去之真際嗎？此理思之便明。筆者治史數十載，雖一無所成，但治史過程中，尤其論及古人時，恆以唐先生此言作為定盤針。其實，論及時人，更須如此。[46]

一般來說，知性與德性是兩回事。人之道德情操表現不佳、用心不良，應與知性之發展、知識之獲取無關。然而，知性所施的對象若為人（含古

---

45 唐君毅，《中華人文與當今世界》（臺北：臺灣學生書局，1975），頁152。

46 筆者工作的單位，乃有同事經常從黑暗面看待古人和時人，這是很可惜的。可惜有二，其一，難以理解古人；簡言之，即難以理解歷史。其二，在不知不覺間，其實對自己的身心都會造成負面的影響。

人）的世界，則情況便有所不同。設想一個終日鑽營、唯利是圖的小人，他可以了解莊子的精神面貌嗎？一個賣國賊、漢奸，他可以了解文天祥、史可法捨生取義的精神嗎？恐怕是不可能吧！古人恆論史家須具備史德，即以此故。唐先生哲學體系以人之道德心之自覺為主軸（至少主軸之一）。然則其論述歷史知識之獲取，必以人之正大光明的存心為樞機，為關鍵，為先決條件，便是必然之論了。

在本節的最後，我們嘗試說明一個較抽象的歷史知識論的問題。上文不斷說到獲取歷史知識，這似乎意涵人之認知能力可以完全讓人獲得歷史事實的真相。但唐先生對這個問題是持否定態度的。先生的〈歷史事實與歷史意義〉上篇的附論中特別處理這個問題。相關標目是：〈純客觀外在的歷史知識之真相，為歷史知識之極限，而不能為衡定歷史知識之真理之標準〉。[47] 這個附論 2,000 多字，但不外舉例進一步說明這個標題的涵意而已。現在嘗試摘要簡述如下。依筆者之見，唐先生的意思是說：

> 純客觀外在的歷史事實之真相（按：此「真相」，相當於「史事的本來面貌」；簡言之，即相當於 the past itself），其本身縱或存在，但吾人的認知能力明為不足以認識之、掌握之者（唐先生用「歷史知識之極限」來道說這個情況），故吾人不能持之為判準（即不能視此真相為判準），用以衡定吾人所建構之歷史知識（簡言之，此相當於 the written past）是否為真理。（按唐先生這裡「真理」一詞，如用「有效」[48]、「符合過去之實然情況」等詞取代之，似更明晰。）然而，這純客觀外在的歷史事實之真相，對吾人言，亦非絕對不可以予以呈

---

[47] 唐先生在標題下特別加注：「此節哲學意味稍重，故列為附論。」

[48] 許冠三先生曾指出凡通過合理、有法度之重建過程而獲得的歷史知識，皆可視為客觀、有效之歷史知識，雖然這種知識不一定完全符合過去歷史之原貌、本來面目。許先生在上揭書中所說的：「過去歷史之原貌」，即是唐先生所指稱的歷史事實之「真相」。參許冠三，上揭《史學與史學方法》，第四章，〈歷史知識的客觀性〉，尤其第五節，〈客觀、有效、一定〉。

現（即不能排除吾人具備能力以揭示其存在）。唯如實地予以呈現，依唐先生，則有待吾人三心俱顯之時方可[49]。是以吾人與其說此真相可呈現，倒不如說吾人之三心可呈現。換言之，吾人說由此真相來衡定吾人之歷史知識是否為真理，倒不如改說由三心之呈現來衡定吾人之歷史知識是否為真理，蓋此後一說法似乎更周延妥當。然而，依唐先生，三心之呈現有待時間之倒流方可，惟時間實不能倒流。[50]是以如實言之，所謂三心可呈現，恐怕只是一理想而已[51]；換言之，就實

---

[49] 唐先生以「堯舜之相貌畢竟像什麼」來舉例說明三心的問題。三心指：「對此相貌之感覺心」、「說其是什麼之心」、「觀此二者是否配合和諧之心。」見《中華人文與當今世界》，上冊，頁 137。

[50] 就實然或現實情況來說，時間不能倒流，此固然。然而，人之心明為可做逆溯或追溯者，是以時間不能倒流並不妨礙或排斥吾心執行或落實此逆溯的功能。心既能逆溯，則歷史之真相便不必然不能獲悉也。當然，唐先生所指稱的真相，蓋指當時的歷史事實 100% 之真貌來說。若然，則真相不能獲悉或難以獲悉，便很可以理解了。之所以不能獲悉或難以獲悉，尚有另一原因：乃以心固然有能力做逆溯，但不必然一定做也。唐先生的相關說法如下：「此真相真理，與吾人之知真相真理之心，恆俱隱而俱顯，此二者可俱顯，而合為現實境，亦可俱隱，而皆為一超越的理想境；……」〈歷史事實與歷史意義（上）〉，《中華人文與當今世界》，頁 138。

[51] 唐先生指出這三心俱外在，「為吾人之現在之心，所未能發展出，此真理（按指吾人歷史意識所對之真理：純客觀外在的歷史事實之真相）方成外在。」語見《中華人文與當今世界》，頁 137。筆者認為唐先生的說法，可能是稍微悲觀了一點。簡言之，吾人之現在之心不必然不能發展出三心（參上注：蓋心具逆溯之功能也）。即是說，縱然時間為不可倒流者，但人之心量為無窮大者（此義洵為唐先生所首肯），乃可謂超時空而存在者，是以現在之心不必然不能冥契於唐先生所說之三心也。當然，筆者此說，亦一理想性的說法而已。就實然情況來說，或現實情況來說，三心俱顯（俱呈現），其事大不易也。換言之，現在之心不太可能發展出三心，即不太可能使之俱呈現也。既不能俱呈現，則歷史真相（特指 100% 當時的情況）乃不可獲得也。2023.03.08 凌晨夢中醒來，想到「人之心量為無窮大者」，然則三心俱顯為何不大容易而僅為吾人之一理想呢？爰想到顯不顯恐怕牽扯到「不為」和「不能」這兩問題。譬如以抗日戰爭之南京大屠殺為例來說，史家想藉著三心俱顯來重建（復活）整個屠殺過程之真貌、真相（含被殺者當時各個人可有的各種心路歷程：恐懼、無奈、仇恨等等），其事則大不易。此所謂不能也，非不為也。然而，退一步來說，縱然是能，但相關史家也有可能不為。何以故？以過程太慘絕人寰了，是以不忍為之，蓋無法克

際情況來說，則未見其必能呈現也。由此來說，所謂以客觀外在的歷史事實之真相作為標準以衡斷歷史知識是否為真理，實隱涵以下一義：吾人之歷史意識之發展，恆嚮往於一超越之理想境（其實，三心俱顯也是一個理想境），而力求達致之而已。捨此而外，實無所謂在吾人認知領域內，有一純客觀外在的歷史事實之真相存在[52]之可能也。（此說法或過於抽象不好懂，此詳參下節或可得其要領。）是以只能說，吾人之歷史知識只要是合理的（即理性可予以接受者），即依法度（即以史料為據，並且研究過程合乎邏輯推理等等為基礎的史學方法）建構出來的，便可以了。至於真相之為何，吾人實難以獲悉之。其實，以上的說明，筆者以為不妨透過常識來做說明便可以了；如下：歷史事件已然過去。是以僅藉著人之認知能力而企圖100% 獲悉其真相，其事乃不可能者。[53]

服自己的感情和情緒，因而無法忍下心來且冷靜地做相關重建的工作。一句話，三心俱顯，原則上是可行的。但實際上，則全端視史事之具體情況為準。小事之重建，蓋可行，即三心可俱顯也（但其重建之準確度，即三心俱顯之程度，恐亦不易達到100%）；大事且又牽扯到感情問題者，則難矣哉！按：「俱顯」或「俱呈現」之「俱」字，具二義。其一指三心的每一心，其二指每一心皆 100% 呈現。簡言之，即三心"300%"的呈現也。再者：「歷史事實之真相」一詞會使人誤認為過去的歷史事實乃的而且確有其真相者。其實，此說法，不免一虛妄而已。此詳參下節即可知之。簡言之，就其究竟處來說，只有歷史事實之意義，而無所謂歷史事實也。蓋後者乃藉著前者而顯而已。即前者為本，後者為末也。也就是說歷史事實之本身（bare historical fact）是沒有什麼意義（importance）的；只有當其意義（significance, value）被發現後，它才具備了意義（importance）。按：筆者在這裡故意把「意義」做兩種翻譯：importance、significance，以明示此詞在這裡的不同意涵，以利讀者之了解。

52 所謂史事（史實）之真相在吾人認知領域內存在，乃指史事（史實）完整地（即100%）如其本來之面貌或狀況之被吾人所充分意識到之謂。

53 寫到這裡，筆者想起十多年前時任東吳大學校長的劉兆玄教授的一席話。他說：有些道理本來是簡單明瞭而很好懂的。但一經哲學家透過學理而作出說明時，那便不好懂了，因為這反而把問題（即相關道理）複雜化了。（大意如此）當然，筆者絕不否認哲學家在道理之說明上所作出的貢獻。然而，對於一般人來說，尤其是對於比較沒有受過思辨訓練的人來說，他們的目的只是要明白某些道理，這便足夠了；至於這些道

（七）歷史事實乃由歷史意識衍生之歷史事實的意義所規定，並依此而被了解

〈歷史事實與歷史意義〉一文（收錄於《中華人文與當今世界》）是一篇很重要的反省歷史學的性質的文章。文中卓見偉論極多，蓋發前人所未發也。其中論說「歷史事實的意義」的文字，頗與歷史知識論有關。該文撰著於 1963 年，可謂唐先生中晚年之作；其於相關問題之反省與論述，實有進於先生其前之所為者。今就文中歷史知識論部分闡述如下，藉以見「歷史事實」之「本義（確當義）」；唐先生與時俱進之學問造詣，亦藉以概見。

唐文的主旨或可先由以下一段話說起。唐先生說：

> 凡「通過其意義以了解或由意義以規定」之歷史事實，亦皆由「其他之歷史事實之存在或後來之歷史事實之相繼產生」，而變化生長的。因而一切已成的，屬於過去世界的歷史事實，乃同時在一方生的、現在的、未來的世界中。世間根本莫有所謂只是已成，而只屬於過去世界之單獨自己存在之一件一件之歷史事實之絕對的真相，可分別為歷史學所研究之一一對象。[54]

理背後所蘊涵的一番"大道理"（譬如上面說過的甚麼「三心俱顯」、「超越之理想境」等等即是其例），他們是沒有興趣（當然也可以說，沒有能力）去理會的。

54　《中華人文與當今世界》，頁 121。上文指出，唐先生在《文化意識與道德理性》中曾經說過另一番似與上引文並不相一致的話。先生說：「……而歷史知識所對之歷史事實，永不能再現，乃吾人所確知為已過去，乃非現實存在，永不能再成現實存在者。……」（下冊，頁 37。）唐先生的話，就常識義來說，並沒有說錯。但這段話，與上正文所引的一段話相比，則稍嫌"過於常識"了一點。〈歷史事實與歷史意義〉寫於 1963 年（本注文上所引錄的一段話則應寫於 1947 年），顯係唐先生思慮更趨成熟周延後的一個反映。於此亦可見先生思想雖自謂三十多歲後便大體定型，但其實仍是有發展的；也即是說，有所進步的。又：上引文：「……由意義以規定之歷史事實」一語中之「規定」一詞，有點不太好懂。照筆者之理解，此語即相當於今日恆言之「建構」一語。換言之，這句引文即相當於以下一說法：「……藉意義以建構之

這段話，乍看之下，不太好懂；但仔細閱讀一兩遍後，其意義還是相當清楚明晰的。根據這段話與上文所綜述的唐先生的觀點，先生實沒有否定歷史事實之本身係客觀地存在於過去，並構成過去的世界。然而，就吾人的認知立場來說，過去世界的真相，實無法被知曉！或至少無法全然被知曉。唐先生更扣緊歷史事實的意義而指出歷史事實是無定的、是可以不斷生長的。換句話說，唐先生是把客觀地存在於過去的事物，完全收歸到吾人當下主觀的認知上來立論（即吾人（今人）當下的意識已然參與了進來，而在一定程度上決定歷史事實的真相）。這是上引文，以至整篇文章的核心、旨趣所在。簡言之，也可以說吾人之認知或吾人之意識決定了歷史事實之為如何；歷史事實之意義又係人據其歷史意識所賦予的。於是一歷史事實的意義的大小、增減，便全由人所決定。至於過去世界的本然實況既係由人之歷史意識所產生的歷史事實的意義所規定，於是過去的世界（歷史）之為如何，便不一定就是如何的（即非全然固定下來的），而係有其變化生長的。

上引文及筆者據之而作之綜述與引伸，乃係唐先生歷史知識論的奧義、菁華所在。下文擬稍作進一步說明。

唐先生認為選取某些事實而紀錄之，必須有一自覺之標準，否則所記者或不免成為無意義之事實。而此一標準必使人從面向重視歷史事實之方向改為重視歷史事實之意義之方向。而此轉向必使歷史事實在初步反省下所具備的四性質有所改易。按：此四性質為：歷史事實乃存在於過去者；乃一客觀的自我存在者；乃唯一無二者；乃係一絕對之本然真相（意謂其真相是如何便如何，而不是後人所詮釋解讀下之如何）。[55]此四性質其實是「歷史事實」一詞的常識義。然而，經唐先生進一步反省思索後，「歷史事實」的性質便有所改變而有了一個全新的面貌。茲開列常識義下之原貌及變易後之新貌如下（箭頭（→）表示變易；左端為原貌，右端為新貌）：

歷史事實」之謂。

[55] 詳見《中華人文與當今世界》，頁 113。

1. 已成過去之歷史事實→其意義由新生之事實所決定。
2. 客觀的自己存在→相對於主觀的歷史意識而呈現其各方面之真相。
3. 歷史事實之唯一無二性→歷史世界中，只有具各種普遍意義，而在一關係的全體中存在之事實。
4. 絕對的本然真相→相對於主觀而呈現之各方面之真相；此真相亦由此而被了解、被紀錄。[56]

歷史事實之性質，經唐先生深入思考反省後，便變成箭頭後之各項。乍看下，這個新面貌似乎不太容易被吾人所認識，更不要說被認同接受了。然而，其實只要我們願意開放一己的心靈，不要再從常識義去看這個問題，而嘗試從吾人乃一切客觀事物之認知主體的立場出發，進一步反省「歷史事實」一詞的涵意時，則唐先生的結論是不難懂，且是確當不易的一個看法。其實，如果我們稍從後現代主義的立場去看唐先生對「歷史事實」一詞的詮釋、解讀，則唐先生的說法不啻是另一種“常識”而已，只不過這個常識是以更圓融周至的方式來呈現，而更具說服力吧了。

如此來說，先生把「歷史事實」改易為（定位為、解讀為）「歷史事實的意義」，或以「歷史事實的意義」規定之、了解之，是否毫無必要？此又絕不然，蓋此「改易」及相關之析論，正係給一般史家之誤以為過去之歷史世界之為如何即如何者，一當頭棒喝；使彼等別再迷惑以為有一客觀自存的歷史世界擺放在那裡，而只等待歷史家發現之、重建之而已！且先生所指出的歷史事實的意義之無定量，而實隨人之發現或創造而增減[57]，乃更使人認識清楚人在歷史認知上之主導地位。就此來說，唐先生「歷史事實的意義」這命題的提出及相關之精闢疏析，已足以充分呈顯先生在歷史知識論方面的貢獻。

---

56 《中華人文與當今世界》，頁117-118。
57 《中華人文與當今世界》，頁141、150。

（八）結語

在這個〈結語〉中，筆者只想指出一點：唐先生本人的思想是與時俱進、有所發展變化的。先生寫於中晚年的〈歷史事實與歷史意義〉一文，對相關問題之論述，則明係更有進於前者，蓋析理更透闢深入。以前之文字，其析理雖自有可取，並優於前人者，唯其大端仍係就「歷史」、「歷史學」等等之常識義立論、申說。〈歷史事實與歷史意義〉一文則把一切統攝於心；雖不否認歷史事實乃客觀地存在於過去之世界，然就吾人之意識上，即認知上來說，此所謂能客觀地存在者，以其有意義故，而此意義又明係認知主體之人所賦予者；是以歷史事實之所謂得以存在者，乃實係依於人之有歷史意識故。如此來說，歷史世界之得以存在，實由於吾人之存在故；或更明確一點說，實由於吾人之心之存在並對此歷史世界產生意識，復經過一定之致知程序作出相關建構而使此世界成為吾人之歷史知識故！

唐先生此一指點極為重要，蓋對一般史家之視歷史事實為純客觀之一外在存在體，其為如何即如何的看法，無疑給予一當頭棒喝[58]。而此點亦正係唐先生歷史知識論之最大貢獻所在。

三、唐先生的史學價值論

一般哲學家不大理會歷史或史學研究，西哲羅素（B. Russell，1872-1970）、桑他耶那（G. Santayana，1863-1952）即其例[59]。唐先生則與此正

---

[58] 當然亦有不少學者指出歷史事實之研究、重建，不可能百分之百客觀地恢復史實之本來面目。但這只是就史實重建之不可避免地受到史家個人情緒、知識多寡、認知能力強弱、價值取向或宗教信仰等等之影響來說，尚不是把歷史事實收歸涵攝於吾人之意識中來立論。是以唐先生之論說，可說與一般學者之見解不同，或至少可說析理透徹過於彼等遠矣。有關歷史重建之結果之不能（即難以）全然符合過去史事真相的問題，可參 C. Beard, "That Noble Dream" 一文。此文收錄在 Fritz Stern, ed., *The Varieties of History* (N.Y.: Vintage Books edition, 1973), pp. 314-328。

[59] 參唐君毅，〈中國歷史之哲學的省察——讀牟宗三先生的《歷史哲學》書後〉（〈附

相反，並曾就此問題提出他個人看法。先生說：

> 世之言哲學與言歷史者，恆相視為殊科。言哲學者之以究心於宇宙之普遍之大理為目標，或以名言概念之解析為事者，皆輕歷史之為物。……哲人能觀宇宙之大，其心可謂大矣。然此心終屬於此哲人之為人，而此人固存在於歷史文化社會中也。則徒騁此心以思宇宙之大者，不如兼能反省此心之屬於此人，此人所在之歷史文化社會，而兼於此運其哲思者，其所思之尤大也。[60]

上引語確係的論。先生之專業雖為哲學，但以其胸懷寬廣，且治學面亦極博，故能承認首肯史學，以至其他學術領域。依恆常之見，哲學家既觀察、審視宇宙間之大是大非、大義大理，則故不暇、亦不必兼顧、探討人類歷史文化之個別事物，尤其社會、人生中所謂瑣屑之事事物物（即小傳統之庶民文化——或所謂俗文化——之各種表現）。史學家對於哲學家之鄙視小傳統之庶民文化，乃至看輕歷史上之各種實然表現，恆不能認同，但一時間恐不知如何予以反駁，藉以為史學專業本身之價值據理力爭。唐先生在此乃充當調人，於承認哲學家所研治者係宇宙間之大道理後，即下一轉語指出說：若能於歷史文化社會，兼運其哲思，則「所思之尤大也」。這一方面固守著哲學家之立場，肯定哲學所研治之領域；他方面亦能涵攝接受其他學術領域，並認為此涵攝接受更能擴大哲學家之心量。很明顯的，此一說法在理論上更見周延縝密；亦正可反映唐先生寬廣之胸懷與治學之態度。

先生又說：

> ……故凡為哲學而不歸於歷史文化之哲學者，其哲學必不究竟[61]。

錄一〉），收入牟宗三，《歷史哲學》（香港：人生出版社，1962），頁3。

[60] 同上注，頁2-4。

[61] 同上注，頁5。

哲學研治之領域至廣，知識論、價值論、宇宙論、倫理學、形上學等等皆隸屬焉。而唐先生以為必歸結於歷史文化之反省研究，則史學在先生心目中之地位可以想見。[62]筆者更由此而認為，現代新儒家第二代的代表人物——徐、唐、牟三大師當中，唐先生對歷史哲學和文化哲學之探討、反省，其表現可謂最傑出者；或至少最能注意此兩大領域者。寫到這裡，筆者產生一看法。相對於歷史和文化之研究來說，哲學之研究，乃比較抽象者，是以亦可謂比較不接地氣者。上引語雖不逕謂對歷史或文化之本身做研究，然而，對歷史和文化做反省性質之研究而構成之歷史哲學和文化哲學，乃必以歷史之本身或歷史之研究、文化之本身或文化之研究，為基礎也。本此，則相對於其他領域之哲學來說，歷史哲學和文化哲學乃可謂最接地氣者。然則三大師中，筆者以為，徐先生之研究固係最接地氣者；唐先生則緊隨其後而係第二接地氣者。

唐先生不僅重視人類的歷史與重視對此歷史所做之研究（此即成就了歷史學，或簡稱「史學」），並且亦相當重視由歷史進路（historical approach）以掌握、研究哲學問題。茲引錄唐先生的相關說明如下：

> ……此所思索之過去人所留下之哲學思想與問題，所以如此如此發展，則又恆為兼具理論的秩序，與歷史的秩序者。此即黑格爾之所以說哲學即哲學史之故。至於吾人之治哲學，若注重在歷史文化之哲學，則吾人更當重歷史的秩序中之事物，更不必論。……故我們之讀哲學書，無論是以哲學問題為中心，或以一家一派之哲學為中心，我們都兼須注意到一哲學思想在歷史中之地位，其所承於前，所啟於後者何在？[63]

---

62 按對歷史作哲學的反省研究（歷史哲學）很明顯是第二序的研究；第一序乃係對歷史之本身作研究（此稱為歷史研究或史學研究，或簡稱史學）。第二序的研究必仰賴第一序的研究以為基礎。本此，唐先生既重視第二序的研究，即無疑涵蘊了重視第一序的研究。此詳見下文。

63 唐君毅，《哲學概論》（香港：友聯出版社，1974），頁 170。

上引文中「歷史的秩序」一語與引文中所接述黑格爾「哲學即哲學史」的說法，在在顯示先生之重視歷史。至於「吾人之治哲學，……更當重歷史的秩序中之事物，更不必論」一語，更說明了先生重視歷史之本身與歷史之研究了，蓋如不重視此種研究，則「歷史的秩序中之事物」，吾人何由得而知之耶？最後，所謂「須注意到一哲學思想在歷史中之地位，其所承於前，所啟於後者何在」，很明顯是藉由歷史進路以切入、探討所研究的主題的一種方法。何以言之？蓋筆者認為：為給予一哲學思想在歷史中定位，則縱的方面要了解此思想本身承前啟後者何在固然重要，但同樣重要的是橫的方面要對整個大環境及相關涉之各事物有所了解，否則無法構成一時空交錯的立體而給予哲學思想一適切的歷史位階。然則非藉賴歷史進路（或至少必須視歷史進路（historical approach）為不可或缺之研究進路之一）以研究相關問題不為功。先生之重視歷史、重視歷史研究，並重視由歷史角度以切入所研究之主題，上段引文可見一斑。

（一）歷史學對個人之價值

唐先生固然承認學術研究之本身有其自身的價值，但先生做學問，是以闡發人之精神價值，提昇人之道德情操，調適民族之生機，光暢文化之慧命為終極目的的。筆者深信，先生之重視歷史研究（重視史學），其動機正繫於此；其終極目的，亦正在於此[64]。

現今先說史學對於個人的幫助。先生說：

---

[64] 唐先生在說明歷史科學與歷史哲學不同時，曾如是說：「……歷史科學恆只順時間先後的順序，以了解歷史事實為目的，……」。這是指出歷史科學（即本文所說的史學）研治的對象是歷史事實；吾人不要因為「目的」二字而因辭害意，以為唐先生視歷史事實之研究便是史學之終極目的！換言之，就唐先生來說，歷史事實之研究，其本身並非終極目的。當然，「歷史科學……以了解歷史事實為目的」，這句話不能算錯，但其中所說到的「目的」，只可說是眾多目的之一，且也只是一個初階的或最基本的目的。至於其他目的，乃由該學科（或該科學）所作出之貢獻而見出。既作出貢獻，則其價值遂得以獲睹。此詳下文。上引語見上揭《文化意識與道德理性》，下冊，頁69-70。

> 歷史學之所以為歷史學，亦即只在成就人之歷史意識或學歷史之生活，而此歷史意識與學歷史之生活，則屬於人之整個的存在，為人之精神表現一方式，所以成就人之整個精神生活文化生活之充實與提高，……[65]

要言之，歷史學之功能，對個人而言，是「成就人之整個精神生活文化生活之充實與提高」。在這裡，值得注意的是，唐先生特別提出一個「學歷史之生活」（即過一種學習歷史的生活）的概念[66]。這種把專業學習融貫到生活上去的看法，是極具識見的。其實，要成為一個成功的偉大史家，非自覺的過這種「學歷史之生活」不可。[67]

上面說到充實與提高人之精神生活文化生活，這可說是就精神境界而言。其實，過學歷史的生活，何嘗沒有實際的效益？唐先生即如是說：

---

65 唐君毅，上揭〈歷史事實與歷史意義〉，頁118。

66 此概念，簡言之，即時時刻刻關注人類之過去、意識歷史上之事事物物之謂。換言之，即等同說：畢生持續地關注歷史（含讀史、治史），並時時刻刻意識到自己本身乃歷史上之一存在、歷史上之一"遺產"（產物）。俗諺有謂：「歷史就在你身邊。」也就是說，你身邊所有的東西，都是歷史上的東西——歷史遺產。依此，則所謂要過一種「學歷史之生活」，即等同說要過一種「關注自己身邊事事物物之生活」。簡言之，即時時刻刻要關注自己的身邊事物也。所以唐先生「學歷史之生活」一語，吾人不妨擴大解釋為：既關注人類之過去、意識人類之過去；但亦應同時關注、意識人類（吾人）之當下（眼前）之身邊事物也。筆者此意，想該為唐先生所首肯。

67 牟宗三先生常說「生命的學問」。對於史家而言，他的生命必須要時時刻刻在過「學歷史之生活」，使歷史意識永遠保持一個活躍的狀態、警覺的狀態，甚至是「備戰的狀態」。如此他的生命與學問才可以融合為一；史學始可以成為他生命的一部分，而名副其實的是一「生命的學問」。只有如此，他的現實生命與古人的當時生命（其實亦古人的現實生命）始可以契合無間，此即所謂尚友千古也。其實，只有尚友千古（此採其廣義用法，即神入古人之心而認識之、體悟之）才有足夠的憑藉（堅實的基礎、立足點）以下開百世。如此古今才真真正正地能夠貫通起來，否則歷史只是人類活動中各自獨立（其實是孤立）的眾多零散的片段而已；歷史研究遂不至於只是一份糊口的工作；而史家的研究成果也不至淪為「斷爛朝報」！

> 我們之讀史，而如史之真而了解之，亦即同時為幫助我們之如何立身行己，而應世應物，為政施教者。此即中國古人之學史之最後之目標，即清代只重考史之史家，亦從未加以否認。[68]

至於史學如何可使人「立身行己」、「應世應物」、「為政施教」？唐先生則有如下的指點：「史學之用，則直接在使人精神收攝於具體之史事。而返求當前事變，與吾人之生，所自來之本。……史學使人心，向內而向後。……史學使人回顧，人乃多情。」[69]要言之，史學使人回顧過去具體之史事。但此回顧只是一手段，其目的則在於返本開新，藉以回應當前之事變。至若「立身行己」之取資借鑑於前人的經驗，那就不必多說了。

至於充實並提高人之精神生活，唐先生則有如下的說明：

> 重歷史知識，一方可使人培養出：超越個人直接經驗，而貫通古往今來之人，所經驗之世界的廣大心量，而又可使人不致落入抽象的理智觀念，而保持中國人之重具體整全的觀點看事物的智慧，此智慧亦為人具充量的仁心者之所必當具有。[70]

要言之，超越個人直接經驗，逕與古人精神相往來的歷史研究必使人培養出

---

68 上揭《中華人文與當今世界》，上冊，頁 155。清中葉的學風，無論治經或研史，皆以考據為尚。此學人早已指出。然而，當時學人（尤其第一流學人，如錢大昕、戴震、章學誠，甚至趙翼等等）實未嘗全然乖脫悖離明末清初顧、黃、王等大儒經世致用的學風，只是其經世致用之表現，相對來說，比較隱晦而已。此義則並非所有治清代學術史之前賢能全然了解；而不免以為清人（尤其清中葉的學人）只重視飯飣考據而已。筆者治清中葉學術史有年；乃能確知此種論調實失諸偏頗。唐先生雖治哲學，但能有此識見，殊屬難得。筆者對清中葉史學之研究，見以下三書：《廿二史劄記研究》（臺北：臺灣學生書局，1994；臺北：花木蘭文化出版社，2010，修訂再版）、《清人元史學探研》（臺北：稻鄉出版社，2000）、《章學誠研究述評（1920-1985）》（臺北：臺灣學生書局，2015）。

69 上揭《人文精神之重建》，頁 544。

70 唐君毅，《中國人文精神之發展》（臺北：臺灣學生書局，1974），頁 149。

廣大的心量並自整全的觀點察看事物變化的智慧。[71]

然而，治史並不完全是有百利而無一害的。唐先生智慧圓融周至，嘗指出其可能產生的弊端如下。先生說：

> ……但人過重具體的歷史知識，亦有一大流弊。即在歷史知識中，人所知之對象，皆為局限在某一特定時空之人物事件等的。此人物事件等，只分別佈列於時空之系統中。……此種歷史之事之分離性獨立性，即同時為使人之研究歷史的心靈，不免於一程度之破碎或支離者。[72]

歷史知識雖然可培育人以「具體整全的觀點看事物」，使同一事物之各面相層位皆被觀照到，然而，此事物與他事物，恆各自獨立分離（雖其間或不無相通之處）。因此，一一針對個別史事而展開之研究，則恐不免陷於唐先生所說的破碎或支離之弊。以歷史考證為治史重心的史學家，最容易陷溺其中。然則如之何？唐先生承認一切學術皆有其價值，並能照察不同門類之學術恆可以互補共濟。「道術將為天下裂」的「百家往而不反，必不合矣」[73]的窘境，唐先生是有其解決之道的。此即藉助於科學知識是也。科學知識「有普遍性，而能貫通於各種不同時空之特殊事物，與各種特殊經驗者。」[74]因此，正「得免於上述之心靈陷溺於個別歷史知識時，所致之破碎支離之病。」[75]

在終結本節之前，筆者要再度指出的是，唐先生雖然肯定各門學術皆各有其價值與貢獻，但同時亦察識到陷溺於其中任一時，皆可衍生流弊。融涵

---

[71] 本節上文主旨之一是從治史之能汲取歷史經驗教訓而增益個人行事處世的智慧方面來闡明唐先生的觀點。其實，這個鑑戒觀點不必然能夠成立。唐先生對此亦有所論說。這擬留待下文交待。先生的論說，見上揭《中華人文與當今世界》，頁 153。

[72] 上揭《中國人文精神之發展》，頁 149。

[73] 《莊子・天下篇》。

[74] 上揭《中國人文精神之發展》，頁 150。

[75] 同上注。

通貫，交流互濟似乎是唯一解決之道。在強調、重視科際整合的今天，唐先生的指點，更是饒有深意，甚值今人參考。

（二）歷史學對社會、政治、民族之價值

歷史研究不僅對個人精神生活、文化生活、行事處世、開拓心量等方面有所助益，並且對政治、社會、民族等等方面，亦有其貢獻。唐先生在他的好幾種著作中皆嘗闡發斯義。先生說：

> 一切歷史之研究，不能不直接間接照顧吾人今日之存在狀態中所感之社會政治文化之問題，不能不求有助於此類問題之解決方案之提出，並見諸行事，而達我們之精神生活、文化生活之充實與提高之目標；人不能於一切史學之研究，無所重輕，而必求其當務之為急者而為之，亦不待辨而可明矣。[76]

上引文可以看得出來，史學致用的意識，唐先生是很強烈的。因此便隨之而認為史家選題，不能「無所重輕」，而必須照顧當務之急的社會政治文化諸問題。這種關注，其實，不少史家是有共識的。法國史家 Henri Eugène Sée（1864-1936）即曾指出說：

> 我們而且要更進一步說，現在的事實是激起了史家研究的對象。為什麼半世紀以來經濟史和社會史得到重大發展呢？為什麼人們存心地去研究勞動組織史，工商進化史，及資本主義的起源呢？這是由於現在社會中經濟的和社會的事實一天天地重要，資本勞動間的問題，到處都發生。大戰後兌換的混亂及價格的提高，引起了歷史家的研究十六世紀的錢幣革命，得到更確切的了解。[77]

---

[76] 上揭《中華人文與當今世界》，頁 157。

[77] Henri Eugène Sée（施亨利）著，黎東方譯，《歷史之科學與哲學》（臺北：臺灣商務印書館，1963），頁 84。

這是說為了說明今日的重大社會、經濟問題而不得不乞靈於過去相關的歷史。[78]業師嚴耕望先生亦指出說：「目前一般觀點言，國家大計，社會動態，人民生活，思想潮流是最為大家所關注的問題」[79]。嚴先生並沒有明說史家之所以關注這四類歷史問題是出於現實政治、社會的需要。然而，很明顯，這些問題確係現代人所特別感興趣的。史家之所以研究這些問題，當亦係基於現實的考量。

可是，並不是所有史學家都以現實考量為選題導向的。業師許冠三先生便有相關的說明。[80]以中央研究院歷史語言研究所過去的治史方向來說，便有類似的情況。該所首任所長傅斯年先生所撰寫的〈歷史語言研究所工作之旨趣〉的大文可說在相當程度上規劃了，並預示了該所近百年來，尤其上世紀 8、90 年代以前治史的大方向。[81]唐先生認為選題不能「無所重輕」，而

---

78 由古可以知今（即所謂「知古（便）知今」），或相類似的說法：「以古為鑑」、「古為今鑑」等等，這是中國人恆重視的一個偉大傳統。法國偉大史學家年鑑學派創始人物之一的馬克·布洛赫（M. Bloch，1886-1944）亦有同一個說法。此外，又提出以下一個說法：由今亦可以知古。所以古今，其實是雙向互動的，而非單向的。在上引文中，同為法國史家的 Henri Eugène Sée 的一個說法：「（第一次世界）大戰後兌換的混亂及價格的提高」，促使了當時的歷史家研究歷史上的類似情況，即研究「十六世紀的錢幣革命」。由是對該時段的錢幣革命史，便「得到更確切的了解」。可見近代兩位法國史家都體會到今天的現實情況是可以促使人對古代（過去）產生進一步的了解的。這也讓筆者想起業師徐復觀先生說過，如果不是他個人的親身經驗，他是無法讀懂 2000 年前太史公司馬遷《史記》一書的。M. Bloch 的說法，見其名著 *Apologie pour l'histoire ou métier d'historien* 以下章節：〈由古知今〉與〈由今知古〉（法文原文，恕從略）。古今之雙向互動，光看這兩個標題便知其梗概。M. Bloch, *Apologie pour l'histoire* (Paris: Armand Colin, 1974), pp.44-50。又可參該書之英譯本 Peter Putnam, *The Historian's Craft* (N.Y.: Random House, 1953), pp.39-47。中譯本至少計有兩種。周婉窈譯，《史家的技藝》（臺北：遠流出版事業公司，1989），頁 43-50。張和聲、程郁譯，《歷史學家的技藝》（上海：社會科學出版社，1992），頁 32-39。前者譯自英文版；後者逕譯自法文版。徐先生之說法，參上揭拙著《政治中當然有道德問題》，頁 349。可並參上注 41。

79 嚴耕望，《治史經驗談》（臺北：臺灣商務印書館，1981），頁 72-73。

80 詳見所著，〈引言〉，上揭《史學與史學方法》，上冊，頁 5-6。

81 該文載《史語所集刊》，第一本，1928。

要照顧人生現實面。這個意見不必然是衝著史語所的治史方向有感而發，但研究歷史，「必求其當務之為急者而為之」，不要關起門來做學問，當是先生的肺腑之言。

唐先生一輩子生於憂患、國破家亡的動亂時代。中華民族與傳統文化均受到前所未有之災劫。職是之故，先生無時不以民族挺拔自立、文化光暢弘揚為終身職志。發為文章，亦必以斯二旨為主軸。其論史學亦然。先生說：

> 史學之使人知當前事變，與吾人之生，所自來之歷史文化之本源之共同，則人與人情意相通，將益助人之求其民族之和融凝翕。此即中國自漢以來，所建設之古史系統，與各時代之偉大歷史著作，所以有助於中國民族和融凝翕與國家之統一者。……在中國學人，則由唐宋以來，感北方夷狄南侵之壓迫，乃更求民族內部之和融凝翕，而益邃力於史學。自宋而私家修史者益多，考史論史之風，更邁越於漢唐。由宋至清之學者，疑史疑經之風，亦由求史實真相之動機以興起。[82]

史學使人回顧吾人祖先創業之艱難與生存奮鬥一步一腳印之業績，而更使人生起並堅定「求其民族之和融凝翕」的意志。這對於民族正處於風雨飄搖的年代來說，特別見其效用。宋代外患交侵，為歷代之冠；然史學之發展亦特盛。唐先生雖非史家，但能指出兩者之關係，可謂甚具史識。王德毅先生曾撰專文探討宋代國家處境與史學發展的關係[83]，甚具卓見，並可以證成唐先生的說法。漢人（傳統中國人）重視史學，迄宋亡亦然。元兵入臨安，董文炳「國可滅，史不可沒。」[84]之言即可為證。

---

[82] 上揭《人文精神之重建》，頁545。

[83] 王德毅，〈宋代國家處境與史學發展〉，《世變·群體與個人：第一屆全國歷史學學術討論會論文集》，臺北：臺灣大學歷史學系主辦，1996年。

[84] 參金毓黻，《中國史學史》（臺北：鼎文書局，1974），頁126。文炳事，見《元史》，卷一五六，本傳。其中所記文炳之言曰：「……其太史所記，具在史館，宜悉收以備典禮」，是指不要毀損宋代史館之文獻史籍；反之，宜悉數收納之，俾作為元

其實，國家危亡傾覆之際，志士仁人恆重視史學，此非獨國人為然，洋人亦莫不如此。普魯士人費希特（J. B. Fichte，1762-1814）於拿破崙大軍席捲歐洲而普國瀕臨滅絕之際，乃於 1807-08 年發表著名的《對德意志國民的演講》（Reden an die deutsche Nation）。[85]費氏雖非專業史家，但演講中仍不免借用日爾曼民族過去圓具自足、獨立自主的歷史事例，以說明並強調該民族之原創意識。其於振拔人心鼓舞士氣，助益極大。史學之為用，豈淺鮮哉！[86]

上文主要是就狹義的史學——歷史研究，來指出這門學科的價值。其實，就寬泛義來說，史學可指人之歷史知識，甚至人之歷史意識而言。以下即嘗試依此義而闡發史學的價值。

歷史意識可以促進國人人文精神的發展。唐先生特舉漢代為例以作說明。先生說：

> ……漢代秦興，原來被壓伏的思想，得重新表現時，人之不雜迷信的回顧過去，以復活之於現在之精神，則為漢代人求通古今之變的歷史

代未來典禮之借鏡也。文炳為元朝大將，固非宋人，然可見宋人重史之風，其影響遠及於元人統治下之漢人董文炳也。

85 或譯為《告德意志國民書》。

86 約 20 年前，即 1998-2006 年擔任臺北市市長的馬英九先生因為涉嫌公款私用而被起訴；該案於 2008.08.14 一審宣判。判決書中即有引用宋代公使錢以為佐證者。此即可見千年前之史事服務於今日社會之一例。歷史豈為無現實社會效用之一門學問哉？然而，歷史知識及由此知識而建構之歷史學科愈來愈不受重視已可說是大勢所趨；作為人文學科或社會科學之一的歷史學科，長久以來與其他人文社會學科遭遇著同一的厄運。臺灣各大專院校以政府不重視歷史學科，或以所謂違憲為由，因此自 1990 年代之後便不斷削減歷史學科之學分或從必修改為選修！古人謂：滅其國，必先滅其史。意謂假若人之歷史意識不存，則其國自滅矣。蓋國史既滅，國人即無民族、文化之認同可言。本此，則所謂異族之入侵、異族之統治，亦只不過一新政權之勃興以取代舊政權而已；何有亡國、亡天下之感可言！相關執政者或執政黨之用心，亦可謂狠毒矣。

精神[87]。此「通古今之變的歷史精神」，亦即形成漢代人文精神之進一步發展。[88]

然而，漢代人通古今之變的歷史意識，如何促成漢代人文精神之發展？唐先生對此進一步解說云：

> 真正的歷史精神，應當是一種由現在以反溯過去，而對古今之變，沿源溯流，加以了解的精神。這種歷史精神只在中國人文之發展，經了秦之一頓挫，漢代人再來加以承續時，才能真正顯出。此秦之一頓挫，對中國人文之發展言，如依辯證法說，是由正面轉至反面。漢之反秦，是一反之反。此反之反，同時即回抱回顧原先之正面。……而司馬遷之《史記》，即一劃時代歷史著作，而表現漢人之歷史精神最好的一部書。[89]

先秦時代所孕育過的人文精神之偉大傳統經秦人之統治，早已頓挫斲喪。其殘存者幾希矣！其最後之所以能夠復活，且能進一步發展者，無他，以人有歷史意識故！若視逝去即為逝去，不復加以追憶，不屑回顧環抱之，則先秦時代縱使孕育過再偉大的人文精神，以至其他同樣崇高的精神，其結果必然如泥牛入海，一去永無蹤影。因此，人之願意反溯過去，重視過去，是一切過去人類偉大崇高的精神之得以再現、再發展之關鍵所在。非此不足以語乎發展，不足以語乎人類之未來。人之歷史意識之可貴，正在此矣！而此中司馬遷更以其個人稟賦之卓異，使命感之強烈，氣魄之雄偉，展現其涵蓋萬殊、包吞千有的通古今之變的歷史意識，撰成《史記》一傑作，於是先秦人

87　這裡的「歷史精神」，指的是人對歷史加以了解、察識的一種認知精神。這與黑格爾就形上學意義所指的歷史絕對精神，截然不同。為避免混淆，本節擬以「歷史意識」一詞取代之。

88　上揭《中國人文精神之發展》，頁28。

89　同上注。

文精神得以具體彰顯；而漢代人文精神亦得以進一步發展者，史公居功厥偉。

其實，一切人類過去偉大精神之得以重現、發展，筆者深深以為，歷史意識乃係必要條件。上述藉人文精神之說明以概其餘；其他精神，不贅。

（三）歷史知識本身沒有方向；歷史知識之「終極價值」

史學之有其價值，上文已有所論說。其中唐先生指出，立身行己、應世應物、為政施教，皆可仰仗於史學（參上文（一））。然而，若深入反省，史學不必然對此皆有正面的幫助。唐先生對此亦嘗究心並見之於論說。[90]

本節在處理唐先生論述史學之「終極價值」之前，擬先針對唐先生上文所說的史學可資鑑戒（立身行己、應世應物……）的論點，作一補充性（依表面看，似稍異於前文）的論述。茲先引錄唐先生的說法：

> ……人之是否學忠學賢，畢竟是人自身的事。我們亦不能由歷史上之賢者恆受其福，不肖者恆受禍，以使我們必知鑑戒。因歷史中之賢者亦不必受福；不肖者之受禍，亦非不（筆者按：此「不」字，疑為衍文。）旋踵而至。……故一人之對古今歷史人物之知識之多，明不必然關聯於其人之為如何，而記誦之多，以使人只重其所知之對象之人物之為如何，儘可使人更忘其為人之當如何。……故人對其任何行為，皆可自運用其歷史知識，以古人為先例，以自文飾。[91]

偉哉斯言！君不見秦始皇、史達林（香港譯為：史太林）之壽終正寢乎？又不見岳飛、袁崇煥之冤死乎？如吾人直以此為鑑，則捨棄剛毅忠義，崇尚巧詐奸宄必矣！歷史事例何可資於鑑戒哉？立身行己、應世接物，歷史果可資取借鑑乎？果無可仰仗憑依乎？吾人於此焉得不惑？！

---

[90] 此見諸上揭〈歷史事實與歷史意義〉一文，載上揭《中華人文與當今世界》，頁153。

[91] 唐君毅，上揭書《中華人文與當今世界》，頁153。

思慮圓通周備的唐先生對此困惑提供了一劑良方妙藥：先涵養培植一個光明正大的存心，並以此為判準以衡斷篩選過去一切人物的正負面行為[92]。本此，則何者宜取，何者當棄，便了然於胸，而無所疑惑了。[93]唐先生這個指點極其重要，蓋充分說明，並可謂保住了史學（尤其是所成就之歷史知識）的價值，尤其史學對吾人的切身功用。朱熹有詩云：「問渠那得清如許？」自答謂：「為有源頭活水來」。[94]記得以前聆聽牟宗三先生講課時，先生恆謂科學是中性的，沒有方向的。其能締造人類之福祉，或帶來災難，它負責不了。要負責的是人。其實史學亦然。歷史知識也是中性的。用之善則善，用之惡則惡！唯有光明正大的存心始可保住歷史知識不偏離、不迷失正確方向！這就是人立身行己、應世接物的源頭活水。歷史知識，末也；光明正大的存心，本也。本清末清、本濁末濁。然則朱夫子詩所涵的義理，放諸四海而皆準。然而，末也並非不重要。本提供方向，末提供材質。無方向則失、亂；無材質則虛、空。必相補互濟始可底於成。於此，則可見史學之為用，亦大矣！

上文是說明光明正大的存心為人之歷史意識提供了方向。其實，在獲得此存心提供穩固之基礎並正確之方向後，此歷史意識（歷史知識、歷史學）又返過來貢獻其力量於此存心，而使此存心更充盈周至。人文世界與人格世界之建立，亦有以是賴。此問題，下面將再論及。現今擬先說明，其實是強調、再回顧歷史學（歷史研究）之性質／目的。

歷史學之性質或目的，可於「歷史學」一詞之定義見之。簡單來說，歷史學乃重溯過去（通常僅指人類之過去）的一門學問。至於說歷史學可資鑑

92　光明正大的存心，即人之道德心，此唐先生所極重視者。唐先生甚至把人類的一切文化活動都收攝歸納到這上面去講。參《文化意識與道德理性》一書即可知。孟子嘗云：「先立乎其大者，則其小者不能奪也。」（《孟子．告子》上篇）此所謂「大者」，人之道德心也。個人認為只要人本其正大光明之道德心，以衡斷篩選過去一切人物的正負面行為，以為一己行事做人之鑑戒，則一切抉擇去取自可遊刃有餘。

93　唐先生的相關論說，詳見上揭《中華人文與當今世界》，頁 154-155。

94　〈觀書有感二首．其一〉，《御纂朱子全書》，卷 66，中國哲學書電子化計畫：https://ctext.org/wiki.pl?if=gb&chapter=90626；2023.04.16 瀏覽。

戒之用，這可說是此詞的引申義。[95]然而，唐先生對歷史學的性質、目的則有更深一層的理解。此可說迥異，並更有進於前賢者。此為：歷史學乃求吾人歷史意識之安穩並發現歷史的可能意義、理想意義之學[96]。茲先說明前者。先生說：

> 我們之歷史意識所涵蓋統攝之歷史的世界中之一事物之有無，如在疑似之間，便不能安穩的存在於吾人之意識中，吾人乃必求對之有一決定之道。此決定之道，則不外看有與無，孰為與我們所知於事物之常情常理或事物之一般意義，而對史料之所作之解釋，更能相貫通，以去除此歷史意識中之疙瘩或糾結，以求其心之所安，即求吾人之歷史意識之安穩而已。[97]

嚴耕望先生在談到史學研究這門學問時，指出說：「任何學問總不外是個『理』字。」[98]史學研究當然也不例外。唐先生所說的「常情常理」以為治史之資，正與嚴先生之說相同。許冠三先生說到歷史知識時，有如下的卓見：

> ……對於那些可信性既不能否定亦不能肯定的「僅有的供證」，於必要時，史學家得暫信為真，這是基於社會的需要，史學家和讀者都希

---

95 史學方法的經典之作——梁啟超的《中國歷史研究法》首章第一句即依此二義來界說「歷史」一詞。梁氏說：「史者何？記述人類社會賡續活動之體相，校其總成績，求得其因果關係，以為現代一般人活動之資鑑者也。」《中國歷史研究法》（臺北：臺灣中華書局，1972），頁 1。

96 筆者在大學開授史學方法一課，前後幾近 30 年。坊間所常見的史學方法的著作（尤其以中文撰寫者），以至史學理論的專著，皆嘗瀏覽，然對史學之討論，就以對「史學」一詞的理解來說，似無以勝於唐先生者。先生以哲學家之睿智，加上觀察能力特強，並兼具歷史、文化方面廣博的知識，其立論持說恆超越前賢，豈偶然哉！

97 唐君毅，《中華人文與當今世界》，頁 147。

98 嚴耕望，上揭〈序言〉，《治史經驗談》，頁 1。

望歷史知識的空白愈少愈好[99]。

許先生所說的「供證」，寬泛言之，乃「史料」之異名；「歷史知識的空白越少越好」，其主旨或出發點恐即在於求「吾人之歷史意識之安穩」。唐、嚴、許三先生的意見，若綜合通貫之，其意即為：藉常情常理以貞定、衡斷史料之可信度，並藉此史料所建構之歷史知識而形成吾人之歷史意識者，得以安穩於吾人之心（意識）中。嚴先生研治歷史，偏重具體史事本身之研究；上所述義，不克觸及。許先生對此義引而未發，未及深入討論。唐先生以天縱之資，能見人所不見，能道人所不能道。彼以上之論說，真可謂震古鑠今、敻乎尚矣！

上上段引文中所謂「求其心之所安」，「求吾人之歷史意識之安穩」，蓋緣自吾人之追求一己良心之安穩也。為追求良心之安穩，並由是而生起求意識之安穩為念，藉以追求、建構、成就歷史知識，筆者認為固重要無匹；然而，猶不免只是個人主觀之事而已。歷史學對客觀之社會、文化又到底有何幫助、有何價值？[100]上文云唐先生指出歷史學乃發現可能意義與理想意義之學[101]。此認定正可以對這個問題揭示了一個可能答案。而此答案使歷史學之價值更有進於上第（二）節所陳述者。

〈歷史事實與歷史意義〉一文主旨之一，即在於說明歷史學之目的乃在於發現歷史事實之可能意義與理想意義。此旨頗深奧。然宗趣不外乎說明：吾人不能抱持「過去之世界是如何即如何」的看法。蓋過去世界之為如何，其客觀存在之實況，恐怕只有上帝始能盡知之。就人之認知上來說，過去世界之為如何，全視乎吾人歷史意識所能涵攝、收納之程度而定。而歷史事實

---

[99] 許冠三，上揭《史學與史學方法》，下冊，頁36。

[100] 針對這個問題，上文第（二）節〈歷史學對社會、政治、民族之價值〉已有所論述。依唐先生意，如堅定國民之求其和融凝翕的意志與促進國人人文精神的發展等等即其價值之所在。但在本節中，吾人擬進一步揭示唐先生的另一意見。

[101] 唐先生在〈歷史事實與歷史意義〉一文中特闢一節暢論斯旨。見《中華人文與當今世界》，頁139-142。

之所以能夠被吾人意識所涵攝，而構成吾人之歷史知識，正以此等事實具有意義而已。換言之，若此等事實無若何意義可言，則吾人之意識即對之不感興趣而不加以收納涵攝。此時，此等所謂歷史事實即不存在於吾人的意識中！換言之，在吾人之認知上，其存在猶不存在也！然而，吾人如何知悉一歷史事實之意義，又其到底有何種意義，其意義為一、為多，此可說全無定準；而完全端賴史家學問上之造詣、識見與用心所在（以傳統術語言之，此即有賴史家之"四長"：才、學、識、德）以為定準。作為一個有抱負、有使命感的理想史家來說，他必以充量地發現歷史之可能意義與理想意義為其終身職志之所在。歷史家之表現就是歷史學（歷史研究）。換言之，歷史學之最終目的與功用便同樣是在於充量地發現歷史之可能意義與理想意義。非如此則歷史學作為學科之價值便頓失；以至該科目之存在，亦沒有相應的意義可言了。

上文指出歷史學乃發現歷史之可能意義與理想意義之學。此兩意義固不同而互為關涉。要言之，就歷史學作為一門學問而言，當以充量發現歷史之可能意義為其旨趣；就其功用、價值言，則當以全面搜尋歷史之理想意義為歸趨。蓋理想意義似更可直接啟迪、指引人之行為，成就唐先生念茲在茲的人文世界人格世界也。[102]於此，又可見歷史學對於現實社會、文化的功用。

回顧、綜述上文，可知人正大光明的存心使人之歷史意識得以充分發揮，藉以發現歷史的可能意義與理想意義。而此等意義又返過來潤澤人之存心，而最後必以充量成就、開發人文世界、人格世界為終極歸宿也。

順著上文，我們轉談另一義。歷史學所研究或人的歷史意識所施的對象，無論是過去的歷史世界之本身也好，過去的歷史世界的意義也罷，都只是扣緊過去來說的。然而，唐先生加以擴充。先生說：

> 我們之真正的歷史意識，亦即須涵蓋此天網[103]之全體，以往來於此

---

[102] 唐先生之〈歷史事實與歷史意義〉一文到處暢論斯義。本段乃綜述之，並稍加發揮引伸而已。

[103] 順上下文意，「天網」指各種關係網絡。

> 兩頭[104]，以看此諸種意義之網線之如何貫穿於此兩頭；而不能只視歷史事實之世界，為已成過去，而彼此獨立，各為唯一無二的一一事實之和；或只去膠固於一事實之自身，而求其所具有之意義。[105]

歷史意識為了要充量發現歷史世界之可能意義與理想意義，必須取資於現今的世界，以至未來世界之各種可能情況。觸角必須敏銳，否則無以察識當前的世界；想像力必須豐富，不然未來世界全不可知。網線之展布，必須往來於過去（此為一頭）、現在與未來（此為另一頭）之兩頭，始克盡歷史意識的任務：歷史的可能意義與理想意義由是始得以充分彰顯呈現。史家謂古今雙向互動、古今可以對話[106]，實與唐先生所論若合符節。[107]

「發現歷史的可能意義與理想意義」的問題，唐先生更有進一步的解說。所謂「發現」意指東西已擺放在那裡，只等吾人發掘而呈現之、彰顯之之謂。然而，就歷史之可能意義與理想意義來說，到底有多少？又“擺放”在那裡？此全無定著。因此，所謂發現，猶同創造。唐先生即如是說：

---

104 已成之歷史事實為一頭，現在及未來之事實為另一頭。

105 唐君毅，《中華人文與當今世界》，頁 128。

106 有關本問題，史家討論甚多。法國年鑑學派創始人物之一的馬克・布洛赫即曾暢論斯義。詳參上注 78。

107 以古知今、借古喻今，這種古為今用的情況，眾人皆喻曉，不必多說；但返過來，如何可由現今之政治社會等等的實況以知悉／理解／推敲過去歷史上存在過的情況呢？這就比較難以想像。筆者嘗借用 Henri Sée 的相關說法作為一案例來作說明（見上注 78）。現在則假借中國古代所謂堯舜禪讓的事例來作說明。嚴耕望先生在其《治史經驗談》（頁 4-5）指出，他閱讀了人類學家摩爾根（L. H. Morgan，1818-1881）的《古代社會》（*Ancient Society*）一書後，乃悟出所謂「堯舜禪讓只是部落酋長的選舉制」。當然，嚴先生所悟出者是否就是事實，仍然可以再討論。但無論如何，在原則上，這個悟出可以佐證吾人由今（後來）是可以知悉古（從前）的。古今雙向互動；由古固可知今，由今亦未嘗不可知古。且為了要發現過去歷史的可能意義與理想意義，吾人（尤其史家）恐必須憑藉現今乃至所預測到的未來的情況，視此等情況為一座通往過去的橋樑而後可。（談到「橋樑」，頓使人想起唐先生恆視任一哲學乃係通往真理之橋樑而已（大意如此）。哲學之功能或扮演之角色，由此可見。先生不執一廢百的廣納百川的胸襟雅量，又藉以概見。）

……故吾人說，史家對史事之意義之發現，亦即史家之一創造，而一切史事之意義，亦皆在繼續被發見而被創造之歷程中，而非可預定其有多少者也。[108]

又說：

……我們當先說人之學歷史之生活之價值，……不能說只是去發現歷史事實原已具有之意義，無所謂創造之可言者。而當說此發現，同時有創造，此反映重現過去者，同時是使之復活再生，而使之存在於現在與未來。[109]

發現也好，創造也罷，這都是就歷史學對過去的歷史世界所當肩負的任務來說。這是歷史學科本身的貢獻或價值所在[110]。然而，就歷史學之創造來說，它不僅創造過去世界的意義；更重要的是，它同時協助創造人類未來的歷史！其說法，見諸下語：「我們今尚可進而說明之一義，則人之歷史學，……使人成為歷史之創造者……。」[111]先生又說：

……然此諸分工之事合起來，仍只有以於史事識史義，而使歷史之學助成人類歷史之創造，為最後之唯一之目標。故無論我們個人之工作如何專門，我們之器識，仍必需能照顧到此最後之唯一之目標，而由此以照顧到他人之工作，以使之直接間接配合，以共達此目標為準。[112]

---

[108] 唐君毅，上揭《中華人文與當今世界》，頁 141。

[109] 同上注，頁 149。

[110] 當然，歷史學也有其他價值。此上文（一）、（二）兩節，以至本節中的若干段落已作過說明。

[111] 上揭《中華人文與當今世界》，頁 155。

[112] 同上注，頁 158。「仍只有以於史事識史義」一語，有點不詞，不太好懂。今筆者膽敢改為：「仍只有藉賴史事以識史義」；希望有助讀者了解唐先生的意思。

上引文為唐先生總結〈歷史事實與歷史意義〉一文所說出之肺腑之言。該文哲理性相當強，是討論歷史學科之性質不可多得的文章。然而，最後以該學科之價值與功能所在為結穴，則先生之終極關懷可以概見。吾人治史之不能「只是為知識而求知識」，不亦明白彰著如日月乎！歷史學之終極價值，正在於是矣！

（四）餘論

筆者在這個餘論中要指出數點：

(1) 唐先生雖為哲學家，但絕不輕視對歷史本身作研究。然而，先生特別強調的是，歷史研究不得固步自封，以求得所謂純粹的客觀歷史知識為滿足，其中尤不可只埋首於小考據、小發覆，而無視於歷史學有其更廣闊之天空在，亦有其更崇高之理想在。

(2) 歷史學之理想或價值極多，其中奠基於人光明正大的存心，藉以積極充量發現過去之世界與發現（依上文，亦一種創造）過去之世界之可能意義、理想意義，並依此以創造現今與未來之歷史，使成就人格世界人文世界，乃係歷史學的究竟意義，並係人類終極歸趨所在。唐先生此等識見，可謂發前人所未發，而更能光大暢發歷史學之價值。

(3) 唐先生暢論歷史學之性質及其價值。然而，其性質之獲悉與價值之獲取，則有賴以下一先決條件：人本身必須具備一光明正大之存心；然則歷史學或人之歷史意識所施展者，必以人之德性為準據、為不可或缺之條件，不亦彰著昭明乎！於此即可見出先生論說歷史學，猶同於論說其他學術，乃至於論說人類所有行為，之必以道德心靈為先存基礎也。

綜上所論，則先生雖僅止於闡發歷史學之真諦，惟其旨意實與先生整個思想極相吻合。然則先生思想雖極廣博，似無涯涘，然貫通涵融、圓泛周備，不亦可概見乎！先生之成就，卓然偉矣！

四、唐先生的史學價值判斷論

史家從事歷史研究、撰述史著，在客觀報導之餘，到底宜否，或甚至應否對歷史事件、歷史人物施予價值判斷（即作出史評、史論），這是古今中外史家們爭論不休的問題。40 多年來，個人對此問題亦經常思考，而直至 10 多年前才比較有定見，然未敢自信所見者必穩妥確當。個人最佩服唐君毅先生之學問與人格，乃翻閱其《全集》，冀從中「取經」，以祛除心中疑惑。捧讀先生大著，乃得悉先生對相關問題，甚具慧解，且卓見盈篇。筆者乃於一學術研討會上發表論文以闡述先生該精審確當之見解。[113]史學上的價值判斷與價值判斷所據之價值意識，唐先生均有所論述；惟相關文字散見於先生各大著中。筆者不自量力，肆意蒐尋勾稽，並據以粗成拙文：〈唐君毅先生（1909-1978）的史學價值判斷論〉。本節以下所述乃截取簡化該文之部分章節而成[114]；其重點如下：

(一) 天氣報告員預測翌日天氣時，於預測異常高溫或異常低溫之後，通常會進一步以「非常炎熱」或「非常寒冷」等等之類的字眼來提醒聽受者，藉以使彼等作適當之預防。其出發點，當然是善意的。而「非常炎熱」或「非常寒冷」或類似的用語，乃可謂天氣報告員依個人感覺或設想當地聽受者可有之感覺而作出的價值判斷。如吾人接受（至少不排

[113] 該研討會由南開大學歷史學院舉辦，名為「中唐以來的思想文化與社會學術研討會」。會議日期為 2006 年 8 月 16-18 日。大會建議之主要議題有五，其中含「現代新儒學及其評價」。唐君毅先生為現代新儒家無疑；然其史學思想亦有過人之處，此則並非一般人所注意及者。此所以筆者以先生之史學思想作為論說之議題，並藉以弘揚師說。該文稍作修改後，承蒙審查通過而發表於臺北《中國歷史學會史學集刊》第三十九期，2007 年 9 月；題目為〈唐君毅先生（1909-1978）的史學價值判斷論〉。

[114] 筆者在本文起首處嘗指出本文乃彙整濃縮（但不乏補充之處）筆者前所撰述之各相關論文而成。（該等論文已收入拙著《學術與經世》一書內）惟上文第二節與第三節之濃縮簡化程度不大，約刪節簡化原文之一半而成。然而，本節所簡化截取者蓋為原文十分之一，以本文行文至此，含注釋，已 40,000 多字，嫌篇幅過大，故不得不大幅度予以簡化約取；祈讀者諒之。

斥）此等用語，則吾人應本同一心態而不當排斥史學上的價值判斷。

（二）筆者縱觀二三千年的中國歷史，得悉傳統史家恆喜作價值判斷（史評、史論；簡言之，即所謂作褒貶）。其原因至少有兩方面：

1、如同一般人，史家總是喜歡議論。[115]

2、史家有道德使命感，希望藉以提供後世作為行事做人的參考。

（三）針對史學上的價值判斷，唐先生有如下卓見：

1、史學上的價值判斷為必然且應然者：

(1) 必然：史家不異乎常人，而同為有血有肉之人，故自然而然的便會對歷史上的是非、善惡、得失、利害，作出價值判斷。

(2) 應然：（甲）史家欲世人之讀其書者成就聖王事業，或欲後世移風易俗，而不容自已地作出價值判斷；（乙）史家為使史事更明晰，且為使讀者之思想得以開通，亦不容自已地作出價值判斷。

2、史家不作價值判斷非蔽於事而不知理，即心存取巧以卸責而已：

(1) 蔽於事而不知理：若認為人（史家）所作成之史事記錄為客觀，則同為人所作成之價值判斷應同樣是客觀的。只認為前者為客觀，而不承認後者為客觀，是蔽於事而不知理。

(2) 心存取巧卸責：若藉口留待天下後世之公論而自己不作價值判斷，這是自逸、取巧、無擔當。

---

115 《增廣賢文》有句謂：「誰人背後無人說，哪個人前不說人。」中國哲學書電子化計劃（諸子百家）：https://ctext.org/wiki.pl?if=gb&chapter=223724；2023.01.17 瀏覽。其實，這兩句話，是一體的。因為您（設若 A）在某人（設若 B）面前說另一人（設若 C），其結果便是 C 不在場時（即背後）被 A 所說了。當然，吾人亦不必拘泥於是誰說誰。上引語的重點是：人們總喜歡在人的背後議論他一番。這當然有點不是很厚道。筆者引上語的目的，是要說明，人總喜歡議論別人。當然所議論的內容不見得一定都是負面的。尚應補充一點：上引語議論的對象純粹是人。然而，史家所議論的對象則除人（歷史上的人，即古人）之外，事也經常是議論的對象。其實，有時候很難作出區分，蓋大多數之事乃人所造成者。是以議事，即好比議人也。當然，其間也不毋輕重本末之別；不贅。

(3) 史學上之價值判斷或價值意識促進並創造人世間有價值意義之事物與排棄並超拔反價值意義之事物：史學上的價值判斷或價值意識不只幫助史家執行、貫徹「誅奸諛於既死，發潛德之幽光」的使命感而已，兼且在人類所創造的未來的歷史中，會使人珍愛有價值之事物，排棄反價值的事物。

(4) 施加價值判斷應在建立相關知識之後：傳統中國，道德意識／價值意識，恆為首要者。但面對今天知識經濟為主導的情況下，為求國家永續的生存發展，知性主體應先建立[116]，然後再施加價值判斷。

(四) 最後筆者擬從智慧與仁德兩方面，總論唐先生之史學價值判斷論，如下：唐先生發乎智的學識與本乎仁的心懷使他的史學價值判斷論既富創意，亦充分反映其愷然儒者的人文關懷。[117]

---

[116] 依筆者之見，建立的過程中，德性主體，即良知，實不宜缺席，且宜居關鍵的地位。詳參本書第一章第四節之〈附識〉。

[117] 史家宜作，甚至應作價值判斷，唐先生之慧解卓識，業已探討、闡釋如上。2023.04.29閱牟宗三先生《歷史哲學．三版自序》（多年前應已閱讀過，但已無印象，太愧對老師了），其中說到道德判斷與歷史判斷的問題；甚為精彩。按：牟先生所說的史學上的「道德判斷」，即上文所說的「價值判斷」（而所謂施「價值判斷」，易言之，即史學傳統用語上之施「褒貶與奪」之意，有關此點，詳參本書第五章。）依牟先生意，史家固宜作道德判斷；該〈自序〉中，牟先生便如此說：「就歷史而言，無道德判斷亦不行（道德在此不能是中立的）。蓋若無道德判斷，便無是非。」（頁 8）；然而，牟先生又說：「純依道德判斷而言，固不能引進歷史，……」（頁 8）而先生所說的「引進歷史」，即「恢復歷史」之意（頁 8-9）。至於何謂「恢復歷史」，先生在序中沒有明說。依筆者之理解，即對活生生的歷史、有血有肉的歷史，須如其原貌而恢復之，亦即恢復其真情實況之謂。綜合來說，先生之大意是：對歷史作道德判斷，固宜也；然而，吾人（譬如史家）在對歷史上活生生的人和變易不居的事做道德判斷時，則必須通曉事理（歷史，事也；做判斷，則必須本乎理也。），否則硬蹦蹦的、鐵板一塊的，不知變通（即所謂不吃人間煙火，不接地氣，凌空地——脫離歷史具體情況）的施予道德判斷，實絕不恰當也。其結果便必如牟先生所說的：「大部歷史便須抹去，那就是說，歷史引不進來。」（頁 7）「歷史引不進來」即意謂，您的道德判斷「無法用在歷史上」，即您所作的道德判斷便與活生生的歷史全不相干，因

五、結論

唐君毅先生以不世出之智慧與愷然儒者之人文關懷，畢生以開發民族之生機，光暢文化之慧命為職志，悲願宏深，發為文章，金聲玉振，沛然莫之能禦也！其於人類學術文化各大端皆嘗殫心竭慮，窮其原委，闡其大義。仰之彌高，鑽之彌堅。筆者不敏，惟仍願以魯鈍之才，劣拙之筆，以宏揚師說云爾。先生史學上之創獲，如上文所揭示者，乃其學術成就之萬一而已。然個人深信以此一端即足以使先生名垂千古無疑。世人多不察，此所以筆者不揣鄙陋，肆意論述如上，其無當於師說之萬一，又奚待贅言。惟念動之以悲心，發之以誠敬，則有過非過，有誤非誤也。讀者其明以教我乎。

為歷史不是如一般人所想像的是鐵板一塊的（蓋歷史之發展，或歷史之進程，恆曲曲折折也，恆錯綜複雜也，即恆變易弔詭也），而以為只要純然依乎一定的道德標準，甚或道德教條，作出判斷便行的！換言之，歷史也需要吾人對之做歷史判斷。（「歷史判斷」，依牟先生，乃指：「即是辯證地通曉事理之辯證的判斷」，頁 7。）牟先生在該〈自序〉中即明確說：「所以在此，吾人只就道德判斷與歷史判斷兩者之對比而融和之而皆與以承認。」（頁 9）簡言之，依牟先生，對歷史作道德判斷時，除應用道德判斷之外，也需要應用歷史判斷；即兩者皆須同時用上，缺一不可。依筆者之意，不妨簡化之，而把這兩者合而一之，如下：對歷史必須做道德判斷；然而，這種道德判斷，不是僵化的，呆板的；反之，是必須依乎理（道德原理，道德上之理據），並同時亦必須順乎事（順乎變易不居、錯綜複雜的史事），而作出相應的判斷的（此相應的判斷，即上文所說的「歷史判斷」）；而絕不能一成不變的。此或可命名為：「審乎時、度乎勢、酌乎情而來之道德判斷」。儒家恆說經權。而經權（經，精神也，原則也；權，變通也，權宜也）之相互為用，在吾人對歷史作道德判斷上，正可派上用場。剛想起徐復觀先生經常本乎不容自已之心而對歷史人物或歷史事件做道德判斷。此或可參上揭拙著《政治中當然有道德問題》，尤其第三章：「誅奸諛於未死，定論何須蓋棺」和第四章：「現代新儒家徐復觀先生對皇權專制政治的批判」。由此可見徐唐牟三大師均非常贊成對歷史人物或事件施予價值判斷（道德判斷）；當然必須仔細斟酌歷史上的各該具體實況並以矜慎的態度彈性地為之。以上《歷史哲學》的〈三版自序〉是根據臺北：臺灣學生書局，1984 年出版的本子。

茲特開列本文所闡述唐先生史學思想之有進於前賢者，或非常值得吾人關注者之各論點如下，以方便讀者據以察識唐先生史學思想上之成就與貢獻所在：

(1) 歷史研究之所以側重人類，以人類為生物中唯一有自覺反省能力故。

(2) 研究歷史，吾人之心靈，「乃向一非現實之歷史事實而施，吾即有一念超越現實之精神之呈現」；復由此擴充心量，藉以究天人之際，通古今之變。

(3) 歷史研究，以縱軸之時間言，可使人尚友千古，下通百世；以橫面之現實言，可以使人際間情意相通，民族間之感情和融凝翕。

(4) 科學的學問態度，是分析的、抽象的。此正可彌補過於重視具體事物的歷史知識的支離破碎之病。

(5) 歷史的演變，唐先生恆以「承前啟後」一語描述之，則變化發展過程中因生出果，果從因生的關係便突顯出來。此語更可揭示人類有意識的，甚至自覺的要求相承相續的期許。

(6) 復活過去的世界，不光是為了要滿足人的認知方面的好奇心，而更是人類道德責任心的展現。

(7) 統覽綜述歷史變化發展，須用正反合的辯證法。

(8) 了解歷史除一方面必須具備超越現實世界、不陷溺當前世界之心靈外，還必須設想自己是古人，以同情心（同理心）了解古人，使自己生活在歷史之中。

(9) 人惟有透過正大光明的存心（道德心）始可以充量察悉歷史事實（發現其可能意義與理想意義）。而此等意義又返過來潤澤人之存心，而最後必以充量成就、開發人文世界、人格世界為終極歸宿。

(10) 純客觀外在的歷史事實之真相，其本身縱或存在，但吾人的認知能力明為不可能如其本然實相而充分獲悉掌握之者。

(11) 歷史事實乃由吾人歷史意識所衍生之歷史事實的意義所規定（「規定」一語，於此即相當於「建構」一語），並依此而被了解。歷史家應別再迷惑以為有一客觀自存的歷史世界擺放在那裡，而只等待歷史家發現之、重建之。又：歷史事實的意義無定量，而實隨人之發現或創造而增減。

(12) 凡為哲學而不歸於歷史文化之哲學者，其哲學必不究竟。

(13) 應重視由歷史進路（historical approach）以掌握、研究哲學問題。

(14) 歷史學旨在成就人之歷史意識或成就學歷史之生活，而此歷史意識與學歷史之生活又在於使人之整個精神生活文化生活之得以充實與提高。

(15) 超越個人直接經驗，逕與古人精神相往來的歷史研究必使人培養出廣大的心量並自整全的觀點察看事物的變化。

(16) 史學之研究，不能無所重輕，而必當扣緊現實之人生、社會、文化諸問題而求其當務之急者而進行選題研究。

(17) 歷史意識可以促進人文精神的發展。

(18) 人類歷史上人文精神之偉大傳統雖幾經斲喪，其最後之所以能復活，且能進一步發展者，無他，以人有歷史意識為先決條件故。

(19) 歷史知識，如同科學知識，其本身是中性的。用之善則善，用之惡則惡！唯有光明正大的存心始可保住歷史知識不偏離、不迷失正確方向。這就是人立身行己、應世接物的源頭活水。

(20) 歷史學之最終目的及功用乃在於充量地發現歷史之可能意義與理想意義。（但這種意義，不是原先擺放在那裡等你去發現的；因此，這個所謂「發現」便等同「創造」。）

(21) 歷史學旨在求吾人歷史意識之安穩。

(22) 歷史研究不得固步自封，以求取所謂純粹的客觀歷史知識為滿足，其中尤不可只埋首於小考據、小發覆，而無視於歷史學有其更廣闊之天空在，亦有其更崇高之理想在。

(23) 歷史學不僅創造過去世界的意義；更重要的是，它同時協助創造人類未來的歷史，使人成為歷史的創造者。

(24) 史家作價值判斷（史評、史論）為必然且應然者；史家不作價值判斷非蔽於事而不知理，便是心存取巧以卸責而已。

(25) 史學上之價值判斷／價值意識促進並創造人世間有價值意義之事物與排

棄並超拔反價值意義之事物。

(26) 施加價值判斷應在建立相關知識之後：面對今天知識經濟為主導的情況下，為求國家永續的生存發展，知性主體應先建立，然後再施加價值判斷。[118]

[118] 針對這最後一項，參上注 116。

第五章　唐君毅的偉大啓示——返本開新：中國史學上的褒貶傳統*

提　要

中國不光是一個歷史悠久的國家，且其文化內涵也是異常豐富的，其中史學上的表現，更是可圈可點的；此緣乎國人數千年來皆重視修史的傳統。據文獻記載，三代已有史官。在三千年的史學發展中，重視褒貶，評論歷史人物及歷史事件而進行今天所謂的價值判斷的作法可說從來沒有間斷過。然而，筆者大概因為出生於香港，並長期接受西方教育之故，所以對於重視褒貶的這個中國史學傳統，素來甚不以為然；認為史家的職能、本分是對史事人物作客觀的描述，如其所然的加以報導則於事已足。相反，作褒貶很可能會誤導讀者，那便失去寫史求真、存真及傳真的本意了。然而，筆者十多年前讀唐君毅先生之相關論述，得其啓發下，乃另有所思，遂深深的體悟到傳統中國史學中褒貶精神的可貴；且進而認為，對歷史上的人和事，施與褒貶，乃史家義所當為者，可謂乃史家之義務。按：義務與權利不同。權利可放棄，義務則非盡不可。相對於今日史學界

---

* 本文原為應中國大陸中華炎黃文化研究會與臺灣東吳大學、輔仁大學、南華大學及（臺灣）中國哲學會共同主辦之「21 世紀中華文化論壇——中華文化與當代價值」之邀請而撰寫（會議日期：2006.11.11-13；會議地點：輔仁大學。其原先的構想是假東吳大學舉辦，後以校園內進行重大工程，是以洽請輔大代辦。）。文章經修改後，嘗以〈返本開新：中國史學上的褒貶傳統〉一標題，發表於《新亞論叢》，第 10 期，2009 年 6 月，頁 16-22。文中部分內容節錄自筆者 2006 年 8 月所撰就之另一文。該文名為〈唐君毅先生的史學價值判斷論〉（後收入拙著《學術與經世：唐君毅的歷史哲學及其終極關懷》一書內）；發表於天津南開大學主辦之「中唐以來思想文化與社會學術國際研討會」上，會議日期為 2006.08.16-18。收入本書前，文章作了相當程度之增刪改動。

（至少其中不少成員）所追求的所謂“實錄史學”而言，中華文化這項與之有別的美德，其實很值得我們傳承下來，甚至予以發揚光大。本文之作，即企圖闡述這項美德，並在學理上指出褒貶精神所以可貴與不可或缺的原因所在。

按：本文第三節〈中國歷史評論史〉，乍視之，似與本文之宗趣無直接關係。然而，對史事作評論，乃中國文化表現上之一優良傳統。然則唐先生之說法，正係此優良傳統之近現代之見證無疑也。

一、前言：歷史評論、史學批評、價值判斷／褒貶

「史評」這個概念，可有兩涵義。一為對歷史事實之本身（The historical past；the past itself），乃至對導致此事實出現之行為人，作評論；此種評論，我們一般稱之為歷史評論。另一為對歷史事實的載體（史書，史籍，The written past），乃至對撰寫此載體之史家及其思想，作評論；一般而言，我們稱呼此後者為史學批評。本文擬論述者則為前者，即所謂歷史評論的問題。歷史評論，即對歷史／過去，作價值判斷之謂（此「價值判斷」一詞，即本書第四章所說的「道德判斷」（詳見該章注 117））。是以下文又恆用「價值判斷」一詞取代之。又：「價值判斷」，即常言所說的「褒貶」。因此下文又恆用「褒貶」一詞。換言之，「歷史評論」（下文或簡稱之為「史評」、「史論」）、「價值判斷」與「褒貶」三詞，下文視具體情況而作相應之使用，不作嚴格的區別。

二、史家作價值判斷的緣由與史家應否作價值判斷

我們首先關注的問題是史家為甚麼要作價值判斷？他有需要在史事的記述之外作價值判斷嗎？作價值判斷是否史家的責任？所作的價值判斷會否影響讀者而導致彼等對史事產生錯誤的瞭解？其實，中國學者對史家應否作價值判斷一問題也是見仁見智的。以清代中葉乾嘉學人為例，他們比較傾向於不作價值判斷（然而，實際情況則不盡然。下詳。），其時學者治學尚徵實，所謂無徵不信也；乃以據實直書為貴，不尚空談、虛發議論。錢大昕、王鳴盛之言最可為代表。[1]當然，不少西方學者也是反對史家作價值判斷

---

[1] 錢大昕（1728-1804）為梁玉繩《史記志疑》一書所撰的〈序〉文如是說：「史家以不虛美、不隱惡為良，美惡不揜，各從其實。」（〈序〉收入《嘉定錢大昕全集》，南京：新華書店，1997，第九冊，頁 380。）又於所著《十駕齋養新錄・唐書直筆新例條》云：「史家紀事唯在不虛美，不隱惡，據事直書，是非自見。各若出新意，掉弄一兩字以為褒貶，是治絲而棼之也。」（《嘉定錢大昕全集》，第七冊，頁

350。）王鳴盛（1722-1797）嘗自序其《十七史商榷》（臺北：廣文書局，1960）。〈序〉中之說明尤其明白。他說：「大抵史家所記典制，有得有失，讀史者不必橫生意見，馳騁議論，以明法戒也。……其事蹟則有美有惡，讀史者亦不必強立文法，擅加與奪，以為褒貶也，……而若者可褒，若者可貶，聽之天下公論焉可矣。」（按：王氏這個說法，說得相當漂亮。然而，他說歸說，其本人在《十七史商榷》一書中，不知作出了多少意含褒貶的價值判斷！）其實，據上文錢王二氏所言，他們並沒有反對史家應有彰善癉惡的價值取向。只不過他們認為對史事所作的客觀描述中，已然達致「善惡已彰，無待美刺」之境域。簡言之，在史事之如實記述之中，褒貶已自見了。即褒貶之意已寓存於相關的記述中。其實，如同錢、王一樣，不少其他史家也是贊成對人物與對史事的善惡，予以揭露、彰顯的；即他們同樣認為，在史事描述之外，不必再進一步刻意地透過美刺（褒貶）的文字來達到價值判斷而已。清中葉學風崇尚所謂質實。成書於乾隆時代的《四庫全書》亦有類似的言論。其中〈史部四四・史評類・序〉（收入《四庫全書總目》，北京：中華書局，1965）說：「《春秋》筆削，議而不辨。……至於品騭舊聞，抨彈往迹，則纔繙史略，即可成文。此是彼非，互滋簧鼓。故其書動至汗牛。又文士立言，務求相勝。或至鑿空生義，僻謬不情，如胡寅《讀史管見》譏晉元帝不復牛姓者，更往往而有。故瑕纇叢生，亦惟此類為甚。」（頁 750）當然，非議，乃至排斥史家作褒貶，其相關言論，絕非始於清中葉。纂修於明洪武初年的《元史》（北京：中華書局，1976），其〈纂修《元史》凡例〉便說：「歷代史書，〈紀〉、〈志〉、〈表〉、〈傳〉之末，各有論贊之辭。今修《元史》，不作論贊，但據事直書，具文見意，使其善惡自見，準《春秋》及欽奉聖旨事意。」按：此〈凡例〉之言，吾人不宜照單全收。蓋《元史》帝紀各卷之末，多有評論文字；諸〈志〉與諸類〈傳〉，亦多有〈序〉。此等序，猶論贊也。又：所謂「據事直書，……準《春秋》」，更屬荒謬。《春秋》豈止據事直書耶？《春秋》中固無「論贊」之名，但相當於後世論贊之辭，實見於多處。蓋《元史》總裁官宋濂、王禕等人以文字獄故，不敢明言作論贊耳！吾人由「欽奉聖旨事意」一語，便可知宋、王等人之委婉也。又上引文錢大昕「據事直書，是非自見」的說法，令人想起唐人李翺的〈百官行狀奏〉（見《全唐文》，卷 634。中國哲學書電子化計劃：https://ctext.org/wiki.pl?if=gb&chapter=750909；2023.01.18 瀏覽。）。該奏文說：「……臣今請作行狀者，不要虛說仁義禮智，忠肅惠和，盛德大業，正言直道，蕪穢簡冊，不可取信，但指事說實，直載其詞，則善惡功跡，皆據事足以自見矣。」唐人劉知幾《史通》更有〈直書〉一篇；然則據事直書，是非自見之言論，唐時早有之矣。又上文「譏晉元帝不復牛姓」的問題，則非空穴來風之談。此說法當源自東晉史家孫盛《晉陽秋》（書已佚，今存者，僅殘本）之記載（見卷 3），而沈約《宋書》（卷 27，志 17，〈符瑞上〉）、房玄齡《晉書》（卷 6，〈帝紀〉第 6）等繼之。其相關記載大同小異。其見諸《晉陽秋》者如下：晉宣帝（司馬懿）因相信玄石圖上

的。[2]至於在言語上贊成或實際行動上落實價值判斷者，以中國而言，自孔子、司馬遷以下之史家，皆大不乏人。

上段文字所提出的幾個問題，我們不妨歸約為以下一問題：史家作價值判斷的緣由是甚麼？大抵成書於清代中葉而於同治年間即廣泛流傳的一部極有影響力的蒙學讀物《增廣賢文》（又稱《昔時賢文》、《增廣便讀昔時賢文》）有兩句話似乎可以給我們一點啟發：「誰人背後無人說？哪個人前不說人？」[3]常言又有謂：「有人就有是非。」而臺北的計程車司機因為與乘客閒談時總是喜歡評論時政，則更是被冠上「政論家」的雅號。這現象反映

「牛繼馬後」這個讖語（即姓牛者將取代司馬氏之政權）而深忌牛氏，嘗使計毒殺其將牛金。而恭王（司馬覲，司馬懿之孫）妃夏侯氏（夏侯光姬）竟通小吏牛欽，而生元帝（司馬睿）。此等說法，亦有符為據云云。至於「譏晉元帝不復牛姓」一語則意謂，元帝生父既姓牛，則元帝應以牛為姓始符合事實，今以司馬為姓，實有乖倫常，是以胡寅在《讀史管見》一書中譏諷之。

2　被西方學者譽為以科學態度及科學方法治史的第一人而成為蘭克學派的創始人的德國史家蘭克（Leopold von Ranke，1795-1886），其治史精神被視為以"如實敘述"為旨趣。其第一部歷史名著且為成名之作的《拉丁與日耳曼民族史 1494-1514》（傅欣、劉佳婷譯，桂林：廣西師範大學出版社，2015。原書名為：*Geschichte der romanischen und germanischen Völker von 1494 bis 1514*，英譯：*Histories of the Latin and Germanic Nations, 1494-1514*；或譯作《拉丁和條頓民族史，1494-1514》，英譯：*History of the Latin and Teutonic Nations, 1494-1514*。該書撰寫於 1824 年，蘭克時年三十歲）的〈序言〉便說：「一直以來，歷史都被賦予以下的職責：審判（裁決）過去、指導現在，以利將來。如許崇高的職責，本書則不敢奢望；它僅擬呈現所已發生過的真情實況而已。……毋庸置疑，全然據實直書是最高的法則，雖然所書寫下來的事實可能只是偶發的且全不讓人感興趣的。」此筆者翻譯自以下的英文說法："To history has been assigned the office of judging the past, of instructing the present for the benefit of future ages. To such high offices this work does not aspire: It wants only to show what actually happened (*wie es eigentlich gewesen ist*)…. The strict presentation of the facts, contingent and unattractive though they may be, is undoubtedly the supreme law." Ranke, "Preface", *Histories of the Latin and Germanic Nations from 1494-1514*, ed. Fritz Stern, *The Varieties of History* (New York: Vintage Books, 1973), p. 57.

3　此說見《增廣賢文》一書，大概是書中第 67、68 句。有關該書的簡介與導讀，可參北京：北京燕山出版社，1995 年之版本。相關語句，見頁 19。

出凡人總是喜歡在人前人後說長道短，說三道四的。對現實人事、物理的批評、評論，如轉為對歷史人物、歷史事件的評論，那便是史評。而所謂史評，那便是上文所說的對史事作價值判斷，或所謂作褒貶。由此來說，對史事、人物施予褒貶，那是人性的本然，最自然不過的事。然而，除此“自然人性”外，史家是否有更崇高的理由而不得不作價值判斷呢？

我們試引錄唐君毅先生的相關言論如下以作說明。先生說：

> 吾人言歷史哲學之異於一般之歷史學者，在歷史哲學之重明歷史發展之統貫之理，並對史事加以價值判斷，且求此價值判斷之成為有客觀性的價值判斷。自此而言，則中國過去之歷史哲學，乃即包含於中國經史之學中。蓋中國固有之學術精神，皆重即事言理之義，故事實之判斷，恆與價值之判斷相俱。據春秋家言，孔子修《春秋》，其或書或不書，或諱或不諱，皆是以對人或事之價值之不同，而異其敘述事實之文字。……司馬遷著《史記》，……其書之〈本紀〉、〈世家〉、〈列傳〉重述事，而其後之“贊”，即明顯之價值判斷也。大率後之修史者，皆寓其對歷史之價值判斷於史書之作法，史傳之〈序贊〉之中。後世更有史論，……而顧炎武、黃梨洲之倫，或亦有即史事以明道，據道以衡史事之精神。[4]……中國昔亦非無歷史哲學，唯

[4] 國人常說：「文以載道」、「經以載道」。其實在中國人的心中，史又何嘗不以載道為依歸呢。關於「史」與「道」的問題，國人過去討論很多，其中龔自珍尤其強調史與道之相互關係／因果關係。自珍說：「出乎史，入乎道；欲知大道，必先為史。」（〈尊史〉，《龔自珍全集》，上海人民出版社，1975，頁 81。）「出乎史，入乎道」，蓋指瞭悟史事（歷史事象之本身）之後，便擺脫、超越之，而逕自透入史事背後之精神以明其底蘊之謂。「欲知大道，必先為史」，則史在龔氏心中之地位可想見了。有關史以載道的問題，甚有經世致用意識與憂患意識的宋元史家胡三省在所撰《新註資治通鑑・序》（此〈序〉收入香港：中華書局 1956 年所出版之《資治通鑑》）中說：「世之論者率曰：『經以載道，史以紀事，史與經不可同日語也。』夫道無不在，散於事為之間，因事之得失成敗，可以知道之可萬世無弊，史可少歟？」實齋於所著《文史通義》（北京：古籍出版社，1956）中嘗云：道在政教典章人倫日用。（詳〈原道中〉）又云：「事變之出於後者，六經不能言，固貴約六經之旨而隨

融於經史之學中矣。……[5]

上段引文出自唐先生為其摯友牟宗三先生《歷史哲學》一書所撰寫之〈書後〉。是以文中數言「歷史哲學」一義。按：牟先生《歷史哲學》一書之重點在於對史事作價值判斷，是以唐先生便歷述中國自孔子以來迄有清一代經史之學所展現出之價值判斷，藉以揭示牟先生之大著實纘承中國學術之優良傳統。引文中，吾人特別需要指出的是，唐先生說：「……重即事言理之義，故事實之判斷，恆與價值之判斷相俱。……即史事以明道，據道以衡史事之精神。」此引文之前半，意謂價值判斷固然重要，然離事而言理，則理不易懂，是以中國人素重即事而言理之義。中國史學鼻祖孔子最懂斯義，故嘗云：「我欲載諸空言，不如見之於行事之深切著明也。」[6]意謂非藉著人類過往之具體行事（史事），則義理便流於空言而無法使人對之產生深刻的認識。而所謂「義理」，即上引文後半之「道」。然而，道是抽象的，不易明白，故必賴史事；惟史事之是非對錯又必賴道以為衡定。換言之，事與理必相互依賴、相互支援，相輔相承始得其究竟也。[7]

又：上引文中「中國過去之歷史哲學，乃即包含於中國經史之學中。」一語，可稍作說明。其中「中國過去之歷史哲學」一片語，據上句之文意，乃知悉此片語是扣緊價值判斷來說的。若連同此片語的下一片語來說，則此一整句便意謂：中國經史之學含藏了價值判斷在其中。一般來說，經言義理（即言道，藉以顯出作者之價值判斷）；而史言事（記述歷史事實）。然

時撰述以究大道也。」（見〈原道下〉，頁 42）個人究治實齋之學有年。於今始知比實齋早生五百年之胡三省（1230-1302；實齋生卒年為 1738-1801）已有極相類似之言論。有關胡氏經世致用意識與憂患意識，可參陳垣《通鑑胡注表微》（香港：廣角鏡出版社，1978）一書；該書發覆胡氏之精神與學術精要之處極多。

5 唐君毅，〈中國歷史之哲學的省察〉，《中華人文與當今世界》，上冊，頁 165-166。這段引文很可以概見唐先生肯定史學上價值判斷的價值及其重要性；並指出中國人對史事作價值判斷乃歷來的學術傳統。

6 此乃司馬遷轉引孔子之言，見《史記・太史公自序》。

7 唐先生為哲學家，但絕不迂腐。先生重視理外，亦甚重視事。上引文即可為證。

而，傳統中國對這方面並沒有這麼嚴格區分的。君不見王陽明即如是說乎：「以事言謂之史，以道言謂之經。事即道，道即事。《春秋》亦經，五經亦史。」[8]李贄也說：「經、史一物也。史而不經，則為穢史矣，何以垂戒鑑乎？經而不史，則為說白話矣，何以彰事實乎？故《春秋》一經，春秋一時之史也。《詩經》、《書經》，二帝三王以來之史也。」[9]上引語中「史而不經，則為穢史矣」一語，更顯示出李氏深刻地主張史書所當扮演的角色。其實，經史實難以截然區分的。筆者授課時對諸生嘗有「經而史」與「史而經」的一個說法。前者意謂其書雖被稱為經，譬如《春秋》，但其實也具備了史書載事的功能。而後者剛好相反，譬如《通鑑》，固一史書也，但也扮演了經書的角色。唐先生對這方面當然深有體會，所以針對承擔價值判斷這方面的"任務"來說，便把經史之學冶為一爐；先生在這裡用「經史之學」一名稱，而不把二者作此疆彼界的明顯區分，即以此故。

唐先生更進一步肯定在史學上作價值判斷為必然且應然者。先生說：

> 歷史家之自謂能捨當然價值之觀念，純就客觀事實以觀歷史，亦實不免於自欺。夫歷史中之事，皆為往事。夫往事析而觀之，乃無窮之事也。則事事而述之，非人力之所能。歷史家何以選此事而敘述之、考訂之，不選他事而記述之、考訂之，豈無歷史家個人內心之權衡？此權衡，豈能不依於一重要不重要之價值標準？[10]而歷史家之敘述歷

8 此陽明答其弟子徐愛所問之回話，見《陸象山全集　陽明傳習錄》（臺北：世界書局，1971），卷一，頁 7。一般學人謂實齋的名著《文史通義》開篇〈易教上〉的第一句：「六經皆史也」，乃源自陽明「五經亦史」一語，此固有其道理在。唯實齋該語之內蘊，則與陽明上語異。此語之義蘊，可參拙著〈索引二：「六經皆史」〉一目所指涉的各項內容，《章學誠研究述評（1920-1985）》（臺北：臺灣學生書局，2015），尤其頁 215-218。

9 李贄，〈經史相為表裏〉，《焚書》，《焚書　續焚書》（臺北：漢京文化事業公司，1984），卷五，頁 214。

10 唐先生之類似言論，恆見其他著作。如最能顯示唐先生成一家之言的晚年鉅著《生命存在與心靈境界——生命存在之三向與心靈九境》（臺北：臺灣學生書局，1977）即嘗云：「人有所關心，則亦有所不關心；有所記憶，則亦有所不記憶。或紀載或不紀

> 史，其於國家之成敗興亡，世道之顯晦升沉，君子小人之消長，又豈真能無價值判斷之存，或廢書而嘆之事？自歷史家之亦為一有血有肉之人而言，乃絕不能無者也。此不能無，則其所為之客觀之敘述，其輕重疏密之間，亦不能逃其主觀意見之蔽也。[11]

上引文中，唐先生指出史家不異乎常人，而亦為有血有肉之人。於是，其從事史學致知活動，便不可能無價值觀念存乎其中。而此價值觀念，實可以下述三種型態（亦可說是三個不同的層面）含藏之／表出之：一、見諸題目之選擇與史事之考訂中；二、透過文字或文脈上輕重疏密之安排而達致所謂客觀敘述而默含之；三、藉著價值判斷而明白的彰顯之。[12]以上是說明唐先生

載，即為一選擇。此選擇，必依於一不自覺或自覺之價值標準。由此價值標準之存在，人之史地意識在事實上對一切事物，即只有一選擇的紀載，而必不能為無窮之紀載。」語見上冊，頁 57-58。

11 上揭《中華人文與當今世界》，上冊，頁 164。上引文中有句云：「客觀之敘述，……亦不能逃其主觀意見之蔽也。」何以唐先生以「蔽」一字稱呼此客觀之敘述呢？這是因為雖然是對史事作客觀之敘述，然而仍會牽扯到該敘述者（即該史家）既有歷史知識之多寡、史學方法之運用、相關學科理論之援引借鑑，乃至文章結構、用詞遣字等等諸多個面向。凡此種種，庶難避免全無主觀之成分滲入其中。一旦主觀的成分滲入其中，則必導致唐先生所說的一種蔽也。又：筆者以為，依一般常人的看法，相對於所謂「客觀之敘述」來說，則「價值判斷」更是一「主觀意見」而已！按：「主觀意見」一詞，依一般之意義，是貶義、負面的一個用語，譬如說他這個人很主觀、非理性、很情緒化等等，便是其例。上引文中的「主觀意見」，當指此義。然而，「主觀意見」亦有另一義。此二義不宜混。此另一義即相當於「一己個人的一個說法／看法」（即英文的 personal opinion）而已，以別於眾人（客體大眾）的一個說法／看法。而依筆者之見，一己個人的說法／看法，不必然一定是不客觀的。

12 以上第一項，或係自覺或不自覺的；第二項為自覺的，但作者故意不明示之，而企圖透過所謂「據實直書，是非自見」的方式暗示之（即 implicit 的）；第三項為自覺的，且作者故意明示之（即 explicit 的），藉以清晰而明確地彰顯、宣示其價值取向之所在；如此則成了價值判斷，而不光是心中的一個觀念而已。然而，史家之價值判斷亦可隱含於心中而不予以表白。如此來說，價值判斷乃等同價值觀念（價值觀念乃可謂價值判斷之存藏於心中而未表示之於言語者）。換言之，就價值判斷一詞之廣義來說，以上三種型態之表示，亦可謂價值判斷之表示。

認為史家不異乎常人而必有其價值觀念，而該等價值觀念必自覺或不自覺的落實於所撰寫之史著中。以上可說是唐先生對相關問題的實然的描述。然而，史家把個人的價值觀念施之於史著上，且形式化之，即以很明確的價值判斷的語句彰顯之，那到底是否一個應然的行為？這個問題，我們必須予以正視。茲仍先引錄唐先生的意見以幫助說明。先生說：

> ……史學則須以同情的智慧，理解事理之得失，不能不用人生文化價值之概念，以從事評價。[13]

「不能不……以從事評價」，即不能不作價值判斷之謂。是唐先生是非常明確的贊成史家應當作價值判斷的。唐先生的意見，下文說得更明白。先生說：

> 一切記錄，都是一選擇，一切選擇後面都有一價值標準，則必然有新聞之評論。一切評論，皆有褒貶，而意在指導人心，亦即皆同於孔子作《春秋》寓褒貶的旨趣。則新聞記者真能依正當的價值標準，去選擇新聞來記錄，加以評論，即指導從事其他專業者之社會人士之人心，以移風易俗的聖王之業。其工作涵有道德的意義，是不成問題的。[14]

上文是針對新聞報導來說的。按：歷史對過去的人來說，便是他們當時的新聞（今天的新聞，對未來的人來說，便是他們的歷史。），所以上文針對新聞報導所說的選擇後面都有一價值標準、對記錄加以評論、指導人心、指導其他人士以成就移風易俗的聖王之業、其工作涵有道德的意義等等的性質，歷史記述的性質可說與之全然相同，即扮演同樣的角色。從上文不難看出唐先生是充分肯定新聞記者在記錄上施加價值判斷的，然則與新聞記錄性質全

---

[13] 唐君毅：《人文精神之重建》（香港：新亞研究所，1974），頁 544。

[14] 上揭《中華人文與當今世界》，下冊，頁 488。

然相同的歷史記述，我們沒有理由說唐先生是不贊成史家施加價值判斷的。

史家對史事施加價值判斷既然具備指導人心、移風易俗等等的道德意義，則一輩子以提撕、闡揚人之道德精神、道德意識而奮鬥的唐先生，當然是予以贊同的。[15]唐先生為道德的理想主義者，所以一切有助於道德意識之提升、闡發與道德行為之落實者，唐先生必然予以正面的肯定，這是不必贅說的。然而，唐先生絕非"腐儒"、"迂儒"，只空口的天天談道德、喊人文、講理想。唐先生也是非常重視知性的。彼贊成史學上施加價值判斷，其中重要的原因之一，正是藉以使人對史事的本身獲致進一步的瞭解。先生說：

> ……又如研究歷史，中國的傳統史學有史論，史論是史家對歷史事實的見解，歷史講事實，史論則就其事實以論其是非，對史實提出解釋批評，即使史實更易為人所了解。如寫劉項相爭一段史實，加入了漢高祖、項羽論，不論其見解是高是低，對或不對，卻可以幫助開通思想。[16]

---

15 史家施加價值判斷，其最要者在乎必得先提出德性之本原。唐先生說：「中國哲人之論文化，開始即是評判價值上之是非善惡，並恆是先提出德性之本原，以統攝文化之大用。所謂明體以達用，立本以持末是也。」此見唐君毅，〈自序二〉，上揭《文化意識與道德理性》，頁 7。這段引文因為出自《文化意識與道德理性》一書，所以文旨便在於討論「文化」；但其實「歷史」之情況亦然（簡言之，文化乃人類橫向的表現，而歷史乃縱向的表現；故所指涉之內容無所不同）。所以引文中「文化」二字，假使改易為「歷史」二字，其所描述者亦全然契合。如果同意筆者這個解釋的話，則史家施加價值判斷，其最要者便在於先提出德性之本原；蓋統攝歷史，以達致明體達用，立本以持末者，便在於是。明乎此，便知悉史家施加價值判斷，絕不能憑一己之好惡而妄為；而必以「德性之本原」為指導，唐先生之提點，發聾震聵，空谷跫音也。筆者於此不得不再三致意焉。上引文中以下一語：「恆是先提出德性之本原」，簡言之，即以德性作為價值判斷的源頭也。唐先生意謂，哲人（固含史家）作價值判斷時，必得先明白清楚的陳說本乎德性而來的一番道理（義理）；蓋依此而作出的價值判斷，始有其理據也。

16 唐君毅，〈研究中國學術的態度〉，《中華人文與當今世界》（補編上冊），《唐君毅全集》（臺北：臺灣學生書局，1991），卷九，頁 288-289。

唐先生非常明確的點出史論（史學上的價值判斷）的功能是「使史實更易為人所了解」。這一指點非常重要。蓋史論（在此指理想的史論）非史家之信口雌黃、非史家之說長道短、非史家之無病呻吟；且也不是史家權充道貌岸然的道德家板起面孔以道德信條來教訓人。史論除彰顯史家之價值理想外，是兼具史實的補充說明這個知性上的功能的。上引文有謂：「……不論其見解是高是低，對或不對，卻可以幫助開通思想」。這幾句話亦非常重要。這是進一步肯定史評史論以其具有價值，所以原則上是有其存在的必要的。所謂「開通思想」，克就上文所述及的劉、項二人來說，蓋指可提供讀者思考、想像劉、項可以是怎麼樣的歷史人物。推而廣之，則又可以想像作為政治人物的一個人，或其他面向的一個人，又怎麼樣可以作出正面且相應的表現。是以讀者的思想應可由此種種的想像而得以開通的。史學上價值判斷之知性功能與可以進一步啟發人智慧的啟迪功能，不是很清楚嗎！這個我們得感謝唐先生給我們的指點。[17]

綜上所述，史家之所以作價值判斷，可概括為以下數原因：(一)人性之本然：緣於人性本身（此種「人性」，猶「習性」也）之自然性向，此即俗諺所指稱的“八卦”（好說長道短、愛批三評四）；(二)經世致用的意識：史家不容自已的道德使命感、憂國憂民的意識；[18](三)知性功能：價值判斷

---

17 個人最佩服業師唐君毅先生的學問與其精神人格，是以上文不厭其繁屢引述其言說。一方面固藉以闡述本文中的相關問題；此外，亦藉以弘揚師說，蓋一般學人比較沒有注意到唐先生史學上有關價值判斷的論述。

18 筆者讀書治史四五十年，韓愈道說出史家責任的兩句話：「誅奸諛於既死，發潛德之幽光」，筆者一刻不敢或忘。明乎此，便知悉筆者為甚麼認為史家不得不作價值判斷了。但確切認為史家對史事作客觀記述外，仍應作價值判斷者，乃最近約 20 年來的體悟而已。行文至此，又讓人想起龔自珍以下一句話：「智者受三千年史氏之書，則能以良史之憂憂天下。……」（〈乙丙之際箸議第九〉，上揭《龔自珍全集》，頁7。）當然，自珍這句話不是針對良史來說的；而是針對讀史而成為了智者（成為了具智慧的人）來說的。但此中則意外地透露出了自珍蓋認為良史（優良的史家）必然是憂天下的，即必具備憂天下的一種使命感的。也可以說，必具備憂天下的使命感始可以成為良史。上所引唐先生的話，更足以說明這點，且說得更具體，更全面。茲再引錄如下：「其於國家之成敗興亡，世道之顯晦升沉，君子小人之消長，又豈真能無

可使讀者更了解史事之本身。換言之，無論是史家順乎人性之本然而自然地為之也好，或由於“道德命令”而不容自已地為之也罷，或由於要增進讀者對史事之了解而刻意地為之也罷，總之，史家撰史時，價值判斷便自覺的或不自覺的寓存於所撰寫的史書之中了。換言之，你贊成也好，反對也罷，史家撰寫史著時，價值判斷（褒貶）已實然地存在於其史著之中；又：據上所述，價值判斷（褒貶）是史家義不容辭的分內事；換言之，即義之所當為也。由此來說，施予價值判斷既係一實然，且亦係一應然的行為。

三、中國歷史評論史

梁啟超說：「近代著錄家，多別立史評一門。史評有二：一批評史蹟者，二批評史書者。[19]批評史蹟者，對於歷史上所發生之事項，而加以評

價值判斷之存，或廢書而嘆之事？自歷史家之亦為一有血有肉之人而言，乃絕不能無者也。」

[19] 目錄書最早開立「史評」一目者，蓋始自宋人晁公武之《郡齋讀書志》。所開列之書目，始於《史通》，迄於《唐史評》。前者乃史學批評之專著，後者蓋評論唐代史事者。晁書後，各目錄書開立「史評」一目者，亦大抵收錄評史學（史書）與兼評史事之書籍。

鄭學稼撰有《中國史部目錄學》（臺北：華世出版社，1974）一書，其中〈史目正錄〉、〈史目別錄〉與〈史目今錄〉三章所開列之書目與史評相關者，除史評本身外，尚有史鈔、史學等等。今稍細述如下：〈史目正錄〉中之《宋史藝文志》與《明史藝文志》史部下皆有〈史鈔〉一目，其下開立〈史評〉一項。《四庫全書》史部下亦有〈史評〉一目。又盧文弨《補宋史藝文志》與《補遼金元史藝文志》史部下雖不另立〈史評〉一目，但〈史學〉下所收錄之書籍既有批評史學之書，亦有評論史事之書。是以兩《志》中之所謂〈史學〉，猶他書之〈史評〉也。鄭書中〈史目別錄〉下計有九種目錄書開列〈史評〉、〈論史〉、〈史論〉或〈史學〉等類目。茲臚列此九種目錄書如下：《玉海・藝文志》、《孫氏祠堂書目》、《萬卷堂・藝文記》、《澹生堂藏書譜》、《遂初堂書目》、《世善堂藏書目》、《千頃堂書目》、《百川書志》、《孝慈堂書目》等。又鄭書中〈史目今錄〉下收錄〈史評〉之目錄書計有兩種：范希曾《國立中央大學國學圖書館書目》、杜定友《圖書分類法史部目錄》。又梁啟超〈新史學〉一文嘗論述中國史學之派別。其中即有史論一派，其下細分三項：理論、事論、雜

論，蓋《左傳》、《史記》，已發其端。後此各正史及《通鑑》皆因之。亦有泐為專篇者，如賈誼〈過秦論〉，陸機〈辨亡論〉之類是也。宋明以後，益尚浮議，於是有史論專書，如呂祖謙之《東萊博議》，張溥之《歷代史論》等，其末流只供帖括勦說之資，於史學無與焉。其較有價值者，為王夫之之《讀通鑑論》、《宋論》。」[20]

《左傳》之史評，大抵以「君子曰」、「君子謂」、「君子以為」等等字眼發其端，故在形式上可說非常清晰醒目。是以任公認為批評史蹟者，起始於《左傳》。然而，所謂「史評」，就廣義來說，乃指史家對於歷史上所發生之事項，表達一己之價值觀念／價值判斷之謂（參本文〈前言〉）。本乎此，則中國史學上的價值判斷（史家對史事施予褒貶），《左傳》之前便早已出現。其表表者，孔子是也。[21]《春秋》一書，恆被視為以"書法"

論。觀其中前二項所開列之書籍，即知評史書與評史事之書籍皆分別涵括其中。（雜論則顧名思義，既評史事，亦評史書。）至若柳詒徵氏，於所撰〈擬編全史目錄議〉一文（收入《柳詒徵史學論文集》），則開列〈評論史事〉一目。以上可見，就目錄書而言，〈史評〉一目，蓋始自宋代晁公武之《郡齋讀書志》。其後含史評類之目錄書，歷代皆有，且史目正錄、史目別錄與史目今錄皆然；惟書中不盡然以「史評」稱之。再者，〈史評〉一目下所收之書籍，大抵史事評論與史學批評，皆兼而有之。

20 《中國歷史研究法．過去之中國史學界》。

21 《左傳》之作者是誰，迄無定論。如視為與孔子同時之左丘明所作，則孔子之言論便不宜說是早於左丘明的言論。然而，筆者傾向於採納以下一義：據《左傳》之內容，蓋反映其作者左氏（姓左或姓左丘的一位先生）乃針對孔子的《春秋》而為說。然則左氏乃傳（注釋）孔子之《春秋》者，是《左傳》必晚出於《春秋》也。也即是說是先有孔子之言論，然後才有《左傳》的言論。其實，價值判斷之言論也非始於孔子。早在孔子之前，如西周末年幽王之世，時為司徒之鄭桓公嘗有以下的提問：「王室多故，余懼及焉，其何所可以逃死？」史伯予以回應，如下：「王室將卑，戎、狄必昌，不可偪也。……非親則頑，不可入也。……是皆有驕侈怠慢之心，而加之以貪冒。……周亂而弊，是驕而貪……。」是可知其回應的內容便含有不少價值判斷的言詞。又：與孔子同時並世的晉國史官史墨針對趙簡子的問話所作出的回應，亦含有價值判斷的意涵。事緣魯昭公32（公元前510年）年夏，吳伐越。史墨曰：「不及四十年，越其有吳乎！越得歲而吳伐之，必受其凶。」史伯與史墨之回應，分別見〈鄭語〉，《國語》（上海：古籍出版社，1978），卷16，頁507；〈昭公32年〉，《春秋左傳注（增訂本）》（北京：中華書局，2005），冊四，頁1516。

（書、不書、如何書——所謂以特定的遣詞用字），來對人物史事進行褒貶。[22]孟子很明確的指出說：「王者之迹熄而《詩》亡，《詩》亡然後《春秋》作。……其事則齊桓、晉文，其文則史。孔子曰：『其義則丘竊取之矣。』」[23]所謂「其義則丘竊取之矣」中的「義」，一般理解為「褒善貶惡的大義」。「《春秋》，天子之事也」[24]，孔子以匹夫而成《春秋》，故謙稱竊取（私底下採納、採用、借用）其義。[25]孟子又說：「孔子成《春秋》而亂臣賊子懼。」[26]亂臣賊子之所以懼，恐怕不是緣乎《春秋》中之「事」與「文」。彼等之所以懼，肯定是由於孔子所施的嚴於斧鉞之「義」。其實，孔子喜歡月旦歷史人物，《論語》中也找到不少例子。如孔子以「古之賢人也」與「求仁而得仁，又何怨」[27]來描述伯夷、叔齊便是一例。這可以說是孔子對二人的褒頌。至於晉文公，孔子則以「譎而不正」貶之；於齊桓公，則以「正而不譎」褒之。[28]對管仲的評價，則褒貶皆有。在器度及私生

22　茲舉數例以概其餘。（一）莊公四年，不書「齊滅紀」，而書「紀侯大去其國」。據《公羊傳》，齊襄公的九世祖齊哀公因紀侯譖而為周天子（夷王）所烹殺，襄公為哀公報仇而滅紀。然而，滅人之國明為不義，是以《春秋》乃書作「紀侯大去其國」。《公羊傳》所據之版本為中國哲學書電子化計劃：https://ctext.org/gongyang-zhuan/zhuang-gong-si-nian/zh；2023.01.16 瀏覽。（二）閔公二年，不書「狄滅衛」，而書「狄入衛」，蓋為齊桓公諱，以衛為華夏之邦故也；如書其為狄所滅，則以尊王攘夷相號召之桓公，其顏面何存？（三）僖公廿八年，踐土之會，晉文公實召天子。以諸侯而召天子，非禮也。故孔子轉書曰：「天王狩於河陽」。此外，《春秋》又以特定的個別字眼，如「侵」（潛師掠境）、「入」（造其都城）、「伐」（聲罪致討）、「戰」（兩軍相接）、「滅」（毀其宗廟社稷）等等以表示戰爭（或戰爭結果）的不同狀態，又如以「殺」（處死無罪）、「弒」（臣子殺君父）、「誅」（殺有罪）等等字眼以表示終結人生命者與被終結生命者誰對誰錯的問題。

23　〈離婁下〉，蘭州大學中文系孟子譯注小組（實出自楊伯峻先生之手）《孟子譯註》（北京：中華書局，1960），頁 192。

24　〈滕文公下〉，上揭《孟子譯註》，頁 155。

25　《孟子譯註》便作如下的翻譯：「他（孔子）說：『《詩》三百篇上寓褒善貶惡的大義，我在《春秋》上便借用了。』」頁 193。

26　〈滕文公下〉，上揭《孟子譯註》，頁 155。

27　《論語・述而》。

28　皆見《論語・憲問》。

活上，既視之為「器小」、「不知禮」[29]；但在政治的表現上，則認為「桓公九合諸侯，不以兵車，乃管仲之力也。如其仁，如其仁。」[30]對於保存維護華夏文化於不墜，則更是功不可抹。孔子的稱頌如下：「管仲相桓公，霸諸侯，一匡天下，民到於今受其賜。微管仲，吾其被髮左衽矣。」[31]以上各例皆足以佐證孔子喜歡對歷史人物作出價值判斷。

章學誠說：「史之大原，本乎《春秋》；《春秋》之義，昭乎筆削。筆削之義，不僅事具始末，文成規矩已也。」[32]本此，則事（史）、文之外，其最要者，乃義也。而所以見其義者，依上文，乃仰賴經書中之價值判斷無疑。史之大原，既本乎五經之一的《春秋》，則以傳（注釋）《春秋》為旨趣之《左傳》[33]，對於《春秋》重史義之精神，必繼承之並予以發揚光大無疑。今見諸《左傳》者，其中褒貶史事人物而作出價值判斷者，其形式相當多元化，且與記述史事的文字段落有相當明顯的區隔而使讀者更能察覺兩者在性質上有所不同。此等價值判斷（史評、褒貶），或以"君子曰"、"君子謂"、"君子以為"等等起首（此上文亦嘗論及）；或描述一史事後，便直接發表議論，如作出「禮也」、「非禮也」之價值判斷；又或引用他人之

---

29 《論語・八佾》。

30 《論語・憲問》。孔子到底如何評價管仲（是否以仁來稱許管仲？即許管仲以仁？），其關鍵處在於吾人對「如其仁」三字作怎麼樣的解讀。筆者 40 多年前嘗撰文討論這個問題。當時認為孔子對管仲的評價，就仁方面來說，是較為負面的。其實，總體來說，孔子對管仲的評價正負面皆有。就器度及私生活上而言，孔子較持負面的評價；就政治上而言，孔子的評價是非常正面的。政治上的評價既是如此的正面，則是否就等同孔子許管仲以仁呢？這個問題似乎很值得探討。可參黃兆強：〈孔子究竟如何評價管仲——兼論史家立場及其他〉，《鵝湖月刊》，1981 年 9 月，第 75 期，頁 21-34；黃兆強：〈敬覆雷家驥先生——談孔子評價管仲的一封公開信〉，《鵝湖月刊》，1982 年 4 月，第 82 期，頁 35-46。

31 《論語・憲問》。

32 〈答客問（上篇）〉，上揭《文史通義》，頁 136。

33 當然，有另一說認為《左傳》應名為《左氏春秋》，是一位姓左的人或姓左丘的人所撰而獨立於孔子《春秋》以外的另一部書；換言之，即認為《左氏春秋》不傳孔子的《春秋》。但筆者傾向於認為《左傳》乃傳《春秋》的一部書。可並參上注 21。

言論以代替一己之價值判斷，又或論證先前之預言已然應驗以代替一己之價值判斷等等。其多元化之例子，乃見諸書中多處。

與《左傳》詳略互見而同為記載春秋時事的我國最早的國別史《國語》，對歷史人物亦多有褒貶之詞，如對齊桓公、晉文公、管仲、范蠡等人物之評論即是。研究戰國史事而不可或缺的重要史籍《戰國策》，其對戰國時代辯士的說辭的褒揚，很明顯亦是一種價值判斷。下逮秦漢，則史評之作更見蓬勃。陸賈以「居馬上得之，寧可以馬上治之乎」[34]等語喚起漢高祖注意而奉命撰述秦亡漢興等史事而寫成之《新語》、賈誼為漢文帝所賞識乃陳治安策而撰成之〈過秦論〉[35]，皆其尤著者也。其後，《史記》中的〈太史公曰〉、[36]《漢書》的〈論贊〉與荀悅《漢紀》的史論，皆史評中之傑作無疑。

荀悅以降，歷代史家施諸史事或施諸人物之價值判斷，代不乏人。大陸史家瞿林東先生（1937-）以「歷史批判意識的產生和發展」的標目對相關問題作了很扼要的論述，茲轉錄如下：

> ……如荀悅、虞世南、魏徵、司馬光的君主論，魏徵的秦隋興亡相較論，李百藥、柳宗元的封建論，柳宗元和劉禹錫的天說、天論，杜佑的"中華"、"夷狄"同源、同風論等等，都是歷史批判意識深入發展的突出表現。又如劉知幾、鄭樵、胡三省、王世貞等人，於史學批判中包含了歷史批判的豐富內容，……李贄對舊的倫理觀念的批判，黃宗羲對君權的批判，顧炎武對君主專制主義政體的批判，王夫之對歷代腐敗政治統治的批判等等，都是歷史觀念中從未有過的最深刻的批判。[37]

---

34 語見〈酈生陸賈列傳〉，《史記》（香港：中華書局，1969），卷 97，頁 2699；又見〈酈陸朱劉叔孫傳〉，《漢書》（北京：中華書局，1962），卷 43，頁 2113 。兩傳文字稍異，如上引語：《漢書》於「治」與「乎」之間缺一「之」字。

35 〈過秦論〉收入《昭明文選》，卷五十一，〈論一〉。賈誼批評秦之言論，其概略又見《漢書》，卷 48，本傳。

36 按：《史記》中恆位置於各篇之末之〈太史公曰〉不盡係史評之作；其中不少乃前文的補充資料。此世人多知之，不具論。

37 瞿林東，《中國簡明史學史》（上海：上海人民出版社，2005），頁 306-307。

瞿先生所說的歷史批判意識，即上文所說的史評、史論、史學價值判斷。

上文中瞿先生所未論及而值得一提的是陳壽的《三國志》。陳書寓有不少微言大義，而褒貶之精神正好存乎其間。筆者多年前嘗重讀蘭州大學歷史系教授張孟倫先生（1905-？）《中國史學史》一書，書中發前人所未發之言論，數見，不一見；洵史學史中之佳作無疑。彼對陳書之發微闡幽即為一例。其言曰：

> 陳壽撰修《三國志》，雖志在褒貶，而辭多隱諱，不但當時雄猜的司馬及其黨羽，無所施其忌恨，且使後代的讀者，難以求得其歸趣。要當如朱彝尊、何義門等人的索隱鉤深，而以時事實之，才能從腳根處知道陳壽的「微言大義」的所在。[38]

陳壽先仕於蜀，後又仕於晉，可謂“貳臣”矣。按：晉乃繼魏而來。陳著《三國志》乃身在晉時，如不帝魏，則晉統便失其根源所在。然而，蜀既為其出生地（陳壽出生於巴西安漢），且亦為最初出仕之地，其對蜀主劉氏本有一番感情在。而晉乃篡魏而得其政權，然而滅蜀者又正是魏。所以魏、蜀、晉之間，陳氏如何施其褒貶，便必然煞費苦心。其結果則定然如張孟倫所說的：「雖志在褒貶，而辭多隱諱」了，蓋非隱諱不可！

在這裡必須作點補充說明。就正史來說，各篇章後的〈論贊〉固然是史論的載體；再者，〈書〉、〈志〉、〈表〉與〈類傳〉中的〈序〉也經常是史家藉以表達其史論的另一種重要工具。

---

[38] 張孟倫，《中國史學史》（蘭州：甘肅人民出版社，1983），頁 215。治史學史者恐怕不見得會閱讀朱彝尊和何義門（名焯，人稱義門先生）的書。張氏博聞多識，藉朱、何二氏書而進一步發覆陳書之精神，洵所撰之《中國史學史》異乎流俗也。至於朱、何二氏的索隱鉤深，則分別見《曝書亭集・書趙居信《蜀漢本末》後》及《義門讀書記・《三國志・魏志》》。按：趙居信乃元朝人，其《蜀漢本末》仿朱熹《資治通鑑綱目》之義例而撰著者也。按：綱目體之著作，自朱子開其端之後，其繼起者，亦必以褒貶為著書精神之所在。朱彝尊（1629-1709），明末清初人；《曝書亭集》，其代表作也。何焯（1661-1722），清初人；《義門讀書記》為其代表作。

在上一節中我們藉著唐先生的卓見來揭示史學上的價值判斷，在功能上有其經世致用的價值。而這正是史學上的價值判斷之所以必須存在的最重要的理據所在。然而，世間事物永遠有其正反兩面。史評史論，其劣質者，或流於信口雌黃，空發議論，無補國計民生；甚或誤導讀者，使之對史事產生錯誤的瞭解[39]，以至對人類行為的方向及具體作法，作出錯誤的指引。至若其輕微者，則至少浪費讀者閱讀的時間。當然，史評史論之優質者，如史學兩司馬之論贊（兩者恆分別以「太史公曰」與「臣光曰」作為起首。）、王夫之之《宋論》、《讀通鑑論》等等，恆能獨具隻眼而鑑空衡平剖析史事之關鍵肯綮處，讀者每能從中總結歷史經驗，汲取教訓，以為鑑戒；洵為史評中之傑作無疑。[40]總括來說，林林總總的史論，其中雖不免有其劣質者，然而，吾人不必因噎廢食。史評史論自有其永恆之價值無疑。

四、結語

史家者何也？知識分子是也。知識分子何也？對家、國、社會、民族，乃至對全人類有責任心、有使命感、有終極關懷者是也。[41]然則史家當如何

39　劣質史評無與於史學，任公即嘗明言之：「⋯⋯，其末流只供帖括勦說之資，於史學無與焉。」，洵的論也。詳上文注 20。《四庫全書》亦有類似的言論，甚至進一步指出劣質史評負面的影響。其〈史部四四・史評類・序〉說到「《春秋》筆削，議而不辨。⋯⋯至於品騭舊聞，抨彈往迹，」之後的一段文字，便是針對劣質史評來說的。詳上注 1。

40　香港新亞研究所同窗宋小莊博士嘗研治王夫之的思想，從《讀通鑑論》一書中，分析出王夫之的歷史觀、政治思想、軍事思想、民族思想、倫理思想、經濟思想與法律思想等等；深具參考價值。此各種思想，蓋從王夫之史評／史學價值判斷中抽繹出者。宋小莊，《讀《讀通鑑論》》（昆明：雲南人民出版社，1991）。30 年前承蒙宋博士惠贈此大著，今特致上謝忱。

41　所謂「風聲、雨聲、讀書聲，聲聲入耳；家事、國事、天下事，事事關心」是也。此經典名句，出自顧憲成所撰寫的《題東林書院》對聯；乃借以勖勉讀書人的求學態度理當如此。50 年前，即 1970 年初讀大學時，筆者嘗以此自我期許。期許是很可以的，但要做到便困難了。上聯尚不至於太困難；下聯便困難多了，且實際上，也不需

始可成為知識分子？在唐君毅先生的啟迪下，一言以蔽之，史家在實踐、發揮其專業技能的同時，必須時時刻刻以責任心、使命感為念以踐履其終極關懷也。其專業技能者何也？歷史事實之記錄／重建與解釋是也。細析之，即史家本其專業素養，對往事（歷史）恆以求真、存真為念，而最後以達致傳真為目的是也。然而，史家之目的僅為傳真乎？[42]若然，則其去知識分子遠矣！史家欲成為知識分子，非要具備上述所說的責任心、使命感不可。是可知在求真、存真、傳真以外，史家另有要事可做，且必須做。此即為本文上面說過的，對歷史做紀錄、重建之外，仍須對史事、人物作出史評史論、給予褒貶。即所謂施予價值判斷是也。因為非此不足以成為一位真正的史家。「誅奸諛於既死，發潛德之幽光。」這是中國歷來偉大史家的偉大傳統。我們雖然生當二十世紀、二十一世紀，但這個中華文化數千年的偉大傳統，我們作為今天的中國人，作為今天的史家，我們除了予以繼承，並予以發揚光大外，我們還能說一個「不」字嗎？願共勉！

要事事關心，蓋人之精神體力有限也。宋人張載云：「為天地立心，為生民立命，為往聖繼絕學，為萬世開太平。」此知識分子之責任，或至少所嚮往之境界也。筆者「雖不能至，而心嚮往焉」。上引張載的四句話（即俗稱的「橫渠四句」）中「為生民立命，為往聖繼絕學」兩語，有作「為生民立道，為去聖繼絕學」者。此見諸張載，〈拾遺．近思錄拾遺〉，《張載集》（北京：中華書局，1978），頁 376；又見〈張載集拾遺．近思錄拾遺〉，《張載文集》：中國哲學書電子化計劃，https://ctext.org/wiki.pl?if=gb&chapter=375290；2023.01.20 瀏覽。

[42] 其實，求真只是一理想，蓋史家不可能 100% 做到的，即求取不到的。由是當時的歷史實況與後來史家擬依據此歷史實況（即這裡所說的真）而寫出之歷史紀錄，便不可能劃上等號。而存真（其表現之型態即為這裡所說的歷史紀錄）與傳真（把歷史紀錄如其本然狀態傳遞下去）遂亦必然受到牽連而無法 100% 做到。（此上文已略及之。本書第四章之相關討論尤詳。）；但這是另一問題，今不細表。其實，或可一說的是，雖不能 100% 做到，但只要不是 100% 做不到，那作為史家來說，便得去做了。因為不做，便等同是 0%；做便至少是＞0%（不含 0）。其分野是很清楚的。

下篇：哲

第六章　唐君毅 30 歲前後的哲學思想——以《致廷光書》爲探討的主軸*（上）

提　要

似乎需要先向讀者說明的是，本文（文長，是以分作兩章，即本章與下一章）並非要把唐先生本人跟前賢不一樣的哲學思想挖掘出來，而是著眼於闡釋（發微闡幽、索隱勾沈）其年輕時之哲思，所以讀者幸勿誤會。若要完整地了解並進而呈現唐先生的早期哲思，其早年成名之作，如《道德自我之建立》、《人生之體驗》、《心、物與人生》（以下或簡稱：「早期哲思三書」）與《中西哲學思想之比較論文集》等專著，是非參考、研讀不可的。這點恐怕已是常識，不贅。然而，筆者認為，《致廷光書》一著作也是非讀不可的。前賢探索先生的早期思想，大多已參考、援引上述早期哲思三書，且成就非凡；然而，絕少援據《致廷光書》一書以成文者。這似乎是有點可惜的。

筆者以為在闡釋、發覆唐先生的哲思上，《致廷光書》實有其價值在。其價值有二。其一，在一定程度上可補充早期哲思三書等專著內容上之不足。其二，該書乃書信體，收信人為師母。以師母為哲學素人之故，唐先生遂恆以非常淺顯之道理，並以非常白話化的文字來向師母“說教”。筆者以為，師母固然從中有所收穫。一般人，乃至哲學專業人士，

* 本文乃應邀出席以下研討會而撰寫：「紀念唐君毅先生逝世四十周年國際學術會議」。主辦單位：香港新亞研究所、香港中文大學；會議日期：2018.12.05-07。2022年3月6日，武漢大學劉樂恆教授來函謂：「郭齊勇老師主編《儒家文化研究》，計劃出版一期關於《現代新儒學》的專輯，……未知可否請黃老師賜稿一篇？」筆者乃修改上文以應命。今進一步修改並大幅度增添其內容後（為原文三倍以上），予以納入本書內。

恐怕亦受惠匪淺的。是以今茲不揣譾陋，乃特別根據該書以撰就本文。當然，筆者在撰文的過程中，也參考了《道德自我之建立》等等的專著。其參考之具體情況，主要見諸本文以下一節：〈緒論‧附識：唐先生早期哲思之文獻回顧〉。

本文所說的早期哲思可細分兩個階段，其一是 30 歲前（若要精準一點，當說廿七八歲之前）的思想；其代表作是《中西哲學思想之比較論文集》。其二是約莫 30 歲時（即 30 歲前後）所展示的思想（其實，大體上廿七八歲後已有所展示，惜「早期哲思三書」之出版，甚至所撰寫之自序，皆在 30 歲之後）；其代表作，依成書先後，乃係《人生之體驗》、《道德自我之建立》、《心、物與人生》三書。因其 30 歲前的思想，乃「多似是而非之論」（唐先生本人用語）而為唐先生後來所揚棄，且《致廷光書》，又與《人生之體驗》、《道德自我之建立》為同期之著作，今既根據《致廷光書》以闡釋先生之早期哲思，是以下文就不以《中西哲學思想之比較論文集》一書作為研究、闡釋的主要對象。

也許尚須指出的一點是，唐先生 30 歲前後所展開或所成就的哲思，迄其辭世時止，其中心精神或核心思想（尤其是對宇宙人生的根本信念），基本上沒有改變（就閱覽所及，歷史認識論也許是唯一的例外。但這跟宇宙人生的根本信念不相干。其詳，可參本書第四章）；當然，相關論述在先生 30 歲之後是更深入，更細緻化，即更精微了，那是不必多說的。其間（即 30 歲後迄先生辭世），也不無微調之處。如果說是進步，那當然也是一種進步。以先生之聰慧、勤奮與反省之無時或已，若果說先生 40 年間（先生仙逝於 70 歲：30 歲至 70 歲，剛好 40 年）沒有絲毫的進步，那便等同說先生的下半輩子沒有絲毫的進步或成長可言了。這種說法恐怕是與事實有所落差的。

一、緒論

眾所周知，《致廷光書》是唐先生寫給師母的信函，後由師母整理出版。師母姓謝，諱廷光（1916-2000，四川眉山人）；方回，其字也。[1]唐先生寫信給師母時（指書函之上篇），師母尚待字閨中（即尚未有字——未婚），故以「廷光」稱之，書名即本此。書函分為兩部分，即所謂上篇和下篇。書函按書寫年月順序排列。上篇收錄書函凡 36 封，乃唐先生婚前寫給唐師母的。第一函寫於 1938 年 5 月 16 日，第 36 函，即上篇最後一函，則寫於 1942 年 4 月；歷時凡 4 年之久。下篇乃婚後的通訊，凡 77 封，始於 1945 年 11 月 10 日，終於 1965 年 7 月 18 日；歷時凡 20 年之久。需要特別指出的是，上篇雖僅得 36 函，即不及全部書函（共計 113 封）[2]的 3 分 1，但篇幅則占 2 分 1 強，且其中言哲理者（含對戀愛婚姻的看法）甚多[3]。至於下篇的書信內容，則師母曾說：「……或廷光省親小離，或來香港後先夫應邀到外地訪問、講學和參加學術會議，其間所寄回的家書，對他人或無意

---

[1] 有關唐師母的生平、遺稿、後人對其追思等等，可參劉國強、譚志基、梁琰倫主編，《懿範千秋——唐君毅夫人謝廷光女史遺稿暨紀念集》（香港：中文大學新亞書院，2002）。

[2] 唐師母說：「……惜大半的書信已散佚了，……」謝廷光，〈序〉，《致廷光書》（北京：九州出版社，2016），頁 40。（按：《致廷光書》收入《唐君毅全集》（臺北：臺灣學生書局，1991），卷 25，共 494 頁；亦以同名收入《唐君毅全集》（北京：九州出版社，2016 年），卷 30，共 320 頁，10 多萬言。本文所引錄之《致廷光書》，皆以九州版為準。）師母所撰之〈後序〉也有類似的說法：「自開始至我們成都見面，那中間的信幾乎全部散佚了，幸而你給我的第一封信還存在。散佚的信不可得了，亦不知那段時間我們究竟談過些什麼。」《致廷光書》，頁 203。可見今存 113 函，其所記述者，相對於全般往事來說，恐不免雪泥鴻爪而已，惜哉！然而，對於讀者來說，已彌足珍貴。

[3] 此 36 函皆唐先生撰寫於 30 歲前後。本文既旨在透過《致廷光書》以揭示唐先生 30 歲前後的哲學思想，是以此 36 函遂成為本文的主要素材。其婚後的 77 函則絕少討論哲學問題，甚至賴以揭示其哲學思想的相關素材，也不多見。

義，但對廷光則有價值，……」。[4]下篇主要是唐先生從外地[5]向師母報平安和描繪日常生活作息起居的家書。這些內容當然是作為賢妻良母的師母最關心，最樂聞之事。師母所以說：「對廷光則有價值」，即以此故。

《致廷光書》（上篇）可說字字珠璣、句句金玉。要把既豐富又精彩，然而相當零碎且散落於各函的重要內容，按一定的類目（愛情婚姻觀的類目也好，一般哲學思維的類目也罷[6]）整理出來，個人認為是很不容易的（當然這牽涉到筆者個人的能力問題）。蓋類目太少，則不能概括重要的內容，且恐怕會掛一漏萬；反之，若類目太多，則哲思的各面向乃紛然雜陳，猶不分類也。所以本文便按照一般的哲學類目而分為宇宙論、價值論（人生論）、知識論三類[7]。此 3 類之前，則冠上「總論」一目，以概括、凸顯唐先生 30 歲前後的哲思特色，藉以見出其哲學上所關注的重點。總論部分不

4 〈下篇．小序〉，《致廷光書》，頁 211。

5 先生時居仍為英國統治下之香港，外地乃指香港以外之地區而言。

6 本文發表（宣讀）於上揭以下研討會：「紀念唐君毅先生逝世四十周年國際學術會議」。時間：2018.12.05-07。稍前一個多月（2018.10.19-22），在另一研討會上，筆者嘗根據《致廷光書》報告唐先生的愛情婚姻觀。文章名：〈愛情密碼大公開——《致廷光書》愛情婚姻觀闡微〉，研討會名：「第七屆儒學論壇：紀念唐君毅先生逝世 40 周年國際學術研討會」。主辦單位：四川宜賓學院四川思想家研究中心、唐君毅研究所。一個人對愛情婚姻的看法（即其愛情婚姻觀），可說是他的哲思中的一環，即其哲思的組成部分。唐先生的愛情婚姻觀固不為例外。然而，上文經修改後，已納入 2021 年 9 月出版的拙著《性情與愛情：新儒家三大師相關論說闡微》一書內，作為書中第五章，標題則改作：〈談情說愛：唐君毅先生愛情婚姻觀之偉大啟示〉。是以本文雖探討唐先生之哲思，但為避免重複，先生的愛情婚姻觀部分，遂從略。

7 1941 年師母曾向唐先生請教「哲學」問題。先生的覆函云：「哲學所求的智慧是什麼呢？……心又包萬物而抱住萬物。不過分開來研究，則人生論是一部，宇宙論是一部。而研究人心如何認識萬物包括萬物的即是知識論。所以哲學分宇宙、人生、知識論三部。其實這三部是不可分的一體。」（第十八函，《致廷光書》，頁 143）這三部既同為吾人一心所包括、抱住，所以唐先生便得出「其實這三部是不可分的一體」這個結論。然而，為求說明、研究上的方便，姑強作區分。按：唐先生這個分類，實不異於一般學人對哲學領域或哲學議題的分類，且出自唐先生本人的意見，所以下文的分類便以此為準。

含結語計得5目，乃憑己意而作出的裁斷；其欠周延、完整而難愜人意者，恐所在多有；或俟諸異日補足、改善之。

要了解唐先生30歲前後的哲學思想[8]，恐怕最理想的做法是研讀唐先生

---

[8] 唐先生活到70歲，但他30歲以後至仙逝前的思想體系，先生自謂已見諸30歲之前。先生說：「吾今之此書之根本義理，與對宇宙人生的根本信念，皆成於三十歲前。」引文中的「此書」，指先生易簣前所出版之鉅著《生命存在與心靈境界》（臺北：臺灣學生書局，1977）。上引文見該書下冊，〈後序〉，頁1157。又：上引唐先生之自道語，下文將有所討論。在這裡似乎需要指出的是，吾人得知唐先生具備相關的根本信念或此根本信念唐先生本人嘗揭示之於文字者，則不盡以唐先生所說的「三十歲前」之文字為囿限，是以筆者從寬認定，而改以「30歲前後」為範圍（上引文中「三十歲前」之代表作是上面提要中所說到的「早期哲思三書」；而不以《中西哲學思想之比較論文集》為代表）。至於「宇宙人生的根本信念」，到底是甚麼，則據唐先生之自白，乃係：彼27、8歲時一人行經南京玄武湖畔時所悟得之道。其內容為：「真理之必有普遍永恆性，應為人人所能見，……一切真理應皆先已內具於一切人之心，而人亦終必能自覺其所內具之真理。……吾遂信一切人（與一切有情生命）皆必能成聖成佛。」（〈後序〉，頁1156）先生此論說，蓋可視為依於唯心論之立場而來者。這方面，唐先生本人即嘗自道之，如下：「問題存於心中，十年以上，是常事。……我自己一面讀書，一面思想的結果，三十左右，便走到喜歡西方唯心論的路子上，這真是始料所不及。由此再來看中國先秦儒家宋明理學佛學，才知先秦儒家宋明理學佛學，又有超過西方唯心論者之所在。」唐君毅，〈我對於哲學與宗教之抉擇〉（撰於1954.09），收入《人文精神之重建》（香港：新亞研究所，1974），頁565。走到喜歡唯心論的路子上，又見〈後序〉，頁1150。又：唐先生30歲前後之思想，又詳見以下之自述：〈後序・本書思想之緣起〉，《生命存在與心靈境界》，下冊，頁1144-1157（詳下文）。唐先生「對思想的根本問題、方向」，30歲後（甚至大學畢業後；先生畢業於1932年，時年24歲）並無大異於往昔的說法，見〈民國初年的學風與我學哲學的經過〉一講稿（由摯友劉國強教授和岑詠芳學姊據錄音帶整理），收入《病裡乾坤》（臺北：鵝湖出版社，1984），頁155。其實，《致廷光書》第11函（寫於1940.10.11）已道說出彼30歲時，其哲學思想規模已立之事了：「去年一月十七日我三十歲我自己認為我之哲學思想規模已立，我之人生觀大體已定，我自命為已到三十而立之年。」（頁104）於此或稍可一說的是，唐先生30歲前後的思想的演變概況，〈民國初年的學風與我學哲學的經過〉一文（源自唐先生1974年在中文大學退休時向該校哲學系師生所作的演講稿）提供了不少資訊。譬如唸大學的階段，比較喜歡新實在論，不喜歡／不能接受唯心論、唯識論和中國哲學。但後來都反過來了。唐先生一輩子完全沒有改變的是，始終不喜歡／不能接受唯物論。西方近現

該時期的哲學著作[9]。（其實前賢已撰著不少文章以整理或闡釋唐先生這個

代哲人，唐先生比較喜歡的是黑格爾和懷特海。至於中國近現代的哲人，唐先生最欣賞敬佩的有二人，一為梁漱溟，另一為歐陽竟無；視兩人乃真正的人物。唐先生且以「有真切的感情，這個人有使你直接感動的地方」來描繪後者。其實，這個描繪也完全可以適用於梁先生的身上，只是在行文上，唐先生沒有這樣子寫出而已。還可一說的是，對於梁啟超，唐先生是蠻欣賞的，嘗說：「梁先生這個人，他很誠。」（頁162）至於胡適，唐先生則以「這個人很 human，很 social」來形容他（“human” 一詞在這裡似不宜理解為：很有仁愛之心；而是等同：溫文爾雅；“social” 則蓋取一般義，即很擅長社交、善於交際，和任何人都可以談上幾句話，甚至可說有點八面玲瓏之意。）但就學問來說，唐先生明說，「對於他的東西完全接不上」。又說：「我覺得胡先生對我來說很不入。」（頁 162）這句話大體上是針對整個人來說的，即針對性向、氣質、人生價值取向，乃至做人處世的態度方面來說的。又：唐先生之認同某一想法、觀念或理論，不是光從知識的視角來考慮而已，而且還本諸生命而來的個人真經驗為根據的。即在真切經驗上有所體悟，唐先生才認同、接受某一學說。而認同或接受與否，又必本諸仁心良心（頁 169-170）總之，〈民國初年的學風與我學哲學的經過〉，對了解唐先生的哲學來說，是很關鍵且扼要的一篇大文章；讀者不宜以其篇幅短小（頁 153-174，僅 10,000 多字）而輕忽滑過之。此外，《中國文化之精神價值》之〈自序〉（撰於 1951 年），尤其開首的一千多字，對了解唐先生早期哲思之內容及其發展，亦頗具參考價值；宜並觀。

9 說到唐先生該時期的著作（姑以 1945 年，即唐先生 36 歲前所出版者為準；撰就年分當更早），專著計有 4 部：《中國哲學思想比較論文集》（正中書局，1943）、《道德自我之建立》（商務印書館，1944）、《人生之體驗》（中華書局，1944）、《愛情之福音》（正中書局，1945）。此外，北京九州版之《唐君毅全集》又編有《早期文稿》一書（第一卷）。前四書均見臺灣學生書局版（1991 年）與九州版（2016 年）之《唐君毅全集》；最後一書則僅見九州版之《唐君毅全集》。其實，除〈中國歷代家書選目錄（含代序）〉外，《早期文稿》一書所收錄之各文已見諸學生書局版之《全集》，唯收入不同卷次內。其詳，可參該書「目錄」頁之前一頁之說明。專文（文章、論文）則計有 6、70 篇（筆者按：其中僅 10 篇左右為非哲學性／學術性著作。當然，此 6、70 篇文字有不少已收入前述 5 書中，不贅。）。其實，其著作總數量恐不止此數。《致廷光書》的第四函（寫於 1940 年 4 月 2 日）有云：「我今年三十一歲，我作的文章、札記，已發表未發表者有二三百萬字。」（《致廷光書》，頁51）以上書目及文章數量，參見以下二文獻：〈唐君毅先生著作目錄〉，馮愛群編輯，《唐君毅先生紀念集》（臺北：臺灣學生書局，1979），頁 5-10；何仁富編，〈著述年表〉，九州版《唐君毅全集》，卷 39，頁 1-5：「1924-1945 年」。按：至

時期（即所謂早期）的哲學思想的，讀者宜並參。[10]）要了解、洞悉唐先生的哲學思想，《致廷光書》也自有其優勝之處。按：《致廷光書》乃私人通訊。私人通訊中，在不經意的情況下（因為唐先生未嘗預見這些書信在彼辭世後被公開出版），似乎更能直接透露書信作者的想法。哲學思想乃作者各

於後人對唐先生的研究，則可參摯友陳學然，〈唐君毅研究概況及書目文獻索引〉，《中國文哲研究通訊》，卷 18，期 4，2008.12.01，頁 187-226；《唐學研究文獻索引》，北京九州《唐君毅全集》，卷 39。

說到唐先生 30 歲前後之著作，則除「早期哲思三書」和《中國哲學思想比較論文集》、《致廷光書》等著作外，尚有至少以下三篇文章：〈釋創造的理智〉（載《國風月刊》，1936 年第 7 期，先生時年 27 歲）、〈論近人治中國哲學幾種流行的態度〉（載《金陵日報周年紀念特刊》，1937 年 6 月，先生時年 28 歲）、〈致巨贊法師〉（原標題作〈讀作編三者之間——中央大學唐君毅教授來書〉，載《獅子吼月刊》，1941 年，第 5、6、7 期合刊，先生時年 32 歲）。筆者之所以獲悉唐先生嘗撰著以上三文，乃源自王振輝先生（北京清華大學人文學院博士研究）以下一文：〈唐君毅早期散佚文稿三篇考釋〉，《鵝湖月刊》，總 573 期，2023 年 3 月，頁 51-64。按：王文在考和釋方面，都做得相當不錯，其中尤以「釋」的部分為然。該部分僅數千字；然而，頗能通觀唐先生一輩子之核心思想。以博士生來說，可說乃在水準之上；值得推許讚美。王文注釋凡 20 條，其中所做之「考」，占 12 條。12「考」，有部分也許可以再討論、商榷；但大體上來說，不謬。唯第一「考」（即注釋 1），則明為一誤判。唐先生之原文如下：「因為凱薩林（Keyserling）有書名 Creative Understanding，博特（Bode）、摩耳（A. W. Moore）等顏其合作關於實用主義之論文曰 Creative Intelligence，余意雖不必與凱薩林等盡同，……。」王氏於上引文中，把「顏」字，改為「言」字；且針對此「言」字做一考訂，如下：「原稿為『顏』字，或為印刷錯誤，現根據文意改為『言』字。」筆者按：唐先生原文作「顏」字，絕不誤。茲試說明如下：一般來說，吾人藉著某人之顏面以認識其人。蓋各人之特徵，首見諸其顏面上之器官。同理，欲了解一書（一著作）或一論文，則必先視察該著作之封面上之標題，蓋以封面好比人之顏面，而其上之標題，即好比人之器官也。是以唐先生所說的：「顏其……論文曰 Creative Intelligence」，即：「命名……其論文曰 Creative Intelligence」之意。據筆者手邊常用之字書《辭海》（香港：中華書局，1973），「顏」字下之第二個注解便是：「俗謂匾額題字亦曰『顏』」（頁 1479）。此可見命名一書或一文章而標示此名於相關物品（封面）之上，即所謂「顏」也。其意正同於題字於匾額之上之謂「顏」也。

10 本節（〈緒論〉）最後以附識（二）的方式，嘗試對這些前賢研究成果，做一些說明，亦可謂係一研究回顧也。

種想法之一。換言之，這些書信似乎更能直接反映唐先生的哲學思想。由此吾人似乎可以說，就揭示唐先生之早期哲思而言，《致廷光書》一書絕不可少覷。當然，若就完整性、系統性而言，以書信內容流於零散，其所反映者，固不及作者同時期的哲學專著。要言之，兩者各有其優勝之處；茲不細論。[11]

就閱覽所及，前賢似未嘗以《致廷光書》為主要素材，以勾稽爬梳唐先生的早期哲思者，筆者本文乃企圖做點嘗試。（以個人能力識見所限，必有所掛漏和欠周延之處。又：下文「二、總論」之下各節之標題中的引號（「」），其中的文字乃唐先生本人的說法。）

附識：唐先生早期哲思之文獻回顧

（一）早期哲思見諸《生命存在與心靈境界》[12]之〈後序〉者

---

[11] 上揭〈民國初年的學風與我學哲學的經過〉一文有不少篇幅揭示了先生 30 歲前後的思想的，很值得參看。（詳上注 8）尚可一說的是，該文還透露出唐先生大概從六七歲開始便產生了源自惻隱悲憫之心而來的一種哲思。事緣唐先生父親迪風公嘗向先生講述地球終有一天會毀滅的故事。（頁 160；此故事詳下面〈附識〉最後的「補充」部分。）唐先生哲思出現之早與本乎仁心而感通於天地萬物（地球固天地萬物之一）的哲學性格，於斯即可見其端緒。

[12] 臺北：臺灣學生書局，1977，頁 1144-1159。唐先生早期哲思之見諸《道德自我之建立》、《人生之體驗》，乃至見諸《心、物與人生》者，學人多已知悉，是以今不擬針對該三書之內容作綜述。其實，下文（即（二）〈早期哲思之見諸前賢相關研究成果者〉）在闡述相關研究成果時，尤其闡述王怡心女士之博士論文時，將對此「早期哲思三書」之內容，作一定程度之闡述。又：李杜先生對此三書嘗分別作過述介，見《唐君毅先生的哲學》（臺北：臺灣學生書局，1982），頁 16-20。蔡仁厚先生對該三書也作過一些簡介，見所著〈敬悼　唐君毅先生 兼述唐先生所著各書之大意與旨趣〉，馮愛群編，《唐君毅先生紀念集》（臺北：臺灣學生書局，1979），頁 289-290。針對唐先生，唐端正與何仁富二先生嘗分別編撰年譜，其中對《道德自我之建立》與《人生之體驗》二書，都做過述介，見二年譜 1944 年條。也許在這裡需要補充的是，該三書的中心旨趣是一樣的，也是一致的；所不同者是所表述的方式有別。

唐先生的早期哲思，可以細分為二個階段。其前一階段[13]，可以《中西哲學思想之比較研究集》一書（後易名為《中西哲學思想之比較論文集》）為代表；其後一階段[14]，則可以《人生之體驗》、《道德自我之建立》與《心、物與人生》（尤其第一部〈物質、生命、心與真理〉；第二部則成文較晚，約 40 歲之後了）為代表。《生命存在與心靈境界》之〈後序〉（下文凡稱〈後序〉，除另有說明外，皆指此）如此說：「吾今之此書之規模，亦不能出於此二書所規定者之外。」（頁 1157）二書指《人生之體驗》與《道德自我之建立》。上文注 12 已指出，唐先生之早期哲思，蓋見諸《道德自我之建立》、《人生之體驗》與《心、物與人生》三書；而學人多已知悉其內容。再者，三書（尤其前二書）之重點內容，其可反映唐先生之早期哲思者，下文，即（二）：〈早期哲思之見諸前賢相關研究成果者〉一節，亦將有所揭示。是以本節可以不必撰寫。然而，筆者仍草擬本節者，其原因有二：其一，唐先生明言：上述二書對「古今東西之哲人之書……，幾無所論列。」（頁 1157）而筆者則以為，不論列古今東西之哲人之書，則欲充分了解掌握先生之早期哲思，不免有所不足。而〈後序〉的相關部分，則正可補上此不足。其二，下文（二）乃旨在個別開列、闡釋十多位前賢之相關研究成果；而並沒有把唐先生之早期哲思視為一獨立的單元而作統一的處理；是以其所論述者，不免失諸零散。反之，〈後序〉中〈本書之思想緣

就《道德自我之建立》與《人生之體驗》二書的哲學意味來說，前書則較為濃郁一些。也可以說，就理論探索的表現來說，該書較為周延一些，亦可說較為深奧一些。

[13] 即 1941 年為下限的一個階段，即先生時年 32 歲之前的一個階段；下詳。

[14] 即 1941 年之後約二年的一個時段；此可以 1943 年為下限，蓋《人生之體驗》與《道德自我之建立》之〈自序〉皆撰於該年也。如根據上所引唐先生本人的說法：「根本義理，與對宇宙人生的根本信念，皆成於三十歲前」（詳上面之摘要與上注 8），則從 1939 年（滿 30 歲），甚至從 1938 年開始，唐先生之哲思，便已定型，即其後沒有根本上的變化了。總言之，其早期哲思之見諸《人生之體驗》、《道德自我之建立》與《心、物與人生》（尤其此書之第一部）者，與其哲思之見諸後來眾多著作中者，在根本義理與對宇宙人生的根本信念（含基本方向）上，是相一致的。《人生之體驗》等三著作（即筆者上面所說的「早期哲思三書」），筆者定位為早期哲思中第二階段之著作。而此一階段之哲思，與《致廷光書》所見者，實相一致也。

起〉一節，先生則以相當精簡扼要之篇幅（頁 1144-1159），自述其早期之哲思。基於這兩個原因，此〈後序〉對了解先生之早期哲思（含上面說過的二個階段），仍深具重要性。今茲筆者則進一步簡化此〈後序〉中之相關篇幅以利讀者。再者，主要是以條列的方式摘錄唐先生之文字；筆者之說明或闡釋，則力求其簡。

1、「吾之生命中，實原有一真誠惻怛之仁體之在，而佛家之同體大悲之心，亦吾所固有。吾之此仁體，雖只偶然昭露，然吾之為哲學思辯，則自十餘歲以來，即歷盡種種曲折，以向此一物事之說明而趨，而亦非只滿足個人之理智興趣，而在自助、亦助人之共昭露此仁體以救世。」（頁 1145）先生自十餘歲以來已深具淑世情懷的道德意識，上引文已見端倪。

2、「於十五歲時，見人介紹唯識論之文，謂物相皆識所變現，即以為然。其時又讀孟子、荀子，遂思性善性惡之問題，以為人性實兼有善惡，並意謂孟荀皆實信性有善惡，唯孟子於人性之惡者，名之為欲，荀子於人性之善者，名之為心耳。」（頁 1146。按：先生此說法，見撰就於 20 歲之〈孟子言性新論〉，上揭《早期文稿》，頁 6-11。）上引語中的首句似已反映先生已頗具唯心論的傾向。至於論說孟荀性論的文字，則先生圓融、兼攝之雅量，其 15 歲時已發其端矣。

3、「……更思人之本能，或基本心理，畢竟有若干，乃自為說，約之為六，而以為皆出於人之自覺的求同。……人對事物之好奇，亦須求見新奇者與昔之所知者之相同之處，而加以類比，亦是求同也。」（頁 1146）就事實而言，「人之本能……」是否確係「人之自覺的求同」，不必細問。但此語足以反映先生之相關理念或期許。

4、「以佛家之絕欲為至極。而絕欲則忘我，我忘則能利他，而有道德。」（頁 1146）先生恆以道德為判準而作出相關論說，此又一例。

5、「於梁（漱溟）先生之言儒尚直覺，謂善惡是非，當憑直覺定，尤甚不謂然。」（頁 1146）此則反映唐先生之早期哲思（第一階段），乃至人生價值取向之未能契合於儒家義理也。此與其後來之哲思（含早期哲思之第二階段），大異其趣。

6、「我少年時之思想方式，即自然向西方哲學路向去，而後入大學，直到三十以前，大皆是在此西方哲學路向上行也。」（頁1147）

7、「大率吾去北平後所思之哲學問題，……吾當時之想法，是物質的身體，對人之心靈生命，乃為一束縛，物質乃一生命心靈以外之存在，而生命心靈既入於物質，則恆求超拔，以還於自身。此物質身體與心靈生命之二元論，吾初以為顛撲不破。」（頁 1147-1148）二元論是哲學，且也是哲學史中之"大事"，唐先生予以關注並認為乃顛撲不破之論（此說法見諸早期哲思第一階段；其後則揚棄之）。

8、「以心能自覺，其所覺之物不必能自覺。二者即應有本質上之不同。對此心之能自覺一義，吾於十五歲時，即見及，終身未嘗改。故對唯物論，亦終身未嘗契。」（頁 1148）既視心能自覺（此蘊涵心能獨立自存自主也），是以無法接受以物質為第一性（primary）、精神為第二性（secondary）這個唯物論的說法。唐先生嘗兩度指出，《中西哲學思想之比較研究集》一書（此書充分反映先生早期第一階段之哲思）「多似是而非之論」。（下詳）。在此提請讀者注意者為「多」一字；唐先生不用「皆」字，即可見該研究集之內容，唐先生並不認為乃全然不可取者。譬如，先生之無法接受唯物論，乃畢生（即各階段之哲思）貫串下來的一個定見而未嘗稍更易也。此即可見出其早期哲思之見諸第一階段者，自唐先生本人視之，也絕非一無可取者。

9、「時吾於南京中大讀書，由湯錫予、方東美二先生之教，得知西方之新實在論哲學[15]。然方先生論哲學，又喜言生命。然吾當時於生命，又覺

15 新實在論哲學，與唐先生後來所重視的偏重精神方面的唯心論哲學有別。此兩種哲學的差異，乃至新實在論者的主張與賀麟對它的批評，賀氏有所展開；相當扼要到位，如下：「新實在論的特點，也就是它反對唯心論的地方，可以分做四點來敘述。（一）方法論——離全而言分。……（二）獨立說——離心而言物。……（三）潛在說——離心而言理。……（四）價值論——離理而言價值。……總結來說，我們認為新實在論有排除自我中心而去追求客觀真理的長處。不過它的缺點是離心而求客觀，不從理性出發，因此這個客觀是不是真正的客觀就大有問題。……新實在論者的最根本的思想就是我們對於實在可以有直接的知識。而這實在不屬於心。這一簡單的主張

把握不住。……時熊十力先生嘗在中大上課三月授新唯識論，亦言宇宙有大生命，吾亦不能把握其義，……」（頁 1148）生命之事，年輕人是不容易把握得住的。唐先生把握不住，那還好。同一時期的牟先生，甚至還討厭生命呢。真所謂英雄所見略同歟？[16]

10、「吾當時以為唯由科學以通哲學，乃為哲學之正途。」（頁 1148）

11、「吾於科學，固非素習。然嘗自學數學至微積分，又嘗讀愛因斯坦、蒲朗克、海森堡之一般性科學著作，對一般生物學、及心理學之書，亦瀏覽不少。……由此而讀及亞力山大、摩根、懷特海等之著。於羅素、新實在論者之中立一元論，以心物為由事素構造而成之說，則以為不能據以分心物之層次。吾於羅素之論心，唯自記憶與行為等為說，尤不以為然。」（頁 1149）治中哲史之學者，幾無不悉唐先生之學問，其廣博乃近乎無涯涘者。筆者引錄上一段文字，即旨在揭示這一點。唐先生從不說大話。其中說到瀏覽不少心理學的書籍，其具體情況，詳見《致廷光書》第 15 函。即此一例，或可以概其餘（先生之博學，又可並參下注 33）。

12、「於摩根、亞力山大、懷特海之以自然宇宙為一創造進化之歷程之說，則以為與生物學中之生物進化論相合，其皆以有心之人類，居自然之創造進化之最高之一層位，亦足以維此人道之尊。」（頁 1149）上引文中：「足以維此人道之尊」一語使筆者想到，唐先生之所以對摩根、亞力山大、懷特海等人之哲思表示欣賞或肯定者，則正由於彼等之哲思足以維人道之尊之故。換言之，此正可反映唐先生哲思之核心或其價值觀之核心正在於此。而此價值觀乃見諸先生早年之哲思，此尤其可貴。

13、唐先生沿著上面（即第 12 項）之論說不斷深入轉進思索之結果，

就是他們批評唯心論和二元論的最主要的武器。……新實在論者的本體論就是上面提過的潛在說。他們認為關係是本身所固有，而不是思想的附加，我們發現某種關係正如發現某個感官材料，關係是非心的。」賀麟，〈新實在論〉，張學智編，《賀麟選集》（長春：吉林人民出版社，2005），頁 285-289。

16 牟先生討厭生命，見所著《五十自述》（臺北：鵝湖出版社，2000），頁 59。

則得出以下一論斷：「此有心之人之一切生活知識與其哲學，亦皆只屬於此有心之人之主觀，彼更高之存在，應另有其生活知識與哲學。於此吾遂感一問題：即此一創造進化之哲學，是否亦只屬於此有心之人之主觀，而不能客觀的應用至此更高之存在者？然吾人之謂有更高之存在，即依於此哲學。若此哲學，不能客觀應用，則不能說必有此更高的存在。若其能客觀應用，則此更高存在，亦不能必然高於吾人於今日即知其存在之心靈，以其亦只是此心靈之所知之存在故。由此上之思路，即引我至西方之唯心論之道路。」（頁 1149-1150）此即意謂人之心靈既能知此所謂更高之存在，則（至少在某種意義上即）表示此所謂更高之存在，不能必然高於吾人今日即知其存在之心靈。

14、唐先生由上面之思路而說到心靈是否由「自然進化至某階段，方突然創出之說，自然中初只有物質之說，亦不能立。當說：『即在自然界中只有物質之時，此心靈之自身已存在，只潛伏而未顯；……由潛伏而顯現。』此心靈今既顯為一能思想彼一切可能存在者，而位居一切可能存在之上一層位之一超越的主體，則其今後之事，只是更充量的顯現其自身之所涵，……此心靈自能超越其自身之所顯現之事，以更有其所顯現。然此自己超越之事，亦永不能使其失其自身；其自己超越之事，亦只能內在於其自身。此一思路，吾亦實先由進化論之哲學轉進，而自形成。然後乃看康德、菲希特、黑格爾，至柏拉得來、鮑桑奎之一傳統之書。……使我更由自然存在之問題，躍至精神存在之問題，而亦更不以哲學之唯由自然科學入者，方為哲學之正途矣。」（頁 1150-1151）以上論說心靈生起或出現之過程；並斷說其能自己超越自己（按：即所謂自我超越）及論說其今後所扮演之角色乃係「更充量的顯現其自身之所涵」。得此啟發，筆者想到牟先生所說的良知自我坎陷（儘管只是暫時性的）以成就（曲成）科學與民主，乃不必者[17]；蓋唐先生這裡所說之心靈「更充量的顯現其自身之所涵」便可成就科學與民主了；是以良知實毋須自我坎陷。筆者不敢說：「其（按指：心靈）今後之

[17] 筆者本書論說唐先生人文觀之一章（即第一章）嘗及斯義；可並參。

事，只是更充量的顯現其自身之所涵」一語，乃係針對牟先生「良知自我坎陷」這個斷語而說出的。但就良知之功能或所扮演之角色而言，筆者則深深地認為唐說正可糾矯或匡正牟說之“失”（或縱然不是甚麼缺失，但恐怕至少讓人（譬如筆者）陷於疑惑而認為牟說乃值得再商榷或再檢討的一個說法）。

15、唐先生對西方大哲康德之哲學，則有契有不契之處，如下：「吾讀康德之書，於其知識論之間架，初無甚興趣。吾所契者唯在其言超越的統覺與理性之能虛構超越的對象之能，與其言道德上之當然，在經驗之實然之上一層次之義。」（頁 1151）傳統哲學之三大分類中，筆者認為唐先生最重視者為價值論，其次為形上學，再其次是知識論（下詳）。宜乎先生對康德之知識論，興趣缺缺也。

16、就人與自然及與世界之關係之說明來說，康德、菲希特與黑格爾三大哲中，唐先生比較欣賞後二者。其說如下：「康德哲學，固宜為一必由之路。然康德之整個之哲學，乃是就人現有之知識經驗，而批判的考察其所由形成之先驗條件與範圍，以及於道德審美世界之建立；其直下接受現有之經驗知識之世界，而後批判考察之，則非批判的。其發展有時空，便說時空，發現有十二範疇，便說十二範疇；其自謂已見其中有統一之聯繫，而實未嘗說明此聯繫之為必然。此則不如菲希特之能直下由一超越的自我，以論其必然面對非我之自然，與非我之他我，以有此我之存於自然世界，及人類社會者；亦不如黑格爾之由純粹思想，以引繹一切思想之範疇，而歸於絕對理性，與其必然客觀化為自然，再回到精神世界中之主觀精神中之情欲理性等、客觀精神中之道德法律、絕對精神中之藝術、宗教哲學者。」（頁 1153）菲希特據「超越自我」為基礎與黑格爾據「純粹思想」為基礎所作出的論述，唐先生都相當欣賞。康德針對經驗知識世界中之時空與十二範疇，認定其中乃有統一之聯繫者；然而，依唐先生，康氏實未嘗說明其聯繫為一必然。是以先生認為康氏對相關問題之說法不如菲、黑二氏之說法。

17、「吾於此一客觀唯心論與絕對唯心論之書，在黑格耳之後者，由洛慈，至柏拉得來、鮑桑奎與羅哀斯之重要書籍，皆無不讀。然吾之核心問題，唯在吾之個人之何以必需接受此自然、社會、歷史之世界。因吾既有一能思一切可能存在之一超越的心靈，而此一心靈亦可對世界無所思，而捨棄此世界。則此心靈之接受世界，應有出自此心靈之本能或理性之一顛撲不破之理由，而後吾之心靈可出面接受此世界，亦可還歸於其自身，以捨棄此世界。而吾在三十歲前之生命情調，亦實時覺其自己之心靈，位於此世界之邊緣。」（頁 1153-1154）唐先生之所以說自己之心靈位於世界之邊緣，其原因乃在於先生認定其「心靈可出面接受此世界，亦可還歸於其自身，以捨棄此世界」。換言之，接受或捨棄此世界，皆無可無不可。然而，事實上既接受之，則其背後必需有一理由可說。唐先生遂指出：「在此點上，吾於西方哲學家即最欣賞菲希特、黑格耳之由純粹自我或純思中之理性出發，以演繹出此世界之存在之形上學。然此一形上學之演繹，明非一般思維中之演繹，其成此演繹之理性，亦非一般邏輯思維中之理性，而為一存在之理性。」（頁 1154）據悉，英語世界認識菲氏之為一原創性的哲學家，也只不過是近半個世紀之事而已。唐先生獨具慧眼；這就漢語界來說，也許是第一人了。

18、說到邏輯思維，先生乃進而論說與此相關之《數學原理》：「然吾觀羅素、懷特海之《數學原理》，開始即設若干原始觀念、基本命題、推演原則，全不說其所以必須如此設定之故，吾甚為反感。……然吾少年時於洛慈、柏拉得來與鮑桑奎之邏輯書，連於知識之發展，以論邏輯，則覺皆能理解。吾以為人之求知識與思想之理性之進行，其基本原則，應是凡說某事物是如何如何者，當兼說其何以不如何如何，乃能滿足理性之要求。……此非理性者，應預設一理性基礎。此基礎為一理體或 Logos。……此乃一三度向之理體，而又可銷歸於一虛靈無相之心，以為其性之理體。……此吾二十七八歲所形成之思想規模，今亦不能踰越者也。」（頁 1155）上述義理弘富，於了解唐先生早期第一階段之哲思，尤其重要，是以稍作說明如下：其一，純邏輯之推演，尤其不說明相關推演背後所已設定之原始觀念、基本命題、推演原則何以作如此如此設定者，唐先生表示甚為反感。其二，反之，邏輯知識之連於知識之發展而為說者，先生皆能理解接受。其三，「非理性者，應預設一理性基礎」一語，乃意謂：如說「非理性」，此即蘊涵（imply）、預設「理性」之存在；好比說 ~a，此即蘊涵了 a。其四，「此吾二十七八歲所形成之思想規模，今亦不能踰越者也。」唐先生嘗兩度指出其見諸《中西哲學思想之比較研究集》中之論述「多似是而非之論」。而該書中之論述，則正係撰就於先生二十七八歲（含）之前者。然而，上述三項（即其一、其二、其三），先生終身不改。何以故？筆者的回應是：該三項皆可謂屬知識論方面的議題，而與源自形上學而來之價值觀或價值取向，即宇宙人生根本信念的問題（如一元論或二元論、「道德自我」可全由人作主而予以建立者、心體乃無限者：可充量的顯現其自身之所涵者），不相干也。此所以上文已指出，先生早期之哲思，縱然以第一階段來說，也有為先生後來所承續下來而終身不改者。

19、「吾後來之讀書及與人談論，乃多求見人之所是之處何在，與前之處處見他人所言者之非之態度，大異其趣。然此一態度，實乃由一極大之狂妄之反省之所轉成。」（頁 1156）此態度正顯示先生之人生境界，尤其道德意識方面，從早期哲思之第二階段開始，便有了一大轉進而異於其前一階段者。此態度上之轉進猶同於徐先生因熊先生起死回生的一罵而來的轉進。

20、「吾以為一切人與一切有情生命之不覺悟此真理，以成聖成佛，只由有消極的阻礙之者之故；而阻礙之者，無不可破，則一切人與一切有情生命即應畢竟成聖成佛。吾之悟得此義，在南京玄武湖。……此亦吾二十七八歲時之一事也。」（頁 1156-1157）先生此悟會，正使先生成為真真正正之儒者也。其人性本善論與悲天憫人之大願由此可見。

21、「吾今之此書之根本義理，與對宇宙人生之根本信念，皆成於三十歲前。昔叔本華謂人之三十歲前為人生之本文，三十歲後則只為人生之註腳。[18]吾以吾一生之學問歷程證之，亦實如是。……吾於三十歲前後，嘗為

[18] 此說法，又見上揭〈民國初年的學風與我學哲學的經過〉一講稿，頁 155；唯文字稍異。講稿作：「西方的叔本華也說過一句話，三十六以前是人生的本位，三十六以後是人生的補足。」然而，此中之「六」字，有可能是「歲」字之誤。果如是，則兩段引文之內容實不相異也。

《人生之體驗》，與《道德自我之建立》二書，……然吾自謂此二書，有一面對宇宙人生之真理之原始性，乃後此之我所不能為。吾今之此書之規模，亦不能出於此二書所規定者之外。此固可證吾之無大進步；然亦證宇宙人生中實有若干真理，歷久而彌見其新也。至於此後三十年中，吾非無所用心，而知識亦儘有增加。然千廻百轉，仍在原來之道上。」（頁1157）

上段文字，茲稍作說明，如下：其一，先生之意概謂，其學問之大方向大架構（先生本人上段中之用語為：「根本義理與對宇宙人生之根本信念」）[19]，皆成於30歲前。其二，然而，唐先生一向非常謙遜；是以上段引語（尤其是自謙「無大進步」等語），吾人不宜照單全收。其三，以「本文」和「註腳」來分別譬喻30歲前和30歲後之表現，藉以表示前者重而後者輕。此固非常貼切；然亦有不盡然者。茲藉《春秋》為例做說明。按：《春秋》僅18,000多字（今見者不足17,000字，蓋傳承過程中有所遺佚）。試想想以18,000多字紀錄242年（公元前722-481）當時全中國之歷史，其簡略而知。若非藉著《三傳》，則恐怕無人能讀懂《春秋》一經。蓋以所蘊涵之義理言、所紀錄之歷史言，皆難以理解、知悉也。憶象山嘗云：「學苟知本，《六經》皆我註腳」[20]象山此語，乍視之，不免失諸誇張。然而，人之所以為學，乃旨在知本明道，即以切於一己之生命者為最值得關注著眼之重點。然則既已知本明道，則作為所謂「本文」之《六經》，實不免只是吾人之註腳而已。象山語之切中要害，可想而知。此固然。然而，話又得說回來，蓋縱觀中國歷代文化，《六經》所扮演之角色及其重要地位，恐無人敢輕忽者。再者，中國人亦沒有幾個是象山也！換言之，作為凡夫俗子的我們，我們還是老老實實地讀讀《六經》，並依中國古人之傳統看法而看重《六經》好了。且不僅應看重《六經》之本身；依上文，其相關註腳（譬如《春秋三傳》），亦極重要也。其四，唐先生 30 歲後所撰就或出版之專著，計有(1)歷史文化方面之著作：《中國文化之精神價值》、《中國人文

---

19 筆者用「方向」一語，乃轉據上揭〈民國初年的學風與我學哲學的經過〉，頁155。

20 陸九淵，〈語錄上〉，《陸九淵集》（北京：中華書局，1980），卷34，頁395。

精神之發展》、《人文精神之重建》，乃至《文化意識與道德理性》（2 冊）、《中華人文與當今世界》（含補篇共 4 大冊）；(2)中哲史之著作：《中國哲學原論》（香港新亞研究所版本共7大冊）；(3)哲學概論之著作：《哲學概論》（兩大冊）；(4)英文論著：《英文論著彙編》一大冊；(5)通俗著作：《青年與學問》；(6)綜論性與集大成而深具原創性之著作：《生命存在與心靈境界》（2 大冊）；(7)其他：《愛情之福音》、《致廷光書》、《日記》、《書簡》、《中國歷代家書選》等等。以上嘗引先生以下一語：「根本義理與對宇宙人生之根本信念，皆成於三十歲前。」此語雖不虛，但以上七類書，縱然作為唐先生所說的"註腳"性（其實，筆者並不如此認為）的著作來看，個人深深地體會到，此等著作所涵藏之意蘊與各自所扮演之角色，實非「註腳」一語可道盡者。要言之，先生 30 歲後之著作，絕不能以先生僅稱（其實是謙稱）之為「註腳」而輕忽之。

（二）早期哲思之見諸前賢相關研究成果者（前賢相關研究成果舉隅）

就閱覽所及，今依出版時間先後，開列並摘述前賢著作中之相關研究成果如下：

1、黃振華先生[21]說：「唐先生思想的演進可分兩個時期來說，青年時期的唐先生喜讀西方哲學，尤其喜讀現代西方哲學中之新實在論哲學；但對西方之理想主義或唯心論形上學，則無真認識。……」[22]至於唐先生思想上的演進，或所謂轉變，黃氏指出表現了兩種意義，如下：「一是說明哲學的

---

21 唐先生 1940 年代中期任教於南京中央大學哲學系時期之高弟；1951-1986 年任教於臺灣大學哲學系。

22 黃先生確有所見。其下並指出先生欣賞道家哲學中心之虛靈不滯等等學說，但對儒家哲學所說之良知與佛家哲學中之唯識思想，則尚無會悟。黃說見〈唐君毅先生與現代中國——悼念此一代文化巨人之殞落〉，馮愛群編，《唐君毅先生紀念集》（臺北：臺灣學生書局，1979），頁 309。上所引錄黃氏之論述，唐先生嘗自道之。此見《中國文化之精神價值・自序》。但也許需要指出的是，黃氏所說的「唯心論形上學」，唐先生之〈自序〉原作「唯心論之形上學」。缺一「之」字，稍費解。

最高境界是實踐的，即道德的，而非理論的。……第二種意義，是中國哲學具有極高的價值。中國哲學的根本精神是實踐的，即是道德的。」黃氏所作的價值判斷良是；但其重點則不在於闡述唐先生的早期哲思，是以今不予展開。

2、李杜先生[23]說：「在此諸書（按：指下面馬上說到的三書）中，他（唐先生）的思想不再有方向上的改變，而只有深度與廣度的開展」[24]。李氏《唐君毅先生的哲學》一書[25]嘗談到唐先生早期思想這個課題（相關分期（見頁9-13），賴賢宗先生不予認同。賴說見其大文頁458，下詳）。李氏主要根據以下三書：《道德自我之建立》、《人生之體驗》、《心、物與人生》，尤其第一書，而認定唐先生之思想從34歲開始，便「不再有方向上的改變」。此即意謂其方向已定。[26]據《人生之體驗》第一部〈生活之肯

---

[23] 唐先生1950年代任教於新亞書院和新亞研究所時之高弟。

[24] 筆者研究唐先生的史學思想有年；很能認同李先生這個說法。其實，這大概是學人的共識。茲舉二例。王怡心說：「唐先生的哲學並非像有的學者所認為的，幾十年來變化不多。應當說，恆定的是其哲學的主旨，而其哲學理論本身是發展的。」王怡心，《唐君毅形上學研究》（北京：中國文史出版社，2006），頁178。王書的〈導言〉也有類似的說法，見頁7。劉雨濤先生的看法也相似，下詳。

[25] 臺北：臺灣學生書局，1982。

[26] 詳見《唐君毅先生的哲學》，頁12。1953年唐先生嘗為《心、物與人生》（香港：亞洲出版社，1953）一書寫一〈自序〉，其中如此說：「此書之第一部，原是十多年前所著擬名《人生之路》一書之第三部分。其他兩部分，一名《人生之體驗》，已由中華書局出版。一名《道德自我之建立》，由商務印書館出版。」（頁1）上引語中有「十多年前」一語，縱然以十年算好了，則1953年上溯10年，便是1943年。是可知《道德自我之建立》與《人生之體驗》之成書，其最晚亦必不晚於1943年。其實，唐先生明言，彼《人生之體驗》一書所含之各部分乃撰就於民廿八年（1939）至卅二年（1943）之間，即唐先生30歲至34歲之時。此說見《人生之體驗》之〈重版自序〉，頁3。是可知本同屬《人生之路》之其他二書，亦必撰就於唐先生30歲至34歲之間。是以李氏認為唐先生之思想從34歲開始，便「不再有方向上的改變」的說法，或稍嫌過於保守了一點。若要精準一點，吾人似不妨說，唐先生之思想「不再有方向上的改變」，其最晚不過34歲之時。換言之，1943年（含）之前，先生之思想方向已定下來。至於其前之思想，如上所述，乃可以《中西哲學思想比較研究集》一書為代表。按：在該書的〈自序〉中，先生明言該書所收錄之文章：「……除五篇

定・餘音〉文末之標示，可知該部撰成於1939年1月，即唐先生剛好30歲之時。第三部則成書最晚——1943年2月。至於《道德自我之建立》（〈自序〉撰寫於1943年1月），李氏認為此書比《人生之體驗》一書（〈自序〉撰寫於 1943 年 5 月）先出版。李氏云：「他的思想不再有方向上的改變，……，而此即他在《生命存在與心靈境界》的〈自序〉中所引志勤禪師的詩『……』所要表示的。」（頁 12）前面筆者嘗說過，唐先生的早期思想可細分為兩個階段，其前者可由《中西哲學思想比較研究論集》所代表，後者則可由《人生之體驗》、《道德自我之建立》、《心、物與人生》（尤其《心、物與人生》的第一部：〈物質、生命、心與真理〉）所代表。（第二部：〈人生與人文〉則撰就較晚）。此兩階段之分別，李杜先生以下一說法，頗具鉤玄提要之功：「一由分解、比較與探討以肯定一自然的天道觀為中心的觀念[27]；一由對人的道德生活的反省，而肯定一『道德自我』，或人的仁心本性為學問的本源所在。」（頁 12）

3、牟宗三先生對唐先生的早期哲學思想推崇備至。今茲僅以《五十自

外，均民二十三（1934）至二十六年（1937）中所作」。各文章的撰寫日期，於各文章末尾處或文章起首處，唐先生均有所標示或說明。筆者細檢之結果，則僅獲悉只有二文（其一名〈中國哲學與中國文學之關係〉，另一名〈略論作中國哲學史應持之態度及其分期〉）之撰著年分不在民二十三至二十六年之間。此不必細究，或唐先生一時誤記，或手民之誤也說不定。今值得注意者為上述之〈自序〉，據序末所押之日期，乃係「民國三十年二月十五日」；換言之，即 1941 年年初也。（按：唐先生後來兩度表示該集子之內容「多似是而非之論。」；下詳）也即是說，於 1941 年年初之前，唐先生之思想方向（或思想核心旨趣）尚未改變，即仍認為集子的內容是可取的，否則唐先生必不會出版該集子，並自撰一序的。由此來說，唐先生思想上之改變方向，乃必在 1941 年年初之後，即唐先生 32 歲之後；但最遲應在 34 歲（含）之前（參詳本注上文）。李氏把唐先生思想方向之改變定在 34 歲之後，筆者在上面已指出，此似乎稍微保守了一點。

27 李氏這個說法，唐先生本人在《中西哲學思想之比較研究集》之〈自序〉中即有所表示；先生云：「全書均以天人合一之中心觀念以較論中西思想之不同。」（頁 1）「天人合一之中心觀念」，李氏稍予以改易為「自然的天道觀」；此則李氏綜括該書的具體內容而為說也。

述》一書中之相關文字舉例以概其餘。[28]牟先生說：

> 我那對於西方形上學亦無所得，而君毅兄卻對於形上學有強烈的興趣。又是黑格爾式的，而我那時亦不懂黑格爾，而且有強烈的反感。……我自昆明返重慶，編《再生》雜誌。他因李長之之介來訪，我覺得他有一股靄然溫和，純乎學人之象。……第一次相見，沒有談什麼。第二次相見，提到布拉得賴[29]，我說：「我不懂他，亦不懂辯證法的真實意義究竟在那裏，若唯物辯證法實不可通，請你給我講一講，簡別一下。」他即約略講了幾句，雖然不多，但我感覺到他講時頗費吞吐之力，我知道這須要有強度的內在心力往外噴。我馬上感到他是一個哲學的氣質，有玄思的心力。這是我從來所未遇到的。我在北平所接觸的那些師友，談到哲學都是廣度的，外在的，不費力的，隨便說說的，從未像他這樣有思辨上的認真的。……他確有理路，亦有理論的思辨力。我並且因著他，始懂得了辯證法的真實意義以及其使用的層面。這在我的思想發展上有飛躍性的開闢。我的《邏輯典範》那時已寫成，我已接近了康德。但對於形上學，我並無積極的認識，只是根據「知性」有一個形式的劃分。但自此以後，我感覺到只此形式的劃分並不夠。對於彼岸，我還差得遠。我知道裏面有豐富的

---

[28] 此等文字見諸第五章〈客觀的悲情〉。依唐端正先生和何仁富先生所分別撰著之《唐君毅年譜》，二先生之相見乃在 1940 年。惟牟先生嘗指出彼與唐先生見面，乃以彼在重慶編（再度主編）《再生》雜誌之時：唐先生因李長之先生之引介而拜訪牟先生（見《五十自述》，頁 109）。按：牟先生編（再度主編）《再生》，時維 1939 年。（蔡仁厚先生所編撰之〈牟宗三先生學思年譜・民 28 年條〉之記載相同。）是以唐牟之相識，其事當在 1939 年，而不在 1940 年。〈客觀的悲情〉一章中有不少篇幅透露出唐先生當年哲學上的造詣。相關造詣既成就於當年——1939 年（含）之前，而 1939 年唐先生剛好 30 歲，此正可見其為唐先生早年哲學思想（第二階段）上之表現無疑。

[29] 一般譯作布拉德雷（Francis Herbert Bradley，1846-1924），英國哲學家、邏輯學家、唯心論者（觀念論者）、新黑格爾主義的代表之一。

> 內容，須要從只是形式的劃分，還要進到具體的精察。這就是黑格爾所開闢的領域。我因此對黑格爾也有了好感。這都是由君毅兄所給我的提撕而得的。我得感謝他，歸功於他。……自此以後，我常和他談。或談學問，或談性情。我並不知我的《邏輯典範》所函的「形上函義」是什麼，而他卻已知之。他有時問我，我常不能答。我知道他對於形上學裏面的問題確曾用過心，比我知道的多得多。……環顧海內，無有真能了解黑氏學者。惟君毅兄能之。此其對於中國學術文化之所以有大功也。[30]

上段文字對了解唐先生早年第二階段之哲學思想提供了不少資訊。這些資訊深具參考價值，甚至可說深具啟發性。其原因有三。其一，語出觀察入微且思想極敏銳的牟先生。其二，牟先生深悉唐先生。前者嘗云：「生我者父母，教我者熊師，知我者君毅兄也。」[31]其實，就「知我」來說，反之亦然。即牟先生對唐先生亦深有所認識也。其三（這一點也可以說是其二之引申），兩先生對問題的了解（含世俗人所說的做學問），其取徑相同，即皆以全幅生命之投入為之也。（下詳）

現在針對上引文，試作進一步說明。首先，就哲學領域的類目來說，上引文中談到的計有：(1)布拉得賴（的哲學）、(2)黑格爾（的哲學）、(3)辯證法（含唯物辨證法）、(4)形上學、(5)邏輯學（尤指《邏輯典範》一書）所涵的「形上函義」等等的類目。牟先生非常坦白的承認，這幾項都不是他當年（即剛認識唐先生之時，牟先生時年 30 歲）所能了解的或沒有多大興趣予以關注的；其中就黑格爾來說，牟先生更明白地表示有強烈的反感。然

---

30 《五十自述》（臺北：鵝湖出版社，1989），頁 108-111。牟先生對唐先生之敬佩，又見諸以下文字：「時友人唐君毅先生正抒發其《道德自我之建立》以及《人生之體驗》。精誠惻怛，仁智雙彰。一是皆實理之流露，卓然絕虛浮之玄談。蓋並世無兩者也。」牟宗三，〈序言〉（撰於 1955 年 5 月），《認識心之批判》，《牟宗三先生全集》（臺北：聯經出版事業公司，2003），冊 18，頁(13)。

31 《五十自述》，頁 100。

而，一經唐先生“疏導”之後，其「思想發展上」便有了「飛躍性的開闢」。[32]於此即可反映唐先生早年哲學思想之特色或成就之所在[33]。再者，唐先生早年時已深具思辨之理路[34]和對理論的思辨能力[35]，此牟先生亦指出了；不贅。最後要說的一點是：「他講時頗費吞吐之力，我知道這須要有強

---

[32] 據上引文，「思想發展上有飛躍性的開闢」一語，乃僅針對「辯證法的真實意義以及其使用的層面」來說，但從牟先生後來思想上的發展來看，此語實貫穿著上引文中的所有項目（計有五項）。換言之，牟先生對形上學的很多個重要面向（含對專家之學，如黑氏和布氏之學）的了解，都有了飛躍性的開闢。此外，復藉著唐先生而對「辯證法的真實意義以及其使用的層面」有所了解，牟先生又焉能不「感謝他，歸功於他」呢？牟先生從不說大話。彼對唐先生之感佩，實情見乎詞。對同輩學人，乃至對師長輩學人，筆者從未見牟先生作出過如此高度之稱頌推許者！

[33] 依上引文，這方面計有五項。唐先生素以博學知名。閒談中牟先生不經意的請益而竟意外地“揭露”了唐先生這方面的學術特色。這對筆者來說，真的是喜出望外。唐先生之博學，茲舉一例以概其餘。先生嘗建議古今中外文史哲等等的名著數十部請師母（時仍為女朋友）閱讀，並指出說：「……，以上的書約五十部，我希望你能看一半，可以選著看。每一部書，我都可以說出你看了有何益的道理來，……這許多書，除《復活》（筆者按：托爾斯泰名著）外，都是我讀過的。」唐先生從不說大話，其讀書之多，且不是隨便讀讀（否則恐無法指出可從書中獲得何益處），上例很可以概見。上引語出自寫於1940年的第15函，先生時年僅31歲。尚應指出的是，上面說到的五十部書，恐只是唐先生本人所已讀過的一小部分而已，且尚是比較淺顯而適合師母的程度的書而已。先生已讀但比較艱深難懂者，則不在上開之列也。又：第12函亦有一小書目（含書10多種），讀者可並參。唐先生之博，容筆者舉親身的經歷為例。筆者就讀新亞研究所期間（1976-1979），於1977-1978年度時，嘗擔任學生會（時稱所會）的會長。1978年年初快要過農曆年春節前，學生會辦了一個小型活動，其中含猜燈謎一項。活動正式開始的前一個晚上，筆者嘗陪同唐先生（時任所長）巡視相關場地，唐先生舉頭看看所高掛的為數約數十張的燈謎。依筆者的記憶，唐先生猜對了約一半。（筆者則不及十一！）「瞠目結舌」一語尚不足以形容筆者當時的驚訝。自此便只有「五體投地」一語以描繪筆者之敬佩。

[34] 牟先生本人的用語是「確有理路」。此蓋指：具備邏輯的推演能力和合乎邏輯的表述能力。

[35] 唐先生早年時已具備「理論的思辨力」，宜乎其後匠心獨運而建構出一套套自成系統或自成體系的哲學（若保守一點，則至少可以說建構成在內容上不盡與人相同的哲學體系），如心靈哲學、精神哲學、宗教哲學、愛情哲學、歷史哲學、文化哲學、道德哲學；乃至晚年時建構出「三向九境」的一套龐大的哲學體系。

度的內在心力往外噴。」這種力或心力，筆者非常同意牟先生的說法，乃可謂皆發乎內者。換言之，即發乎人內在的生命力也。其施諸學問上，便成就了唐、牟兩先生所恆言的「生命的學問」。這種力固然是精神面向上的一種表現，此唐、牟二先生皆然。然而，就唐先生來說，筆者認為也表現在形軀上。君不見唐先生每次上課時，都汗如雨下而不斷用手帕揩拭嗎？下課時，上衣盡濕而近乎衣履不整嗎？（幾乎每次上課皆超時，視下課鈴聲如無物。或因為太投入，所以根本上聽不到鈴聲？）還要（在師母的督促下）把上衣更換掉才能離開學校嗎？先生是以其全幅生命（形軀＋精神）貫注、投入到學問中來授課的。唐先生確實是做到了“身教”！此從其上課時的表現即可概見。生命與講學之融合無間，竟有至此者。此則緣乎唐先生之生命與學問之本來無間也。按：上課、講學乃學問宣之於口的一種表現。生命與學問既無間，其表而出之則必成為生命與講學亦無間也。[36]

4、賀麟（現代新儒家第一代）說：「唐君毅的早期著作極端重要」。賀氏嘗撰著〈唐君毅先生早期哲學思想〉一文[37]。按：賀氏流通量相當廣的下書：《當代中國哲學》[38]，亦嘗論說唐先生的哲學（見第二章第七節的

36　《大學》云：「誠於中，形於外。」此即：「內化於心，外表於形」（外踐於行）之謂。唐先生之學，固為己之學也；既係為己之學，則此學之性格必為誠無疑。又：為己之學，亦必由人自身（此「自身」尤指精神生命；非指，或非僅指形軀生命）之出發而後可。而由人自身出發，即由「中」出發也；是以亦必誠無疑。至於講學，則對人而發，故可謂外也。依乎「誠於中，形於外」這個道理，則緣於一己之自身而來之學問之表現於外而成就之講學，又焉有不誠之理呢？既誠，其表現即為全幅生命乃得以神、形合一而全般透出也。先生上課講學，每每大汗淋漓，揮汗如雨者，即以此故。一言以蔽之，先生上課講學，非（僅）用嘴巴也；用生命也。牟先生：「頗費吞吐之力，我知道這須要有強度的內在心力往外噴」一語便是「生命力的表現」之深具象徵意涵的具體描繪。所以牟先生此語對了解唐先生的學問性格深具意義而絕不能輕忽滑過者。

37　文載香港《華僑日報》，1986 年 3 月 30 日；後收入氏著：《哲學與哲學史論文集》（北京：商務印書館，1990）。

38　後易名為《五十年來的中國哲學》；南京：勝利書店，1947 年 1 月。該書最遲應撰就於 1945 年 8 月末，此由作者〈自序〉末所標示之日期：1945 年 8 月 30 日，即可知之。

「餘論」。）賀氏之所以認為唐先生早期著作極端重要，蓋以其早期的哲思（恐怕尤指第二階段），實為其後來哲思之濫觴而絕不容小覷也。彭華對賀麟與唐先生的交往做了相當深入的研究，其中也說到賀氏「非常貼切地指出，唐君毅的早期著作極端重要。」賀氏之欣賞唐先生早期的哲學思想，可以概見。[39]

5、劉雨濤先生[40]說：「唐先生早期哲學思想和晚年哲學思想，是一脈相承的。」在〈唐君毅先生早期哲學思想的形成和發展〉[41]一文中，劉氏認為，唐先生之早期思想發展有四個階段：(1)中學時代，服膺孔孟儒學和宋明理學；(2)中學後期及在中俄大學、北京大學讀預科時，傾向唯物論，相信唯物史觀[42]；(3)中央大學讀書時，喜歡新實在論；(4)抗日戰爭前後，回歸第一階段，並融貫中、西、印（佛學）而「建立起他自己的理想主義的道德形上學思想體系。」（頁 115-116）劉先生於上文最後一段指出說：「唐先生早期哲學思想和晚年哲學思想，是一脈相承的，前後連貫的。」（頁117）按：劉先生所說的「早期哲學思想」是指遷居香港前，即 1949 年之前，在大陸時已發展出來的思想體系而言。（頁 116）。此即筆者上面一直所說的唐先生早期哲思的第二階段（30 歲前後的一階段）而言。就此來說，劉先生的判斷是符合事實的。

39　彭華，〈賀麟與唐君毅——人生經歷、社會交往與學術思想〉，見「國學網」：http://www.guoxue.com/?p=837；2022.07.23 瀏覽。彭文原載《宜賓學院學報》，2006 年第8期，頁1-6。

40　唐先生任教於中央大學時期的學生。

41　劉文發表於「唐君毅思想國際會議」（舉辦於 1988 年，即唐先生逝世十周年之當年；香港法住學院主辦），後收入霍韜晦主編，《唐君毅思想國際會議論文集（I）》（香港：法住出版社，1992），頁112-119。

42　劉氏針對唐先生早期哲學思想的第一階段和第二階段的描繪，顯與事實不符；恐係一時誤記或以客觀環境關係而不得不如此行文耶？唐先生讀中學時，其思想顯未契於傳統儒學，更不必說服膺。此其一。再者，念中俄大學時，雖廣泛閱讀馬列主義之著作，但對唯物論與唯物史觀，實亦未嘗相契，且亦不予接受。詳參上揭〈民國初年的學風與我學哲學的經過〉；又宜並參〈《孟子大義》重刊記及先父行述〉，收入《先人著述》，臺灣學生書局版《唐君毅全集》，卷29。

6、摯友賴賢宗教授在〈唐君毅早期哲學與德意志觀念論〉一文[43]中指出說：「我以為，《中[44]西哲學思想之比較研究論集》[45]包含了許多後來被唐先生加以否定的內容，但它提供了唐君毅哲學母型在形成時的某些基本線索，《中西哲學思想之比較研究論集》一書對於唐君毅思想的形成之研究有重大意義，……因此難以僅從《道德自我之建立》和《人生的體驗》來釐出青年唐君毅的哲學突破的基本原型，」[46]至於賴氏所說的唐先生的哲學突破，指的是：唐先生由「『自律倫理學』發展到強調『能動性的主體哲學』，再到『精神在世界中的表現』的三個哲學環節。筆者（賴氏自稱）認為，這是青年唐君毅的思想的根本突破處，也是唐君毅哲學能作為東西哲學溝通的橋樑的貢獻所在。」[47]賴氏又認為這個突破讓唐先生對宋明理學作出了三系（朱子與朱子之前的一系、陸王與其後學的一系、蕺山一系）的分判，並對三系作出了新詮（以應然、意識、存有三個面向為切入點）。而平行於此三系的，唐先生又通貫到西方哲學的康德、費希特到黑格爾的思想發展的路上去，而作出了相應的詮釋。[48]賴文的末段指出說：「唐君毅的這個對康德、費希特、黑格爾的思想史的內在發展的見解一直到《生命存在與心靈境界》〈後序・五、本書思想的緣起〉都是保持一貫的，表現了唐君毅歷三十餘年而不變的定見，是唐君毅的道德的理想主義之基本架構，……」[49]又：賴氏所說的唐先生的早期哲學思想是指：唐先生 27 歲（1935 年）至 32 歲（1940 年）的一個階段（《唐學論衡》，頁 458）。《生命存在與心靈境

---

[43] 賴文最早發表於《鵝湖學誌》，第十八期，1997 年 6 月；文章經修訂後，收入氏著，《體用與心性：當代新儒家哲學新論》（臺北：臺灣學生書局，2001），頁 45-81；又稍經修訂後，收入何仁富編，《唐學論衡》（北京：中國文史出版社，2005），下冊，頁 452-472。

[44] 上揭《體用與心性》一書中，此「中」字寫作「東」，蓋手民之誤。

[45] 筆者按：書名後改為《中西哲學思想之比較論文集》。

[46] 上揭《體用與心性》，頁 64-65；上揭《唐學論衡》，頁 462。

[47] 《體用與心性》，頁 48；《唐學論衡》，頁 452。

[48] 《體用與心性》，頁 65-81；《唐學論衡》，頁 466-472。

[49] 《體用與心性》，頁 81；《唐學論衡》，頁 472。

界》〈後序〉：「吾二十七八時少年氣盛，嘗自謂於宇宙人生根本真理，已洞見無遺，足開拓萬古之心胸，推倒一世之豪傑，不免狂妄自大。……」唐先生由是有所反省。反省後，思想上便有了一番轉進。此發生於先生一人步行於南京玄武湖畔之時，賴氏即據此而認定唐先生思想之突破正在此時（賴氏稱為初萌期）。至於 1939 年則為此早期哲學思想安立之時。其所據之資料則為《致廷光書》。按：其中1940年10月11日函有云：「去年（按指：1939 年）一月十七日我三十歲，我自己認為我之哲學思想規模已立，我之人生觀大體已定，我自命已到三十而立之年。我現在已成立一哲學系統可以由數理哲學通到宗教哲學。」賴氏除了舉出唐先生本人以上二說法（玄武湖悟道之自述（詳參上注 8）；1940.10.11 函）以佐證唐先生 30 歲前後之思想為一突破（其實此亦為唐先生早期思想之要旨）外，也許賴文最有價值且一般學人未嘗注意者，乃係：藉著唐先生《中西哲學思想之比較研究論集》中的若干文章（並兼採同時期之其他文章）以說明唐先生早期思想之特色，並藉此以證明其思想於其後的三十餘年來未有根本之變化。

也許筆者在這裡需要補充說明的是，《中西哲學思想之比較研究論集》一書，其中部分文章之內容旨趣，仍為唐先生後來之著作所承繼下來；而其餘，則否。賴氏之所以根據集子中的部分（即若干）文章而非全部的文章以斷說唐先生之思想其後的三十餘年來未有根本之變化，即以此故。此亦可反映賴氏之矜慎。簡言之，該集子之文章，可分為二類。其中一類之思想核心，仍為唐先生後來之著作承繼下來。另一類則否，而為先生所揚棄也。換言之，吾人不宜因為唐先生曾說過該集子「多似是而非之論」（上詳），便把整本集子束諸高閣，並進而認為該集子一無可取。賴氏“披沙瀝金”之後便把該集子之“特殊價值”（此指研究唐先生的思想的形成這個方面來說）挖掘、彰顯出來，此甚值肯定。[50]

---

[50] 然而，現在需要處理一個問題，此為：如果該集子具有價值的話，那麼為什麼唐先生嘗對該集子「深致不滿」（並對其中一文，尚以「全為戲論」一語描繪之），並請求印刷出版該集子的正中書局，「勿再版」該集子呢？其原因乃在於：唐先生於該集子出版之際，便發覺到他在該集子中持以論述文化的中心觀念實在不清，甚或犯了錯

7、王怡心女士根據《道德自我之建立》、《人生之體驗》與《生命存在與心靈境界・後序》等等著作，對唐先生之早期哲思（主要指早期第二階段之哲思），並兼而對其整體思維，或哲思的核心／主軸，提出如下的看法：

(1)道德可以自我建立起來（《道德自我之建立》一書之核心旨趣即在此）：「唐君毅先生早年在哲學上最重要的成就，就是通過道德自我的建立，初步確立了貫穿其形上學思想的中心觀念。」[51]至於唐先生為何要建立「道德自我」，王氏認為原因有三：「一是對為學的理解，二是原於當時自身的困惑，三是對人生的認識。……」[52]王氏隨後即作出詳細的說明；頗具參考價值。以文繁，恕從略。

(2)運用西方思辨方式：針對唐先生的早年思考方式，王氏說：「……就總是追問理由。所以，唐先生青年階段的思想方式，就主要走向了西方哲學之路。」[53]

(3)相信心物二元論：就具體上的落實來說，王氏說：「大學期間，唐先生思考的哲學問題首先是心靈與物質問題。當時，他對此問題形成了心物二元論的認識，……心靈能自覺，而所覺之物卻未必能夠自覺，所以二者有本質的不同。」因為唐先生認同二元論，所以便很讚賞法國哲學家柏格森心物二元論的哲學；然而，柏氏創化論中則有生命一元論的看法。唐先生遂感

誤！蓋唐先生認為這是個嚴重問題，因此便斷然要求「勿再版」該集子。此事（含以下三用語：「深致不滿」、「全為戲論」、「勿再版」），其詳見《中國文化之精神價值・自序》。簡言之，從該集子本身的學術價值來說，唐先生是予以否定的。然而，賴賢宗是從另一個立場或面向看問題，因而肯定了該集子的價值。此為：「《中西哲學思想之比較研究論集》一書對於唐君毅思想的形成之研究有重大意義」。換言之，唐、賴二先生的側重點或切入點全然不同，是以得出不同的結論。

51 王怡心，《唐君毅形上學研究——從道德自我到心靈境界》（北京：中國文史出版社，2006），頁 18。王書源自其北京大學的博士論文，指導教授為摯友胡軍先生。至於畢業年分或論文通過的年分，據王書〈後記〉中若干文字來推斷，應是 2004 年。

52 《唐君毅形上學研究——從道德自我到心靈境界》，頁 25。

53 此說法，見諸上揭唐君毅，〈後序・本書思想之緣起〉，《生命存在與心靈境界》，頁 1147。

到其間存在著矛盾。[54]

(4)認為唯由科學始可通於哲學；接受新實在論和自然宇宙創化論：王氏除了說明唐先生這兩個看法或觀點外，並認為唐先生在這一階段對哲學和文化的論述，大皆從宇宙進化論的觀點切入來做闡釋。[55]

(5)相信唯心論：然而，唐先生不久又發現到宇宙進化論的哲學似不無問題。於是乃改由西方哲學（主要是德國古典哲學）中的唯心論的方向以省察哲學問題。[56]

(6)「天人合一」觀：王氏又指出，唐先生〈中國文化根本精神的一種解釋〉一文（收入唐先生的第一本著作：《中西哲學思想之比較論文集》）集中地闡發了先生這一時期的形上學思想，這就是中國哲學中的「天人合一」觀。[57]

(7)唐先生與儒家思想稍異其趣：王氏的說法如下：「……唐先生將愛生預設為人的自然欲求，而自然的欲求，都是非道德的，甚至求取保存生命是『不道德』的，這……與儒家思想稍異其趣，而與佛家和道家思想相近的。」[58]上引語中的「愛生」指保愛自然生命而言。其實，唐先生與一般儒家沒有兩樣。唐先生何嘗不重視或關注人之自然生命、人之自然欲求呢？然而，一旦自然生命、自然欲求與精神生命、精神欲求發生衝突而魚與熊掌不能兼得的情況下，恐怕唐先生跟其他儒家便只好選擇後者了。其實，從儒家常掛在嘴邊的以下用語：「殺身成仁」、「捨生取義」、「所欲有甚於生」、「所惡有甚於死」，即可見儒家對生死孰輕孰重作取捨時的判準了。

(8)天理與人欲的看法早晚期有異：「如果自然為人欲，超自然的道德

---

54 同上注，頁1148。

55 王氏本段落(4)之論述，大抵源自〈後序・本書思想之緣起〉，《生命存在與心靈境界》，頁1148-1149、1151。

56 唐先生之相關論述，其詳見上注，頁1150-1151。

57 以上的說法和引文，除「為何要建立『道德自我』」一項，其出處見《唐君毅形上學研究——從道德自我到心靈境界》頁18外，其餘之出處概見同書，頁18-21。按：唐先生此時期「天人合一」觀之「天」，乃指自然意義下之天。

58 《唐君毅形上學研究——從道德自我到心靈境界》，頁32-33。

為天理，我們看到，天理與人欲在早期的唐先生這裡是根本對立的。……而這一點，我們將在唐先生晚期的形上學體系中看到重要的改變。」[59]

(9)道德生活無必然保障：在〈道德生活〉一小節中，王氏又特別指出，唐先生認為道德生活必無必然的保障，否則人便沒有了道德的自由。[60]簡言之，人明可選擇做不道德的事（行不道德的行為）；所以如果人的道德生活有其必然的保障，那即等同剝奪他「選擇不道德的自由」了。

(10)唐先生超越了康德：王氏指出：「在後期唐先生建立的心靈九境形上學體系中，我們可以看到唐先生在對理性標舉之餘，更擴及至了情感，充分重視了情感的作用，並自稱其形上學為性情形上學，這是他超越康德的方面。」[61]筆者對康德毫無研究，不敢置喙。然而，作為中國人的唐先生果真能超越西方大哲康德，那自然所有中國人（當然含筆者）都會深感榮幸的。

(11)唐先生克服了良知自我坎陷的問題：作為21世紀啟蒙哲學的先河的牟宗三先生的哲學[62]，其所展示出之眾多創見或理念，都是空前的。其一即為良知自我坎陷說（儘管坎陷是暫時的）。粗略言之，依牟先生意，良知的自我坎陷，乃旨在成就科學和成就民主。前者使人真真正正地成為知性的主體（即認知主體），而後者則使人成為政治的主體。[63]王氏在其大著中數度

---

59 《唐君毅形上學研究——從道德自我到心靈境界》，頁 33。王氏這個說法，筆者一時間找不到唐先生在何書上如此明白說過。按：唐先生後來（或即王氏所說的晚期）對性情形上學，著墨相當多。依筆者的觀察，理性與情感（蓋相當於王氏在這裡所說的「天理與人欲」）在性情形上學上，比較沒有截然分為兩截的，即對立的情況不是很明顯的。段吉福、陳振崑對唐先生的性情形上學嘗作探討，見兩人合著的下文：〈唐君毅的性情形上學探析〉（2018.05.28），值得一看。來源：上海儒學：https://read01.com/E8KBEy8.html；2023.01.27 瀏覽。

60 《唐君毅形上學研究——從道德自我到心靈境界》，頁 33-34。唐先生本人的詳細說明，見上揭《道德自我之建立》，頁 48-53。

61 唐先生嘗批判康德，見〈後序・本書思想之緣起〉，頁 1152-1153。又可參上文附識（一）之 15、16 兩項。

62 此語源自學姊盧雪崑教授以下大著的封面，其正式的名稱（書名）為：《牟宗三哲學：21 世紀啟蒙哲學之先河》（臺北：萬卷樓圖書公司，2021）。

63 筆者對這個問題，嘗作探討。詳見本書第一章〈唐先生之人文觀〉第四節：〈道德理

指出唐先生的相關說法有勝於牟先生之處，而使得良知不必自我坎陷。今茲先逕引其說如下：「……『良知的自我坎陷』的從道德本體開不出認識主體的理論缺陷，在唐先生的形上學中得到了較好的克服。……在唐先生的形上學中，道德本體需要通過認識活動，才會完成自身，道德本體同時就是認知本體，而（後者）不必另外開出，從而避免了牟先生理論中的缺陷。」又說：「唐先生從本體論建立之初，就賦予心本體以道德性和認識之能，避免了現代新儒家學者在建立道德形上學的過程中所面對的，純粹的道德本體開不出知識理性的困難。」[64]又說：「……唐先生的發展在於，他借鑑了西方哲學的思維模式，在一下手處就將心體同時確立為認識的心體，而且心體的表現主要是通過其在主客對立中的認識活動來進行的。這在中國現代哲學本體論的建構過程中，是一個很大的貢獻，直接回應了傳統哲學在現代中國所面臨的問題——如何開出認識主體的問題。熊十力沒有寫出量論，其哲學沒有涉及認識問題，牟宗三通過良知的坎陷開出認識的主體，其中存在難以解決的困難，唐先生一開始就將心體同時確立為認識的主體，避免了牟先生的

性、文化陶養與民主政治〉之（四），其後的〈附識〉；又拙著《政治中當然有道德問題：徐復觀政治思想管窺》的〈自序〉亦嘗兼論此問題。也許值得向讀者指出的是，唐先生在其大著《中國哲學原論：導論篇》中亦嘗針對牟先生的坎陷說作過闡釋、討論。筆者以為兩先生的說法大體相同，但不無大同小異之處：唐先生之說法似較簡直、精練。《政治中當然有道德問題：徐復觀政治思想管窺》的〈自序〉中對此已有所說明，見 VII-VIII，注 11。又上文對「良知自我坎陷說」也做過說明，見附識：（一）〈早期哲思見諸《生命存在與心靈境界》之〈後序〉者〉，第 14 項。

64 王氏並沒有說明她這個說法是源自唐先生哪本著作中的說法，或演繹自唐先生哪個說法。據筆者閱覽所及，唐先生的相關說法至少見諸〈中國文化宣言〉一文（眾所周知，此〈宣言〉雖由四位先生聯署，但因為唐先生是總主筆，所以把內中的各說法歸諸唐先生所倡議或至少視為唐先生所認同者，應該是恰當的。）唐先生的相關說法如下：「中國人真要建立其自身之成為一道德的主體，即必當要求建立其自身之兼為認識的主體。而此道德的主體之要求建立其自身之兼為一認識的主體時，須暫忘其為道德的主體。即此道德之主體，須暫退歸於此認識之主體之後，成為認識主體之支持者。……」此說法見〈八、中國文化之發展與科學〉，〈中國文化宣言〉，收入上揭《中華人文與當今世界》，下冊，頁 899。

缺陷，是對傳統哲學的突破，創新和發展。」[65]

王氏以上的說法，筆者大體上同意，且博士生（王著源自其博士論文）有此眼光實在很不容易。然而，其中兩度強調說牟先生的良知坎陷說是理論上的缺陷，是難以解決的困難，則似乎用語上過重了一點。再者，牟先生也沒有把問題或把話說死。首先，牟先生不是說良知的坎陷是永久性的。於相關的論述上，牟先生嘗用「暫時」一語。（詳見《政道與治道》（臺北：廣文書局，1974），頁 59。）再者，牟先生沒有截然否定良知在開出認知主體或政治主體上仍扮演相當重要的角色；蓋雖不能直接開出，但仍可「間接地」或「曲折地」予以開出也。[66]

(12)其他[67]：

i、「心之本體（乃）道德自我之（形上）根源」[68]

ii、「一切真善美，即在我之心體。」[69]

iii、「心體既是靈明之智慧，又是無盡之情感。」[70]

iv、「心之本體首先是道德本體，同時也是認識本體。」[71]

v、「心之本體對苦錯惡的否定：……心之本體無苦錯惡，但苦錯惡卻是心之本體的表現。……心之本體的自性雖是真善樂，但卻必須表現在對苦錯惡的破除之中。俄國哲學家別爾加耶夫曾認為，惡的起因就是善的缺席。……唐先生還提出了真善樂之心體不死的觀念，

---

65 以上三段引文分別見《唐君毅形上學研究——從道德自我到心靈境界》，頁 17、41-42、44-45。

66 詳參上注 63 拙著中的〈自序〉，VIII-IX，注 13。

67 王書的第一章對闡發（主要是綜合彙整）唐先生的早期哲思，作出一定的貢獻。惟上文的摘要和闡釋已占去了不少篇幅，是以該章書的其他部分，今僅擇其要者，開列如下；不再作闡釋。

68 《唐君毅形上學研究——從道德自我到心靈境界》，頁 36。

69 《唐君毅形上學研究——從道德自我到心靈境界》，頁 36。唐說詳見《人生之體驗》（臺北：臺灣學生書局，1989），頁 225。

70 《唐君毅形上學研究——從道德自我到心靈境界》，頁 36。王氏標示這個說法見上揭《人生之體驗》，頁 230。按：頁 230，誤；當作頁 229。

71 《唐君毅形上學研究——從道德自我到心靈境界》，頁 39。

以提起我們對克服苦錯惡的信念。」[72]

vi、「個人之心之本體，即為人與人之共同的心本體，也是現實世界的本體，『即世界之主宰，即神』。心之本體的發用一方面是道德活動，另一方面是認識活動。……」[73]

8、摯友陳振崑教授認為：相對於《道德自我之建立》和《人生之體驗》兩書來說，「《生命存在與心靈境界》一書之思想方式的表現有其關鍵的轉變。」此說見諸陳氏之博論（輔仁大學哲研所，1998 年）《唐君毅的儒教理論之研究》第二章論述唐先生早期哲學思想的部分。其中指出說：唐先生嘗謂「《生命存在與心靈境界》一書之規模，並不出於前二書（按指：《道德自我之建立》、《人生之體驗》）所規定者之外。唐先生謙稱可以此作為自己思想『無大進步』的證明，亦同時證明宇宙人生中實有若干歷久而彌新的真理。但是筆者認為《生命存在與心靈境界》一書之思想方式的表現有其關鍵的轉變，絕不只是前者（按指前述之二書）所謂中心觀念之大致上沒有改變的開展而已。」（頁 35-36）[74]唐先生虛懷若谷，其行文之遣詞用字，恆謙遜自持。彼自謂 30 多歲後之哲學思想，乃至其哲思之見諸《生命存在與心靈境界》一書者，其中「對宇宙人生之根本信念」，實無異於往

---

72 《唐君毅形上學研究——從道德自我到心靈境界》，頁 44。詳見《道德自我之建立》，頁 105-116。

73 《唐君毅形上學研究——從道德自我到心靈境界》，頁 41。上揭《道德自我之建立》，頁 88。針對心之本體與神的關係，《人生之體驗》也有類似的說法，如下：「我的心，即我的上帝，我的神。」（頁 224）

在這裡必須向讀者強調的是：以上從(1)至(12)的十多個項目，其中有若干項目（譬如 3、4 等），是唐先生後來所揚棄的。要言之，《道德自我之建立》、《人生之體驗》、《心、物與人生》前之著作，尤其見諸《中西哲學思想之比較研究集》一書中的若干文章所展示的思想，都是唐先生後來所不能接受而予以揚棄的。這是因為唐先生認為其相關論點「多似是而非之論」。此語見〈自序〉，《中國文化之精神價值》（臺北：中正書局，1974），頁 1；又見〈重版自序〉，《人生之體驗》（臺北：臺灣學生書局，1989），頁 3。

74 陳氏的博士論文後來嘗出版，但這個說法一字不改而維持不變。陳振崑，《唐君毅的儒教理論之研究》（臺北：花木蘭文化出版社，2015），頁 29。

昔，即「千迴百轉，仍在原來之道上」（《生命存在與心靈境界》，頁1157），乃一如實的自我表白與衡斷。據此，則陳氏「中心觀念之大致上沒有改變的開展」[75]的說法，亦一如實的說法也。陳文第二章第二節之二：「哲學體系的建立」中把唐先生的思想發展分為三個階段，如下：道德哲學、文化哲學和生命＝心靈哲學三個階段。筆者認為這樣的畫分是有一定的理據的。然而，似乎可以稍微補充或稍微強調的是，階段雖分為三，但仍有一中心觀念貫穿其間，此即道德理性是也。第一階段固以此為核心。（此陳文已有所掌握、說明。）其實，第二與第三階段亦然。蓋第二階段之文化哲學，其核心仍係道德理性無疑。其間之代表作：《文化意識與道德理性》便可說明一切。第三階段之代表作則為《生命存在與心靈境界》一書。其所闡述中之最高一境（第九境）乃「天德流行境」。天德固為此境之"核心要素"，然而就人來說，此天德必須落實為人德（即一般所說之道德人倫；於此，或可以「人德」稱之）始得其歸極，否則不免虛懸空置。於此即可見道德之重要。是可知第二與第三階段，其實仍以道德為主軸無疑。換言之，唐先生「思想方式之表現」固「有其關鍵的轉變」（兩方括號中之用語出自陳教授），但核心思想或陳氏所說的「中心觀念」，則先後一貫而不相殊異也。

上引陳氏的說法，其中「絕不只是沒有改變的開展」，乃意謂唐先生所作出的相關開展是有所改變的，即與往昔有所不同的。而這個改變便正是「《生命存在與心靈境界》一書之思想方式的表現有其關鍵的轉變」，而不同於《道德自我之建立》、《人生之體驗》二書，這點筆者很認同。要言之，就《生命存在與心靈境界》一書之思想表現之方式來說，雖有關鍵的轉變；然而，其核心思想（或所謂思想的實質內容），實無異於前兩書也。

9、薛立波認為：唐先生的早年生活經驗中，對生死離別之事已有強烈的感受。此說見諸薛氏〈論唐君毅早期思想中的生死問題意識〉一文[76]。茲

[75] 其更早的說法，見李杜《唐君毅先生的哲學・自序》，頁4，而陳氏予以轉述。

[76] 文載《四川大學學報》（哲學社會科學版），2011 年 4 月；2011 - cnki.com.cn；2020.06.01 瀏覽。

轉錄薛文之摘要如下，以見該文之梗概：「唐君毅作為一位早慧型的哲學家，在早期生活經歷中就有了多次對生死離別之事的強烈感受和生命體驗；在他早期的思想創造中，這些體驗形成了他自覺的生死問題哲學意識和生死哲學思想；這些意識和思想貫徹其終身，構建出一套完整的儒家生死哲學系統。」

10、摯友汪麗華、何仁富教授指出說：唐先生從早年到晚年都非常關注人的生死這個議題。二氏之專著《愛與生死：唐君毅的生命智慧》一書[77]中的第11章第1節便旨在論述唐先生早年生活中的生死體驗問題。

11、摯友李瑞全教授扣緊「心靈之原初洞見」這個議題作為切入點，以討論唐先生早期的哲學規模。此見諸李氏〈唐君毅先生早期哲學之規模：心靈之原初洞見〉一文[78]，文末注明為未完稿。李文之論述主要根據以下三書：《人生之體驗》、《道德自我之建立》、《生命存在與心靈境界》。據過往閱覽之印象，李氏為文動輒3、4萬言。今文僅約7、8000字。可知距離其擬撰就者頗遠，甚至甚遠。而文章第四節之標目為「早期哲學之規模：當代新儒學之奠基」；而作者以括號標示為：暫略。換言之，李文最重要的部分，或所謂文章的核心部分尚未寫出，殊可惜；[79]否則以李氏之為唐先生的高足且對哲學問題恆具睿見來說，其論述必甚為可觀而深具參考價值的。

補充：

唐先生六、七歲時，太老師嘗向先生述說有關「世界末日記」的一個小故事。其大意是：太陽有朝一日將消失，地球亦不免滅亡。在過程中，人類只好默默等待世界末日的來臨。這個故事及其他相關見聞，譬如大雨後土地經太陽曝曬而裂開等情事導致唐先生聯想甚多，譬如地球會毀壞，世界會毀壞，其個人也會毀壞，但「是不是有一個可以不會毀壞的東西」呢？其後唐

---

[77] 北京：中國廣播電視出版社，2014。

[78] 發表於《現代新儒家和現代中國——第五屆儒學論壇論文集》（論壇稿本；未刊），宜賓，2015年10月，頁211-218。

[79] 2022年7月下旬，筆者去函請教李氏，乃知悉〈唐君毅先生早期哲學之規模：心靈之原初洞見〉一文，李氏尚未（暫不擬？）完成。

先生逕謂：「聽這個故事到今六十年了，我總擺在心中」；並明確的指出說：「對我個人思想的影響很大。」[80]上述故事，唐先生在其他著作中嘗提及多次；該故事在唐先生心中的分量，可想而知。廖俊裕先生亦相當重視該故事。[81]廖氏並將唐先生早年的思想過程以繪圖方式表示之（見頁 352），其中特別標示唐先生哲學的起源意義和本質意義。該圖簡明扼要，深具參考價值。

二、總論：書中哲學思想精義

（一）「哲學是什麼」？「哲學所求的智慧是什麼呢」？[82]

眾所周知，唐先生是當代（現代）新儒家、人文主義者、深具愛國情愫的思想家、「文化意識宇宙中的巨人」[83]。然而，寬泛的說，或就其學術專業、教育專業來說，乃一哲學家也。《致廷光書》中即含藏著相當豐富的哲學思想。書中甚至對「哲學是什麼」、「哲學所求的智慧是什麼」，都有相當詳盡的說明。今摘錄其要者如下：

> 我可以先同你說哲學是什麼。哲學原意是愛智，蘇格拉底自名為愛智者，即智慧的情人（lover of wisdom）。真正的哲學家即追求智慧者、愛智慧者。（第十八函，《致廷光書》，頁 142；撰寫於 1941.04）

80　唐君毅，上揭〈民國初年的學風與我學哲學的經過〉，頁 160。

81　廖說見所撰：〈合一到太一——唐君毅愛情婚姻理論〉一文，收入《第七屆儒學論壇暨紀念唐君毅先生逝世四十周年學術研討會論文集》，研討會主辦單位：四川思想家研究中心，宜賓，2018 年 10 月，頁 349-364。至於「世界末日記」這個小故事的相關說明，則見廖文頁 352，注 2。

82　語見《致廷光書》，頁 142、143。

83　語出牟宗三先生在追悼會上之發言，見〈哀悼唐君毅先生〉，馮愛群編輯，《唐君毅先生紀念集》（臺北：臺灣學生書局，1979），頁 151。

這是唐先生依希臘傳統，為回應師母所問而對「哲學」一詞下的一個定義。當然相對於後來見諸其偉構《哲學概論》中「哲學」一詞的定義來說，上面的一個定義，其內容是簡單得多了。但「哲學」一詞的精粹，大體已見。至於哲學的內容是什麼，或哲學所求的智慧是什麼？唐先生嘗作如下的敷陳：

> 哲學所求的智慧是什麼呢？約有兩方面：一是宇宙的智慧，一是人生的智慧。宇宙的智慧是要滲透宇宙本體洞觀宇宙本體。人生的智慧是要悟澈人生的意義價值與歸宿。這兩是分不開的，因人即宇宙的中心，人一方面以其身體為精神之表現，而成萬物中之一。另一方面其精神又包括著宇宙，所以人的心能想整個的宇宙。你的心不是什麼都可想嗎。所以人與宇宙之關係乃互相環抱的關係。一面人的身體為萬物所環繞，萬物都能影響他，即萬物環繞此身。另一方心又包萬物而抱住萬物。[84]不過分開來研究，則人生論是一部，宇宙論是一部；而研究人心如何認識宇宙萬物包括萬物的即是知識論。所以哲學分宇宙、人生、知識論三部。其實這三部是不可分的一體。（第十八函，《致廷光書》，頁 143）

上引文值得指出的是，一般來說，吾人皆知人是宇宙的一部分，而人的心又是人的一部分，所以人心便自自然然的屬於宇宙的一部分。這可以說是常識性或一般知識性的看法。但唐先生話鋒一轉，指出宇宙乃人心可思想及之一對象，也可以說宇宙乃人心可思想及之範圍所涵括。簡言之，宇宙固涵人心，而人心亦未嘗不涵宇宙。這個說法對突破常人（含哲學初入門者）之“偏見”而開啟人之視野來說，是深具意義的。唐先生的辯證思維也可以概

---

[84] 唐先生這個說法很能反映其恆常的思維特色，即絕不偏向單一的看法。從物理層面來看，則必認為宇宙大於人體；從人之精神層面（譬如思維能力的層面）來看，則又必認為人大於宇宙（以人能涵蓋宇宙：宇宙為人思維能力之所及，所涵蓋、涵攝）。唐先生這個兼容並包的看法足以說明、反映其觀看事事物物的一貫態度；藉此又可以看出其心胸之寬廣，可謂廣納百川也。

見一斑。[85]

繼上文之後，唐先生乃分別針對宇宙論、人生論、知識論，予以相當詳細的分類說明。其要者如下：

> 關於宇宙論的問題可以分兩部，一為宇宙本體論，一為宇宙構造論。（針對前者又細分三個問題；針對後者，則細分為四個問題。今從略）其次人生論中大約有下數問題（以下為細部討論，其中含人生之歸宿問題，此中又含人之命運與人靈魂之朽與不朽等等，共七個問題。從略）其次知識論之問題（以下為細部討論，其中含真理是什麼的問題等等共四個問題。從略）

第十八函針對「哲學是什麼」，「其追求的智慧又是什麼」，大概用 1,000 字做了說明。筆者深深的認為，其說明相當清楚且扼要。這對門外漢如師母，甚至對一般讀者或哲學初入門者來說，都應該獲益匪淺的。順便一提的是，一般讀者都說唐先生的文字不好讀，不容易從中領會其論說要旨。然而，僅就以上兩問題來說，《致廷光書》便作出了簡明扼要的說明；其貢獻亦由是而可見。也許值得一說的是，據上引文，唐先生依一般哲學分類的傳統作法，把哲學問題分為三大類，即宇宙論、價值論（人生論）和知識論。[86]此分類恐主要是針對一般人對相關知識為求得出一“方便”之了解而作出

---

85 上引文中「人即宇宙的中心」一語，很可以反映唐先生唯心主義（唯心論）的色彩。又：唐先生對事事物物的說明、解說，經常援引「相對論」（此取其廣義，非愛恩斯坦物理學角度下所界定的「相對論」）、「互動關係」等的思維方式（含所採之視角或切入問題的方式）為之。此種不經意的援引，又很可以反映先生治學，乃至處事之態度、心量；蓋絕少採截然、斷然、「非ＸＸ不可」的態度。「人與宇宙之關係乃互相環抱的關係」一語（按：此語中的「人」，順上文之意，乃扣緊「人之心」來說的），正可以反映唐先生治學之路數、視角，乃至反映其為人處世之心量。

86 成書於中壯年時的《哲學概論》，其分類則稍異（其實是名目稍異，其內容則大體相同而更豐富）。除對哲學做一總論外，尚把哲學細分為：知識論、天道論——形而上學、人道論——價值論（含人生哲學，即人生論）。唐先生明言其著作乃「重價值過

者。然而，實不足以反映唐先生個人之價值取向。而其價值取向，唐先生明言之，如下：「哲學中只有重人格的哲學、重精神的哲學、重愛的哲學，才最能使人類之理想提高，所以我自己的哲學便是重人格、重精神、重愛的哲學。」[87]換言之，唐先生哲學上的「三重」，其目的是為了提高、提撕人類的理想。唐先生後來又確實成功地付諸實行了。針對前二者，其相應的論著計有：《人生之體驗》、《道德自我之建立》、《中國文化之精神價值》、《中國人文精神之發展》、《人文精神之重建》、《文化意識與道德理性》、《中華人文與當今世界》等書。針對重愛的哲學，則有《愛情之福音》和《致廷光書》二著作。其實，《人生之體驗》中亦有若干篇幅（主要見諸第三部〈自我成長之途程〉）是談說情愛的，讀者宜並參。

凡任何學問，如不分類（分門別類），便一定失諸儱侗；且使人不易掌握各相關之要旨或重點。這對於建構知識或成就知識來說，恐怕有所缺漏，至少未達致窮盡周延之境域。然而，純依此觀點而作出之分類，又實難滿足人之價值取向。本此，則唐先生所重視而開出的三類哲學，固有其特色，且能滿足其本人之價值取向；然而，其他哲學家恐怕又有因重視其他價值而產生其他分類的！換言之，相關分類既能籠罩、覆蓋一般之哲學領域以滿足一般人之知識欲求，且又能滿足一般人之價值取向者，恐不容易也。唐先生的《哲學概論》（詳注 86），至少在某一程度上（尤其對中國人來說），或能成功達陣也說不定。

針對上面說過的哲學問題或哲學領域的三大分類，於此或可補充一點：唐先生年輕時（1940 年）嘗明言：「我的志願想在十五年內寫三部大著

於存在，重存在過於知識」。（筆者按：簡言之，價值可以人道論為代表，存在則可以天道論為代表，知識則知識論所處理的主題也。是以價值、存在、知識之相應的論述，便成人道論、天道論、知識論。）此其本人價值取向在一定程度上異於坊間一般之《哲學概論》之明徵也。之所以如此者，又緣於一更根本之原因：由於自我期許其著作能「真為中國人而編之哲學概論」。參〈自序〉，《哲學概論》（香港：友聯出版社，1974），頁 4-5。唐先生愛國、愛中國人之意識，頗可見其一斑。

[87] 第十三函，《致廷光書》，頁 115-116。

作，一關宇宙者，一關人生者，一關宗教者，自以為必傳後世。」[88]其中有關人生和宗教二項，似可歸入價值論一類。本此，則上述哲學問題的三大分類中，唯有知識論一類並不是唐先生所特別措意而欲撰就專著者。其實，筆者認為，相對於（以人生論為核心的）價值論來說，宇宙論也不是唐先生要特別措意的。然而，價值不能孤伶伶的虛懸著，而必有其寄存附麗之所在。換言之，即必有所依託也。簡言之，宇宙即其寄存或藉以寄託之所在。唐先生論述價值，而不得不一併論述宇宙或先論述宇宙，蓋以此。[89]且依上文，先生本人已說過，宇宙論、人生論、知識論，「其實這三部是不可分的一體」。是以欲以哲學之全體為論述之對象時，則三者乃不可或缺者也。

---

[88] 第十一函（撰於 1940.10.11，正唐先生年輕之時也），《致廷光書》，頁 104。引文中說到的「自以為必傳後世」的「三部大著作」，在此順帶做點說明。其中有關宇宙者和宗教者，唐先生並未撰有以此命名的專著。然而，在不同的多種著作中，唐先生對兩者皆嘗著墨，尤以宗教一項為然。至於人生一項，則以此命名者，便有《人生之體驗》（含續編）和《心、物與人生》等專著。此外，不以「人生」命名，但仍著墨不少者，則見諸多種著作，不贅。至於可反映先生之自負與自信的一語：「自以為必傳後世」，證諸先生在生時，尤其辭世後，其各種著作之廣泛流傳來說，實不誣也。尚可一說的是，在「我的志願……必傳後世」的前面，還有頗堪注意的幾句話，如下：「去年一月十七日我三十歲，我自己認為我之哲學思想規模已立，我之人生觀大體已定，……我現在已成立一哲學系統，可以由數理哲學通到宗教哲學。其解決哲學史上之問題，許多地方真是神工鬼斧、石破天驚。」此引文中的後半截，吾人似不必照單全收（其實，雖或言大而絕非誇）；然而，頗可反映先生之自信。至於前半截說到的哲學思想規模已立和人生觀大體已定這兩項，證諸先生後半生的相關表現，亦如實不虛也。

[89] 偶閱唐師母《懿範千秋・一則日記》（頁 104-105），乃知悉唐先生對此三論（宇宙論、知識論、價值論）重視程度之輕重，實確如筆者所臆測者。又據師母所言以檢視唐先生之《哲學概論》，其〈自序〉即有如下之說明：「本書之精神，實重價值過於存在，重存在過於知識。」（頁 5；可並參上注 86）而所謂「存在」，當然含形上、形下兩義。而形而下之存在，究其源，恐莫不以形而上之存在為根據，為基礎。要言之，實不免仍屬形上學之範疇；或至少不能不牽涉形上學。唐先生「重價值過於存在，重存在過於知識」的說法，《日記・1974.06.26 條》之說明更為清晰明確，宜並參。

（二）「人究竟是什麼東西？」[90]

上引文中唐先生所說到哲學的三部分，《致廷光書》中不少篇幅（即很多封信）都有所述及。這方面，下文再引述闡釋。其中人生論的部分，談到「人究竟是什麼東西？」的問題，筆者認為非常值得放在這節「總論」中先予以敷陳，藉以見唐先生畢生對「人」的關懷、關注。

> 人究竟是什麼東西？……這問題我想過十多年，……人可謂永遠在兩重世界之間。人一方繫於超越的精神界，一方繫於現實的物質界。從內部看每人都自知他是一精神的實體，從外部看則我們只看人的身體的物質，連我自己用五官來看我自己也是物質。然而我們試反省我們內部經驗即都是一精神的實體之表現。(1)從外部看人實與一切動物以至植物、礦物都不過是一些原子與分子之組合，然而從內部看則有各種情調志願思想與無窮無盡之精神意義與精神價值。(2)從外部看只有已成的過去與剛才的現在，從內部看則有憧憬的無窮的未來。(3)從外部看，一切都是可以科學的定律來解釋我們一切行為的因果關係，從內部看則我們明明自覺有自由。(4)從外部看人不過七尺之軀佔極小之空間與極短之時間，從內部看則每人心中都可想像一無窮的空間與時間，每人都能認識一整個的宇宙，一人之心即啟示一天地。(5)從外部看人永遠是有限，從內部看則人要求無限。科學通常總是從外部看人，而文學藝術宗教哲學則要人從內部看人。(6)從外部看人到極點人不過十四種原質之化合，一分離便完，無所謂意義與價值，便亦無所謂道德修養之必要，也看不見任何人之人格，然而從內部看則人要求真善美之價值，要求人生之意義，便要修養他的道

---

[90] 第六函，語見《致廷光書》，頁58。有關這個議題，上世紀中葉出版的 Ernst Cassirer (1874-1945) 的名著 *An Essay on Man: An Introduction to a Philosophy of Human Culture* (New Haven: Yale University Press, 1944) 亦有所處理。當然卡氏是從行為科學或社會學或廣義的文化哲學的角度切入予以闡釋，與唐先生這裡所述說者有別。

德，完成他的人格。(7)從外部看人各種人同樣的吃飯睡覺，從內部才看得出各種人有各種不同高下差別之人生理想，無盡懸殊之各種人格。(8)從外部看人只見人的本能慾望，從內部乃見人之性靈。(9)所以從外部看人見人都不過如此，都很平凡，而從內部看人則以其性靈之深度之不同，而覺特殊人物內心之深遠不可測。(10)從外部看人見人都只有本能慾望，人與人間只有利害上互相關係，從內部看人，性靈與性靈相遇，精神與精神相感，而後有超利害的敬意與同情。（第六函[91]，《致廷光書》頁 58-59；以上標碼，乃筆者所加，旨在醒眉目。）

針對上引文，筆者有幾點觀察：1、上引文中所謂「從外部看」，蓋等同「從表面看」、「依科學觀點看」；「從內部看」，蓋等同「深入一層看」、「依文學藝術宗教哲學觀點看」、「反省／反觀、回思之後來看」[92]。2、「從外部看」和「從內部看」，雖然都是看，但很明顯，兩者絕非同一輕重的。唐先生是看重「從內部看」，而看輕或不重視「從外部看」無疑。3、然而，也許應該作點補充：筆者認為，唐先生雖看輕或不重視「從外部看人」，但吾人不宜過分推衍而認為唐先生全然否定、排斥從外部看人的一個視角；乃至認為從外部看人定然是一種錯誤，是一種空想、幻想。要言之，先生只是「重內輕外」而已；即並非只看重內，而全然否定外的；即

[91] 此第六函（寫於 1940.05.05，唐先生時年 31 歲）的義理非常豐富，尤以所論說的人生問題為然。摯友何仁富教授針對該函曾寫過以下文章，非常值得參看：〈從一封情書看唐君毅的性情人生觀〉，何仁富主編，《唐學論衡——唐君毅先生的生命和學問》（北京：中國文史出版社，2005），上冊，頁 161-187。

[92] 這有點類似道家進行打坐或佛家進行禪修時所做的自我觀察，即所謂內視或內觀。道家或道教經典，譬如《列子》、《太上老君內觀經》與《洞玄靈寶定觀經》便有談到內觀的問題。其中《列子・仲尼篇》即嘗云：「務外游，不知務內觀。外游者，求備於物；內觀者，取足於身。」當然這裡所說到的「身」與唐先生所說的從內部看人，其對象乃指「心靈」或「精神」等而言，此兩者固有別，吾人不宜混。上引文，見嚴北溟、嚴捷，《列子譯注》（上海：上海古籍出版社，1986），頁 93。

並不認為兩者是 0 與 1 的關係。[93] 4、筆者認為，以上 10 項成對的內、外看，並非唐先生有意窮盡內外看人所產生的各種差異的一個結論；反之，恐怕只是隨意開列而已；然而已有 10 項之多。此正可反映唐先生平素哲學素養之博厚與反省之深入。宜乎從 30 歲左右開始便成為不世出之哲學大師了。[94]

同一函，唐先生又繼續說：

> 但是人如果從外部看，則人根本是變化無常的，因人從外部看只是一物質的存在，根本是無常的。[95]所以從外部看人則人無所謂永久，而

---

[93] 唐先生談到他和當時的女朋友（即後來的師母）的關係的一兩句話，也許可以給我們一點啟發：「……我莫有希望用外在的保障來維持我們關係的意思，我不要一切由外到內的力量，我只希由內到外。」第十一函，《致廷光書》，頁 102。內為重、為本，外為輕、為末的關係便昭然若揭了。唐先生看人，似乎也可以比照這個看法。簡單地說，從內部看人，是較深入的看法；從外部看人，是較膚淺的看法。

[94] 賀麟於所著《當代中國哲學》（詳見上注 38）第二章〈西洋哲學之紹述與融會〉之餘論的一節中，論述了八人，依次為謝幼偉、施友忠、唐君毅、牟宗三、方東美、黃建中、黃方剛、朱孟實（朱光潛）。其中唐、牟同年齡（唐先生稍長數月），乃八人中最年輕者。賀著最晚成書於 1945 年年中（上詳），是唐、牟二先生於 30 多歲時，其哲學上之表現，已被中壯年時期傾心於唯心論且眼光相當銳利的賀氏關注到了。針對賀氏的唯心論，乃至其後來之轉變，可參熊自健，〈賀麟思想轉變探析——從唯心論到辯證唯物論〉，《鵝湖》月刊，期 197，1991 年 11 月，頁 15-25。又：從內部看人和從外部看人有其差異的說法，與《致廷光書》撰寫於同一時期的另一書：《道德自我之建立》，也有所指陳，如下：「人是什麼？人永可從兩方面看，……從外面看，人是時空中之物質存在；從內面看，人是超時空之精神存在。」（頁 117）

[95] 「一物質的存在，根本是無常的。」唐先生這個說法，跟我們一般所理解的「質量守恆定律」是相矛盾、衝突的。維基百科對這個定律有如下的說明：「自然界普遍存在的基本定律之一。此定律指出，對於任何物質和能量全部轉移的系統來說，系統的質量必須隨著時間的推移保持不變，因為系統質量不能改變，不能增加或消除。因此，質量隨著時間的推移而保持不變。這定律意味著質量既不能被創造也不能被破壞，儘管它可能在空間中重新排列，或者與之相關的實體可能在形式上發生變化。」然而，維基百科又繼續指出說：「對於非常有能量的系統來說，質量守恆是不成立的，核反應和粒子物理學中的粒子——反粒子湮滅就是這種情況。質量在開放系統中通常也不

> 男女間一切堅貞之道德都是靠不住，怎知道將來對方不變，這是永無法保證的問題。然而從內部看，則人都要求永久，要求常人都有堅貞之道德。但是我們可真能直接看見別人的心又不能。所以最後只有推己及人，因自己有而相信人有。這就是信念。離開我自己的信念，便一切都是無常的了。（第六函，《致廷光書》，頁 65-66）

這就是說，吾人雖可以自我肯定對對方不變心。然而，若依科學方法／科學實驗來說，實無法保證（證明、證實）對方也不變心。而唯一證明之途是依靠自己的信念，即以一己信念為基礎而來的推己及人。也就是說既肯定自己之心不變，則在「人同此心，心同此理」的一個信念下，肯定對方／他人之心也是不會變的。這充分說明唐先生非常重視人的信念。然而，信念終非實然、必然：信念不等同實然／事實。唐先生再理想，對人再有信心，也不會輕忽，更不會察覺不到現實世界的殘酷。這所以唐先生接著說：「然而此無常的事也會出現。」此語正反映了唐先生儘管充滿了理想，對人深具信念、很有信心，但仍然無法全然肯定無常之事在客觀世界必不會發生。相對於依信念、信心所開拓的理想世界來說，現實世界中的很多事宜不是操諸在我的。這實際上是人世間的一種無奈！然而，唐先生不會因此而自怨自艾、龜縮氣餒。作為自強不息的儒者來說，固如是也。其自勉之方、救濟之道便是：

> 所以最後所能作的事只能盡他自己現在的心。這即是說人只有不問收

被保存。……對於涉及大引力場的系統，必須考慮廣義相對論，其中質能守恆成為一個更為複雜的概念，受到不同定義的限制，質量和能量也不如嚴格守恆狹義相對論。」由此可見，「質量守恆定律」的傳統說法，是不嚴謹的，或至少可說是見仁見智而可以再討論的。此又可見唐先生的說法，似乎更接近近現代物理學上的廣義相對論或狹義相對論的說法。當然，吾人不必從物理學的立場來看待唐先生的說法。要言之，就唐先生來說，相對於人的精神來說，物質乃無常者。以上維基百科的說明，見 https://zh.wikipedia.org/wiki/%E8%B4%A8%E9%87%8F%E5%AE%88%E6%81%92%E5%AE%9A%E5%BE%8B；瀏覽日期：2022.03.07。

穫，但問耕耘。他對於自己所遇的或他人的男女關係之無常，只有一種感嘆悲憫。（第六函，《致廷光書》，頁66）

上引文中，其中「不問收穫，但問耕耘」一語，足以反映唐先生儒家精神之深邃。然而，「感嘆悲憫」一詞則讓人想到唐先生是不是太悲觀消極了一點呢？其實絕不然。唐先生接著說：

然而這一種感嘆悲憫根本是超個人的情調。[96]在這種情調中，我們一方雖覺我們理想之不能實現，然而唯其不能實現，於是這理想的存在更明顯的呈露於我們之心，猶如以身殉道的人，在其身死時，其所要殉之道更明顯的呈露。而此理想之呈露使人認識此理想之實在。這理想之實在的體味，便可與他莫大的安慰。（第六函，《致廷光書》，頁66）

唐先生深富儒家理想主義的精神，此精神之呈露及價值之所在（價值指：給人莫大的安慰），上引文可見一斑。理想之所以為理想，正因為它不曾實現（一旦實現了便成為現實，現實當然便不再是理想了），但它絕非空想、幻想，因它已呈現於心中。眾所周知，唐先生視心為實在的，因此為心所涵攝的理想（即源自心的理想），當然也是實在的。唐先生以上的說法，是轉消極為積極，悲觀為樂觀、達觀。所以是非常正面可取的一個看法。

---

[96] 「這一種感嘆悲憫」既係一種「超個人的情調」，換言之，即猶同一種「客觀的情調」。而「這一種感嘆悲憫根本是超個人的情調」蓋等同牟先生所說的「客觀的悲情」。牟先生這個說法，詳見《五十自述》中〈客觀的悲情〉一章。其相關闡述，可參上揭拙著《性情與愛情》中討論「悲／哀」的一節（頁 164-193），尤其討論牟先生對宇宙、對人類和對家國天下的悲感（悲情）的部分。此見頁 164-180。

(三)「人生最後的目的是什麼?」[97]

針對「人究竟是什麼東西」外,第六函又提出:「人生最後的目的是什麼?」這個問題。唐先生自問自答道:

---

[97] 《致廷光書》,頁 61。「人生最後的目的是什麼」這個問題,當然很值得了解與探討。在下面引錄並闡釋《致廷光書》中唐先生所給出的"答案"之前,也許我們可以先談一下「最後的目的是什麼」之前的一個"初階的目的";即一般的目的,凡人皆可達致,皆可成就的目的。對這個目的,唐先生又持一個怎麼樣的看法呢?其"答案"見諸與《致廷光書》屬同期作品中的《道德自我之建立》一書中。書中說:「如果人生有目的,他的目的,應即在你當下能自覺的心之中。……你應當以為(「為」字,疑衍文)你當下能自覺的心之所自定自主的活動之完成,為人生之目的。」然而,「甚麼是你當下自覺的心所自定自主的活動?」唐先生答謂:「即是由你感應該作而作的活動。」也許人們會產生疑惑而繼續追問道:「我們都會有這種感嗎?如果沒有這種感,那我們又如何有辦法去作所謂該作的活動呢?」對於前一個問題,即是否有感的問題,唐先生沒有直接回應;但以下一斷語,即相當於對人是否有感給出了一個正面、肯定的"答案"(回應)。先生的斷語如下:「你自己知道你自己所該作。」此斷語即等同說:凡人皆有這種感。蓋這種知道並不是知性意義下的「知道」,而是德性意義下的「知道」;而德性意義下的知道,這種能力是凡人皆具備的。此即孟子所說的「良知」。不消說,依儒家義,良知是凡人皆具備的;是以必「知道你自己所該作」的。由是建基於良知而來的一種感也是凡人皆自自然然具備的。既有這種感,則「應該作而作的活動」便有了可以成功達陣的保障了(至少「感」成為了先決條件或必要條件,是一股非常大的能量)。也可以說:「感」為唐先生以下一句話,掃除了障礙。這一句話是:「人生的目的,唯在作你認為該作者,這是指導你生活之最高原理。」要言之,假如人們根本沒有相應的能耐(即沒有相應的感:沒有上面所說到的一種「知道」)去作該作的活動,那麼就算該作的活動是天大的重要而應當去作,那還是作不出來的。如是則唐先生要求人們去作該作的活動,便成為太過分,太不接地氣了!(換言之,在這種情況下,唐先生的要求只是一個可望而不可及的理想,甚至只是一個夢想、一個 Noble Dream 而已。)是以這種「感」,細言之,即「你自己知道你自己所該作」,乃係整個問題的關鍵所在。儒家之所以是儒家,這句話好比定盤針。然而,在這裡宜補充一句,就是就實然層面或現實層面來說,知道該作並且也去作,但相應的活動最後是否一定可以成功地作得出來,那還是說不準的,蓋成功與否,不盡然是操諸在我(行為人本身)的。但這是另外一個問題,恕從略。以上引文分別出自上揭《道德自我之建立》,頁 27-28、28、31、30。

> 是實現那全人類的大精神大人格，即宇宙的大精神大人格。一個真能以實現全人類的大精神大人格為終身事業而不絲毫以為苦的人，是謂安而行之的聖人。聖人以全人類之心為心，他即是上帝的化身。（第六函，《致廷光書》，頁61）

按：聖人也是人。依唐先生，「他（聖人）一人之心通至一切人之心，是為至大之大心。」（同上函，頁 61）此至大之心使聖人成為了上帝。所以唐先生明言：「他（聖人）即是上帝的化身」。依中國傳統說法／儒家信念，凡人（任何人）皆可成為聖人的，本此，則任何人（在原則上）當然也可以是／可以成為上帝的化身的。或至少可以說，凡人（任何人）皆潛存的上帝（potential God）。又：人為了要「實現那全人類的大精神大人格」，他甚至可以作出自我犧牲。然而，這種犧牲絕不是消極的、無價值的。唐先生在同一信（第六函）中即明言道：「犧牲自己即是實現自己。」（頁 60）這個一念之轉極為關鍵。本此，則吾人不必畏懼犧牲、諱言犧牲。然而，讀者也許會產生疑惑而提問：我們只是一般人，而不是聖人啊；怎能以上帝自期自許呢？——作出自我犧牲，好比耶穌基督甘願受苦受難而最後為人類上十字架呢？唐先生當然是理想主義者，但唐先生不至於不吃人間煙火、不接地氣；吾人甚至可以說，唐先生是實踐型的儒家。是以絕不尚空言，強人所難。反之，永遠能夠兼顧一般人（凡人）的能耐。所以他提出解決之道：

> 成聖只是我們普通人至高之理想，我們只能向他逼近而不能期其必成。我們不必說得那樣高遠。我們普通人只當努力於使我們的心更大。（第六函，《致廷光書》，頁61）

唐先生說得太好了。然而，我們的心緣何而得以擴大呢？唐先生繼續說：

> 一方面說是將我們之人生理想擴大，愛之範圍擴大，另一方面說即是破除自己原來之小。什麼是小？自限就是小。什麼是自限？把自己的

> 心隱藏在內而不發抒出來與人相通，便是人最容易有的一種自限。……坦白真誠懇切即是放大自己的心，因自己的心到他人之心，則人我之心相通，我之心便放大了。其次不替人設想也是自小自限，替人設想之謂忠恕，不能容人之謂自小自限，能容人之謂寬厚。其次不相信人也是自小自限，因為不相信人也是不願以由他人之表現而接觸他人之心，這即是自小自限。……大心之道[98]在使自己之心與他人之心相通，相通即是以自己之精神與他人之精神接觸。擴大自己之精神與人格而更逼近於聖，更與宇宙之大精神大人格合一。（第六函，《致廷光書》，頁61）

一言以蔽之，擴大人生理想（務使己心通往他心）、破除一己之自限（積極接觸（貼近）他人之心、多為他人設想），就是「大其心，破其小」的不二法門。其實，大其心即所以破其小；破其小即所以大其心。這是一而二，二而一的；猶同一體之兩面。[99]是以吾人不必拘泥而必分別之為二項。說到自限，其實，妄自菲薄也是自限的一種。是以亦宜注意。唐先生又繼續說：

> 此外我們使我們心大的方法，即使我們之智慧增大，智慧不是知識，知識是要知一定之理，智慧則原於自己生活之自覺。自覺是自己反省自己，自己反觀自己，即跳出自己看自己。跳出自己看自己，即超越了原來之自己，而使自己之心更大。（第六函，《致廷光書》，頁61）

唐先生由大心而說到智慧與知識的分別，今不細論。上引文最關鍵的是：智

---

[98] 唐先生對「大心」的看法，或啟迪自張載《正蒙・大心篇》也說不定。唐先生針對〈大心篇〉，嘗有專論，此即〈大心篇貫義〉，載《原教篇》，《中國哲學原論》（香港：新亞研究所，1977），頁78-86。

[99] 吾人也可以說，破其小，是一種消極的說法；大其心，則是一種積極的說法。此二者既是一體之兩面，則二者合而為一而消極、積極皆“泯”。如借用辯證法的觀點來說明，大概即是矛盾之統一、辯證之統一、對立之統一之意。

慧增大了，心便隨之而大。然而，智慧又何由而增大呢？無他，源自對「自己生活的自覺」。「自覺是自己反省自己」[100]，這說得對極了，但這個說法也可以說只是常識，在此不細論。筆者要特別指出的是，唐先生用上「自己生活」四字，是上引文中最可圈可點之處。這充分反映唐先生的立論不是只懸一個不吃人間煙火的高遠理想而已，而恆從現實人生出發。近今二三十年來不少學人恆強調的民間儒學、凡人儒學、實踐儒學，唐先生庶幾近之；實可謂非常前沿，好比開路先鋒的一個說法。然而，若說到人生的最後目的（最終目的），或最理想的目的，那依上引唐先生文，當然是自我許期要「實現那全人類的大精神大人格，即宇宙的大精神大人格。」（第六函，《致廷光書》，頁 61）換言之，即應以上帝自期。是唐先生的說法，既具現實價值，且亦給出提撕的指點，即亦深富理想價值也。

上文說到人生的目的乃旨在透過大其心（擴大吾人之心量）以實現那宇宙的大精神大人格[101]，在同一信（第六函）中，唐先生又有類似的說法：

---

100 「自覺是自己反省自己」這句話是把「自覺」與「自己反省自己」等同起來。筆者當然認同唐先生這句話。譬如，我們說某人完全不會自己反省自己（不作反省），即等同說這個人全無自覺，全不會自覺。這是就過程來說的。然而，筆者又覺得，「自覺」也可以與「自己反省自己」不完全一樣的，即不完全等同的。很明顯，「自己反省自己」是一個過程；但「自覺」則可以是一個結果，是自己反省自己之後而得出的結果。

101 說到擴大吾人之心量以成就什麼什麼，讓筆者想起孟子以下的話語：「惻隱之心，仁之端也；羞惡之心，義之端也；辭讓之心，禮之端也；是非之心，智之端也。人之有是四端也，猶其有四體也。有是四端而自謂不能者，自賊者也。謂其君不能者，賊其君者也。凡有四端於我者，知皆擴而充之矣，若火之始然，泉之始達。苟能充之，足以保四海；苟不充之，不足以事父母。」（《孟子・公孫丑上》）據此，則依於四端之心而開出仁、義、禮、智，並由此而達到相應的成就，乃凡人所必能者。唐先生「大其心」的說法，正好比孟子的「擴而充之」的說法。「擴而充之」的能量既足以保四海，則「大其心」的能量亦然。其實，足以保四海乃一象徵性的說法而已。其意乃謂其能量乃無限大也。按：孟子的說法是非常精到而深具啟發性的。所以怪不得象山說：「夫子以仁發明斯道，渾無罅縫。孟子十字打開，更無隱遁」了。〈語錄上〉，《陸九淵集》（北京：中華書局，1980），頁 398。當然，象山所說之「道」是就「天」之一字來說（即針對「天」這一個字來說），即針對「天道」來說。今借此以說心（四端之心）者，乃擴大而為說。然而，當不違背上引象山言可有之義也。

「人生的目的所在，只在他內在的精神自我之擴大，而實現那宇宙的大精神。」（第六函，《致廷光書》，頁 63）所以「大其心」，即等同「內在的精神自我之擴大」。而「內在的精神自我之擴大」，則吾心自可通至他心；其結果必係人我之心通貫起來。唐先生中晚年所成就的形上學說被定位為「感通形上學」[102]。其實，如上所述，彼寫於 30 歲前後（上引第六函寫於 1940.05.05，即唐先生 31 歲之時）的《致廷光書》便可見端倪了。[103]綜上所言，人生活上有所自覺，智慧便悠然而生。智慧增大了，心便隨之而增大（當然，也可以反過來說來，心大了，智慧也隨之增大。蓋兩者是交相為用，互為因果的）。而心大即自我精神之擴大（當然，也可以說，心大了便促進自我精神之擴大）。自我精神擴大了，便實現那宇宙的大精神大人格，亦即實現全人類的大精神大人格。

依上文，人擴大其自我的途徑有二：大其心，破其小。就前者來說，又可細分為二：「理想擴大，愛之範圍擴大」。理想之擴大，此概見以上說明。就愛之擴大來說，依唐先生，又有如下順序：

> (1)首先是及於他家庭中父母兄弟，這是最自然的天倫之愛。(2)第一步擴充出去便是男女與朋友，(3)朋友推出去則可至民吾胞，物吾與也。……（第六函，《致廷光書》，頁 63；編碼乃筆者所加，旨在醒眉目。）

儒家的愛，乃有差等的一種愛。唐先生以上的說法（依次為：父母、兄弟、男女（夫妻）、朋友、民胞、物與）最足以反映儒家式的愛的特色。是以特別徵引說明如上，以見縱然以論愛這一端來說，已足以反映唐先生之深具儒家色彩[104]。

---

[102] 黃冠閔先生近著《感通與迴盪——唐君毅哲學論探》（臺北：聯經出版事業公司，2018）對這個論題有深入探討，可參看。

[103] 詳參上注 8。有關感通的問題，又可參何仁富先生近著：《感通與傳承》。

[104] 唐先生這種深具儒家色彩的有差等的愛的觀念，數十年來未嘗稍易。寫於 25 年後，

（四）「（人）只有精神的表現」；「上帝即是人的精神本體」；「聖人即是上帝的化身」[105]

猶記得「第七屆儒學論壇——紀念唐君毅先生逝世 40 周年研討會」[106]中，與會學者嘗討論唐先生是否唯心論者，或心物兼顧的學者的問題。筆者以為唐先生當然是心物兼顧的，但此中不能無所輕重。對唐先生來說，恐怕永遠都是精神放首位的，即精神第一性，而物質僅第二性而已。[107]即物質只是一象徵（下詳），也可以說只是成就精神的一種工具而已。如此來說，吾人當稱唐先生為唯心論者或唯心主義者。[108]唐先生之看重精神遠過於物

即1965年7月3日的第110函即可為證，如下：「中國人對世界的責任應由近及遠，故我對日本人、韓國人較好，次印度，次歐美。」《致廷光書》，頁 316。按：唐先生此函乃從韓國寄回香港者。是時，即1965年6、7月間，嘗應邀出席高麗大學60周年紀念學術會議：亞洲近代化問題國際會議，並發表以下論文：〈儒學之重建與亞洲國家之近代化〉（原文以英文撰寫："The Reconstruction of Confucianism and the Modernization of Asian Countries"，收入《英文論著滙編》，九州版《唐君毅全集》，卷 29）。會議期間，蓋嘗與該大學亞細亞問題研究所李相殷教授會面。會後又嘗參觀數所大學並在成均館大學演講。詳參 110 函及 109 函函前「一九六五年」下圓括號內之文字；唐端正，《唐君毅先生年譜》，1965 年條。

[105] 這三句話，分別見：〈第 18 函〉，《致廷光書》，頁 141；第 25 函，《致廷光書》，頁 166；第 6 函，《致廷光書》，頁 63。

[106] 宜賓學院四川思想家研究中心等等單位舉辦，日期：2018.10.19-22。

[107] 筆者此判斷，證諸唐先生本人對實際生活的反思，更見其然。1957 年先生第一次赴美國參訪，給師母的信中嘗云：「美國人甚富足，但生活皆太忙太緊張。……到此處我才深感到物質生活上的舒適全不能補償精神生活、倫理生活上的空虛」。對唐先生來說，精神與物質孰輕孰重，便不必再多說了。上引語，見第 51 函，《致廷光書》，頁 234。又：與《致廷光書》同期的作品有《道德自我之建立》一書。其中唐先生即明言：「究竟人是精神還是物質？是有限還是無限？是不自由還是自由？如果我們只能在此二者選擇答案，我們的結論，便是人在根本上是精神、是自由、是無限、而非物質、非不自由。」唐君毅，上揭《道德自我之建立》，頁 118。

[108] 唐先生雖係唯心論者，且吾人也不妨稱先生為唯心論者或唯心主義者，但筆者恆認為，對這個稱謂，或其他稱謂（如人文主義者，當代新儒家等等），唐先生本人倒是無所謂的。唐先生最看重的是這些稱謂背後的人。即「人當是人」（即人當活得像個人；語出《人文精神之重建・自序》），才是唐先生所最看重的。近日再讀徐復觀先

質，以下的文字更足資佐證：

> 一切物質都不過一精神之象徵符號，都是一精神與精神相通的媒介。我要表示我對人的愛用禮物，禮物是象徵符號。我要作文使人了解我之思想情感，文字寫在紙上是象徵的符號。這樣我們的整個的身體不外用以表我的情表我的意念，亦是一象徵符號。整個的物質界都是精神用以表示他自己之工具。（第六函，《致廷光書》，頁 60）

上引文明確的道說出精神才是整個人樞軸之所在，即人之所以為人之所在。[109]當然，不見得《致廷光書》的所有讀者都完全同意唐先生這個說法。但

生一文，其中以下幾句話，最到位：「孔子……是為了解決『吾非斯人之徒與而誰與』的人類生存問題，為解決一切問題的基礎而發心。……所以，若是站在人類具體生存的要求上來看哲學，則一切唯心唯物之論，都是形而上學，都是戲談、怪說、無賴、無聊。」唐先生走到生命快盡頭時，嘗出版下著：《生命存在與心靈境界》。其〈自序〉（撰就於 1976 年春）末段最後幾句話，恰似上引徐先生語。今引錄如下，以見「英雄所見略同」一語實非虛也：「世間之一切哲學論辯之著，亦皆可讀可不讀，可有可無者也。……哲學論辯，皆對哲學問題而有。無問題固原不須有答，而其書皆可不讀也。昔陸象山嘗言：人之為學，不當艱難自己，艱難他人。吾既艱難自己，不當無故更艱難他人。」上引徐先生語，見〈正常即偉大（之三）〉，原載《華僑日報》，1981.02.17；後收入《徐復觀最後雜文集》（臺北：時報文化出版企業公司，1984），頁 240。該文乃徐先生將走到人生盡頭時擲地有聲之大文章。此與上引唐先生說那幾句話的時機（都是即將走到人生盡頭之時）正相同。此正可見兩大哲人臨終前之體認若合符節也。其意蓋謂：吾人不應寫類似戲論的文章；或縱然寫之，亦不必強人非讀不可。

[109] 說到精神，那作為精神很重要的一種表現的人格問題，當然是唐先生很關注的。唐先生反對馬列主義的理論，其中很重要的原因便是因為先生認為「它（馬列主義的理論）不承認人格的本身有一獨立的價值，這就決定了我後來的思想方向。……我的想法如果要追求根源，最初不完全是知識的，而是生命的，我生命上覺得有很多東西不能拿這個理論來解釋，就不能接受。」唐先生重視精神，也可以說重視心，而相對的比較不重視物，從上引文也可以看出端倪。引文出自《病裡乾坤》，頁 169。至於引文中唐先生指出彼之不能接受某理論實跟其個人生命很有關係，這大概是所有新儒家所普遍認同的。其實，唐先生的說話也涵攝了接受某理論，也同樣是跟作為新儒家的

這個說法足以反映唐先生的個人信念或價值取向之所在：唐先生乃不折不扣的唯心主義者也。第十八函也可以佐證唐先生這種唯心主義的傾向；其相關文字如下：

> 我認為就全部說，人根本是一精神存在，身體只是精神的表現，人之飲食只是為藉物力來表現精神活動，所以生理也隸屬於心理。[110]若從哲學上講，根本無所謂生理與身體，只有精神之表現。[111]（第十八函，《致廷光書》，頁 141）

上引文，其中「根本無所謂生理與身體，只有精神之表現」一語，更足以說明作為唯心論者的唐先生，其唯心論的特色所在。此中國大陸不少學者所說的「主觀唯心論」的特色歟？唐先生的宇宙論更足以顯示其唯心論的特色。先生說：

> 宇宙的本體是什麼？是生命精神。人格的本體是什麼？是生命精神。生命精神是無法表達的。所以此信所象徵的生命精神，亦無法表達的。這生命精神自然尚不是最偉大的，然而卻是與最偉大的生命精神

唐先生的個人生命有關。要言之，依唐先生，接受不接受某理論不純粹是知識問題（即非僅從知識的視角切入），而是跟其個人的生命很有關係的。簡言之，某理論苟能呼應、契合其生命，則接受之；否則，則否。

110 唐先生這裡所說的「心理」，應不是一般意義下的心理學（心理科學）所談的「心理」。而所謂心理學，簡單來說，指的「其實就是研究行為與心智歷程的科學。」說見 https://www.thenewslens.com/article/48486；2022.07.25 瀏覽。又有一個說法是：「心理學是利用科學化的研究方法去幫助我們理解人的思維，行為與運作模式。」說見 https://treehole.hk/psychology/……：樹洞香港（TreeholeHK）；2022.07.25 瀏覽。無論就以上的第一說或第二說來說，皆與唐先生上文中「心理」一詞所指謂者有別。唐文中的「心理」，蓋指「心靈活動」而言，即「精神活動」而言。

111 唐先生是唯心論者，故有是說。按：唯物論也是哲學中的一支，且很重要而甚具影響力的一支。此唐先生當然是知悉的。是以：「若從哲學上講，根本無所謂生理與身體，只有精神之表現。」的一個判斷，恐怕是一個價值判斷，而非事實判斷。

相通的。（第八函，《致廷光書》，頁84）

上引文揭示，唐先生連宇宙的本體都收歸到人身上來講，且不是以人體（man as a physical body）來說，而是特以人的生命精神（man as a spiritual being）來說。至於人格的本體是什麼，那唐先生更是扣緊生命精神（猶同「精神生命」；簡言之，即「精神」）來說。而這個生命精神，嚴格講，是無法用言語描繪的。即其特色（其奧秘、精粹）是無法透過、仰賴言語來表達的。您只能意會它。此所謂「只可以會意，不可以言傳」歟？您真的想了解它，唯一的途徑恐怕只有您親自去體驗它，經歷它。換言之，即必須透過一己日常生活之實踐。蓋捨此莫由也！上引文更揭示，唐先生深信人的生命精神是很偉大的。然而，它尚不是最偉大的。其最偉大的生命精神則是上文說過的「全人類的大精神大人格，即宇宙的大精神大人格」（唐先生語）。然而，個人的生命精神是可以通貫到此大精神大人格的。然則個人的生命精神無疑也是（或至少可說：「也可以是」）最偉大的。[112]此語猶同：「上帝是最偉大的」一語。依儒家義，人亦可以成為上帝；是以人也同樣是最偉大的。唐先生這裡故作區分，認為人之偉大不及宇宙的大精神大人格之偉大，筆者認為其原因如下：上引文有句云：「此信所象徵的生命精神」，這個「生命精神」是唐先生在這封信中指稱其個人的生命精神，而不是泛指所有人的「生命精神」。大概為了向師母表示謙遜，所以唐先生不好意思自稱其生命精神是最偉大的。此其一。其二：就常識義來說，上帝（大精神大人格）當然是最偉大的。現實世界上的人，再偉大也很難跟上帝比擬的。換言之，為了說明上的方便，使師母明白易懂，所以唐先生便故作此偉大不及彼偉大的一個區分了。

其實，唐先生不止認為人可以偉大如上帝，而更指出人的精神本體就是

---

[112] 依基督宗教的教義，上帝是最偉大的。按：依儒家義，任何人皆可以成為聖人。在中華文化的體系中，聖人的位階即相當於基督宗教中上帝的位階。是以人可以成為聖人，即不啻說人可以成為上帝，即可謂一潛存的上帝（potential God）也。上帝既是最偉大的，則人也可以是最偉大的。

上帝。（如寬泛的說，或從原則上來說，筆者認為人也可以是上帝——可以成為上帝。）就「人的精神本體就是上帝」來說，先生嘗明言：

> 我還是贊成耶穌「天國在你心裡，上帝在你心裡」的話。上帝即是人之精神本體、心之本體，其發出之呼聲即人之良心的命令、人之精神理想。……總之，上帝不能外求，當求之於內。（第廿五函，《致廷光書》，頁 166；撰於 1941 年 11 月）

象山先生 13 歲時即嘗云：「宇宙便是吾心，吾心即是宇宙。」[113]此二語，尤其前一語：「宇宙便是吾心」，蓋類同上引文中以下一語：「上帝即是人之精神本體、心之本體。」若連同另一語：「上帝不能外求，當求之於內」一起看，則一方面顯示唐先生把人，明確說，即人心之本體，與上帝等量齊觀，甚至視兩者為同一物。這是唐先生的認定。再者，又隱涵唐先生對人們作出呼籲、做出期許：叫人必回歸其自身以尋求上帝之所在，蓋上帝不能外求，也不必外求也。縱然以此一語（「上帝不能外求，當求之於內」），似足已反映出唐先生對人可有的能耐、潛力，實深具信心。其實此乃儒家特色，凡儒家恐莫不如是也，豈獨唐先生為然。

上面筆者說過：「人也可以是上帝——可以成為上帝。」在這裡容作進一步說明。其實，這只是就原則上來說而已。此語僅意謂不排除人是有機會（有可能）成為上帝的。然而，真要成為上帝，那是千難萬難的。就中華文化的傳統來說，聖人的位階，即好比西方世界中上帝的位階。成為上帝固困難，依同理，則成為聖人也同樣是千難萬難的。[114]孔子不是說過嗎：「回

---

[113] 語見〈年譜・紹興 21 年條〉，《陸九淵集》（北京：中華書局，1980），卷 36，頁 483。

[114] 順筆至此，想起唐先生說過以下一句話：「聖人……本身是一宇宙。」（第四函，《致廷光書》，頁 51）說到宇宙，又想起上引象山語：「宇宙便是吾心，吾心即是宇宙。」（出處見上注 113）值得指出的是，上語中，象山是就人之心（吾心）而為說，而不是就人而為說。按：象山所說之「心」，當然是指良心、仁心；而不是指習

也，其心三月不違仁，其餘則日月至焉而已矣。」（《論語‧雍也》）賢如顏回，其不違仁也只不過三個月而已。如果不違仁是成為聖人的一個很關鍵的條件（姑視為充分條件吧），則顏回也不過是為期三個月的聖人而已（即三個月之後便中斷了；當然，不排除其後可以再「不違仁」的。所以千萬別誤會一斷便永斷了。）此可見一輩子無時無刻都是聖人（姑且以「違仁不違仁」作為成聖與否的判準）是多麼困難的一回事了。這需要不間斷的修行，即道德從不放假（短暫如剎那間放假也不行）而後可。在這個地方，筆者是不是可以說：在還沒有成為聖人之前（如借用基督宗教話語中的「上帝」來說，似乎即等同說：在成為上帝之前），或在違仁的時段（期間）中，我們依舊只是凡人而已；而不是／不再是聖人。

在這裡，筆者想到另一問題，如下：儒學大義恆看重自律道德：成聖成賢靠的是自己（姑且用「自力」一語），即靠自律道德，而不靠其他因素（姑且用「他力」一語），即不靠他律道德。然而，欲成聖成賢者（或簡單說，欲成就一公益事業者），若認為自己的能力（自力）、能量或自律性不足、不夠，是否也可以仰賴（假借）一下他力呢？換言之，若仰賴之，是否就一定違背儒學大義呢？

其實，筆者以為，依儒家義理，自力固係成為聖人所必須仰賴者，即成聖的必要條件。但此義似乎並不必然意涵（imply）必須排除（或不容許）他力。筆者的意思是說，自力固然是成聖的主要動力（主力）；然而，他力也可扮然一定的角色而作出貢獻，即也可以成為一股輔助的力量的。如自力是必要條件的話，那他力與之相結合（結合在一起），便成為了充分條件，

心。前者（良心、仁心）乃必然為善者，後者（習心）則不必然。至於「人」，則不必全然（純然）為善者，蓋人也有惡的一面；這所以象山逕言「心」而非籠統的言「人」也。至於聖人，則必然是純然不雜者，蓋其心必全然是良心、仁心的一種心，而絲毫非習心也。若順唐先生「聖人……本身是一宇宙」一語來看，則此語不啻謂聖人即上帝也，蓋只有上帝才可能是一宇宙也。而凡人（一般人）本身不可能是一宇宙的。當然，吾人不排除經過一番修養的工夫後，凡人是可以成為聖人的。但這是後話，不贅。至於本注上面說到的「聖人即上帝」的一個說法，唐先生本人即明言：「聖人以全人類之心為心，他即是上帝的化身。」語見第六函，《致廷光書》，頁61。

甚至充要條件了。依儒家義，與生俱來（即凡人皆本然具備）之良心、良知，即道德自我或自由意志，便是自力。他力則可有多種，如修行、知識等等便是[115]。伊川嘗云：「聞見之知，非德性之知。……德性之知，不假聞見。」[116]此說當本自張載以下的說法：「德性所知，不萌於見聞。」[117]德性之知乃先驗的道德知識，此固然不假（不假借）見聞，即不萌（不萌芽，不發端）自見聞。然而，張、程兩先生語，吾人不宜擴大解釋而解讀為：人之成德或成聖，見聞之知（後天的經驗知識）絲毫使不上力；更不宜陷於極端而說，人之成德或成聖，必得排斥見聞之知而後可。但這是題外話，不展開。至於另一他力，即上面說過的修行，其有助於成德、成聖，那就更不用多說了。

（五）「我要發揚哲學的價值以開發人類之理性」；「我要主張一種空靈玄遠的哲學」；「哲學家則須兼重三者（按指：智、情、意）」[118]

唐先生畢生研究哲學。但先生絕不只是哲學研究員（即對哲學不止作客觀的研究而已），他本身實深具哲思[119]，且對哲學有所主張，更有使命

---

[115] 在這裡，也許可以談一談另一外力（他力）：2018 年之後，筆者身體欠佳。宗教界人士嘗為筆者向超自然界的形上主宰（簡言之，即所謂神或神明）禱告，祈求其幫忙消除疾厄，或減緩、抑制其惡化。筆者也隨之雙手合十禱告。筆者固儒家信徒而深信自律道德者也。然而，絕不敢自許為聖人（筆者意謂：如已是聖人，以其位階好比上帝，則當然便不必依賴禱告了。其實，聖人與上帝仍然有別，蓋聖人很可能只是暫時性的上帝而已：今日不違仁而成為聖人，則今日便是上帝；明日違仁不再是聖人，便當然也不再是上帝了。上帝則不然，必為無時無刻永遠都不違仁，即永遠都是上帝的。）；而係凡夫俗子而已。至於禱告，即借助外力（他力）者也。依筆者上面對儒家大義的理解，此借助他力，應不至於違背儒學大義。是耶？非耶？讀者明以教我為幸。

[116] 《河南程氏遺書》，卷 25，收入《二程集》（北京：中華書局，2019），上冊，頁 317。

[117] 張載，〈正蒙・大心篇〉，《張載集》（北京：中華書局，1978），頁 24。

[118] 這三句話，分別見：第十三函，《致廷光書》，頁 115-116；第十六函，《致廷光書》，頁 135；第十八函，《致廷光書》，頁 142。

[119] 牟先生大約於 1940 年與唐先生第二次見面後，便指出說：「……我馬上感到他是一

感。哲學主張使先生成為了哲學家，且是匠心獨運成一家言的哲學家。使命感則造就先生成為一偉大的哲學家——儒家。彼寫於 30 歲前後的《致廷光書》（上篇）已見端倪。茲引錄若干相關文字以見梗概：

> 我想人類在現在之所以遭受這樣多苦難，都由於崇尚暴力不重理性，所以我要發揚哲學的價值以開發人類之理性。而哲學中只有重人格的哲學、重精神的哲學、重愛的哲學，才最能使人類之理想提高，所以我自己的哲學便是重人格、重精神、重愛的哲學。我自己認為至少在現代中國尚莫有其它的學哲學者能像我這樣對於人格之價值、精神之價值、愛之價值不特有更深切的體驗，而且能貫通古今中西印三方先哲之學說，以一新體系之面貌說出者。所以我自己覺得我的責任非常之大，我希望我的哲學書，能為一改造現世界之殘忍冷酷欺騙醜惡的力量之一，以解除人類今日之苦難於萬一。（第十三函，《致廷光書》，頁 115-116；撰於 1940.10.19）

唐先生所重視的是什麼類型的哲學，彼重視該等哲學的原因，其個人擬透過該等哲學以踐履之人生責任、使命等等，上引文清晰可見。唐先生明言彼所重視者為：人格的哲學、精神的哲學、愛的哲學[120]。唐先生非常自負的指

個哲學氣質，有玄思的心力。」筆者這裡的「哲思」，恐即牟先生所說的「玄思」。牟宗三，上揭《五十自述》，頁 109。

120 此三者乃唐先生所重視者；姑稱之為「哲學三重」。此外，依上文，還有另外兩個「三」。其一為三論——宇宙論、知識論、人生論（價值論），乃唐先生順哲學之傳統分類而來者；姑稱之為「哲學三論」（詳上文）。另一為三書——有關宇宙者、人生者、宗教者，乃唐先生 32 歲時自我期許擬於未來撰寫者；姑稱之為「哲學三書」（詳上文）。三論，乃順傳統而來，不必多說。但三重和三書，尤其前者（此深具特色），則很可以反映、概見唐先生年輕時哲學方面的價值取向，頗堪注意。尚可一說的是，以上三重、三論和三書，大體上有一共同點（共同核心），即皆重視人生也。何以言之？三重的內容是人格的哲學、精神的哲學和愛的哲學。此皆環繞人（即以人為主軸）而為論者；若具體地說，即環繞人生而為論也。至於三論，其中便有人生論一項。而人（含人生）乃宇宙中之一環。是以論人，亦當論說宇宙也。而「論說」之

出說，當時（廿世紀40年代初，上函寫於1940.10.19）中國沒有別人對這三種哲學的價值，深具他已有的體驗，且能貫通古今中西印先哲之學說而以新面貌道說出者。筆者認為唐先生雖自負，但絕不算自誇，蓋所說者確如其實也。就中以「愛的哲學」一項來說，其精闢、湛深之議論而見諸《愛情之福音》，乃至見諸《致廷光書》者，視之為古今獨步，恐不為過[121]。至若人格哲學、精神哲學方面，其早年的代表作即有《道德自我之建立》、《人生之體驗》、《心、物與人生》三書。至於稍晚一點成書的以下的著作：《文

本身，乃知識論之事也。是以又不得不明瞭知識之為物。由此說來，為了論說人生而不得不對宇宙論和知識論也作一定之探討，藉以具備相應之知識。至於三書，其中探討宇宙者，即宇宙論之事也。而宗教，乃人生信仰之事也，是以可歸入人生論一項內。要言之，依唐先生，三重、三論、三書，無不以人生論為究竟也，為核心也。唐先生嘗云：「凡為哲學而不歸於歷史文化之哲學者，其哲學必不究竟。」（詳參本書第五章第三節）而歷史文化之內容，恐莫不與人生有關。若寬泛言之，其實，也可以說，是與人有關。是可知先生之所以重視歷史哲學、文化哲學，正以其與人有關也。唐先生哲思的特色，由此可以概見。散開，可為九（3×3：宇宙論、知識論、人生論；人格的哲學、精神的哲學、愛的哲學；有關宇宙之書、有關宗教之書、有關人生之書）；其實，一也。即一以貫之也。附帶一說：吾人固可借用「三向九境」一語以說明先生晚年之哲學造詣或哲學特色。至於其年輕時之哲思，則或可以「三三哲思觀」一語以說明唐先生年輕時之哲學特色。如作一小文章，其標題似可作：〈三三哲思觀：唐君毅先生年輕時之哲學特色〉。

121 其寫成於1939年而出版於1945年的愛情學代表作《愛情之福音》固精闢絕倫，然而縱然以《致廷光書》中所論說的愛情婚姻之道來說，實亦足以使人歎為觀止。可參筆者下文：〈愛情密碼大公開——《致廷光書》愛情婚姻觀闡微〉，發表於上揭「第七屆儒學論壇：紀念唐君毅先生逝世40周年國際學術研討會」。會議日期：2018.10.19-22。文章經修改後，收入上揭拙著《性情與愛情》一書內。《愛情之福音》成書於1939年，詳參筆者，〈唐君毅先生及其愛情哲學析述〉，《學術與經世》（臺北：臺灣學生書局，2010），頁513，注16。筆者出席「紀念唐君毅先生逝世四十周年國際學術會議」時（詳下），得悉《愛情之福音》將有英譯本問世。對於看不懂中文的讀者來說，此英譯本在推廣、闡揚唐先生的愛情學方面，居功厥偉。譯者為 Jonathan Keir, "The Truth of Love: Translating Tang Junyi's Aiqing zhi Fuyin and the Challenge of Spiritual Humanism"。文見「紀念唐君毅先生逝世四十周年國際學術會議」；主辦單位：香港新亞研究所、香港中文大學；會議日期：2018.12.05-07。筆者與 Jonathan Keir 先生同出席該會議而獲悉此資訊。

化意識與道德理性》、《中國文化之精神價值》、《人文精神之重建》、《中國人文精神之發展》等等，大體上也反映唐先生的人格哲學和精神哲學的一些看法。

唐先生既重視人格的哲學、精神的哲學、愛的哲學，那麼其他類型的哲學，譬如現實主義的哲學、功利主義的哲學、實用主義的哲學、唯物主義的哲學[122]、強調階級鬥爭，乃至其他形式的鬥爭的哲學，相對來說，便定然

[122] 唐先生即嘗明言：「我一向反對唯物論哲學，……」，第廿三函，《致廷光書》，頁158。至於為什麼先生反對唯物論哲學，我們不妨引錄唐先生在同一本書（《致廷光書》）中的文字作為說明：「人一方繫於超越的精神，一方繫於現實的物質。從內部看，每人都是自知他是一精神的實體。從外部看，則我們只看人的身體的物質，連我自己用五官來看我自己也是物質。……至於唯物論之只認物質為真實，則根本上由於他們之從不曾從內部去看人，所以他們不能了解。」第六函，《致廷光書》，頁58-60。一言以蔽之，即唯物論者有所蔽也。「蔽」的問題，《荀子・解蔽篇》言之詳矣。篇中細析蔽為十項，今得唐先生物質與精神對比並列而為論之啟發，十蔽中，「近為蔽」這一項（即由於太接近所觀察、所接觸之事物而造成了、導致了蒙蔽）似乎最能解釋、說明何以唯物論者「從不曾從內部去看人」這個問題（唐先生此語，似乎稍微說得滿了一些，下詳。然而，此語出諸信函，而非見諸嚴謹之學術論著，是以吾人不必拘泥）。吾人如不作反省內視（反省內視有賴跳出自己看自己，此則緣自自覺；恕不展開），反之，恆向外看，則最靠近吾人之視覺（眼睛），遂以此而被看重者，必為人之軀體無疑。軀體者，物質也。由此遂必得出以下一結論：物質為重，精神為輕；重視物質遠過於重視精神的一個看法，遂由此而誕生！這裡要作點補充說明，如下：「唯物論」或「唯物主義」，乃源自英文 Materialism 一詞。其中 "ism"，實不宜譯作「主義」。一旦譯作「主義」，則誤會頓生。唐先生即明確指出說：「（ism）寥寥三個字母，其意味並不重。甚麼 ism，不過是著重甚麼觀點，取甚麼態度的意思。但譯為『主義』二字，就好似非常著重的樣子。」（《人文精神之重建》，頁 593）其實，唯物論者／唯物主義者，也不是不看重（從內部看人所看到的）精神。他們明說：物質第一性（primary），精神第二性（secondary）；物質／經濟基礎為下層建築，精神（思想、意識型態等等）為上層建築。可見精神也是重要的，只不過不及物質之被看重而已。是以吾人不能妄說唯物論者全不看重，全輕忽精神。又：唐先生重視精神之哲學，見於其多種不同之著作，《致廷光書》對此亦有所著墨，如第十三函即一例，頁 115-116。又上引「我一向反對唯物論哲學」一語之後，有幾句話，也頗堪玩味，如下：「其實如果唯物論是真的，我到（筆者按：當為「倒」字之筆誤，或手民之誤）很願意，如果我只是一物質，那便一切隨環境的播

不是唐先生所重視、欣賞，甚至並不是所樂見的哲學了。先生理想主義的學術性格，更導致彼特別欣賞空靈玄遠的哲學；嘗云：

> 我常覺得要超現實才能體驗現實之意義，出世才能入世，忘卻自己才能發現自己。……現代人太現實了，這使他們反不能體驗現實之意義。所以我要主張一種空靈玄遠的哲學。（第十六函，《致廷光書》，頁135）

上引文起首的幾句話，表面看來不大好懂，可說很吊詭，但其實是至理名言。東坡詩不云乎：「不識廬山真面目，只緣身在此山中。」[123]身在其中，完全沒有距離，反而看不清，摸不透，更不要說回眸反思其真面目了。「要超現實才能體驗現實之意義」、「忘卻自己才能發現自己」，其理正同。至於「（要）出世才能入世」，這更好懂。修道之士，僧尼也好，神甫修女也罷，其恆能為世間作出凡人（俗世人士——在家人士）難以企及的功德、貢獻，正以其居於出世間也。當然，凡人若能以出世的精神而入世（應世，處理世間事務），也同樣可有大成就、大貢獻的，不一定非出世不可的。

弄，死即四大皆空，那倒是再好莫有的事了。」當然，唐先生是在說反話、戲話。但從中似乎可以看到唐先生之思想或人生態度的另一面。此即反映先生達觀隨遇而安的一面，不陷入愁苦無奈之悲情中。因為假如人的一切乃隨環境而播弄者，人無可如何者，那麼吾人在生活過程中碰到艱險、困阻時（有謂：人生不如意事，十常八九，所以艱險、困阻、蹇滯，乃必然發生者），便不必費力氣與之鬥爭、抗衡，而力求克服之，更不必追求自我超越。再者，一旦死了（即軀體停止活動了），那更是一了百了；不用在生時便須面對死後是上天堂或下地獄這種困擾了。又：唐先生雖反對唯物論或唯物主義，但先生絕不全盤予以否定，蓋先生經常能從反面的東西看出其仍具有一定之價值。先生廣納百川，涵融萬物，所謂「體物而不可遺」（語見《中庸》）的雅量，其著作中幾隨處可見。彼給徐復觀先生的書信中即有句云：「共黨之唯物機械主義由反面以使人想正面。老子謂：『善人者，不善人之師；不善人者，善人之資。』皆可互為益。如此而反共亦不可失寬平之悲憫之意也。」《書簡》，北京九州版《唐君毅全集》，卷31，頁52。上語中，「不可失寬平之悲憫之意」，最堪肯定。

[123] 蘇軾，〈題西林壁〉，《蘇軾詩全集（網路版）》（大家藝文天地），卷13，頁122。

唐先生為了對治「現代人太現實」的問題，所以便要「主張一種空靈玄遠的哲學」。此概見上文。「空靈玄遠的哲學」（大抵類似道家哲學），其本身當然可以是一種哲學，是人可以探討的眾多哲學領域之一；但「空靈玄遠」有時恐怕也是探討者所宜有的一種態度，藉以認知或感知或體悟其對象（哲學）也說不定，即以空靈玄遠的心思、心靈、態度（心態）以處理哲學問題，尤其處理「空靈玄遠的哲學的問題」。探討者努力要解決某一或某些哲學問題，其用心固然值得肯定；然而，宜以心無罣礙的態度為之（簡言之，即不以學術問題而破壞其內心之寧靜是也）。在此種情況下，他可能對該等問題，乃能異乎常人、他人，而"意外地"獲得非常深入的了解，並隨而解決之也說不定。於此可見：為求處理或探討空靈玄遠的哲學問題而偶爾啟發了、促進了人們產生空靈玄遠的心思也說不定，而此心思又反過來協助人們解決相關哲學問題。「空靈玄遠的哲學」之為用（功能），或可以概見。「空靈玄遠的哲學」與「空靈玄遠的心思」之相互為用，或互動關係，其奧妙乃有如此者。所以筆者認為，唐先生所說的：「我要主張一種空靈玄遠的哲學」這句話，雖然不必含探討哲學時該有相同的一種研究態度這一義，但用這種態度作為研究哲學的態度之一，也可能是唐先生所樂見的，或至少不至於全然排斥的。是以上文姑作擴大解釋。

唐先生又說：

> 我現在已成立一哲學系統可以由數理哲學通到宗教哲學[124]。其解決

[124] 唐先生本人有很濃郁的宗教意識。中壯年時嘗特別倡導三祭，早年時又曾言「相信佛學」（第十五函，《致廷光書》，頁123；撰寫於1940.11）。在此總論中，適宜以若干篇幅述介先生對佛學的態度及相關問題。然而，以事涉專門，擬後文再處理之。唐先生論述三祭之文字，見〈宗教信仰與現代中國文化（下）——儒家之宗教精神〉，《中國人文精神之發展》。此文原載《民主評論》，卷7，期23，1956年12月，是以知其為先生中壯年之作也。其實，唐先生30歲左右便表示過他性格中具有宗教意識：「我的性格是多方面。一方面是哲學的方面，一方面是宗教的方面，一方面是道德及社會事業的方面，一方面是文學情緒的一方面。」第四函（寫於1940.04.02），《致廷光書》，頁50。說到唐先生具宗教意識，第九函也談到這個問題。先生說：

「……我之生命都有所獻。我是獻於一哲學上的觀念即精神實在。我的確常覺一高的東西在吸引我。如我犯罪，他便能替我解除，如我苦痛，他便能安慰我，但是否神，我不知道。不過我宗教精神不算頂富，我仍求人間的力量來除我之罪過，安慰我之苦痛。但是我可以說我是有靈魂的皈依之處的，……」《致廷光書》，頁 89。這段文字義理弘豐，也許該做點闡釋。（1）唐先生說到的「精神實在」，指的當然是一形而上的精神實體。這個精神實體，也許就是一般人所說的「神」。但對唐先生來說，這個實體是不是神，他明言他不知道。蓋由於一說到「神」，則任何神，皆有一定的性格（或所謂神格，此含個性、能耐，乃至在世間的具體表現等等）。所以牽扯到神的問題，便有點複雜了。大概唐先生為求簡便，避免牽扯進去（談情說愛的書信上，更不必或不宜牽扯到這些問題），所以先生便乾脆不把這個「精神實在」稱之為神；而以「不知道」一語把問題淡化過去。（2）唐先生是道德意識極強的人。有這種意識的人，恐常感到自己會經常犯過錯，甚至所謂犯罪；而成為罪惡感很重的人。犯罪之後如何除罪，乃至進一步得到安慰，便成為一個恆須面對的問題。如果深信世上有神，那自然便會求神幫忙他除罪，並安慰他。然而，唐先生又明言其「宗教精神不算頂富」！於是求神，甚至寬泛一點說，求一精神實體來幫忙他，也成為了不可能，或至少不太可能了（即並不是唐先生的一個選項，至少不是優先選項）。那到底要怎樣做才能除罪並尋得安慰呢？唐先生是有他的辦法的。先生明言說：「我仍求人間的力量來除我之罪過，安慰我之苦痛。」唐先生的儒家本色，這一句話便揭露無遺了。按：針對如何除罪（譬如透過抵銷、補償等方式），人間的力量蓋可來自兩方面。其一為“罪人”本身的努力，譬如努力尋求原諒等等。另一來自他力，譬如司法審訊及其後之懲處。（3）然而，唐先生話鋒一轉又說出下語：「但是我可以說我是有靈魂的皈依之處的。」而「靈魂的皈依之處」一語似乎又預設了神（也可以上引文的「精神實在」（精神實體）稱之）的存在，蓋靈魂皈依之處當有其主宰也。而此主宰即神也。於此讀者很可能產生以下一疑惑：那唐先生您到底是信什麼：信神——精神實在（精神實體）的力量大，還是信人間的力量比較大呢？這兩者之間似乎形成了一股對立的張力，甚至兩者似乎是相互矛盾的。（4）而最善於協調，最不喜歡對立的唐先生又有何化解之道呢？筆者認為，這個問題似乎牽涉到兩個不同的層面（「層面」一語，下文或稱之為「維度」）。一為人間（人世間，即俗稱的「世界」）的層面（即一般現實界或一般生活經驗界的層面），另一為靈界的層面。上引文唐先生說到的「人間的力量」，筆者認為，這股力量所能“用武之地”當然是在前一層面的，即在一般現實界或一般生活經驗界這個層面的。至於靈界這個層面，人間的力量，即人的力量是難以染指的。（當然，人可在人世間做工夫，含誠心禱告等等，而使得其靈魂在靈界有其皈依之處所。然而，就靈界本身來說，則明非人間界也。不贅。）然則到底誰才具有能耐在靈界施展其力量呢？筆者的答覆是，其必為神也，即唐先生所說的精神實在（精神實體）也。現在回來再談上文說到的除罪和安慰的問題。針對這個問

> 哲學史上之問題，許多地方真是神工鬼斧、石破天驚。我的志願想在十五年內寫三部大著作，一關宇宙者、一關人生者、一關宗教者，自以為必傳後世。（第十一函，《致廷光書》，頁 104）

唐先生企圖由數理哲學通到宗教哲學，以解決哲學史上之問題而寫出的著作計有三個面向。依上文，乃係關於宇宙的、人生的、宗教的。按：一般的哲學分類為：宇宙論、人生論、知識論（此上文已有所道及）。但唐先生不擬寫知識論方面的專書[125]。上引函寫於 1940 年。其前中外哲人探討宇宙問題、人生問題、宗教問題者，不勝枚舉；所撰就的專文專書，更是數不勝數。唐先生以其雄姿早發[126]、聰明睿智迥異常人，針對相關問題運其「神

題，唐先生是求（仰仗、藉著）人間的力量（即人在生時自身之努力；此當不含上文說過的禱告，蓋禱告乃祈求外力之介入也）來幫忙處理、解決的。這預設了唐先生是相信人間，即相信人是有這種能耐（力量）的。此真儒家本色也。現在再談靈界這個層面的問題。上引文唐先生說：「我是有靈魂的皈依之處的。」而靈魂皈依的處所，恐必在靈界，而不在人間界也。要言之，世間之事（譬如上文說到的除罪和安慰），唐先生乃仰仗人間的力量來處理、解決之。至於靈魂之事（含靈魂歸於何所之事），其具力量而能予以解決者，恐必來自另一維度；而此一維度，即吾人所恆稱之靈界也。而靈界這一維度，又正是宗教意識所預設必然存在之一維度。（5）唐先生既云：「我可以說我是有靈魂的皈依之處的。」此語預設了唐先生相信「人有靈魂」這回事。而這又預設了唐先生相信「靈魂是存在的」這回事。而「相信魂靈存在」又恆為宗教意識所必涵之內容。所以縱然僅憑此一語，吾人亦不妨大膽的說，唐先生是具有宗教意識的。當然，上引文中以下一語已明確的佐證了唐先生具有宗教意識：「我宗教精神不算頂富」；雖云不算頂富，但必已具備了，只是不算頂富而已。其實，此語是相對於先生另一語：深信「人間的力量」來說的。究其實，唐先生的宗教精神也是頂富的。此於不展開。（6）現在回來再說上面說過的張力或矛盾的問題。依上文，人間世為一層面；靈魂所存在、活動之維度又為另一層面——靈界的層面。層面既不同而分為二，是以發生在各該層面上之事宜（譬如上文所說的除罪、安慰、皈依等；按：除罪、安慰屬同一層次的事宜，皈依則屬另一層次，上詳），其本身乃自我獨立而與另一層面之事宜為不相干者；是以兩者並不存在張力或矛盾也。

[125] 順帶一提，此與牟宗三先生異。牟先生則寫有《認識心之批判》、《理則學》、《邏輯典範》等知識論的專著。宜乎兩家爾後之成就有所殊異而各有千秋也。

[126] 唐先生的聰敏和過目不忘的記憶力，其宗侄唐冬明先生有所描繪，詳〈追憶先宗伯唐

工鬼斧」而得出「石破天驚」之論一語，雖言大而非誇也。然而，筆者深以為唐先生之治學，恆出諸空靈玄遠的心思為之；具體來說，即以開放的心靈（open mind）、廣納百川的雅量，加上絕不膠固滯凝於一隅而善於（周延地、往復地）運用辯證思維，復能從高一層次縱覽、衡論各相關問題的態度為之。換言之，即以擺脫現實羈絆而超然物外（或所謂出世）之態度為之。先生之所以能見人所不及見而在「許多地方真是神工鬼斧、石破天驚」者，其最大關鍵恐即在於此。

唐先生之成就之迴異時賢，從另一函也可看出一點端倪。先生說：

> 學哲學不僅要用腦，且要用心（Heart）。腦只是理智，心則含情感意志。[127]智慧是情意與理智的結晶。科學重理智，文學藝術重情，道德政治重意[128]。哲學家則須兼重三者而求最高之智，即智慧。

君毅教授〉，上揭《懿範千秋——唐君毅夫人謝廷光女史遺稿暨紀念集》，頁109以下各頁。唐先生是早熟型的思想家，約30歲左右，其思想便成熟了；且嘗云：「我看書也看不起勁，因為在學問上我似乎一切問題都已有了答案，已莫有從前那樣迫切求知的興趣了。」（第廿六函，《致廷光書》，頁168；寫於1941年11月20日，時年32歲。）牟先生嘗說唐先生最後二十年在學問上沒有多大進步。果真唐先生30歲前後已對「一切問題都已有了答案」，那麼牟先生這個說法也不能說全然不符合事實。牟先生的說法如下：「唐先生在五十歲以後的二十年間，在學問上並沒有多大進步。」牟宗三，〈第十八講〉，《中國哲學十九講》（臺北：臺灣學生書局，1989），頁408。牟先生對唐先生學術上的批評，筆者嘗作分析討論，見上揭《性情與愛情：新儒家三大師相關論說闡微》，頁411-450。

127 學哲學或處理哲學問題，要兼用「感情意志」的問題，在這裡唐先生實不啻夫子自道。徐復觀先生論述唐先生撰寫《人文精神之重建》一書所應用的方法時，有以下幾句話。而這幾句話，在一定的程度上，正可反映唐先生治哲學時兼用「感情意志」。徐先生說：「唐先生所採用的方法，不是……演繹法，也不是……歸納法。……唐先生的方法，是把自己的心，直接沉浸于問題之中，不是去觀照問題，而是在體驗問題，使具體問題的血和肉，與自己的血和肉相連；凝結千萬問題于一身之中，融解一身于千萬問題之內，這是自己入地獄以超渡地獄的精神與方法。」語見上揭《徐復觀文錄》，冊二，頁55-56。

128 「道德政治重意」，蓋意謂道德實踐也好，政治實踐（為政施治）也罷，其成功與否

（第十八函，《致廷光書》，頁 142；撰於 1941.04）

上引文是唐先生向師母（當時的戀人）說明學哲學的竅門的，所以便用「學」一字。若就唐先生本人來說，易之為「治」、「研究」可也。換言之，唐先生深信，且見諸於實踐的是，他治哲學必智、情、意三者兼重。智之落實為針對研究對象作客觀的處理。情則使研究者透過自身感情的投入而貼近湊拍被研究的對象（哲學問題或哲人——哲學家）；並藉此而能直觀、直覺，甚至透視相關問題或相關哲人的思想。意則研究者之心志、鬥志也——毅然決然必以解決某哲學問題、課題為責任之所在、使命之所在[129]。筆者過去治學，恆深信以客觀的態度為之便可。近十多年來，則體悟到，主觀的感情亦絕不可少者，否則難以設身處地默識冥契古人之心靈。此外也頗想到治學之得以成功，鬥志亦絕不可少者。今乍見唐先生寫於 1941 年，即時年 32 歲之一函，便具此睿見弘識，宜乎其後來之成就之卓爾不群也。即以並世時賢而論，其能比肩並駕者，蓋亦鮮矣。

（六）結語

如上所述，《致廷光書》是唐先生寫給當時的女朋友謝廷光小姐（即後來的唐師母）談情說愛方面的書信集。然而，正如其摯友徐復觀先生以下的描繪：「……唐先生一開口便有哲學氣味。」[130]，所以《致廷光書》中也毫不例外地包含了不少唐先生哲學思想方面的論述；譬如哲學是什麼、人究竟是什麼東西、哲學家所當具備者又是什麼等等。至於藉著「大其心，破其

必繫乎從事者之意志。換言之，從事者的責任心、使命感、毅然決然的鬥志在其間扮演非常關鍵的角色。

129 上面說過，以空靈玄遠的心思、態度以處理哲學問題。這裡則說以毅然決然的心志、鬥志以處理哲學問題。乍看下，兩者頗相矛盾。其實，不然。後者乃指心志必須堅定，以雖千萬人吾往矣的一種執著為之。然而，態度上、手段（尤指處理的過程中），則必須從容不迫也，氣定神閒也，不急躁冒進也。

130 徐復觀，〈太平山上的漫步漫想〉，《徐復觀雜文補編》（臺北：中研院文哲所籌備處，2001），冊六，頁 398。

小」等等的說法以指導吾人成就人生之理想，則更是客觀哲思之外的人生指南。（上詳）是以筆者認為透過《致廷光書》，吾人很可以一窺唐先生早年（30 歲前後）哲思方面的梗概，乃至概見先生之人生使命感。如上文能誘發讀者直接諷誦《致廷光書》，那對筆者來說，是喜出望外之事。在此寄予厚盼焉。

補充：說到治哲學的問題，上引文中，唐先生指出，智、情、意，三者缺一不可。此「意」，筆者解讀為「心志」、「鬥志」。由此筆者聯想到徐復觀先生以下幾句話：「我不斷的讀書，是來自對書的興趣。但現在我了解，興趣不加上一個目的，是不會有收穫的。」[131]換言之，要有收穫（成績、成果），心中非有目的不可。而此目的，蓋即相當於唐先生所說的「意」（意向）也。而有意向—目的，心志才得以集中，鬥志才得以興旺。

[131] 徐復觀，〈我的讀書生活〉，上揭《徐復觀文錄（三）》，頁166。

第七章　唐君毅30歲前後的哲學思想——以《致廷光書》爲探討的主軸（下）

三、分論：書中哲學思想按類闡述

下文擬依人生論、宇宙論、知識論為序以闡述唐先生的相關哲思。之所以依此為序，乃緣自唐先生本人對此三論之價值高低（重要性）有不同的看法（詳見本文上篇）。[1]

（一）人生論

人生論探討的內容，唐先生開列如下：

> 人生論中大約有下數問題：一人在宇宙之地位問題（人生意義），二人性問題，此點與心理學相關，但哲學研究人性要問人性之善惡等。三人生之價值問題如樂觀主義悲觀主義，四人生之理想問題，什麼是人生最高理想？五意志自由問題，人之意志是否自由？是否能達所懸之理想？六修養方法之問題，如何修養以達此理想？七人生之歸宿問題，即人之命運與人靈魂之朽與不朽之問題。[2]

---

[1] 其不便歸類者，原擬「其他」一目處理之。後以本文篇幅過大（連同上篇，即第六章，已超過 120,000 字），乃改為「附錄：粹言警語」一目，即僅開列唐先生之相關語句，而不再做闡釋；其必要者，則僅附上數語而已。

[2] 第 18 函，《致廷光書》，頁 143-144。此所含者共 7 項。唐先生中壯年時所撰就的《哲學概論》一書中，亦有相同的說法，唯所開列之項目僅 4 項（當然，先生不必窮

上引文見諸唐先生給師母的一函；應係先生就思慮所及而“隨意”開列的結果，恐原不在意於要窮盡所有項目也。但因為先生深具相關素養，所以縱然只是隨意開列，便已有 7 項之多，實讓筆者驚嘆敬佩。以下乃就《致廷光書》中之相關內容，予以彙整梳理。

1、前言

（1）深具儒家精神

值得先說明的是，唐先生固儒門中人也。所以其人生哲學（人生論）便充滿了儒家色彩。這是不必多說的。今大體上本乎《致廷光書》各函的先後順序，把若干條相關資料開列說明如下。第 15 函：

> ……此無常的事也會出現。所以最後所能作的事只能盡他自己現在的心。這即是說人只有不問收穫但問耕耘。[3]

僅「不問收穫但問耕耘」一語已充分反映唐先生的儒家色彩了。至於人生的無常，先生則賦予一正面的意義與價值。此頗堪玩味；如下：

> 他對於自己所遇的或他人的男女關係之無常，只有一種感嘆悲憫。然

盡所有的項目；且縱然以 7 項來說，也非旨在窮盡所有的內容）。唐先生之相關說法如下：「人生哲學 Philosophy of Human life 之一名，……乃較偏重於(1)人生在宇宙地位及(2)整個之人生的意義、(3)價值、(4)理想之反省思索，……」，頁 118-119。以上(1)、(2)、(3)、(4)，為筆者所加，旨在醒眉目。按：《哲學概論》一書計兩大冊，共 1,000 多頁，分為四部：〈哲學總論〉、〈知識論〉、〈天道論——形而上學〉、〈人道論——價值論〉。其中〈人道論——價值論〉雖係後三部（三論）中先生所最重視者，但僅得 9 章，共 180 頁（頁 1041-1220）；乃四部中佔篇幅最少者。何以如此，則該書之〈自序〉（頁 5）已有所說明；今恕從略。

3 「不問收穫但問耕耘」的說法，見《致廷光書》多處，今舉二例。第 15 函：「我認為一切事，力是應當盡的，無可奈何時則聽之，不能奢望，奢望即是一種貪心。」頁 122。上引文恐為先生做事的原則，亦為先生信念之所在。一言以蔽之，即盡人事聽天命也。「盡人事聽天命」一語，更明白地出現於第 20 函：「人生的一切事，都是盡人事聽天命。」頁 152。這是非常儒家的一個說法。

> 而這一種感嘆悲憫根本是超個人的情調。在這種情調中，我們一方雖覺我理想之不能實現，然而唯其不能實現，於是這理想的存在更明顯的呈露於我們之心，猶如以身殉道的人在其身死時其所要殉之道更明顯的呈露。而此理想之呈露使人認識此理想之實在。這理想之實在的體味，便可與他莫大的安慰。[4]

上引文原是唐先生針對他與師母（當時的女朋友）在愛情關係上所出現的變化（即所謂無常）來說的。依唐先生，欲維持關係之久遠為這個論說的大前提。所以一旦出現變化，我們可以想像得到的是，唐先生一定會生起很大的感嘆。這是人情之常。深於感情的唐先生，更不可能是例外。然而，恆富於悲天憫人的大愛情懷的唐先生，又不止於感嘆而已。依上引文，先生更生起悲憫，且不止對自己生起悲憫而已。他對於他人的男女關係之無常，也同樣會產生悲憫。這就可貴了。何以可貴？答：其原因有二：一、反映唐先生之觀察反省，不限於個人之自身；而能客觀化之，即能普及於他人。二、其客觀化者，何物也？正係上所說的悲憫，即悲憫之情。而悲憫之情，蓋緣自人之悲憫之心。換言之，即以悲憫心來看待男女之情。推而廣之，如不嫌過當，吾人實可說先生乃以此心來對待天地萬物也。悲憫，蓋為佛家用語；儒家用語，即惻隱也。既具惻隱之心，則唐先生能不為儒者乎？其實，何止於儒也，必也聖乎？

尚可一說的是，上引文也彰顯了儒家的理想主義的性格及其相應的價值觀（價值指：與人莫大的安慰）。理想之所以為理想正因為它不曾實現[5]，

4　第6函，《致廷光書》，頁66。

5　反之，一旦實現，便成為現實了。現實，便不再是理想。由此來說，這個構思很棒，可以說是深具理想性的。然而，如此說來，又似乎不免消極一點，甚至悲觀了一點。吾人總盼望天下有情人終成眷屬，否則恐不免不無遺憾。若扣緊上段引文的背景來說，唐先生因為深深地感到他與師母的一段男女感情似乎已到了無望（雖或不至於絕望）的境域，所以便自我安慰一番，也安慰師母一番而說出來的。有謂：言亦各有所當。吾人必須從相關背景這個視角切入來考量上段話，否則可能會誤會唐先生，而視先生已陷入悲觀的境地，甚至認為先生只是為其失戀找一個台階下而已。尚可一說的

但它絕非空想、幻想，妄想，因它呈現於心中。唐先生視心為實在的，因此理想當然也是實在的。

第30函：

> 一切壞的都可化為好，你看那糞土化為青青的麥稻，遍野的花草；汙塘中的水蒸發成美麗的雲霞；動物之廢料的炭氣，滋養著一切植物的生命；植物多餘的不要的養氣，又滋養著動物。這世界一切臭腐都可化為神奇，無用都可化為有用，這世界上莫有絕對壞的東西。[6]

在唐先生眼中看不到絕對壞的東西，且壞的都可以化為好的。仁者胸懷的流露，恐莫過於此；先生能不為儒者乎？

同一函又說：

> 人應當以理想來規範他自己，人可以自己改造自己，這是人性之無比的尊嚴。[7]

以上的說法，尤其是「人可以自己改造自己」這一項，實是先生一個最基本的信念（之一），也是自律道德所嚮往之所在。恐凡儒家莫不具備同一信念也。

第 32 函附錄舊遊雜憶詩若干首。其中〈鴛鴦石〉二首之一頗可反映先生的儒家情愫，如下：「船泊江心共倚舷，月光如水水如天，輕霧紗籠天水際，原來天上即人間。」[8]筆者認為這詩反映詩人（唐先生）藉景以說其懷

是，唐先生說到的這個理想，其實可說是遇上危機（男女之感情關係可能面臨破滅）之後的一個轉機。但如果本來就沒有什麼危機，那豈非更好；如果沒有危機，那就不必談什麼轉機了。

6　《致廷光書》，頁 180。

7　《致廷光書》，頁 184-185。

8　第 32 函，《致廷光書》，頁 190。

抱。其中第二句本諸唐人趙嘏〈江樓舊感〉詩。其中有二句云：「獨上江樓思渺然，月光如水水如天」。後一句意謂：我看見的月光就好比水一般流淌，流淌著的水又好比天空之茫茫渺渺。「輕霧紗籠天水際」則寫輕輕的薄霧好比薄紗般把天水的交接處籠罩覆蓋著。月光、輕霧，當然是自然界（似乎可以詩中之「天」字代表之）之物。「天」之相對者，「人」也。（「水」在這裡或可視為天人間之媒介。）在此夜色之下，天上與人間便混為一體了；「原來天上即人間」一語（此語蓋謂：原來天上的境況，譬如「美」，乃至「善」等等，也是可以存在於人間的。如此來說，此語即不異：「原來人間即天上」。）便是描繪這種境界的。這是就景來說的。然而，筆者認為這句詩似乎隱涵一些儒學的味道。此話怎講？答：月光、輕霧乃自然界（天上）的一種美，而這種天上之美為人所視察到、感受到、領略到而呈現於人間。[9]由是筆者擬作一點推衍，如下：是以人不必祈求一定要上天堂才可以得其極樂之所在；蓋人間便已是樂土了。[10]如果筆者這個推衍不至於太誇張、太超過的話，那詩中最後一句似乎也可以反映出唐先生深富儒家精神；當然，純粹以美的一個面向來說，該句詩更可以反映道家或藝術家所追求的境界。然則唐先生亦道家和藝術家也。

第75函：

> 同學們來的信，大均情意尚好。我並不一定有許多好處，但同學之情意總表示人心之嚮往他人之好處，此仍足資感動。此中重要的不是對我個人，而是對一種理想。[11]

---

[9] 當然，視月光與輕霧為一種美，可以說是人為下（人視野下）的一個結果，甚至是某些人人為下的結果，其本身實談不上美或不美。這個比較吊詭的問題，今不擬涉及。

[10] 筆者這個想法得自徐復觀先生的“啟發”。唐先生逝世三周年，徐先生賦詩悼念，其中有句云：「共祈天上在人間」（共同祈求天上之情況可落實到人間來；意味著不必上天堂，蓋人間即樂土也）。上引唐先生詩亦有「天上」、「人間」之語，是以筆者便聯想到其涵意或等同徐詩也說不定。徐詩見《華僑日報・人文雙週刊》，第228期，1981年3月2日，頁23。

[11] 《致廷光書》，頁275。

上引文反映了唐先生深具仁者胸懷：唐先生不是由於自己個人的好處（優點）獲得人家欣賞而高興；反之，唐先生把這種欣賞予以客觀化、普遍化。對某人（就本案例來說，乃特指唐先生本人）之優點表示欣賞，唐先生認定這反映了人心是嚮往善的，所以才能欣賞人家之善端（優點、好處）。唐先生之所以高興，這才是終極原因之所在。[12]

第95函：

> 安兒（唐先生的女公子，名安仁）受此次教訓（指在臺灣大學化學系做實驗時不小心而受傷），想性情可不如前之躁動，許多性格上的事，都要自己覺悟，才有辦法，只靠他人監督亦無用。人之性格最易受同學及朋友影響，總要善於自己擇友，如冬明（唐先生的宗侄，與

[12] 然而，唐先生這個認定，從方法論的角度來看，似乎是有問題的，蓋頗陷於以偏概全的窘境。所以這種推論推斷，是難以成立的。當然，唐先生的用語是相當謹慎的，先生只是說：「總表示人心之嚮往他人之好處」，而不是全稱式的說：「總表示人心之普遍嚮往他人之好處」。其中所說到的「人心」，乃指同學們的心，即指部分人的心，而不是指所有同學（更不是指所有人）的心。然而，若了解唐先生的整體思想及其終極關懷之所在的話，「總表示人心之嚮往他人之好處」這句話，實等同：「總表示人心之普遍嚮往他人之好處」。換言之，儘管只有一人之心樂於嚮往他人之好處，但對唐先生來說，已足以證明、證實凡人（所有人，任何人）之心都是樂於嚮往他人之好處的。儒家說人性本善，這是信念問題，是發乎良知良能的一個肯認問題，而不必經過調查統計或科學實驗始可以作準的。換言之，這不是方法論的問題。必認定方法論的視角（譬如說什麼「以偏概全」、「部分代全體」的推論是錯誤的，謬誤的）為唯一標準，並以之繩衡一切，其實是很膚淺的一個作法，蓋這種作法或看法的本身即一種以偏概全也。按：此第75函寫於1957.07.23（先生時年48歲），所以相關內容並不能代表或反映先生年輕時之思想。然而，就仁心或仁者的胸懷來說，唐先生一輩子未嘗稍易。是以第75函今亦引錄如上。其實，本文引錄唐先生的文字，其中一小部分乃寫就於先生35、6歲之後者，換言之，即已非寫就於30歲前後的一個階段（今第75函即一例）。然而，若其內容所反映之精神與其前之階段（即30歲前後的一個階段）無所別異者，則筆者引錄之，恐亦不為過也。反之，還可佐證先生所說的以下一語：「……然亦證宇宙人生中實有若干真理，歷久而彌見其新也。……千迴百轉，仍在原來之道上。」語出上揭《生命存在與心靈境界》，下冊，頁1157。

> 安仁的關係很好，蓋情同兄妹）便很好，可見安兒亦未嘗不能辨好壞。大約青年以純篤為第一，其次便是要對自然對他人對一切好的東西，能發生感應。純篤是本質是體，能感應是生機是用。內心複雜（筆者按：純篤的相反）與麻木無感應的人，都是不好的。安安（即上文所說的安兒）學化學的事，我無一定之成見，但無論學什麼，總要有真興趣（按：為學要本乎性情，即要合乎自己的興趣），只為怕人說經不起挫折而學下去，亦不好。[13]

上引文雖僅約200字，但義理相當宏富；大體上反映唐先生深具儒家精神。要言之，如下：i、重自覺遠重於監督（按：監督也可能讓人產生覺悟，即監督有可能從旁促進人覺醒過來）；ii、重（善）擇友；iii、先重體（本質）：純篤（其相反則是內心複雜），後重用（生機）：感應（其相反則是麻木無感應），即對自然對他人對一切好的東西，能發生感應；iv、學問須本乎真興趣（按：即本乎性情），要經得起挫折。

第110函：

> 中國人對世界之責任應由近及遠，故我對日本人韓國人較好，次印度，次歐美。[14]

上引文可注意者有二。其一，反映先生除對中國外，對世界亦充滿了責任感。其二，對世界之責任應由近及遠。此蓋緣自儒家愛有差等之觀念。

（2）**愛真善美，兼愛神聖**

第九函：「我之愛真善美神聖過於許許多多千千萬萬的人。」[15]恕筆者孤陋寡聞，拜讀唐先生著作前，僅知悉人們都只是把真善美放在一起而予以論述。但 40 年前，乃知悉唐先生尚把神聖與真善美並列。按：一般來說，

13　《致廷光書》，頁297。此第95函寫於1963.01.05。

14　《致廷光書》，頁316。

15　《致廷光書》，頁87-88。

真乃知識範疇之事；善則道德所追求者；美則美學或藝術領域內之事也。過去中國人所重視者，且有特殊表現與成就者，主要是善與美兩端；真則西方人所擅長也，尤其科學知識方面。然而，神聖一端，實極重要。善之最高境界，固可含神聖。以非神聖，不足為善也；至少不足為至善也。然而，世間一般之善，則不必含神聖。由是善與神聖乃判然為二而世人反不悉神聖之可貴者。然而，為求凸出神聖本身之重要性，且其本身又似較善更具形而上的味道，固宜獨立為一項。今唐先生於真善美三者之外，復加上神聖，遂讓筆者深受啟發，蓋由是獲悉神聖可與恆常所說之三項（真善美）齊頭並駕而成為第四項也。由此復知悉先生之深具宗教情懷。

第 30 函：

> 孩子[16]，你因為對於真善美之失望而苦痛，這同時即證明你還在要求真善美，真善美還在你的內心，真善美是永不會離開你的。[17]

依唐先生，人們之感到對真善美失望，是因為心中仍有一真善美，或覺得人世間當有真善美，才會對現實（其實，非全般現實，而係某一現實環境或某一時刻）之缺乏真善美感到失望。換言之，只要人心不死，真善美即恆存。或只要肯定良知良心之恆存，那人間總有依良知良心而來的真善美的。唐先生積極、樂觀的心態和對人生的正面看法，很可以概見。

第 31 函：

> 我是相信相反相成的道理，你說宇宙之真善美保持一常數的話真是對。[18]

---

[16] 孩子，是唐先生夢中所見者。此夢是唐先生虛擬出來的。當然，孩子也是先生所虛擬的人物。先生是藉此提撕師母自我勗勉以營造一個積極向上的人生觀。

[17] 《致廷光書》，頁 180。

[18] 《致廷光書》，頁 186。

同一函：

> 人是一小宇宙，宇宙間一切真善美的價值，我們本身也具備，所以只要我們從今起努力去實現他，便可使我們成一完美的人，你說對嗎？[19]

以上兩函的「你」指的是收信人唐師母（當時的女朋友）。上引文充分反映唐先生深信真善美恆存於宇宙間。且對唐先生來說，人本身就是一小宇宙，所以作為小宇宙來說，（就我們來說，我們至少可以說人乃宇宙的重要成員之一），吾人也具備了真善美。然而，上引文中「只要我們從今起努力去實現他，便可使我們成一完美的人」這句話非常關鍵。它意謂人之成為完美的人（即具備真善美的人），是有賴人之努力的。即真善美不是自自然然從天上掉下來的。即原則上，凡人（任何人）都可以具備真善美：真善美不排斥任何人。然而，必須符合一條件：人本身需要努力。

2、論苦痛及其正面價值

男女談戀愛的過程中，自有其快樂幸福的一面。然而，苦痛亦或不可免。《致廷光書》中便不乏苦痛的論述，如下：

第2函：

> 我的性格帶來的一切，我自己願意承擔，我並不怕苦痛，我相信偉大的靈魂是要用苦痛來滋養的。[20]

上引文中，「願意承擔」一語反映唐先生不躲閃、不逃避緣自其本身性格而來的一切後果（含惡果）。此可見彼對事情深具積極負責的態度。且不止此也，唐先生又再轉進一步：承擔後果很可能會導致苦痛；然而，唐先生明言不怕此相應的苦痛。這話絕不是身為哲學家的唐先生隨便說說的；反之，有

19　《致廷光書》，頁187。

20　《致廷光書》，頁46。

其理據在。此理據緣自唐先生如下的一個信念：偉大的靈魂是要用苦痛來滋養的。這句話真了不起。[21]蓋先生轉負面為正面，甚至轉苦痛為快樂、喜悅、幸福[22]！有謂：人生不如意事，十常八九。若由此自怨自艾而不思逆轉，不思進取，那人生也許便無望而到此止步了。所以為求逆轉勝，那必須化危機為轉機。此則全憑一念之轉。所以上引唐先生的一句話，是深具鼓舞

---

[21] 唐先生這句話，蓋緣自一念之轉。憶熊十力先生嘗責罵徐復觀先生自家讀書不透，但反而深責古人。徐先生稱之為「起死回生的一罵」。而唐先生這個一念之轉，遂或可稱為：「起死回生的一轉念」。以上徐先生被罵一頓，見先生之自述：〈我的讀書生活〉，《徐復觀文錄》（臺北：環宇出版社，1971），冊三，頁 171。

[22] 寫到這裡，筆者想起「我不入地獄，誰入地獄」這句話。（有謂此語源自《地藏菩薩本願經》以下一語：「地獄不空，誓不成佛；眾生度盡，方證菩提。」，惟今不擬細考。然而，此語對筆者甚具震撼力；每一思及此語，恆悲不自勝。）本此，則吾人又何須刻意扭轉、逆轉苦痛，使之變為幸福呢？據筆者理解，「我不入地獄，誰入地獄」一句話，意謂於不得已時，譬如為了保住或拯救眾生（大我），一己（小我）就不得不作出犧牲奉獻了。然而，若根本上誰都不必做出入地獄這種犧牲時，那您又何必非入地獄不可呢？有謂：言亦各有所當。上引語即當作如是觀，即非入地獄不可時，那您當然可以身先士卒，逕取成仁就義一途；否則，便大可不必了。所以非必要時，您幹嗎要自我犧牲呢？反之，正常之一途是宜追求和享用愉悅幸福（至少不排除追求和享用愉悅幸福）。唐先生以下的一句話便說得極好：「我們只要不忘了人類，個人的幸福之享用，並非羞恥。」（第 10 函，頁 98）。孟子嘗指出：如果（縱然）王好貨好色，那是沒有什麼關係的；但必須符合一個大前提：就是「與百姓同之」。即一般人跟您一樣都有錢財可用和美色可享，那就可以了。此亦即獨樂樂，不如眾樂樂之意。以上孟子的說法，皆出自《孟子・梁惠王》下篇。上引唐先生語，既反映先生作為哲學家該有的一種思維，更反映先生之仁者胸襟。先生是化主觀為客觀，化個別為普遍，化局部為全體。這是凡治哲學者都該有的大格局、從高處看、通盤考慮和周延地處理問題的一種特質。唐先生當然不會是例外。然而，這種思維用之於人類公益（上所說的幸福即一例）的考量上，這就成就了唐先生之為仁者了。說到化主觀為客觀，其隨之而來的“優點”，唐先生嘗有所說明，如下：「我有時寫文章常是要把握一時的情緒，把它客觀化，因為一客觀化，我便離開它而到更高一層的境界中。」《致廷光書》，頁 194。順便附帶一說，上引文中，唐先生既然說到「不怕苦痛」（含願意承擔苦痛），那苦痛來臨時，他是否就緘口而不言，默然而承受呢？此又不然，或至少不盡然。先生說：「當苦痛表露時，苦痛便減了」。所以向他人傾訴一下，應是先生所樂見的。上引語，見《致廷光書》，頁 71。

性的價值的。雖不必然一定成功達陣（即所謂逆轉勝）[23]，但以正面、積極面來面對人生，迎接人生的一種態度是非常可取的。再者，「我並不怕苦痛」一語也反映先生遇到苦痛時，仍抱持樂觀、達觀的態度（蓋本諸想得開，看得透）來"迎戰"之，"接戰"之。[24]

第六函：「……但是人如真努力向上，一切矛盾無不可和諧，苦痛無不可消除。」[25]上面「真善美」的一節已談到人的「努力」必然獲得成果（即必然有成果）這個問題。由此可見就唐先生來說，人為的努力是很重要的。當然，現實生活經常是很殘酷的。就實際的情況來說，人為的努力恆有其所窮；這是無可奈何的事。就唐先生來說，他又豈有不知之理呢？所以他這個說法，乃旨在對師母作出期許和鼓勵。當然，儒家的基本性格本來就深具理想主義的傾向，知其不可為而為之的；甚至是「只問耕耘，不問收穫」的。讀者必得從這些面向切入，方可對先生的意見，得其契解。先生積極正面的人生觀，也藉以窺見。

3、論無私（稍論及「用於公則為公」和「私而可公」）

唐先生針對愛情方面「私而可公」這個議題，做過討論。筆者嘗有所說

---

23 「逆轉勝」是可望而不可必的。唐先生的人生觀縱然充滿理想性，但現實的殘酷，唐先生也是充分體認的。下語即可為證：「縱然最後歸於苦痛，然而最初我們必須執著幸福，然後也才能了解那苦痛之意義。（筆者按：這表示該執著時便執著，該做的就去做；即只問耕耘，不問收穫之意。唐先生順著孟子義，嘗說過：「義之所在，即命之所在」一語。見《中國哲學原論・導論篇》，第 16 章第四節：〈孔子之知命〉）不怕苦痛而追求幸福，真是最悲壯的人生態度。我告訴你，如果一個人真是精神上升到一境界，他不僅需要幸福，而且需要苦痛。」《致廷光書》，頁 82。這段引文的最後一句話，意味極深長。何以故？以上正文中的引文已給出答案了，如下：「我相信偉大的靈魂是要用苦痛來滋養的。」

24 第 7 函和第 28 函也有類似的說法，前者如下：「我實在向你說人生根本是苦痛是悲劇，人之可貴即在承擔苦痛與悲劇。」《致廷光書》，頁 72。後者如下：「……，愈是有理想的人，苦痛也許愈多。」《致廷光書》，頁 173。然而，唐先生說到的「可貴」和「理想」，對一般人來說，定是棄之如敝屣無疑。悲乎，痛乎？實無奈也！

25 《致廷光書》，頁 62。

明。[26]其實，愛情之外，人類其他方面的表現，又何嘗例外而不能展現出私而可公這種值得肯定的精神呢？先生即嘗明言：「用於公則為公」[27]。由此可見，公私之別，要看行為人本身的出發點，即要看其用心。當然，其行為所導致的後果，也是要顧及的。[28]然而，個人始終認為，用心／出發點，恐怕是最關鍵的。因為如果只看後果，那恐怕會陷入功利主義的窘境。今不細說。

茲說「無私」[29]。無私是人類行為中非常可貴的一種表現。在第 5 函中，唐先生即明言：「我常想人類有兩種可貴的東西，一是無私的智慧，一是無私的同情。」[30]智慧和同情，都是可貴的。但其大前提必須是無私。否則人的智慧所帶來的後果是非常可怕的，譬如智慧型犯罪以謀私利便是其例。不贅。同情亦然，譬如當人家遭遇不幸而心智疲憊時，您趁機施與同情，而目的是另有所圖，那很明顯是私心作祟下的一種惡行。這所以唐先生必須在「智慧」和「同情」之前加上冠詞／形容詞「無私」這兩個字。

要做到無私，那是很不容易的。然而，唐先生對這方面，嘗作出自我肯定。此見諸第 9 函：

---

26 詳參《性情與愛情：新儒家三大師相關論說闡微》，頁 311-315。唐先生本人的說法，則見第 10 函，尤其頁 96、98。

27 《致廷光書》，頁 98。

28 只考慮用心而不考慮、不斟酌、不思量後果，則後果很可能是一個惡果。粵語／香港人有句謂：「好心做壞事」，意謂用心／出發點是善意的，但不幸導致了不良的後果！譬如俗諺所說的：「越幫越忙」；又譬如急於救人，但因為不具備相關知識，乃反而害人提早喪命等等，即惡果的顯例。由此即可見，徒具備善心善意（即僅作道德上的考量），是經常不足以濟事的；相關知識、可能導致的各種後果，也是要充分考慮的；甚至得通盤考量各可能情況、條件等等。

29 記得筆者過去服務的單位（東吳大學）嘗有一位學系主任說，彼做事是大公無私的。根據筆者個人的觀察，此其大話而已。筆者在這裡不是要指責該位系主任言行不相符。筆者乃旨在指出，大公無私是很不容易做到的。所以筆者擔任歷史學系主任與人社院院長期間，乃退而求其次而僅自許：如果能做到先公後私，則於願足矣。

30 《致廷光書》，頁 55。

> ……雖然帶點苦痛，那是我人性的一面，然而在我神性的一面，我真正絕對的無私。[31]我有時真覺我的心如上帝一樣偉大，富於同情與諒恕，這真是莫有人知道。我是人，但是我同時是神的化身，……[32]

依上引文，唐先生肯定人性（廣義的）有兩面（或所謂兩層）：人性和神性。前者好比宋儒所說的氣質之性（習性）；而後者乃義理之性（天地之性），此乃至善者。今不細論。一般人很難做到絕對的無私。退一步來說，就算做到，恐怕也只是短暫的而已（這好比「仁」：賢如顏回，也只能做到三個月不違仁而已！）；能持久地，不間斷地做到，難矣哉！然則何以故？針對這個問題，可以給出很多不同的答案。順著上文，筆者試著給出其一，如下：人恆受氣質之性所牽絆、左右故也。然而，人性中之另一面：義理之性（神性）絕不妥協，恆與之相拚搏。其勝利之日，即「無私」登場之時也。且此無私，既本乎義理之性，則其必為至善無疑者也。至善之性，即唐先生所說的「神性」。套用唐先生上語，這神性便可以成就「真正絕對的無私」。至於先生另一語：「我是人，但是我同時是神的化身」，這對於某些宗教的教徒來說，是斷難接受的。然而，對於儒門中人來說，乃係常識、共信、共識。唐先生當然不為例外。上引文另一語：「我有時真覺我的心如上帝一樣偉大」，似乎也應該作點說明。文中「的心」一語，其實可寫可不寫；但以寫上為宜。何以故？簡答如下：有時儒門中人為求簡捷，或不免逕說：人是上帝（意謂人可以成為上帝；人是潛存的上帝）。但這個簡捷的說法有時不免引起誤會。由此便見出「的心」兩字的重要性了。依儒家義，心乃至善者。所以加上這兩個字，便有其必要而應該不會再引起誤會了。[33]當

---

[31] 說到唐先生的無私，唐師母以下幾句話可以印證：「……我佩服你有崇高的理想，佩服你有無私的感情，和你對民族文化的使命感。」〈後序〉，《致廷光書》，頁205-206。

[32] 《致廷光書》，頁90-91。

[33] 說到寫上「心」一字為宜，讓筆者想起一位大學長鄭力為先生。鄭學長是新亞書院早期畢業生。畢業後當過唐先生 12 年助教，且對牟先生的哲學造詣亦甚為敬佩。他大

然，某些宗教徒堅持在任何情況下，人都不可能成為上帝的。在這裡，就恕不糾纏下去了。

第 9 函另一句話也有點無私的味道，今一併引錄並說明如下：

> 我同你說人類要求其精神之改造，自我之革新，本來只有一條路，這條路就是忘卻自己。[34]

上引文「忘卻自己」指不以一己個人之私意、私欲為念；取而代之的可以把自己奉獻給一崇高的價值或一理想。具體落實下來，便是奉獻給神，奉獻給真理（譬如做學問），奉獻給個人（譬如師友、聖者、僧侶），奉獻給人類等等。唐先生稱後者為對人類的愛，即愛人類。所以只要您能徹底的作出奉獻，那便是一種偉大的無私了。[35]

4、論修養（從好名而認為自己「修養不到家」說起）

唐先生待人之寬厚、處事之認真，恐無人不承認。寬厚、認真或源自天性，但後天的修為恐亦為關鍵之所在。曾昭旭先生在公開的場合說過多次：「唐先生晚年生病時，我去看他。唐先生說：『……，我的修養不合格。』

概認為筆者思路清晰，可以接受點哲學教育，所以筆者就讀新亞研究所史學組期間，一起在新亞中學“搭單”用午膳（同時用膳的，除鄭學長外，還有研究所總幹事趙致華先生、麥仲貴先生、岑詠芳學姐、李潔華學姐、吳傑超同學、周啟榮同學、伍麗華同學等等）完畢之後，便經常和我談論哲學問題。其中特別向我指出說，為了避免誤會，這個「心」字是不能少的。轉眼這已經是 40 多年前的舊事了。致華先生、仲貴先生早已作古多年；鄭學長、李學姐、傑超同學、麗華同學，亦已失聯多時。人生無常，不勝唏噓！上面說到的“搭單”，好比臺灣話“插花”之意。但似乎又稍微不同。“搭單”有時候是需要付費的。

34 《致廷光書》，頁 89。

35 對於「私」這個問題，唐先生嘗作過非常深入、發人深省的討論。從「含有私的意思之活動，到絕對無私的活動」，唐先生依著高低的次序（程度），細析為 12 個步驟（分別來看，是 12 個層面）；非常值得參考。筆者個人認為，如學者能細析為 6 個，即一半，其思辨、分析的能力已經算很不錯了。今唐先生竟能至 12 個，真讓人敬佩不已。先生此卓見，詳見上揭《道德自我之建立》，頁 120-130。

如果連唐先生都不合格，那還有誰合格呢？」（大意如此；確切用語，不克憶記。）曾先生對唐先生由衷的推許、崇敬，藉此一語，足見其餘。

唐先生對自我修養的描繪，見第13函的自白，如下：

> ……說我好名，我是相當的喜歡人的尊敬，我希望我更有名一些，我不否認，……我的修養不到家，我願承認，只是我想我不是好虛榮，我是覺我本受委曲，(1)我覺得社會所與我之名位同我自己所當有的相差還太遠，所以我總有些不平。(2)還有一層最根本的原因，是我希望有高名位後，才能多作一些事，實現我之社會理想。光妹，我自己的確是愛人類的，我常覺我對於民族人類當負一種責任，在很多時候我想犧牲我個人一切幸福去學如甘地那樣的人。不過我後來發覺我之長處在思想，我只有在文化學術方面努力，去促進社會文化，表達對於民族人類的愛。[36]（編碼為筆者所加，以醒眉目故。）

唐先生是扣緊好名一項來說明自己修養不到家。其實好名也沒有什麼不好。好名或可以說是人的一種私欲、私心。但這種私心不見得一定是不好的。蓋這種私心提供了能量，是促使人向前奮進以成就社會事業的一股動力。成就社會事業，即成就有益於世人的公益也。這不但不是不好；反之，且有其正面價值。然而，大前提是不能以成就公益為幌子，而其實只是沽名釣譽，甚至藉此以謀取其他私利（金錢上的，權力上的等等），否則便轉成大惡了。細察上引文，唐先生年青時所以好名，是有其社會考量的，絕非只是一己的私心而已。上引文中有一句很值得注意。即唐先生想學聖雄甘地是也。然而，人各有其才分、天賦。這方面，唐先生是充分自覺的，「我之長處在思想」一語便道盡一切了。[37]

---

[36] 《致廷光書》，頁114。

[37] 這讓人想起清代具一定的使命感的著名詩人和史家在仕途上相當得意而曾經官拜四品的趙翼（1727-1814，嘗任知府——從四品，兵備道——正四品）的表現。趙氏於47歲的中壯年時便致仕了。其原因（或原因之一吧）便是：「生平報國堪憑處，終覺文

對人生修養的問題，唐先生除了作出自我表白如上述外，也給出很多理論上的說明。其見諸《致廷光書》者即不少。如第 25 函：

> ……這一種愈能自己控制自己的人，他生命之擺之幅度愈大，他愈能吮吸每一種生活之價值與意義，而使各種生活之價值意義互相滲透，於是每一種生活都增加其豐富之度、深厚之度。[38]

筆者在不同的篇章中，恆指出唐先生之哲思與胸襟，實非常人所可企及。上引文僅其中一例而已。常人恆視自我之控制為不得已者。為了避免失控而闖禍也好，為了討好他人也罷；總之，「自我控制」經常只是他律道德下的“產物”；要言之，乃一被動的，在外在壓力下，不得不然的作為。鮮少人能看出其正面的，積極的，乃主動意義下的一個作為。唐先生則為例外，蓋先生充分察覺「自我控制」之價值與意義；先生乃依次指出，能自我控制者之價值與意義會一步一步愈來愈大。其說法如下：(1)他生命之擺之幅度便隨之而愈大。(2)他愈能吮吸每一種生活之價值與意義。(3)這使得各種生活

章技稍長。」帝制時代，尤其明清兩代，當官從政者稍一“不慎”，是會人頭落地，甚至抄家滅族的。所以趙氏的急流勇退乃明智之舉。趙氏及早掛冠之原因，可參杜維運，《趙翼傳》（臺北：時報文化出版企業公司，1983），頁 112-114；王建生，《趙甌北研究》（臺北：臺灣學生書局，1988），頁 445-446；黃兆強：《廿二史劄記研究》（臺北：花木蘭文化出版社，2010），頁 30-31。其實，趙氏同時代的史學大家錢大昕對趙氏急流勇退，也有所說明。錢大昕〈《甌北集》‧序〉，序文收入《潛研堂文集》（臺北：臺灣商務印書館，1968），卷 26。人貴自知。既知道自己的性向和能耐，並據此而作出選擇，這對人（對國家、社會）對己，都是值得慶幸的。唐先生對於自己「長處在思想」這個能耐，當然是充分自覺的。上引趙氏詩句出自彼所撰之〈壬辰冬……感恩述懷得詩十首〉，《甌北集》（上海：上海古籍出版社，1997），上冊，卷 20，頁 406。其實，深恐惹禍上身，甚至禍延子孫而選擇急流勇退者，明清官宦中，趙氏僅其中一案例而已。其詳，可參杜維運，〈清乾嘉時代流行於知識分子間的隱退思想〉，《憂患與史學》（臺北：東大圖書公司，1993），頁 197-207，尤其頁 197-198。

[38] 《致廷光書》，頁 167。

之價值意義互相滲透。(4)最後，每一種生活都增加其豐富之度、深厚之度。先生之運思，恆能層層轉進，步步深入。以上引文即可見其一斑。在先生以上的構思下或闡釋下，似乎已讓「自我控制」得以“復歸正位”為自律道德下之產物了。[39]筆者認為，一般人如能說出「自我控制」以上四項價值與意義中的起首兩項，已不簡單了。但先生隨口（在談情說愛的信函中）依「自我控制」之發展的邏輯順序，便說出了四項，能不讓人讚嘆！筆者十多年來撰寫有關三大師的文章，乃旨在竭一己之綿薄以發其潛德之幽光。謹希望不致讓讀者太過失望，便於願足矣。

修養方面，有關自我控制的問題，第30函也有類似的說明：

> 人應當以理想來規範他自己，人可以自己改造自己，這是人性之無比的尊嚴。[40]

這裡說到的自我「規範」的問題，也相當於上一條引文所說的「控制」的問題。唯稍微不同的是唐先生還特別強調「應當以理想來」自我規範。（當然，上一條引文也隱涵「應當以理想來規範」一義，唯未明確見諸文字。）此外，既作出規範，便與未規範之前有別，所以當然也含「自己改造自己」一義。而改造一義當指正面改造而言，不可能是指負面的。這只要看下一語句「這是人性之無比的尊嚴」便知悉所說到的「改造」一定是正面、正向的。筆者由是認為，唐先生特別指出此義，其意義是深遠的。簡單說，人既可以自我改造，即表示人可以自我作主。而「人性之無比的尊嚴」遂得以具體呈現／落實。所以上引文很簡單的雖然只有三句話，然而，其意義是非常深遠的。

第33函中有若干語句也跟唐先生個人的修養有關，如下：

---

[39] 天主教的退省神功或避靜神功，佛教、道教的閉關修行，其目的（或目的之一吧）恐怕是旨在提昇「自我控制」的能力。

[40] 《致廷光書》，頁184-185。

> 我始終有一脫出悲觀煩惱的能力。悲觀煩惱是不能維持他自己的一種心態，因為悲觀煩惱是一種不安，不安的本身便含一種矛盾，凡是自己矛盾的東西都不能長久存在，所以不安的心理本身也不能長久存在（此反映積極的人生觀：唐先生為自身的人生態度給出哲學解釋；哲學家即哲學家也。）……世間一切的不幸，自形而上的眼光來看，都是可以在永恆的世界中化除的，所以總可以看淡它（此哲學解釋可謂與先生的人生態度結合下而得出者。）[41]

上引文中首句頗可以反映唐先生個人調適方面的能力，也可以說是修養方面的能力。這種能力大抵緣自其人生態度之恆積極、樂觀，否則悲觀煩惱恐怕難以擺脫得了。其下的一句：「悲觀煩惱是不能維持他自己的一種心態」，筆者認為是唐先生的個人認定。這個認定大概是基於其個人的信念；不見得是客觀的事實。當然，就唐先生來說，他這個認定或信念，是有其道理的。其道理或理據便在於：「悲觀煩惱是一種不安」；而「不安的本身便含一種矛盾，凡是自己矛盾的東西都不能長久存在」，是以「不安的心理本身也不能長久存在。」筆者認為「悲觀煩惱是一種不安」乃一個事實判斷，非一價值判斷也。

至於「不安的本身便含一種矛盾」一語，則頗費解。其涵意大抵是：不安的本身便是一種矛盾。然則「不安的本身便是一種矛盾」，又到底何義？筆者姑且作如下的理解／解讀：針對一惱人的事兒，譬如左右為難的事兒（這樣處理，不行，不妥當；那樣處理，也不行，也不妥當。即只考量左或只考量右，俱不行，不妥當），無法獲得一周延、圓滿的解決，即無法得其折衷，而做到面面俱到；心中遂感到不安。用廣東話：「順得哥情，失嫂意」一語來描繪這個情況，筆者以為是最恰當不過了。「這」和「那」、「左」和「右」，在這裡便好比邏輯中的 a 和 ~a，乃係一種矛盾關係。所以「不安的本身便是一種矛盾」一語，即意謂不安之本身乃係矛盾之所在，

---

41 《致廷光書》，頁 195。

也可以說不安之本身即含矛盾；也可以說不安乃緣自矛盾。

至於「凡是自己矛盾的東西都不能長久存在」一語，則筆者視為乃唐先生的個人認定，即個人的價值判斷，而不見得是任何人都接受的一個客觀事實。[42]然而，唐先生為何有此一認定？一言以蔽之，乃緣自先生之仁心也，惻隱之心也，即不忍見矛盾的東西之存在也。縱然存在，也必不能長久也。又依唐先生，人心之不安（不安的心理）既緣自矛盾，矛盾既不能長久，則不安之心也不能長久也。至於「不幸」之可以「化除」，其道理正同。不幸好比不安，乃人世間之負面者。依唐先生之仁心，不安既不能長久存在（因吾人可以把它化除掉），則不幸當然也不可能恆存；即亦必可以化除者。

5、論過惡／罪惡／罪過／錯誤

唐先生論罪惡的言論，非常精彩到位，且發人深省，足以成一家之言及充分反映儒家之為儒家之所在。以相關文字見諸《致廷光書》者較為單薄，以下轉以見諸其早年成名之作《道德自我之建立》（與《致廷光書》為同期之著作）為主。

（1）人心一念陷溺[43]即成罪惡；一轉念則復歸於上

《致廷光書》中，唐先生多次強調人總是有過惡的或會犯錯誤的。但只要其人能自覺，一念向上，努力改過，那過惡／錯誤便得以消除，甚至所謂不存在了。茲引錄其中一函的內容並加以說明，以概其餘。[44]第6函：

---

[42] 譬如唯物論者恆視社會上必存在不同的階級，而有階級便有階級鬥爭，即階級鬥爭是必然存在的。而階級鬥爭又緣自階級間之矛盾。是矛盾乃因也，而階級鬥爭乃果也。果自因生。果既出現而恆存，則作為因之矛盾乃必長久持續也，即恆存也。

[43] 世間之有罪惡，或人之犯罪，犯過錯，據唐先生，「人心一念陷溺」乃其關鍵之所在。此唐先生所恆強調者。本節之主軸即在於闡發斯義。然而，一念陷溺何所指，即陷溺於甚麼？簡言之，即陷溺於無盡之貪欲中。而貪欲，據唐先生，乃導源於人們「要求現實對象之無限」（此唐先生本人用語），即對現實對象作無限（無止境、無窮無盡）之追求、追逐。這便為罪惡之誕生，開闢了一個源頭，即開啟了一方便之門。以「一念陷溺」於罪惡之誕生極具關鍵地位，是以先對此詞作簡要說明如上，以方便下文之說明。

[44] 類似的說法，尚見以下各函。今僅引錄相關語句，恕不展開。如第8函：「……耶穌《聖經》說，亞當愛夏娃成人類之原始罪惡。人生而有罪，一切宗教家必需根絕這一

罪過也是不能免的，因為人本要求上升於那內部的向上的世界，人偶然下墮便成罪過。然而只要真努力向上，一轉念則復歸於上，而罪惡無不可消除，此之謂我欲仁斯仁至矣。所以苦痛罪過也不是可怕的東西，最重要只是向上之努力。[45]

上引文的意思很清楚，不必再細說了。然而，其中以下一句話：「人偶然下墮便成罪過」，值得細說。基本上，唐先生是不承認惡本身是可以獨立存在的；即否認其獨立性。然而，現實世間上，又總有惡的存在，那唐先生又如何說明或解釋呢？[46]依唐先生，此乃緣自人之「一念之陷溺」（詳參下面

回事。但是人類卻由此而生，每一人的生命都是此矛盾之結晶，所以人生下來便含此矛盾。如果人要肯定生命，便要肯定此矛盾。只有經過此矛盾而戰勝之才是真實的生命。」（《致廷光書》，頁 82）；第 10 函：「你千萬不要再想你已往的罪過了。一切罪過為我們所自覺時便消除了。」（《致廷光書》，頁 94）；第 29 函：「過去的錯只要真改去便可謂不存在，這道理我深知道。」（《致廷光書》，頁 176）；第 30 函：「人犯了錯誤，知道錯誤，錯誤便不會再犯了。莫有害傷寒病的人，永遠有害傷寒病的可能，莫有犯某種錯誤的人，永有犯那錯誤的可能，只有犯錯誤而改更的人，才能絕對避免錯誤，所以有過而改正者，才是真正的幸運者。」（《致廷光書》頁 180）。

[45] 《致廷光書》，頁 62。

[46] 針對惡所以出現或所以存在的原因／理由（即人間何以有惡？），真可謂言人人殊，議論紛然雜陳，莫衷一是。其中訴諸人性（人的性向）來作出解釋，似係眾多說法中最為流行者之一。唐先生即嘗闡述告、孟、莊、荀等等先賢的相關說法；如下：告子乃依人之自然生命之本質及其表現而言人性，言人心。孟子乃依心之善而言性之善。莊子乃依虛明靈覺心之超善惡之上而言人性。荀子乃依人之行為（含知道行道，不知道不行道）之可善可惡而言心之可善可惡，復依自然生命之情欲之趨向於惡而言性惡。唐先生指出，此為中國人言性之四基型。此後，其見諸《禮記・禮運》、《中庸》和《易傳》之相關說法，乃係言性四基型之綜貫型態。下逮秦漢、魏晉，又有所“轉進”。其中董（仲舒）、揚（雄）、劉（向）諸前賢乃以「生之資」所內具之善惡之性在等級上之差別而提出性有三品、五品之說。劉劭則以人在不同政治、社會、文化環境中所作出之種種表現而論人之才性。至於魏晉人，如王弼郭象之流，其所重者乃人之個性、獨性；彼二人並由此而說明相應之心境如何可以超拔於善惡之上。針對隋唐宋明各階段，唐先生均有所述說，茲從略。總之，惡之所由生，其原因至多。

(2)），即上引文所說到的緣自人會「偶然下墮」。[47]（「一念陷溺」與「偶然下墮」所指涉的內容應是相同的，而前一語似乎應用較廣，下文遂逕取之而不再用「偶然下墮」一語。）罪惡源自人心一念之陷溺（簡言之，即一念

從人性上立論，如以唐先生為例，其所表述先賢之說法，則有如上述。以其說深具參考價值，故開列如上。以上乃一簡略的綜述（不知有失唐先生之原意否？）。先生的說法，見《中國哲學原論——原性篇》（香港：新亞研究所，1974），頁 515-521。可以一說的是，不要誤會以為只有對一己以外的他人（含國家、社會等等）做出對他們有損的事宜（即所謂壞事），才算是罪惡。其實，做出於己有害的壞事，又何嘗不是罪惡呢？今天（2022.11.05）在電視上看到美國人減肥的一個紀錄片，對此生起了深刻的體會和同理心。試想想體重三四百公斤會對身體，尤其是對心肺的負荷，會造成多大的壓力，甚至損害呢？但這些過重者在吃方面經常沒有絲毫的節制，那他們對得起具有生命（取此詞的廣義用法）的身體各器官嗎？當然，這些過重者，各人背後大多有過愴痛不已的歷史（譬如被性侵過，因此藉著不斷超額吃東西來抒壓）。所以我們應該懷著唐先生說的（下詳）「悲憫之情」來對待他們，而不應該對他們做出指責。

[47] 性乃善者（性本善），然「一念陷溺」便導致惡。然則惡又為何物也？唐先生乃作出如下的認定：「惡只是一種為善所反之負性的存在，惡非真正的精神之表現。由此而歸於性善之結論。」這個說法，先生自云：「取資于王陽明之良知之善善惡惡之念。」針對唐先生、王陽明及其後學在這個問題上的論述，可參陳志強先生下文：〈一念陷溺——唐君毅與陽明學者「惡」的理論研究〉，《中國文哲研究集刊》，第 47 期，2015 年 9 月，頁 91-136。陳先生撰就、發表上文時，其年齡恐怕還不到 30 歲。陳文寫得很到位，實在難得之至，譬如針對儒家（尤其陽明心學一系）如何看待「惡」的問題，作了相當翔實的梳理：問題意識強、引證詳博、論述嚴謹、架構整齊；最後尚指示未來可進一步展開或深化的方向。又可參劉鐸（1994-）〈唐君毅的人性惡源論〉，《西部學刊》，2021 年 9 期，2021.08.06。https://m.fx361.com/news/2021/0806/8680004.html1；瀏覽日期：2022.10.04。劉文不足 6000 字，可謂相當簡明扼要。不到 30 歲便寫出這篇文章，實在不容易。但〈結語〉部分最後 100 多字的評語，則顯與唐先生的治學精神，乃至與其人生價值取向相背離（即不解唐學之精神與不契唐先生的人生價值取向），頗可惜。或因為客觀大環境的關係，而不得不如此著墨耶？上引唐文，見〈導言〉，《道德自我之建立》（臺北：臺灣學生書局，1978），頁 13。林如心先生嘗相當嚴苛地批評唐先生對過惡的看法；在以下論文的〈摘要〉中指出說：「唐君毅想要在『人性已至善完滿的心體論』前提下解釋道德惡源之努力，可說是失敗了。」語見所撰博士論文：《唐君毅的道德惡源論》（臺灣大學博士論文，1995 年出版。）

陷溺乃成惡）的說法，其實在唐先生寫上引第 6 函（函末標示之日期為：1940 年 5 月 5 日）之同時（或約莫同時），已見諸先生之筆端了。其見諸《道德自我之建立・精神之表現・罪惡之起源及其命運》即一顯例。[48]下文為求說明「一念陷溺」這個說法，其相關文字遂以見諸《道德自我之建立》為主。[49]

---

[48] 《道德自我之建立》一書最早由商務印書館出版於 1944 年。然而，該書〈重版自序〉（撰寫於 1962 年 8 月 20 日）有以下一語：「計此書寫成至今，已二十多年。」（頁 2）既云「二十多年」，則恐怕至少不下 22、23 年。1962 年上溯 22、23 年，即 1940 年左右。換言之，寫第 6 函與寫《道德自我之建立》的 1940 年之時，「一念陷溺」便導致惡的說法已見諸先生之筆端了。補充：本節所討論的罪惡問題，隸屬於該書〈精神之表現〉一節。而在該節末尾處，唐先生嘗押下如下的日期：「（民國）29 年 5 月 11-14」。由此即可確認此相關討論，的確成文於 1940 年無疑。〈精神之表現〉一節最能顯示唐先生的慧解卓識；其步步深入，層層轉進的功力，實在讓人嘆為觀止。4 天（11-14 日）即成此偉構，且當時先生僅「而立之年」而已，宜乎後來成為不世出的大哲學家。最要者，其寬博仁厚、取人為善、與人為善的胸襟，文中隨處可見。

[49] 其實，罪惡源自一念之陷溺，或更寬泛的針對罪惡、過惡或錯誤的問題的探論，除見諸《道德自我之建立》一書外，亦見諸唐先生的其他著作；然而，似比較零散。譬如見諸《人生之體驗續編》、《中國文化之精神價值》、《文化意識與道德理性》、《中國人文精神之發展》、《生命存在與心靈境界》和收入《病裡乾坤》中以下二文章：〈人類罪惡之根源〉、〈民國初年的學風與我學哲學的經過〉等等，即其顯例。這方面，又可參上揭陳志強：〈一念陷溺——唐君毅與陽明學者「惡」的理論研究〉，頁 93，注 10。又：上引唐先生之各種著作，除〈人類罪惡之根源〉和〈民國初年的學風與我學哲學的經過〉二文外，筆者在撰寫本文的過程中，皆未嘗多予參考，主要原因是這些著作皆撰成於先生中晚年之時，而中晚年則顯非本文所處理之時段也。然而，有關罪惡之起源，〈人類罪惡之根源〉一文嘗深予探究；其相關論點相當值得關注、援引（詳本注下文）。又吾人該本何種態度或何種情懷始可深入照明或照見（了解）罪惡，〈民國初年的學風與我學哲學的經過〉一文則提供了相當關鍵的資訊，筆者實深受啟發，是以嘗予以徵引（詳下），以補充《道德自我之建立》相關論點之不足。按：《道德自我之建立》對相關問題的討論，主要是指出，罪惡之根源，乃緣自人心之陷溺於貪欲之中。而貪欲之對象是泛指名利色權等等。其中雖提到權力欲一項，但未嘗特別指出政治野心家之權力欲乃貪欲中之最惡劣者，以貽害最大故也。〈人類罪惡之根源〉則特別強調這一點。筆者認為這深中要害，對當世深具醒

（2）人類無盡貪欲源自一念之陷溺以追求現實對象之無限

針對這個問題，唐先生在《道德自我之建立》一書中嘗自問自答的說：

> 為什麼人有罪惡？罪惡自何來？我們說：罪惡自人心之一念陷溺而來。……人種之罪惡可以齊天，可用一切善為工具，以暢遂其惡，然而其產生之最原始之一點，只是一念之陷溺，由此陷溺而成無盡之貪欲。……我們說，人之可以由一念陷溺而成無盡之貪欲，祇因為人精神之本質，是要求無限。人精神所要求的無限，本是超越現實對象之無限，然而他一念陷溺於現實的對象，便好似為現實對象所拘繫，他便會去要求現實對象之無限[50]，這是人類無盡貪欲的泉源。[51]

豁的意義，以政治權力欲對人類貽害最大而遠非其他方面之貪欲所可比擬故也！說到政治方面的權力欲，則讓筆者想起以下兩句話：「以天下為己任，捨我其誰？」首句顯示出說話者深具非常正面的一種擔當感、使命感；其後繼起的善行（善之實踐）實有以是賴。然而，若果說話者認為或者相信相關善行非由彼踐履不可，即所謂捨我其誰，那便糟糕透頂了。由此即可見，擇善而固執之，其精神固可嘉，但固執到認為只有自己才是最棒，才是最夠資格、能力去實踐善，而他人皆不與焉，那便很可能成為大惡了。（下詳）然而，說這兩句話的人及其踐履者（可以是同一人）的出發點很可能是好的，是善意的；只是過分自信而相應的表現不得其法而已。更糟糕的是，踐履者明知其相關行為實緣自一己之貪念、貪欲，但仍以冠冕堂皇的理由文過飾非以粉飾其罪孽，那就更是可惡了。

50 「要求現實對象之無限」，這根本上是迷失了方向。何以言之？蓋現實對象，簡言之，乃現實上之存在也。而現實上之任一存在，皆有限者。在有限上要求、追逐無限，則必枉費心力無疑。再者，若進一步持久不斷地（持久不斷乃就時間來說），且無所不用其極（無所不用其極乃就型態來說）刻意追求之，則必導致罪惡之誕生無疑。這種追求、追逐，筆者稱之為迷失了原先之方向。蓋原先該有的方向是追求形上界、精神境界或心靈境界上之無限；然而，現今竟要求、追求現實上之無限，且不斷地，無所不用其極地為之，能不稱之為迷失了方向嗎？然而，就各人本身之自我要求或自我追求來說，則為例外。蓋人雖為一有限之存在，但各人明可自我要求或自我追求超越而成為無限者。這個問題與這裏所討論的有所不同（其不同在於：一為自我要求，另一為要求一外在之對象；不細論），讀者勿混淆為要。牟先生針對「吾人有限之存在轉而為一有無限性之存在」，嘗有所論述。其最扼要之說明，可參見《五十自述》，頁133-134。

上引文，其要旨如下：惡之所由生，其原始點只是人一念之陷溺。此一念之陷溺可導致人利用善為工具以暢遂其惡。而人源自精神上所要求之無限一旦落實到現實上，則恆為現實所拘縶而演變成要求、追逐現實對象之無限。人類無盡之貪欲遂由此而生起。筆者由是得到以下的“結論”：要言之，惡生起自人一念之陷溺於貪欲之中。此貪欲之具體表現或相應之落實即為人對現實對象（名、利、色、權，蓋可作為代表）作無限之要求、追逐。此無限之要求、追逐，乃成惡也。按：要求、追逐名、利、色、權等等，並不一定是壞事（惡）。但一陷溺其間，而作出無限之追求、追逐，乃至於貪多鶩眾而流於不擇手段、無所不用其極，那便成惡了。

如上所言，惡乃緣自一念之陷溺。這個說法，其實唐先生在該書的〈導言〉中便早已指出過，如下：「一念之陷溺，即成極大之罪惡。我在此則以無限的精神要求，為有限的現實對象所拘縶，以說明之。」[52]這說得頗抽

---

51 《道德自我之建立》，頁 133-134。（非常巧，此頁碼與上注《五十自述》之頁碼全同。然而，確係如此，非誤植。讀者幸勿誤會為要。）

52 〈導言〉，《道德自我之建立》，頁 12。引文中「一念之陷溺，即成極大之罪惡」一語（上文嘗把此語簡化成：「一念陷溺乃成惡」）與「罪惡自人心之一念陷溺而來」一語，其涵意是完全相同的（其稍微別異者，僅前語多了「極大」一形容詞；然此無關宏旨，不細論。至於後一語中的「人心」一語，筆者以為寫不寫亦無所謂，蓋人之「一念」必出自「人心」也，是以不予寫出，亦無不可。）筆者欲指出的一點是：前一語說得比較簡單，或不免引起誤會——誤以為一念陷溺便馬上成罪惡。實則不然，蓋一念之陷溺，依唐先生，僅為罪惡得以「產生之最原始之一點」而已（即罪惡源自人一念之陷溺）；其實，陷溺之後，必須有繼起相應之行動（行為），罪惡始得“正式”誕生的。（同理，上文「一轉念則復歸於上」這句話也正相同。「一轉念」也只是「復歸於上」的契機而已；其實，必得做出相應的行為，即工夫，人始能真真正正復歸於上的。不贅。）上引文中唐先生以下一句話似乎正可以說明這點：「罪惡⋯⋯產生之最原始之一點，只是一念之陷溺，⋯⋯。」此語當可揭示一念陷溺僅起帶頭的作用而已（當然此帶頭的作用亦甚關鍵，但罪惡最後之形成或所謂正式誕生，恐怕仍有待其他要素。）筆者於此又想到，「陷溺」一詞，若取其寬泛義，似已含行動一義（此好比陽明「知」已含「行」一義；其道理正復相同）。是以逕謂一念陷溺即成罪惡，似乎亦無不可；且此說法比較簡直（簡單直接）而富震撼性。唐先生之所以說出「一念之陷溺，即成極大之罪惡」一語，其用心、用意或即在於教人於歹

象，不太好懂。先生嘗細作說明。其主旨是人在實踐善之過程中，罪惡不期然而然地出現了。其詳，容見下一節。

（3）**惡是善的一種變態之表現**

唐先生的相關說法如下：

> 我人之無限的精神要求，既可為有限的現實對象所拘繫，則精神之表現，便不得說盡善，惡亦當為精神之一種表現。不過我說明精神之表現根本是善，惡只一種變態之表現[53]。惡為善之反面，然善復求反其反面，故惡只是一種為善所反之負面性的存在，惡非真正的精神之表現。由此而歸於性善之結論。在此處我又是取資於王陽明之良知之善善惡惡之說，以完成孟子性善論。[54]

上引文，茲稍說明如下。依儒家義，就形上界來說，精神的表現，乃必為善者。然而，人存在於（生存於）有限的現實世界中，則其精神之表現似乎不可避免而必為現實對象所拘繫。此拘繫便使到人之精神表現本該全然為善的情況，產生了變異、歧出。（此乃就人精神上之客觀表現來說；若扣緊人本身之精神來說，乃其人之一念陷溺也。）就正常之發展來說，此變異或歧出，乃一種「異常之發展」。相對於「善」來說，此變異或歧出（唐先生的描繪是「變態之表現」；按：此用語非常到位、醒目），即所謂「惡」也。

念（以一念陷溺有導致罪惡之可能，是以此種念頭，筆者乃以「歹念」稱之。）生起之處，即罪惡之源頭處，乃猛然截斷之，即馬上排除、打消（消滅）該歹念。念頭不再陷溺（一念超拔或歹念已被消滅），則罪惡便無由生起了。果爾，則先生之思慮亦可謂既深且遠矣。

53 「惡只一種變態之表現」，唐先生有另一句話也表達出相同的涵意，如下：「形上之精神實在之善，必須要求實現於現實世界，所以不能一直實現其善，他便化身為人之罪惡，繞彎子以間接實現其善。」繞彎子即好比上引文中所說的「變態」。當然，也可以說因為繞了彎子，所以便演變成一種變態。上引語出自《道德自我之建立》，頁137。

54 〈導言〉，《道德自我之建立》，頁12-13。

依唐先生，人世間精神表現上之異常或變態，乃絕不能恆久者，而必僅為暫時性者，以其違反精神表現之本來該有之正常發展也。也可以說違反了、背叛了其本來的性質（性格）、面貌；即所謂產生了異化。唐先生之相關說法，又見下文：

> 一切犯罪的人之犯罪，只是他最內在最潛深的自我要實踐善，而又不知如何實踐善者，不得不經過的過程。他們精神之下墮，就是因為他們要由下墮而上升。[55]

這是說犯罪者，其動機或原先之一念（唐先生的用語是：「最潛深的自我」的內在要求）絕不是要犯罪；反之，是要實踐善。然而，在過程中，恆不幸而有所歧出（即上引文中唐先生所說的「下墮」）。此歧出便不期然而然的成為了實踐善不可避免（至少難以避免）的一個重要環節，即唐先生所說的「不得不經過的過程」。[56]先生又說：「人的精神之會陷溺沉墮於現實世界

---

[55] 《道德自我之建立》，頁136。

[56] 總上，唐先生所說的「（惡乃）實踐善，不得不經過的過程」云云的說法，相當具說服力。但似乎過於抽象，比較不好懂。茲舉現實上的具體例子說明如下：臺灣近數年來，以少子化、兩岸關係欠佳等等緣故，大學招生方面，遂產生嚴重不足的情況，尤以私立大學為然。各私立大學無不想方設法，力挽狂瀾。表面來看，這只是一個大學招生政策或招生策略的問題。然而，其背後恆牽扯上道德問題。何以言之？其答案是顯而易見的，蓋招生不足（生員不足）會導致財資短缺、入不敷支。此又進一步引起下列問題：教學資源（含軟硬體設備、員額編制等）從簡、開課不足（此影響學生受教權），乃至某些學系必得停招，甚或停辦等等。教師職工就會面臨不續聘，甚至解聘等等的命運。其生計遂可能受到嚴重影響；這便牽扯到人的生存問題了。生存問題（含生存權利）當然難免會牽扯到道德，因此也可以說是一個道德問題（上面說到的受教權，恐怕多多少少也是一個道德問題）。所以各私立大學在招生方面無不卯足了勁，想方設法要解決問題。以其背後多少會牽扯到道德問題，下面便試圖從道德的視角來審視之。學校卯足了勁的表現，我們似可以定位為在道德上力求向善、追求善（實踐善）的一種表現。而學校向善、求善之具體落實，便是各個單位，尤其各單位主管相應的努力。而種種努力或表現，或可藉著以下的不同用語，以代表不同的積極程度（粗略分為十一級）：1、盡力而為；2、全力以赴；3、殫精竭慮；4、鍥而不

而犯罪，即是為的實現：改悔罪惡、否定罪惡之善。」[57]此語句有點不詞（不好懂）。茲稍改易如下，希望能比較好懂一些且不乖違唐先生之原意：「人的精神之會陷溺沉墮於現實世界而犯罪，即是為的要實現善：透過『改悔罪惡、否定罪惡』之方式來實現善。」這句的意思是說：改悔罪惡、否定罪惡是一種善行。人的精神之會陷溺沉墮於現實世界而犯罪，其目的就是要實踐這種善行。由此來說，善與惡的問題，實非常吊詭，蓋兩者成為了相互依存的一種關係。由此亦可見惡，固非吾人所欲也；但原來它也有價值！如吾人視善為正面者；則惡，乃其反面也，可以說是比較消極的一面。然而，如上所述，善與惡乃一種相互依存的關係，善既為一價值，則惡又何嘗不是一價值呢？要言之，惡乃一消極價值也。此消極價值，由唐先生以下的一句話，也許可以得到印證：「人總是有過惡的，人之可貴在向善，但無過惡也

捨；5、擇善固執；6 排除萬難；7、無所不用其極；8、疾惡如仇（「惡」在此乃指一切影響招生成績的負面因子）；9、除惡務盡；10、不擇手段；11、貪得無厭。前6項（從「盡力而為」到「排除萬難」），大體上可視為純粹是正面的。但從第7項「無所不用其極」開始，便似乎邁向惡的境域了，且一項比一項更為惡。由此來說，本來是向善、求善（實踐善）的一個美善行為，最後竟成為了惡（生起了惡）。若扣緊「一念陷溺」來說，無所不用其極地和不擇手段地去要求、追逐善，就成為了步步下陷之關鍵所在。以上這個說明，希望能幫助讀者具體地了解「惡自善出」這個論點。唐先生曾說過：聖賢事業，也可以變成魔鬼事業。粵語有句云：好心做壞事。這兩句話，其精神正好比如下一語：人在實踐善的過程中，惡不期然而然的生起（甚至可以說，被誘發了，被製造了出來）。這是一個很吊詭的現象。在這裡，容補充一點，如下：依唐先生上面的說法，則惡乃虛者，其本身不能獨立自存者。而其所以存在（出現），乃以有善故（以人實踐善之故），即凡惡皆出自善也。然而，吾人絕不能反過來說：凡善必生出惡。唐先生嘗說過以下一句話：「形上之精神實在之善，……」。（語見《道德自我之建立》，頁137；又詳上注53）由此蓋可知形而上界之善之性質為如何矣（要言之，其性質為至善者）。細言之，形而上界之善絕不會如同形而下界之善之被拘縶而生起惡的。在這個地方，吾人必須有所分判。要言之，惡乃緣自現實世界中人之實踐善而起（簡言之，即「凡惡皆自善出」）；但不能說：凡善必生出惡，譬如形上界之善乃善之源頭地，而此種善乃恆久不變不易而絕不會有所陷溺而生出惡者（簡言之，即非「凡善必生出惡」也）。

57 《道德自我之建立》，頁137。

無善。」[58]由此來說，惡也扮演了一個相當關鍵的角色。蓋善借助於惡，轉個彎間接地（此「轉彎」、「間接」的說法，源自唐先生；詳見上注 53）使其自身得以落實（實踐）下來。而善之落實（實踐），其實，即其復位也；即善回歸其正軌而不再歧出也。

筆者在這裡要指出一點。「一念陷溺而成罪惡」在人世間之所以出現，唐先生以上的立論，筆者佩服到五體投地。蓋依乎儒家大義之人性本善這個大前提，惡之本身是不可能獨立自存的，否則「性本善」便只是一虛說，甚至一妄說了。這所以唐先生這個建基於孟子、陽明等等先聖先賢而來的說法，是很可以說明惡所以生起或出現的原因的。然而，對非儒門中人或另有考量的學者來說，唐先生的說法，恐被視為僅係一信念、一家之言或XXX而已，而不必然一"客觀真理"呢！[59]

---

58 《致廷光書》，頁 70。這句話之後有一兩句話，吾人可視為係這句話的注釋（即進一步的說明）；頗具參考價值，如下：「一切生物中只有人真知向善，但是也只有人才有過惡。過惡與善同時存在的，善之所以成其為善，即在能反乎過惡。但是無過惡也無反乎過惡之善。……人要求戰勝便不要怕敵人。人要求真善美樂就不要怕錯醜惡苦。一切東西永遠是相反相成，……」唐先生之思維、論證之深具辨證（dialectic）的味道，上引文可見一斑。（按：與「真善美樂」相對應的是「錯惡醜苦」。所以作「錯醜惡苦」也許是手民之誤，即誤排了。）在這裡，必須作點補充說明，如下：我們必須了解這句話的語境（語域）。其實，任何語句皆然，即不能斷章取義來看的。按：這句話是唐先生在書信中的某一特殊情況下或脈絡下向師母（當時的女友）說出的；它有其對應性，即有其應用的一定範圍領域。就現象界來說，事物是恆相對的。善、惡即一例；若過錯或罪惡不存在，那便無所謂善了（至少可說彰顯不了善了）。所以唐先生所說的一句話：「一切東西永遠是相反相成」，是完全說得通的。然而，若把這句話稍微擴大一點，而變成：「事物恆相對、恆相生相成的」，並應用在另一脈絡下或領域下，譬如在信仰領域（宗教領域）下，似乎便有待商榷了。蓋吾人絕對不能說：相對於人或天使來說，上帝（天主）是比較良善的。因為上帝是至善的，祂不必跟任何東西相比。其實，祂在任一方面，都是絕對的。譬如除了全善外，祂也是全能的、全知的。如說祂比人類善良一點、能力強一點、知識豐富一點，那豈非笑話？！「言亦各有所當」，吾人必須謹記斯言；千萬別把唐先生的話作無限的推衍而應用或套用在任一語域上；且更不應隨意予以擴大，稍微擴大一點恐怕也不宜。

59 上面提到過的林如心先生的大文（出版於 1995 年的博論），恐即係出自這些學者可能著作中的一例。

（4）不具備修養的工夫或不富於悲憫的情感不足以認明白罪惡的問題[60]

以上所述是唐先生 30 歲前後對過惡／罪惡／罪過／犯錯誤的看法。晚年時（辭世前三四年的 1974 年；先生 1978.02.02 辭世），對此看法稍感不滿，以其未為周延也；是以乃有以下的"補充"：

> 最近這一兩年，我在想反面的東西。這兩面（筆者按：順上文，乃指正面和反面），在形而上學上，我已經解決了，但在現實世界還未有（筆者按：作「有未」似乎更好懂。）解決的，就是罪惡的問題。罪惡的問題還要重新再想。罪惡的問題不完全可以就形而上的哲學理想講，哲學理想上講這個不成問題（筆者按：本節上引文，大體上皆從形而上的哲學理想的視角切入來講），但要配上現實的事實。……宋明儒學家有很多見解，以罪惡是消極性的（筆者按：此好比說無獨立自存的地位，且是負面的）。罪惡也不止在外面，也在我自己的身上（筆者按：「外面」蓋謂己身之外，罪惡在世間仍普遍地存在著之意），每一個人生命中都有罪惡。要把罪惡的東西認明白[61]，才能夠

---

[60] 這方面的立論，不見於唐先生《道德自我之建立》或《致廷光書》二書；而見於其晚年的一篇文章：〈民國初年的學風與我學哲學的經過〉（文章源自先生 1974 年所做之演講，詳參下注 63。）按：本文（本章）的標題是：〈唐君毅先生 30 歲前後的哲學思想〉。今茲援用唐先生在該文的看法以說明其相關哲思，則顯與本文所處理的時段（唐先生 30 歲前後的哲思）相違背。然而，藉著「修養的工夫」和「悲憫的情感」（皆該文中的用語）所扮演的角色，以說明唐先生「過惡」的理論，則深具關鍵的地位；是以筆者不嫌違反體例，而把該文的若干說法徵引下來。

[61] 「要把罪惡的東西認明白」這句話後面有「客觀的理解」一語。所以所謂「認明白」指的大概就是對欲了解之對象做「（深入的）客觀的理解」之意。「要把罪惡的東西認明白」這句話則讓筆者想起要對某一對象做到「深入的認識」或「深入的理解」需具備什麼條件這個問題。茲先引錄唐先生以下一句話以方便下面的說明。先生說：「了解有二種，一種是理智的了解，一種是同情的了解，……同情的了解則是體貼。」（〈第六函〉，《致廷光書》，頁 65）上引文中所謂「認明白」中的「認」一字，不必多說，乃「認識」一詞的縮寫。而「認識」，蓋即上引唐文中「了解」一語的同義詞。而「客觀的理解」蓋相當於上引第六函「理智的了解」。上引唐文中有

> 超出罪惡，……要照見罪惡，不完全是客觀的理解，還要帶一點佛學的精神，要多一點悲憫的情感配上去來照，不然把罪惡的世界暴露出來，這個也不得了，會把人害了。如果悲憫情感不夠，知道了罪惡，談起來，就好像許多張牙舞爪的，會吃人的東西，所以要先學一個修養的工夫。假定我以後還有時間下工夫研究，可能在這方面下點工夫。[62]

上引文，唐先生說得很清楚，唯稍贅言數語如下：一、要了解、說明罪惡這個問題，純學理上之說明，譬如僅從形上學立論，固不足；縱然「配上現實的事實」作進一步說明，仍有所不足。那麼要怎樣做才足夠呢？據上文，是要配上「悲憫的情感」才能夠照出罪惡的。二、唐先生又進一步點出「悲憫的情感」尚有另一功能：超出罪惡（此意蓋謂擺脫罪惡，從罪惡中超拔出來。）此可見「悲憫的情感」是多麼的重要了。然而，緣何而有此種情感呢？這恐怕就不是學養所可奏效的了。反之，有賴修養的工夫。三、以上一

句云：「要照見罪惡，不完全是客觀的理解，還要……悲憫的情感。」依筆者，「悲憫的情感」在「理解」上所扮演的角色，正好比「同情」在「了解」上所扮演的角色。簡言之，「悲憫的情感」＋「理解」正好比第六函所說的「同情的了解」。而「同情的了解則是體貼」一語，蓋意謂只有透過體貼這種心態（恐怕還得含行為）才可以做到、體會到同情的了解。又人之所以能夠體貼對方，則恆緣自一己對對方具有同一番情感（按：吾人恆因同情對方而始對其境況生起共感；簡言之，即所謂「同情共感」也）；之所以對對方具同一的情感，則又恆緣自一己能夠設身處地從對方的立場作出考量（即一己的情感與對方的情感結合無間、融為一體）。所以唐先生所說的透過「悲憫的情感」以了解罪惡，乃意謂透過體貼諒解，甚至寬宥的一種心態來了解罪惡（當然含犯罪者本人）；否則對罪惡便不能具相當（在這裡，筆者不敢用「充分」一語）的了解（認識）。寫到這裡，容筆者做點補充。從心理學、行為科學，乃至從犯罪學等等的學科來看，其相關學者針對惡之出現，即人之所以會犯罪，或犯過錯，都有一套自圓其說的看法。這方面，博學如唐先生者，定然有所知悉。然而，唐先生是從另一層面（筆者認為更基本，更關鍵的層面）來檢視整個問題，是以唐先生便不擬涉及心理學、行為科學等等這些層面了。

62 唐君毅，〈民國初年的學風與我學哲學的經過〉，《病裡乾坤》（臺北：鵝湖出版社，1984），頁174。

和二，是不難理解的。況且上引文本身就很清楚了。現在要討論的是以下這句話：「假定我以後還有時間下工夫研究，可能在這方面下點工夫」。對筆者來說，這句話頗費解。[63]關鍵在於「工夫研究」四字。其意乃指：(1)「針對工夫作點研究」？簡言之，即針對修養方面下工夫？(2)還是指：「針對研究下點工夫」？簡言之，即針對學理研究（學養）方面下工夫？(3)還是指修養和學養，均要下工夫？細察這句話及其前後語句的文意，「工夫研究」這四字，似乎不是指「學理研究」這個面向的。然而，猶記得摯友劉國強教授多年前，甚至約 10 年前，嘗對筆者說，唐先生對他說過，打算完成《生命存在與心靈境界》一書之後，在有生之年寫一書來闡明罪惡這個問題。[64]若要闡明這個問題，則相關學養便不能或缺。然則上面之(2)（或可加上(3)）的說法是可以成立的（或至少其成立的可能性，不宜截然予以排除）。然而，或許是天不假年，所以不克完成該專書？還是另有原因，所以不擬成書？國強兄又曾說過，唐先生後來認為該書不必寫（甚或不應寫？）。上引文有句云：「把罪惡的世界暴露出來，這個也不得了，會把人害了。」這句話正好佐證了何以不擬成書這個說法。是耶？非耶？讀者其明以教我為幸。以唐先生學養之淵通、修養之精純、復加上悲憫之情之閎深，且撰就於智慧最為圓熟之晚年，如能成書，則對於學界，乃至對於全人類，其貢獻豈淺鮮哉？！

最後，筆者必須一說的是，從唐先生以上的立論，筆者實在深受啟發，

---

63 據〈民國初年的學風與我學哲學的經過〉一文之起首處，乃悉此文源自演講而來之錄音帶。整理者為劉國強教授和岑詠芳學姐。演講時間：1974 年。刊登前，唐先生未嘗過目。眾所周知，口頭演講不似句斟字酌之撰著之嚴謹，且刊登前又未經唐先生過目，所以唐先生之確切用語到底如何（含用意如何），實不易知悉也。筆者由是生惑。

64 罪惡的起源及其命運的相關說法，唐先生在《道德自我之建立》一書中很明白的指出說：「……許多問題，今皆不能說，讀者視之一獨斷之論可也。」（頁 138）該書中相關說明的一節在標題後即注明為「描述體」（即非議論體、辨證體）。唐先生說歸說，該節之議論、辨證部分，篇幅上實在不少。然而，筆者仍然非常期待更多相關論說之出現，不意最後竟未能出現。

獲益良多。今簡說如下：當吾人看到現實界之有惡時，即惡行出現時，吾人實在不必氣餒，更不必生氣。蓋此惡之背後必有一相應之善存在著（但可說只是潛存，然不發用；或暫未發用），而一時陷溺而行惡（犯過錯）的人只要他一念自覺（相對於「一念陷溺」，故此處特用「一念自覺」一語），善便得以復位了，復活了（並得以發用了）。由此來說，任何行惡者（犯過錯者），吾人都可以原諒他而不應放棄他。倡議廢除死刑者，其最大之理據，或即在此歟？[65]唐先生上文說到的必須以悲憫的情感（其背後為悲憫之心）來看待惡。此言實發人深省，吾人當三復之。

（5）唐先生之性惡說必須從其所堅信的性善說切入方可得其契解

人一念陷溺而成罪惡的說法，上文主要藉著《道德自我之建立》和《致廷光書》兩書（尤其前者）來說明唐先生的論點。書中之相關陳述鋪排，可謂相當精巧，曲盡其妙。[66]筆者閱讀的過程中，在個別的地方，經常碰到：似懂非懂，不甚能確悉其旨趣所在的困惑！幾經思索，乃得一粗淺的看法（也可以說是一點體會）；今綜說如下：依先生之見，在現實世界上，惡之所由生（即人之有過惡，或世間過惡之所以存在、出現；含人之犯錯誤），其關鍵原因，全在於：人因一念陷溺而對現實世間的一些事事物物——物件（唐先生的用語是：現實對象；唐先生並舉名利色權這四項為代表），要求其無限時（「要求無限」[67]也是唐先生本人的用語），他必反過來被這些對

---

[65] 針對這方面，唐先生亦有所說明，如下：「由我們自己之常犯罪，亦常能湔洗罪，便對他人之惡能原諒——以大罪與小罪同源，故能諒他人之瀰天大罪——，而相信他人之罪，亦無不可湔洗。」《道德自我之建立》，頁 147。

[66] 《道德自我之建立》出版後，嘗獲學術委員會二等獎（本為一等獎，後以唐先生謙讓，委員會遂改為與二等獎對調。相關記載，詳臺灣學生書局和北京九州出版社《唐君毅年譜》1944 年條。）今觀先生論述之精妙、周延，可知獲獎，絕非偶然也。然而，個別讀者也許會從另一角度來看，因而覺得唐先生之說理，說得相當紆迴曲折，往復糾纏；甚至有點混含不清。

[67] 「要求無限」，細析之，可有兩方面。其一，要求對象之無窮擴大或無窮深化。其二，在要求的過程中（即在時間上），作出不斷之努力。其實，這兩者是二而一的。因為正由於不斷之努力，所以對象始得以無窮擴大也，深化也。

象所拘縶。此「要求無限」就是一種貪欲，亦即唐先生所說的「一念之陷溺」之所在[68]。縱然是追求善（或可說：實踐善），但「又不知如何實踐善者」[69]，則必出岔子：歧出，實踐善之人之精神便隨之下墮；惡即由此而

---

68 當然也可以說，由於一念之陷溺而造成不斷的追求、追逐。唐先生嘗明言：追逐的過程中，或追逐的背後（唐先生原語為：「最內在最潛深的自我」），乃係要實踐善。此語非常關鍵。

69 「又不知如何實踐善者」，乃唐先生本人用語，詳見《道德自我之建立》，頁 136；又可參上注 56。針對「不知如何實踐善者」一語，茲稍說明如下：其意並不是說欲實踐善的人真的不知道怎樣去實踐善，而是說：「欲實踐善的人當找不到、把握不到如何才可以恰當地去實踐善的話」之意。唐先生下語：「（欲實踐善者）尋不出他正當的表現之路道的人」（頁 136），與此語的意思正同。（稍微有別的是：「又不知如何實踐善者」中的「者」字，不是指「人」；而是「的」字或「的話」的意思。但就整個語句的涵意來說，實亦無所別異。）筆者以為，「正當的表現」乃上引語句中最關鍵的用語。其意是「如其分，如其度的表現」，始為「正當的表現」。現今所以成為惡，乃緣自表現過了分，過了度！之所以如此者，蓋緣自無窮貪欲而來之無窮之追逐也。當然也可以說，無窮的貪欲（含落實），其本身就是一種過了分，過了度的表現。要言之，貪欲導致了惡。於此，吾人又必須作一點補充：其實，惡並非僅由或全由貪欲所導致、引起的。唐先生即如是說：「……由此我們可以再進一層說：我們並不必陷溺於聲色貨利貪名貪權之慾時，才是罪惡，我們陷溺于我們之任何活動，均是罪惡」（《道德自我之建立》，頁 142。）筆者深恐讀者誤會，以為貪欲是罪惡的唯一源頭，所以便根據唐先生的原文作出如上的補充。其中尤其須要強調的是，陷溺於任何活動（含實踐善這個活動），也是會導致罪惡的。筆者要再強調的是，人間任何有正面價值的活動，吾人都應去實踐它，更何況是善的活動。然而，千萬別陷溺、黏滯其中（「黏滯」，亦唐先生本人用語，見頁 144-145），即千萬別被限制、拘縶。否則任何正面有價值的活動都失其意義；而善亦可成為惡了。這讓筆者聯想到一些宗教徒的想法或作法。依愚見，簡言之，不少宗教徒以己教為善，且是唯一的善，甚至是至善；而認為他教為非，且是大非、大惡。筆者以為，這就是陷溺、黏滯的具體表現。其結果是非常可怕的。君不見歷史上不少宗教戰爭便由此而起嗎？於此正可見相互包容、禮讓、器度、設身處地（易地而處，不以一己之見來範圍對方）、從對方的立場多去想想的重要性了！補充：「陷溺」這個詞用得很普遍，且在顧名思義的“推波助瀾”下，其負面價值是很明顯的。「黏滯」一詞則不然。雖其負面價值顯然，但似乎不至於太大——太具影響力。然而，唐先生的相關說明則使人耳目一新，助人深悉人一旦有所黏滯，其後果也是很嚴重的。先生說：「一切黏滯即陷溺。而一切游思雜念，我們明知其不必發生，而竟不免於發生，皆由我們之黏滯於我們昔之所

生。[70]在形上界追求善（實踐善），那當然不會出問題。但人所生活之現實

習。一切匆遽、浮動、迫不及待，皆由我們黏滯於未來之所求。一切疏忽、蔽塞、癡迷，皆由我們黏滯於現在之所務。我們不能物來順應，意念純一，皆由於我們有所黏滯。我們不能作事秩然有序，不免顛倒混亂，都由於有所黏滯。凡我們明知不當如此，而竟不能免於如此者，均由我們之有所黏滯。黏滯即是心為物役，即是陷溺。」（《道德自我之建立》，頁 144。）按：時間之進程，細分之，不過過、現、未三階段而已。依上文，人可黏滯於任一階段！然而，黏滯之具體對象則不盡相同，如下：對過去、未來和現在，乃分別黏滯於昔之所習（所成之過惡為「游思雜念」）、黏滯於未來之所求（所成之過惡為「匆遽、浮動、迫不及待」）和黏滯於現在之所務（所成之過惡為「疏忽、蔽塞、癡迷」）。（必須指出的是，所謂黏滯於過去，乃指即將犯過惡的人（今人）對過去有所黏滯而言。而不是說該人過去之黏滯如何導致他現在做出負面的行為——過惡。）然而，黏滯之結果則同：同為生起罪惡也。也可以說，黏滯於任一階段，吾人都很可能犯過惡，甚至可說都在罪惡之中。唐先生即明言：「因黏滯即陷溺，我們時時發見我們不免有所陷溺，便知我們隨時在罪惡之中。」（頁 145）唐先生這句話實發人深省；筆者更是怵惕不已。按：唐先生對人從不放棄；反之，恆給予鼓勵，務使人一念自反向上而免於犯過惡。而使人免於犯過惡者，唐先生開出了良方；乃係吾人須牢記以下一句話並努力付諸實行：「道德生活是莫有放假」的。此語見頁 146。

70　本意是要去實踐善，但惡竟如影隨形而繼至，何以故？唐先生嘗作出以下的說明：「我們陷溺于我們之任何活動，均是罪惡，而我們之任何活動，我們都可陷溺于其中。」然而，為什麼我們會陷溺其中而最後竟成惡呢？先生繼續說：「任何活動，當我們對之加以反省時，都可把它固定化、符號化，成一現實的對象；而我們將它固定化、符號化，成一現實的對象之後，我們又可把它再加以把握，而隸屬之於我，執著之為我所有的，而生一種有所佔獲的意思。而當我們把一對象隸屬之於我，生一種佔獲的意思，同時我即隸屬於對象，為對象所佔獲，而我之精神即為對象所限制、所拘縶而陷溺其中。」《道德自我之建立》，頁 142。（上引文中的「固定化」、「符號化」，也許分別相當於「膠固化」／「概念化」、「虛擬化」？）先生上文說得非常到位，但恐怕仍過於抽象。首先可說的是：文中的「任何活動」，當然含實踐善這個活動。然則實踐善也可以成為惡，此又何義？答：其關鍵全在於實踐者（實踐之人）企圖把作為對象之善隸屬之於我，據為己有。按：善可謂天下之“公器”（公用物、公共資源），任何人皆可擁有之應用之——實踐之。現今竟被您企圖據為己有，即您企圖佔獲之（唐先生「佔獲」一用語，大概意謂：壟斷之、私有之），認為只有您一人才可以（才夠資格）實踐善，那恐怕就是一種惡，甚至是大惡了。蓋廣義言之，善亦一物也。依上文，人既可為善所限制、所拘縶而陷溺其中，即不啻說人乃為物所

界，是形上、形下合為一體的一個世界[71]。在此世界縱然是追求善（實踐善），且是以「要求無限」（也可說無止境）的方式來追求，則又被現實界中形下一面的現實對象所拘縶的情況下，那又怎能不出狀況呢？！

在這個地方，讀者也許會產生疑惑而提出以下的問題：何以唐先生不嫌煩乃爾，而需要造出「在現實世間，人在實踐善的過程中，惡必然如影隨形

役、所蔽也，即為其所俘擄綁架也。於此，唐先生嘗用「心為物役」一語。見《道德自我之建立》，頁 144。《荀子・修身》：「君子役物，小人役於物。」其實，依唐先生上文所言及筆者的個人經驗，吾人役物時，亦役於物也，即同時為物所役也（真可說是：我役物時，物亦役我）。何以言之？試舉一淺譬，如下：當您花心思思考如何運用一筆資金（資金，猶一物也）時，就某一程度上而言，也等同是：這筆資金（物）使到您花心思思考如何來運用它！換言之，人役物時，亦為物所役也。依淺見，役物之程度與被物所役之程度，恆成正比。役物之程度大，則為物所役之程度亦大。物恆能"隱忍不發"。然而，若人不知節制，而役物過甚，過大時，則物在"忍無可忍"的情況下，也會進行反撲的。君不見地球被過度開發時所做出之反撲耶？由此可見，役物而為君子乎？或役於物而沈淪為小人乎？其關鍵全在於人本身是否懂得自律自制，即是否知所進退而不致於役物過甚而已。既為物所役，則吾人又焉能不陷於惡（行惡、犯過錯）呢？！唐先生嘗以「純粹的愛」來舉例，以說明欲佔獲之者即難逃陷溺的命運而成一惡矣。此蓋緣自施「純粹的愛」的人有時難免會產生以下的極端想法，而認為：「我之人格更增加一內容而比他人為偉大」。此極端化的情況，恐怕已算是有點"走火入魔"了。按：「純粹的愛」的活動，其性質固為善無疑；然而，以一念之陷溺（始於自我感覺良好，進而沾沾自喜，再進而自矜其道德人格，終於自認為比他人偉大！），則反成惡矣！孟子謂：「人之所以異於禽獸者，幾希。」（〈離婁下〉）人禽之辨，就差這麼一點點；今始得真切的體會！於此又聯想到，上帝（天主）固為至善者。其善幾近乎上帝者，其為天使也歟？然而一失足，即所謂一陷溺，則成魔鬼矣。此警訊，足以發人深省！唐先生又指出：「過度之悔恨不已」以追求絕對無罪的心境，亦然。其實，求真求美的活動，亦同樣可成為惡！唐先生所舉的例子及相關說明，見《道德自我之建立》，頁 144-145。綜上，惡生起的原因有二。除上文屢次道及的對現實對象作無限的追逐而最後乃演變成貪欲外；另一則是本意是役物而最後反被物所役！其實，二者亦未嘗不可視為同一個東西，蓋皆緣自陷溺也；籠統言之，亦可謂皆緣自黏滯也。筆者以上的說明，希望沒有乖違唐先生相關文字的大意。

71 吾人必得補充說：在現實世界生活／生存之人，當然也可以思及形上界之事。再者，人只須自反自覺一念向上，便可上通於形上界之精神實在之善了。這是不必多說的。

的誕生」[72]（簡單說，即惡由善生）這種理論呢？豈非只須肯認人性本身除含善的一端外，也含惡的一端（簡單說，即認同二元論：善、惡各有其源頭並各自獨立），那便能簡明扼要一針見血地說明了惡出現的“真相”嗎？針對以上兩問題，筆者試圖給出以下的“答案”：一言以蔽之，此全緣自作為儒家的唐先生所認同，甚至擇善固執下所堅持的「性善說」也。[73]蓋性既善（指至善、純善），則惡便必然為虛；即本質上，惡是不能獨立存在的。換言之，惡本身並不是一個實體而可以自己生起並自存的（即惡必須有所依附（寄生）而始可“生存”的）；再者，其最後又必然在人一念自反自覺下而為善所戰勝的，由是「罪惡無不可消除」的（唐先生本人用語）。讀者雖不必然認同唐先生堅持性善說下，所造出的相當紆迴曲折（也可以說相當精巧）的對惡所由生的一大套說詞，但就這套說詞（甚至可以說是一個理論）本身來說，筆者認為是甚能自圓其說，而深具說服力的；且亦正反映儒家之所以為儒家也。唐先生嘗指出說，他這套說詞乃「取資於王陽明之良知之善善惡惡之說」，且又深具信心的繼續指出說：可藉以「完成孟子的性善論」（詳上）。筆者由是認定，這套說詞，實一深具貢獻之偉構也；雖有所本，然不異一大發明也。

上段文字說到「惡是不能獨立自存的」，容多說幾句。假若善與惡，皆各別獨立自存，這是二元論的一個說法。這與儒家的性善說是不相容的。所以作為堅信性善說的儒家來說，是無法接受這個說法的。因為假若惡本身乃係獨立自存者，則善能否必然戰勝之，便不無疑問了。既不能保證惡必敗於善，那性善說便不為究竟（終極、完善）的一套學說了。在這情況下，善之能夠戰勝惡，恐怕就有待向外求助了。譬如求助於上帝，便是其中一途。如此來說，就成了他律道德而不再是人本身可以自己作得了主的自律道德了。

---

72 這不是唐先生本人的用語。筆者是綜括其立論之精神要旨而寫出這比較簡明扼要的一句話。

73 唐先生相信性本善，乃性善論者，這是不消多說的。《道德自我之建立》以下一語，便已道盡一切：「……。所以我們說人性根本是善的。」其後還重複了四次的說：「我們必需相信人性是善，然後……」（頁131）

這對儒家來說，是極嚴重且不可接受之事。唐先生堅持惡乃出諸善者，即可挽救此失：保住人（作為人性本善之人）乃為，且永為一自作主宰者。按：這個說法有二特點或二優點。其一，不讓惡有其獨立的地位；所以其被消滅，乃早晚之事。其二，人只要一念自反向上，即復歸於善而惡即同時被消滅。換言之，把惡這個不肖子孫生出來而作為其“父親”（當然也可以說其“母親”）之善（依上文，簡言之，即「善乃惡之母」也），乃有義務，且也有能力消滅之也，蓋既能生出之，故也當能（儒家相信必能）消滅之也。

6、論宗教

「宗教」一詞，從其狹義的定義（姑依學人對歐美過去最為流行的基督宗教信仰的說法為代表[74]）來說，唐先生是沒有宗教信仰的。然而，當代（現代）新儒家三大師（徐、唐、牟）中，似以唐先生的宗教意識最為濃郁；對宗教的特色及對宗教文化之研究（或關注），著力亦最多[75]。下文則

---

[74] 謝幼偉先生嘗指出宗教的特質有四。其說法大抵是偏重基督宗教的特質來說。謝說詳見所著：《哲學講話》（臺北：中國文化大學，1982），頁 3-4。謝說與筆者個人對基督宗教膚淺理解下的特質，又可參拙著《性情與愛情》，頁148，注44。

[75] 唐先生對宗教所作出的論述，散見其不同著作，其中最具創意且最能彰顯中國宗教信仰之特色者，筆者認為乃係見諸《中國人文精神之發展》一書中討論三祭的部分。所謂「三祭」，指的是對天地、祖宗、聖賢的祭祀。《荀子・禮論篇》云：「禮有三本：天地者，生之本也；先祖者，類之本也；君師者，治之本也。」唐先生的說法，蓋源自荀卿而予以變易：「君師」改為「聖賢」。此一改動，實至為關鍵，以其足以反映先生儒家之為儒家之所在也。梁啟雄《荀子柬釋》於此條下作按語云：「師，亦君也。」「師」、「君」，乃至「長」之名目，在某一脈絡下，實異名而同實。今以《荀子・儒效篇》：「夫是之謂人師」一語之後之《集解》部分為準作說明。大要言之，其意乃謂：師，長也；長，君也。而原句中的「人師」，則「猶言人君矣。」簡言之，〈禮論篇〉中的「君師」，即指「人君」而言。衡諸「治之本也」（此意蓋謂君師乃政治或統治之源頭或根據之所在）一語，更可以確認「君師」乃僅指「人君」而已，而不兼指負文教之責之教師／老師。然則唐先生之改動，是把政治之最高統治者——人君，改為對文教最有貢獻者——聖賢。蓋依唐先生，只有對後者（文教）作出貢獻，才有資格“享用”國人對他們的祭祀；而人君不與焉。

唐先生對宗教問題所做的論述，近人之研究頗多，可參北京九州版《唐君毅全集》卷39之〈唐學研究文獻索引〉這個部分，不贅。

主要依據《致廷光書》以說明唐先生早年對宗教的一些意見或看法。

說到宗教，則一定會牽扯到宗教的核心「神」的問題，是以先從神談起。先生給師母（當時的女朋友）的信中嘗說到一夢境的內容。先生說：

> ……其實那何嘗是我的夢，我不過覺那些思想是更高的思想，所以托於神的口中來說出，一切都是我的想像所構成，你當真以為是夢便錯了。其實神不是神，即是我自己的更深更高的自我，我們可以說任何人除他表面的我外，都有更深更高的我，那即是神。所以一切人內心都有神，神也即在人之內心。光妹，人之更深更高的我，是一不朽的實體，是一絕對完滿至真至善至美的存在。[76]

上引文可稍予說明，如下：首先，按一般人的看法，神的思想（當然神其他方面的表現亦然，不細表）是至為高超的，不是人所可企及的。上引文開首處把高超的思想託諸神之口說出來（因人是不可能具有這種能力的），即以此故。然而，先生話鋒一轉，非常斬截的指出說：神不是神，而是人[77]本身「更深更高的自我」。而此「自我」，其實即「人之內心」。而此內心或更深更高的自我，究其性質，乃「一不朽的實體，是一絕對完滿至真至善至美的存在」。要言之，因為「人即神」（依上引文，其實無所謂神，而只有人而已），所以本來只有神才具備的「絕對完滿至真、至善、至美」，人也同樣可以具備了。

這裡有一個問題，非常值得一說：依上文之意，先生似乎是否認宇宙間有所謂神的存在的；所有者，僅人或人心而已。這似乎是一個相當極端的唯心論（或可稱為主觀唯心論）的說法。然而，照筆者的理解，先生當然是承認心的至高無尚的地位的，但也不至於否認（形上界）的神的存在。儒家天道性命相貫通的道理，唐先生當然是承認且深信不移的。上引文之後有以下

---

76 〈第 33 函〉，《致廷光書》，頁 194-195。

77 先生的確切用語是「我」一字，其實乃泛指「人」，即「所有人」之意；是以今逕改作「人」。

幾句話。這幾句話應可幫助說明這點：

> 這些道理一時不能說完。總之我是要你放心我，不要以為我真是永在那樣苦痛的心境中。……（方）便於以後再寫信給你，促進你自新向上的動機呢。

上引文有以下三義：人即神的道理，一時是說不完的（因書信不方便深談、細談）；凸顯作為人的我（唐先生自稱），其能力好比神，所以光妹妳真的不必為我擔心；指出光妹妳作為人，妳完全有能力可以自新向上的。

以上第33函的說法，大體上也見諸第25函，如下：

> 我還是贊成耶穌「天國在你心裡，上帝在你心裡」的話。上帝即是人之精神本體、心之本體，其發出之呼聲即人之良心的命令、人之精神理想。……總之，上帝不能外求，當求之於內。[78]

上引文，上面〈總論〉之（四）也引錄過，且也說明過。今僅針對「良心的命令」稍作補充說明，如下：一說到「命令」，一般人會想到這是強制性的，是被動的（或所謂他律的），即不是心甘情願的。然而，良心的命令則非如此。這種命令好比康德所說的定然律令（無上律令、絕對命令），是人在自由意志之下依從／服從理性而行的，即沒有任何強制性的。要言之，行為之自身即是目的之所在，而不帶任何條件的。這種命令是先天的、普遍的、必然的。依這種命令而實踐之行為，按照中國傳統說法，乃義之所在。（而依義而來之行為，即今人所謂之「義務」也。）這個道理，唐先生當然是深悉的。

說到神與先生對所謂神的看法，先生給師母的另一封信中，也有相類同的看法，如下：

78　〈第25函〉，《致廷光書》，頁166。

> 昨日[79]上午參觀日本神宮，……此廟甚特別，……據云……最內部只有一鏡子。天照大神[80]謂其子孫曰：「若欲見我，即看此鏡云云。」此甚有意思。[81]

按：當吾人看鏡（照鏡）時，鏡中所見，便是看鏡者自己。天照大神既謂其子孫曰：「若欲見我，即看此鏡云云。」，即表示天照大神向其子孫作出如下的明示：被視為神的我，乃看鏡者你們自己而已。換言之，神又何須外求呢？唐先生之所以認為天照大神的說法甚有意思，正以其說契合唐先生素來的主張也。按：唐先生婚後給師母信函共 77 通（函 37-113），寫得都是相當精簡的（主要內容是抵達外國或外地後向師母報平安而已，所以不必贅言。），且極少談學問或道理的。上引函（函 45）是最長的一封，這大概跟其中部分內容談道理有關，所以篇幅便比較長了。

上面談到宗教中的神的問題，當然先生是有神論者，不贅。現在轉談先生本人的宗教信仰的問題。上面早說過，以宗教的狹義的定義來說，先生是沒有宗教信仰的。當然，如果視儒（「儒」有所多個維度或層次，如儒家、儒學、儒教）[82]為一種宗教信仰的話，那吾人當然可以說唐先生是有宗教信仰的。然而，唐先生又明言，他個人是相信佛學的。此又何說？下面引錄《致廷光書》的說法：

> 不過有一點是非說不可。就是我這個人在宗教上是相信佛學的，我信靈魂不滅，而且信淨土[83]實有，我在晚年一定要學佛，不知在這一點

---

[79] 本函寫於 1957 年 2 月 22 日，所以「昨日」即 21 日。

[80] 被奉為日本天皇的始祖的一位神靈。

[81] 〈第 45 函〉，《致廷光書》，頁 222。

[82] 「儒」的多個維度或層次，可參林安梧，〈儒教釋義：儒學、儒家與儒教的分際〉，《當代儒學》（廣西師大出版），第 10 輯，2016 年。林文又見儒學網，2019 年 7 月 4 日。https://www.rujiazg.com/article/16720；2022.11.01 瀏覽。

[83] 「淨土」一觀念可有數涵意。一般來說，乃「西方極樂淨土」的簡稱，即泛指人往生後可前往的西方極樂世界。其二，現實世界也可以成為淨土，即所謂人間淨土也。其

> 你可贊成不贊成，務請你告我。光妹，我的人生理想認為人生是多方面的。一個完滿的人格之生活應有宗教信仰（神）、藝術文學欣賞（美）、學術研究（真）、社會事業（善）及家庭中的父子兄弟夫婦之相愛、社會上的師友之相敬之外，同時也當有比較好但不可必之社會名譽，與不感太苦的物質生活。我自己是想成為一個各方兼顧的人格，我想這也即是儒家的中庸之道。[84]

上引文可討論或可說明者至多，首先是唐先生所自白的「宗教上是相信佛學的」這一點。依愚見，所謂「相信佛學」，恐指很喜歡[85]，很能欣賞，乃至相信佛學之義理而言[86]；恐不是指藉著佛學以作為寄託其整個生命所在的一

三，也可以指眾生的身心清淨而言。詳細說明，可參印順法師，《淨土與禪》（北京：中華書局，2022）。相關論述，尤見第一章〈淨土新論〉、第三章〈求生天國與往生淨土〉、第四章〈東方淨土發微〉。

[84] 第13函，《致廷光書》，頁116-117。

[85] 說到喜歡佛學，第16函（《致廷光書》，頁131）以下幾句話，足資佐證：「我對於佛學是非常喜歡，覺得人在老年應當學佛，應有宗教上的信仰，……。」唐先生之喜歡佛學，其實亦見諸行動，非單純的掛在嘴邊說一下喜歡而已。第24函說：「光妹，你記得我同你曾去禮佛，我看見大慈大悲的悲字，真不禁使我悲從中來，我想他人悲自己、悲一切犯過失的眾生，我在佛前禮拜，我也叫你禮拜。我深深的祈禱，望大慈大悲的佛原諒我們寬赦我們吧，亦寬恕一切眾生吧。我自覺那時的心境是一至高無上的心境。」《致廷光書》，頁162。僅見一「悲」字，即生起如上所述之一番悲感情懷而深感罪孽深重，並以此而祈求佛原諒、寬赦，並進一步祈求佛寬恕一切眾生，乃至自覺當時的心境乃一至高無上的心境，非悲天憫人如唐先生，非深具道德意識如唐先生，孰能至斯？！

[86] 先生對佛學義理有湛深之研究。其成就主要見諸《中國哲學原論‧原道篇》，卷三。按：《中國哲學原論‧原道篇》成書於先生中晚年。然而，先生撰寫於1936年（時年27歲）的〈中國宗教之特質〉一文（收入《中西哲學思想之比較論文集》）中，對佛教已有所論述。雖僅得數百字，但已見其宿慧早啟。《致廷光書》對於佛學之論述則極少，但偶爾間還是會提到的。茲舉一例，如下：「至於我們的過去關係之經一度變化，其實又算什麼，我們的生命在三界中輪回，我們過去都有無量世，我與你之前生又不知各是誰的伴侶」。（〈第24函〉，《致廷光書》，頁163-164。）其中「三界」（眾生所居之欲界、色界、無色界）、「輪回」、「無量世」，很明顯都是

個信仰而言[87]。儒佛有別（可以會通是另一回事）。唐先生，如假包換的儒家也，豈為佛教徒耶？[88]當然，吾人不排斥儒家也可以接受，甚至欣賞佛教（尤其佛學）中的部分義理。唐先生固不為例外也。其二，「靈魂不滅」[89]，這恐怕已是儒家的共識。儒家固係現實主義者，其關懷，尤其是終極關

佛學或佛教的用語。說到「相信佛學」，第 15 函以下幾句話，也足資佐證：「我覺得只有相信佛學才可以安慰。我想著母親一天會不在的苦痛，所以我相信佛學。」（《致廷光書》，頁 123）第 8 函唐先生也說過他相信佛學：「他信佛信聖人信神。」（《致廷光書》，頁 81。）按：引文中的「他」字乃先生自稱：故意向師母以第三人稱稱呼自己，以示一客觀之描述也。

87 佛學或佛教固然不是唐先生「寄託其整個生命所在的一個信仰」。然而，就筆者閱覽所及，再加上衡諸先生之日常行為來說，佛學或佛教，或許也是唐先生生命中相當倚重或相當重視的一種信念。筆者猶記得，唐先生辭世後不久，牟先生在課堂上（或與眾同學閒談）時，曾說過：唐先生“太認真”，晚年把很大的力氣耗損在與中文大學的“鬥爭”上；反之，如果稍微道家一點的話，其壽命應該會長一點的（大意如此；確切用語，不克憶記。）其實，就應世之道來說，儒家也有樂觀或達觀的一面，即也有拿得起，放得下（即所謂看得開）的一面。「達則兼善天下，窮則獨善其身」、「道不行，乘桴浮於海」、「用之則行，舍之則藏」等語便足以說明了。唐、牟等大師，當然是深悉儒家這些道理的。然而，牟先生仍說出希望唐先生道家一點的一句話，此即表示，就牟先生來看，道家在「拿得起，放得下（即所謂看得開）」這個方面來說，是勝於儒家的。這給予筆者一個啟發，即佛家很可能在同一個面向（或所謂人生哲學吧，尤其在「看得開」這個方面來說）上，也是勝於儒家的。上引文中：「相信佛學才可以安慰」、「我相信佛學」、「信佛」等語，筆者認為，大概就是針對日常生活上面對逆境時的處世之道來說的。要言之，在唐先生的生命中，儒家所說的道理，固為其主流（居主位）；道家，或這裡所說的佛家／佛教，也是很重要的支流（居閏位、偏位、副位）而居於輔助的地位的。

88 先生嘗明言：「我有我的哲學來幫我肯定人生，所以不曾學佛避世」（〈第 11 函〉，《致廷光書》，頁 105）。按：佛學或佛教之主旨乃在於出世或上引語的所謂「避世」。是以從上引語即可確認先生所說的：「宗教上是相信佛學的」，恐旨在說明乃係從欣賞、學習，乃至相信、認同佛學中的義理這個角度來說，而非真的要成為佛教徒，更非要出家不可。

89 第 7 函（撰於 1940.05.24）又有相同的說法：「我相信靈魂不朽。我愈覺死之可悲，我愈覺生之可貴。」（《致廷光書》，頁 72）先生第 7 函寫於 31 歲。31 歲對生命之本身便能予以肯定並視為可貴者，實不容易！其貴生說，又足以反映儒家的特色。按：《呂氏春秋》中的〈貴生篇〉乃可謂深具雜家色彩的一篇文章，其中儒、道、墨

懷，必是目前的現實世間。但這無礙其相信人死後（即軀體——形軀我——止息任何活動後），仍可以形軀以外的方式（靈魂、靈體，唐先生恆用「精神實在」一詞）存在於另一世界。其三，唐先生之追求真、善、美與神性，上面已說過，不贅。也許稍可補充的是，「善」一端，先生特別指明是社會事業。（一己之修身這個面向乃必然者，故唐先生從略。）此可見僅滿足個人修身這個面向，實不足以為善也。其四，敬與愛，又為先生所特別看重者，所以上引文中特予指出。（當然，廣義之「善」，固亦含敬與愛，今不細說。）其五，「社會名譽」對成就客觀的社會事業，乃至關緊要者。[90]其六，能過一種「不感太苦的物質生活」，乃人生最根本，也是最卑微的願望。無論是為了個人一己也好，或為了成就客觀的社會事業也罷，這也是必須的。要言之，以上各端（第六端除外），很可以反映作為儒家的唐先生所追求的一種圓滿的精神生活之所在。

第 16 函以下幾句話，似乎很可以反映先生對宗教信仰、出世、入世、靈魂不滅等問題的看法，茲引錄如下並稍作說明，以總結本節：

> 光妹，其實我隱居的意思並不多，不過我對於佛學是非常喜歡，覺得人在老年應當學佛，應有宗教上的信仰，相信靈魂不滅與死後生活之存在，死後的精神進步之可能。關於這一點我有很多的話同你說。我

家之思想皆薈萃其中。今茲筆者用「貴生」一詞以描繪上引語中唐先生之思想，則與〈貴生篇〉之文旨不盡相同，讀者勿誤會。該篇之思想特色，可參李貴生：〈《呂氏春秋》貴生思想的意涵與詮釋〉，《臺大中文學報》，第71期，2020年12月。按：上引語中，「生」與「死」對揚。筆者用「貴生說」一詞以說唐先生，乃旨在說明先生重視生命這個面向。

[90] 第 16 函對這方面亦有所道及，如下：「我覺有名位才能作事，正當的名位之取得即合於真善美之名位之取得，也不算罪過。」《致廷光書》，頁 131。司馬溫公嘗以「臣光曰」的方式在《通鑑》一書中表示下義：「臣聞天子之職莫大於禮，禮莫大於分，分莫大於名。……非名不著，非器不形。……惟名與器，不可以假人。」名與器之重要性，便很可以概見了。此恐為中國人之共識，唐先生固不為例外。上引文見司馬光，《資治通鑑》（香港：中華書局，1972），卷一，頁2-4。

> 認為這與我之入世的精神並不相悖，我覺得人應以出世的精神來入世，這樣才可免除得失的心理，這一點我作不到，我不過心嚮往之而已。[91]

上引文之主旨，要言之，其一是唐先生認為人應有宗教信仰。其二是特別強調老年時應學佛。[92]當然，唐先生應不至於排斥人年輕時也可以學佛。然而，佛學似比較偏重人生消極作為的一面，稍欠進取；[93]相對於儒學之偏重積極義來說，年輕人學佛，遂可暫緩。其三相信人之靈魂不滅，所以死後仍有生活，而靈魂是以精神的方式存在的；換言之，即人之精神於死後必續繼存在。其四，精神仍存在於死後，此義當為所有具宗教信仰的人的共識。唐先生與別人不同之處，乃在於他相信此死後的精神，仍有「進步之可能」。恕孤陋寡聞，此義，過去所罕聞，惟極醒豁人心；而正反映唐先生素來非常正面、正向，且相信事事物物恆具持續發展的可能性的一個看法，蓋連已死之人（其實僅軀殼停止活動而已）未來的可能發展也照顧到了。其五，唐先生固入世也，惟不礙「以出世的精神來入世」。這句話應算是先生之自我期許，其意蓋謂彼努力擺脫任何現實世間利益上的考量與瞻顧（蓋一入世，便不免陷於現實考量與瞻顧的羅網樊籠中），即不是為了自己，於是乃能出世（無現實上的牽掛），甚至置生死於度外，遂得一心一意為他人作出奉獻。其六「以出世的精神來入世」，唐先生說自己做不到。吾人則不必照單全收，蓋先生自謙而已。

死後人們仍有「進步之可能」一語，給筆者極大的啟發，願在這裡與讀

---

[91] 第16函，《致廷光書》，頁131。

[92] 第13函亦有此意，且明言其本人要學佛：「我在晚年一定要學佛」，《致廷光書》，頁117。

[93] 40多年前上牟先生有關佛學的一門課，其精義絡繹不絕，惟今僅記得一「捨」字；真愧對牟師。人生之過程，恐怕在任一階段，都必須有所捨，才能有所得。然而，勖勉年輕人積極向上進取時，恐怕很少會談「捨」這個面向；縱然談，恐怕他們也不太能聽進去。

者分享。既云有「進步之可能」即表示亦有退步之可能，蓋事物的運動恆循環往復也。君不見《易經》有云乎：「無平不陂，無往不復。」[94]此正可見進退往復，乃世間（乃至宇宙）之常態也。所以有進步（前進）的一面，便必然有相反的另一面——退步（後退）。至於人行為表現上之或進或退，乃繫乎其本身是否做工夫（如扣緊道德來說，即是否有修行），即是否努力（先不談客觀環境的外在條件）。作為相信死後仍有來生的儒家來說，原來自強不息——日新、日日新、又日新，作新民，[95]不光是人生前該如此而已，而是死後也應該繼續如此的。那麼讀者也許會提出以下的疑問：那作為人的我們，豈不是非常累！人生不過百年，所以在生時勞累一下，那就算了，蓋忍耐一下，就過去了。但連死後，在無窮無盡的曠宇長宙中也要繼續勞累（即所謂做工夫，繼續努力修行，或繼續努力做道德實踐），那麼人之生存（按上文，含今生和來世）豈非一個未完未了的永恆大悲劇，大慘劇？！筆者現在嘗試回答如下：針對一項工作（或一項任務）來說，「勞累」是一個較負面的描述（用語），「工夫」或「努力」則可稱為一個較中性（也許稍微偏向一點正面的意涵[96]）的描述，「享受」（視做工夫或進行一項任務（含道德實踐）為一種享受）則當係一個非常正面的描述。按：唐先生針對男女間之愛情應具堅貞的道德這個問題，嘗表示過意見。該項意見，也許對說明「負面」、「中性」、「正面」這三個描述，有一定的參考

---

94 語出《易・泰卦・九三》；〈象〉曰：「無往不復，天地際也。」「天地際也」，狹義來說，乃指天與地的交接之處，即今天所說的地平線。而所謂地平線，乃指地面與天空的分隔線。但把無往不復（的事事物物，即所有存在——entities）發生的地點、處所，定位在天地的分隔線上，這個說法是讓人如墮五里霧中，摸不著頭緒的，因為分隔線是虛的，即不佔空間的。然而，entities 所發生的處所不可能不佔空間！所以「天地際也」，其意蓋謂：上天下地之間的一個空域（空間）。所以全句話的意思便是：上天下地這個空間中所有的事事物物，皆無往不復而循一定的軌跡往返運行也。

95 《禮記・大學》：「湯之盤銘曰：『苟日新，日日新，又日新。』〈康誥〉曰：『作新民。』」按：《尚書・周書・康誥》中確有「作新民」一語。

96 但也不必然，蓋努力即盡力、全力之意。然則我們也可以說某人努力（全心全意：全力）去做壞事。

價值，是以先引錄如下：

> 通常人把這種（堅貞的）道德視作互相約束，真大錯特錯。其實這種道德只是人性自然的表現，其價值在使人在現在享受過去的情感聯繫工作所發生的效果。[97]

上引文，不細談其箇中的道理。惟盼讀者注意以下三個描述（三個用語）：約束、享受、人性自然的表現。茲借用這三個用語來說明人生前和死後在道德實踐上做工夫（修行）這個問題。如視工夫為一種約束、束縛、限制、規範，那當然便是一種痛苦，一種無可奈何但又不得不做的一項工作。反之，心念一轉，視之為人性的自然表現時，其相應的工夫（努力）便頓成一種享受（其實，既為人性之自然表現，即表示與生俱來的，所以心念也不必所謂轉），那行為者本人的感受便大不同了。這種大不同的具體表現便是，相應的「工夫」會使人深感愉悅、幸福，使人甘之如飴，認為乃義所當為的賞心樂事[98]；而更無任何約束、規範的痛苦可言。孟子云：「理義之悅我心，猶芻豢之悅我口。」[99]對筆者來說，這句話實深具震撼力；今茲遂借用之，唯其中「理義」一詞，則改作「道德實踐」[100]，以求說明上之方便也。「道德實踐之悅我心，猶芻豢之悅我口」這種境界，筆者現在才真真正正的體會

---

97 第6函，《致廷光書》，頁65。其詳細說明，可參上揭拙著《性情與愛情》，頁305。

98 當然，其最高的境界，是根本不會想到義不義的問題，因為是任何人本來就有的義（簡言之，即道德良心）驅使您去行它——做道德實踐（即道德實踐自我完成其自己），而不是您去行義。《孟子・離婁（下）》：「由仁義行，非行仁義也。」寫到這裡，孟子此言，現今才有深刻的體會。

99 〈告子〉（上），《孟子》。

100 這裡用「改作」一詞，然而，若借用陽明「知行合一」、「未有知而不行者；知而不行，只是未知」一義來詮釋孟子這句話，則不必說「改作」，因根本不必改作（更改）。換言之，原語句中「理義」二字原封不動即可。蓋悅理義已預設：已知道（認識到）理義。據上，則知道（認知到）理義，即表示同時亦行此理義也。而「行理義」即好比上文所說的「道德實踐」也。是以原用語實不必更改。上引陽明語，見〈陽明答徐愛問〉，《傳習錄》（臺北：世界書局，1971），卷一，頁2-3。

到。又上引唐先生語，二三十年前已讀過，惜體會不深；近一兩年又再讀，但體會仍未深，蓋未嘗把道德實踐予以內化，[101]即這種實踐尚未自自然然地變成為自己的一種性格（習性、習慣）。既未能「內化於心」，則「外踐於行」便難以實現了；[102]由是上面說到的享受，當事者便無法有所體會了，惜哉！如這種實踐已然成為一己的習慣，則應當體會到不做便感到不自在的窘境。現今筆者則大體上已予以內化[103]，遂頗能體會「君子自強不息

---

101 據上文，嚴格來說，根本不需要您去內化它，因為人與生俱來的良心良知本來就會驅使您去做道德實踐的，惜一念陷溺而失之耳！吾人深信，良心良知這個體（本體）乃恆存者，惜一念陷溺，是以未能發用。所謂「發用」，即道德之實踐是也。由此來說，「內化」一詞，今取其寬泛義，意謂使道德實踐這個念頭真真實實地內在於吾心（道德心——良心），並發其用者，即作出道德實踐者。

102 「內化於心」、「外踐於行」二語，不知最原先出自何經何典，今姑借用之。據上文，其主詞（subject）是「道德實踐」，即道德實踐要做到內化於心和外踐於行這兩個面向。但這麼說來，便有點不詞。所以「內化於心」、「外踐於行」兩語的主詞應該是道德意識（即道德心靈、良心、良知、道德自我），即應指道德實踐的一個念頭為宜。細言之，即道德實踐這個念頭必須深入吾人之內心深處（深入骨髓），且亦必須予以落實（實踐）下來。（於此體會到陽明：「知而不行，只是未知」一語之確義。因為若果只有知道要實踐，但不付諸實行，那與不知或未知，又何以異？所以知而不行，是不算數的！！）。2022.11.04 早上似醒非醒之際，深感此兩語猶有所未盡，於是進一步增訂為：化於心、表於貌、貫於體、踐於行。細言之，凡人本有之道德意識（道德實踐的念頭）凝鍊為一股至大至剛之浩然正氣時，其具體表現便是：內化於心，外表於貌，中貫於體，並進而踐於行（即如其念頭所要求者真真實實地踐之於行）。《孟子・盡心上》：「君子所性，仁義禮智根於心，其生色也睟然，見於面，盎於背，施於四體，四體不言而喻。」筆者以上四句實與此暗合而增加了「踐於行」一句（一義）。2022 年筆者已屆不踰距之齡（足歲），願以此自勉自勵焉。按：貌固為體（軀體、身體）之一部分。今各自獨立為一項，而故作區別者，乃藉以凸出容貌一端之重要性。按：容貌上之表現，可有多種樣態，譬如祥和愷悌、和顏悅色，則聖賢之氣象也；悲天憫人，則展菩薩相也；正氣凜然，則現關公相也。據此而修行，則無論自持或觀人，恐必大有裨益。

103 當然內化有深淺不同的程度；慚愧的是個人的內化程度仍很淺！其實，最感慚愧的是，個人的道德實踐恆昨日得之，今日失之，明日得之，後日又復失之。由此可見顏回三個月不違仁的不容易了。然而，夫子嘗云：「其餘則日月至焉而已。」（《論語・雍也》）孔子其他弟子不違仁的時間也只有一頭半個月而已（或解作：一天或一

至於永永遠遠」一義並試圖予以落實下來；苟非如此，則實難臻於日新、日日新、又日新，作新民之境域也。缺此四「新」，則斷難語乎上引文所說的「死後的精神進步之可能」。[104]按：本節旨在闡述唐先生對宗教問題的客觀了解，又偶爾針對其個人相關慧解或感受稍予說明而已，不意竟得如上之啟發和體會，實唐先生之教誨有以致之也。內心深感無限之愉悅喜樂。是以願為讀者分享如上。

補充：

神存不存在（即宇宙有無主宰）這個問題，唐先生到底持何種看法？現據管見，試作以下的說明。

唐先生嘗云：「我還是贊成耶穌『天國在你心裡，上帝在你心裡』的話。上帝即是人之精神本體、心之本體，其發出之呼聲即人之良心的命令、人之精神理想。……總之，上帝不能外求，當求之於內。」（第 25 函）先生又說：「其實神不是神，即是我自己的更深更高的自我，我們可以說任何人除他表面的我外，都有更深更高的我，那即是神。所以一切人內心都有神，神也即在人之內心。」（第 33 函）先生復說：「聖人即是上帝的化身。」（第 6 函）上所引《致廷光書》各函的內容，也許會讓讀者感到（其

個月當中，只有一次不違仁），則吾人固不宜自暴自棄也。說到內化，則讓筆者想起下語：「不是我寫文章，是文章寫我。」如果文章是由我所寫的話，這表示主導權在我。主導權既在我，則文章，我可寫，但也可不之寫。反之，如果我是由文章所寫（即文章寫我），這表示主導權在文章，而不是在我。然則文章寫我，我只得接受了。然而，文章，死物也。其何得寫我耶？所以所謂「文章寫我」恐只是一個象徵性的說法而已，旨在表示某一文章是非寫不可的。也可以說是把文章擬人化（視之為擁有主導權）；即文章驅使我去寫它。於是寫文章便不是由我作主了。同一道理，如果道德實踐能內化於我——內化於心，那它（道德實踐）便自自然然的驅使我去實踐它了。上文所說的：「內化於心，外踐於行」，即此之謂也。由此吾人可以進一步說，其實是道德自我要求要實踐其自己，非我去實踐它。在此脈絡下，我，乃一"工具"而已，是道德假藉我去實踐它。但這個說法有點玄，暫且打住。

[104] 當然，人精神上之表現，是可有多個面向的，以上姑借道德一端來作說明而已。讀者幸勿誤會。

實，筆者原先也有這種感，或至少有疑惑）：唐先生是不是無神論者，即不相信在人之上或人之外，還有一個超自然的形上實體之存在？然而，唐先生又明明說過：他「信佛信聖人信神。」（第 8 函）又對師母（當時的女朋友）說過：「光妹，你記得我同你曾去禮佛，……」（第 24 函；以上各函之引文，其詳，已見上文）那到底唐先生是相信有神或不相信有神的存在呢？上面筆者曾經說過：「言亦各有所當。」以上唐先生不同的，甚至看似相互矛盾的兩套說法（函 25、33、6 為同一套；函 8、24 為另一套），筆者認為也許可以借用「言亦各有所當」這句話來做說明。要言之，從形上學，或宇宙論、天道論的立場、維度或層次來說，吾人似乎可以說，唐先生是相信或認為在人之上或人之外，神是存在的；即神是存在於形上界的；當然，祂也在形下的世間"進行活動"。然而，就價值論、人道論的立場、維度或層次來說，尤其是扣緊人性尊嚴、人為萬物之靈的觀點來看，則人相應的表現、該享有的地位與可有的能耐，又宜獲得重視甚或表彰。唐先生是儒家信徒，所以人相應的表現等等，更是唐先生素所重視的。依儒家義理，人是可以成為聖賢的，甚至人本身就是上帝，或至少是潛存的上帝（potential God）。當然，這是就道德實踐的能耐，即道德上完全可以自我作主，而成為一個無限的存在這個維度或面向來說的。（若論其他，則筆者認為，神的能力，實非人所可比擬的。）依此，則「上帝即是人之精神本體、心之本體」、「一切人內心都有神，神也即在人之內心」等等這一類的話語，便有其相應的理據在而可以成立了。

牟先生所恆言的一句話，在這裡也許正好派上用場。這句話就是：「超越地為其體，復內在地為其性。」簡單來說，就是既超越，又內在。套用在這裡，超越者，即好比神（上帝、宇宙的主宰等等）；內在者，指的就是心（人之內心、精神本體、心之本體）。依牟先生上語，可見神與人心，是不隔的；甚至可說，兩者是一而二，二而一的。得此啟發，則上一段落所引錄的唐先生看似矛盾的兩套話（兩套說法），實際上更是完全說得通的。換言之，兩套話既不矛盾，且是完全符合儒家大義的。

7、其他

(1) 唐先生「對於人類前途失去了信心」?

> 我現在已走到人生路上最危險的時期，我對於知識失去了信心，對於社會的名位失去了信心，我天天看報、看世界的戰雲不知何時可以散開，我又對於人類前途失去了信心。佛與上帝是如此之遙遠，我不能親切的接觸他們，雖然在理論上我可以證明他們之存在，我不能直接感受他們的力量，我對他們也失去信心。[105]

上引文中，唐先生說對知識、對社會的名位，乃至對人類前途、佛、上帝，都失去信心。然而，同寫於 1941 年 11 月的上一信[106]不是說過：「上帝即是人之精神本體、心之本體」（頁 166）嗎[107]？如真的對上帝都失去信心，便等同說對「人之精神本體、心之本體」都失去信心，那唐先生恐怕便不再是儒家了。其嚴重性可想而知。在同一封信中，唐先生又說：

> 我如何能安定我的心來作事啊？光妹，我真是到了一精神上的最大的危機了。你救救我吧。[108]

同一封信，一說「走到人生路上最危險的時期」、又說「到了一精神上的最大的危機」，很難不替唐先生捏把冷汗。幸好，寫於一個月之後，即同年

---

[105] 第 26 函，《致廷光書》，頁 168；撰於 1941.11.20。

[106] 第 25 函；據 1941.11.20 函，乃得悉此函寫於 11 月 19 日。

[107] 上帝固係一超越之存在無疑。然而，「上帝即是人之精神本體、心之本體」一語，則又意味著在唐先生的理念中，上帝雖係一超越的存在，但其實也內在於人心（甚至「上帝即心之本體」）。即所謂既超越，又內在也。「超越的存在」乃順常識義而為說，而「既超越，又內在」乃依深一層的意義，也可以說依儒家義而為說。而此義，乃可謂依於人之親身感受、體驗而得出者：即非純粹理論層面之事。有謂：言亦各有所當，是吾人不能以此而認為唐先生自相矛盾。

[108] 第廿六函，《致廷光書》，頁 169；撰寫於 1941.11.20。

12 月 5 日的第 28 函有如下一句話：「……光妹，請你千萬不要不高興我一時的感觸，我寫寫就算了。」[109]這真使人如釋重負。第 26 函所說的「危險」、「危機」大概只是一時感觸而來的一個情緒用語而已。當然也有可能只是戀人間的一種“撒嬌式”的誇張表述，而不是實況的報導。然而，唐先生又確有悲觀或悲涼的情懷。[110]這方面，作為結髮 30 多年的賢內助師母，便再清楚不過了。寫於 1981 年 2 月 2 日，即寫於唐先生逝世三週年的一文[111]可為明證。其言曰：

> 我瞭解你有天生的對宇宙人生荒涼的情調，你煩惱多、苦痛多、悲劇意識甚濃，情感有時動蕩難安，……我佩服你有崇高的理想，佩服你有無私的感情，和你對民族文化的使命感。

在人生無常、天下多事已成為常態的情況下，唐先生緣自悲天憫人而對家國天下宇宙的大愛情懷，且又是一種無可奈何的悲觀情緒，遂自然生起。這種情緒又進一步導致理想的幻滅，乃至自信心的崩潰。上引文中所謂對知識、對社會的名位，乃至對人類前途、佛、上帝，都失去信心，其實只是依於一

---

109 《致廷光書》，頁 175。

110 這種情懷，唐先生 1938 年年中寫給師母（當時的女朋友、戀人）的一封信（第一函）中，已有所表白：「十年來都是一人在外漂蕩，……精神上終感著一種悲涼，遂造成一種孤介的性格，……。」然而，唐先生是充分意識到這種情懷、性格是有問題的。所以接著說：「悲涼的情懷到底是不健全的情緒，孤介的性格到底不及和平溫潤的性格。所以近數年來遂逐漸加以改變，對於一般社會上的人，鄙棄的意思漸少，而悲憫的意思加以引導的意思漸多。」《致廷光書》，頁 42。唐先生勇於“遷善改過”的表現，可見一斑。筆者深深的相信並認為，唐先生（其實一般人皆然）之所以能夠遷善改過，其最關鍵之媒介（促成物），乃人之自覺。而外界或外在的因緣，頂多只扮演輔助或補強之角色而已。換言之，苟無自覺，則一切便無從談起。當然，外界或外在的因緣對於人之遷善改過雖起不了很關鍵或很直接的作用，但它似乎可以促進自覺，造就人之自覺，即促進人產生自覺心。而遷善改過，乃自覺心發用下之一必然成果也。

111 即〈後序〉，《致廷光書》，頁 205-206。

表面自我觀察而來的一個簡便說法，甚至表面說法而已。究其實，乃對自己失去信心。自信心既失，則對外在的一切，便當然不再有信心了。這是自己的個人問題，非外在世界的問題。其實，唐先生對自己這個情況是非常自覺的，「我如何能安定我的心來作事啊？」一語便可為證。做事固要有一個安定的心；對外物或外界（知識、社會名位、佛、上帝）若要具信心，則其人本身便先要有一個安定的心。沒有安定的心，那當然便談不上自信心了。自信心既失，則其他一切，便自然談不上了。

然而，我們不要誤會唐先生只有悲觀的情調。依筆者看，先生的生命的主調、基調，是樂觀的；或至少可稱為達觀的、積極的。茲舉一例以概其餘。第 30 函有云：「孩子，你看河中的波，前波滲融到後波，前波便消滅了。只有那不斷向前流的波，才是真實。」[112]以上幾句話出自一位仙風道骨的老人之口。這位老人是唐先生想像（創造）出來的。「孩子」是該老人對唐先生的稱呼。老人的幾句訓詞其實是唐先生的自勉，也是對收信人（師母）的勸勉。「不斷向前流的波，才是真實」一語，反映了唐先生所相信、期盼的真實，或用以自勉的真實或生活上該積極面對的現實，就是不斷勇往直前。簡言之，即要往前看，積極往前生活下去。唐先生對人生的正面、積極態度，可見一斑。當然，這種積極的態度或積極的作為，是對家國天下深具憂患意識下之產物，也就是說恆本諸知其不可為而為之的大仁大智大勇而表現出來或踐履出來的。踐履的過程，有時候實不免悲壯也。

（2）附錄[113]：「把日本人只當一人看」；「許多性格上的事，都要自己覺悟，才有辦法」[114]

唐先生嘗云：「人當是人，中國人當是中國人，現代世界的中國人應當

---

[112] 《致廷光書》，頁 179。

[113] 以下的探討主要是根據唐先生婚後的書信。今所見婚後第一信（即第卅七函），乃寫於 1945 年 11 月 10 日者。其時唐先生已 36、7 歲了。此與本文所處理的時段——30 歲前後唐先生的哲學思想——頗有差距；今以「附錄」稱之，即以此故。

[114] 二語分別見：第 45 函，《致廷光書》，頁 223；第 95 函，《致廷光書》，頁 297。

是現代世界的中國人。」[115]據記憶，大概 2017 年四川宜賓（唐先生故鄉）的一家電視臺（宜賓網絡電視臺 www.ybtv）曾經錄製了一輯唐先生的紀念追思集：「中國文化的守護人：唐君毅」。其起首處便是用這幾句話開頭的。筆者深深的認為以這幾句話作為唐先生的終極關懷（或至少終極關懷之一）之所在，實在是太棒了。第一句彰顯人之價值、人之所以為人之所在。第二句揭示人既隸屬於其祖國（中國或他國），為祖國之國民，則其表現應無忝其祖國，甚至應處處透過各種行為、表現，以彰顯愛國情操與發揚光大祖國的特色。第三句揭示，中國（其他國家亦然）既係現代世界之一成員，則作為現代世界上的中國人（他國人亦然），除表現其當具備之國民性外，亦必當以不違背，甚至當踐履、落實現代世界所追求之理想價值為不二法門[116]。寫於 1957 年 2 月 22 日的一函（第 45 函）便反映了「人當是人」這個看法。函中云：「我對所接觸之日本人，亦不把他們當作日本人看，只當一人看。如此則言語雖不通，亦少了許多阻隔。」[117]對日本人（對其他國家

---

[115] 唐君毅，《人文精神之重建》（臺北：臺灣學生書局，1989 年 2 月版），頁 4。

[116] 這三句話，表面看來，是贅述——重複的話語（tautology）。但其實，依唐先生，這三句話「有說不盡的莊嚴，神聖，而廣大，深遠的涵義。」出處同上注。依筆者，這三句話，除各有其意義之外，還環環相扣，並層層轉進而展現人與其祖國及與現代世界之關係，且進而兼示人對其祖國及對現代世界應該履行相應的義務。要言之，首句意謂：不忘人之所以為人的特質。次句意謂：不忘具人之特質的人乃作為國家民族之一分子而存在。第三句意謂：不忘具人之特質的中國人（他國人亦然）應與時俱進而成為現代世界之一分子。

[117] 第 45 函，《致廷光書》，頁 223。不依人之種族、國籍、階級／階層、宗教、教育背景等等之不同，而能一視同仁「只當一人看」的對待之，這是唐先生向來的作法。今再舉一例。1966-67 年因治療目疾並隨後需要休養之故，唐先生和師母在日本居住了大半年。其間於 67 年 8 月 7 日參觀九州大學圖書館而應邀在歡迎會上做了講話。唐師母嘗紀錄部分內容。其中針對上面說到的唐先生一視同仁的作法，師母的紀錄如下：「他（唐先生）說：『以前文化交流是交其精神思想，交其人之本身，而無國別階級之觀念。如今世道變了，有了許多界限，今日與諸先生相聚，又覺忘了所有界限，如到了自己家國一樣。……』」唐先生的幾句話似乎意味著，在世變日亟的大環境中，唐先生本人亦不能完全擺脫該等界限而多多少少受到點影響。然而，九州大學圖書館同仁的表現使唐先生有賓至如歸之感；所以便覺得「忘了所有界限」。唐先生

的人民，亦然）只當一個人來看，不把他當作日本人來看。這是跳脫、擺脫國家、民族／國族的差異，乃至文化（含語文）背景的差異，而純然只把對方視為人來看的結果。這意味著是甚麼國家的人不重要；最要緊的是，其作為人，便理當具備人的表現。儒家相信人性相同。既相同便可相通。本此原則，則「言語雖不通」，仍不構成「許多阻隔」；人與人之間便自可溝通無礙了。

上面筆者說到「跳脫、擺脫……差異」，容進一步稍作說明。這個「跳脫、擺脫」，筆者認為，是含兩造的。既含對方（日本人），亦兼含己方（中國人）。簡言之，不把對方看作日本人，（同時）亦不把自己看作中國人。而純然認定：己方，人也；對方，亦人也。以己方之為人來對待對方之亦為人也，即以人對人（人人相對），非中國人對日本人，來進行溝通。那溝通上便自然暢通無礙而無任何阻隔了。反之，如果只是不把對方看作日本人，但自覺的或不自覺的仍然從己方為中國人的立場來看待對方，那便只是從中國人立場來看人，而不是純粹從人的立場來看人，那一方面會對對方不公平；再者，恐亦無法達致暢通無礙的溝通的。上引唐先生的文字雖然只說到「不把他們當作日本人看」，而沒有說到「（同時）不把自己當作中國人看」這個面向，但依唐先生一貫的思想及依上引語中三者（人、中國人、現代世界的中國人）的序次先後來看，則筆者上文的判斷：「『跳脫、擺脫』，是兼含中、日兩造」的，筆者深信，乃理當為唐先生所首肯者。

儒家沒有不重視「自覺」的，即人本身的「覺悟」的；唐先生當然不為例外。第 95 函便揭示先生對「覺悟」的重視，其相關文字如下：

向不說大話，甚至連恭維性質的大話，亦不多說。所以上引語乃如實的內心剖白無疑。語見上揭《懿範千秋——唐君毅夫人謝廷光女史遺稿暨紀念集》，頁 63。上面說到吾人應對人之本身予以尊重、關注；此與其種族、國籍、階級等等全不相干。此外，尚可進一步說的是其人與其人的思想也應該有所區別。換言之，您可以不贊成，甚至反對某人的思想，但仍可以敬重其人。先生即如是說：「人的本身有一獨立價值，以至我不贊成一個人的思想，並無礙佩服他的為人。」《病裡乾坤》，頁 169。

> 安兒受此次教訓[118]，想性情可不如前之躁動，許多性格上的事，都要自己覺悟，才有辦法，只靠他人監督亦無用。[119]

唐先生重視人自身的覺悟，舉此一例以概其餘。其中「只靠他人監督亦無用」一語顯示了唐先生對成就某事或改變某事、某行為（譬如改過遷善），並不是全然否定外力（譬如「他人的監督」等等）可扮演的重要角色的，但「他人的監督」等等，再怎麼說，也只不過是助緣而已。求之於外，總是有隔的，間接的。正所謂「天助自助者」，所以最要者，還是當從自身做起，即自己覺悟，隨而自己幫助自己做起，「才有辦法」，否則必無辦法也。自覺與他力之主次關係，即其間的分際，在閒話家常的家書中，也表露無遺。由此正可見唐先生絕對不是只把其內心的信念宣之於口，或筆之於書，即不是只作理論上的說明、首肯而已。而是對至親至愛的骨肉（當然安仁女士是過繼過來的，乃其外甥女；但與至親的骨肉又何以異？）也是有所指陳，而念念不忘諄諄教誨的。儒家必重視實踐，此例正足以見其梗概。

（二）宇宙論

上文早已說過，哲學所探討、處理之三論（宇宙論、價值論、知識論），唐先生所特別看重者，乃價值論（含人生論）。[120]《致廷光》書

---

118 「安兒」指唐安仁，唐先生之千金也。安仁女士就讀臺灣大學化學系做實驗時，蓋由於一時不慎而受傷住院。時為 1962 年年底。唐師母乃從香港赴臺予以照料。第九十五函寫於 1963 年 1 月 5 日，其前安仁女士的傷勢已漸次復原。唐先生說安仁女士「受此次教訓」，大抵指做實驗時之不慎疏忽而言。參第 92-97 各函。並可參唐先生所撰寫的日記 1962 年 12 月-1963 年 3 月各條目之相關記載。

119 《致廷光書》，頁 297；1963.03.15。

120 去年（2022）8 月中旬遽然辭世的好友胡軍教授也有類似的說法：「其（唐先生）哲學的核心不是知識論，而是其形上學。而在其形上學中，價值論又是重中之重。」胡軍，〈代序：形上學與心靈境界〉，王怡心，《唐君毅形上學研究》（北京：中國文史出版社，2006），頁 12。憶與胡軍教授（筆者與胡軍兄同年生：1951 年；但他比筆者早出生數個月）每次見面（都是在學術研討會的活動期間），茶餘飯後，都聆聽到他引吭高歌，唱出極為悅耳的義大利藝術歌曲。今則往事只能回味了。據聞，乃吃

中，對價值論亦討論得最多。當然，這跟該書的性質（含收件者的性向）很有關係，此不必多說。至於本節所處理的宇宙論，《致廷光》書中談得實在不多。今據不全面（所以不完整）的蒐討，僅得以下數條資料。茲開列並稍微說明如下。之所以不敢或缺者，乃旨在聊備一格，以滿足哲學課題所恆探討、處理之領域而已。

第 18 函說：

> 關於哲學，你願問我，我很高興。……哲學分宇宙、人生、知識論三部。其實這三部是不可分的一體。[121]關於宇宙論的問題可以分兩部，一為宇宙本體論，一為宇宙構造論。本體論是要研究宇宙現象的本體，這裏面可分三問題：一是究竟有無本體？本體與現象關係如何？二本體是什麼？是心呢？物呢？或生命呢？三本體是一呢是多呢？如一則為一元論，如多則為多元論，如本體是心而有多心則為多元唯心論，如只一心則為唯心一元論。至於宇宙構造論，這裏大約有下數問題：一時空問題，什麼是時間？什麼是空間？時空與萬物關係如何？二物質與生命心之關係問題，三宇宙萬物之動是自由的呢？必然的呢？是否有目的呢？或無目的呢？四宇宙有無主宰？有神呢？無神呢？一神呢？多神呢？神與世界關係如何呢？[122]

針對上引文，今稍說明如下：其一、本來是談情說愛的書信，之所以會談到哲學問題，原來是緣自師母的主動提問，否則可能導致不明就裡的讀者會覺

東西時，因噎到而不幸辭世。人生無常，竟有至乎此者，實不解也。

[121] 正因為這三論不可分，所以上面談人生論時，也多多少少談到宇宙論的問題，譬如談到心和神等等的問題，便是其例（這些問題，據本段下面的引文，便是宇宙論要處理的問題）。所以儘管本節談宇宙論的篇幅不多，但其實上節談人生論時，宇宙論的若干課題已談到了。

[122]《致廷光書》，頁 143。在上揭先生所撰著的《哲學概論》一書中，〈天道論——形而上學〉（即好比本節所處理之〈宇宙論〉）共計 19 章，378 頁；在三論中，篇幅佔第二位，僅次於〈知識論〉。

得唐先生實在是太不解“風情”了，否則怎會道及這麼嚴肅的課題呢？其二、上段文字對師母提問所做的回應，應是隨手寫出的；即不必翻檢查閱任何書籍（8、90年前無先進的資訊科技、互聯網等等可言。上函寫於1941年4月，即先生30歲左右之時）便寫出的。由此可見唐先生的哲學素養，實非比尋常。[123]宜乎後來成為不世出的大哲學家也。其三、以上400字左右的一段文字中，先生所主動提出的問題，足足有 20 個之多！其問題意識之強，考慮面向之周延、全面，可見一斑。宇宙論該處理的各大問題，大概先生都注意到了。

第8函說：

> 宇宙的本體是什麼？是生命精神。人格的本體是什麼？是生命精神。生命精神是無法表達的。所以此信所象徵的生命精神，亦無法表達的。這生命精神自然尚不是最偉大的，然而卻是與最偉大的生命精神相通的。[124]

上引文中，主旨在於說明：1、宇宙的本體和人格的本體都是生命精神。先生唯心論（唯心主義，idealism）的傾向，甚或信念，便再清楚不過了。其實，先生此傾向或信念，上文亦早已道及；不贅。2、先生說：「生命精神是無法表達的」。為了確切了解這句話的意思，也許可以多引錄先生在同一封信中的相關語句，如下：「我說宇宙只是一大意味，人生即領悟此大意味之意味。一切的語言文字最後都是不能真表達宇宙人生的秘密的。」、「意味只可默默的感受」、「忘了語言以後而領略語言以外的意味，便只有體會

---

[123] 先生20歲（虛歲21）時便教大學（於四川大學教授三年級學生西洋哲學史一課）。雖是代課，但已非常不簡單；且先生本身大學尚未畢業。上課學生中在年齡上有比先生大近十歲者，然先生授課，仍毫無愧色。詳參臺北之臺灣學生書局、北京九州出版社《唐君毅全集・唐君毅年譜》，1929年21歲條。

[124] 第8函，《致廷光書》，頁84。

讚嘆」等等[125]。這幾句話，連同上引獨立成段的 8、90 個字，在在都表示在先生的眼中，宇宙、人格、人生，生命精神都是一大意味，甚至一大秘密，而意味是不能以語言文字表達的，而是要領略的，默默去感受的。針對宇宙、人生、生命精神的最高境界而言，唐先生的話對極了。因為誰敢說他能充分了解，復能透過語言文字來充分表達宇宙、人生和生命精神的秘密或說明宇宙、人生和生命精神的真諦呢？《致廷光書》113 函中，第 8 函是相當關鍵的一函。按：先生和師母的交往過程中，曾發生過相當大的誤會。第 8 函則是轉捩點，是先生向師母明白示愛而重歸於好很關鍵的一封信。知悉寫該函的這個背景之後，便大概很可以了解為什麼唐先生說語言文字在表達上有其局限了。蓋在於向師母揭示：我這封信實在不足以充分表白我對您之愛的。您得從語言文字之外去尋找（領略）我的內心啊！正所謂：「書不盡言，言不盡意。」[126]，這句話的精神旨趣，唐先生當然是懂得的；乃借用之以說明其當前的情況。所以什麼宇宙、人生、生命精神等等，不能藉著語言文字予以表達云云，是在特殊情況下或脈絡下說出的一番話。即相關說法是有其針對性的，吾人不宜照單全收，即不宜視之為唐先生的普遍看法。[127]其實，先生透過語言文字，俾對生命、精神實在、精神生命或生命精神，作出相應的說明，幾乎多若牛毛。吾人只要稍一翻閱先生的著作，便得悉其究竟。由此可見，上面引錄的一段話和本段引錄的幾句話，實不足以充分反映、說明唐先生對整個問題的看法的。吾人於此應特別注意。

第 5 函說：

> 一度存在的東西在宇宙歷史中永遠存在，然而自現實上看則一切無不銷亡。[128]

---

[125] 同上。

[126] 《易經・繫辭上》。

[127] 當然，就宇宙、人生、生命精神等等的究竟真諦來說，語言文字固有其局限，而難以充分說明表達也。

[128] 第 5 函，《致廷光書》，頁 57。

上引文中嘗說到宇宙構造論這個問題，其中可探討的主題之一是「時空與萬物關係如何」這個問題。第 5 函所說到的「東西」，即相當於這裡所說的「萬物」；「宇宙」則相當於這裡所說的「時空」。所以上引第5函的一句話，乃可謂在一定程度上是先生針對「時空與萬物關係如何」這問題的一個回應。就先生來說，他大概相信物質守恆這個定律；且不止此也，上句話更反映先生深信萬物（當然含精神一領域）守恆這個定律。然而，話鋒一轉，先生補充說：「然而自現實上看則一切無不銷亡。」這個補充甚重要，足以反映先生處理問題之周延；否則讀者（當時的師母和當今的我們）很可能會駁斥先生而指出說：然「自現實上看，則一切無不銷亡」也！唐先生的補充，則正可使人消除疑慮，而認同其說法。

第30函說：

> 惡可以化為善，你看古今多少偉大的人物，如歌德、托爾斯泰、甘地，不是少年都曾犯大惡嗎？[129]人犯了罪惡，他便更恨罪惡。這恨罪惡的心，便成更促進他為善的動力。孩子，宇宙間的東西，永遠是

---

[129] 歌德（1749-1832）一生風流成性，紅粉知己，絡繹不絕。年輕時，嫉妒心非常熾烈。1766 年認識了比他大 3 歲的安娜・卡特麗娜・勛考普夫（1746-1810，德語：Anna Katharina Schönkopf，或被稱為凱特馨（Käthchen）、安內特（Annette））。1768 年春季這段一開始就備受壓力的感情，因為歌德極度的嫉妒而結束了。詳參維基百科〈約翰・沃夫岡・馮・歌德〉條。或因為一生風流成性且嘗深具嫉妒心，所以唐先生乃以曾犯下大惡描繪之？托爾斯泰（1828-1910）：1844-1845 年不專心學業、期中考不合格，又癡戀社交生活；1855 年離開軍中生活，重返娛樂圈，酗酒好賭。參詳百度百科〈托爾斯泰〉條。以上的表現，大概便是唐先生認為托氏犯大惡之所在。甘地（1869-1948）：19歲遠赴英國求學，見異域文明而深感自卑。2年8個月之後，即 1891 年底從英國倫敦學成歸國，在孟買從事律師事務。第一次打官司，便因臨陣怯場而事情辦不下去。詳參百度百科〈甘地〉條。然而打官司臨陣怯場，似乎不足以讓唐先生視為乃甘氏大惡之所在。或有一般網上百科所不載而筆者所不悉的其他私隱歟？按：唐先生素以博學聞名於時。歌德、托爾斯泰、甘地三人雖皆大名鼎鼎，然彼等早年的負面事跡，恐一般人，甚至一般學者不甚了了。今唐先生隨口便能指出，實讓人欽佩不已。

可以相轉變的。[130]

上引文中「人犯了罪惡，他便更恨罪惡。這恨罪惡的心，便成更促進他為善的動力」這一兩句話，也許唐先生寫得太精簡濃縮了，所以比較不好懂。如參考或比照上面〈人生論〉之「5、論過惡／罪惡／罪過／錯誤」一節的說法，我們宜補上「一轉念即復歸於上」[131]（即一念自反即可復歸於善）一義。所以從惡轉變／轉化為善，其動力全在於一念之自反以擺脫陷溺、黏滯或佔獲之心。缺此一念，而只有一顆「恨罪惡的心」，恐怕是不足以濟事的。當然此一念只是必然條件，即只是門檻而已；自反自覺之後的工夫，乃絕不可少者，不贅。

惡可轉變為善，其實只是先生一整套完整說法中的一個案例而已。這整套說法，套用上引文，便是：「宇宙間的東西，永遠是可以相轉變的。」上段引文說惡可轉變為善，上面又說到在一定的情況下或條件下，善又可轉變成為惡。道德的絕對性：普遍性、永恆性，當然是作為儒家的唐先生所深信不疑的。然而，在一定的情況下（譬如上面說過的一念陷溺、黏滯等等），連善都可以轉變成惡，那其他東西的相互轉變性便更不用說了。

順帶一說：「宇宙間的東西，永遠是可以相轉變的。」這一語讓人想起辨證法。蓋此法所依賴的基礎正是：事物間之相互轉變、雖矛盾而最後歸於統一（簡稱「矛盾統一」、「對立統一」或「矛盾對立統一」）。而唐先生之運用辨證法以處理或說明各種學術問題，在其著作中，幾隨處可見。上述惡之轉化為善，僅其中一例而已。

（三）知識論

在《致廷光書》中，唐先生談知識論的不多。上引文中，唐先生嘗指出價值論、宇宙論、知識論是不可分的一體。上文談首二論時，多多少少已談

[130] 第30函，《致廷光書》，頁180-181。

[131] 語見第6函，《致廷光書》，頁62。亦可參上文〈論過錯／罪惡／罪過／錯誤〉一節之(1)。

到知識論這個議題，大概即以此故；譬如上一節最後一段說到的辨證法，便未嘗不是建構或獲悉知識的眾多方法之一。所以知識論這個議題，也不見得必須透過本節才得以處理的。至於知識論處理何種議題，唐先生在第 18 函中嘗作說明，如下：

> ……其次知識論之問題，一知識之來源為出自先天理性呢？後天經驗的呢？二知識之對象是客觀存在呢？或存在於主觀的呢？三知識之限度，人是能無所不知呢？或什麼都不能知呢？或有能知有不能知呢？四真理的問題，什麼是真理？真理之標準是什麼？[132]

依上引文，知識論所處理者，計有四個領域：知識的來源、知識的對象、知識的限度（局限）、真理問題。細說之，唐先生又開列為 8 項（8 個問題）。上文探討唐先生對人生論和宇宙論的看法時已說過，其相應的開列，大概是“隨手寫出”的，即所謂信手拈來的。然而，先生問題意識之強，已很可以概見。[133]

筆者的學術專業是史學。就史學（歷史研究）來說，材料（就歷史研究來說，材料簡稱「史料」）是最最基本的，不可或缺的。這是史學的 ABC。有材料當然不見得可把歷史研究出來，但沒有材料的話，則一切免談。蓋材料乃史學的必要條件而已。材料的重要性，《致廷光書》中居然也有類似的說法。第 24 函說：

> 愛智慧有什麼用處，一切智慧之運用都得根據可信之材料，然而現在

---

132 《致廷光書》，頁 144。在上揭先生所撰著的《哲學概論》一書中，〈知識論〉共計 19 章，423 頁（頁 239-661）；乃三論中，篇幅最大者。

133 所討論的問題僅得 8 項，當然不足以窮盡知識論所有的問題。其實，縱然以《哲學概論》一書中所探討的〈知識論〉的一部共計 19 章來說，也同樣是無法窮盡所有該討論的問題的。

> 我發現我最相信的東西都不可信了。[134]

上引文中，在這裡吾人僅討論「一切智慧之運用都得根據可信之材料」一語。[135]在性質上，知識與智慧有別，此人所共知者。知識之運用，當然得藉著可靠的材料。其實，智慧之運用，亦然，蓋材料亦同樣扮演關鍵之角色也。就此來說，則知識與智慧無以異也。然則上引唐先生語實深具智慧，乃徵實精神之反映無疑，可謂放諸四海而皆準者。要言之，建構知識，材料（取此詞的廣義用法，指知識建構所需之一切素材，含概念、方法（含邏輯）、學理等等）乃絕不可少者。[136]這所以筆者把唐先生這個說法，放在這一節中討論。

在《致廷光書》中，唐先生嘗說到要獲悉最深的道理[137]，是需要憑感受的。第 8 函說：

> 科學上的道理可說，哲學上淺近的道理可說。最深的道理是理又是情，情理交融成一意味，意味只可默默的感受，澄了心，靜了慮在山

---

134 《致廷光書》，頁 162。

135 本函是唐先生向師母（當時的女朋友）訴苦（或稱為"撒嬌"？）的一封信，其中對「愛智慧」和對「最相信的東西」的否定，吾人視之為戲言可矣。

136 材料於建構知識之重要地位，已如上所言。2022.10.22 偶讀唐先生〈說讀書之難與易〉一文，其中有句云：「以主觀之標準、自己之成見，評判其（筆者按：「其」一字乃指持論不同之書——著作）得失是非，易；舉事實材料，以評判其是非得失，難。」不少人（甚至學人、學者）認為哲學家著書立說恆流於抽象的說理，以一己主觀之標準、成見去評判他人，而不顧（或至少不太理會照顧）事實材料。然而，唐先生則大異於是。上引語正可見先生實非常看重客觀的事實材料也。當然，上引語之主旨在於說明評判的問題，而不在於說明建構知識的問題。然而，材料所扮演之關鍵角色實無以異。是以轉引唐先生該語於此，以見先生重視材料，乃其一貫之態度。上引〈說讀書之難與易〉一文，收入《青年與學問》（臺北：三民書局，1975），頁 22。

137 按：本節是針對「知識論」的問題來討論。就「知識」一詞的廣義來說，似乎未嘗不含「道理」一義，即道理也可以是知識的一種。譬如說我知悉某一道理，即意謂，我對它具備了知識。是以筆者把唐先生談「道理」的問題也納進來討論。

> 間水涯忘了自己忘了人忘了世界，靜悄悄的只聽見自己的呼吸，只覺到自己的脈膊。以至這些一都忘了，去感受。一切偉大的著作的文字都是一象徵，……[138]

上引文出自寫於1940.05.27的第8函。第9函則寫於翌日，即5月28日。其內容之所以一脈相承者，大抵即以此故。第 8 函中，筆者認為最關鍵的情、理問題，第9函也有類似的說法。茲先引錄如下：

> 你看此信一方面用清明的理智看，一方面用熱烈的情感看。一方面忘了你自己看，一方要把你自己放進去看。這於你必有益。你想透了於矛盾中看見不矛盾時，再看一次，你便更了解我了。[139]

上引文中，唐先生是向師母指出，看他這封信時，師母該用什麼方法或態度來看，才能夠看出信中的精神要旨。簡言之，依唐先生，師母該用的方法或態度，乃必須情、理兼顧。為什麼要情理兼顧呢？如連同第8函來看，答案便呼之欲出了。其原因蓋在於唐先生在信中向師母說的對象，不是如第8函所說的只是科學上的道理或哲學上淺近的道理而已。這些學科上的道理，尤其比較淺近者，大概用理智的方法或態度，便可以說清楚、講明白了。然而，其他道理，譬如第8和第9函所討論到的愛、罪惡、性情與良心、同情共感，乃至以同情報答同情等等問題，便不是單純靠理智的方法或態度就可以解決得了的。理智（即上文所說的「理」）所扮演的角色，這裡就不細表了。至於所謂藉著情來把握愛、罪惡等等的道理，其實，其要旨是要人去感受之意；也可以說是藉著一種同情的了解／諒解（sympathetic understanding）

---

138 《致廷光書》，頁 84。第 18 函亦有類似的說法：「學哲學不僅要用腦，且要用心Heart。腦只是理智，心則含情感意志。智慧是情意與理智的結晶。科學重理智，文學藝術重情，道德、政治重意。哲學家則須兼重三者而求最高之智，即智慧。」這段引文，上面總論部分已作過說明，可並參。又可參上篇與注127、128相關的一段引文。

139 《致廷光書》，頁91-92。

來把握相關的道理。上面針對罪惡，唐先生也說到要用悲憫之情來照（體會、感受），否則不足以濟事。其實，了解也好，把握也罷，同情也罷，悲憫也罷，其關鍵全在於相關學者必須以一己之生命參與進去（上引文，唐先生的確切用語是「把自己放進去」），否則他是無法照（借用上引唐先生這個「照」字）見他所欲明白的一個大道理的。

說到要明白一個大道理，「必須以一己之生命參與進去」這一點，茲作進一步說明。僅以「理」（相對於「情」來說）來處理、探討學術問題（「學術問題」，即相當於上文所說的「道理」）的學者們，他們之所以不能圓滿地或周延地解決問題（甚至完全不能解決問題），其中的關鍵，恐在於他們不把研究對象（即上文所說的「道理」或「大道理：最深的道理」）內化於自己（其實是內化於心）。他們把對象和一己分為兩截：能、所各自獨立（其後果其實是各自孤立！）而互不相涉。說客觀，也的確夠客觀。但要處理、探討大道理，則正不需要這種客觀：過分的客觀！然而，當今之世，不少學者中了淺薄的理智主義之毒[140]，連對生命（更不要說對等而下之的學問上比較抽象的道理）都沒有實存感、真情實感（實感、感觸）[141]，所以希企他們能深悉、認明白大道理，那不啻緣木求魚。[142]

上引文中，唐先生拜託師母看他的信（特指第 8 函）要用情理兼顧的方式來看。如此來說，看他這封信，便有點像看書了。說到看書（即讀書），唐先生曾談到一個相當高，也可以說相當玄妙的境界。他說：

---

140 「淺薄的理智主義」乃牟宗三先生的用語，見〈自由主義之理想主義的根據〉，《生命的學問》（臺北：三民書局，1976），頁 213。

141 此兩詞分別見牟先生：〈序〉，《五十自述》（臺北：鵝湖出版社，2000），頁 2；〈序言〉，《圓善論》（臺北：臺灣學生書局，2010），xv。

142 要認識大道理，那當然需要感情（實存實感）。其實，做所謂客觀的學問，尤其文科或人文學科的學問，實存實感也是不可或缺的。蓋人文學科的學問，其研究的對象是人，或研究對象的背後是人（如歷史學、哲學、政治學、社會學等等）。人是理智的動物，但人也是感性的動物。作為研究者來說，你必須神入其中才得到研究的三昧。要神入其中，那純粹依賴理智是很不足夠的！

> 光妹，我認為讀書最重要的是身入其境，與書打成一片，陸象山所謂：不知是我讀書，或書讀我。完全分不開，這才算讀書。[143]

類似這個說法，又見下文：

> 將一切文字之意義，綜合融化為我自己之思想，而不復見有書，因而不覺是我讀書，而似是書曾讀我，……[144]

上引文中，「我讀書」一語，意思很好懂，即我是主體，書是客體；書是我所讀的對象。作為讀者的我，我之所以讀書，旨在於吸收、了解、了悟其內容、精神。然而，「書讀我」一語，便有點不好懂了。當然，「書讀我」一語，不能孤立來看，而必得配合此語之上的三四十個字來看，否則此語便真的不太好懂了。然而，筆者久聞「書讀我」一語。以下試著不按上所引唐先生那三四十個字的“解讀”；而擬別出蹊徑，看看「書讀我」可有之義。按：書，死物也；它如何能讀我耶？上引第十八函唐先生所說的：「我（讀者）與書打成一片，……完全分不開」，提供了一點理解的線索。然而，這個境界，又如何可說成是「書讀我」耶？按筆者粗淺的了解，此語蓋謂：作為主體的書（我讀書，則我是主體；書讀我，則書轉而成為主體了），它的主要內容或精神旨趣，恰似已（筆者用「已」一字，即表示發生過了。寫到這裡才明白到為什麼唐先生用「曾」一字）主動地融入（融化而滲入）到我的腦海中。本此，吾人似乎可以說，是書的內容或精神藉著我（假借我）以表現其自己。依此，則書儼然成為一個具有生命活力的主體。「我」當然是一個生命主體，現在「書」也成為另一個生命主體，那它（或該用「他」字）當然可以讀我了。只有當兩個生命主體完全分不開而打成一片，那才深具意義。否則一生物（我）與一死物（書）打成一片，那恐怕意義上，或至

---

[143] 第 18 函，《致廷光書》，頁 142。象山先生原語，則一時間未能尋得其出處。

[144] 上揭〈說讀書之難與易〉，《青年與學問》，頁 22。

少境界上，便差多了。此由看來，「書讀我」一語，其意義既深且遠，絕不可輕忽滑過的。

對某些讀者來說，上文把書視為一有生命的主體，也許仍過於抽象而不好懂。筆者試圖再作一簡易之說明，如下：就常識義來說，書之為一死物，固不待辯者。然而，書必須有人寫出之而始得成其為書。而「寫出之」的人，即常識義中所說之作者也。作者則必為一有生命之人，即一主體無疑。而作者之所以撰寫一書，恐怕已多多少少思索過、考量過書成之後必有其讀者（那怕只有三五位！），否則何必寫書出書呢？細言之，即必多少考量過、思索過（這相當於今天所說的做過點市場調查，以預測或評估公眾的可能接受度）其未來讀者所具備之相關知識到底有多少。如考量到世人全無最基本之相關知識或對書中內容全不感興趣，甚至連負面之評價也不屑說一句話，則該作者大概便不會撰寫該書和出版該書了。由此來說，在未來讀者讀其書之前，作者已先"讀"（紬繹）[145]過，並因而獲悉此等讀者所具備的相關知識之程度或所具興趣之多寡了。[146] 2022.10.25（臺灣光復節）早上晨運散步之後，和內子分享上面的看法時，內子慧賢則給出另一意見，如下：其實，不必考慮作者是否有想過書出版之後有沒有讀者（即有沒有人看）的問題，因為寫書、出書者，很可能只是為了要圓夢，甚或為了自娛而已，即

---

[145] 《辭海》對「讀」一字之眾多解釋中，以「紬其意」一義最適用於此。《說文解字注》對「讀」之說明，則如下：「……字亦作紬、抽，繹其義蘊至於無窮，是之謂讀。」綜合言之，探討、細究某一對象（當然含書本上的內容）之意義，是之謂讀。如果「對象」指的是未來的讀者，則「細究某一對象之意義」一語中之「意義」一詞，筆者的意思是：對該等讀者的相關知識或相關興趣，具備一定程度之了解之意。由此可見，「讀」一字之涵意，是很廣的。對著白紙黑字，用眼睛來看，以了解其意義，固然是讀。但既然讀的目的，乃旨在了解其意義，則不必透過白紙黑字，也不必藉著眼睛，也可以達到目的的，當然也算是讀了。今日常說的什麼讀心術，或解讀某一句話（不必一定要寫出來的，講的也算），都用上「讀」一字，便足以證明「讀」的對象不一定是書本或其他白紙黑字所寫的東西了。

[146] 莊元生（香港作家，臺灣師範大學國文系畢業）嘗撰有《我讀書時書讀我》（香港：熱血時報，2022）一書。筆者現今所描繪的情況，也許可稱為：「我讀書前書讀我」，即我尚未讀該書之前，它已先讀我了。

意在抒發自己的感情、傾吐自己的心聲以滿足個人一己的心願、情懷或想法而已。書出版後，有人看，固佳勝，否則也無所謂。此其一。其二，書之內容與作為讀者的我，產生了共鳴。之所以如此，是因為我在讀該書時，發現了書之內容（內容由作者所寫出，因此吾人也可逕說該書之作者）已先得我心，而道出了同一番道理、真諦（至少道出同一個看法或想法），恰似該書已先見我之肺腑、知我的心思心意了；此即上引唐先生文字中所說的：「似是書曾讀我」。若讀者同意筆者（其實是內子）這個說法的話，大概可以了悟到我和書，就其最高的境界而言，其實是一種雙向互動的關係，而最後我和書必融合無間而「完全分不開」（此亦唐先生語）無疑。到此境界，則我固然讀書；然而，書亦讀我也。[147]

由此可見，所謂「書讀我」，據上文，可從三個層次來理解。最基本的是，把書擬人化，本此則我固讀書；然而，書亦未嘗不讀我。進階一層則是，作者有可能先評估、紬繹一下未來讀者所具備相關知識之多寡或相關興趣之濃淡，始考慮撰寫和出版某一書。而紬繹即所謂讀也（詳上注145）。再進階的是，書之作者至少在某方面已先得讀者之心（悟會讀者的心意、道出讀者的心聲）；讀者讀其書時，遂「似是書曾讀我」矣。以上三層次，當以第三層次的解讀為最佳勝，且亦當最符合唐先生「似是書曾讀我」一語的意境。

上面說過了解一個道理，尤其是大道理，必須情理兼顧。第6函也有類似的說法，如下：

> 互相認識即是互相以心之光照耀對方之心，於是在自己心中看出對方之心。但是了解有二種，一種是理智的了解，一種是同情的了解，理智的了解是知對方為如何人，同情的了解則是體貼。[148]

---

147 「要否出書」與「讀者接受度」綁在一起來考量，這是筆者上面的一個看法。這似乎有點太現實了：太從市場銷售量，乃至從出版商的立場來考量問題了。內子（黃慧賢）上面的看法，則全無煙火氣，可謂高出筆者多矣。

148 《致廷光書》，頁63。

上引文可說者有二。其一，一般人說到吾人對事事物物（含對人）所以能夠有所認識，都是說藉賴吾人腦部相應的運作。這種說法，固然不能算是錯；其實，更是非常符合人體生物學的相關理論。（當然更具體，更細緻的說法，應該是：腦袋中相關腦細胞的活動或什麼腦電波的幅射活動等等導致了我認識了某一物。）也就是說，是非常符合自然科學法則或生物學律則的一個說法。然而，也許是太過科學了，太過客觀了。就對人，尤其是對可能成為您未來交往的一個對象（即擬結為伴侶的男朋友或女朋友）來說，這種純科學態度下的認識，就算完全符合科學法則，但恐怕總是有點那個吧，即太無趣太乏味了吧。唐先生則不然，他把男女間的認識，全放在「心」上講。「互相以心之光照耀對方之心」，這句話多有深度，多麼能打動對方？如果把「心心相印」說成為「我的腦電波和您的腦電波有了緊密接觸聯繫」，那愛情還能談下去嗎？「兩情相悅」說成為「我倆腦袋中相關腦區中相關部位的相關細胞有了相應的互動」，那對方還可能有所感動嗎？再者，心心相印等等的心靈活動，屬精神活動的範疇。這恐怕不是純粹用生物學上的腦細胞活動或腦電波活動便可以解釋得了的。上文筆者的意思是，唐先生是徹頭徹尾的唯心論者，所以恆視「心」為根源以解釋說明一切事事物物。其二，理智的了解，這裡就不必多說了。至於同情的了解，上面說到罪惡時，唐先生已很明白的說過，要用悲憫之情（簡言之，即悲憫之心）來照罪惡，那罪惡才可被了解到，被體會到。其實，簡言之，悲憫之情，是同情的一種。也可以說，深入的、深深的同情，必然是悲憫之情。這裡就不細說了。至於用體貼的一顆心，再加上付諸行動，以達到對對方的了解，這裡亦從略。[149]

上帝存在的論證，當然也算是一個知識論的課題。這方面，《致廷光書》中也有所涉及，如下：

關於上帝存在的論據有幾種說法，你可以試想一想，一是說上帝是完

[149] 可參唐先生《愛情之福音》（臺北：正中書局，1977），頁 10；拙著《性情與愛情》，頁 304。

> 全的東西，完全的東西包含一切性質，所以存在這一種性質必（被）包含，所以上帝存在。二我們世間上所見真善美都是相對的、部分的，相對必依賴絕對，部分必依賴全體，所以定有那絕對全體的真善美之自身，那就是上帝。三一切東西都有一目的，生物之生長，礦物之變化，也有其趨向，所以可說有目的。那麼整個的宇宙也有一最高目的，那即宇宙之歸宿，亦使當前宇宙動的動力，那即是上帝。我隨便寫幾項，你試想想對不對。[150]

上引文，簡言之是：世人要求完全性、絕對性和宇宙有其最高目的（歸宿）且具能動性。可以滿足這三項要求的便只有上帝（「上帝」只是一代號，所以吾人可以用其他名謂來稱呼祂）。所以上帝必然存在。

上面的論證是相當簡單的，且論據只有三項。原因是唐先生根本沒有打算窮盡地開列所有的論據。他自己本人已說了：「我隨便寫幾項」。因為是在談情說愛的一封信中談這個嚴肅的問題或其他類似的哲學問題，所以根本不必詳說。然而，若連同上面說過的或提到過的其他問題一起來看，便很可以看出唐先生的哲學素養是既廣博，且又深厚的。最關鍵的是，其辯證思維能力是極強的，極周延細密的。再者，又處處能以設身處地、同情共感的態度，乃至以悲憫的情懷來看待、處理哲學問題或其他問題。這是彌足珍貴而值得我輩仿效學習的。

四、附錄：粹言警語[151]

第1信：

---

[150] 《致廷光書》，頁166-167。

[151] 針對人生論、宇宙論、認識論，乃至其他領域之重要言論，除上文（總論及分論二部分）已予以闡釋者外，其見於《致廷光書》者仍相當多；唯上文之篇幅似乎已過長，是以下文不擬針對這些言論作相應之闡釋；僅個別地方做一些說明。今僅依書函之順序，以「粹言警語」一名目，予以開列如下，藉供讀者參考焉。

人與人間一切感情都是要創造的，記得卡本德在《愛的成年》中如此說，那是一部好書。[152]

第 5 信：

存在的東西，其好處不被人發現，待其好處被發現時，它已不存在。人必須死了，其名譽乃為人所知。然而他已經死了。一切東西都要先毀滅而後其價值乃顯，這是一種宇宙的悲劇。……我常不願世間多所變化而願多些永遠事物。……那是命運在主宰，因緣在主宰。[153]

第 8 信（復歸於好的一封信；至少是轉機的一封信）：

我一面有清明的理智，一面有動蕩的感情，理智是冷靜的，感情總是熱烈，此二者對於我並不交戰，但常常交替的呈現。我覺得他們是互相幫助，感情供給理智觀照的材料，……。[154]

第 9 信：

我始終知道最可愛的人是富於同情與良心意識的人[155]

第 10 信：

世間上最可保貴的東西，是最費勞力才能獲得的東西。[156]

第 16 信：

這些幻想我常常很多，我覺得可以使我生活意義更豐富。但幻想所由成都是

---

[152] 《致廷光書》，頁 43。《愛的成年》，英文作 *Love's Coming-of-age*，英國人卡本德（Edward Carpenter，1844-1929）寫於 1896 年，1929 年郭昭熙中譯。有關談愛的著作，柏氏五大對話集中即有一部分論戀愛的價值的。此外，又有四大愛經：《希臘愛經》、《印度愛經》、《羅馬愛經》、《波斯愛經》。近人著作則極多，茲從略。

[153] 《致廷光書》，頁 56-57。「我常不願世間多所變化而願多些永遠事物」一語，多少可反映先生的史觀和不忍人之心。「命運在主宰」一語，似乎反映先生具宿命論的傾向；但其實不然。其詳，可參拙著《性情與愛情》，頁 316-318。

[154] 《致廷光書》，頁 76。

[155] 《致廷光書》，頁 88。

[156] 《致廷光書》，頁 96。

由我善超越我自己來看自己，和我有空靈的心而成的。我常覺得要超現實才能體驗現實之意義，出世才能入世，忘卻自己才能發現自己。可不要男女愛情的人才能有最深的男女愛情。不自幸福觀念出發而自責任觀念出發才能有幸福。現代人太現實了，這使他們反不能體驗現實之意義。所以我要主張一種空靈玄遠的哲學。[157]

第19信：

人有時要超越到善惡是非之辨以上，這是經過善惡是非之辨的人才配說的話。所以如像中國莊子及魏晉人常要說一種無善惡無是非之境界，然而此境界正是至善至是。[158]

第20信：

人生的一切事，都是盡人事聽天命。[159]

第22信：

光妹時間創造一切，亦銷毀一切。我現在又是一人在柏溪與你作書了。你現在在幹什麼？也許在同朋友興高采烈的談話，也許在一人寂寞的讀書，也許亦憶起一月前是我們臨別之夜吧。光妹，分別已一月了，這似水般的韶光送去了一月前似火般的熱情。[160]

第30信：

人犯了錯誤，知道錯誤，錯誤便不會再犯了。莫有害傷寒病的人，永遠有害傷寒病的可能，莫有犯某種錯誤的人，永有犯那錯誤的可能，只有犯錯誤而

---

[157]《致廷光書》，頁 134-135。

[158]《致廷光書》，頁 147。「人有時要超越到善惡是非之辨以上」一語，給筆者一啟發，如下：善惡是非之辨固然重要；但有時要超越之，不要太執著，即廣東話所說的要進入化境。

[159] 頁 152。「盡人事聽天命」一語最足以反映先生之人生價值取向。

[160]《致廷光書》，頁 155。「光妹時間創造一切，亦銷毀一切」一語甚富哲學味道：一切創造及其後之銷毀，都是在時間流逝的過程中完成的。「似水般的韶光送去了一月前似火般的熱情」一語則甚有詩意。

改更的人，才能絕對避免錯誤，所以有過而改正者，才是真正的幸運者。[161]

第32信：

〈舊遊雜憶〉中有〈新都〉二首，其一如下：

碧野如茵望月華，情深無奈臂交加，嫦娥遠見莫相妒，宇宙原來是一家。[162]

第35信：

有人說天才便是時時能恢復童年心境的人，我確偶能恢復童年心境，你能夠麼？那天一朋友來看我教書，他說我總有點小孩子聲音大概亦不錯。我想小孩子的心境有幾點特徵：一是能忽然忘了過去之一切，純粹沉沒在現在（筆者按：此從小孩子們玩耍遊戲可見。），二是對於極簡單的事發生濃厚的興趣，因他能將全生命向一點事貫注（筆者按：此正係小孩子之所以可愛也。），三是莫有未來的憂慮（筆者按：此反映小孩子的天真瀾漫，不思未來的性向。），所以小孩子與宇宙本體最接近。人能常有小孩子的心境，便可以不要學哲學了。光妹：人要回復小孩子的心境，第一是要少憂慮，第二是要從容，我太忙太不從容了，真是不對。[163]

第62信：

---

161 《致廷光書》，頁180。

162 《致廷光書》，頁 191。唐先生恆有不分彼此，宇宙一家，大家都是自己人的情懷。此詩可以概見。

163 《致廷光書》，頁 198-199。這段文字頗能反映先生對兒童心理學亦有相當深入的認識。「……，便可以不要學哲學了。」這句話很有意思。唐先生，固哲學家也，大哲學家也；但竟然說出上語，這就頗堪玩味了。這句話讓筆者想起先生晚年鉅著《生命存在與心靈境界》一書中〈自序〉最後一段相類似的幾句話：「先知、詩人之作，不論人之有無問題，皆不可不讀者，亦天地間可有而不可無者也；世間之一切哲學論辯之著，亦皆可讀可不讀，可有可無者也。」上語足以反映先生並非哲學中心論者，即非從自身出發而認定哲學之著作，其重要性必遠在其他著作之上。至於何以「先知、詩人之作（著作、作品）」非讀不可，亦天地間非有不可，其原因蓋為，先知之作，智慧之展露也；詩人之作，則性情（含靈性）之外發也。而智慧、性情皆唐先生所看重者，是以認為相關著作非讀不可，亦天地間所必不可無者也。

我之性格不適宜於在今之時代辦事，如果在太平之世，我可以認識各種人之長處，可以讓人各得其所，當一太平宰相亦可以，但在此亂世，到處有衝突矛盾，顧此則失彼，故我不宜於作事，只有在夾縫中過活，如在中央大學、江南大學都是在夾縫中，中央大學哲學系主任及江南大學之教務長均作不好，即因此故。[164]

第64信：

我之性格又喜循情面，對各方都要顧到，結果各方都顧不到，只是自苦。[165]

164《致廷光書》，頁 255。這段話：一、反映唐先生謙虛。二、「認識各種人之長處，可以讓人各得其所」一語，個人認為這是當領導很重要的一個條件，且也是該盡的一份義務。針對各人的長處／天分而設計、構築相應的平臺，那是當領導的分內事。筆者在東吳大學擔任學系主任六年、院長三年，這方面的表現，慚愧得很。然而，捫心自問，至少能夠做到先公後私，公爾忘私。此可向天下共白。

165《致廷光書》，頁 258。上引語是唐先生的自我批判。英語中有句云：If you try to please everyone, you'll please no one. 英國喜劇演員、導演、製作人、編劇和音樂家 Ricky Gervais（1961-）嘗引用這句話。至於原出處，則不悉。這句話與上引唐先生語，其涵意正同。參 www.goodreads.com>quotes>9260914-if-you-try-to-please；2023.06.15 瀏覽。

附 錄

附錄一：太老師年譜
唐迪風先生（1886-1931）年譜初編*

1886 年（光緒十二年）　一歲。 是年 6 月 18 日，即夏曆（農曆、陰曆）五月十七日，先生出生於四川省宜賓縣普安鄉周壩水漕頭故居。[1]先生姓唐，諱烺[2]，初字鐵風[3]，晚更書為迪風[4]。又名為倜風[5]，別字淵嘿（〈墓誌銘〉）；

---

* 筆者撰寫本文之動機（尤其是本文所揭示之譜主唐迪風先生與其哲嗣君毅先生學問上之承傳關係等等），詳見文末之餘論。本文原發表於東吳大學中國文學系。研討會主題：「人・物・文・學——2021」；主辦單位：東吳大學中國文學系、黃岡師範學院文學院（蘇東坡書院）；會議日期：2021.12.09。經多次修改後，今作為附錄納入本書內發表。

1 此據同為在宜賓出生之駱為榮先生（？-2021.03.02）之記錄。駱為榮，《儒學大師唐君毅》（北京：中國文聯出版社，2014），頁 6。筆者從 2006 年開始至新冠疫情發生前，每年（除 2007 年外）必從寶島臺灣遠赴宜賓一次，駱先生均熱情接待。今轉眼駱先生作古已二年多，能不讓人唏嘘！駱先生於推動唐學，乃至其他宜賓鄉賢之研究，藉以發潛德之幽光者，不遺餘力，讓筆者欽佩不已。

2 此據唐君毅：〈孟子大義重刊記及　先父行述〉（以下簡稱〈行述〉），唐端正，《唐君毅年譜》（以下簡稱《年譜》），《唐君毅全集》（臺北：臺灣學生書局，1991），卷 29。

3 先生（1886.06-18-1931.06.25）字鐵風的說法，見歐陽漸（歐陽竟無，1871-1943），〈唐迪風墓誌銘（附提識）〉（以下簡稱〈墓誌銘〉，載上揭《年譜》。〈墓誌銘〉原載《竟無詩文》，支那內學院刻本。）然而，據李璜先生，鐵風乃先生之號。李氏云：「泗英並言，迪風在重慶報刊偶發表時論，筆號鐵風或鐵峰，氣盛言宜，為朋輩所推重，稱之為硬漢云。」李璜，〈我所認識的唐君毅先生〉，《唐君毅先生紀念集》（臺北：臺灣學生書局，1979），頁 143。按：泗英指劉泗英先生（1895-1995），四川人。生平事蹟，詳見百度百科：https://baike.baidu.hk/item/%E5%8A%89%E6%B3%97%E8%8B%B1/3459972；2023.03.24 瀏覽。

友朋中或戲呼為唐風子（〈別傳〉），無兄弟姊妹[6]。其父樹寅公，始就塾讀書，習為八股文，未及冠而病歿，是迪風公乃遺腹子也。（〈行述〉；遺腹子一事，又見〈別傳〉。）以樹寅公於 1886 年正月十五日（元宵節）辭世，是以每年元宵，迪風公必鬱鬱不歡[7]。迪風公向其哲嗣唐君毅先生（以下簡稱「唐先生」）每道及其事，輒為感泣。（〈行述〉）大抵以迪風公為遺腹子，是以其母盧氏苦節一生（〈行述〉）。迪風公從小便過繼給其三伯母[8]。

1887 年（光緒十三年）　二歲。

1888 年（光緒十四年）　三歲。 大抵以父親早逝，迪風公乃深受其祖父東山公喜愛，教以識字。（仁富《年譜》）

1889 年（光緒十五年）　四歲。

1890 年（光緒十六年）　五歲。 東山公課以《四書》。（仁富《年譜》）

4　劉咸炘（1897-1932），〈唐迪風別傳〉（以下簡稱〈別傳〉），載劉咸炘，《推十文》卷一，《推十書》（成都：成都古籍書店影印，1996），冊三，頁 2125 下-2126 下；又收入上揭《年譜》。
先生後以「唐迪風」一名行於世。下文凡稱及先生者，皆以「迪風公」稱之。又可參〈墓誌銘〉。竟無大師之所以為迪風公撰《墓誌銘》，其緣由有二。其一，大師於《墓誌銘》末自云曰：「毅能繼父志，以狀來乞銘。」其二，唐君毅先生說：「吾年二十三，而吾父棄養，吾母亦傷痛致腿疾，逾年而後為遣悲懷詩，以呈歐陽大師。大師歎為稀有，遂為吾父作墓銘。」唐君毅，〈母喪雜記〉，《唐君毅全集》（北京：九州出版社，2016），卷 8，頁 24。以下凡「唐君毅先生」，均簡稱為「唐先生」。

5　迪風公嘗為李宗吾（1879-1943）之《厚黑學》作〈序〉。署名作唐倜風。是倜風亦迪風公之另一名矣。〈序〉作為〈附錄一〉其中的一文，收入迪風公《孟子大義》一書之後。而《孟子大義》收入上揭《年譜》。

6　《年譜》，頁 3。

7　《年譜》，頁 3-4。

8　何仁富，《年譜》（以下簡稱「仁富《年譜》」），《唐君毅全集》（北京：九州出版社，2016），卷 34，頁 5。唐迪風事蹟見於仁富《年譜》者，只有 10 多頁（頁 5-21），尤其見於頁 5-11。為求節省篇幅，下文引錄相關資訊時，其頁碼，恕從略。

1891 年（光緒十七年）　六歲。

1892 年（光緒十八年）　七歲。　東山公病逝[9]。迪風公之七叔續以《四書》施教，並加授《五經》。（仁富《年譜》）

1893 年（光緒十九年）　八歲。

1894 年（光緒廿年）　九歲。

1895 年（光緒廿一年）　十歲。

1896 年（光緒廿二年）　十一歲。

1897 年（光緒廿三年）　十二歲。

1898 年（光緒廿四年）　十三歲。　讀《莊子》，尤喜〈盜跖篇〉。（仁富《年譜》）

1899 年（光緒廿五年）　十四歲。

1900 年（光緒廿六年）　十五歲。

1901 年（光緒廿七年）　十六歲。

1902 年（光緒廿八年）　十七歲。

1903 年（光緒廿九年）　十八歲。

1904 年（光緒卅年）　十九歲。　唐先生云：「吾　父年十八，應童子試，

---

9 東山公之子樹寅公（迪風公之父親）未及冠而卒於1886年，即比東山公早辭世6年，參上文 1886 年條。今不悉東山公之生年。假若東山公 30 歲時生樹寅公，則東山公之年壽為：30＋19（未及冠之上限為 19 歲）＋6＝55 歲。是東山公之年壽亦不算長。由此來說，唐先生之父親、祖父、曾祖父皆不永年也。

為吾鄉末科秀才（筆者按：即生員）。」（〈行述〉）[10]旋就學於成都敍屬聯中（以第一名的優異成績入學）[11]，及法政專門學校。（〈行述〉）[12]唐先生又云：「吾　父未嘗自言其亦列名黨籍。唯憶吾　祖母嘗對吾言，吾父於清末，即自剪辮髮。吾　祖母慮禍之及門，乃將剪下辮髮，再針織於吾父之帽後云云。」（〈行述〉）[13]

[10] 迪風公應試之年應為 1904 年（歲次甲辰），即迪風公年十九歲之時。唐先生之所以說：「吾　父年十八，應童子試，為吾鄉末科秀才」，蓋就迪風公之實際年齡（實歲）來說。又：筆者以迪風公應試之年為 1904 年者，其根據如下：清制，童子試（童生試）每三年舉辦兩次。舉辦於寅、申、巳、亥年者為科試；舉辦於辰、戌、丑、未年者為歲試。今以迪風公應考之年為 1904 年而非其前一年之 1903 年，其根據為：1903 年歲次癸卯，乃非童子試舉辦之年。然而，以八國聯國之役（發生於 1900 年），同年之庚子（1900 年）科鄉試遂停辦，其翌年辛丑科之會試亦停辦（庚子科鄉試未順延至本年）。是以童子試會否受此影響而更動其本來舉辦之年次，筆者未嘗細考。是以筆者不敢 100% 認定迪風公家鄉之末科童子試必舉辦於 1904 年，而非 1903 年。（仁富《年譜》則明言迪風公應試及中式之年為 1904 年。）又：唐先生記述其先父迪風公之生平行誼時，每多以實歲算。除上述以實歲來記述迪風公應童生試之年歲外，又可多舉一例，如下：唐先生云：「先父生於光緒十二年丙戌夏五月十七日，歿於民國二十年辛未夏五月十日，享壽四十五歲。」（〈行述〉）按：光緒十二年乃公元 1886 年，民國二十年乃 1931 年。如算虛歲，則迪風公既仙逝於 1931 年，則享壽應為四十六歲，而非四十五歲。是可知唐先生乃算實歲，而非算虛歲明矣。然而，又有不盡然者。〈行狀〉中，唐先生嘗云：「民國十四年，……時吾　父年已四十矣。」民十四年即 1925 年，若算實歲，則迪風公僅卅九歲，非四十歲。是以〈行狀〉中所記述者，吾人不妨從寬認定，蓋虛歲實歲相差僅一年而已；無傷大雅也。

[11] 據上揭《儒學大師唐君毅》，頁 6。

[12] 唐先生嘗云：「敍屬聯中，為清末吾川革命黨聚會之所，其師生以辛亥革命二次革命殉難者，如張烈五諸先生，世多知之。」（〈行述〉）

[13] 未悉迪風公自剪辮髮之確切年分。惟仁富《年譜》指出說：「受革命風潮影響，迪風公嘗參與『反傳統』與『革命』之行列。十多歲時竟將廟裡泥菩薩掉進廁所；同時，自剪髮辮，自改服飾，頗有『復明』之志。」（頁 5）今不悉仁富《年譜》根據何種資料而作出以上「十多歲時……」的說法；姑暫採錄之。十九歲乃十多歲的最後一年，是以仁富《年譜》以上說法，姑繫於本年下。至於「改服飭」一事，唐先生以下的描繪大抵亦指同一事，如下：「憶一日吾家人皆改服新衣，如和尚衣，而袖略小。後乃知是吾　父欲復明代衣冠，乃舉家為倡。」（〈行述〉）迪風公上述行為或行徑

是年迪風公成親。其媳婦（夫人）乃同為宜賓人之陳勉之先生之女公子大任女士。大任女士（1887-1964）於迪風公去世後，嘗撰〈祭迪風文〉，其中有句云：「憶我年十八來歸」[14]。以大任女士出生於1887年。是以十八歲即1904年也。[15]

1905年（光緒卅一年）　廿歲。　「性剛直，不為不義屈，不為權勢移。長身美髯，望之有如俠士。」（《年譜》；〈別傳〉則作：「身長疏髯，聲高而壯。」然而，疏髯，亦可以很美。是兩說不相妨礙。）以上文字，不知用以描繪迪風公何年歲時之表現。然而，本年迪風公已屆滿弱冠之齡。人之性格，尤其形貌，年屆弱冠時，大體上已貞定／定形下來，是以其相關表現繫於本年下。迪風公之性格，劉咸炘所撰之〈別傳〉又有如下之描述：「迪風非碌碌之人，或怪之，或惡之，或感之，……。」是可知迪風公乃性情中人；蓋以直來直往率真任情之表現，是以時人「或怪之，或惡之，或感之」。當劉氏以「衝鋒手」指稱迪風公時，迪風公未嘗忸怩作態，故示謙讓，乃直應之云：「吾誠衝鋒，吾固願衝鋒。」劉氏深得其心，而作出判斷云：「意蓋謂舍我其誰也。」（〈別傳〉）

劉咸炘所撰〈吳碧柳（吳芳吉）別傳〉中，嘗多方面比觀吳芳吉（1896-1932）與迪風公之表現。其描繪迪風公之文字，茲撮錄如下：

> 迪風多為人所惡，雖亦有感之者，而幾至避地。……迪風形頎長，而

（特指其參與反傳統與革命之行列），蓋可反映其年輕時之性格。其實，清末民初時，凡有志之士（尤其對傳統文化缺乏深刻體認之年輕人），皆大抵如此，蓋清政已靡爛至乎其極，無可救藥矣。據駱為榮之說法，迪風公改服新衣之時間，為唐先生八歲之時。唐先生出生於1909年，然則八歲便是1916年了。《儒學大師唐君毅》，頁13。

[14] 〈祭迪風文〉載〈譜前〉，九州版《年譜》，卷34，頁14-21，相關引文見頁17。

[15] 然而，迪風公成親之年也有可能是1905年。蓋其媳婦（太師母陳大任女士）嘗云：「結縭廿七載，道義相與之。」見〈五月十日周年致祭三首〉。1905年至迪風公之卒之1931年，前後剛27年。若從1904年算起至1931年則為28年了。當然，實算與虛算恆相差一年，今不知以何為是！據駱為榮之記述，則迪風公成親於1905年。上揭《儒學大師唐君毅》，頁8。

> 氣盛露，……迪風詞鋒雖可畏，而顏常若笑；……以昔人品藻言之，蓋迪風近狂，而碧柳近狷焉。[16]

吳芳吉與友人之書札中，亦有論及迪風公者，或引錄迪風公本人之言論者，今轉錄其要者如下，以見迪風公性情之一斑：

其一：

> 鐵風告我：「儒家於善善之心，充量發達；惡惡之心，務求減少；否則一身以外，皆可殺也。」有味哉！有味哉！（〈十八年與吳雨僧（吳宓）〉）

其二：

> （吳氏自稱）嘗聞鐵風談及：「市井之人多好利，江湖之人多好名。」吳氏乃評曰：「亦覺道出自家病處，蓋正所謂江湖人也。」（〈廿年與劉鑑泉〉）

其三：

> 唐鐵風者，吉僅見之矣。重大（筆者按：指重慶大學）聘吉，當更聘鐵風。世之詬鐵風者，憾其激烈。吉所取之，正在此耳。……鐵風特病狂耳。然蜀中學問之正，未有過鐵風者矣。（〈與鄧紹勤〉）

其四：

> 近日國中孔墨合一之說，以為既可以取容於時，又可以標新領異。實則鐵風所謂鄉愿耳。真令人思鐵風不置也。（〈答友人書〉）[17]

稍一瀏覽以上兩〈別傳〉（〈唐迪風別傳〉與〈吳碧柳別傳〉）與吳芳吉致友人之四通書函，則迪風公耿介剛直，不稍假借，擇善而固執之之個性，便了然於目了。不贅。

1906年（光緒卅二年）　廿一歲。

---

16 語見劉咸炘，〈吳碧柳別傳〉，載劉咸炘，上揭《推十文》卷一，《推十書》，冊三，頁 2127 上-2127 下；此〈別傳〉（部分）又收入上揭《年譜》，載於劉氏所撰〈唐迪風別傳〉之後。

17 以上四則，皆轉引自上揭《年譜·唐迪風別傳》後之〈附：吳碧柳遺書四節〉。

1907 年（光緒卅三年）　廿二歲。

1908 年（光緒卅四年）　廿三歲。

1909 年（宣統元年）　廿四歲。 1 月 17 日，長子君毅出生。唐先生嘗云：

> 《思復堂遺詩》，　先母諱大任，字卓僊所作也。……與吾　父雖情為夫婦，而義兼師友。……吾稍知學問，初皆由吾　父母之教。顧吾為學，偏尚知解。及今年已垂老，方漸知詩禮樂之教，為教之至極；……[18]

可知詩禮樂之教為迪風公所極重視者。

是年迪風公一家人搬到省城成都，入住錦江街。其原因如下：

> 唐母陳大任認為，閉門讀書，造就不了學問。……為更好地培育兒子為自己丈夫的求師、訪友、事業著想，便以鄉間偏僻，有諸多不便為由，力主舉家遷居其父執教謀生的省城成都。於是，在唐君毅半歲時，父母就帶著他離開了……故鄉。[19]

---

18 唐君毅，《思復堂遺詩・編後記》，收入《年譜》。據〈編後記〉末尾處所押之日期，乃知此〈記〉撰寫於 1973 年端午節。唐先生出生於 1909 年；迄 1973 年已屆 65 歲，是以云：「及今年已垂老。」按：唐先生年輕時，其性格相當反叛。青壯年後，尤其迪風公去世後，始漸知詩禮樂之教。其實，迪風公年輕時亦相當叛逆。（此參觀上 1904、1905 年等條即知之。）由此可見，唐先生實得乃父迪風公之「真傳」也。唐先生承迪風公詩禮樂之教，大抵是民國七年（1918 年），即唐先生十歲以後之事。其前，迪風公則教以《老子》、《唐詩》、司空圖《（廿四）詩品》、《說文解字》等。詳《年譜》民國六年條。唐先生又嘗自道其志於學，乃緣自得迪風公之教訓而來：「我從十四五歲以後，因為父親的教訓即有志於學問」。唐君毅，〈第一函〉，《致廷光書》（北京：九州出版社，2016），頁 42。

19 駱為榮，上揭《儒學大師唐君毅》，頁 12。在這一段描述之後，駱先生還進一步說：迪風公帶著其夫人與半歲之兒子唐先生前往成都的途中，「一次停船靠岸，唐母抱著半歲的兒子，上『跳板』時，不慎失腳墜水，幸而得唐父和船工救起。有驚無險，同船人贊說唐君毅：『大難不死，必有後福』。」其實，是不是唐先生本人之後福，那很難說。如果是福，那也不僅是唐先生本人之福；其實，對全中國，甚至對全球的哲學界、學術界、文化界來說，肯定是一大福。當然，對筆者來說，那更是一大福。

迪風公始教中學，繼執教於省立（成都）第一師範。[20]

1910年（宣統二年）　廿五歲。

1911年（宣統三年）　廿六歲。

1912年（民國元年）　廿七歲。　迪風公受聘為成都《國民公報》主筆（〈行述〉；〈墓誌銘〉）。歐陽竟無於所撰〈墓誌銘〉中嘗云：

> 元年革命成，蜀之士不圖建樹，而競祿。鐵風憤而有句云：「武士頭顱文士筆，竟紛紛化作侯門狗，誰與共，醉醇酒。」或勸之仕。曰：「君其往，吾已祝土神善固其土矣。」思以正論移易天下。主筆《國民公報》，視強禦橫勢，蔑如也。（〈墓誌銘〉；〈行述〉）。

按：「武士……」句，出自〈賀新涼詞〉[21]，蓋旨在狠批當時黨人、文士趨炎附勢之風。

1913年（民國二年）　廿八歲。　仍任職於《國民公報》。

1914年（民國三年）　廿九歲。　仍任職於《國民公報》。唐先生云：「（時）胡文瀾督蜀，為政不協民心。吾　父為文評斥。胡遂欲查封報館。」（〈行述〉；〈墓誌銘〉）爰迪風公出面自願承擔相關文責，查封之令遂罷。其後乃應李宗吾先生之聘，任教川北江油之省立第二中學。（〈行述〉）唐先生說：

> 李先生立身持己，素剛健不拔；而憤世疾俗之情，不能自已；遂轉而以詼諧玩世之言，出之於書。其《厚黑學》一書，……吾　父獨心知其意，更為之序，謂其意在以諷為諫云云。（〈行述〉。迪風公為李書撰序文一事，詳以下1917年條。）[22]

---

[20] 《儒學大師唐君毅》，頁12。自本年（1909）起至1914年轉任教於川北江油之省立第二中學為止，大抵迪風公皆任教於省立成都第一師範。然而，迪風公自1904年為秀才起至本年（1909）為止，五六年間究以何為生，則不悉也；大抵為私塾之教書先生歟？

[21] 即〈賀新郎詞〉，詞牌名；又名〈金縷曲〉。

[22] 迪風公因自願承擔相關文責，其結果大抵便是「引咎辭職」了事。但天無絕人之路，

1915 年（民國四年） 卅歲。 仍任教於江油二中。（〈行述〉）

1916 年（民國五年） 卅一歲。 返成都，主《國民公報》筆政。[23]（〈行述〉）

1917 年（民國六年） 卅二歲。 為李宗吾（1879-1943）之《厚黑學》寫一序文。[24]〈序〉云：

> 孔子曰：「諫有五，吾從其諷。」[25]昔者漢武帝欲殺乳母，東方朔叱令就死；齊景公欲誅國人，晏子執而數其罪。二君聞言，惕然而止。富順李宗吾先生，著《厚黑學》一書，其言最詼詭，其意最沉痛，直不啻聚千古大奸詐於一堂，而一一讞定其罪。所謂誅奸諛於既死者非歟？吾人熟讀此書，即知厚黑中人，比比皆是。庶幾出而應世，不為若輩所愚。彼為鬼為蜮者，知人之燭破其隱，亦將惶然思返，而不敢妄試其技。審如是也，則人與人相見，不得不出於赤心相見之一途。則宗吾此書之有益於世道人心，豈淺鮮哉。《厚黑學》之發佈，已有年矣。其名辭人多知之。今試執人而問之曰：汝固素習《厚黑學》者，無不色然怒。則此書之收效何如，固不俟辯也。（《年譜・附錄一：李著《厚黑學・序》》）

此序文值得一說者有四。其一：迪風公認同宗吾先生撰書之精神：導人向善、誅奸諛於既死和不為奸諛者所惑的一種深富淑世情懷的精神。其二：認同其書之內容，且認同其以諷為諫的方式。其三：肯定該書有益於世道人心（此點可說是以上其一所衍生出來的）。其四：肯定該書在社會上已獲得很

旋獲聘任教於江油二中。

23 迪風公自 1912 年起已擔任《國民公報》主筆；詳 1912、13、14 年條。

24 李氏書出版於 1912 年。《年譜・孟子大義・附錄一：李著《厚黑學・序》》之下有「民國六年」四字；蓋此為序文撰寫之年分。然則序文非為該書之初版而撰也。

25 語出《孔子家語》，卷三，〈辨政第十四〉；原語作：「孔子曰忠臣之諫君有五義焉。一曰譎諫。二曰戇諫。三曰降諫。四曰直諫。五曰風諫。唯度主而行之。吾從其風諫乎。」

大的收效。以上之其一和其三，最值得注意，蓋可反映迪風公一己亦深具崇高的精神和對社會之使命感也。

唐先生引錄以上之序文後，加上如下一按語：

> 上文為　先父初為李先生書序。其後李先生益由憤世疾俗而歸於滑稽玩世。故　先父既歿，於其民廿四年之《厚黑叢話》，既稱　先父之言其著書之旨在定讞大奸詐之罪，仍以滑稽之言道及　先父曰：「迪風披覽《莊子》不釋手，而於厚黑學，猶一間未達，惜哉。迪風晚年從歐陽竟無講唯識學，回成都，貧病而死。夏斧私[26]輓以聯有云：『有錢買書，無錢買米』。假令迪風只買《厚黑學》一部，而以餘錢買米，雖今生存可也。然而迪風不悟也。悲夫！悲夫！」（甲寅（1974）君毅誌）

上段文字頗值關注，茲稍申說如下：

一、迪風公一定非常欣賞稱頌《莊子》一書，[27]否則何以愛不釋手。

按：《莊子》一書，蓋旨在籲人待人處世，必須以達觀、放下之態度為之；

26　夏斧私，蜀中名人，其事蹟見「二十世紀中國人物傳記——人物」。詳見：https://www.baidu.com/s?ie=utf-8&f=8&rsv_bp=1&rsv_；2023.03.26 瀏覽。又：民國 36 年 11 月 5 日集成企業公司嘗捐資壹百萬元給予成都私立建本小學。夏氏嘗以校董代表之名義與校長周守廉共同發出一紙收據以為憑證。詳見 https://m.997788.com/new/pr/detail?type_id=0&d=53&id=32653193&de=1&pid=136；2023.03.26 瀏覽。

27　「迪風少時治文字音韻學及先秦諸子，初好道家言。民國 10 年目病後，始專攻宋明諸儒書，深有所悟，及從歐陽竟無學後，『益以闡明孟子及（陸）象山之學為己任。』」詳見百度百科「唐迪風」條：https://baike.baidu.com/item/%E5%94%90%E8%BF%AA%E9%A3%8E；瀏覽日期：2021.11.19。百度百科所據之資料，大抵為上揭〈墓誌銘〉、〈別傳〉、〈先父行述〉等。至於「目病」、「專攻宋明諸儒書」這個說法，蓋源自彭雲生，《孟子大義・跋》。上引文中所說的：「好道家言」，除李宗吾所指稱的《莊子》一書之外，當亦含《老子》一書。唐先生嘗云：「我六歲的時候，父親教我讀的第一本書便是《老子》，在我父親的心目中，他認為道家比儒家高，清朝末年很多人都是這樣想，當然後來我父親思想也變了。」假若迪風公不是雅好《老子》的話，怎會教兒子讀它呢？所以筆者認為「好道家言」當兼指老莊二書。上引唐先生語，見《病裡乾坤》，頁 158。

即千萬別執著。也可以說，是勉人成就一個「虛靜的人生觀」。當然，成就藝術的人生，也很可能是該書的另一旨趣。[28]依李宗吾，迪風公之去世，緣自貧病也。「無錢買米」，此貧之明徵。連最基本之糧食（米）都買不起，而無以為食，則何得不病！然而，竟「有錢買書」。這似乎是不化、不通（或所謂「難以理解」）之具體表現歟？

二、「假令迪風只買《厚黑學》一部」而讀之，「而以餘錢買米」，則何至於「貧病而死」？！[29]此宗吾自褒其書之餘，乃可謂並進而以嘲諷之口吻以評說迪風公了。唐先生輕描淡寫而僅以「滑稽之言」一語以描繪宗吾之評說，其忠厚可見一斑。

三、據上，則宗吾不免語涉譏諷。然而，「迪風不悟」、「一間未達」二語，再加上連說兩遍「悲夫」，則宗吾對迪風公之批評，乃不至太過分，且亦深有憐惜之意。然則宗吾亦忠厚長者無疑。

唐先生又云：

> 大率在吾祖母逝世以前，吾　父言行，多獨來獨往，不顧世之非笑。為學則推崇餘杭章太炎氏，好文字音韻之學。章氏為《新方言》[30]，吾　父更作《廣新方言》；就蜀中方言，考其在文字學之淵源。吾齡九年[31]，即教以背誦《說文解字》。吾甚苦之。其時吾　父於儒者之

---

[28] 徐師復觀先生在其代表作之一的《中國藝術精神》一書中即如此主張。詳參拙著〈附錄五：徐復觀先生論中國藝術精神——莊子的再發現〉，《政治中當然有道德問題：徐復觀政治思想管窺》（臺北：臺灣學生書局，2016），頁461-496。

[29] 駱為榮指出：「（迪風公）好讀書、買書，藏書破萬卷。」上揭《儒學大師唐君毅》，頁6。

[30] 《新方言》收入《章氏叢書》。按：章氏的《新方言》，始撰於 1907 年，《國粹學報》予以連載；1908 年《新方言》在《國粹學報》續完。當時章氏旅居日本。詳參〈讀古詩詞網：章炳麟年譜〉：https://fanti.dugushici.com/ancient_authors/263/ancient_author_infos/572；瀏覽日期：2021.11.26

[31] 迪風公「獨來獨往，不顧世之非笑，……」，不知發生於何年？然而，唐先生此段文字既用以描繪迪風公在其母親（即唐先生之祖母盧氏）逝世以前之表現，而盧氏逝世於民國九年（據《年譜》民國九年條），是可知迪風公如上之表現，最晚不過於民九年（1920 年；又可參以下 1920 年條）。然而，此段文字，唐先生乃置放於「吾年九

學，亦蓋初不相契。（〈行述〉）

然則迪風公於 32 歲前（可說青壯年期之前），其學乃以小學（文字音韻）為主。其教授唐先生亦以字書《說文解字》為教本即可反映彼對小學之重視；而於儒家義理之學，則尚未契合也。

1918 年（民國七年）　卅三歲。

1919 年（民國八年）　卅四歲。 太師母（即唐先生家母）陳大任「截髮，非議蜂起，官禁示。鐵風文喻眾，呈懲官，不稍退。」（〈墓誌銘〉）以上可說者有二：

一、太師母，他人未截髮而先截髮，可謂敢為天下先者也。此可反映其人極有個性。[32]

二、迪風公不僅支持其夫人之作法，且行文喻眾，並進一步上呈意欲懲罰其夫人之官員，而絕不退讓半步；然則其個性之耿介剛直，可見一斑[33]。

1920 年（民國九年）　卅五歲。

> 嘗聞吾　父一學生言，謂民國九年前，吾　父任教於成都省立第一中學、省立第一師範、及華西大學時，嘗出題，命學生歷舉孔子之失云云。民國九年，吾祖母逝世，吾　父年三十五，而其學遽變。（〈行述〉）

欲了解迪風公思想之轉變，此條非常關鍵。蓋民國九年乃一轉捩點也。該年迪風公之母親逝世（詳參上注 31）；蓋以此而深受打擊[34]，而悟人倫之常道

齡」一語之前。（按：唐先生出生於民前三年。其九歲，即民六年（1917 年）之時也。）是以吾人不妨認定，迪風公「獨來獨往，不顧世之非笑，……」之表現，乃發生於 1917 年（含）之前也。

[32] 迪風公夫人截髮（剪短髮）之緣由，駱為榮嘗解釋云：「因家務繁重，為減少梳洗時間，便剪成短髮，此為川中第一人。」《儒學大師唐君毅》，頁 8。

[33] 唐夫人截髮後的社會反應，駱為榮先生云：「一時多人響應，讚為新女性、新風尚。」《儒學大師唐君毅》，頁 8。

[34] 迪風公乃遺腹子，此前文已有所道及：「從小曾過繼給其三伯母，受其撫養。母親盧

（此當然含百行孝為先之孝道）。[35]是以其前之叛逆個性，至今乃回歸「正常」而恪遵儒家教義。尚可一說者乃係，叛逆之個性，恐不少年輕人皆然（迪風公則卅五歲前皆如此）。迪風公叛逆之表現，乃至教課出題時，竟「命學生歷舉孔子之失」，恐亦絕非單一個案而為一時之風尚也。[36]

1921 年（民國十年）　卅六歲。　迪風公與家人始居重慶。

民國十年，吾　父與彭雲生、蒙文通、楊叔明諸先生，回應重慶聯中之聘，旋應重慶第二女師之聘。[37]吾家遂旅居重慶者四年。（〈行

氏苦節一生，因而迪風公事母至孝，並對此終生感念。」（見仁富《年譜》）。然則迪風公之三伯母，於撫養迪風公，固然出力不少；但其生母盧氏，恐亦盡了極大之心力，是以迪風公終生感念也。

35 母親逝世，迪風公所受之打擊，概見唐先生以下之說明：「憶吾家居重慶時，吾　父嘗一度赴成都，移　祖母柩至宜賓故里，合葬於吾　祖父墓。吾　父於途中，惟寄吾母一七絕詩。今尚憶其中有『歸鳥無地報私情』之句。蓋自此而後，吾　父乃益感生死事大；遂於民國十四年，與吾　母及妹弟赴南京，問佛學於支那內學院。」（〈行述〉；居重慶事，見 1921-24 年條。）迪風公問佛學於內學院一事，可詳參下面民國十四年條。唐端正先生嘗云：「及民國九年，其母（按指迪風公之母）逝世，萬念俱灰，乃反其本而求於先聖賢之書，遂歸於儒。」《年譜》，頁 4。唐端正先生上所言，大概源自〈別傳〉以下之記載：迪風公嘗云：「吾遺腹生也。吾母卒而吾大病，傷之而病，病而萬念灰。灰而反求於先聖賢之書。」

36 其實，民初之時風即普遍如此。反中華傳統文化之新文化運動接踵五四愛國主義運動而發生於同年（1909 年），豈偶然哉？豈偶然哉？到說民初之時風，其實，乃源自清末者。唐先生即明確的指出說：「……初看起來好像是由新文化運動來的，其實都不是，是從清末章太炎、康有為來的，……是開始了後來的懷疑經書，反對孔子的思想。」唐先生的歷史意識——深具追根溯源的意識，可見一斑。唐說見〈民國初年的學風與我學哲學的經過〉，《病裡乾坤》（臺北：鵝湖出版社，1984），頁 158。有關清末民初思想發展的概況，可參張昭軍、孫燕京主編之《中國近代文化史》（北京：中華書局，2012）第三章：〈戊戌新文化〉、第四章：〈清末十年的文化變局〉和第五章：〈五四新文化運動〉，頁 86-235；蔡尚思，〈辛亥革命時期的新思想運動——資產階級各派主要的反孔反封建思想〉，《論清末民初中國社會》（上海：復旦大學出版社，1983），頁 1-29。

37 時任重慶第二女師之校長者，為前清舉人蒙裁成先生（1859-1928 年）。先生號公甫；辦事民主，大公無私，被尊稱為「公甫先生」。蒙先生在第二女師任校長至 1926

述〉）

唐先生又說：

> 憶吾年十三（按：時維 1921 年），始就讀重慶聯中。其第一年之國文，即由吾　父講授，以老莊孔孟之文為教材。（〈行述〉）

是可知迪風公從本年開始，乃家居重慶（前後凡四年）。其任教重慶聯中時，所教授者，至少有國文一科，且以老莊孔孟之文為教材。

根據迪風公好友彭雲生所言，知悉迪風公本年嘗病目。其言云：「少年治音韻及周秦諸子。民國十年病目後，始專讀宋明諸儒書。」（《孟子大義・跋》，撰於 1931 年 11 月。彭氏未細言「病目」何所指。指非常弱視，抑好比唐先生一樣是一目失明？抑其他？如白內障？或青光眼？）蓋以文字音韻之學於身心性命無所關繫，是以乃專治與身心性命比較相關之宋明理學矣。（於病目一項，唐先生亦可謂得迪風公之"真傳"也。唐先生自 58 歲起即病目，其左眼失明。幸右眼不病。）

1922 年（民國十一年）　卅七歲。　家居重慶，仍任教於重慶第二女師。

> 第二年（按即 1922 年）國文則蒙文通先生更為講授宋明儒學之義。吾　父遂購孫夏峰《理學宗傳》一書，供吾自學之資，使吾竟得年十五而亦志於學。（〈行述〉）

迪風公購《理學宗傳》一書授唐先生以為後者自學之資，蓋視之為輔助教材也，則其重視該書，可以想見。

1923 年（民國十二年）　卅八歲。　家居重慶，仍任教於重慶第二女師。是年，蒙裁成（蒙公甫，蒙文通先生之叔父）針對孔孟至宋明儒者言「仁」、「敬」之言論，嘗輯為一書，命曰《仁學》，並請迪風公惠予撰序。（〈行述〉）[38]迪風公撰寫序文之時日，不詳。以該書撰就於十二年，茲姑視序文

年夏始離開。參維基百科：https://zh.wikipedia.org/wiki/%E8%92%99%E8%A3%81%E6%88%90；瀏覽日期：2021.11.02。

[38] 迪風公，《仁學・序》，收入《年譜》。〈序〉前，唐先生有一數十字之說明。今知悉公甫先生《仁學》一書撰就於民十二年，乃據唐先生此說明。唐先生又說：「時

亦撰就於同年。筆者不悉《仁學》一書當年曾正式付梓否？然而，縱然已付梓，恐亦未廣為流傳[39]。以筆者未嘗見，是亦不悉迪風公之序文納存其中否？尚幸唐先生之記憶力異乎常人；其相關憶述並寫出者，如下：

> 《記》曰：「天無私覆，地無私載。」[40]《易》曰：「天地之道，恆久不已也。」[41]天地而有私，天地不成其為天地矣；天地而有已，則乾坤其毀裂矣。天地之無私，天地之仁也；天地之不已，天地之敬也。聖人之學，道在一貫，持其樞者，忠恕也。聖人之恕，聖人之仁也；聖人之忠，聖人之敬也。子思著《中庸》，承孔子之教。其言曰：「喜怒哀樂之未發謂之中，發而皆中節謂之和。」非和何以成仁？非中何以主敬？非中則仁之用不見，非和則敬之功不彰。仁用見，敬功彰，而博厚，而高明，而悠久不息，以著其載物、覆物、成物之德。聖人之道，不其大哉。
>
> 公甫老伯好學誨人不倦，謂先儒之教，唯仁敬二字，足以括之無遺；爰裒之名編，命曰《仁學》。欲知學之所以為學，教之所以為教，胥必於是有取焉。淺薄如余，何足以序此書？然長者之命，不敢辭也。蓋仁之與敬，如乾坤之二卦，似相反而實相成。乾至健而動也順，大人之行，先天而天弗違，後天而奉天時；是君子之仁，而敬在其中矣。坤至柔而動也剛，君子之德，美在於中，而暢於四支，發為事業；是君子之敬，而仁在其中矣。不識仁，而自謂能主敬者誣也；不能主敬，而自謂能識仁者，亦誣也。能識仁，則謂仁為本體，敬為工夫可也；能主敬，則謂敬為主體，仁為工夫亦可也。非是者，說仁說

（筆者按：民國十二年）吾　父之所述作，憶更有〈孔學常談〉及〈孔門治心之道〉二文，是皆見自吾　祖母逝世，而吾　父之學，遂歸宗於儒。」（〈行述〉）

39 以《仁學》命名之書，其實早已有之。如清末思想家戊戌六君子之首之譚嗣同之著作即其一例。其書共二卷，五萬多字，撰就於1896（光緒22年）至1897年之間。至於蒙氏以同名命名彼所編輯之一書，則筆者至今始知悉。

40 此孔子之言；見諸《禮記・孔子閒居》。

41 語出《易經・恆卦・彖傳》。

敬，尚無是處，況遠於仁敬乎。

《仁學・序》前唐先生寫了一數十字之簡略說明。其中可揭示上述〈序〉文乃源自唐先生之記憶者如下：「民國十二年，……屬先父為序。及今已五十年，吾尚略能憶及，當不大誤爾。」[42]

以上〈序〉文之內容，其言極精審不易。今筆者僅針對仁與敬之關係，稍一申說。按：仁為本體；敬為其用，即敬為成就仁之工夫。恐此為一般的說法，即所謂儒學之通義也。今迪風公之說法（據唐先生之記憶而寫出者）異於是而謂仁與敬，可互為本體，亦可互為工夫。換言之，不必固守成說，而必以仁為本體，而敬僅為工夫而已。有謂：言亦各有所當。是以吾人不必執一而廢百。唐先生看事事物物，恆靈活，不沾滯。此或源自其家學傳統迪風公之遺教歟？

據唐先生，是年重慶教育界人士，嘗組成非戰同盟之組織。該組織推迪風公起草〈非戰同盟宣言〉（今作為《孟子大義・附錄一》之一部分收入《年譜》內。）唐先生尚憶及其中部分內容，如下：

> 披閱五千年之歷史，時有斑斑之血點染其中。戰有始，誰始？戰有終，誰終？老弱填溝壑，誰為誰填？丁壯擲頭顱，誰為誰擲？死者可作，寧無怨尤。而好戰者，以神聖文武名之，以正義人道飾之……[43]
> 百年之功，隳於一旦；億萬之命，殞於數人。誰無兄弟？如足如手。誰無夫婦？如賓如友。膏液何辜，乃潤荊棘？今之存者當哀之，哀死者之死於鋒刃也，哀死者之死於奔竄流離也，哀死者之遺憾無窮，不

---

[42] 筆者按：此唐先生自謙語耳。其憶及而寫出者，不下 4、500 字，且已事隔 50 年，則先生記憶力之驚人，不必多說了。唐先生此說明，當寫於 1973 年，蓋蒙氏請迪風公撰寫序文既係在民 12 年（1923），則 1923＋50＝1973 也。2023.06.17 補充：上引文中說到「敬」的問題，這讓筆者想到半個多月來在臺灣發生的一連串的「＃Me Too」（指：性騷擾）事件。筆者想到，如果吾人對他人的身體及其意願，時時刻刻都心存敬意，予以尊重，視為聖神不可侵犯者，則何至於一念陷溺而成為加害者呢？！人之意念及行為，真的不可不慎也。

[43] 此刪節號／省略號乃原文所有。蓋唐先生已無法憶及相關文字，然為忠實於原著所本有者，而不得不爾。

> 得以其所苦，告來者也。以是翻然悔悟，亡羊補牢，禍其可以少已否。人生之樂生，誰不如我；悅以犯難，夫豈恆情？凡我同盟，既盟之後，有本此不忍之心，以行其意者，有如揚子江。[44]

筆者有如下觀察：

凡〈宣言〉，必以理為相關說法之依據，且此理亦同為當事人可能採取的進一步行動之依據或準則。若缺乏理據，則何以籲人說人？然而，說理外，又必須訴諸人（讀者）之情感／情緒，即所謂動人以情也。一言以蔽之，即必須情理兼顧而後可。[45]以上〈宣言〉文情並茂，真可謂情理兼顧；洵大家之文無疑。[46]上述之非戰同盟組織推薦迪風公起草該〈宣言〉，理有固然。

1924 年（民國十三年）　卅九歲。 家居重慶，仍任教於重慶第二女師。

1925 年（民國十四年）　四十歲。 赴南京，問學於支那內學院歐陽竟無先生。[47]（〈行狀〉）當時，迪風公貸大洋 300 元[48]，舉家遷居南京。家庭成

---

44 依文意，「本」字之前疑有一「不」字，蓋唐先生一時筆誤——漏寫？或手民之誤？如有一「不」字，則意謂：有不本此不忍人之心，而仍一意孤行——我行我素者，則必被揚子江之滔滔巨浪所淘盡而永無踪影也。針對此〈宣言〉，唐先生做了一簡短說明。筆者即據以知悉〈宣言〉撰寫於民國十二年。迪風公起草〈非戰同盟宣言〉一事讓筆者想起 30 多年後，即 1957 年時，其哲嗣唐先生所主筆的〈中國文化宣言〉；真可謂虎父無犬子也。父子兩人先後擔任宣言之起草人，恐極為罕見而成一士林佳話無疑。

45 這方面，章學誠等等的文史理論家早已言之。章氏《文史通義》〈史德〉、〈文德〉等篇，言之綦詳。筆者順章氏意而論說文章撰寫之義法或法度時，嘗云：「本乎人情、事理、物理而設計其規矩方圓。」所謂「規矩方圓」，乃指撰寫文章時所依據之準則法度而言。黃兆強，〈章學誠文學思想研究之述評〉，《章學誠研究述評（1920-1985）》（臺北：臺灣學生書局，2015），頁 248。

46 按：學者專家所撰寫之文章，有大家之文與名家之文之別。詳參上揭《章學誠研究述評（1920-1985）》，頁 245，注 14。

47 據駱為榮，迪風公赴內學院研修乃緣自義憤。事緣重慶第二女師校方以相貌不揚，個子矮小為由而辭退同為同事之鄧紹勤先生有關。駱為榮，前揭書，頁 28。

48 此據百度百科〈唐迪風〉條：https://baike.baidu.com/item/%E5%94%90%E8%BF%AA

員中，只有唐先生因肄業於北京，而不克隨行。[49]（〈行狀〉）迪風公追求學問之敬誠，乃至全家之配合（或所謂捨命陪君子？），可見一斑。（〈行述〉）按：本年秋，支那內學院建法相大學。釋奠典禮舉行前先三日，迪風公至。內學院暨法相大學創辦人歐陽竟無大師云：「（迪風公）坐定，呈志情急，口吃，至於流涕。予已為之動。釋奠之日，徧拜大眾，懺訴生平，則涕泗交並，一時大眾悚然。」（〈墓誌銘〉）迪風公之所以如此激動，蓋以其面對莊嚴肅穆之場景時，觸景生情，心中乃產生無限之愧疚故；逮懺訴平生時，遂涕泗縱橫而不能自已也。此真性情之流露無疑。若無真性情，或反省（反躬自問，反求諸己）之意識不足，則何「涕泗交並」之可言？有謂：「男兒有淚不輕彈」，此固然。然而，男子漢亦恆有落淚的時刻，其關鍵全在於其內心深處是否被觸動而已。若被觸動而心傷（尤其是傷心到極點），則落淚又豈只是女兒家的「專利」呢？「男兒有淚不輕彈」的一下句不正是：「只是未到傷心處」嗎？可見一到傷心處，則男子漢亦必潸然落淚也。

是年唐先生在北京唸大學。據以下記述，可知迪風公對兒子之忤逆，每以寬假之態度對待之而不忍苛責。唐先生說：

> 吾以不肖，自年十七，即遊學在外，未得隨侍吾親。吾在大學讀書，則習染世風，謬崇西哲之學。每以中土先哲之言，析義未密，辯理不嚴，而視若迂闊，無益於今之世。故每當歸省，與吾　父論學，恆持義相反；辭氣之間，更無人子狀。而吾　父則加以寬假。唯嘗嘆曰：「汝今不契吾言，俟吾歿後，汝當知之爾」。（〈行述〉）

父子論學，唐先生所以「恆持義相反」，固與當時兩人之學術信念或價值信念頗相殊異相關（然而，其殊異應不至於太大。殊異大者，譬如一主唯心，一重唯物；一崇理想，一尊現實等等即是其例。唐先生早年哲思之特色，可

%E9%A3%8E；瀏覽日期：2021.11.19。此貸款事，似乎僅見諸百度百科。本文末尾處附錄了百度百科〈唐迪風〉條，宜並參。

[49] 據《年譜》1925 年條，時唐先生先入讀燕京（北京）之中俄大學。一年後始轉北京大學讀預科。

參本書第 6、7 兩章）。然而，殊異之另一重點恐主要緣自學問處理之方法有所不同，即取徑有異之故。唐先生以下的描繪或可以提供一點線索。[50]先生說：

> 吾　父好與人談，談輒不知倦，嘗自謂，能篤信性善，其言談多直心而發。與學生講論義理，或引古今人行事為證；於其事之可歌可泣者，未嘗不動容。平日為學，喜抄書。於古聖賢書及所好詩文，皆以小楷恭錄，無一筆苟。又好紋石，暇則摩挲忘倦。蓋取其文理見於外，堅剛蘊於內耶。諸父執與吾　父論學，雖不無異同，於吾　父之為人，則皆無間言。嘗見吳碧柳先生與某友人書，稱吾　父之論學，謂當世吾川學之正，尚未有能過吾　父者云云。（〈行述〉）

上段引文頗長，今只針對：「其言談多直心而發」一語[51]，稍作說明：譬如講性善，講四端之心，講良知，恐只須說：此上天所賦予吾人者，或所謂「凡人皆有之」（而無待證明者）。只此一言便足夠，而不必多言其他。然而，依唐先生，則「每以中土先哲之言，析義未密，辯理不嚴，而視若迂闊，無益於今之世。」迪風公，亦中土之一先哲也。是以在論學上，唐先生便必然與迪風公「持義相反」了。對這方面，管見則以為，兩人之取徑進路，各有優缺點。要言之，「直心而發」，可謂乃訴諸頓悟一途以曉喻他人者，此固可生當頭棒喝之效；然而，以欠缺理論基礎或理論上之說明，則或可服人之口，而不能服人之心矣。反之，唐先生之進路，乃今治哲學者之「常軌」；幾乎可說是必然之取徑。然而，《莊子・齊物論》不云乎：「辯也者，有不見也。」是以「辯」也好，「辨」也罷，其必能窮盡一切真理而

---

[50] 除治學方法外，迪風公之為人，乃至嗜好，亦可以概見，是以唐先生之相關說明，今不予刪節。

[51] 劉咸炘亦有相類似之描繪：「其言多直致，不作步驟，不尚分析。」劉氏為史學家，以其燭照古今的敏銳的史家觸角，遂能據以上觀察而作出如下的判斷：「蓋使迪風為長篇論著，以辨俗學，未必能勝。」迪風公誦讀《孟子》，乃成《大義》一書，而未嘗深入展開以成就長篇論著，此恐真如劉氏所言之緣自能力上之「未必能勝」。然而，劉氏繼云：「若隨筆記錄，而揀擇之，必多可觀。」此稱頌也算很高了。本注之引文，悉來自〈別傳〉。

定然使人口服心服耶？而他人之途徑皆非耶？

是以唐先生後來不得不改變其原先之想法，遂繼云：

> 然吾當時亦不知其言之痛切也。至吾年二十三，吾　父逝世，吾乃賴吾　父神靈默祐，悔其少年之見，得有契於先哲及吾　父之言。然皆不得面陳於吾　父之前，更承吾　父之教矣。悠悠天地，終身之憾，更何由補。

「悔其少年之見」、「終身之憾，更何由補」等語，說得沈痛。既「悔其少年之見」，則相關之治學進路，理應有所更易改變。然而，說時容易，做時難。此唐先生深有所覺，乃云：

> 吾年來亦日益感吾平日之為文論學，不能如吾　父之直心而發，而喜繁辭廣說；正多不免隨順世俗所尚之鄉愿之習。今惟望假我餘年，得拔除舊習，還我本來，庶幾不愧吾　父之教耳。（〈行述〉）

上引文撰於 1974 年 3 月 2 月。唐先生逝世於 4 年後之 1978 年 2 月 2 日。據筆者之觀察，此所謂「鄉愿之習」，迄其辭世，實未能予以祛除。究其由，當緣自非繁辭廣說，不足以把事涉哲學之相關問題說清楚，講明白之故也。一言以蔽之，哲學問題，恆非三言兩語可以盡者。

是年迪風公嘗致函章士釗先生（1881-1973）。函云[52]：

> 《甲寅》復生[53]，國人重得循誦先生之偉論，以端正其趨向，不可謂

52 按：致章氏之書函共 3 通，此為第一函；乃作為《孟子大義・附錄一》的一部分而命名為〈書札〉。3 書札（書函）收入《年譜》內。此第 1 函原發表於《甲寅周刊》，第一卷第十號，民國十四年。根據函末括號內的一行小字：「南京鼓樓保泰街四十二號九月九日」，乃知悉此函蓋寫於 1925 年 10 月 26 日（農曆九月九日）。此函無上款（其他 2 函皆然），但據內容，可知此函之收件人為《甲寅周刊》之創辦人章士釗先生。按：《甲寅周刊》第一期發行於 1925 年 7 月，最後一期發行於 1927 年 2 月；前後共發行 45 期。詳參（中文）百科知識：https://www.easyatm.com.tw/wiki/%E7%94B2%E5%AF%85%E6%B4%BE；（中文）百科知識 1925 年 7 月 11 日：https://www.easyatm.com.tw/wiki/1925%E5%B9%B47%E6%9C%8811%E6%97%A5；瀏覽日期：2021.11.17。

53 1914 年 5 月至 1915 年 10 月章士釗嘗於日本東京創辦並發行《甲寅》雜誌（月刊），前後發行共 10 期而停刊。10 年後的 1925 年 7 月章氏於北京發行《甲寅周刊》（詳參上條）。時章氏任北洋政府司法部長，兼署教育總長。《甲寅》之得以復刊，蓋以

非混亂之時局中一大幸事也。……自一至七（按：指《甲寅周刊》第一至第七期），已獲莊誦一通。觀其於培養民德，挽救時風，釐正文體之意，時流露於字裏行間。

《甲寅》之痛絕白話，亦固其宜。然從前琢磨過甚之文，不適於時，必歸沙汰。不過改弦而更張者，立言略有揚抑，而附之者變本加厲，一若游談無根。即曰辭達，慮亦非倡白話者之初衷所及料也。先生掌教育之權，以修辭立誠帥天下。揆之仲尼欲善而民善之義[54]，決無不可潛移默化者，亦何用緦緦過慮哉。京中女師大事，先生所為，大不理於眾口。[55]竊以挽今日之頹風，宜化之以漸，不宜施之以驟。法家嚴肅整齊之力，不如儒者至誠惻怛之為之收效弘而遠也。先生以為然乎。

……，雖醉心於前哲，亦景仰於時賢。察國家三十年來，能於學術方面，具有開天地之手腕者，惟有四人。一吾川之廖季平，一浙中之太炎先生，一梁漱溟，一歐陽大師而已。廖曾與之接談，而未暇讀其書。太炎先生之著述，則讀之垂二十年，而未識其人。[56]漱溟亦然。

此。詳參維基百科：https://zh.wikipedia.org/wiki/%E7%94%B2%E5%AF%85_(%E6%9D%82%E5%BF%97)；瀏覽日期：2021.11.19。

[54] 語出《論語・顏淵》；全文如下：「季康子問政於孔子，……孔子對曰：『子為政，焉用殺？子欲善，而民善矣。君子之德風，小人之德草。草上之風必偃。』」

[55] 「大不理於眾口」，語出《孟子・盡心下》，原文全句作：「貉稽曰：稽大不理於口。」《孟子趙注》（臺北：中華書局）云：「貉，姓；稽，名。仕者也。為眾口所訕。理，賴也。謂孟子曰：『稽大不賴人之口，如之何也？』」（四部備要本，卷 14，頁 6。）焦循《孟子正義》（臺北：中華書局）云：「……《國語・晉語》：『君得其賴。』韋昭注云：『賴，利也。不理於口，猶云不利於人口也。』」（四部備要本，卷 28，頁 15。）按：「理」字亦可訓為「順」。見蘭州大學《孟子》譯注小組（實際之譯注者當為楊伯峻；以楊氏時服務於蘭州大學，且當時蓋為「去個人化」之考量，而概以單位名義標示之），《孟子譯注》（北京：中華書局，1960），頁 330。《國語・晉語》：「君得其賴。」一語則出於〈晉語一〉，《國語》（上海：上海古籍出版社，1978），頁 277。要言之，理＝賴＝利＝順。

[56] 據唐先生胞弟君實先生的說法，迪風公加入過太炎先生所組織的統一黨。唐君實，

於竟師，則不惟讀其書，知其人，且不時承其訓誨。師之精光耿耿，如皓日當空，一見輒令人不忘。

上所引迪風公致章士釗函（略有刪節），稍作闡釋如下：

(一)「從前琢磨過甚之文，不適於時，必歸沙汰。」按：「琢磨過甚之文」，蓋指古文（文言文）來說。其實，古文亦不必琢磨過甚者。反之，恆比語體文簡潔濃縮。然而，蓋以章氏甚討厭（函中「痛絕」一語可見）白話文，而恆欲百分百恢復文言文。此則恐非迪風公所能全然苟同者；爰指出謂前人撰寫文言文時，若一旦流於琢磨過甚，便不適於時，而最後必歸沙汰也。迪風公蓋以此而暗示章氏：吾人行文，似不必非堅持文言文不可。「改弦而更張者」，蓋針對提倡白話文的人士來說。「立言略有揚抑，而附之者變本加厲，一若游談無根。即曰辭達，慮亦非倡白話者之初衷所及料也。」此數語蓋意謂：白話文之本身，實無可厚非（即吾人不宜全然反對白話文：即不應「逢白必反」）。然而，若一旦變本加厲：強辯、文過飭非（今所謂硬拗），便成游談無根了。恐此非原先提倡白話文者之初衷也。以上「從前琢磨過甚之文」至「倡白話者之初衷所及料也」的一段話，筆者認為，乃迪風公以委婉的方式來勸籲章氏不必「逢白必反」，蓋白話文亦自有其可取之處。就對章氏來說，此可反映出迪風公用心良苦之極。就白話文之應用來說，則可反映出迪風公深知變通，而絕不呆板沾滯也。

(二)「京中女師大事，先生所為，大不理於眾口。……法家嚴肅整齊之力，不如儒者……」。其中「京中女師大事」，稍說明如下：1924 年末，北京女子師範大學的學生自治會以當時楊蔭榆校長（中國第一位女大學校長）處事不公為由，遞交了要楊氏辭去其校長職務之宣言。逮翌年 8 月 8 日，時任北洋政府教育總長之章士釗先生批准楊氏辭去其校長職務。8 月 12 日，此女師大學潮事件，導致章氏免除了聲援此學生運動之魯迅先生教育部僉事一職。[57]

〈阿爸和我們一家在成都的日子〉，《唐君毅故園文化》，總第 7 期，2005 年 10 月，頁 6。

[57] 詳參各種網址上之百科：「楊蔭榆」、「章士釗」、「魯迅」等條目。

又：上引文中所謂「法家」，大抵指章氏本諸先秦的法家精神做出以下的行為：依從若干教師及學生的要求免除楊蔭榆的校長職務。稍後，又免除魯迅僉事一職。「法家嚴肅整齊之力，不如儒者」，則明確反映迪風公之儒家色彩。（此事宜，可並參以下 1926 年條。）諺謂：「菩薩心腸，金剛手腕。」蓋意謂：具菩薩心腸（即起心動念必須發乎善意、誠意），乃吾人做人做事的原則；然而，處理具體問題或事件時，有時不得不以金剛手腕（強硬之策略或手段）為之。換言之，行事上，吾人不必然反對強硬之策略或手段，然而必得本諸良心良知（善意、誠意）而後可。而所謂「強硬之策略或手段」，依本條上文，即「法家嚴肅整齊之力」是也。至於儒者之作法，則必依乎良心良知。此猶同上所云之佛家之「菩薩心腸」也。

(三)至於「景仰於時賢。……一見輒令人不忘。」的一段文字，茲稍闡釋如下：

迪風公同時代學人，其所景仰者凡四人，即廖平（1852-1932）、章炳麟（1869-1936）、梁漱溟（1893-1988）、歐陽漸（1871-1943）共四位先生。其中廖、章及歐陽，皆比迪風公年長；但彼等之謝世，皆晚於迪風公。梁享高壽，更不必多說；其出生亦僅比迪風公晚 7 年。四位先生之學術皆有極大之成就。要言之，廖，經學大師也；章，國學大師也，尤精文字音韻之學[58]；梁於學術成就外，更深富淑世情懷，乃經世致用意識極強之社會活動家也[59]；竟無先生，則於佛學極深研幾者也。迪風公既極為欣賞，甚至可說極為推崇此四先生之表現，則迪風公本人學術上之傾向，亦不待細辨矣。四先生中，也許最值得稍一申說的是梁氏和歐陽氏。按：迪風公上段文字寫於 1925 年，梁氏時年 33 歲，而迪風公則為 40 歲，即比梁氏年長 7 歲。是年長者反推崇年輕者，此實難得之至。本年（1925 年）前梁氏發表或出版之重要著作計有：《究元決疑論》、《印度哲學概論》、《唯識述義》、《東西

---

58 唐先生嘗指出謂：「（吾　父）為學則推崇餘杭章太炎氏，好文字音韻之學。」（〈行述〉）

59 近人研究梁漱溟者極多，舉不勝舉。胡元玲教授之新作《梁漱溟思想抉微》（臺北：臺灣學生書局，2021 年 7 月），洞入精微，值得一讀。

文化及其哲學》。其鄉村建設工作的社會運動尚未展開。唯以上四著作在相當程度上已反映梁氏具湛深之學養。此外，更可喜的是，其見識之卓爾不群，已見端倪矣。迪風公以「有開天地之手腕」來稱許之，宜也。至於竟無大師，迪風公 40 歲時舉家赴南京追隨問學，若非內心對大師景仰無極，則何有此舉耶？「師之精光耿耿，如皓日當空，一見輒令人不忘」，則所景仰者，非徒學術而已，直以其深具崇高之人格也。

1926 年（民國十五年）　四十一歲。 仍居南京追隨竟無大師問學。

本年迪風公又嘗致函章士釗[60]，計有二通。

其一（略有刪節）：

> 當今之世，國事倉皇，無所託足。得一真正之法家，固遠勝於小儒萬萬倍。[61]愚讀書數十載，唐勞其智力精神，而無所歸宿。卒於孔佛二老，得聞勝義。自矢求向上一著，以終吾年。不免於尊意，微有出入。實則平情而論，先生所為，亦大不易。天下人皆愛護之不暇，愚何敢過相苛求耶。孟子曰：「齊人莫如我敬王。」[62]區區之心，固有在也。[63]

針對上函，茲稍作闡釋，如下：

上引文有如下一語：「真正之法家，固遠勝於小儒萬萬倍。」按：俗諺有謂：「真小人，遠比偽君子可愛。」迪風公眼中的「法家」，吾人不妨視為好比俗諺中的「真小人」；而其眼中的「小儒」，在一定程度上，蓋即孔

---

60 同作為附錄一之一部分收錄於《年譜・孟子大義》。詳參上注 52。

61 詳參以上 1925 年條之（二）。

62 語出《孟子・公孫丑下》。原語句為：「我非堯舜之道，不敢以陳於王前，故齊人莫如我敬王也。」王指當時齊國的國君齊宣王。

63 此函載《甲寅周刊》第一卷第十九號，民國十五年。函末括號內有一行小字如下：「南京毘盧寺法相大學十二月二十號」。此函既刊登於 1926 年，則「十二月二十號」，蓋指國曆（公曆、陽曆、西曆）之 12 月 20 日。不然，如為陰曆（農曆），則該日已為 1927 年之 1 月 23 日矣。

子所說之「小人儒」。[64]與之相對者，則為「君子儒」。兩者的分別，《論語集註》引程子曰：「君子儒為己，小人儒為人。」此意謂：君子儒之進德修業是為了成就自己；小人儒則是要做給別人看的。《韓非子・顯學》更依孔子後學所形成之儒學派別，細分為八，如下：子張之儒、子思之儒、顏氏之儒、孟氏之儒、漆雕氏之儒、仲良氏之儒、孫氏之儒、樂正氏之儒。《荀子》則針對儒者或儒家，依其性質，分為七類。此見諸書中之：〈勸學篇〉：陋儒、散儒；〈非相篇〉：腐儒；〈非十二子篇〉：賤儒；〈儒效篇〉：大儒、俗儒、雅儒。迪風公所說的「小儒」，雖或不必然相等於孔子所說的「小人儒」；但似乎相當於《荀子》所說的「陋儒」、「腐儒」或「俗儒」。換言之，不妨比擬之為「偽君子」也。至於真小人和偽君子相較，誰比較可愛的問題，則筆者以為，偽君子不僅不可愛，而且對家國、社會，恆構成弊害，甚至禍患。反之，小人恆以真面目示人：率性任情，直來直往，我行我素，而不矯揉造作、扭妮作態。換言之，亦一「真人」也。然而，以其表現總是負面的，不免於人有損，[65]所以便成為「真小人」了。總而論之，兩者相較，偽君子更格外令人討厭，而比不上真小人。

其二（略有刪節）：

> 民氣不用則銷沈，濫用則衰竭。年來國內民氣，濫用過度。對外幾無可言。……雖叫囂，其中情實餒。曾子曰：「自反而不縮，雖褐寬博，吾不揣焉；自反而縮，雖千萬人，吾往矣。」古今來掀天揭地之

64 「儒家」是一個相當籠統的稱號。然而，一般來說，一談到「儒家」，吾人心中恆認定，其人之行事做人，凡本乎孔孟之教而以一己之良心良知（簡言之，即本乎「仁」）為依歸者，皆可以「儒家」稱呼之。其實，儒家可以細分為很多個類別或種類的。孔子早就意識及此。「子謂子夏曰：『女為君子儒，無為小人儒。』」（《論語・雍也》）僅此一語即可知在孔子的心中，「儒」至少可有兩種也；且其一可以說是負面的儒：小人儒。

65 譬如因為太直爽、說話無分寸，而傷害了對方的自尊心；又或做事太直接，甚至太鹵莽衝動、不夠周延而貽害了別人等等。當然，比較壞的真小人會用明槍明刀加害於您，甚或殺死您；但總比偽君子之藉著暗箭或陰謀（此與「陽謀」相對來說）加害於您的，似乎稍微好一些。

> 事功，無不由從善服義，植其基本。故民氣來路，不必向外馳求。第疏濬其泉源，自可取之不盡。近人梁漱溟氏，頗心知其意；其他鮮有見及者。至若馬克斯學說當如何研究，吾國現狀是否適於共產，改革事業是否可以倚賴他人，皆必窮勘到底，一步不可鬆懈。前者人類生死存亡大問題，後者國家治亂絕續大問題，斷不容草草忽過。《甲寅》於此二點，似猶含意未申。先生服膺孔氏，邃於馬學。[66]其能罄出所得，以引導群眾之視線乎？想有心有目者，無不具同情也。又《周刊》間羼西籍名詞，鄙意以為不妨譯出，以一文體而便讀者。高明其許之歟？[67]

針對上函，茲稍申說如下：

自上世紀 20 年代初開始，馬克斯（馬克思）學說或馬克斯思想或馬克斯主義，便開始在中國傳播。至於馬克思學說研究會，則 1920 年 3 月便創立於北京大學。有謂該研究會乃中國最早研究與宣傳馬克思主義的理論團體；[68]對馬克思主義在中國的傳播有開拓性的貢獻。多數學者認為研究會存在到 1926 年[69]，少數學者則認為研究會於 1925 年便解散。至於該會與中國共產黨的關係，則李丹陽和張申府的說法，頗具參考價值，如下：李氏認為，研究會是中國共產主義組織的源頭。張氏（研究會發起人之一）也有類似的說法。張云：研究會為中國共產黨打下理論、組織基礎。[70]上段引文，

---

66 依本段上引文，馬學指的是馬克斯之學說。

67 此函載《甲寅周刊》，第一卷第三十三號，民國十五年。函末括號內有一行小字如下：「南京法相大學夏曆元夜」。「元夜」即元宵節（正月十五日）。換算為國曆（公曆、陽曆、西曆），則此函乃寫於 1926 年 2 月 27 日。

68 美國學者史華慈（Benjamin I. Schwartz，1916-1999）則質疑研究會的活動僅限於研究馬克思學說，而非宣傳馬克思主義。詳參百度百科，「馬克思學說研究會」條：https://baike.baidu.com/item/%E9%A9%AC%E5%85%8B%E6%80%9D%E5%AD%A6%E8%AF%B4%E7%A0%94%E7%A9%B6%E4%BC%9A；瀏覽日期：2021.11.21。

69 據悉，該研究會於北京 1926.03.18 慘案發生後便停止活動。出處同上注。

70 詳參維基百科以下條目：馬克思學說研究會：https://zh.wikipedia.org/wiki/%E9%A9%AC%E5%85%8B%E6%80%9D%E5%AD%A6%E8%AF%B4%E7%A0%94%E7%A9%B6%E4%BC%9A；瀏覽日期：2021.11.21。

其中有句云：「馬克斯學說當如何研究，吾國現狀是否適於共產，改革事業是否可以倚賴他人，皆必窮勘到底，一步不可鬆懈。」相對於當時馬克思學說研究會的主張及相應的活動來說，迪風公這個說法，無疑是比較「保守」，且對當時的「進步人士」來說，甚至可說是「反動」的。然而，中國自清季以來，透過洋務運動等等的機制，不斷向外國學習。但成效如何，對迪風公而言，似乎甚待商榷。馬克斯學說，亦一洋產也。正所謂前車可鑑，迪風公於此固不能無所疑慮、猶豫，是以冀盼國人必須審慎為之；既不馬上肯定，也不立刻否定。此反映其思慮之仔細矜慎、認真篤實，絕不隨便追逐風氣。彼在信函中向章士釗之具體建議便是：(一)馬克思學說，吾人當如何研究之，始得以獲悉其精神旨趣？(二)中國當時的現狀是否適宜推行共產主義的政策？要言之，共產主義主要源自馬克斯之學說。是以馬氏學說的研究成果與當時的中國是否適合推行共產主義，是息息相關的。所以上面的(一)和這裡的(二)是有連鎖互動關係的。(三)至於「改革事業是否可以倚賴他人？」，這也是當時非常關鍵的大問題。迪風公當然深悉，至少非常關注清季以來洋務運動的歷史，再加上其淑世（經世致用）的使命感又特別強，他提出這個問題，正可充分反映彼對改革事業的疑慮。

說實在的，為了存活下去，當時的中國實在不得不改革（革故更新）以進行現代化。然而，改革是否非倚賴他人不可？又縱然要倚賴，又要依賴至何種程度呢？就普遍性來說，要全盤嗎？還是局部即可？就精神面或體用面來說，要中體西用嗎？或反過來，西體中用呢？甚或西體西用呢？就類別或性質來說，是政治層面呢？社會層面呢？倫理道德層面呢？經濟層面呢？教育層面呢？學術層面呢？法律層面呢等等？當然，以上種種，其實都牽涉到背後的一個大問題：主體性問題。中國人要全然放棄其主體性（自主性）；取而代之的，便是以外國為主體，而中國只是寄居其上的一個附體／副體而已？由此來說，以上(一)、(二)、(三)這三項，乃以第三項為主軸。如以中國為主體，則馬氏學說也好，同是進口貨的共產主義也罷，國人都可以，且也應該，按照本身的國情作出篩選取捨以便去蕪存菁的。換言之，就算予以引進，也該考慮作適度的調整更動。國情既彼此不同，您我不一，則那有照單全收全盤接受之理呢？更不必說削足適履了。迪風公「改革事業是否可以倚賴他人」一語，似乎更隱涵以下一關切：中國的主體性（自主性）必須獲得充分的保障、維護，即必須要守住。迪風公這個關切，可說是對於國人的生命（即吾人之安身立命）的一種關切。而國人的背後，當然就是整個國族、國家。所以「改革事業是否可以倚賴他人？」這句話也就是對整個國族、國家的存亡、發展的一種關切。所以迪風公這句話，絕不宜輕忽滑過。迪風公對此有充分的自覺並充分的關注。以下一語即可為證：「……，皆必窮勘到底，一步不可鬆懈。前者人類生死存亡大問題，後者國家治亂絕續大問題，斷不容草草忽過。」其中「前者」乃指「馬克斯學說當如何研究，吾國現狀是否適於共產」；「後者」則指「改革事業是否可以倚賴他人」。個人認為，作為一名手無寸鐵的書生，迪風公對人類，對國家，透過立言的方式，已盡了其時代使命了；實在讓人敬佩不已。有謂：「虎父無犬子」，豈不然哉？宜乎其哲嗣君毅先生爾後之相關表現卓爾不群也。

迪風公致章士釗的三封信函，皆寫於晚年（迪風公僅活到 46 歲，是以寫於 39 歲、40 歲的信函，應可算是晚年了。）；足以反映其思想上的定見，或所謂終極看法。是以該三函的重要性便不言而喻了。彼對白話文運動及白話文在表情達意上的看法（即白話文的優缺點）、對學生運動及對處理學生運動的主事者（具體來說，即當時的教育總長章士釗先生）所採取的手段（背後為儒家精神，抑法家精神？）、對中國改革事業之主體性（自主性）的關注，在在皆反映其深具不容自已的一種淑世情懷、以天下為己任的一種經世致用的使命感。作為手無寸鐵的一介書生來說，迪風公已盡了他的時代使命。以上三函，其中二函寫於本（1926）年。1926 年對迪風公來說，太關鍵了。蓋同為 1926 年，迪風公發表了一篇醒世大文章，名曰〈痛言〉[71]。文章字字血淚，句句辛酸；亦可謂字字珠璣，句句金玉也。惟文章

71 收入《年譜‧《孟子大義》‧附錄一》。唐先生於文章末端處，寫有一附識：「先父此文所述有未合事實者，私易數字。君毅誌。」迪風公此文，原刊《甲寅周刊》，第一卷第三十三號，民國十五年。按：自 1920 年代（其實不妨說自鴉片戰爭）以來，中國實陷於內憂外患接踵而至的一個悲慘局面中。有使命感的讀書人，如迪風公者，

2,000 多字，今僅摘其最要者予以闡釋申說如下：

> 倚奪之中人[72]甚矣哉。怯者中於倚，悍者中於奪。狡者，忽倚忽奪。貪戾者無往而非倚，無往而非奪。非倚奪能傷人也，與倚奪為緣也。……竟無師云：「國可亡，天下不可亡。」明不可失其所以為人耳。

亭林先生嘗云：

> 有亡國，有亡天下。亡國與亡天下，奚辨？曰：易姓改號謂之亡國，仁義充塞而至於率獸食人，人將相食，謂之亡天下。是故知保天下，然後知保其國。保國者，其君其臣肉食者謀之；保天下者，匹夫之賤與有責焉耳矣。[73]

自信史以來，中國易姓改號，朝代由是不斷更替者，史不絕書。長者三四百年[74]，如漢、唐、宋、明、清；短者則僅數十年，甚至只有數年，如劉知遠之後漢，其立國便不足 4 年（947-950）。所以哪一家（哪個姓氏的人／哪個家庭、家族）的成員當皇帝，對一般老百姓來說，是沒有什麼大關係的。[75]由此可見，對「古人」（古早人）來說，國家（即今天所說的政權）之存亡是無所謂的。所以顧氏也只是說：「保國者，其君其臣肉食者謀之。」即表示，想方設法負保衛責任的人，是君主與當官的人士吧了。至於天下（即今天所說的國家），依迪風公，則任何人都要承擔保衛的責任的；否則便沒有盡到

豈有不藉文字以發出沉痛的呼聲之理呢？智者觀乎迪風公以「痛言」一名命名其醒世大文章，則迪風公之懷抱，乃至文章之內容大旨，可以概見矣。

72 「中」作動詞用，「中人」意謂戕害人。

73 顧氏說見〈正始〉，《日知錄》，卷 13。顧氏所說的「國」，即相當於今天所說的「政權」；「天下」即相當於今天所說的「國家」，尤指擁有傳統文化（即重視人之所以為人，重視人倫綱常，重視人命）的國家。

74 表面上，周朝建國共 800 年：約公元前 11 世紀至公元前 256 年；然而，自公元前 770 年平王東遷後，王命早已不行了。所以所謂 800 年，只是一個誇張的說法。

75 其實，一般老百姓不僅不知道或不理會誰人當皇帝，就是自己的國家叫甚麼，即國號是什麼，也是不太清楚或不太理會的。憶幼年時，筆者叩問先慈我們的國家叫甚麼？我們是甚麼人？先慈回答說：「我們是番禺人。」可見老一輩的鄉下人，根本不知道自己的國家叫中國，更不知道自己是中國人。按：番禺，自漢以來，即為南方的大城市；公元 2000 年，納入廣州市內而成為其中的一區。

人之所以為人的責任了。然則迪風公對國家存亡的重視，便不必再多說了。

迪風公又說：

> 吾出川八月，所見所聞，十九棘心之事。吾受激刺乃倍蓰於往時。吾蘊吾意於胸，欲言復止者數數矣。悲夫。犯天下之所不韙，而不為吾心之所不安。人生實難，禍至無日。吾寧開罪於材力出眾之名流，而不忍坐視良民之入於罔罟。謂之「痛言」，紀實云爾。

迪風公人溺己溺之精神，上引文可以概見。一般人（含讀書人，或今天所說的知識分子）恆流於趨炎附勢；阿諛奉承，唯恐不及。甘冒天下之大不韙者，雖不能說沒有，但早已寥若星辰了。迪風公則異於是。其深具淑世情懷，不容自已地不為心之所不安，是以「寧開罪於材力出眾之名流」；〈痛言〉一文遂噴薄而出。非真儒，孰能致之。[76]

迪風公繼云：

> 自毀曰倚，毀人曰奪。自誣曰倚，誣人曰奪。自侮曰倚，侮人曰奪。自危曰倚，危人曰奪。容於人曰倚，[77]不能容人曰奪。屈於非理曰倚，以非理屈人曰奪。倚者無以自立，奪者無以立人。[78]倚者無所不為，奪者無所不取。人而至於無所不為，無所不取，則其人可知。國人而相率以無所不為，無所不取為日常生活，則國人前途可知。

以上論說「倚、奪」，凡八項（八倚、八奪），皆對比而為論。其中之「倚」，乃針對自己之對待自己來說；「奪」則針對一己之對待他人來說。依其內容，則「倚」、「奪」，皆非也。表面上來看，「倚」是自己對不起

---

[76] 上文已指出，虎父無犬子，唐先生之表現可為明證。其甘冒天下之大不韙者，猶同其先嚴迪風公也。彼對蔣介石先生及其第二屆（1954-1960）政府之建言，即一例。徐復觀先生即嘗云：「你要他講話，他便以最誠懇之心，講最誠懇之話。」來稱頌唐先生。詳參拙著，《性情與愛情：新儒家三大師相關論說闡微》（臺北：臺灣學生書局，2021），頁 233-236。

[77] 一般來說，「容於人」，是一個正面的稱述，表示自己心懷開闊，樂於接受別人的意見，可見此語是褒意的。但這裡則作貶意用。意謂讓別人作主，即讓別人做了自己的主人，而自己則反過來倚賴了他，而無所宗主。

[78] 不使他人自立，即不尊重他人，甚至不讓他人本身有其獨立自主自尊自重的人格。

自己，比「奪」之對不起人家，似乎總好一些些。然而，此又不盡然。從今人的視角來看，尤其未見其然。人固然應該善待您以外之其他人；然而，似乎也應該同樣善待自己。此中可說之原因眾多，今不細表。但關鍵原因乃在於：如果您不善待自己，或善待自己不了，您便根本沒有能力、體力以善待他人。這所以迪風公便把「倚」和「奪」視為同一個層次，即同一個等級。此上引文可證：「倚者無所不為，奪者無所不取。人而至於無所不為，無所不取，則其人可知。」前者無所不為所導致之弊害（「其人可知」，乃指彼所導致之弊害而言；即由彼所導致之弊害而逆思其人之人格、人品必為污穢庸俗不堪也），猶同後者無所不取所導致之弊害。是倚者和奪者之弊害相等也，即「倚」和「奪」之貽害程度實無所別異。

也許值得稍微補充的是，迪風公分別以「無所不為」和「無所不取」來指謂「倚」和「奪」這兩個行為。這讓筆者想起歐陽修類似的一個說法。彼嘗論說五代時歷仕四朝（後唐、後晉、後漢、後周）而自號「長樂老」的馮道。歐公說：「廉恥，立人之大節。不廉則無所不取，不恥則無所不為。人而如此，則禍敗亂亡，亦無所不至。」[79]依歐公，「無所不取」和「無所不為」乃分別源自「不廉」和「不恥」。而其惡果則同為「禍敗亂亡」。迪風公則沒有明言「倚」和「奪」這兩個行為所導致之惡果，而僅云：「國人前途可知」。然而，「無所不取」和「無所不為」，依迪風公，既分別源自「奪」和「倚」，則「倚」和「奪」，就其所導致之惡果來說，亦猶同歐公所說之「不恥」和「不廉」所導致之惡果也。「不恥」和「不廉」既導致「禍敗亂亡」，則「奪」和「倚」所導致惡果亦必相同，即同為「禍敗亂亡」無疑。

又說：

> 舉措出於己黨，不是亦是；行為出於敵黨，不非亦非。昔日肝膽，而今日胡越；今日同器，而明日薰蕕。事苟有濟，手段不必擇；身苟有利，人格不必顧。……為內訌則力有餘，禦外侮則謝不敏。

---

[79] 歐陽修《新五代史・列傳・雜傳42・馮道傳》。

上段話說得非常沈痛。筆者讀之，淚珠幾奪框而出，以所描繪道說者，猶同吾人今日所見之臺灣實況也！有謂：「周秦不相因，古今成間隔。」[80]要言之，此語在一定程度上預設了：「歷史不重演」。豈其然乎，豈其然乎？！其實，「人性不甚相遠，古今一揆。」[81]宜乎今猶昔也。[82]

又說：

學界年來，好為群眾運動。其最著之成績，則聚而毆人耳；驅商人遊市而榜之以賣國賊耳；焚報館耳；毀所惡之家宅耳；箝弱者之口，剝奪其言論自由權耳；鬧學校風潮耳；隨地開聯合會，盡黨同伐異之能事耳，自視為神聖不可侵犯耳。

上段話亦說得沈痛。走筆至此，又不能不讓人想起今日的臺灣。就某些面向或某一程度而言，臺灣最近二三十年來之情況，與上段話所描繪者，已相差無幾了。依愚意，個人甚至認為，若就個別情況而論，臺灣近年之表現似乎更過之而無不及了。

又說：

奉浮薄之士為偶像，而曰禮教殺人。尊蟹行之文字如鼎彝，而曰漢字可廢。醉心歐化。

上引文可說者有二：

---

80 語出鄭樵，《通志・總序》。鄭氏贊成撰著通史，反對撰寫斷代史。「周秦不相因，古今成間隔。」一語是針對斷代為史所導致的惡果來說的。認為「歷史不重演」的人，他們大抵是預設了各朝代或各時代完全各別獨立，沒有任何關連，所以前面的朝代或時代所發生過的事情，都是空前絕後的，絕對不會在後代再發生，即所謂歷史無重演之可能。現今筆者借用鄭樵此語以批評「歷史不重演」這個說法。

81 語出《晉書》，卷 46，〈劉頌傳〉。當然，這裡所說的「性」，實好比宋儒所說的「氣質之性」。若就「義理之性」來說，則凡人莫不相同也，蓋皆為善者也。「不甚相遠」，乃表示差別不至於太大，但仍有差距也。然而，就義理之性來說，則凡人莫不同者。

82 當然，特殊的個別小事件不可能重演。然而，就中國歷史上所出現的現象來說，譬如大臣弄權、宦官干政、外戚篡位、主昏臣庸等等，則何代不有？其實，外國亦然，否則古希臘偉大史學家希羅多德（Herodotus）不會說出以下這句話了：「太陽底下，從來沒有新鮮事。」

(一)廢漢字

廢漢字，乃旨在徹底摧毀中國傳統文化的載體。其事清末時已見端倪。蓋自戊戌（1898）維新運動以來，主張改革漢字的呼聲已逐漸高漲，漢字改革與漢字拼音運動正式提上了日程。20 世紀初，歐化派乃進而將此運動推至極端。其中「《新世紀》派[83]的部分人士明確提出了『廢除漢文漢語，改用萬國新語』的主張。」[84]魯迅對漢字還曾作過如下的判斷：「方塊漢字是愚民政策的利器，……漢字也是中國勞苦大眾身上的一個結核，病菌都潛伏在裏面，倘不首先除去它，結果只有自己死。」[85]

(二)醉心歐化

當時的歐化論者，有多個群體，其中最徹底者當推吳稚暉、李石曾等人為代表的《新世紀》派。此派人士不承認中國古代文化有任何值得繼承之處，並進而認為西方文明既然優於中國文明，則應將中國的歷史文化全然拋棄。[86]

又說：

> 視昔之人為無聞知。……其甚焉者，於人則權利在所必爭；於己則責任可以不負。於養育之恩，可以置諸腦後；於睚眦之怨，或歷久而不忘。隨俗浮沈，以為服從多數；混淆黑白，以為順應潮流。詬政客卑污，而其卑污不讓於政客；責武夫橫暴，而其橫暴亦不亞於武夫。惡老輩媮惰腐朽，而其媮惰腐朽之習心，且駕老輩而上。教者以是為教，學者以是為學。國將亡，本必先顛，而後枝葉從之，其斯之謂歟？

上段話，筆者讀來非常有感。其中「詬政客卑污，而其卑污不讓於政客」一

---

83 此學派源自《新世紀》周刊。此刊物，1907 年由吳稚暉、李石曾等人在巴黎創辦，旨在宣傳無政府主義之主張。

84 詳見張昭軍，孫燕京，上揭《中國近代文化史》，頁 178。

85 魯迅，〈關於新文字——答問〉，《魯迅全集》（臺北：谷風出版社，原版：1980；臺一版：1989），卷 6，頁 159。

86 詳參上揭《中國近代文化史》，頁 177。

語，筆者尤其有感。臺灣縱橫各媒體之名嘴（其中不乏知識分子，甚至飽學之士），其中固不乏有識之士，有良心良知之士。然而，「政治正確」，「時而後言」者，乃至卑污不堪、自貶身價、補苴罅漏（彌縫上位者之缺失）、阿諛奉承，塗脂沫粉，文過飾非（今所謂硬拗強辯），出賣自己靈魂而猶自鳴清高者，實不勝枚舉。針對讀書人，中國歷代皆不乏整肅之先例；甚至殺戮的先例，亦數見不鮮。這些作法，當然不免殘忍不仁道。但業師徐復觀先生即嘗指出說：「老實說，毛（澤東）先生整知識分子，我有百分之七、八十是同情的，中國的知識分子應該整。」[87]文天祥在遺書／家書中嘗云：「讀聖賢書，所為何事？」苟讀書人之表現，其卑污之程度竟不讓於政客，依徐師的看法，若不予以整肅，甚至不誅殺，則公理何在？天道何存？

又說：

> 非共產黨派幾難見容於粵中。夫棄兄弟而不親，天下其誰親。尤可痛者，既假黃埔軍官學校、上海大學等為宣傳蘇俄主義之憑藉，猶嫌不足；更於各通都大邑，脅誘我血氣未定智識未周之男女青年；而灌之以麻醉神經之藥劑。悲夫悲夫。

上段引文充分反映迪風公之深富中國傳統精神，尤其儒家對倫理道德的看法，彼亦深具慧解。當時共產黨在迪風公眼中之表現，或迪風公對共黨之印象，亦頗見諸以上的言論。

又說：

> 盜賊徧於國中，人民無所得衣食。國命且斬，何待於革？國產且破，何有於共？

蓋國家早已破產——國家已無生產資源資料，私人情況，亦艱困不堪，然則還須談什麼共產呢？依迪風公，其意蓋謂國家也好，國人也罷，早已是一窮二白了，所以實際上，根本不必談什麼共產不共產的問題了。當時共產主義之理論風靡一時，甚至可說甚囂塵上，此所以迪風公生起以上之感慨歟？

---

87 〈徐復觀談中共政局〉，《七十年代》，1981 年 3 月 20 日。詳參拙著《政治中當然有道德問題——徐復觀政治思想管窺》（臺北：臺灣學生書局，2016），頁 341。

又說：

> 不辨內外情勢之若何，而視階級鬪爭為無上寶筏，不智孰甚。不愛四萬萬人之生命，而利用之以作一黨試驗之工具，不仁孰甚。而況受蘇俄嗾使代為宣傳乎？然共產黨人固不承認赤俄有帝國主義之色彩也。噫，公等休矣。

迪風公，儒家也。凡儒家，必不依據經濟（資產財富）之立場或觀點而接受有所謂階級者，更不必說贊成階級鬪爭之哲學。迪風公固不為例外也。至於蘇俄與中國當時之關係，則詳下條。

又說：

> 俄人百年來挾其南下之政策以臨我，蠶食我邊疆，蹂躪我老幼，無時不思逞其所欲以去。……觀彼之所以待我者，放棄權利之言，甫脫諸口；而吞併我蒙古，著著進行；賄買我人心，頭頭是道。經濟侵略，文化侵略，苟利於彼，無不兼而用之。吾求其所以愛我者，邈不可得。公等不憚抹殺一切事實而為之辯護，其無乃飲酖而甘，落水求伴耶？公等之為俄也則忠矣。如吾國何？夫彼自共產主義施行後，生產銳減，財政奇窮，較之大戰以前，十裁一二。自顧之不暇，竟毅然出無限之運動費宣傳費以供給我。明明視吾猶外府，而謂其他絕無所圖，非我所敢知也。彼於同種同俗之人，且以黨之不同而加以抑壓；而謂其於異種異俗者，獨以誠意助其成功，更非我所敢知也。

上引文，迪風公旨在申說中俄兩國自清季以來之關係；至於 1917 年 10 月俄國革命後，尤其數年後共產主義施行後，蘇聯的經濟情況及對我國可有之企圖，則更係迪風公論說之重點。[88]

---

[88] 說到中蘇的關係，其實，兩國之關係時好時壞。1949 年前之情況，恕從略。今稍列述兩者 1949 年後之情況。1949 年 10 月 1 日，毛澤東在北京天安門廣場宣佈「中華人民共和國成立了」；翌日，蘇聯成為第一個與中國建立外交關係的國家。中國與蘇聯 1950 年 2 月 14 簽訂了第一份《中蘇友好同盟互助條約》。1950 年至 1963 年，恆被外界稱為中蘇關係的「蜜月期」，雙方簽署了一系列的協定。1950 年代初，中國在一定程度上算是回應蘇聯之「暗示」，乃出兵參與南北韓戰爭，即俗稱的「韓戰」。

又說：

> 試問改造社會之事業，而依賴鄰國為指揮；具昂藏七尺之軀，而白受無因而至之餽贈；則國之所以為國，人之所以為人者，安在哉？……諸夏親昵，不可棄也。親俄乎，親英美日法乎，其為乞憐，則一也。吾聞醫者之為醫也，病不同則治療之術異。病同而體魄不同，時令不同，習尚不同，則治療之術亦異。中俄之社會，不惟病不同，他亦絕不相似。即以蘇俄試而有驗之方，施之吾國，已屬不適。而況乎蘇俄亦未嘗成效卓著哉。

上引文之主旨很簡單。一言以蔽之，迪風公明確的表示，社會改造之事業，不可仰賴外國[89]。無論此外國為英美日法，或俄國，皆無不同。這是有關主體性，即自主性的一個問題。這種問題，實關乎立國原則、立國精神。一關乎原則、精神，便沒有妥協的餘地了。此上文已有所論說，不贅。再者，縱然稍作妥協[90]，而在某一程度上不得不依賴外國，但也絕不能照單全收。何以故？答：原因至為簡單，以國情相異故也。此上面已有所論述，今不細

然而好景不長，1963 年蘇共與中共在莫斯科談判，首次正式承認雙方存在分歧。日趨緊張的關係至 1969 年導致了兩國邊界衝突，兵戎相見。此即發生於 1969 年 6 月以後的珍寶島事件。同年 8 月，在新疆鐵列克提，雙方再次發生嚴重武裝衝突。1969-1979 年之間，中蘇處於關係冰凍期。兩國最高層之間的往來直到 1989 年才恢復正常。1991 年 12 月 26 日蘇聯解體後的第二天，中國宣佈承認俄羅斯為蘇聯的繼承者。從此之後，兩國最高層之間的往來越來越頻繁，遺留已久的邊境劃界問題也在 1999 年全部解決。2001 年，普京上台後，兩國簽署了《中俄睦鄰友好合作條約》，確定平等信任的戰略協作伙伴關係。2010 年，兩國確認「全面戰略協作伙伴關係」。以上詳參維基百科相關條目。瀏覽日期：2021 年年底。

89 迪風公致章士釗函（即上面討論過的 1926 年的第二函），對中國之改革事業是否須仰賴外國的問題，只表示了疑慮，而沒有表示否定的意見。這大概是因為寫信給時任北洋政府教育總長的章士釗，即寫信給前輩／長官，內容上便得客氣一點、婉轉一點、低調一點。然而，自個兒發表文章（即現今所討論的〈痛言〉），便不必有所顧忌了。這所以迪風公便明確地表示出自己的看法。

90 儒家固重視經，以經為本位，但有時也不得不權變一下，即所謂行權：此守經行權也。

表。

又說：

> 吾國際此危急存亡之秋，六脈[91]皆虛，奄奄一息。……惟有耐心調護，以待其徐徐平復，斯可耳。調護之道奈何：曰知恥。知恥者，四無四有是也。無輕率以增益國人之飢寒，無暴亂以斵喪國家之元氣，無屈於非理，無以非理屈人。有以自立，有以立人，有所不為，有所不敢。是雖平平數語，在今日實為續命之靈丹。……合力扞患，猶虞不濟。安可自分其勢，令謀我者竊喜於旁。夫迷途知返，往哲是與；不遠而復，先典攸高。

上段話，可申說者有二。

其一：「奄奄一息。……惟有耐心調護，以待其徐徐平復」等語，主要是針對清末民初，時人擬對中國傳統社會進行改革者，恆操諸過急，囫圇吞棗，遽然引進外國的精神文明——思想主義、風俗習慣，乃至不分青紅皂白，全然依賴外國，甚至聽從其指揮來說的。迪風公之做法或想法則異於是。「耐心調護，以待其徐徐平復」即意味著不能操諸過急，且隱涵「固本培元」之意。而所謂固本培元，又多少意味著仰賴病人自身之自我修復的機制來說的。所以，說到最後，還不是主體性或自主性的自我肯定的一個考量嗎？

其二：至於自我修復的機制又是什麼呢？迪風公非常明確的喊出其答案：「知恥」是也。孟子曰：「人不可以無恥；無恥之恥，無恥矣。」（《孟子・盡心上》）翻譯成白話文，便是：「凡人是不應該沒有羞恥心的；沒有羞恥心招致而來的恥辱，就使其人真真正正成為無恥之人了。」其對症下藥救治之方，非常簡單，就是把「無恥」之「無」袪除掉。「無」既

---

91 六脈大抵指人體（就經絡來說，人體左右對稱，所以筆者這裡所說的「人體」，乃僅就左邊或右邊來說，即僅就半體來說）手足的各六條經絡而言。依中醫，半體有 12 條主要的經絡（整個人體則為 24 條），其中有一半（即六條）的經絡經過手部，另六條則經過腿部。合之則為 12，分之則各 6 也。此言六脈，乃分別言之；實則共 12 條也。要言之，迪風公意謂全身經絡無一不虛。

去，則人依乎道德理性（簡言之，即性善、良知）而本來便具備之「恥」，便得以充分呈現出來。呈現出來，易言之，即「知恥」也。這個「知」，並不只是認知上之「知道」、「知悉」而已。因為如果只是知道而不去做（即知而不行），那也是枉然的。陽明先生不是早就擲地有聲地明確道說出：「知而不行，只是未知」一語嗎？[92]所以「知恥」這個「知」字，是蘊涵著「行」來說的。當然，依常識義，予以分開，即分開來說，並進而分開兩個階段去落實，也未嘗不可。即先充分認識到何謂「恥」，而後再去落實它，也是可以的。知恥，這是儒學大義；一般人都知道的，不細說。迪風公上段話最精彩之處在於他提出了知恥（依上文，含配合「去恥」而來之行為）的具體方案，此「四無四有」是也。本此，知恥便有了依具體行動指南而在操作面上作出了相應的行動規畫。由此可見迪風公對「知恥」這個問題，是有其深思熟慮並進而做出過周詳規畫的。

1927年（民國十六年）　四十二歲。 仍居南京追隨竟無大師問學。這是在南京追隨大師問學最後的一年。[93]

問學期間，竟無大師事後有如下的描繪：「（迪風公）躬杵臼，妻炊爨，童子繞榻讀，三數人，歌聲若出金石。」（〈墓誌銘〉）大師並進而徵引太師母（即迪風公之夫人）七言律詩〈除夕戲作〉之首二句以道說出迪風公一家當時生活之窘狀：「今年更比去年窮，零米升升過一冬。」（〈墓誌銘〉）[94]

---

92 王陽明，〈答徐愛〉，《傳習錄》，卷一。

93 以追隨竟無大師之故，唐家自 1925 年迄 1927 年遷居南京，前後蓋有三年之久。然而，其實際時間恐只有兩年。駱為榮即云：「唐家居南京約有兩年」。《儒學大師唐君毅》，頁 29。駱氏此說，當本自唐先生胞弟君實先生以下一語：「……在南京旅居短暫的兩年中，……」，轉引自《儒學大師唐君毅》，頁 29。

94 據秦燕春所考，詩成於 1927 年之除夕，並指出說：「詩作於唐家就學支那內學院時。」參秦燕春所箋注之《思復堂遺詩》（上海：上海古籍出版社，2018），頁 97-98。筆者則以為上詩標題之除夕，當指農曆年（非新曆年）之除夕。若以國曆（公曆、陽曆、新曆）算，則已過了 1927 年，而為 1928 年 1 月 22 日了。然而，筆者以為此詩當寫於前一年之除夕——農曆年除夕。若換算國曆，則為 1927 年 2 月 1 日。

竟無大師引錄上述太師母詩句之後，繼云：「以是不可久，棹還蜀。鄉居食粗糲，……鐵風處之晏然。」（〈墓誌銘〉）太師母七律〈幽居〉一詩云：

> 亂世幽居遠市場，生涯日拙日匆忙；自磨麥麪和麩食，清煮鮮蔬入碗香。兒女苦饑甘飲粥，舟航望斷夢還鄉；松扉靜掩天寥廓，時有書聲出院牆。[95]

此詩正可印證竟無大師「鐵風處之晏然」的說法。秦燕春的箋注頗能道說出其實況，如下：

> 幽居鄉下而夢還故鄉。詩作於 1927 年。春夏詩人全家羈留武漢期間，雖然物質匱乏，詩人不得不自磨麪麩，清煮鮮蔬，一家人卻依然不廢讀書之樂。書聲琅琅，時出院牆。[96]

如依秦氏的說法，則 1927 年之除夕（無論是農曆年之除夕或新曆年之除夕），唐家人仍在南京而尚未返回成都。換言之，依其說法，則唐家返成都之日期，最早當在 1928 年年初。按：唐家人離開南京返成都時，嘗路過武漢。唐先生說：「至武漢，而國民革命軍至，……羈留於武漢鄉間者，逾半載，方重返成都。」（〈行述〉）國民革命軍在武漢之時間主要是 1926 年 2 月至 10 月（按：10 月中旬，直系吳佩孚在武漢之軍力被全部消滅；革命軍實不必再留停。）其後，國民革命軍乃離去（至少主力已他往）；且 1927 年 2 月在鮑羅廷控制下，中國國民黨中央黨部及國民政府乃遷設武漢。如唐家 1928 年始返成都，則其路過武漢時，根本不可能有「國民革命軍至」這回事。是可見唐先生所說的「至武漢，而國民革命軍至」一事，似不可能發生於 1927 年。蓋唐先生一時誤記歟？然而，唐先生又明謂：「民國十六年春，吾赴南京歸省」（〈行述〉），是可知 1927 年春季時，迪風公等仍在南京也。稍後（譬如夏季或秋季），則離南京經武漢而擬返回成都。按：1927 年 6 月下旬武漢國民政府的唐生智嘗率軍東征南京。或唐先生誤記此東征事為國民革命軍之北伐事耶？茲存疑以備他日細考。有關國民革命軍在武漢之時間，可參維基百科、百度百科之「北伐戰爭」條。迪風公返成都之日期，百度百科〈唐迪風條〉則作：「民國十六年秋返成都。」十六年返成都，蓋為事實，但明確視為發生於秋季，則不知何所據而云然。https://baike.baidu.com/item/%E5%94%90%E8%BF%AA%E9%A3%8E；瀏覽日期：2021.12.05。據駱為榮，則唐家返成都的時間是 1927 年暮春。《儒學大師唐君毅》，頁 30。

95 上揭秦氏所箋注之《思復堂遺詩》，頁 101。

96 《思復堂遺詩》，頁 102。

唐家離開南京後，曾羈留武漢鄉間逾半載，方得重返成都。（〈行述〉）[97]

迪風公在南京讀書時的艱困境況，唐先生亦有所說明，如下：

> 民國十六年春，吾赴南京歸省。見吾　父母及弟妹，賃陋巷中之一室而居。其地去支那內學院數里許[98]，而吾　父徒步往來，風雨不輟。（〈行述〉）

迪風公求學生涯之艱苦，可以概見。[99]以生計日艱，乃不得不啟程還鄉：還成都。至於返鄉途中何以羈留武漢鄉間逾半載，唐先生有所說明，如下：「至武漢，國民革命軍至，乃避居　舅祖（按：即迪風公之舅父）盧政公家。」（〈行述〉）大概返鄉行程路經武漢，在武漢又適巧遇上革命軍，[100]乃不得不走避；行程遂有所耽擱。然而，正所謂屋漏兼逢連夜雨，唐家又碰上另一厄運。

唐先生說：

> ……舅祖為當地（筆者按：指武漢）地主，而鄉農協會欲加以逮捕。以吾　父貌似吾　舅祖，竟被誤逮，居囹圄者旬日，乃得釋。而無資斧歸蜀，羈留於武漢鄉間者，逾半載，方重返成都。（〈行述〉）

要言之，碰上戰事；又被誤逮，被扣留十日（羈留越久，越缺盤纏）。[101]

---

[97] 羈留武漢鄉間逾半載一事，亦可參上注 94。又：竟無大師嘗云：迪風公一家人「鄉居食粗糲」（〈墓誌銘〉），指的正是唐家羈留武漢鄉間時之境況。

[98] 彭雲生，《孟子大義・跋》（收入《年譜》），作：「二里許。日徒步往來，雖風雨嚴寒不輟。」恐作「數里許」為是，蓋如僅係二里許（二（華）里相當於一公里），假若不徒步而改為乘車，則所花之時間（含等車之時間），恐更長。再者，徒步二里許，根本無法顯示「風雨嚴寒」而仍苦學不輟之精神。按：依一般人之步行速度，一公里，約 15 分鐘便走畢。當然，「二里許」，可能只是虛寫，非實寫。其意思大概相當於「數里許」也說不定。

[99] 駱為榮云：「全家除唐父間時有點稿費外，無有經濟來源。」語見《儒學大師唐君毅》，頁 29。

[100] 時北伐革命軍正在兩湖一帶（湖南湖北）進剿軍閥吳佩孚。簡言之，即迪風公一家在路上碰上戰事。詳參上注 94。

[101] 返鄉之經費恐早已捉襟見肘。此其一。再者，繫囹圄旬日，恐亦花去不少作為打點之用之額外支出。換言之，因迪風公被扣留，是以一家人在開支上之整體花費恐隨而有

針對鄉農協會之逮捕行為，竟無大師之描繪更詳細，如下：

> 親倩有貌似鐵風者，積怨於其鄉。鄉農民設農民協會殺人，或任意，睚眦必報，逮鐵風囹圄矣。鐵風吟詩自若。（〈墓誌銘〉）

上引文可說者有二：

其一，農民協會竟可任意妄為，甚至殺人，則當時之社會風氣或治安之敗壞，可見一斑。希望只是地方性質之單一個案，非普遍情況。

其二，迪風公身陷囹圄而仍吟詩自若，則其對不公不義或辱及其身之飛來橫禍，乃至對生死存亡事之處之泰然，亦可知矣。

1928 年（民國十七年）　四十三歲。 返成都後，迪風公展開其晚年以辦教育，尤其教學為主的一番事業。

唐先生說：

> 吾　父重返成都後，嘗任教當時之成都大學、四川大學等校，所講者仍為儒學，未及於佛學。吾　母思復堂詩，悼吾　父有「學幻三年歸，仍載壁書賡」[102]之句，蓋紀實也。時又與諸父執，即　彭雲生先生等，共創敬業學院。學院只設文學院，以吳芳吉先生主持中國文

所增加。不消說，羈留越久，花費越多。

[102] 「學幻」，簡言之，指迪風公在支那內學院追隨竟無大師學佛而言。此二詩句出自〈雜感〉二首之一。秦燕春嘗注釋這二句詩，可並參。上揭《思復堂遺詩》，頁 140-141。又：竟無大師明言迪風公嘗隨其「學幻三年」。（〈墓誌銘〉）。據〈行述〉，學幻時間為 1925-1927 年。至於「仍載壁書賡」一句，則試釋如下：「壁書」，蓋指迪風公沿牆壁所置放之書籍也（蓋貧困無法置書廚收納書籍也）。「賡」，尹知章《管子注》（亦有作房玄齡所注者，今不細考）針對〈國蓄篇〉以下一句話：「智者有什倍人之功，愚者有不賡本之事。」中之「賡」字，嘗云：「猶償也。」其意蓋為：抵償，補償；全句意謂：愚笨的人連本錢都保不住。「壁書」，實物也；藉此以對照佛學之為“幻學”也。（是以詩人用「學幻」來描繪學佛）然則「仍載壁書賡」一句，連同上一句：「學幻三年歸」一起來看，其意蓋謂：雖然學了三年佛學，但仍是把沿牆壁置放而實實在在的書籍（應係迪風公從成都帶來而偏重儒學方面的書籍）載回家鄉去（好好研讀一番），藉以抵償，補償三年學幻的“損失”（耗損）。

學系，蒙文通先生主持中國歷史系，劉鑑泉則主持中國哲學系[103]，吾　父被推為院長。彭雲生先生則任教務，而實主持校政。故此學院之創設，以　雲生先生之功為最大。顧　雲生先生及其時學院之若干教師，籍青年黨，為其時國民政府之教育部所不喜，學院遂不得正式立案。吾　父既歿，雲生先生更苦心支持數年，至民國二十四年而停辦矣。

上引文可說者有四，如下：

其一：「所講者仍為儒學，未及於佛學。」此語出自唐先生，乃旨在明確道說出迪風公師從佛學大師竟無先生三年後，返回成都從事教學開課授徒之具體情況。既語出自唐先生，想必不假而必為當時開課之實況。按：迪風公既挈家眷專程從四川遠赴南京追隨佛學大師竟無先生問學三載，則其問學之內容，依常理，恐必與佛學有一定之關係（唐先生尚直言道：「問佛學於支那內學院歐陽竟無先生」，下詳）；然而，其後所教授者「仍為儒學，未及佛學」，則此「儒、佛問題」，似頗值一說。茲先徵引相關文獻如下：

(一)「迪風公晚年從歐陽竟無講唯識學。」（此唐先生轉述李宗吾之說法，詳上 1917 年條。）

(二)「弟子不願學佛，願學儒。」[104]（語出迪風公，見〈別傳〉）

[103] 其實，蒙、劉二人皆學貫四部。個人由是認為前者主持哲學系，後者主持歷史系，亦未嘗不可。

[104] 迪風公這個說法，讓筆者想起唐先生也有類似的說法。1940 年當唐先生拜謁竟無大師於四川江津時，大師囑唐先生不必在大學教書，而改為跟隨他在內學院學佛便好。唐先生則回絕說：「我不只是跟先生（學佛），而且還要學更多的學問。」此見劉雨濤，〈懷念唐君毅先生——唐君毅先生二三事〉，《紀念集》（上），北京九州版《唐君毅全集》，卷 37，頁 164；又見〈民國初年的學風與我學哲學的經過〉，上揭《病裡乾坤》，頁 166；又見《年譜》，頁 41，1940 年條。於《病裡乾坤》，唐先生則更明白說：「他的唯識論，我不能接受。」（頁 169。）再者，欲唐先生繼承其學問方面，熊十力先生亦曾向唐先生做過類似竟無大師的建議（囑咐）。然而，唐先生也回絕了。其說如下：「熊先生嘗與友人韓裕文函，謂吾與宗三皆自有一套，非能承其學者，而寄望於裕文。熊先生一生之孤懷，吾亦唯永念之而已。」此引文見〈後序〉，上揭《生命存在與心靈境界》，頁 1158。又見《年譜》，頁 42；仁富《年

(三)「卒於孔佛二老，得聞勝義。」（語出迪風公致章士釗函；詳參 1926 年條）

(四)「歐陽師雖講印度學，然亦不廢儒。迪風於習唯識外，仍肆力於儒。」（語出上揭彭舉所撰之《孟子大義・跋》）。

(五)「……吾　父乃益感生死事大；遂於民國十四年，與吾　母及妹弟赴南京，問佛學於支那內學院歐陽竟無先生。」（〈行述〉）

(六)「學幻三年歸，……。」（語出太師母〈雜感〉詩，參上注 102。）

上(一)出自唐先生之轉述。(二)乃迪風公 1925 年剛抵支那內學院謁見竟無大師時所說出者。此明確反映出迪風公追隨竟無大師擬學習之重點。然而，在三年請益學習的過程中，其學習重點或有所微調也說不定。然則迪風公亦不免涉獵、學習佛學矣。然而，其所請益學習者，究以儒學為核心則無疑也。當然，竟無大師於儒學，亦絕不外行（其早年時，更相當推崇儒學。）[105]然而，其學術專業畢竟是佛學。迪風公既追隨從學，耳濡目染之餘，斷無不受「感染」之理；否則豈非如入寶山空手回乎？是以 1926 年（時迪風公已追隨竟無大師學習一年）致章士釗函便道說出以下一語：「卒於孔佛二老，得聞勝義。」（此即以上之(三)）。至於以上之(四)則更可作為迪風公追隨竟無大師學習佛學之明證。[106]

簡言之，迪風公追隨竟無大師學習之重點有二：儒學，首也；佛學，次

譜》，頁 90-91。

105 可參程恭讓，〈歐陽竟無先生的生平、事業及其佛教思想的特質〉，《圓光佛學學報》，第四期，1999 年 12 月，頁 141-191。又見 http://buddhism.lib.ntu.edu.tw/FULLTEXT/JR-BJ010/bj99906.htm；2019.08.22 瀏覽。

106 民國 15、6 年間，李璜先生在成都嘗與迪風公一家比鄰而居。迪風公教書情況，李先生云：「慷慨激昂，語聲驚路人。但迪風講書，則入佛出儒，深細而有條貫，其學生常向我稱道之。」此亦可佐證迪風公教書時，非全不談說佛學者；唯以儒為宗也。據李先生之相關記錄，乃可知迪風公所辦之敬業學院乃「以其家為校舍」。校中教師開課之梗概，李先生亦有所道及：迪風授經，芸生（雲生）授史，楊叔明授詩詞。李璜，〈我所認識的唐君毅先生——其家教與其信行〉，上揭《唐君毅先生紀念集》，頁 142。

也。至於以上之(五)，蓋針對人世間生死幽冥之事向竟無先生請益佛家之看法來說的。至於佛學義理，尤其竟無先生所精擅之法相唯識學，恐迪風公不擬多所請益深究也。以上(六)則明確地意味著迪風公在竟無先生處嘗習佛學。

至於三年後返成都從事教學時，何以「所講者仍為儒學，未及於佛學」？則筆者之管見（亦可說是臆測）如下：

佛學，亦可謂玄理也[107]，固不易掌握。然以迪風公之敏慧，追隨大師三年，斷不可能一無所悉之理。在成都等大學，開授「佛學概論」、「佛學入門」，乃至針對一兩本佛典，開授專書（譬如唯識學所依據的大乘經典中最重要的六部經典之一的《解深密經》）選讀或導讀之類的課程，想總能勝任愉快的。今所以「未及佛學」，姑臆測如下：據上文，迪風公以母喪，「感死生事大」（〈行述〉）、萬念俱灰之餘，乃比擬出家者「遁入空門」之作為而追隨竟無大師問學焉。然而，「學幻三年」，心境漸次平伏而反省回思之後，恐仍認定儒學始為安身立命之生命究竟之學，是以乃重拾故業：平日一己所操持者固如是；其教授門生者亦如是也。是以便「未及於佛學」耳。順便一提：唐先生亦深於佛學者也（《中國哲學原論——原道》卷三的重點便全在於處理佛學的問題）。然而，學人恆認定唐先生為儒家，未聞以釋家子認定唐先生者。唐先生的尊翁迪風公之情況，恐正相同也。蓋人之學問興趣可以甚廣，但其終極關懷，總有一宗主也。本乎此，即知儒佛兩家在迪風公心中之比重矣。

其二：迪風公與三五同道，共創辦一學院，以從事教育。蓋深感欲培養人才，非百年樹人之教育不為功也。唐先生 1949 年後在香港與錢穆等等先生創辦新亞書院，亦同一考量也。有謂：「虎心無犬子」，果然。由此或可見，唐先生之撰寫宣言（詳上）與辦學，皆緣自迪風公之"遺教"也。

其三：迪風公雖身任學院之院長，但「彭雲生先生則任教務，而實主持校政。故此學院之創設，以　雲生先生之功為最大。……雲生先生更苦心支

[107] 當然，相對於道家所講之所謂玄理而言，必細辨之，則佛學所講者，空理也。

持數年。」迪風公，唐先生之尊翁也。然而，不得以此而抹煞或減損實際貢獻者之功勞。公私必須分明，唐先生永遠讓人敬仰推崇，此其一例也。

其四：有謂青年黨乃國民黨之尾巴黨[108]。此恐不盡然者。若然，則安有「為其時國民政府之教育部所不喜，學院遂不得正式立案」之理呢？青年黨與國民黨之實質關係，今不擬細考。

1929 年（民國十八年）　四十四歲。 仍任教於敬業學院。

1930 年（民國十九年）　四十五歲。 仍任教於敬業學院。是年 6 月（農曆）迪風公為所撰《孟子大義》一書（約 50,000 言）[109]，自撰〈序〉文一篇（收入《年譜》）。《大義》一書蓋撰就於本年。茲引錄該〈序〉文中若干文字，並稍附己意如下：

> 愚生而不見父，幼而嘻游；及長，又不知請益賢師友。其在斯世，直一內愧神明之人爾，惡足以知孟子。

言《孟子》而牽扯「神明」而為言，然則迪風公亦相信形而上有一所謂本體之存在歟？其於「天道性命」相貫通之旨，恐必有所體會也。

> 茍於人倫有遺憾，是雖功烈震寰宇，著述充楹櫥，亦適為兩間之稊稗，故人倫者，人之所以自盡其才，而為天地立心者也。

上段意謂，人之能自盡其才並能為天地立心者，以人在人倫上有所表現故也。依此，則仍係以心為本體；而人倫，則其用也。苟無用，則其體便無由顯。是以用亦至關緊要。迪風公不可能不明斯義，所以上引語不是說人倫乃人能為天地立心之根據，否則人倫便成為本體了。此於儒家大義，便顯有所

---

108 青年黨之為國民黨之尾巴黨，持此說者蓋認定前者在一定之程度上乃依賴於後者也。「尾巴黨」一用語，恐現今已不太流行。現今與之性質相同或相近的常用語是「泛X」、「淺X」，如「泛藍」、「淺綠」等等。

109 針對迪風公之撰著，劉咸炘嘗云：「成書數卷，非其至者」、「今迪風往矣。說經之願既未償，可寫者，亦多未寫。」按：迪風公嘗對劉氏云：「惟願得再溫《五經》，或當更有所窺見發明。」，劉氏「說經之願既未償」一語，大抵即本此而來。上引各語，皆見〈別傳〉。是《孟子大義》一書乃迪風公擬寫各著作中之一種而已。惜哉。

乖違。要言之，迪風公上語，實等同：「人之所以自盡其才，而為天地立心者，概見諸人倫。」

迪風公又云：

> 愚讀孔孟書垂四十年，賴先哲之靈，俾不終於迷而不復。審乎天下之亂，非眾人之為也。一二予智自雄之士，不安於故常，而日騖於抉破藩籬，以逞其俄頃之私計，而天下之禍乃相引而無已時。蓋自戰國以來，至於今尤厲。烏乎，邪說不熄，正學不昌，良善不得司政教之樞機。天地陰陽之氣有所湮鬱，其寄之於人，亢焉則凶殘貪戾，卑焉則讒諂面諛，小人則放辟邪侈無所歸，君子則奮迅激昂而無以自聊賴，則甚矣。習之傷其性也。抑吾思之，吾國治術衰微之迹，肇於晚周，而窮於近世，而其病端在於斷秉彝趣外物，舍平易求新奇。孟子曰：「堯舜之道，孝弟而已矣。」[110]。又曰：「人人親其親，長其長，而天下平。」[111]又曰：「老吾老，以及人之老；幼吾幼，以及人之幼，天下可運於掌。」[112]果有不絕於人類，而欲邀我神聖祖宗之鑒佑者，其必思所以自反哉。慎勿以愚之不肖，而輕棄吾固有之學。是則愚述孟子之微志也。

上引〈序〉文末，迪風公所標示之撰文日期為：「民國十九年歲次己巳，夏六月」。此恐有誤。[113]按：迪風公逝世於翌年（1931）夏曆五月十日。是

---

[110] 語出〈告子下篇〉。

[111] 語出〈離婁上篇〉。

[112] 語出〈梁惠王上篇〉。

[113] 按：民國十八年，其歲次為己巳，十九年則為庚午。據唐先生《孟子大義重刊記及先父行述》，《孟子大義》一書於民國二十年冬作為敬業叢刊（之一種）刊刻於燕京。敬業學院乃迪風公所創辦者。此專著既刊刻於二十年冬，則果撰就於兩年多前之十八年夏，似不應至二十年冬始刊刻也。是以序文當以撰寫於十九年者為合。換言之，「己巳」乃「庚午」之誤。即「民國十九年歲次己巳，夏六月」，似誤；應作「民國十九年歲次庚午，夏六月」。2023.07.07 補充：是日從「君毅書院群組（wechat」獲悉以下資訊：《孟子大義》一書「最初由北平京城印書局鉛印，後收入成都敬業學院叢刊鉛印出版。」以上見巴蜀書社所出版（2023 年 5 月）之《孟子大義》之〈內容簡介〉。

〈序〉文之撰，下距其逝世不及一年。

是年，迪風公以毛筆書寫「陶淵明集」四字，其旁有小字如下：「至聖先師二千四百八十一年（筆者按：即 1930 年）閏六月晦　迪風志」，亦毛筆書寫也。此迪風公墨寶之一。另一墨寶亦與《陶淵明集》有關，如下：

> 祁寬曰：「昔人自作祭文輓詩者多矣，或寓意騁辭成於暇日。寬攷次靖節（365-427）詩文，乃絕筆於祭輓三篇[114]，蓋出於屬纊之際者，情辭俱達，尤為精麗，其於晝夜之道，了然如此，古之聖賢唯孔子曾子能之。見於曳杖之歌，易簣之言。嗟哉。斯人（按指：淵明）沒七百年，未聞有稱贊及此者，因表而出之[115]，附於卷末。」趙泉山曰：「嚴霜九月中，送我出遠郊」[116]，與自祭文「律中無射」之月相符，知輓辭乃將逝之夕作是。[117]

---

[114] 晚清人鍾秀《陶靖節紀事詩品》卷一《灑落》引祁寬曰：「昔人自作祭文、輓詩者多矣，或寄意騁詞成於暇日。靖節絕筆二篇。」「二篇」，蓋指〈自祭文〉一篇，〈自輓詩〉三首算作一篇，所以共二篇。迪風公之所以作三篇者，蓋指〈自輓詩〉三首而言。當然，作二而非作三，或作三而非作二，有可能是筆誤或手民之誤也說不定。

[115] 所謂「表而出之」，意謂表出祁寬（宋人）對淵明的稱讚。前人研究、賞析或點評淵明之詩文者，名家輩出，如宋蘇軾（蘇氏意見，見元陳秀明《東坡文談錄》：東坡曰：「讀淵明〈自祭文〉，出妙語於纊息之餘，豈涉死生之流哉！」東坡此語，又見葛立方《韻語陽秋》，卷 12，《四庫全書》本）、宋李公煥《箋注陶淵明集》、鍾秀《陶靖節紀事詩品》、晚清民初鄭文焯批、日本橋川時雄校補《陶集鄭批錄》等，即其例。迪風公蓋特別欣賞祁氏對陶詩品評之數語，是以特藉工整之小楷寫出之。

[116] 這句出自〈自輓詩〉三首中的第三首，全詩為：

> 荒草何茫茫，白楊亦蕭蕭。嚴霜九月中，送我出遠郊。四面無人居，高墳正嶕嶢。馬為仰天鳴，風為自蕭條。幽室一已閉，千年不復朝。千年不復朝，賢達無奈何。向來相送人，各自還其家。親戚或餘悲，他人亦已歌。死去何所道？托體同山阿。

對上詩乃至對陶氏自輓詩（共三首）的解讀、賞析的文章很多，如：〈擬挽歌辭三首〉即一例，https://www.chinesewords.org/poetry/72559-58.html；2021.10.26 瀏覽。

[117] 〈自祭文〉：「歲惟丁卯，律中無射，天寒夜長，風氣蕭索，……」其中之「丁卯」，即元嘉四年，公元 427 年。淵明卒於是年。有關陶詩的名家點評，可參百科知識：https://www.easyatm.com.tw/wiki/%E8%87%AA%E7%A5%AD%E6%96%87；2021.10.26 瀏覽。

1931（民國二十年） 四十六歲。 仍任教於敬業學院。是年 6 月 25 日，即陰曆（農曆、夏曆）五月十日，迪風公謝世[118]。（〈行述〉）

竟無大師云：

> 嘗扁舟泝江，灘急觸舳艫，拯大任於水，抱兒行烈日中，夜則哺之。稍閒，秉燭讀，舟泊綠林出沒地，蒹葭白露之聲，與微波幽月而徘徊。生平無一隙廢誦，有資輒購籍。或臥病，則出其舊碑、名畫、文石、古泉，把玩摩挲不已。教學二十年[119]，語未嘗不動人[120]。教學月所得，十餘金耳。有乞資返里者，悉與之，不吝，而亦不問其名。蓋強制之力有如此。然最後易鐵風為迪風，而別字淵嘿，則亦漸近自

---

118 染時疫，病逝於宜賓縣普安鄉周壩水漕頭故宅。太師母陳卓仙女士嘗撰〈祭迪風文〉一篇，實天地間之至文也，甚值一讀。夫妻間生前之相愛、相互扶持之景況，情見乎詞也。文長數千言，收入仁富《年譜》，《全集》，卷 34，頁 14-21。再者，其前之兩首輓詩（頁 11-14），亦絕妙好詩也。筆者不諳格律，此好壞以內容言也。

119 迪風公從事教學（指科舉停辦後在新式教育下所辦之學校教書而言；其前，即 18 歲獲得生員資格後，應嘗任家教之教師或私塾之教師），其始年為 1909 年，時年廿四歲。（參上 1909 年條）。其謝世前之數年（此數年指 1928 至 1931），則任教於所創辦之敬業學院。追隨竟無大師問學之 3 年——1925 至 1927，恐無暇從事教學。是以迪風公從事教學之時間為：1909 至 1925 年共 16 或 17 年，復加上 1928 年至 1931 年任教於敬業學院，則實得約 20 年。此正符合竟無大師所說的「教學二十年」。然而，迪風公嘗受聘為成都《國民公報》之主筆，其間約二三年之久（1912 至 1914 年）。如任主筆的二三年並不同時從事教學，則 20 年－2 年＝18 年（或 20 年－3 年＝17 年）。彭雲生嘗云：「任蜀中教育，先後十五年。」（《孟子大義・跋》），則恐怕並沒有把任教於敬業學院的 3 年算進去。所以彭氏的說法亦不誤。

120 「語未嘗不動人」大概不是說，很會用動人的語言辭藻（即現今所說的很懂得包裝），更不是用花俏的方式來教學。而是在授課的過程中，乃係用自己的全幅生命投注進去的。其敬業、專注之程度，恐怕「全然忘我」一詞始可彷彿其精神境界之萬一。「人或輕之，謂非工於演說者。而余（筆者按：「余」乃歐陽竟無先生之自稱。）則覺其言多渾而警，足以使頹者起立也。」（〈墓誌銘〉）此語正可作為「語未嘗不動人」的註腳。全然忘我的授課境界，其哲嗣唐君毅先生之授課情況正相同。這所以下課時，唐先生每大汗淋漓也。凡上過唐先生課的同儕，恐皆有相同之印象。是撰寫宣言、辦學校、以「全然忘我」（全幅生命投注進去）的方式授課，皆父子一脈相傳也。

然矣。惜哉不永年。……葬於鄉。……毅能繼父志，以狀來乞銘。銘曰：乳狗噬，於菟避，無敵者氣。[121]塞堪輿[122]，制夷狄，沛然孰禦。國風靡，不若是。思吾狂士。（〈墓誌銘〉）[123]

迪風公營護妻兒不遺餘力（此即成就了現今所謂「好丈夫」、「好父親」之表現）、手不釋卷、有資輒購書、以全幅精神從事教學、不為不義屈、不為權勢移，且樂於助人（如全力助人返故里）的種種表現，上引文概見一斑。真大丈夫也。其哲嗣君毅先生之表現亦類同。其他相類同之表現，又可參上注 120。

迪風公之著述，唯《孟子大義》一書得以傳世。[124]今茲引錄唐先生

[121] 於菟，虎的別稱。見《漢語大詞典&康熙字典》（知網版）。http://hd.cnki.net/kxhd/Search/Result；瀏覽日期：2021.12.01。全句意謂：乳狗之所以不怕虎而無敵者，仗其氣也。

[122] 「塞堪輿」一語出自：王莘（宋人）：〈水調歌頭．客有言持志者，未知其用因賦〉：「志可洞金石，氣可塞堪輿。問君所志安在，富貴勝人乎。……」見讀古詩詞網：https://fanti.dugushici.com/ancient_proses/58901；瀏覽日期：2021.12.02。

[123] 本段引文所記載之各事項，不知發生於何年，姑繫於迪風公在生最後之一年。又：唐先生於〈墓誌銘〉後加一附識云：「歐陽竟無先生為先父所書『思誠』二大字，長數尺。題識有：『迪風挈眷萬里，精研三祀，膏火無資，而歌聲若出金石。古人所難，不圖於今見之。誠之所至，何事不成。……』。餘不復憶。」（甲寅（1974 年）三月君毅誌。）「三祀」：據《辭海》（香港：中華書局，1973）「祀」條：「祀，年也。商稱年曰祀。」是以三祀，即三年也。如上所云：1925 至 1927 年間，迪風公夫人嘗攜其子女（唐先生以求學於北京，不克隨侍。）伴隨迪風公共赴南京，前後凡三年，此所以竟無大師云：「……三祀」也。

[124] 唐先生說：「吾　父之著，則唯《孟子大義》一書，曾由　雲生先生列為敬業學院叢刊，於民國二十年冬，刻於燕京；後經《學衡雜誌》七十六期加以轉載。」（〈行述〉）《孟子大義》一書不知撰著於何年（迪風公針對該書所寫之〈序〉文，則寫於民十九年。疑該書亦當撰就於同年）。然而，該書既刊刻於民二十年冬，即迪風公逝世之同年而稍晚，是以姑繫該書於本年下。至於迪風公所撰就之其他文字，唐先生以下的記述，可讓人知其梗概。唐先生說：「此外，則如　雲生先生所提及之《諸子論釋》、《志學謏聞》及文集、詩集若干種；與吾知之吾　父初年所著之《廣新方言》，廿餘年之治學日記，及門人學生所記語錄，初並家藏古籍，移置雙流彭家場劉宅，以為可得保全。不意以劉家為地主之故，而於二十三年前，其家遭受清算之時，

《年譜・孟子大義・校後附記》如下，藉以進一步知悉該書之梗概：

吾校吾　父《孟子大義》既畢，乃更於字裏行間得知吾　父志業所存。此蓋可以第三章首節及第五章末節之數語概之。此數語者，感刻吾心。今照錄於下，讀者幸會之。「夏而變為夷，中國之憂也[125]。人而流為禽獸[126]，聖人之所深懼也：1、憂而後設教，2、懼而後立言，3、不得已而後講學，4、無可奈何而後著書，以詔天下後世；孟

乃併吾　父之遺稿，及其所藏書，共運入製紙工場，化為紙漿。」（〈行述〉）唐先生又說：「吾十餘年來，屢遊日本及歐美，恆就其藏中文書刊之圖書館，搜求吾　父遺文之刊於報章者，而所得則寥寥無幾。」（〈行述〉）唐師母對相關事宜，亦嘗指出說：唐先生 1972 年 6 月中下旬赴東京時，曾在不少圖書館蒐尋迪風公之遺著，唯無所得。見上揭《懿範千秋》，頁 72。上引文中有「詩集若干種」一語。針對迪風公之詩作，唐先生據其六十多歲時之記憶，嘗有所說明。其大意如下：迪風公所遺詩詞約二三百首。其中與其夫人唱和者十餘首，已登載於唐先生之先慈（即迪風公之夫人）《思復堂遺詩》中。唐先生又進一步指出說：「吾年十五六時，尚能誦數十首。及今已五十載，苦憶亦唯得數首，蓋皆民國十二年，先父三十七歲時之作也。」詳見《年譜・孟子大義・附錄一・遺詩（附聯語）》。然則詩詞之未能傳世者亦多矣！上面唐先生所說的：「與其夫人唱和者十餘首」，今見於《思復堂遺詩》中者，計僅得 3 首（題目為：〈附和卓�〈輕寒〉詩〉、〈賣花聲〉、〈雪詩〉），皆載諸卷一。迪風公本身之遺詩（附聯語），則共計有十：八詩、二聯語。所謂「與其夫人唱和者十餘首」，恐即含此八詩、二聯語來說。是以共計所謂「十餘首」也。又：根據上引唐先生的一句話：「文集、詩集若干種」，其中詩集或詩歌的流傳情況，詳如上。至於文集或文章的流傳情況，可略說者如下。唐先生嘗云：「時（筆者按：民國十二年）吾　父之所述作，憶更有〈孔學常談〉及〈孔門治心之道〉二文，……」（〈行述〉）有關孔學之二文，未及見；不知流落何所矣。今所見迪風公之文章，則計有：上揭《孟子大義・序》（撰於民十九年）、上揭《厚黑學・序》（撰於民六年）、上揭《仁學・序》（撰於民十二年）、上揭〈非戰同盟宣言〉（撰於民十二年）、上揭〈痛言〉（撰於民十五年）、〈祭葉子端文〉（葉氏卒於民十六年，祭文蓋撰於同年）。此外，尚有上揭〈致章士釗函〉三通（首通刊於民十四年，後二通刊於民十五年）。再者，迪風公「並嘗欲為《人學》一書而未就。」（〈行述〉）可並參上注 38 及上年（1930 年）條。迪風公之遺詩含聯語又見九州版《唐君毅全集》卷 36。

[125] 此語蓋就文化或文明而為說。

[126] 此就人之所以為人而為說，即就道德人倫而為說。此比文化、文明尤為關鍵。蓋道德人倫一失其固常，則文化、文明就不必再談了。

> 子之閎識孤懷，孟子所欲痛哭而失聲者也。」（以上數字乃筆者所加者，以醒眉目故。）

上段引文中所標示之四途，雖有輕重先後之別，然皆為對治人倫道德與人類文化、文明之陷溺而為說。迪風公乃至唐先生之閎識孤懷，亦可概見矣。

唐先生又繼續轉引迪風公之言論如下：

> 天地不生人與禽獸同，自必有人知其實有以異於禽獸。千載而上，有聞而知之，見而知之者；千載而下，自必有聞而知之，見而知之者。人心未死，此理長存。宇宙不曾限隔人，人亦何能自限。豈必問夫道之行不行，學之傳不傳哉。

上引語中，迪風公之積極、光明、正面之懷抱、用心，很可以概見。按：人，動物也；禽獸，亦動物也。就皆為動物而言，人、禽實無以別異。天地生人，本可依乎生禽獸之原則為之。然而，天地乃故意「不生人與禽獸同」，而使其必有差別。這就值得關注了。迪風公乃指出說，古往今來（猶上文「千載而上」、「千載而下」二語），凡人類就其見聞所及而必知此差別者。然而，人又恆視而不見，聽而弗聞。由此可知，針對人禽有其差異，人之所以必有所聞，必有所見，則必得先有一決定條件（先決條件、決定性的因素）而後可。此「人心」是也。換言之，人心乃吾人行事做人之指南、定盤針。所以迪風公非常斬截的指出說：「人心未死，此理長存」。然則暫時性的「道不行」、「學不傳」，那根本不必掛心繫懷。迪風公更由此得出一非常正面的一個看法，如下：「宇宙不曾限隔人，人亦何能自限」[127]迪風公光明、積極的看法，有如此者。然則吾人又豈能自限哉？

〈行述〉一文中，唐先生對《孟子大義》一書亦有所說明，如下：

> 《孟子大義》一書，要在以 1、辨義利 2、道性善、3、息邪說、4、正人倫政教、5、述孟子守先待後之學（以上標碼，乃筆者所加，以

---

[127] 「宇宙不曾限隔人，人亦何能自限」一語，甚具積極義。依儒家義，宇宙（即所謂天也）固不限隔人。然而，若退一步來說，縱然宇宙限隔人，但人亦不能（不應該，不宜）自限。迪風公自強不息，雖千萬人，吾往矣的豪傑氣概，很可以窺見。真大丈夫也。

> 醒眉目故。）吾　父以深惡鄉愿之亂德，更有感於為鄉愿者，亦恆有其理論以自持，乃有鄉愿學派之說。時諸父執，皆不謂然。吾亦嘗疑之。近乃心知其意，乃在謂：人必自先去其用以自持其為鄉愿之理論，方得免於為鄉愿。

上引文中，今僅針對「人必自先去其用以自持其為鄉愿之理論，方得免於為鄉愿」一語，稍一申說。苟某人或某些人之行為流於鄉愿，然而未嘗自覺為鄉愿者，則其害（即上文中所說之「亂德」）猶不至乎其極。正所謂不知者，不罪也。其最讓人討厭痛恨者，乃係故意、刻意營造建構一套套理論（所謂「一番番大道理」），並藉以文過飾非、硬拗強辯其卑劣庸俗、骯髒不堪，甚至讓人髮指、眥裂的行為，這就罪不容誅而難以讓人原諒寬恕了。按：唐先生每與人為善，恆給予人改過自新之機會。是以針對此罪不容誅的「鄉愿學派」，乃為他們「說項」。認為假如他們有所覺悟而欲「免於為鄉愿」者，則「必自先去其用以自持其為鄉愿之理論」，便有成功達陣的可能了。這是說，只要不要繼續施行、應用其歪理（文過飾非，硬拗強辯而來之所謂「理論」）來自欺欺人，那麼這些鄉愿者便可以有機會「改過自新」而為新人了。（筆者這個按語旨在揭示唐先生本人的一個崇高的願望、期盼；是以唐先生所說的「心知其意」，其實不見得其必係迪風公本人的意思。）

迪風公摯友彭舉（字雲生）所撰之《孟子大義・跋》，於揭示迪風公之孟子學，頗值參考；且迪風公之生平大略，亦藉以概見，茲全文轉錄如下：

> 右《孟子大義》一篇，為吾友唐迪風君所著。迪風，宜賓人。清諸生。性剛介、不肯少阿俗。少年治音韻及周秦諸子。民國十年病目後，始專讀宋明諸儒書。深有所契悟。聞宜黃歐陽師講學南京，乃攜家往從焉。所居距內學院二里許。日徒步往來。雖風雨嚴寒不輟。蔬食幾不能繼，意蔑如也。歐陽師雖講印度學，然亦不廢儒。迪風於習唯識外，仍肆力於儒。十六年返川，益以闡明孟子及象山之學為己任。任蜀中教育，先後十五年。諸生聞而興起者甚眾。今年六月因事返里。卒。年四十五。迪風於學，直截透闢近象山，艱苦實踐近二曲。此篇乃為諸生所撰講稿。然於孟子之學，已竭盡無餘蘊。所著尚

有《諸子論釋》、《志學謏聞》、文集、詩集若干種，皆擬絡續刊布。（民國二十年十一月，崇慶彭舉識。）[128]

龐石帚（名俊，1895-1964）嘗贈詩一首與迪風公，其中亦有道及迪風公對孟子學之貢獻者，如下：「犖犖唐居士，高材孰見收。孟疏勤削稿，墨辯慨橫流。」[129]孟疏蓋指《孟子大義》而言。至於「墨辯」，大抵是以此偏名而概指《墨子》全書而言，而不必然僅指《墨子》一書中〈經上〉、〈經下〉、〈經說上〉、〈經說下〉、〈大取〉、〈小取〉（此六篇即世所謂之〈墨辯〉，又統稱為〈墨經〉）等六篇而已。

迪風公對墨學的貢獻，蒙文通嘗稍作論述並伸說，如下：

故友唐迪風氏，……以墨書證墨派，唐氏之說，最為得之。以余之懵瞀，請伸其旨。……憶唐氏昔於墨學大行之際，恆厭其說。曰：「是殆出夷狄之教也。」……是所以盡唐氏之義，願質於世之為墨學者。[130]

是儒學外，迪風公於墨學，亦絕不外行也。上引文中所說到的「墨學大行之際」，乃指清末民初墨學復興的一個時期而言。此乃任公、適之先生等人所倡導（兩人皆有相關著作）而產生的一個結果。

林思進（字山腴 1874-1953，光緒間舉人）嘗撰〈挽唐鐵風〉詩，其中有道及迪風公之孟子學者，如下：「七篇仁義旨，強聒若為傳。」（君近來極推尊孟子之學）。[131]按：《孟子》一書共七篇，是以林氏以七篇稱該書

---

128 上引文之內容，已分別見諸以上各條目中，茲不再展開。又：彭氏於《孟子大義・跋》外，迪風公辭世之當年，亦嘗賦詩一首以表哀悼，今轉錄如下：「昔哭故人宅，今勘故人書。故人在何所，開書與之俱。蘉齋志可傷，戢山言非迂。夫天未欲治，太息失真儒。」是視迪風公為真儒外，亦隱涵其志節、文詞可媲美王夫之與劉宗周矣。彭詩名：〈辛未（1931）旅燕雜詩第六十八首」〉作為附錄二收入《年譜・孟子大義》之後。

129 出處同上。

130 蒙文通，〈論墨學源流與儒墨滙合——墨子書備三墨之學〉，作為附錄一收入《年譜・孟子大義》之後。上述引文之後有一說明如下：「錄自一九四四年成都路明書店蒙文通著《儒學五論》。」此說明蓋出自唐先生之手。

131 林詩亦作為附錄二收入《年譜・孟子大義》之後。

也。

周紹賢（1908-1993）對迪風公之孟子學亦推崇備至。此見諸所撰之〈讀唐迪風先生《孟子大義》感賦〉，如下：「焚香恭坐讀遺編，大道從來一脈傳。智水仁山通聖境，孔門義路隱唐賢。至言讜論春秋筆，魯雨鄒風金玉篇。泰斗光輝空慕想，邈然默契是前緣。」[132]其中「孔門義路隱唐賢」蓋指稱《孟子大義》一書雖非鴻篇巨著（篇幅不大）之製作，然而，有關孔門（孟子固孔門無疑）之義理學說，已隱約見諸迪風公（唐賢）該書了。

迪風公固對孟學深感興趣；其實，自 1920 年迪風公之母親辭世的一年開始（迪風公時年 35 歲），彼已從「離經叛道」“校正回歸”到中華文化大傳統之儒家禮教中來（上詳）。魏時珍（1895-1992，數學家、物理學家，對國學造詣亦深）對迪風公之篤信儒學（孔學），亦有所論述，如下：

> 熊君東明……信佛極篤，人見輒與談，能解不能解皆不考。亡友唐君迪風者，信儒學亦深，遇後生小子，輒亦口講指畫，勸尊孔氏，其情之切，直欲負之而趨，至其侘傺感時，則往往悲歌慷慨，至於流涕。迪風之於儒，東明之于釋，雖好當各殊，而篤信則一。予平生師友不少，所推服者亦多，而能忠於所學，不少苟且，信道篤而自知明者，殆未有如此二人者也。[133]

上引文中，「……，口講指畫，勸尊孔氏，其情之切，直欲負之而趨」等語，以具象式的言詞活靈活現地描繪迪風公之崇尚、推尊儒學，讀來使人印象深刻難忘。至於「直欲負之而趨」一語更讓筆者想起迪風公夫人以下的描繪：

> 吾君每言及孔孟學術垂絕，輒感慨歔欷。毅然以振起斯文自任，並以此教學子。授課時常常披肝裂肺，大聲疾呼，痛哭流涕。其苦心孤詣，我常為君拭淚。因以「徒勞精力，于人何補」之言勸君。君曰：「倘能喚醒一人，算一人。智者不失人，亦不失言。吾非智者，惟恐

---

[132] 周詩亦作為附錄二收入《年譜・孟子大義》之後。

[133] 魏時珍，〈民國卅三年重航日記〉（由成都至法）。本段引文亦作為附錄二收入《年譜・孟子大義》之後。

失人。吾不得已也。」[134]

上引文中，君曰以下的幾句話，甚值關注，蓋可反映迪風公作為儒者之究極用心之所在。按：《論語・衛靈公》嘗記載孔子之言；如下：

「可與言而不與之言，失人；不可與言而與言，失言。知者不失人，亦不失言。」若翻譯成語體文，這是說：「該跟他說，但您卻沒有這麼做的，那就會錯失了人（而讓他犯錯誤）；不該跟他說，但您卻說了，那就是說錯話了。明智（具智慧）的人，是不會錯失了人，也不會說錯話的。」要言之，就知者（智者）來說，人與言皆不應失去的。其實，無論是失人或失言，皆由於「言」（說話）而起。即全由於「與之言」或「不與之言」而引起。就迪風公來說，他一概不予理會，即他不管該說或不該說，但都說了，即都與之言了。不該說而說了，其小焉者，便等同白說（因相關人等沒有把您的話聽進去）；其大焉者，甚至是會害到自己犯過失或過錯的，即招致一己之不利的。然而，縱然是後者，那也只是個人一己之損失而已。反之，若該說而不說，那就很可能是「錯失了人」，即很可能是錯失了適時攔截該人

[134] 陳大任，〈祭迪風文〉，九州版《年譜》，頁 19。順筆至此，不能不一述譜主迪風公與其夫人陳氏夫婦間恩愛方面之表現。一言以蔽之，其恩愛之程度，尤其是該有何種表現始稱得上為理想的愛情，夫婦之間乃可謂展露無遺矣。唐先生即嘗云：「……據我所知一切已成夫婦關係，唯一能實現此理想而表現我上述的愛情關係的，只有我的父親與母親的愛情關係。他們彼此之愛、敬、容讓、了解、體貼及生死不渝的永久關係，真是可貴。」第六函，《致廷光書》（北京：九州出版社，2016），頁 67。其實，陳氏的優異表現，絕不限於夫婦間。作為人母之表現，亦可圈可點。唐先生云：「我母親是我父親的朋友們、我及我弟妹的朋友共同認為最好的母親，所以歐陽先生說，我母親是孟母、是現代中國第一女子。的確我母親是了不得，她作詩文，我們都不及她，談道理也很能談，……」第十五函，《致廷光書》，頁 128。但沒有人是十全十美的。太師母也不為例外。唐先生在同一封信中便說：「我的母親自然也有點脾氣，她有時與妹常爭執，但是過了便算了。」（頁 127）唐先生縱然對母親也展現其“平衡報導”的學者良心。先生美而知其“惡”，可以概見一斑。上引文中的歐陽先生，指的是歐陽竟無。稱陳氏為孟母者，見諸《思復堂遺詩》前竟無先生寫於 1937 年 6 月之題字。同為竟無先生撰寫的〈唐迪風墓誌銘〉（收入《唐君毅全集・年譜》）又稱陳氏為「蜀奇女子」。「與妹常爭執」中之「妹」，指的是唐先生當時去函的對象「廷光妹」。

犯過錯的機會了。[135]換言之，迪風公選擇寧可自己犯錯誤（說錯了話），而不要害人家犯過錯。因為其人所犯的過錯，有可能是極大的過錯——罪大惡極，甚至天理難容的罪過。作為儒者（甚至可稱為仁者）的迪風公，他當然選擇寧可不要當智者而選擇當仁者了。其實，選擇當既不失人又不失言的智者，也只有在以下的情況下才有可能：言、不言的對象不同，即須有兩人以上方可。譬如預估某人是會把您的話聽進去的，您便可以與之言；預估另一人是聽不進您的話的，您便不必與之言了。若對象只有一人，那您就別無選擇了。因為這是兩難。蓋在這情況下，「言」、「不言」乃一對反而窮盡了所有的可能性（此如同 a 和 –a）。簡言之，要嘛「言」，要嘛「不言」。當然，您也可以選擇避開任何見面的機會。那便根本談不上言或不言了。[136]這大概就可以做到孔子所說的知者了。然而，這恐怕是一個比較消

---

135 其實，就「適時攔截該人犯過錯」，甚或其人已犯過錯而能促使他改過，也只是一個消極的作法而已。此外，更有積極的作法，即可以幫助他遷善，甚至行善。換言之，欲不失人，那麼幫助他攔截犯過錯的機會，甚或進而幫助他改過遷善行善，都是非常可取的一個有效的作法。而這個作法的具體落實的手段便是「與之言」了。以上正文的說明，為求簡單化，可以助人改過遷善的一個面向，就從略了；而只言「適時攔截該人犯過錯」的一個面向。

136 就科技非常發達的今天來說，可「與之言」之管道非常多，不必然非透過面晤會談不可的。這方面，現在就先按下不表。其實，除避免見面，藉以避開不談（不與之言）外，還可有別的途徑而避免與之言的。譬如假裝沒有意識到相關問題，那麼縱然是見面，也是可以避免主動談（與之言）的。當然，還有一個可能性是，您根本沒有意識及此，那便更說不上談不談（與之言、不與之言）這個問題了。再者，如果從人權方面的權利和義務的角度來考量，那麼談、不談，又可能出現另一個面貌。如果視「談」為個人的權利（按：權利是可以放棄的），那您放棄個人權利而不與之言（即不談），其導致的後果，縱然是「失人」，那您也不必負其責的。然而，反過來，如果視「談」為個人應盡之義務（迪風公本人不必意識到人權方面的權利和義務的問題；且直心而逕為之，實也不必考慮權利義務這種問題。然而，細察上引文：「喚醒一人，算一人。……惟恐失人。吾不得已也」，則彼當然是意識到跟義務在性質上相同的義不義這類問題的；是以本乎道德良心而必與之言也。）則您便得「雖千萬人，吾往矣」，即義無反顧而不得不與之言了。換言之，縱然是失言，亦絲毫不繫懷掛慮也。迪風公之為如假包換之儒者，即此一端，亦可概其餘矣。迪風公之表現，讓筆者想起《孝經》〈諫諍〉一章中以下的一句話：「……故當不義，則爭之」。人有不

極的作法。儒者大概是不會這樣做的（恐怕孔子也不會這樣做，即寧可不要當這種知者）。迪風公，儒者也，他就不選擇這個作法。反之，他選擇了積極的作法。具體來說，如上所說，便是選擇「言」（與之言）。換言之，即甘冒可能由於「不可與言而與言」而導致「失言」的風險而仍與之言了。這是因為迪風公深深地體會到，「可與言而不與之言」，很可能會導致「失人」的風險！簡言之，即寧可失言而不希望失人。筆者以為失言可能導致的風險是自己說錯了話（此本段上文已有所道及），並可能由此得罪了人，並以此又可能而被人家臭罵、責怪等等。[137]然而，本來可以因為自己本諸誠懇篤實之用心而坦白地跟人家說（「與之言」），即給予人家忠告，藉以使人家避免陷於爽失犯過錯的，而今竟不為，則其「罪」大矣。這所以迪風公寧可選擇失言，而絕不打算冒失人這個風險了。迪風公於此，豈有不覺識之理呢？上引文中「不得已」一語已道盡彼選此棄彼的終極原因了。[138]此誠令人敬佩不已也。[139]

義，甚至宜與之爭（諫諍之而至於爭），則「可與言而不與之言」，此豈迪風公之風格耶？

137 其實，因「不可與言而與言」，即所謂不該說而說，被人家臭罵，責怪，也只是小事而已。其嚴重者，可能連命都賠掉也說不定呢。因犯顏直諫而人頭落地，其實也不算太大之事。其更有甚者，是殃及家人，甚至株連九族，在歷史上，也不罕見。此可見失言所掀起的風波，是可以有如萬重浪的。

138 按：迪風公為人正派，與人直來直往；即恆以真性情真面貌示人。駱為榮即嘗云：「迪風公深惡鄉愿者，好與人交談，常動真性情，聲高而洪亮，快言直語，時有『驚言高論』。『隔舍聽之，若有所苛斥』。又有時『呈志情急，至於流淚』，令聽者『為之動』。世人敬呼為『唐瘋子』，自家則在自畫像上題詩：『虛堂琴聲，穿山月色。汝是何人，我也不識。』」上揭《儒學大師唐君毅》，頁 7。上引語中，「唐瘋子」一語，在上揭〈別傳〉中則作「唐風子」，實即「唐瘋子」也。

139 「與之言」或「不與之言」這個問題，筆者自身的體悟殊深。今姑且一說。筆者嘗在卸任學系主任、院長和錢穆故居執行長之後，把十多年行政經驗所獲致的心得透過好幾千字的一封信函向一位接任主管不久的同仁表達出來。其中雖多勖勉之詞，但也不乏指出其行政處理上犯錯誤或「白目」（不通人情物理，甚至行徑上近乎匪而所思）之處。筆者的出發點，捫心自問，純係善意的。該位同仁不領情，那也就罷了。但其後乃得悉彼嘗向其他同仁抱怨（含以相當嚴厲的言詞見責）。忠言必逆耳，其此之謂

餘論：虎父無犬子（迪風公與其哲嗣君毅先生在學問上、性情上之“承傳”綜述）

不少學者都知悉並指出唐先生之學問有其家學淵源。[140]此確為的論；然而，此言不免失諸浮泛籠統。按：唐先生之家學淵源有二。其一源自太老師迪風公。其二源自其先慈陳卓仙女士。筆者藉著上文，即所謂迪風公之年譜，乃企圖有根有據地說明、佐證唐先生之學問，甚至性情等等，確有源自

歟？所以對孔子上所言：「不可與言而與言，失言」一語，體會殊深。

140 唐先生本人於此亦有所說明，如下：「我自己最初讀書，與家庭的關係最大。我讀書時代很早，我父親是清朝秀才，在四川教中學，後來教大學，他心目中最佩服的是章太炎，一談便談到章太炎。我最早讀的書，就是章太炎與他一個朋友編的一本書，好像是《教育經》。……父親教我讀的第一本書便是《老子》，……我父親在我八九歲的時候就強迫我背《說文》。……」上引的一段話，很可以概見唐先生早年的教育與迪風公的關係了。按：其中說到的《教育經》，其正確名稱應係：《教育今語雜志》。上引文見：〈民國初年的學風與我學哲學的經過〉，《病裡乾坤》，頁 158。此外，《生命存在與心靈境界・後序》中亦有不少文字足以反映迪風公對唐先生的教育（取此詞之廣義）或對其心靈的影響或啟迪的，如下：「憶吾年七八歲，吾父迪風公為講一小說，謂地球一日將毀，……即念之不忘。……又年十四時，一日忽向吾父言孟子去齊一段之文使人感動，吾父遂誦之，吾即為之涕泣不自已。……吾年十七歲，吾父送吾至船上，同宿一宵。……吾父登岸，乃動離別之情。……若其果代表吾之生命之原始之性情，皆吾父母之遺德，吾不敢自以為功。……吾初感哲學問題，亦初非由讀書而得。唯憶十二三歲時，吾父即嘗謂吾有哲學思想，吾其時固不知何謂哲學，更不憶其時所思想者為何也。……」（頁 1144-1146）。以上引文，其可說者有二。其一，迪風公說唐先生「有哲學思想」，此所謂「哲學思想」，蓋就廣義來說，即指對宇宙人生之大道理具一定之想法看法而言，或至少指對此等大道理深感興趣而言。其二，唐先生對以下各事宜，譬如地球一日將毀、讀孟子某段文字、與父親即將分別、哲學問題等等，所生起之反應，在在皆反映先生對事事物物恆深具真情實感。說到「實感」的問題，則想起牟先生嘗指出，人之為學進德，以下四項：知識（學力、學養）、思辨、器識、實感（感觸、實存感），乃絕不可少者。針對感觸一項，牟先生更明言：「感觸大者為大人，感觸小者為小人。」由上引文可見，唐先生自年幼時起，即富於感觸、深於感觸；此即牟先生所說的「感觸大者」也。其後來成為不世出之大儒、大哲學家（相當於牟先生所說的「大人」），良有以也。牟先生之說法，見〈序〉，《五十自述》，頁 2；正文頁 73；〈序言〉，《圓善論》，xiv-xv。

其先嚴迪風公之處者。[141]（當然，迪風公本人之生平行誼與學術思想亦甚值得發覆表彰。但這是筆者即將撰畢本文之時始偶得之一“發現”。撰文之初本不悉也。此意外之收穫，筆者喜不自勝，蓋意外地得悉宇宙間又多一偉大心靈也。若寬泛言之，則迪風公亦一思想家也。）唐先生之學問，乃至性情上之源自迪風公者，其詳已見諸上文。唯相關描繪散落各處，讀者恐不容易獲悉或掌握其大旨、梗概。是以願藉著文末一隅為讀者做一綜述。彼倆父子間“承傳”之各個面向[142]，當可得一總覽焉。然而，為節省篇幅，今以條目方式開列如下：

1、 對中國傳統文化，兩人年輕時皆有叛逆之心，或至少不慊之心。（參1904、1905年條；又可參注18）

2、 年輕時，父子兩人皆未嘗相契於儒學。（參1917年條末尾處）

3、 迪風公於其母親逝世後，即時年35歲時（1920年），開始相契於中國傳統文化（詳注38）。唐先生則更早，不到30歲，便完全相契於中國的傳統文化了，其中尤以儒學為然。

4、 興辦教育：迪風公43歲創辦敬業學院，擔任院長（參1928年條）。唐先生追隨錢穆先生於41歲（1949年）時，復加上張丕介先生，共同創辦新亞書院，並長期擔任教務長（相當於現今學制之第一副校長）。

5、 授課時，父子兩人皆以全幅生命為之。（見上注120）

6、 重視主體性（自主性）：就人之所以為人來說也好，就國族和文化來說也罷，父子皆重視主體性。（參1926年條）

7、 唐先生固相信形而上之世界有一本體之存在；原來迪風公亦然（詳1930年條）。

8、 皆重視詩禮樂之教。（詳1909年條）

9、 文章通達，深具識見；淑世（經世致用）的使命感恆寓於其間。其中

---

[141] 至於源自其先慈者，其相關探討發覆，則或俟諸異日也。

[142] 「承傳」一詞，今取其廣義。學問上者也好，行為上者也罷，性情上者也罷，乃至軀殼上者亦然（如兩人先後患目疾即為一例），凡見諸迪風公而其後亦見諸唐先生者，今一概視為係迪風公所傳而為其哲嗣君毅先生所承接下來者。

〈痛言〉（1926 年撰之醒世大文章，約二千多字）尤使人（至少使筆者）低徊不已；洵為天下間之至文也。[143]（參 1926 年條、上注 71）唐先生之文章，其特色則猶同其尊翁，不贅。

10、撰寫〈宣言〉：迪風公 38 歲（1923 年）起草〈非戰同盟宣言〉。唐先生 48 歲（1957 年）主稿〈中國文化宣言〉（詳注 44；其詳則見本書第三章）。

11、於唯物論、階級鬪爭之理論，終生未嘗相契。（參 1926 年條）

12、對待親友，恆以人溺己溺、感同身受之精神為之。蓋父子皆性情中人也。（參 1926 年條）

13、夫妻恩愛異常。（參 1927、1931 年條；尤其見諸注 118）

14、父子皆嘗過繼給長輩：迪風公過繼給其三伯母（參 1886 年條；上注 8）；唐先生過繼給其大伯母。

15、皆不克遵從歐陽竟無大師一心一意追隨彼學佛學之囑咐（詳上注 102、104）。

16、晚年皆病目：其事始於迪風公 36 歲（1921 年）、唐先生 58 歲（1966 年）之時。

以上 16 項乃係父子兩人相似之所在。當然，兩人亦有頗相異之處，茲舉二例。其一：有謂：「不得中行而與之，必也狂狷乎！狂者進取，狷者有所不為也。」（《論語・子路》）迪風公或可謂某一程度上之狂士也。唐先生則不然，以先生在個性上溫婉謙遜多了。但吾人不宜稱先生為狷者——拘謹的人。以「中行者」[144]一詞描繪唐先生，庶幾近之。然而，無論如何，父子兩人皆性情中人也。

其二：父子早年論學，唐先生嘗以「恆持義相反」來形容自己的執著。

---

[143] 其他如《仁學・序》（四五百字）、《厚黑學・序》（二三百字）、致章士釗先生函三通（共約一千多字）等等，亦可傳頌無疑。並參 1917 年條、1923 年條、上注 52、上注 124。

[144] 中行即中道，中行者即能行中庸之道的人；而行中庸之道的人，必無過與不及之弊也。

筆者則以為其間之相反或殊異，應不至於過甚或過大；且縱然有之，其重點恐主要緣自父子兩人處理學問之方法或表達學問之方式有所不同，即取徑有異而已。唐先生說：「其（按：指迪風公）言談多直心而發」（詳上注51）；然而，唐先生本人則多循環往復、左右申引、繁辭廣論以為說也。

附錄：

一、劉咸炘〈唐迪風別傳〉（節錄）[145]

迪風非碌碌之人，或怪之，或惡之，或感之，他日當不泯爾。顧以余所知其自成成人之志，皆未克遂。成書數卷，非其至者。弟子所錄遺言，亦非其獨得。……迪風謂余曰：「子新交吾，止知今吾舊耳（筆者按：此意謂止知吾固守傳統文化），不知故我，吾乃極新（筆者按：蓋指固守傳統文化之前，嘗一度追求反傳統之西學而言）。」又曰：「吾遺腹生也。吾母卒而吾大病，傷之而病，病而萬念灰。灰而反求於先聖賢之書。」乃走金陵執贄於歐陽先生。……「弟子不願學佛，願學儒。……即使其所說教，無一句是，其人要不可及。」……余於是知迪風之誦孔孟朱陸，於舉世不喜之時，其故安在也。……迪風好談尤甚，亦忙不暇談。……迪風長身而疏髯，聲高而壯，其言多直致，不作步驟，不尚分析。（筆者按：此與其哲嗣唐先生之治學取徑大異。詳上）……人或輕之，謂非工於演說者。而余則覺其言多渾而警，足以使頹者起立也。……迪風詆慎子為鄉愿，……迪風宗象山，而余嫌象山太渾。……其尤兩快者（筆者按：此劉氏自謂與迪風公皆感到暢快），則人禽之辨、聖狂之異，大聲而疾呼。余嘗伺其間而笑曰：「子誠大膽，夫我則未能，顧子乃衝鋒手耳。」迪風亦笑而起曰：「吾誠衝鋒，吾固願衝鋒。」意蓋謂舍我其誰也。敬業學院者，迪風與二三同道友所設，……（迪風公曰：）「……余終當使此學院，男女分班。……」（迪風公又謂劉氏曰：）「吾近乃覺西方之學，與吾華先聖之學絕不同，吾輩談先聖之學，絕不可借西方語。」余聞之愕然，以為過，而亦為之肅然。又一日謂余曰：「吾近愈

---

145 按：劉氏比迪風公僅遲一年去世；兩人相交僅三年而迪風公即辭世。

覺古人不可及，邵康節、黃石齋之數學，大有蘊蓄，吾當求之。」……（劉氏云：）迪風之舊，豈止今日之所謂舊哉。余亦以是知迪風為不可及矣。迪風在敬業學院講孔學概要，宋明理學，嘗與余同下講堂，忽謂余曰：「吾知今日之敗矣。在講堂講理學，聽者多不得其緒。」……因相與太息。迪風又嘗從容謂余曰：「子之史學，當多傳道，不可空講；必以史學為軀體，當今非此不能正邪說。吾不能如子之多所涉，一指不能按數蝨。惟願得再溫《五經》，或當更有所窺見發明，他學吾亦不屑措意也。」迪風論學，重心得。……時出一言，根極理要，足使博辨者廢然。嘗謂余曰：「子勤於寫，吾胸中亦多可寫，而懶不克寫。」余因勸以速寫，蓋使迪風為長篇論著，以辨俗學，未必能勝。若隨筆記錄，而揀擇之，必多可觀。今迪風往矣，說經之願既未償，可寫者，亦多未寫。其精言高論，即余所聞者，亦一時不可憶。……迪風名烺，初字鐵風，晚更書為迪風；而友朋中或戲呼為唐風子。觀其名字，亦可以想見其人焉。（《推十集》，卷一〈傳〉）

二、劉咸炘〈吳碧柳（吳芳吉）別傳〉[146]（文中多方面比觀吳芳吉與迪風公之表現。）其描繪迪風公之文字，茲撮錄如下：

迪風多為人所惡，雖亦有感之者，而幾至避地。……迪風形頎長，而氣盛露，……迪風詞鋒雖可畏，而顏常若笑；……以昔人品藻言之，蓋迪風近狂（，而碧柳近狷焉）。

三、吳碧柳（吳芳吉）與人書中道及迪風公者計有四則：

(一) 鐵風告我：「儒家於善善之心，充量發達；惡惡之心，務求減少；否則一身以外，皆可殺也。」（〈十八年與吳雨僧（吳宓）〉）

(二) 吾（吳氏自稱）嘗聞鐵風談及：「市井之人多好利，江湖之人多好名。」吳氏乃評曰：「亦覺道出自家病處，蓋正所謂江湖人也。」（〈廿年與劉鑑泉〉）

(三) 唐鐵風者，吉僅見之矣。重大（筆者按：意謂重慶大學）聘吉，當更

---

[146] 出處詳上注 16。

聘鐵風。世之詬鐵風者，憾其激烈。吉所取之，正在此耳。……鐵風特病狂耳。然蜀中學問之正，未有過鐵風者矣。（〈與鄧紹勤〉）

(四) 近日國中孔墨合一之說，以為既可以取容於時，又可以標新領異。實則鐵風所謂鄉愿耳。真令人思鐵風不置也。（〈答友人書〉）[147]

四、百度百科〈唐迪風條〉（https://baike.baidu.com/item/%E5%94%90%E8%BF%AA%E9%A3%8E；瀏覽日期：2021.12.05）

唐迪風（1886-1931 年），名烺，又名倜風，字鐵風，唐君毅之父。生於四川宜賓縣普安鄉周壩，葬於朝陽鄉竇壩[148]。

迪風幼聰慧，好讀書，年 18 中晚清末科秀才；後就學成都敘屬聯中及法政專門學校。民國成立，他痛心昔日一些曾以愛國自詡者轉而投身權貴之門，從而憤作《金縷曲》。其中有二句云：「武士頭顱文士筆，競紛紛化作侯門狗！」隨即與雙流李澄波等在成都創辦《國民公報》，任主筆，仗義執言，主持正論。民國元年（1912 年）因抨擊川督胡景伊濫殺無辜，報館幾被封；警廳追查撰稿人，迪風挺身而出，歷數胡魚肉人民之罪。其不畏強暴，大率類此。[149]

民國 3 年後，迪風改事教育，先後任教於江油省立第二中學、成都省立第一中學、省立第一師範、外國語專門學校、重慶聯中、省立第二女師、南充中學、嘉陵中學、成都師範大學、華西大學。民國 14 年，迪風貸大洋 300 元[150]，舉家赴南京，從學歐陽竟無。民國 16 年秋返成都，又先後執教於成

---

[147] 以上吳芳吉與人書（信函），皆收入上揭《年譜》，附錄於劉咸炘所撰〈唐迪風別傳〉之後。

[148] 筆者按：竇壩村乃太師母，即陳大任女士之出生地。筆者懷疑此說有誤。2023.02.15 乃去函請教何仁富兄。其回覆為：「迪風公不是葬在竇壩，而是在橫江山裏。」。仁富《年譜》亦有相同的說法：「葬於宜賓縣橫江鎮山中」，並指出：「墓現已不可尋。」（頁 8）

[149] 胡景伊濫殺無辜（血腥鎮壓）事，依百度百科「胡景伊」條，其事應發生於民國二年八、九月之間。

[150] 上述覆函中，仁富兄指出，迪風公當時確嘗借貸。然而，仁富兄未明言借貸之金額。

都大學、四川大學；同時與彭雲生共創敬業學院[151]，被推為院長。

迪風少時治文字音韻學及先秦諸子，初好道家言。民國 10 年目病後，始專攻宋明諸儒書，深有所悟，及從歐陽竟無學後，「益以闡明孟子及（陸）象山之學為己任」。

唐迪風於民國 20 年逝世。一生著作有《廣新方言》、《諸子論釋》、《志學謏聞》、《孟子大義》及文集、詩集若干種。今僅《孟子大義》一書傳世。[152]

---

[151] 迪風公任教學校之名單與駱為榮先生《儒學大師唐君毅》一書（頁 6）之記載稍有差異。

[152] 以上百度百科之記載，當有其根據。然而，其中若干描繪，筆者迄今尚未能查出其原始來源。謹向讀者諸君致歉。其中以「迪風貸大洋 300 元」舉家遠赴南京從學於竟無先生（凡三年）一事，最值得探究辨明。以此行為最能揭示迪風公求學之決心也。

附錄二：專書論文

Universalism in New Confucianism: Contributions of Chinese Culture to the Western World from the view-point of the New Confucianist T'ang Chun-I (1909-1978)*

I. Introduction

The culture of the Western World by means of its scientific and technological achievements has dominated the whole world for at least more than two hundred years. In consequence, the West, precisely Western Europe and the United States, has been at least to a certain extent looking down upon other nations and their

---

* 本論文發表於義大利比薩（Pisa, Italy）的一個學術研究會上；會議主辦單位：Scuola Superiore Saint'Anna-Pisa；會議日期：2010.10.17。其後會議上的論文結集成冊出版：edited byAnna Loretoni, Jérôme Pauchard & Alberto Pirni, *Questioning Universalism: Western and New Confucian Conceptions* (Pisa: Edizioni ETS, 2013), pp.69-96。本人在論文上的英文拼寫為 Siu-keung Wong（香港粵語拼音；香港永久居民身分證同）。本文納入本書之前，嘗得來自香港的僑生鄧月嫦同學惠予諟正英文一二十處之多，特此致謝。按：鄧同學在香港取得雙學士學位，其一為英文專業，另一為翻譯專業。名義上，筆者是鄧同學的老師（在東吳大學教授過她一門課），但若論交情或感情，猶親友也。至於拙文中任何英文表達欠佳之處，概由筆者負責。又：本文撰就後嘗翻譯為中文（內容比本文有所增添；但本文Q＆A的一部分，中文版則從缺）；今納入本書內而成為書中第二章。讀者欲知悉筆者對這個議題的詳細論述者，請參閱該中文版。

respective cultures. But this was not the case in the eighteenth century. It has been well known that the great thinkers of the Enlightenment, e.g. C. L. Montesquieu (1689-1755), F. M. Voltaire (1694-1778), J. J. Rousseau (1712-1778), etc., admired Chinese culture very much. Furthermore, the emergence of the Enlightenment can be partly attributed to the impact from China. The great Italian philosopher G. Vico (1668-1744), author of the remarkable work on the philosophy of history entitled *La Scienza Nuova*, even paid high respects to the Chinese emperor Qianlong (reigning period:1736-1795). In 1744, comparing the various regimes of the world in his time, Vico wrote: "As for the emperor of the Chinese people, he rules by means of a meek religion and cultivates letters: he is the most humane and civilized."[1]

The so called "meek religion" without doubt refers to Confucianism. Whether emperor Qianlong[2] was really humane and civilized is not the subject of the present

---

[1] G. B. Vico, La Scienza Nuova, Bari, Edizioni Laterza, 1974, p. 575; cf. Umberto Bresciani, "Introduction", Reinventing Confucianism – *The New Confucian Movement* (Taipei: Taipei Ricci Institute for Chinese Studies, 2001), p. iii. Bresciani' s book is a remarkable work on the New Confucian Movement, which examines the course of the Confucian development from the beginning years of the 1920's to the present, covering three generations of scholars representing respectively the stage of formation, development and internationalization. The life histories and the contributions to Confucianism of each of the important figures (Bresciani lists eleven) of the first and second generation were examined. Furthermore, a brief history of the Movement and an introduction to the basic beliefs of the new Confucianists precede the review of the important figures of the aforesaid two generations. Finally, Bresciani's book comes to a close with a general survey of the third generation and of the new Confucian Movement in Mainland China; some concluding remarks on the Movement constitute the last chapter.

[2] Qianlong's reigning period is 1736-1795. Here above, we pointed out that in 1744 Vico compared the various regimes in his time. Emperor Qianlong's reigning period covers the year 1744. Thus the "emperor" mentioned by Vico is probably Qianlong. However, Vico's information might not be so up-to-date. Therefore the emperors preceding Qianlong, such as Kanxi (reigning period: 1622-1722) or Yongzheng (reigning period: 1723-1735) might be the

paper. However, "humane and civilized" is certainly the very tenet and even the core value of Confucianism. Actually, in Chinese, the terms "humane" and "civilized" derive from the same phrase/sentence of *The Book of Change* (《易經》). "Humane" in Chinese is *renwen* (人文); "civilized" in Chinese is *wenhua, wenming* (文化，文明).The whole phrase/sentence writes as "renwen huacheng tianxia" (The whole world being transformed into a humane /humanistic (hence civilized) paradise; 人文化成天下). Confucianism, from the age of its founder or promoter Confucius to the present, has undergone several phases. Confucianism of each phase has its own characteristics and specific commitments to its time, and differs to a certain extent from that of the other phases in the course of development. Nevertheless, even though Confucianism can be said to have many different tenets, its core values or its principal characteristics remain the same, Humanity (be humane, be humanistic, human dignity highly valued) or *ren* (仁，universal benevolence, universal kindness) is assuredly the very essence or the core value of Confucianism. A human being, worthy of the name, must behave like a human being. "Human" implies "to be humane", or "ought to be humane".[3] Indeed, it is the very essence of a human being which marks the universalism in Confucianism.[4]

---

possible candidates too. Of course, "the emperor" in the phrase "the emperor of the Chinese people" may just be a general term, it can represent any Chinese emperor, and not a particular one.

[3] The Chinese characters write as:「人者仁也。」This is a famous saying found in the renowned Chinese Classics *Zhongyong* (《中庸》; *Doctrine of the Mean*). Professor Tu Wei-ming has profoundly expounded the doctrine of Zhongyong. Cf. Tu Wei-ming (杜維明), *Centrality and Commonality: An essay on Chung-yung*, Honolulu: University of Hawaii Press, 1976. With respect to "humanism", T'ang Chun-I has contributed an article to define the term as well as to expound its various and rich implications. See T'ang Chun-I, "The definition of the term 'humanism' ", in T'ang Chun-I, *The Reconstruction of the Humanist Spirit* (《人文精神之重建》, Hong Kong: New Asia Institute of Advanced Studies, 1974), pp. 590-605.

[4] The proposition "From Heaven to Earth, the Nature of the human being is the most precious"

From the view-point of universalism and importance, the position occupied by *ren* in Chinese culture can probably be regarded the same as that occupied by *justice* in Western culture. I hope that such an analogy between the two terms would help to express more clearly and more evidently the role played by the term *ren* in Chinese culture.

As a school of thought, the most ancient phase of Confucianism is the time when Confucius was born. It was the pre-Qin period, i.e. the years before 221 B.C. Owing to the notable contributions of Confucius (551-479 B.C.), Mencius (372-289 B.C.) and Xunzi (298-? B.C.), etc., this typical period set the basic tone for Confucianism. Afterwards, the Confucianism of the Song (960-1276) and Ming (1368-1644) Dynasties, normally known as Neo-Confucianism, reached another climax of development. As from the 1920's onward, it is the epoch that inaugurated the third phase of Confucianism. This new movement of Confucianism was brought about especially by the May Fourth Movement of 1919. The May Fourth Movement which advocated Westernization and strongly criticized the Chinese traditional culture is by itself a cultural movement. A group of scholars and philosophers who upheld the Chinese tradition was without doubt, at least to a certain extent, disgusted with the May Fourth Movement; hence the counteraction or the complementary action: the New Confucian Movement arose, of which Ma Yifu (馬一浮: 1883-1967), Xiong Shili (熊十力: 1885-1968), Zhang Junmai (張君勱: 1887-1969), Liang Shuming (梁漱溟: 1893-1976), Feng Youlan (馮友蘭: 1895-1990), Qian Mu (錢穆:1895-1990), Fang Dongmei (方東美: 1899-1977), He Lin (賀麟: 1902-1992), etc., were the most renowned representatives.[5]

(天地之性人為貴) is always found in the imperial Edicts of the Han Dynasty. This can be a proof to what extent human dignity is valued; indeed, it is valued universally.

5 According to Yu Yingshi (余英時), a close discipline of Qian Mu, Qian should not be counted as one of the figures of the New Confucianists. See Yu Yingshi, "Youji fengchui shuishang lin", *Qian Mu yu xiandai Zhongguo xueshu* ("I still remember the Wind-rippled Waters", *Qian*

If the above-mentioned figures are counted as the most important representatives of the first generation of the New Confucian Movement, then T'ang Chun-I (唐君毅, 1909-1978), a disciple of Xiong Shili and Fang Dongmei, should assuredly be regarded as one of the most outstanding figures in the second generation. After an intense life of more than 40 years devoted to teaching, researching as well as trivial administration work, professor T'ang Chun-I, my most respectable teacher, passed away in 1978, leaving behind him numerous works on philosophy, history of Chinese philosophy as well as general cultural issues.[6]

Mu and Modern Chinese Scholarship;《錢穆與現代中國學術‧猶記風吹水上鱗》)，臺北：三民書局，1991：“Youji fengchui shuishang lin” is also found in *Qian Mu yu zhongguo wenhua* (*Qian Mu and Chinese Culture*,《錢穆與中國文化》), 上海：遠東出版社, 1994, pp. 7-29. For the case of Fang Dongmei, Umberto Bresciani (白安理) regarded him as a figure belonging to the second generation of the New Confucian Movement, but Liu Shuxian (劉述先) did not agree with this and had the opinion that Fang certainly belonged to the first generation. Cf. Liu Shuxian, “Preface”, Umberto Bresciani, *Reinventing Confucianism – The New Confucian Movement*, p. i. With respect to the characteristics or essence of the Movement, Fang Keli's concise definition deserves our attention. He says, “The New Confucian Movement was born in the 1920's. Its program has been to reclaim for Confucian thought a leading role in Chinese society, to rebuild the Confucian value system, and on the foundation of it to absorb and master, and finally amalgamate Western Learning in order to pursue the modernization of Chinese culture and society.” Fang Keli, *Contemporary Neo-Confucianism and the Modernization of China* (Tianjin: Renwen chubanche, 1997), p. 453. The above translation is from Bresciani, p. iii. In respect of Western Learning, science and democracy are without doubt the two corner-stones in Chinese mind.

6 T'ang Chun-I's life history with his academic performances is found in many biographical works, and even in some encyclopedia, e.g. as one of the entries in the *Concise Encyclopedia Britannica* (Chinese version, Beijing, Shanghai, 1986.) It has been counted that up to the year 2008, 7 monographs (7 books) and more than 470 thesis and articles have been contributed to the study of T'ang. See Chen Xueran (Chan Hok-yin, 陳學然), “Research Survey and Bibliography of Tang Junyi” (〈唐君毅研究概況及書目文獻索引〉), in *Newsletter of the Institute of Chinese Literature and Philosophy* (Zhongguo wenzhe yanjiu tongxun,《中國文哲研究通訊》), Vol. 18, No. 4 (2008), p. 187-226. The author of the present paper has

However, T'ang Chun-I is merely one of the numerous outstanding figures of the New Confucian Movement. I would like to say in a few words why I chose him as the subject of my paper. Firstly, T'ang who devoted at least half of his research time to the study of Occidental Philosophy through the medium of English and was capable of writing treatises in English, is not just a thinker on Chinese philosophy, even not just a thinker on general philosophical problems.[7] As I have said above, he is also a thinker on various cultural issues, especially those relating to the sustainability and development of Chinese culture, or more precisely of the Chinese nation's culture. Secondly, he is a thinker with a broad horizon, acknowledging almost all the different values (different academic view-points of various philosophies), though Confucianism remains his core value. Thus his outlook as well as his opinions may well be a great contribution to universalism, the subject of the present workshop. Thirdly, he is the author who drafted the famous 1958 cultural Manifesto[8] which focuses on some universal ideas highly valuable to the

---

contributed a work on T'ang Chun-i, entitled *Academic Research and Engagement to Practical Affairs: T'ang Chun-I's Philosophy of History and his Ultimate Concern* (《學術與經世：唐君毅的歷史哲學及其終極關懷》, Taipei: Student Book Co., 2010).

7 T'ang wrote a voluminous work of more than 1,000 pages entitled *Introduction to Philosophy* (《哲學概論》), which manifests his erudition on a great variety of philosophical issues.

8 I have written two articles on the Manifesto, one on the history of the drafting, the publication and the process of translation into English and Japanese of the Manifesto; another one on the significances (implications) of the action of jointly signing the Manifesto. The former article is enclosed in the symposium entitled *Zhongguo wenhua yu shijie (Chinese Culture and the World*, 《中國文化與世界——中國文化宣言五十週年紀念論文集》), edited by Li Ruiquan, Yang Zuhan, published by Research Center for Confucian Studies (儒學研究中心), National Central University (國立中央大學), 2009. The latter one is found in the aforesaid work: *Academic Research and Engagement to Practical Affairs:T'ang Chun-I's Philosophy of history and his Ultimate Concern*. Some reviews of the Manifesto in English or French are also found. Here below are two of them presented in recent years: Fabian Heubel, "Chinese Modernity and Transcultural Critique – Reflections on the Confucian Manifesto of 1958", lecture presented on the 30th September, 2008 at Modern East Asia Research Centre, Leiden

West, though the other three New Confucianists, namely Mou Chungsan (牟宗三, 1909-1995), Xu Fuguan (徐復觀, 1903-1982) and Zhang Junmai (張君勱, 1887-1969,also known as Carson Chang) also contributed some opinions and jointly signed the Manifesto when it was published in 1958.[9] As far as the subject of the

---

University, Leiden, Netherlands; Joel Thoraval, "Le Manifeste au Monde sur la Culture Chinoise (1958)" The author of the present paper has not found out at what date Thoraval reviewed the Manifesto, probably between 2003 and 2010.

[9] The Manifesto written originally in Chinese was published on two Hong Kong journals in January 1958, namely *The Democratic Review*, Vol. 9, No. 1 (January 1958), pp.2-21; *National Renaissance*, Vol. 1, No. 18 (January 1958), pp. 2-39. Two years later, it was translated into English and one more signatory named Hsieh Yu-wei (謝幼偉) joined in when the English version was issued. The complete title reads as "A Manifesto on the Reappraisal of Chinese Culture-our Joint Understanding of the Sinological Study Relating to World Cultural Outlook", *Chinese Culture* (here below abbreviated as CC), Vol. 3, No. 1 (Oct. 1960), pp. 1-71. It is a complete and literal translation and can be regarded as an official translation because the signatories of the Manifesto agreed on this version. It can also be found as Appendix to T'ang Chun-I, *Essay on Chinese Philosophy and Culture* (*Complete Works of T'ang Chun-I*, Vol.19), Taipei: Student Book Co., 1991. Actually, just four months after the Manifesto in Chinese had been published, an abridged English version was issued. The title reads as "A Manifesto to the World on behalf of Chinese Culture", *Quarterly Notes on Christianity and Chinese Culture*, Series 2, No.2 (May 1958), pp. 1-21. It was translated by Doctor R. Kramers, professor of the University of Zurich. The third English translation of the Manifesto entitled "The Reappraisal of Western Sinology and the Reconstruction of Chinese Culture" is found as Appendix to Carson Chang (Zhang Junmai), *The development of Confucian Thought* (New York: Bookman Associates, 1962), pp. 455-483. It is also an abridged version and was translated by Warner Fan. Fan was regarded by Carson Chang in the "Preface" of the above work as a talented philosophy student at Stanford University. In my opinion, this latest version is better than the ones mentioned above translated respectively in 1958 and 1960 as far as English fluency is concerned. In 2008, a conference was held to commemorate the 50th anniversary of the issue of the Manifesto. About ten treatises were contributed to the subject. The conference was held by the Research Center for Confucian Studies (儒學研究中心), National Central University (國立中央大學) at the following date: May 2-4, 2008.

present workshop is concerned, the Manifesto serves the following purposes: on the one hand it manifests of course T'ang's ideas about Confucian universalism; on the other hand, as a joint declaration, it reveals the common faith of the other signatories who are also important figures of the New Confucian Movement. The general tenets or universal principles regarding Confucianism can thereby be made known to the West. In a word, though our focus is just on one Confucianist, i.e. on T'ang Chun-I, by means of such a Manifesto we luckily get to know the supplementary opinions of the other three signatories. The fourth reason why I chose T'ang as the subject of the present review is quite personal. He is the figure to whom I have paid high respects and devoted considerable effort of research. Besides, I have the intention to carry forward his aspiration, especially his remarkable thinking on humanism or on idealism.

II. Universalism in the thought of T'ang Chun-I as perceived in the Manifesto

T'ang Chun-I, as a great modern philosopher and Confucianist, has contributed a great variety of universal ideas valuable to the whole world. In this paper, especially in this section, I just list and elaborate his universal ideas which may be a key contribution to the Western World.[10]

---

[10] The job that the present workshop has assigned me is: The Universalism in New Confucianism. Besides, Mr. Jerome Pauchard wrote me an e-mail (June 4, 2010) stating that "We really hope that you could accept our invitation and thus give what we think to be a key contribution to our work." The work (subject) of the workshop is as follows: "Conceptual vocabulary of Occident and transcultural translations". In order to fulfill these "requirements", the universal elements in New Confucianism expressed by T'ang Chun-I, especially expressed in the chapter "What the West can learn from Oriental Thought", the title of one of the twelve chapters of the above-mentioned 1958 Manifesto, render probably a key contribution to the workshop. This is the very reason why I employ the aforesaid chapter (quite lengthy, almost 10,000 Chinese characters) of the Manifesto as the basic material in

At the end of chapter eleven of the Manifesto, which comprises totally twelve chapters, i.e. the chapter entitled "What the West can learn from Oriental Thought"[11], T'ang Chun-I stated clearly and frankly that the list of the five elements in the chapter is by no means exhaustive. "What we have pointed out is that the West must also learn from the East if it is to carry out its task as the world's cultural leader. These things are certainly not entirely alien to Western culture. However, we would like to see their seeds bloom into full blossom", T'ang said.[12] T'ang's statement, on the one hand shows his humbleness, on the other hand enables him to be in a safe position, since it is rather difficult to affirm that the West is entirely in short of these cultural elements (the so called wisdoms of the Orient) elaborated in the chapter. The elements totally five set forth by T'ang are as follows:

(1) The spirit and capacity of sensing the presence of what *is* at every particular moment (Dangxia jishi, 當下即是) and of giving up

---

this section of the paper to interpret T'ang's view-points. I have pointed out that the Manifesto has three versions of English translation. The best is probably the one translated by Warner Fan, i.e. the one as Appendix to Carson Chang's work *The development of Confucian Thought* (here below abbreviated as DCT). In the following, I would chiefly employ the text of this version. Regarding the original Chinese version, it was published in the journals *Democratic Review* and *National Renaissance* (cf. footnote 9 above). Besides, it is also found in many works by T'ang Chun-I, e.g. *Chinese Humanities and the Contemporary World* (here below abbreviated as CHCW;《中華人文與當今世界》, Zhonghua renwen yu dangjin shijie, Taipei: Student Book Co., 1975); *On the Chinese people without motherland* (《說中華民族之花果飄零》, Shuo Zhonghua minzu zhi huaguo piaoling) (Taipei: Student Book Co., 1976); *Complete Works of T'ang Chun-I* (《唐君毅全集》：臺北：臺灣學生書局，1991), Vol.4, part 2. It is also found in Zhang Junmai (Carson Chang), *Collection of philosophical essays on China, Occident and India* (《中西印哲學文集》，臺北：臺灣學生書局，1981). My quotations here below mainly refer to the pages of *Chinese Humanities and the Contemporary World*.

11 The title as such comes from the aforesaid Warner Fan's English version; besides, chapter eleven of the original Chinese version becomes chapter nine in Fan's version.

12 CHCW: 925; DCT: 481.

everything that can be had (Yiqie fangxia, 一切放下)[13]

(2) The all-round and all-embracing understanding or wisdom (wisdom of being round and spiritual, 圓而神之智慧)[14]

(3) A feeling of mildness, commiseration or compassion (溫潤而惻怛或悲憫之情)[15]

(4) The wisdom of how to perpetuate its culture (如何使文化悠久的智慧)[16]

(5) The attitude that "the whole world is like one family" (one world one family, 天下一家之情懷)[17]

Now let us investigate one by one these five cultural elements (Oriental wisdoms).[18] Firstly, we acknowledge that the strength of the West lies in its ability to push forward indefinitely.[19] Nevertheless, there is no solid foundation underlying this pursuit for progress. A feeling of discontent and emptiness inevitably comes along with the pursuit. As a remedy to these discontent and emptiness, the individual and the nation have to find some new measures for

---

[13] CHCW: 916; DCT:476.

[14] CHCW: 918; DCT: 477; CC: 61.

[15] CHMW: 920; DCT: 478: CC: 62.

[16] CHCW: 922; DCT: 480

[17] CHCW: 923; DCT: 480 CC: 62.

[18] The following that I will express in this chapter is mainly a summary of what T'ang stated in the Manifesto, though a few remarks of my own observation are inserted. Some of the wordings come directly from Warner Fan's English version.

[19] Besides this ability, T'ang admitted that the West has other abilities or other merits, namely the spirit (the belief) of transcendence (超越精神), the spirit of pursuing a great variety of academic and cultural developments and achievements (學術文化多端發展之精神), the spirit (the thought and the pursuit) of personal liberty (個人自由之精神) and the spirit of objective rationalism (客觀化理性之精神). See T'ang Chun-I, *The Reconstruction of the Humanistic Spirit* (Hong Kong: New Asia Institute of Advanced Chinese Studies, 1974), p. 476. As regarding the "ability to push forward" and its somewhat equivalent: "ability of striving for upward development", T'ang expressed the same opinion elsewhere too, e.g. in *The Reconstruction of the Humanistic Spirit*, pp. 489-490.

progress and expansion. But this incessant pursuit of progress and expansion would certainly encounter external obstructions and lead to an internal exhaustion of energy. As a consequence, the individual and the nation would certainly collapse.[20] On the contrary, Chinese culture traces all values to the moral self/conscience or transcendental mind/moral mind[21] which is self-sufficient. In practical life, this moral self enables oneself to achieve the capacity to "accept what is self-sufficient at the moment" and does not need to pursue external accomplishments, such as the above-mentioned progress and expansion. This is not surprising if we have the idea that in Chinese philosophy, "retreat" as a way of living, is more fundamental and more admirable than "advance".[22]

Now let us deal with the issue of "concept". As the West builds its culture on the activities of the intellect, it depends mainly on the formation of concepts. Of course, concepts are indispensable in building the intellect. No one can deny such a merit of concepts. However, the West may overlook the fact that concepts, being abstract in nature, are separate and distinct from actual life. That is to say, while concepts can be a means of communication, they can also be obstacles to genuine communication. This is why T'ang argues that, "as such, they-consisting of premeditated plans and objectives, abstract ideals of human relations and values,

---

[20] T'ang's idea makes one recall B. Russell's work *In praise of Idleness* (London: George Allen and Unwin, 1935). Certainly, idleness has its merits in face of the tension and pressure that one experiences in the practical daily life.

[21] 道德自我、良知、心性 (xin-xing)-Mind-and-Heart. The nature of this moral mind (xin-xing) is both transcendent and immanent, according to T'ang Chun-I and Mou Chungsan.

[22] Here, we must make a remark, that one should not mistakenly assume that Confucianism always takes a negative attitude toward worldly affairs or toward human achievements. On the contrary, Confucianism is rather positive. The proposition in *the Book of Change* "A gentleman constantly strives for further progress" (君子自強不息) can be regarded as a famous logo of Confucianism. It is to balance and to counteract the "excessive ambition" of the Western people which may cause serious problems or even disasters to humankind, such as the War initiated by A. Hitler and B. Mussolini that T'ang expressed the above opinions.

forming our prejudices, passions, habitual notions, etc.-must all be put aside."[23] This wisdom of putting aside the aforesaid concepts (or furthermore putting aside the other worldly possessions that one may have) is known as "wisdom of emptiness" or "wisdom of liberation from worldliness" in Indian philosophy. In Taoism, it is called the wisdom of "void" or "nothingness". In Confucianism, it is known as "the state of being void", which can well be translated as "no foregone conclusion, no arbitrary predeterminations, no obstinacy and no egoism",[24] which is really in the state of "broad mind of impartiality".[25]

The aforesaid wisdom of sensing the presence of what *is* at every particular moment and of putting aside / giving up everything is probably the first element that the West can learn from the East.

The second element that the West should learn from the East/Chinese is the wisdom of "being round and spiritual". The element contrary to it is "being square and intellectual".[26] This second element is the necessary condition to enable one to acquire knowledge, especially the knowledge which derives from abstract thinking. T'ang remarked:

> In Western science and philosophy, the universals or principles attained by

---

[23] CHCW: 917; DCT: 477. The phrase "must all be put aside" in Warner Fan's English version reads as "must all be suppressed". The wording "suppressed" is probably too strong and thereby distorts the original meaning of the Manifesto. The original Chinese version reads as: "都應一切放下". Therefore, an equivalent translation would be "must all be put aside". Regarding the merits and demerits of the activities of the intellect, Xu Fuguan had almost the same opinions as T'ang. See Xu Fuguan, "The Symbols of Destruction-a Glimpse at Modern Arts", in Xu Fuguan, *Collected Works of Xu Fuguan* 徐復觀文錄 (Taipei: Huanyu Chubanshe 環宇出版社, 1971), vol. 4, pp. 46-48.

[24] Book 9, *Confucian Analects*. Cf. James Legge, tr. *The Four Books* (Tapei: Culture Book Co., 1988), p. 231.

[25] CHCW: 917; CC: 59.

[26] These are two famous propositions in *The Book of Change*.

> intellectual activity, can be regarded as "straight" ("straight" here implies "sharply expressed and defined"). These straights connected together one by one lead to a square. The universals or principles so fabricated, being abstract in nature, when applied to what is concrete, would inevitably overlook or eliminate some peculiarities of the concrete; thus they are incapable to fully manifest the specialty or the individuality of the matters (which are actually round/flexible). In order to fully perceive or reveal these peculiarities, it requires a kind of wisdom which can comprehend and deal with the unpremeditated changing conditions of each individual concrete matter.[27]

This kind of wisdom, not confined by the universals, is really flexible as well as comprehensive, and the straights[28] mentioned above which may lead to a square[29] can then be rounded off and thus rotate around the concrete and may eventually result in a circle.[30] In this way, one's mind or wisdom which is then all embracing, disentangled from the universals, attains the ideal state that Zhunagzi (莊子) called "spiritual understanding" or "spiritual encounter"; that Mencius (孟子) described as "What has passed is transformed, what has been preserved goes to the spirit and revolves with the universe".[31] In these cases, "shen" (神; we translated above as "spirit" or "spiritual") does not possess the connotation of "divine" or even "spirit"; it possesses rather the connotation of "stretchability" (伸 shen), as T'ang remarked.[32] I have to say that such a remark of T'ang on the one hand is really

---

[27] CHCW: 918.

[28] "Straights" here represent the symbolic elements which construct the universals.

[29] "Square" here represents universal(s) or principle(s).

[30] "Round" (圓) or "circle" (圓) in Chinese means rounded off, satisfactory or complete success (圓滿 Yuanman).

[31] CHCW: 919; DCT: 478.

[32] The pronunciation of "神" and "伸" is the same, only the intonation differs slightly. In

interesting and inspiring, but on the other hand it is rather doubtful whether 神 (spirit, spiritual, divine) can be interpreted as 伸 (stretchability). However, T'ang's interpretation is definitely very creative from the view-point of hermeneutics. He argued that worldly matters could never be effectively perceived or grasped just by abstract universals. T'ang's argument means that this way of acquiring knowledge has its limitations, and these limitations are caused by the fact that our mind or wisdom has not been fully stretched. The remedy to it comes as follows: man's mind or wisdom must be rounded off, adhering closely and individually to each worldly matter in order to achieve authentic understanding of it. The mind or the wisdom so stretched is the very mechanism that plays the crucial role of the achievement. In this way, T'ang' s interpretation, namely 神 (spirit) interpreted as 伸 (stretchability), can be regarded as justifiable.

In my opinion, "神" (shen) in the phrase "圓而神的智慧" (Yuan er shen de zhihui, i.e. the second element we are talking about that the West should learn from the East) literally means "the wonderful and marvelous power (that God possesses)".[33] Thus the whole phrase should be translated or interpreted as "the all-round wisdom of wonderful and marvelous power (that God possesses)". God is so mighty that His wisdom can certainly be stretched to accomplish any deed (including the comprehension of any worldly matter) He wants. Assuredly, God is a spiritual being, the divine Being. Furthermore, He is so mighty that He can stretch as far as He wishes. In the term "神" (shen) in the phrase "圓而神的智慧" so

---

Chinese, there is a glossary rule that the Chinese characters with the same pronunciation can be interpreted reciprocally.

33 In Chinese, we have the terms "神妙" (shenmiao) and "神化" (shenhua) which mean wonderful and marvelous. The term "shen" in the phrase "圓而神的智慧" (Yuan er shen de zhihui) should be understood as such. Another term "神力" (shenli) which means extraordinary power or superhuman strength has a somewhat similar meaning. In a word, the term "神" always implies something unusual or extraordinary, so that this "something" can merely be God Himself or something (some deeds) that can only be accomplished by Him.

interpreted, the following three elements, namely its spiritual nature, its "stretchability" as well as the wonderful and marvelous power that God (the divine Being) possesses can all be taken into account. In this way, it is really justifiable that T'ang interpreted the term "神" as "伸" (stretchability).

To this second wisdom, let us quote T'ang's remark as follows:

> The Western world is in great need of this wisdom if she really intends to understand the nature of the different nations, different cultures and to have an authentic communication with them. In addition to the world occupied by their ideology, knowledge, technology, and God, as well as the departmental humanities, they must search deeper for the daily concrete life, the depth of personality and the common origin of human culture in order to arrive at a true unity with mankind.[34]

This remark is really noteworthy, for it reveals that T'ang did pay high regards to the contributions (achievements) that the Westerners have made to the world, though these contributions (achievements) are insufficient and have to be supplemented by the Oriental counterparts if the Westerners really intend to arrive at a true unity with mankind. Actually, what the two worlds have achieved is complementary to each other.

The third wisdom mentioned above that the West should learn from the East/Chinese is the feeling of mildness, commiseration or compassion. Now let us go into the details.

T'ang pointed out that the Westerner's loyalty to ideals, enthusiasm for social services, zeal and love for others are really so precious that the Oriental is not a match. However, these positive behaviors may possibly go to the extreme or be led astray. In order to correct these possibly "distorted" behaviors, Western civilization

---

[34] CHCW: 919-920; DCT: 478; CC: 61.

principally relies on its religious emphasis on personal humility and on all merits bestowed by God's grace. In this way, the name of God is borrowed in the full conviction that one's actions bear His permit; sometimes one even selfishly intends to possess Him to accomplish some deeds, such as during a war to pray for victory! This is rather an abuse of His name.

As to the zeal and love mentioned in the last paragraph, of course these are remarkable merits; but if extremely expressed, they are often mingled with the will to dominate or to possess! How to resolve this problem/dilemma? Let us see T'ang's following argument which is quite striking. He said:

> ...... The resolution lies in eradicating this will to dominate or possess, and this is possible only if love is accompanied by respect (敬 jing). In that case, if I feel that the source of my love for others is God's infinite love, then my respect for others is likewise boundless....... With such a respect, love expresses itself through *li* (etiquette), thereby becoming courteous and mild. In this way love is transformed into compassion....... To effect such a transformation of Western love, God must be identified with man's heart of hearts, [35] manifesting Himself through our bodies as the direct communication between the life-spirits of all authentic beings, not merely as a transcendental being, the object of man's prayers.[36]

---

[35] The phrase "man's heart of hearts" comes from Warner Fan's English version. Cf. DCT: 479. I don't quite catch its exact meaning. The original Chinese text reads as "人之本心深心" (ren zhi benxin shenxin). Likewise, its meaning is not quite clear to me. Probably it means "man's innermost heart". Such a "heart", according to the context, means "moral self", "moral mind" or "conscience".

[36] CHCW: 920-921; DCT: 479. Xu Fuguan (徐復觀), one of the intimate friends of T'ang and one of the outstanding figures of the second generation of the New Confucian Movement, asserts that respect (敬) is the very axis of Chinese humanism (Chinese humanistic spirit) and this makes it endowed with moral character and makes it different from Western humanistic

In a word, that one's zeal and love accompanied by respect and etiquette is the possible resolution to divert one's will to dominate or to possess. Finally, zeal and love would be transformed into compassion or commiseration. I would like to point out that in the above quoted text, it demands one's special attention to the following statement: "God must be identified with man's heart of hearts, manifesting Himself through our bodies as the direct communication between the life-spirits of all authentic beings, not merely as a transcendental being, the object of man's prayers". The reason is simple because it is this very statement which reveals indeed the faith, the basic tenet or the cardinal value upheld by most New Confucianists, especially by T'ang Chun-I, Xiong Shili, Mou Chungsan, etc.[37]

---

spirit. See Xu Fuguan, *History of Chinese people's Discourse on Human Nature*. (《中國人性論史》Zhongguo renxing lun shi; Taipei: Commercail Press, 1975), p. 20-24. Xu also asserts that the Chinese humanistic spirit originated from the sense of care and concern (憂患意識). Mou Chungsan (牟宗三) agreed with what Xu said and urged further that this sense differs from the sense of sinfulness and fear (罪惡怖慄意識) which characterizes Christianity and the sense of bitterness and impermanence (苦業無常意識) which is the essence of Buddhism. See Xu Fuguan, "Birth of Humanistic Spirit in the early Zhou Religion" (周初宗教中人文精神之躍動), *Democratic Review*, 1960, Vol. 2, No. 21; This article of Xu is also found in the aforesaid Xu's work *History of Chinese people's Discourse on Human Nature*, pp. 15-35. Cf. Mou Chungsan, *The characteristics of Chinese Philosophy* (《中國哲學的特質》Zhongguo zhexue de tezhi; Taipei: Student Books Co., 1975) p. 13.

[37] T'ang Chun-I said, "All kinds of transcendental spirits can be manifested by man (i.e. manifested through our bodies), and then become inherent in him." (一切超越精神境界皆可呈現於一切人，而對之成為內在的。) See T'ang Chun-I, *The Reconstruction of the Humanistic Spirit* (《人文精神之重建》), p. 489. As for Mou Chungsan, he always remarked: The Being/Spirit on the one hand exists transcendentally as a metaphysical entity; on the other hand It is inherent in man as his Nature. (超越地為其體，復內在地為其性。) Here below the author of the present paper has to point out that the New Confucianists, like the Christians, value also religion very much; actually New Confucianism has religiosity too. The difference lies in the fact that the New Confucianists believe that God, though be a transcendental Being-supreme supernatural Being, is indeed inherent in man and manifested by him. In respect of the religiosity claimed to be embedded in Confucianism, the following

The fourth element that the West should learn from the East is how to perpetuate its culture. T'ang asserted that Chinese culture is the sole one in the world that is historically durable with self-consciousness as being so in the Chinese mind. As for the contemporary Western culture, without doubt it is really magnificent, yet many observers have been concerned about its future, whether it will perish like those ancient cultures of Greece and Rome. Culture is the expression of a nation's spiritual life, and according to the law of nature all expressions would certainly drain the energy of life. As a result, perishing is inevitable! In order to avert such a course, man needs a broad mind of impartiality derived from historical consciousness which reaches into the past as well as into the future, and this mind is connected with the life-giving source of the universe. In the West, this life-giving source is called God. Western people can more or less get in touch with this life-giving source in their religious life. Yet merely by means of prayer and faith, the life-giving source, namely God, can just be a Being transcendental and external to us. In this way, man can only think of His eternity, far from forming the aforesaid exalted mind that reaches into the past as well as into the future. Moreover, by means of prayer and faith, what approaches God is man's transcending and striving mind or spirit, not his authentic being. Painstaking labour is then necessary to

---

expressions commonly used in the academic circle can be the proofs: Harmony in virtue of Man with Heaven (天人合德), Unity of Heaven and Man (天人合一), No difference between Heaven and Man (天人不二), Heaven and Man as the same being (天人同體). Here the term "天" (tian) denotes assuredly "Heaven", not "sky", and implies a supreme supernatural Being, i.e. God (Personal God). P.S.: Qian Mu (錢穆), being considered as one of the outstanding figures of the first generation of the New Confucian Movement, paid high regards to the doctrine "Unity of Heaven and Man" throughout his life. Moreover, just a few months before his passing away, he further elaborated this doctrine and asserted that this doctrine is the very root of Chinese culture and Chinese thought. Cf. his short article entitled "The possible contributions of Chinese culture to the future of mankind" (〈中國文化對人類未來可有的貢獻〉), *New Asia Life* (《新亞生活月刊》), New Asia College, Chinese University of Hong Kong, no. 12, 1990.

enable an authentic being to contact God. The starting point comes as follows: man's acts must not merely follow the course of nature which, as mentioned above, certainly drains the energy of life;[38] but rather he has from time to time to operate against it in order to return to the life-giving source, and only then to fulfill his nature. Judging from this standpoint, Western culture's primary concern of speedy efficiency constitutes a great problem. The previous easy-going attitude of the Chinese is of course not quite suitable in many aspects nowadays; yet the West with the greatest exertion in striving toward progress does not lead the world to durability.[39] Under such circumstances, what can one do? Or what is the advice that T'ang Chun-I would give to the Westerner? Let us quote his concluding remarks, which can be regarded as his advice. T'ang said:

> There will come the day when the West will realize that without lasting history and culture, though there be an eternal God, man cannot live peacefully. The West needs to develop an historical awareness with which to tap the life-giving source. It will then come to appreciate the value of

---

38 Naturalism, realism and materialism are the very doctrines at which T'ang Chun-I and Mou Chungsan felt disgusted.

39 This is just one of the many arguments put forward by Yu Ying-shi (余英時), which look like those of T'ang. It is not surprising to have such a similarity, if we realize that Yu was a disciple of T'ang in Hong Kong, and Yu has been regarded by some Mainland China scholars as one of the remarkable figures of the third generation of the New Confucian Movement. Cf. Yu Yingshi, "The modern implications of Chinese culture from the view-point of value system" (從價值系統看中國文化的現代意義), in Yu Yingshi, *Modern Interpretation on the Tradition of Chinese Thought*《中國思想傳統的現代詮釋》(Tapei: Lianjing Chuban Shiye Gongsi, 1987), pp. 1-51, esp. p. 21. In the aforesaid treatise, after expressing in a quite lengthy paragraph (22 pages) his general observations on the value system relative to Chinese culture, Yu put forward in detail his arguments in the following four chapters, namely, on "the relationship between Man on one side and Heaven and Earth on the other side", on "human relations", on "the attitude how one treats himself", and finally on "the opinions on life and death".

> conservation of life-energy and the meaning of filial piety, and learn to fulfill the ancestral will in order to preserve and prolong its culture.[40]

What T'ang argued manifests that he had a very strong sense of historical awareness, or historical consciousness. This sense made him always pay special attention to what people, especially our ancestors, had achieved in the past as well as how they perpetuated their culture. The science of history (historiography) can be said to be the most, at least one of the most, remarkable achievement in China. To Chinese people, history is not merely the past; it is rather a guide or the very key to the future. T'ang Chun-I as a renowned thinker who was deeply concerned with the present and the future conditions of his nation and his nation's culture, as manifested by the cultural Manifesto in question, paid special attention to Chinese history and Chinese culture. That is why he put extraordinary emphasis on history or on historical consciousness when talking about the perpetuation of man's culture.[41]

The fifth or the last element in the Manifesto that T'ang wished the West learn from the East is the attitude that "the whole world is like one family" (one world, one family). T'ang firmly believed that mankind would finally become one and undivided. Actually, T'ang's faith derives probably from his cultural background: the different schools of Chinese thought have emphasized this attitude or something similar for more than two thousand years, e.g. Confucianism advocates universal benevolence (仁; universal kindness, universal humanity), Taoism urges forgetting the differences between people (人與人相忘), Mohism promotes all-embracing

---

[40] CHCW: 923; DCT: 480.

[41] The author of the present paper has published a book on T'ang Chun-I's conception of history. See Siu-keung Wong, *Academic Research and Engagement to Practical Affairs: T'ang Chun-I's Philosophy of History and his Ultimate Concern* (《學術與經世——唐君毅的歷史哲學及其終極關懷》, Taipei: Student Book Co., 2010).

love (兼愛), and Chinese Buddhism advises commiseration or compassion (慈悲). Actually, the Confucian doctrine of universal benevolence has much in common with the Christian doctrine of love.[42] However, according to T'ang, the Christian doctrine is "inferior" to the Confucian doctrine. Firstly, Christianity insists that man has original sin and salvation comes uniquely from God, from above. On the contrary, Confucians believe that human nature is inherently good and therefore man can attain sagehood as well as harmony in virtue with Heaven by his own efforts. Secondly, Christian love and the right to go to Heaven come with a prerequisite, i.e. "you must accept my religion". But to the Confucians, there is not such a requirement, and even the worship of Confucius is not necessary. This is due to the fact that in principle everyone can achieve sagehood, i.e. can potentially become like Confucius because one's nature is inherently good itself. (Of course, in order to attain sagehood, self-cultivation by means of painstaking labour is necessary.) Since all people rely on their own effort, not on "external forces" which are generally represented by the tenets of religions, as a result, Confucianism does not come to conflict with any religion.[43] T'ang finally concluded that, "if indeed

---

[42] In my opinion, T'ang's opinion is not quite comprehensive. Of course, the Confucian doctrine of universal benevolence has much in common with the Christian doctrine of love, yet the aforesaid doctrines of Taoism, Mohism and Buddhism likewise have much in common with the Christian doctrine of love.

[43] T'ang remarked that a great religious belief should not merely treat God (the supernatural Being, the Deity) as a human being (as a personality), but should also treat the human being as God. According to T'ang, anybody without exception is a potential God; and since man (anybody) is regarded as God, this implies that he must be highly respected or even honored. Consequently, there would not be any conflict between people. Furthermore, since man (the living) is so honored, the personalities who already passed away, especially our ancestors, as well as the personalities who taught us, i.e. our former teachers, should all be honored or worshipped. In this way, a new religious spirit (a new belief) paying honor to ancestors and to former teachers, in addition to paying honor to Heaven and Earth, is subsequently born. T'ang valued this new religious belief very much. Cf. *The Reconstruction of the Humanistic*

the world is to be united, the Confucian spirit certainly deserves emulation."[44]

After expounding the five elements or the five wisdoms listed in the aforesaid Manifesto that the West should learn from the East, T'ang Chun-I, the author and one of the four signatories of the Manifesto, argued that these elements are far from constituting an exhaustive list on the subject. Moreover, T'ang affirms that these elements are not entirely alien to the West. They would rather be regarded as seeds. In a word, T'ang and the other signatories would like to see these seeds bloom into full blossom. This is perhaps the very reason why the signatories, as chiefly represented by T'ang, devoted so much effort to the illustration of the subject.

III. Universalism in the thought of T'ang Chun-I as revealed in the writings other than the Manifesto

In respect of what the West can learn from the East, T'ang Chun-I's most systematic presentation is found in the aforesaid Manifesto, which we have just dealt with. There are other arguments relative to the subject found embedded in T'ang's other works. In the following, I would just give a briefing on these arguments. Some of them probably have some resemblances to the five elements treated above. However, I try my best to confine myself just to elaborate the elements that have not been thoroughly dealt with.

(1) Emphasis on idealistic humanism or humanistic idealism which is the core value of Chinese people's pursuit

According to T'ang, the essence of Chinese democracy is different from that of the West; the difference lies in the fact that Chinese democracy is incorporated into humanism (implying that "democracy in Chinese style" is characterized by the humanistic spirit) or embedded in different activities of humanity. T'ang pointed

Spirit, p.587.

[44] CHCW: 923-924; DCT: 480-481.

out that with respect to the realization or manifestation of the humanistic spirit, moral sense (moral consciousness, moral mind) and artistic sense (aesthetic sense) play a very important role in the Chinese people.[45] As for the Chinese people's religious sense and political sense, they are merged into the humanistic spirit and thereby made part of it.[46] In a word, humanistic spirit, or sometimes expressed by T'ang as "idealistic humanism" or "humanistic idealism", is the very basis, the very root or the axis of Chinese people's behaviours, or at least it is the lofty goal pursued by Chinese people.

(2) Democracy and liberty are of secondary importance; all-embracing wisdom (sense of tolerance) and striving for self-elevation and self-transcendence / self-transformation are of primary importance

T'ang asserts that democracy and liberty are not the final goals that one should pursue. On the contrary, man should rather try to find out the reason behind, i.e. he should try to understand why he has to pursue democracy and liberty. In a word, democracy and liberty themselves are just the means to attain higher goal. They are certainly not the end. Such a conception elevates man's horizon, broadens his mind, and enables him to recognize and appreciate the independent actions of each individual of the social and cultural organizations as well as their achievements. Furthermore, such a conception induces him to realize why different types of personalities have to be respected and makes him fully consider all other persons as authentic human beings.[47] In consequence, statesmen and politicians would

---

[45] Xu Fuguan, one of the aforesaid important figures of the second generation of the New Confucian Movement, paid special regards to the role played by aesthetics in traditional China. He even asserted that ethics, aesthetics and science are the three principal pillars of human culture. See Xu Fuguan, "Preface", *Chinese Aesthetics spirit* (Zhongguo Yishu jingshen《中國藝術精神》; Taipei: Students Books Co., 1976), p. 1.

[46] T'ang Chun-I, *The Reconstruction of the Humanistic Spirit*, pp. 590-593; 407-408.

[47] T'ang Chun-I, *Chinese Humanities and the Contemporary World*, Vol. 2, p. 802.

really be able to comprehend what democracy and liberty are and then have the willingness to promote them.[48]

(3) Historiography can remedy the defects caused by science

Historiography is one of the most remarkable academic achievements in China. Liang Qichao (梁啟超) asserted that, "Among all sorts of Chinese scholarships, only historiography is the most flourishing. Among all countries in the world, only the historiography of China is the most flourishing."[49] Liang's assertion is perhaps a little bit exaggerated. However, nobody would doubt the prominent position that historiography has been occupying in China in terms of academic achievement and contribution. J. Needham, author of the monumental work entitled *Science and Civilization in China* also remarked that "in Chinese culture, history was the 'queen of the sciences.'"[50]

Here above, we have quoted T'ang's argument that the Westerners' incessant pursuit of progress and expansion would certainly drain their energy of life. As a

---

48 *The Reconstruction of the Humanistic Spirit*, pp.615-616. Nowadays, all of us know the importance of democracy. However, as far as practical operations are concerned, democracy is a matter which always just counts quantity, but not quality. As a result, a lot of unexpected events or affairs of negative nature, e.g. some violence, ironically called democratic violence, takes place everywhere over the world. That is why the basic character of democracy has to be transformed: quality, not only quantity, should be considered too. The best remedy against democratic violence or other unexpected happenings is probably idealistic humanism or humanistic idealism. Only by relying on this doctrine can the nature of democracy be transformed and elevated.

49 Liang Qichao, *Methods in the studies of Chinese History* (Taipei: Zhonghua Books Co., 1972), p. 9.

50 J. Needham, "Time, Chronology and Chinese Historiography", in *Time and Eastern Man – The Henry Myers Lecture 1964* (London: Royal Anthropological Institute of Great Britain & Ireland, 1965), p. 15. In the same lecture, Needham highly praised the historical mindedness of the Chinese people. He said, "One can say without hesitation that the Chinese were the most historically-minded of all ancient peoples." *Time and Eastern Man*, pp. 10-11.

result, perishing is inevitable! In order to avert such a course, man needs a broad mind derived from historical consciousness which reaches into the past as well as into the future. Man's historical consciousness or historical awareness would certainly lead to historical scholarship (historiography), otherwise such kind of awareness does not make any sense. With respect to historiography, at which Chinese people are experts, T'ang insists that such a human science or social science is the very science that can remedy the defects caused by natural science.

However, for the time being, let us first talk about the nature or merit of natural science. As we all know, the spirit of science (especially natural science) is to make some generalizations (general laws) and then apply these generalizations to individuals. Such a spirit would broaden one's mind, elevate his horizon, thus releasing his mind from adhering too closely to the specialty or the individuality of each individual matter. In consequence, science or the spirit of science helps man go forward and "outward" (not confined to self-restriction). This of course is the merit of science. However, as a Chinese proverb says: "When things become extreme, they will develop in the opposite direction." Therefore the so called merits would occasionally become demerits or even serious defects! (At least the knowledge of science as characterized by abstract concept is unable to adapt itself to, or deal with, all the concrete matters or practical affairs.) It is under such circumstances that the discipline of history (historiography), which is destined to retrospect man's past and which is attentive to individual matters, can be the best means to remedy the defects. With respect to the different natures of science and history, T'ang makes such a conclusion, "science induces one's mind to look forward and outward, while history makes one's mind look backward and inward. Science heightens one's morale and activates one's ambition; while history (historiography) induces one to retrospect the past, therefore becoming compassionate to all beings and entities"[51] Actually, science and history are complementary to one another.

(4) Other elements that the West can learn from the East: Ethical Humanism, Filial Piety towards one's parents and ancestors, Rites and Music, Versatility, Reviving the perished states and restoring the broken families, Introspection/Self-examination

T'ang argues that all kinds of academic and cultural activities aim at establishing the proper ethical relationships between people and playing the role of a bridge, which enables mankind to recognize one another as an authentic being. T'ang asserts that this academic-cultural view-point is an ethical manifestation of Chinese tradition, and T'ang simply names it Chinese ethical humanism.[52]

With respect to the importance of filial piety and the key position that it occupies in traditional China, I think it is too manifest to need elaboration.[53]

As regarding rites (the foundation or the underlying principle of rites is *ren*) which set forward proper relationships between people, and music which cultivates peaceful mind and promotes harmonic relationships between people, I think the position they occupied in traditional China is so clear and definite that we need not go into details any more.[54] Furthermore, the union of rites and music is always the highest ideal state that Confucians have pursued ever since Confucius. Actually, rites and music represent respectively the moral and the aesthetic realm in China.

The fact that traditional China used to prefer versatile person / universal genius to expert is probably another point that the West can learn from China.[55]

---

[51] *The Reconstruction of the Humanistic Spirit*, p. 544.

[52] T'ang Chun-I, *Chinese Humanities and the Contemporary World*, Vol. 2, p. 825.

[53] Even in the aforesaid Manifesto, one can find the text relative to the subject. Cf. CHCW: 893; CC: 31.

[54] T'ang Chun-I, *Chinese Humanities and the Contemporary World*, Vol. 2, p.616.

[55] T'ang Chun-I, *Chinese Humanities and the Contemporary World*, Vol. 2, p.616.

The Chinese virtue of reviving the perished states and restoring the broken royal families (興滅國,繼絕世) that China practiced in the 12th century B.C. (especially under the influence of the Duke of Zhou) is probably another element that the West should learn from China.[56] The author of the present paper thinks that this element is extremely important if the West, as represented chiefly by the U.S., really intends to carry out its task as the political leader as well as to a certain extent cultural leader of the world.

Finally, let me put in a word to end this paragraph: Introspection (反省) and to seek the cause in oneself (反求諸己), instead of in somebody else (set strict demands on oneself rather than on others) are definitely the cardinal virtues to which Chinese people pay great regard.[57]

IV. Conclusion

The contributions of Chinese Culture to the Western World from the viewpoint of the New Confucianist T'ang Chun-I have been enumerated and discussed above. I have remarked more than once that, according to T'ang, these contributions or these cultural elements on the one hand constitute by no means an exhaustive list, and on the other hand, they are not entirely alien to the West. Besides, T'ang argues that the Western world itself can draw resources from its own culture.[58]

---

[56] Cf. CHCW: 894; CC: 32.

[57] Certainly T'ang expressed this opinion somewhere in his works, but up to the present, I haven't found out the text relative to it. Actually, introspection or self examination is not a Chinese monopoly, for the Westerners have paid attention to it too, e.g. Socrates argued that the unexamined life is not worthy living. The Roman Emperor and Stoic philosopher Marcus Aurelius (121-180 A.D.) is another figure who paid regard to it too. However, comparatively speaking, one can say that Chinese people pay more attention to introspection / self examination (hence self-cultivation) than the Westerners.

[58] Here, the author of the present paper wants to point out that, the term "West", (likewise, the terms "Western world", "Westerners", etc.) is rather vague and ambiguous. As a result, its

Here below, I just list two of these abundant resources.

(5) Incorporation of the spirits of the two ages:

T'ang argues that if Westerners want to elevate the spiritual level of their civilization, they have to incorporate the spirit of modern times with that of ancient times. Moreover, this would assist the West to complement the insufficiency in respect of humanity and of intellect. Furthermore, this could bring the West closer to the Confucian doctrine of "sage within" (inner sagehood: nei-sheng 內聖) and "king without" (practical accomplishments outside: wai-wang 外王).[59]

(6) Appreciation of Theology, Religion and especially Existentialism:

T'ang believes that at the present time the theological thought or religious thought plays quite an important role for the integration of the different departmental sciences in the West. T'ang argues that what directs man's future development and determines his final destination is his basic belief, i.e. his religious belief, concerning which mutual understanding is of primary importance.[60]

---

scope or limit is not well known or is hardly defined. However, according to T'ang and most Chinese people, Anglo-Saxon as well as the peoples of Western Europe (as chiefly represented by the French and German) and the peoples of the United States are probably the core of the so called "West". To me and probably to most Chinese people, the country which "fulfills" the following five criteria can be regarded as a Western country: firstly, it must be highly industrialized; secondly, highly or at least rather democratic; thirdly, situated to the west of China; fourthly, its cultural origin traces back to the Greco-Roman world; fifthly, it exerted a great impact on China in the last two centuries. The last criterion is probably the most decisive.

[59] T'ang Chun-I, *The Reconstruction of the Humanistic Spirit*, p. 169. Regarding the term "sage within" (inner sagehood: nei-sheng 內聖), see Bresciani's definition. He said, "It indicates the goal of inner moral cultivation, which is the full development of one's inner goodness. This inner moral sainthood in its turn will show itself outside in the accomplishing of social and political moral duties (King without)." Bresciani, *Reinventing Confucianism – The New Confucian Movement*, p.501.

[60] In respect of the mutual understanding among the different religions, T'ang's opinions are always constructive. In 1960, a lady from the U.S. named Mrs. Juliet Hollister paid a visit to

Without mutual understanding, the integration of different domains of sciences and different schools of philosophy is impossible. T'ang thinks that, with respect to communication or interflow between different religions, the opinions set forth by B. Russell (1872-1970), N. Berdyaev (1874-1948), J. Maritain (1882-1973), K. Barth (1886-1968), and especially by R. Bultmann (1884-1976), P. Tillich (1885-1965), H. G. Keyserling (1880-1946), and F. S. C. Northrop (1893-1992) are really remarkable. Their reflections on theology or on religion are rather profound and induce the Westerners to look for and to examine the original character of Christianity[61], and these reflections also enable the Westerners to appreciate and re-evaluate the position of Oriental religions. However, compared with

---

T'ang and suggested to build *A temple of understanding* to promote mutual understanding among the following six religions, namely Hinduism, Christianity, Confucianism, Islam, Buddhism and Judaism. After the meeting, T'ang wrote an article to express his own personal opinions which are rather suggestive. Cf. T'ang Chun-I, "Some personal reflections on the erection of the temple of mutual understanding among the six great religions" (〈『世界六大宗教了解堂』之建立之感想〉), *Chinese Humanities and the Contemporary World*, Vol. 2, pp. 493-499. Besides, Liu Shuxian (Shu-hsien Liu 劉述先), one of the outstanding figures of the third generation of the New Confucian Movement, has been concerned very much about the mutual understanding among religions too. Before his passing away, he had devoted himself to the promotions of dialogue between different religions.

[61] T'ang believed that Jesus Christ himself had not explicitly denied God's revelation to the pagans. Some Christians, e.g. Origen Adamantius (185-254 A.D.) and Johannes Scotus Eriugena (815-877 A.D.) argued that salvation is universal, i.e. all people can be saved, and denied the existence of eternal punishment or eternal hell. However, such kind of belief was condemned as heterodox. T'ang did not agree with this arbitrary judgement and asserted that the so condemned heterodoxy should have been on the contrary elevated to orthodoxy. T'ang realized that some Christians had held the opinion that a church in one's mind/heart and a formal church (a church in due form) should have had equal status. In this way, such kind of church (church in one's mind/heart) probably regards the "pagans" as members of the church even though they were not believers in Christianity. Cf. T'ang Chun-I, *Chinese Humanities and the Contemporary World*, Vol. 2, pp. 813-814; T'ang Chun-I, *The Reconstruction of the Humanistic Spirit*, p. 587.

Christianity, what T'ang admires most is Existentialism. In other words, he prefers Existentialism to Western religious beliefs, though he acknowledges that the latter has made a marked progress ever since the 16th century. He asserts that at the present time the thought of Existentialism, rather than the theological thought or religious thought (religious beliefs), can represent the general cultural trend and can undertake the task to incorporate the divergent or isolated developments of academic and cultural activities into an integrated one in the West.[62]

Finally, the author of the present paper tries to draw a conclusion as follows: T'ang Chun-I as a humanist, an idealist, a man of open mind and broad horizon, a man full of missionary spirit, as well as a philosopher who mastered Chinese philosophy, Occidental philosophy and Indian philosophy (Buddhism), paid special attention to what the West can learn from the East. He knew clearly and fully appreciated the merits and contributions of Western culture. He also acknowledged its hegemony status at the present time, i.e. in the 1950's, 1960's and even in the 1970's (the time when T'ang was still alive, i.e. before 1978). However, there is not any culture which is perfect and does not need the complements from others. It is just under such a consideration that T'ang offered a lot of valuable suggestions to the Westerners. If they really intend to have their mind peacefully settled, their culture perpetuated and to arrive at a true unity with mankind, T'ang's remarkable advices are certainly not to be ignored.

At last, the author of the present paper has to emphasize that T'ang's arguments do not in the least have the implication that the culture of the East or more precisely Chinese culture is generally or universally superior to that of the

---

[62] T'ang Chun-I, *Chinese Humanities and the Contemporary World*, Vol. 2, pp. 812-816. In different texts, what T'ang emphasized is as follows: Self-cultivation in order to achieve an open mind (a broad mind of impartiality). According to T'ang, an open mind is the very base for the intercultural exchanges and for the recognition of the authentic existence of other persons in one's mind. *Chinese Humanities and the Contemporary World*, Vol. 2, p. 827.

West. Actually, T'ang fully realizes that each culture has its own merits and what the two worlds[63] have achieved is complementary to each other. "Sincere co-operation and go forward hand in hand with one another" is probably the only way leading to a brighter future for mankind.

Appendix: Q and A:

After I had delivered my speech, several discussants, such as Miss Chiara Certoma, Madame Francesca Romana Recchia Luciani, Mr. Jerome Pauchard, etc., raised a lot of questions. I tried my best to make responses to each of the questions though I did not quite catch the full details of all the questions. In the following, I just list the main points of the questions. Actually, some "answers", especially the answer to question 1 is found in the above speech.

Question 1: How can historiography serve as a remedy against the defects caused by science, especially by natural science?

Answer: Historiography, or the science of history, deals with "concrete matter", and is destined to retrospect man's past. On the contrary, science which helps man go forward and "outward", would always drain their energy of life. Moreover, the knowledge of science as characterized by abstract concept is unable to adapt itself to, or deal with, all the concrete matters or practical affairs. It is under such circumstances that historiography (the science of history or the knowledge of history) can be the best means, or one of the best means to remedy these defects.

Question 2: What are the differences between Communism and Confucianism? Do they have some similarities?

Answer: Communism and Confucianism are two different things. However,

[63] If Islamic culture or other culture(s) is considered independently or separately from that of the Orient or Occident, one can say that there are three worlds, four worlds or even more.

they have some resemblances/similarities. Confucius said: "I have heard that those who administer a state or a family do not worry about there being too few people, but worry about unequal distribution of wealth....... For when wealth is equally distributed, there will not be poverty."[64] If we agree that "wealth equally distributed" is the very ideal/goal of Communism, then we can conclude that such is a resemblance between Communism and Confucianism. However, these two "ism" are fundamentally different, though there is such a resemblance between them. Therefore to say that Confucianism is in any way associated with Communism is really a gross misconception. Materialism, class struggle, proletarian dictatorship, party control, rule under one party-the Communist Party, and world revolution constituent the essential elements of Communism. On the contrary, humanism, social harmony, tolerance, etc., are the principal features of Confucianism. Therefore, we can conclude that Communism and Confucianism are fundamentally different and Confucianism is not in any way related to Communism.

Question 3: Existentialism, individuality and Chinese Culture

Answer: As far as I know, Existentialism has a close relationship with individualism. To say more clearly, one can say that Existentialism insists on the importance, the value and the dignity of each individual. In the West, the social nucleus unit, or the basic unit of society is each individual, whereas "family" is the basic unit of traditional Chinese society. In other words, family (clan, tribe) is always the object to which Chinese people pay special attention. But one cannot go too far to say that individuality has no position or no importance in Chinese culture. For instance, individuality or the spirit of individuality is found in the realm of art/aesthetics, e.g. in Chinese literature, especially in Chinese poems, and in

---

[64] Book 16, *Confucian Analects*. Cf. Wing-Tsit Chan, tr., *A Source Book in Chinese Philosophy* (Princeton: Princeton University Press, 1969), p. 45.

Chinese drawings, especially in the drawings which depict mountains and seas. Furthermore, it is found in the realm of morality. Chinese people, especially the intellectuals, believe that everyone has moral freedom: in principle, one can exercise moral acts and attain sagehood whenever he wishes it. However, Chinese people did not enjoy freedom/liberty in the realm of politics under the imperial rule, i.e. the rule before the Revolution of 1911. Hegel once asserted that only one man was free in China. This man is the Emperor. In conclusion, one can say that individuality or the spirit of individuality can be found in Chinese culture, especially in the realms of art/aesthetics and morality. But as far as social and political domains were concerned, individuality was always ignored!

Question 4: Confucianism and Democracy

Answer: Confucianism has always been regarded somewhat conservative and out-of-date. Can it then give birth to democracy? Or can it appreciate or accept democracy? To say in another way, the question can be set as follows: Can Confucians appreciate and accept modern democratic system (democratic mechanisms or democratic operations, especially those expressed in the social and political realms) and lead a democratic way of life? We know that China did not experience democracy in the past. However, this does not necessarily mean that Confucianism cannot develop itself into democracy or cannot give birth to democracy; especially we cannot conclude that Confucianism rejects democracy or rejects itself to give birth to democracy. According to T'ang Chun-I, self-consciousness of one's conscience (moral mind) is the very foundation of any goodness; therefore once one's conscience is fully developed, it certainly leads to democracy. That is to say, according to T'ang, if conscience is on the way of complete development, democracy can certainly be realized and attained.[65] As for

[65] T'ang's argument can be simplified as follows: The complete development of one's conscience would lead to/give birth to democracy. Such an argument reminds me of the

Mou Chungsan, he took another tactic to deal with the issue of Confucianism and democracy. He asserted that one's conscience should be suppressed (rather than developed as suggested by T'ang), at least temporarily, otherwise democracy which belongs to the realm of politics, not the realm of morality, could never been realized or attained. According to Mou Chungsan, in the past, Confucians insisted on the theory as well as the practice of subordination: morality (moral practice) was always highly honored and then placed in the highest position; intellect (as

affirmation made by Mencius. Mencius' affirmation concerns Four Principles which, according to him, are very essential to man. These Principles are as follows: the Principle of benevolence/humanity, of righteousness, of propriety, and of wisdom. Mencius said, "Since all men have these Four Principles in themselves, let them know to give them all their development and completion, and the issue will be like that of fire which has begun to burn, or that of a spring which has begun to find vent. Let them have their complete development, and they will suffice to love and protect all within the four seas. Let them be denied that development, and they will not suffice for a man to serve his parents with." Actually, the Four Principles, which are always regarded by later Confucians as the innate moral qualities, originate from the same source, namely the conscience (moral mind/moral self). Thus the complete development of these Four Principles somewhat means the complete development of the conscience. The above quoted proposition "……they will suffice to love and protect all within the four seas" is just a metaphor. Such a proposition actually means "they will suffice to accomplish any deed (moral deeds)". Now let us draw a conclusion as follows: Mencius' affirmation implies the following judgment: the complete development of one's conscience would give birth to democracy. Such a conclusion comes from the following reasoning: Since democracy is one of the moral deeds ("moral deed" in its broad sense) and since the complete development of one's conscience helps man accomplish any moral deed, therefore the complete development of one's conscience would certainly help man accomplish democracy or give birth to democracy. If the above reasoning is valid, we can go forward to say that T'ang's argument conforms very much to the traditional conception of Confucianism; the affirmation of Mencius elaborated above serves as a good example. The above translation of Mencius' argument is from James Legge, *The Works of Mencius, The Four Books* (Taipei: Culture Book Co., 1988), pp. 551-552. See also the translation by Wing-Tsit Chan, *A Source Book in Chinese Philosophy* (Princeton: Princeton University Press, 1969), pp. 65-66.

represented here by science), politics (as represented here by democracy) and other human performances were always relatively despised and placed in a subordinate position. According to Mou, such a thought and practice were to be redressed. The theory (and practice) of co-ordination which pays equal attention to morality, intellect (science) as well as politics (democracy) and which sets them side by side of one another is the very substitute for the theory of subordination. Finally, I would like to draw a concluding remark as follows: T'ang and Mou, who appreciated and recognized the value and importance of democracy, unanimously asserted that Confucianism could certainly give birth to democracy or at least it does not deny democracy, though the tactics they took to deal with the issue are different.

附錄三：演講之一

唐君毅先生論中國人文精神之發展[*]

一、緣起

(一)個人最敬重唐先生之人格、學問與志業

(二)民族與文化為國家生存之兩根支柱

(三)唐先生畢生之志業（學問、文章、行誼）即在於光暢民族慧命與弘揚中華文化[1]。

(四)中華文化之精髓在於人文精神，而唐先生所重者亦在於此。

(五)個人選擇〈中國人文精神之發展〉一文[2]（收入《中國人文精神之發展》一書）作為闡述唐先生相關觀念之理由：(甲)個人理由；(乙)文章簡單明瞭；(丙)反映唐先生承認一切價值的胸懷的一篇好

---

* 筆者應宜賓學院唐君毅研究所所長何仁富教授之邀，又特別在摯友劉國強教授的鼓勵下，乃於 2006.06.26 首次前赴該學院發表有關唐先生的生平事蹟、學術思想方面的演講。此後除 2007 年因事不克前往外，其後每年（2008-2018；其中 2016 年則在成都；新冠病毒疫情爆發後迄今——2023 年，則一切免談）皆遠赴宜賓學院以弘揚師說。按：開首數年，大陸與臺灣之間無直航；其後雖有直航，但仍無班機從臺灣（連香港都沒有）直飛宜賓。從臺北到宜賓，其路途之轉折，可想而知。

1 詳參唐先生高足唐端正先生，《唐君毅先生年譜》，收入《唐君毅全集》（臺北：臺灣學生書局，1991），卷 29，頁 233。

2 原文刊登於〈祖國周刊〉，第 10 卷，第 9 期，1954 年 5 月。此文很能反映唐先生中壯年時已深具通識博雅的思想。除義理弘深外，歷史知識之豐富紮實，亦很可以概見。最關鍵者，乃其悲天憫人、人溺己溺的情懷，亦畢露無遺。乃至中國未來人文精神當有的發展方向，甚至具體的作為，唐先生也有所用心而給出了指示。筆者讀來，感動不已。

文章(丁)對反人文之馬列主義者／極權主義者的一種針砭，望其能回顧逆溯中國過去固有之人文主義傳統而對今後可有之情況有所反省回思。

二、人文、非人文、超人文、次人文、反人文

(一)「人文」：《易・賁卦》：「觀乎天文以察時變，觀乎人文以化成天下。」廣義：人為之各種表現（此亦即所謂文化：人文化成）。狹義：人類為擺脫、改造自然狀態所做之各種努力，而其主旨乃在於促進、提撕吾人之精神生命；可包括：對人格、人品、人倫、人道、人性等等之肯定與嚮往；推而廣之，則對（歷史）人物及對人生正面表現之肯定與推崇，對人權之爭取及擴充皆屬之；並可進而涵蓋人和、人世、人間等等。

(二)「非人文」（跟人文不相關）：指對人以外的所經驗的對象，或所理解的對象，如人外的自然、抽象的形數關係等等的思想。

(三)「超人文」：指對人以上的，一般經驗理解不及的超越存在。

(四)「次人文」：指對人格、人品、人倫、人道、人性、人的文化與文化的歷史之存在與其價值，未能全幅加以肯定、尊重。

(五)「反人文」：指對人格、人品、人倫、人道、人性、人的文化與文化的歷史之存在與其價值，不僅加以忽略，而且加以抹殺曲解。

三、中國人文精神之起源

(一)人對自然物的三種態度：利用、觀賞、了解

(二)中國古代人只偏重在前二者，此中開展出重視發明文物以達致利用厚生的實用態度及重視成就禮樂生活的觀賞態度；此可說是人文思想的表現。

(三)中國古代之宗教思想異於西方之向外向上尋求，而係隸屬於一整體之人文思想中（如「天意」見諸「民意」），不能自成一超人文之思想領域。

(四)周人所重視之禮樂，其精神在於通倫理，成就人與人間之秩序與和諧。

四、先秦孔孟之人文思想、墨子之次人文、莊子之超人文及法家之反人文思想

(一)孔子重「人」過於重其表現於外之禮樂之儀「文」；與弟子以德性相勉，孔門師弟遂自成一「人格世界」。

(二)孔子重視人之德性，孟子更進而揭櫫德性背後所本之人性／心性；盡心知性則知天，把人道與天道通貫起來。

(三)孔子重視禮樂之意（筆者案：即精神），孟子重視禮樂之源，荀子言禮制，重視禮樂制度之實效。

(四)莊子「以天為宗」，尚自然而薄人文，進而成為超人文。

(五)墨子提倡節用薄葬而不至於反人文（反禮樂而不廢詩書），故可視為次人文。

(六)騶衍言大九州，言天地開闢之歷史，可稱之為非人文。

(七)法家由商鞅至韓非之思想，可視為反人文。

五、漢人回顧環抱過去而成之通古今之變之歷史精神，其主旨乃在於復活已逝去之人文世界、人格世界。此種精神亦是一種承載負戴的精神。其代表則為司馬遷之《史記》。

漢末王充可說是一個自然主義者，但他的自然主義思想乃透過懷疑和批判當時源自迷信觀念所產生的虛妄不實和牽強附會，目的是要歸到一種平情近理的自然主義的人文觀；而非要成為對自然有所了解、研究的科學家。

六、魏晉人重人之情感之自然表現（如哀樂之表現）。由重感情表現，而重人之風度、儀表、談吐（清談）。（筆者按：此亦為一種人文精神，然與先秦孔孟之重德性、重人性，漢人之重過去之人文世界、人格世界而回顧環抱之而成之歷史精神，並進而產生承載負戴之責任感的人文精神，實不同類。）

七、隋唐佛學之超人文思想

佛學思想之本身當然是超人文的，但大德高僧又常兼為詩人、畫家。故可謂超人文中亦含人文精神；或可謂二精神互相滲透。

八、宋明理學中之立人極之精神

(一)「漢儒尊天崇聖，視聖人如天降而不可學。宋明儒之共同信仰，則劈頭一句，便是聖人人人可學。」

(二)《易傳》中「太極」之概念，宋儒乃以理說明之，而理在人即為性，宋儒則更發明「人極」之概念以說明此性。人極如何能立？簡言之，賴人之修養——去其一切不乾淨的渣滓污穢以盡其性，而天理乃流行（上通天理）；如此人極乃能立。此所以宋儒極重視修養（按：即重視工夫）。換言之，以理貫通天與人、太極與人極，而人道人文，遂皆一一有形而上的究極意義（形而上的根據）。此其中實有一宗教意涵。「宋明儒『人文精神』，即透到『超人文非人文之世界』，而『超人文非人文之世界』，亦可視如『人文世界』之根源所在。」（筆者按：即指出人之道德實踐，有一個形而上的超越的根據，並由此而保證道德實踐必可履行於世上而為一絕對至善者。）

九、清代學術之重文物文字及人文世界與自然世界之交界

「我們可說清代之人文精神，比以前各時代之人文精神，是更能落到人之『感覺經驗可直接把握的實際』」。「『感覺經驗世界』亦即『人文世界與自然世界之交界』。」「我們要了解此感覺經驗中之事物（指文物文獻等等），即除須具人文歷史之知識外，兼須有種種對非人文的自然之知識。」

十、馬列主義思想征服中國大陸之原因

(一)原因眾多，以學術文化思想而言，簡言之，「即由於清代之學術文化中人文精神之無力。其所以無力，在其學術之太重文物文字之末。學人之精神，太限於書齋，這是一種文敝。」「清代的哲學，則重在要人『作事』」，而不是「做人」。而所謂「作事」，其實大部分清儒只做到「作書」，而所作的書，一言以蔽之，乃在於整理國故——在瑣屑支離破碎的問題上糾纏。此風後為中央研究院所繼承。

(二)清末民初，「提倡科學，而不重實際的科學研究工作，卻只以科學方法邏輯分析技術，作為批判傳統文化或恫嚇中國舊式知識分子之

用，則科學之口號，亦無助於中國文化之發展。」

(三)於是反人文的種種主義思想便可乘虛而入而有其發展。

十一、中國人文精神當有之發展

反人文之馬列主義征服中國大陸，然而仍有其價值（所謂一切存在皆有其價值也），蓋可使吾人反省中國固有人文精神之價值及缺點所在而有以向上提升。

今後當有之發展則如下：

(一)承續過去之表現而往前發展。

(二)往前發展包涵對過去各階段之人文發展之大融合。

(三)然無論何種大融合，皆應對人之天性與本心有切實之覺悟為關鍵，即先秦孟子與宋明理學之主軸之心性之學，吾人必須對之先有認識。

(四)「吾人真欲綜合兼重群體之統一，與重個性之發抒之精神，則宜兼懸唐代文化之規模，以資嚮往。」（按：漢人重統一，魏晉重個性之發抒）

(五)為避免文敝，「人文」寧可重人而輕文；要攝末歸本，千萬不要忘本徇末。

(六)超人文之佛學或其他宗教應可與中國之人文精神相配合，使中國之人文精神向上撐開而趨於更高遠闊大。（此宗教對於人文精神之價值也。）

(七)順著清代治學之路向，唐先生指出：「中國未來之人文精神之發展，即當包括研究非人文的自然或人文的科學之尊重。」

(八)中國過去個人所享有之自由（享有自由固當為人文精神之所涵）乃由所謂明君所賦予者，但這沒有任何保障；現今則或為極權主義者所剝奪摧殘。所以「必須一一被自覺而訂為具體的人權，而由客觀的法律以保障之。」

(九)「政權在民」之觀念，乃「中國固有之道德人格平等之思想當有的涵義之一引申，而如何使此民主思想，體現於一有實效而表現中國人文精神之民主制度，及民主的政治生活，亦即為發展中國人文精神之要務。」

(十)「欲謀中國今後人文精神之發展，必須肯定人嚮往『超人文境界』之宗教，與人研究『非人文之自然』之科學之價值，並肯定自由社會及民主政治之保障人權與表現人格平等之價值。」然而，這一切必須扣緊「人」而展開，否則宗教與科學皆可成為反人文，而政治上之民主亦可成為政治分贓，然則人文精神蕩然無存矣！

附錄三：演講之二

唐君毅先生與現代新儒家——文化意識宇宙中的巨人*

一、緒言／雜說

(一)為甚麼我要“研究”唐君毅？

(二)唐君毅・我：（一次演講；一次訓示；一次當“跑腿”；其他，如猜燈謎）

(三)新儒家：

1、「新」之所以為「新」之義

2、現代新儒家：八大家九項目，此為梁漱溟、熊十力、張君勱、馮友蘭、方東美、徐復觀、唐君毅、牟宗三、陳勝長[1]；此外亦有加上錢穆、劉述先等等。

3、從悼念／紀念唐先生的文章所含的輓聯中看唐先生之為儒家

(1)牟宗三〈哀悼唐君毅先生〉[2]：

> 一生志願純在儒宗，典雅弘通，波瀾壯濶；繼往開來，知慧容光昭寰宇。

---

* 這個講題是花蓮教育大學摯友黃漢光教授指定的。其意似謂要我從「文化意識宇宙中的巨人」（語出牟宗三先生 1978 年在所撰寫的〈哀悼唐君毅先生〉一文中對唐先生的描繪）的角度切入來談新儒家的代表人物（代表人物之一）的唐君毅先生。演講於花蓮教育大學中文系；2008.01.10。

1 據網路版維基百科——Wikipedia。2008 年瀏覽。

2 收入《唐君毅先生紀念集》，臺北：臺灣學生書局，1979 年 5 月出版。

全幅精神注於新亞，仁至義盡，心力瘁傷；通體達用，性情事業留人間。

(2)徐復觀，〈悼唐君毅先生〉（出處同上書）：

通天地人之謂儒。著作昭垂，宇宙貞恆薪不盡。

歷艱困辱以捍道。尼山巍峙，書生辛苦願應償。

(3)勞思光，〈成敗之外與成敗之間——憶君毅先生並談「中國文化」運動〉（出處同上書）：

逼眼玄黃血[3]，人間患作師；曹隨寧自畫，杜斷舊相知。

儒效[4]非朝夕，才難況亂離；平生弘道志，成敗莫輕疑。[5]

(4)李杜，〈敬悼吾師唐君毅先生〉（出處同上書）：

博通於中外古今取遠取近獨尊孔孟開新儒學

兼究乎老釋耶回希天希聖同存朱陸為百世師

(5)霍韜晦，〈人極既立，君子息焉——敬悼唐君毅老師〉（出處同上書）：

花果飄零，世間眼滅；

人極既立，君子息焉。[6]

附識：前輩學人、師長文章皆有根柢，以上各對聯可見一斑。茲敬錄唐先生哀悼其業師方東美教授之輓聯如下，藉以見唐先生之文筆亦媲美同儕也：

從夫子問學五十年，每憶論道玄言，宛若由天而降；

---

3 《易・坤・文言》：「夫玄黃者，天地之雜也；天玄而地黃。」

4 《荀子・儒效》：「因天下之和，遂文武之業，明主枝之義，抑亦變化矣，天下厭然猶一也。非聖人莫之能為。夫是之謂大儒之效。」「厭」，安也。

5 此為載於悼念文章中四首輓詩中之第二首。

6 《荀子・大略》載子貢回應孔子時說：「大哉死乎。君子息焉，小人休焉。」「人極」語出王通（文中子），《中說・述史》：「仰以觀天文，俯以察地理，中以建人極。」周敦頤《太極圖說》：「……，惟人也，得其秀而最靈。形既生矣，神發知矣，五性感動而善惡分，萬事出矣。聖人定之以中正仁義而主靜，立人極焉。」

與維摩同病逾半載，永懷流光慧日，為何棄我先沈。[7]

二、「文化意識宇宙中的巨人」

(一)何謂「文化」？

「上觀天文，以察時變；下觀人文，以化成天下。」[8]「文」同「紋」，紋飾也；簡言之，即人為加工之謂。「化」，簡言之，乃指變，即變化也。合而言之，「文化」乃指人為加工（即後天之人為努力）以改變原先之狀態之謂。

(二)何謂「文化意識」？（如同學知道何謂「問題意識」，則亦應猜到何謂「文化意識」？）

(三)「文化意識宇宙中的巨人」一語之出處：上揭牟宗三，〈哀悼唐君毅先生〉一文

(四)從牟先生的相關描述看唐先生之生命格範及其對學術文化之貢獻（即「定性及定位」問題）：

唐先生是「文化意識宇宙中之巨人」，亦如牛頓、愛因士坦之為科學宇宙中之巨人，柏拉圖、康德之為哲學宇宙中之巨人。吾這裏這謂「文化意識宇宙」與普通所謂「文化界」不同，文化意識不同於文化。這一個文化意識宇宙是中國文化傳統之所獨闢與獨顯。它是由夏商周之文質損益，經過孔孟內聖外王成德之教，而開闢出。此後中國歷史之發展，儘管有許多曲折，無能外此範宇，宋明儒是此宇宙中之巨人，顧、黃、王亦是此宇宙中之巨人。唐先生是我們這個時代此宇

7　轉錄自〈年譜　著述年表　先人著述〉，《唐君毅全集》（臺北：臺灣學生書局，1991），卷29，頁218。此對聯為唐先生1977年7月所撰，下距其逝世時間僅半載。

8　語出《易經．賁卦．彖傳》。劉向，《說苑．指武》：「凡武之興，為不服也；文化不改，然後加諸。」此「文化」乃指文治教化而言。廣東話之「化」，亦指「變」而言。如稱某人不知變通，廣東話稱之為「唔化」（不化；國語亦有「食古不化」之諺語）。描述某人經某遭遇後非常想得通、想得開，廣東話則稱之為「而家化曬」（現在全想通了、全看得開了）。

宙之巨人。唐先生不是此宇宙之開闢者，乃是此宇宙之繼承與弘揚者。……唐先生之繼承而弘揚此文化意識之內容是以其全幅生命之真性情頂上去，而存在地繼承而弘揚之。……他是盡了此時代之使命。

唐先生可以作事，亦有作事之興趣，……而乃是立於文化意識之立場來作事。……

他博通西方哲學，[9]並時以哲學思考方式出之，只是為的「適應時代，輔成其文化意識，引人深廣地悟入此文化意識之宇宙」之設教的方便。……他越過了哲學宇宙而進至於文化意識之宇宙，他成了此文化意識宇宙中之巨人。中國人沒有理由非作西方式的哲學家不可。中國式的哲學家要以文化意識宇宙為背景。儒者的人文化成盡性至命的成德之教層次上是高過科學宇宙，哲學宇宙，乃至任何特定的宗教宇宙的；然而它卻涵蓋而善成並善化了此等等之宇宙。唐先生這個意識特別強。吾與之相處數十年，知之甚深。吾有責任將他的生命格範彰顯出來，以昭告於世人。故吾人於哀悼其有限生命之銷盡之餘，理應默念而正視其文化意識宇宙中巨人身分之永恆價值。

三、唐先生之文化意識略說

(一)前言：兩腿並存始可穩健走路：中華民族與中國／中華文化

(二)唐先生繼承與弘揚文化（尤其中國傳統文化）之意識非常濃烈：如牛頓、愛因士坦為科學宇宙中之巨人（科學家中之科學家），柏拉圖、康德為哲學宇宙中之巨人（哲學家中之哲學家），則唐先生既係「文化意識宇宙中之巨人」，似吾人應另鑄新詞，當以「文化家」（或「文化意識家」？）稱之，且係「文化家中之文化家」。[10]唐先生特別重視人類

[9] 筆者案：唐先生著作中多處指出，他雖然比較欣賞中國哲學，比較契合中國先哲之思想與生命格範，但一生中閱讀與究心西哲之文書圖籍者，蓋佔其時間之一半云。

[10] 唐先生具通識，亦具慧解，對人類各種文化領域之表現，皆極關注，且都有相當認識。哲學、宗教等等的思想性領域固不必說；即以其他領域，如歷史學、教育學、政治學、經濟學、藝術、文學等等來說，都具備相當廣博深厚的學問造詣。個人雅好諷

文化活動中之人文方面之表現；且畢生以促進、提昇、善成、善化人文精神之意識及相關表現為職志。所以個人認為稱唐先生為「文化意識宇宙中之巨人」外，尚可進一步，且似乎更適宜稱之為「人文意識宇宙中之巨人」。[11]就「人文」來說，唐先生重「人」過於重「文」，可謂先人而後文，是「人文意識宇宙中之巨人」一語，亦可簡化為「人意識宇宙中之巨人」。但「人意識宇宙中之巨人」一語頗突兀，或可以「重人意識宇宙中之巨人」、「彰人意識宇宙中之巨人」、「弘人（仁）意識宇宙中之巨人」、「踐人（仁）意識宇宙中之巨人」等等稱之。

(三)唐先生含「文化」二字之書名計有：《中國文化之精神價值》、《文化意識與道德理性》

(四)唐先生之大著無一不談歷史與文化（取「歷史」、「文化」兩詞之廣義來說）

(五)《中華人文與當今世界》（正篇）收錄三十多篇論著中，即有十多篇含「文化」二字

誦唐先生之著作，掩卷之餘，每驚嘆其學問之無涯涘，真莊生所謂「彼其充實不可以已。……其於本也，弘大而闢，深閎而肆；其於宗也，可謂調適而上遂矣。」（《莊子・大宗師》）

11 先生二三十種大著中，書名中有「人文」二字者即含三種：《人文精神之重建》、《中國人文精神之發展》、《中華人文與當今世界》（正、續二篇共四大冊）。筆者2008 年 5 月初於一研討會上嘗發表下文：〈人文意識宇宙中之巨人——唐君毅先生〉；後收入拙著《學術與經世：唐君毅的歷史哲學及其終極關懷》（臺北：臺灣學生書局，2010），頁 529-554。

附錄三：演講之三

The Humanism of Contemporary Neo-Confucianism – as exemplified by Professor T'ang Chun-I (1909-1978, 唐君毅教授)*

(by WONG, Siu-keung (黃兆強),
Professor of History Department, Soochow University, Taipei, Taiwan)

I. Introduction:

a. The Main stream of thought in Chinese history is Confucianism.

b. The development of Confucianism can be distinguished into three main stages: The Pre-Qin Confucianism【先秦儒學, before 221 B.C.】, the Song-Ming Confucianism【宋明儒學, 960-1644 A.D.】and the Contemporary Neo-Confucianism【現代(當代)新儒學】.

c. The essential thoughts of Confucianism with respect to the different stages:

(1) The Pre-Qin Confucianism: Confucius (孔子), Mencius (孟子), Xunzi (荀子), etc.

Essential thought:

---

* 2008.06.03，於韓國大邱慶北大學以英語發表以下演講：The Humanism of Contemporary Neo-Confucianism-as exemplified by Professor Tang Chun-I（當代新儒家的人文精神：以唐君毅先生為例）

(a) Self-cultivation to become a Sage (內聖 inner sagehood, sage within): Emphasis on moral practice (道德實踐), especially on the ethical norms (倫理規範) and ethical relationship (倫理關係) between people, e.g. benevolence (仁), righteousness (義), rites or proprieties (禮), wisdom (智), filial piety (孝), fraternity (悌), loyalty (忠), trustworthy y(信), etc.

(b) To commit oneself to the cause of nation and society (外王, king without)

(2) The Confucianists from Han Dynasty (206 B.C.-220 A.C.) to Modern time

(a) The Confucianists of the Han Dynasty (漢儒): Former Han-Pragmatic (To govern the world and to actualize one's ideal 經世致用; To grasp the general meaning of the Classics in order to render service to the nation and to the society 通經致用); Later Han-Erudition and Philology (Profound and thorough study of the text of the Classics)

(b) The Confucianists of the Song and Ming Dynasties (宋明儒): Abide by Heavenly Principles (存天理) and get rid of the Human Desires (去人欲) through self cultivation (修養); Emphasis on the aspect of moral metaphysics (強調道德形上學，以道德進路來說明形上實體之性格；換言之，即相信形上實體具有道德意識、道德性格) and on the metaphysics of moral/morality (部分儒家相信人之道德有形而上之根據；簡言之，即人之良心是源自上天的——仁心仁性即天心天理。或不訴諸天心天理以說明人之良心的來源，而轉取一折衷的說法：即認為天道性命是相貫通的[1]。此

[1] 天道生生不已的創造與人內在心性自發不已的道德創造，其精神上乃至內容上是相同的。

後者蓋為當時儒家所相信的通義。).

(c) The Confucianists of the Qing Dynasty (清儒): Emphasis on the governance of the world and the actualization of one's ideal (經世致用); Emphasis on self-cultivation and on social practice (躬行實踐) as well as on the ethical norms (倫理規範) and ethical relationship (倫理關係) between people (i.e. Sangang Wuchang 三綱五常; lunli gangchang 倫理綱常); Erudition, Philology and Text Criticism; Reformation and Revolution

（唐先生說：周秦兩漢宋明及清儒有分別：周秦儒帶原始性與開創性，正面樹立理想，此如孟子闢異端，荀子解蔽。漢儒措之於政治社會教育之綱紀之確立，通經致用，對歷史古籍珍重。宋明儒或疑經，講修養，重去人欲，於政治上重君子小人之辨，去偽存誠，反反以成正，可為反省的復興。清儒去華就樸，講訓詁考據，重實際事功，歸於變法革命。《唐君毅全集》（臺北：臺灣學生書局，1991），卷三，〈人生隨筆・目疾中札記及其他〉，頁93）

(d) Contemporary Confucianists

II. Contemporary Confucianists (Neo-Confucianists)

a. The "orthodox" Neo-Confucianists:

First generation:

Xiong Shili (熊十力, 1885-1968)

Second generation:

Xu Fuguan (徐復觀, 1903-1982)、T'ang Chun-I (唐君毅)、Mou Tsung-San (牟宗三, 1909-1995)

Third and Fourth generations:

Du Weiming (杜維明)、Liu Shuxian (劉述先)、Cai Renhou (蔡仁厚)、Dai Lianzhang (戴璉璋)、Tang Yinam (唐亦男)、Zhou Qunzhen (周群振)、Wang Bangxiong (王邦雄)、Zeng Zhaoxu (曾昭旭)、Yang

Zuhan (楊祖漢)、Li Ruiquan (李瑞全)、Wang Caigui (王財貴)、Lau Kwok-keung (劉國強)、Li Minghui (李明輝)、Lin Anwu (林安梧)、Yuan Baoxian (袁保新)、Gao Baiyuan (高柏園)、Wong Siu-keung (黃兆強), etc.

b. The essential thought of this school:

(1) Emphasis on the meta-physical aspect of the Human Moral sense (Morality) – 道德形上學 (the meta-physics of Morality): Human moral sense has its transcendental origin (supernatural guarantee, a priori guarantee).

Taking Christianity as an analogy: The moral sense, hence the moral behavior, of Christians comes from God(Human moral sense originates from God), thus guaranteeing that man's moral sense, hence moral behavior, is absolute(not relative)and is valid forever and wherever, i.e. it is universal and everlasting.

(2) To commit oneself to the cause of nation and society (外王)

c. Other Neo-Confucianists: Zhang Junmai (張君勱, 1887-1969)、Liang Shuming (梁漱溟, 1893-1988)、Feng Yulan (馮友蘭, 1895-1990)、He Lin (賀麟, 1902-1992)、"Ch'ien Mu (錢穆, 1895-1990)", etc.

III. One of the most famous Contemporary Confucianists – T'ang Chun-I (唐君毅)

a. Life-span: 1909.01.17-1978.02.02

b. Birth place: Yibin(宜賓), Sichuan(四川), China(中國)

c. Curriculum Vitae:

(1) 1932: (B.A.) Bachelor of Arts in Central University in Nankin 南京中央大學 (Nanjing: the ancient capital of the Republic of China)

(2) 1909-1949 in China, teaching in many famous universities, e.g. Central University in Nankin

(3) 1949-1978 in Hong Kong, teaching in many famous universities, e.g. the Chinese University of Hong Kong (Professor T'ang is the one and only one chair professor in the philosophy department), professor of Hong Kong University, the New Asia College (新亞書院) and the New Asia Research Institute of Advanced Chinese Studies (新亞研究所).

(4) With Professor Ch'ien Mu (錢穆, one of the most famous Chinese historians in modern time) and Professor Zhang Pigai (張丕介, a famous economist), Professor T'ang founded the New Asia College and the New Asia Research Institute of Advanced Chinese Studies respectively in 1949 and 1953. T'ang devoted himself to these two institutions for almost 30 years, i.e. from 1949/1953 to the end of his life (1978).

(5) Author of more than 30 volumes of books (including one written in English entitled *Essays on Chinese philosophy and culture*, 579 pages), covering a wide range of knowledge -almost every cultural aspect of human science (philosophy, religion, pedagogy, history, historiography, political science, aesthetics, etc.).

(6) The main theme of his philosophy as expressed in his final voluminous work *Life Existence and the Horizons of Mind* (《生命存在與心靈境界》) is as follows: All entities, of course including all living beings, are not only to exist for their own sake; their existence is rather for the sake of self-surpassing. This is the very base on which the activities of the mind (soul, spirit) lie/depend. It is also the base that man leads gradually from the state of actual life to the state of value (i.e. persistently urging higher value). Finally, man reaches the utmost state of value where the soul of man conforms with the Heavenly Principle. (「生命存在不僅是為存在而存在，乃是為超越自己而存在；心靈的活動也是在這個基礎上，從現實的生活逐漸向上求更高的價值，最後止於天德與人德一致的最高價值世界。」*Concise*

Encyclopedia Britannica《簡明不列顛百科全書》(Chinese version), vol. 7, p.677.)

d. T'ang's academic specialities: He is a philosopher; a scholar (an expert of Chinese philosophy, Western philosophy and Buddhist philosophy, expert of the history of Chinese philosophy and other domains of humanities.)

e. Ultimate Concern (終極關懷): As a humanist, an idealist and also a Confucianist, T'ang aimed at to cultivate himself to become a Sage and to contribute himself to the nation and to the society.

As an intellectual (知識分子、書生 a bookist scholar), he did his best to achieve the latter aim by means of several ways. These are:

(1) To teach in university and to deliver speech to the public (in different levels of school and in different associations and societies)

(2) To contribute articles/papers relative to the current issues, to the history and culture of China, to the fate of the modern world, especially concerning Chinese nation and the welfare of the Chinese people (著書立說、發表醒世文章)

(3) To establish (with some friends) some academic institutions, such as the above mentioned New Asia College and New Asia Research Institute of Advanced Chinese Studies in Hong Kong. (This is T'ang's special contribution to Hong Kong, especially to the promotion of humanism in Hong Kong.)

(4) T'ang rendered the service as Registrar (教務長), Dean of Arts (文學院長), Chairperson of philosophy department of numerous universities in Mainland China and Hong Kong.

(5) Ever since 1940's, T'ang ran several journals, such as *Ideal and Culture* (理想與文化), *Chinese Scholars* (中國學人), *The Humanities Biweekly* (人文雙周刊), etc., with his friends.

(6) In 1962, T'ang took the initiative to found an academic society named

Oriental Human Association (東方人文學會) with his friends.

(7) To organize and promote a series of lectures (meetings, workshops 文化講座) in Mainland China and especially in Hong Kong.

f. New Confucianist T'ang Chun-i as illustrated by the elegiac couplets (輓聯) written by his peers (friends) and students, emphasizing on the Confucian aspect and humanistic aspect:

(1) Mou Tsungsan (牟宗三):

一生志願純在儒宗，典雅弘通，波瀾壯濶；繼往開來，知慧容光昭寰宇。

全幅精神注於新亞，仁至義盡，心力瘁傷；通體達用，性情事業留人間。

(儒宗: Master of Confucianism)

(2) Xu Fuguan (徐復觀):

通天地人之謂儒。著作昭垂，宇宙貞恆薪不盡。

歷艱困辱以捍道。尼山巍峙，書生辛苦願應償。

(儒: A Confucian/A Confucianist)

(3) Lao Siguang (勞思光):

逼眼玄黃血，人間患作師；曹隨寧自晝，杜斷舊相知。

儒效非朝夕，才難況亂離；平生弘道志，成敗莫輕疑。

(儒效: The social effect of practising Confucianism)

(4) Yu Yingshi (余英時):

莫哀花果飄零，道本同歸仁為己任；

終至人文成化，我豈異趣久而自傷。

(人文成化: The movement of humane civilization process all over the world)

(5)Li Du (李杜):

博通於中外古今取遠取近獨尊孔孟開新儒學

兼究乎老釋耶回希天希聖同存朱陸為百世師

(新儒學: Neo-Confucianism)

(6) Huo Taohui (霍韜晦):

花果飄零，世間眼滅；

人極既立，君子息焉。

(人極: The superior level as a man, the highest level as a human being, super man in term of moral sense)

g. Conclusion:

Professor T'ang Chun-I is probably not a great philosopher judged by the western standard (i.e. according to the meaning of "philosopher" in the occidental world.) But he is more than a philosopher, more than a great scholar. (A philosopher knows a lot of "abstract theories"; a great scholar knows a great varieties of sciences) Professor T'ang is rather a great humanist (A super star, a giant in term of humanism). He committed himself to the cause of nation, to the cause of society, to the cause of culture and even to the cause of the whole world. He contributed his whole life to promote and heighten humanism (humane spirit). He is not just a theorist (Teaching philosophy and teaching humanist principles in school); furthermore, he exercised and practised what he taught at school. Actually, he is a model (典範, 楷模) in term of self-cultivation, in term of educating the youth and in term of promoting humanism.

He is really great!

附錄三：演講之四
問世間情是何物，直教生死相許
——唐君毅先生對愛情的啓示*

一、前言

陽光灑在你的臉龐，看看周圍的小伙，個個都很娘……
問你有沒有車，問你有沒有房，我媽媽她也問你，存摺有幾張……
假如你沒有車，假如你也沒有房，趕緊靠邊，不要把路擋……
別吃軟飯，我不是你娘，
罵我拜金我也不受傷。
（以上歌詞出自 2011 年初黃金剩女版的〈沒有車沒有房〉）

拚命追求物質，向現實靠攏，拜金主義大行其道的今天，「有情飲水飽」、「愛情萬歲」的浪漫愛情觀早已過時了。至於「問世間情是何物，直教生死相許」[1]，這種纏綿悱惻、哀怨感人、至情至性的描繪，也許可以稱

---

* 這是演講稿。演講地點：四川宜賓學院；時間：2011.04.25。下文所見者僅演講稿的首二節（原本共五節），原因詳下注 5。

1 元好問，〈摸魚兒〉二首之一：「問世間（或作「恨人間」），情是何物，直教生死相許。天南地北雙飛客，老翅幾回寒暑。歡樂趣，離別苦。就（或作「是」）中更有癡兒女。君應有語，渺萬里層雲，千山暮雪，隻影為誰去？橫汾路，寂寞當年簫鼓。荒煙依舊平楚。招魂楚些何嗟及，山鬼暗啼風雨。天也忌。未信歟，鶯兒燕子俱黃土。千秋萬古，為留待騷人，狂歌痛飲，來訪雁丘處。」參維基文庫，2022.12.05 瀏覽。

為偉大且崇高的愛情誓言／愛情宣示。然而，這對時下的青年男女來說，恐怕只是遙不可及的一個幻想、空想，甚至是妄想、癡想吧了。至於龔自珍詩「來何洶湧須揮劍，去尚纏綿可付簫」[2]所描繪的且哀怨，又澎湃，復盪氣迴腸的感情世界，那更不是時下潮男潮女所追求的境界。然而，除了麵包以外，千百年來一直被人們非常珍視的「愛情」，真的已到了山窮水盡的絕望的田地嗎？答案恐怕是否定的，或至少也是讓人懷疑的。我們不妨看看另一種說法：

> 男女之間的愛情是大多數的人，特別是在年輕的時候都希望得到的。得不到的始終會渴望，已得到的惟恐會失去。失戀的痛苦不但難以治療，而且有時會導致自殺。愛情的境界有高低之別，婚姻未必意味進入愛情的較高境界。相反的，夫妻在學習適應共同生活的過程中往往把原有的愛情消耗殆盡，佳偶成怨偶，甚至以離婚收場。即使婚姻沒有絕裂，但要始終保持甜蜜談何容易。總之，愛情是幸福一大成素，大部分的人都會深刻關注，但真正能嘗到高境界之愛情的人並不多。所以有不少心理學家、哲學家都寫出一些專著，討論愛的藝術。[3]

心理學家、哲學家之所以寫出如此多的專書要討論愛情，正是因為愛情是人世間最普遍不過的現象。其實，只要稍為瀏覽一下中外的歷史（尤其文學史），便知道愛情在人世間所占的比重。中國的梁山伯與祝英台，西方的羅密歐與茱麗葉，他們之間的戀愛故事，固然是民間傳說或文學創作而已。說虛構也的確是虛構，說想像也的確是想像。然而，我們不能全然以人世間的假像視之。何以故？君不聞乎：「歷史記述，其中除人名、地名、日期是真

2　龔自珍，〈懺心一首〉，《龔自珍詩選》（杭州：浙江人民出版社，1982），頁10。龔自珍詩中所指的感情，恐怕不是就男女的愛情來說；今姑且借用於此。

3　如柏拉圖《對話錄》中的〈盛宴〉（Symposium），弗洛姆（Erich Fromm）的《愛的藝術》（*The Art of Loving*）即為顯例。引文出自劉昌元，〈愛情故事啟示錄〉，《文學中的哲學思想》（臺北：聯經出版事業公司，2002），頁151。

以外，其餘全是假的；文學作品，其中除了人名、地名、日期是假以外，其餘全是真的。」這個說法也許誇張了一點，有說大話之嫌。然而，歷史記述恆失真，而文學創作卻經常反映了人世間的真情實況，這個恐怕早已是常識了，不必多辯。然而，如果一定要說文學小說創作多流於虛假，則見諸史傳的記載，如正史《後漢書》的記載便應該值得採信了吧。其中〈逸民傳〉便記載了傳頌千古的一個故事，此即家傳戶曉恩愛夫妻梁鴻、孟光「舉案齊眉」的故事是也。故事情節詳見《後漢書》，這裡便不細談了。然而讀者諸君又可能提出疑惑說，人心早已不古了，一千多年前的濃情厚愛，夫妻間相敬如賓之情事，或你濃我濃，你泥中有我，我泥中有你，相互間愛得死去活來之浪漫情愫，如今安在？我要給諸君一個建議：諸君不必擔心、過慮。有謂：「人同此心，心同此理」；其實，此又何獨「心」、「理」為然？「情」亦然也。心、理、情，實古今一揆。「在天願作比翼鳥，在地願為連理枝」，又豈獨古人為然？再者，對情深愛厚的戀人來說，鍾愛一世還不夠，「與君來世為夫婦，再續今生未了緣」的期許，不也是時有所聞嗎！

我再從時下流行而很多人都愛看的電視劇來說說。我看無論是香港、臺灣或大陸，所有連續劇[4]，只要能夠播出十集以上的，其內容無不與男女間愛情有關。我的意思是，儘管主題也許不是談情說愛的，但劇情中總多多少少牽扯到男女間的愛情故事在裡面，否則我保證播出不到三集便下檔了。又再舉一例。世上為情自殺，所謂殉情者；或因第三者、第四者介入而發生情殺者，時有所聞，真可謂「情愛是仇根，惹得人間恨」了。此恨常常是無了期的，無窮無盡，絕不是三五天便可了結的。「天長地久有時盡，此恨綿綿無絕期」用在這裡可說是最恰當不過了，不是嗎？總之，無論是正面的永恆的相愛，愛你／妳一輩子，二輩子，三輩子，直至永永遠遠；或負面的由愛生恨，由恨而興殺機，殺對方，殺第三者（小三），殺對方全家等等，都無不與愛情有關。由此可見愛情在人世間所占的分量及其與社會問題可有的關聯了。

4　臺灣稱為八點強檔，因為大部分的播放時段都在茶餘飯後的晚上八點。

個人戀愛經驗不多，雖負笈法國六年半，然而，太笨了，太呆板了，雖身在花都巴黎，但自己花不起來，法蘭西高盧人的浪漫始終沒有學會；更不敢說在愛情問題上有甚麼特別看法、見解，或甚麼高深理論了。然而，筆者業師唐君毅先生便不同。唐先生和我一樣，戀愛經驗雖然也說不上怎麼豐富，然而，先生有著不世出的哲學家的睿智，所以總能透視、洞悉人世間的種種行為表現，且更能進一步參透、了悟行為表現背後可有的種種意涵（implications, significances）。男歡女愛的男女間的愛情當然也是唐先生所關注的對象之一。先生復悲憫時下潮男潮女由愛情所產生的眾多困惑，這所以便撰寫了《愛情之福音》一書。由書名便知先生的企圖心與使命感的濃烈了。我們下面便嘗試述說該書的旨趣。[5]但請讓我對唐先生的生命情懷和文化事業先做一點介紹。這對讀者了解唐先生的愛情觀應有一定的幫助的。

二、唐先生的文化事業與生命情懷

50 多年前，在香港念高中時，我的課外讀物之一是錢穆先生的《中國文化叢談》。[6]錢先生的精闢見解，尤其是他一往情深的對中國傳統文化的熱愛，在我的心中生起了一種莫名的衝動。中國文化廟堂之美盡在於此了。錢先生成為了我的偶像，成為了文化救國（當時是文化大革命發展最熾烈的年代）的中流柢柱。天下偉人盡在於一身——錢先生。這種想法，我在大學階段未嘗稍改易。1976 年，我入讀新亞研究所，忝列新儒家三大師門牆，始知文化、學術尚另有天地。唐師之博、牟師之精、徐師之霸，使我視野豁然開朗、眼界大開。

余生也晚，親炙唐師一年又半，師即歸道山（1978 年 2 月 2 日）。然其

---

5 這部分（本文第四節）連同其前的第三節（《愛情之福音》一書作者問題）已從本講稿中刪去以節約篇幅。其實，最重要的原因是，相關論述大體上已見諸拙著《學術與經世：唐君毅的歷史哲學及其終極關懷》（2010 年出版）一書。此外，另一拙著《性情與愛情：新儒家三大師相關論說闡微》（2021 年出版）也談到相關問題。讀者可並參。

6 筆者閱讀的是三民書局 1969 年出版的本子，上下共兩冊。

儒者風範長縈繫心中。在唐先生的告別式上，牟宗三先生以「文化意識宇宙中的巨人」定位之。牟先生生平少所許可，藉此誌黃壚之痛以悼念死友，亦可謂至矣。[7]唐先生博雅，中、西、印諸哲學，無不通貫涵詠。人或視為只懂得中國傳統哲學，甚至只懂得儒家哲學的新儒家，這可以說是天大的誤會與無知；於唐先生之學術，實不契至甚。這只要稍微翻閱先生的著作，尤其晚年鉅著《生命存在與心靈境界》便知其梗概。唐先生學問難懂，以其博也；以其於眾多價值及各種歸趨，皆一一予以承認首肯也。然而，承認歸承認，這並不意味著唐先生皆予以同等之位階。唐先生對不同的價值是有其一己的分判的。其對偉大人物之分判定位即係一明證。如把歷史人物按其偉大程度之高下，依次分為學者與事業家型、天才型、英雄型、豪傑型、超越的聖賢型及圓滿的聖賢型等六級即是其例。[8]先生絕不因為以儒為宗便抹煞其他價值，或全盤否定代表此價值的學人／學派。其包容萬物的胸懷心量，是我至為欽佩的。唐師學問廣博無涯涘（只要一讀其兩大冊的《哲學概論》便知之）。讀其書，有時如墮五里霧中，莫知究竟。且師又承認一切價值，使人摸不著頭緒；到底主軸宗趣何在，未易知也。[9]其實，千百種學術，老師必以儒為宗、為至高無上。這種定見，只要我們抓得緊、握得住，那老師的學問便不至太難懂了。老師的學問廣博，其生命情懷亦類似：廣包萬物，無所遺棄。猶記得有位學長嘗惠告，他曾經在老師面前指出某人（當時任教於新亞書院）的哲學素養頗有問題。老師回應說：這個人很孝順。這個回應真

---

7 按：牟先生最喜歡月旦人物，猶記得在一次國際學術研討會會議上，先生嘗用三個小時作主題演講。我的一位學長心思細密，把牟先生品評的當代人物來個統計，經指名道姓的便有 26 人！

8 圓滿的聖賢型，唐先生僅舉孔子一例。其說見〈孔子與人格世界〉（撰寫於 1950 年 8 月，先生時年 42 歲），收入先生所著《人文精神之重建》（香港：新亞研究所，1974），頁 204-235。該文是用比較的方式來論述孔子之偉大勝於其他歷史人物，此相對於先生他文或他人之只是「提出幾點孔子學術思想，或孔子對中國歷史文化之貢獻來講」（語出先生該文之〈前言〉），是很特別的一種論述；且該種比較方式的論述亦很能反映先生博通中西印回思想的特色。該文非常值得一讀。

9 當然，唐師行文語句過長——常三四十字一語句，當係其文章難懂之另一原因。

的是風馬牛不相及！這位學長對我說：你看唐先生多糊塗。我說的是學問範疇內之事；唐先生竟以道德倫理範疇回應！其實唐先生再糊塗也不至於學問（知性）、道德（德性）混為一談。唐先生是要我的學長轉移視線、提升視野。唐先生是從更高的層次看問題，大概認為：學問上之表現不能代表人的全部表現，也非評斷人的唯一考量，更非最重要的考量；所以縱使其人學問一無可取，但仍有作為人的價值在，孝順即一端也。上文說過唐師的學問難懂，甚至使人摸不著頭緒；人家道說學問上之表現，而您竟以道德上之表現來回應，你教人家如何瞭解、認識您的思想宗趣呢？這的確困難。但如果知悉唐先生是多元價值的承認者、包容者，然而核心思想是萬殊不離儒為宗的話，那唐先生的思想也不是這麼難懂的。

唐先生是中國傳統知識分子的典型。一言以蔽之，欲內聖外王是也。其格致修齊之道，尤其格、致方面，學術界早有定評，不必筆者多說。其外王（事功）方面的表現，則見之於新亞書院及新亞研究所之創辦及守成是也。[10]新亞在 1949 年之後對香港高等教育的貢獻及所扮演的角色，是有目共睹的。錢穆先生 1964 年退休（64-65 年度休假，正式退休是 1965 年。）不再主持新亞校務後，唐先生所肩負的責任便更重。先生與牟宗三先生、徐復觀先生、吳俊升先生[11]、羅夢冊先生（1906-1997）[12]等諸師長繼續為新亞打

---

10 一般的說法是，新亞書院的創辦人是錢穆先生，這是不爭的事實。但牟先生則有如下的見解，現謹提供參考：新亞是靠三個人起家和支撐的：錢先生的大名、唐先生的文化理想、張丕介先生的實幹。牟先生說得好，蓋無大名不足以號召，無理想則缺方向，無實幹則事情落實不了。筆者以為這三人就新亞創始的階段來說，猶如鐵三角，三位一體，各有貢獻。唐先生迭任新亞書院教務長、文學院院長與新亞研究所所長等職。按：張丕介先生為經濟學家，新亞書院草創期間擔任總務長兼經濟學系主任。有關張丕介先生，參唐先生高足唐端正先生所撰《唐君毅先生年譜》，《唐君毅全集》（臺北：臺灣學生書局，1991），頁 72。

11 吳先生為留法教育學家，嘗任中華民國教育部政務次長、1964-1968 年間擔任新亞研究所所長、1965-1969 年擔任新亞書院第二任校長（前一任是錢穆先生）。有關吳先生在新亞任所長一職，參〈本所創辦簡史〉，《新亞研究所概況．1997-1998》（香港：新亞研究所，缺出版年分），頁 7。按：司琦、徐珍所編之《吳俊升先生暨夫人倪亮女士年譜》（臺北：三民書局，1997）漏載此事。順記：吳先生嘗擔任筆者碩士

拚；其為文化事業、為教育下一代而繼續拚搏之精神，可與天比高、與地比大，實長存宇宙而為人間一永恆價值無疑。唐先生因勞瘁而壽終於新亞研究所所長任上，[13]其畢生為教育作出的奉獻，「鞠躬盡瘁，死而後已」一語猶不足以道其萬一也。赤手搏龍蛇的書生事業以此告終，亦可謂至矣。

論文的導師。拙碩論名《趙翼史學研究》（新亞研究所，1979 年）。筆者 1976-79 肄業新亞研究所時，嘗上吳先生所教授之必修課：研究方法論。

12 羅先生之學術專業為歷史學，所著書《孔子未王而王論》（臺北：臺灣學生書局再版，1982）為唐先生所稱許。筆者肄業新亞研究所時，嘗上羅先生二門課。據記憶，名稱是：中國社會史、中國古代社會史（前者是正式修讀，後者是旁聽）。

13 唐先生任新亞研究所所長一職凡十一年（1968-1978）。

附錄三：演講之五

新儒家的史觀
——以錢穆、唐君毅、徐復觀爲例*

一、前言

(一) 何謂「歷史」？

「歷史」一詞之涵義——人類的過去（the past itself；le passé lui-même；the human past）。這是「歷史」一詞廣義的說法／定義。

另一涵義（也可說是狹義的定義）：被紀錄下來之過去（the written past；le passé écrit）：這已牽涉到「史學」（歷史研究）的範疇。

(二) 何謂「歷史哲學」？

其實這個詞含兩部分：「歷史」、「哲學」。所以嚴格來說，我們適宜先問：何謂「歷史」？何謂「哲學」？「歷史哲學」最簡單的定義：對歷史作反省的一門學問。而對歷史作反省含：

1、對人類的過去（歷史往蹟）作反省：

(1)宏觀的反省（由反省而對過去產生一個觀點，一個看法，這就成為了我們所常說的「史觀」，譬如神權／神意史權、循環史觀（譬如合久必分，分久必合）、報應史觀（譬如善有善報，惡有惡報）及依單線進化之歷史哲學而來之唯物史觀（此當源自黑格爾之相關學說而來；而康多塞、孔

---

* 2012.06.12 應法國法蘭西學院漢學研究所中文書籍負責人岑詠芳女士之邀於法國巴黎發表此專題演講。此為臨時授命性質；原先的講稿相當簡略。其後有所增訂，但大體上仍不異原講稿。

德、斯賓塞等人把歷史分為若干階段亦可說是單線進化史觀的例子）等等。如果史觀是訴諸形上實體（神、上帝、上天——天公伯）來做解釋的，這就邁入「歷史形上學」的範疇去了。

(2)微觀的反省，譬如針對某古人的成敗得失作思考，並藉以反省自身的情況。

2、對被紀錄下來的過去（即所謂史學：歷史研究的成果）作反省。這主要成就了歷史知識論（含致知所用的方法和歷史知識的可靠性作反省）

以上 1 和 2 的反省（主要是 1 的反省）為人類提供了一種行事做人上的價值。這就是我們所常說的：歷史價值論。然而，人們之所以知悉歷史，主要是因為這些歷史是已被記錄了下來的（the written past；le passé écrit），即人們因為這些記錄（經彙整過，處理過，研究過的史料而最後成為了可靠的歷史記錄才有價值可言。其過程，我們稱之為史學致知活動，或簡稱史學）而得悉過去，這所以歷史價值論也不妨稱為史學價值論。（但「史學價值論」一詞有可能被誤會為針對致知活動的本身，考察其價值。所以為了避免誤會，個人認為宜避免用此詞。即只用「歷史價值論」一詞便好了。但讀者要記得吾人之獲悉歷史，一般來說，是要先透過「有效記錄」這道工序的。是以如相關記錄出了問題，則相關歷史所可以提供的價值，便大打折扣——大可商榷了。）

(三) 何謂「新儒家」？

相對於先秦儒家來說，所有後出之儒家均為新儒家。新儒家有二特質：

返本——繼承先秦儒家（孔孟荀，尤其孔孟）之思想；尤其內聖的一面。如果沒有繼承的一面（即已經沒有了「儒」的一面），那大概便不能，或至少不宜稱為「新儒家」了。

開新——對治時代而作出回應（側重外王面）【「開新」也有另一義：儒家內部開新：某一儒家人物之思想異於主流儒家之思想（含先秦儒家、其前之儒家、同時代的儒家），而能開創出另一種儒家思想或方向（如牟宗三先生認為程頤所賦予《大學》的地位即異於其前及同時代的儒家之主流思想。】

1、針對漢代的政治大一統（專制）→思想大一統（董仲舒），漢儒的回應：經學、經世致用之學、災異、讖緯、禪讓。

2、針對隋唐的佛教，唐儒的回應：排斥佛老（如韓愈）；宋明儒的回應：汲納佛老、消融佛老、道德形上學之發皇。

3、針對清代的考據學，清儒的回應：考據學不足以概括清學。附識：針對「以理殺人」，則主張以禮代理（可參周啟榮及張壽安的著作）。（演講中，又可略談明末清初經世之學、清末今文派、公羊派等等。）

4、針對五四運動以來的學風、全盤西化論等等，現代／當代（姑從1920 年算起）新儒家的回應：強調新外王——科學與民主，並力圖保住傳統儒家精神。

代表人物計有：

第一代：梁漱溟、馬（一）浮、馮友蘭、錢穆、賀麟、方東美、熊十力、張君勱等。（義大利漢學家白安理把方東美視為第二代，劉述先則仍視為第一代。）

第二代：徐復觀、唐君毅、牟宗三（新儒家海外三大師）。

第三代：蔡仁厚、劉述先、余英時、杜維明、成中英。

第四代：劉國強、楊祖漢、李明輝、林安梧等等（按：此第四代亦師從唐、牟二人，故很難說純粹是第四代。可說是三、四代之間；林安梧創「新新儒家」的稱謂。）

二、錢穆

(一) 錢先生是否新儒家？（錢先生的大弟子余英時以為不是；認為錢先生最不喜分門立戶。但除此以外，還有其他原因導致錢先生不承認及其弟子余英時否認錢先生是新儒家嗎？）

(二) 其實，「新儒家」有廣狹兩義。廣義：可參上文；狹義：側重道德形上學。從廣義的立場來說，錢穆當然是新儒家。

(三) 錢先生的史觀（大陸的陳勇教授、徐國利教授，乃至香港的區志堅教授這方面的研究比我深入多了，可參看。）

1、歷史是“人”的歷史（參周育華，《君子儒錢穆先生評傳》（鳳凰出版社，2011年），頁172。手頭上剛好有此書；旅次途中不及參考他書。）

2、文化史觀（上揭周書，頁167）、民族文化史觀。

3、性善論（光明性）、不朽論推動了歷史的發展（頁166、175-176）

4、否定中國歷史上出現過君主專制獨裁政治，惟明、清兩朝則為例外（這方面的立論與張、徐、唐、牟，最不同。）（「張」指誰？他最為人稱道的表現是？）

三、唐君毅

(一) 肯定道德形上學：形上本體乃一具道德性格之實體（中國人稱之為良知、仁體、道體：唐先生有時稱之為「形上真實自我」、「道德自我」）。

(二) 人乃候補的神（甚麼叫「候補的神」？）：人類歷史乃不斷奮鬥精進以求自我超越的歷史。即擺脫自然人、野蠻人而追求成為理想人（理想人格）之歷史。

(三) 中國現代史的省思：中華民族、中華文化必相結合的發展才是理想的發展。（中華民族（漢族）與中華文化，在中國歷史上甚麼時候（朝代）是不相結合而是分離的呢？）

(四) 唐先生絕非只是哲學家、哲學史家；乃係偉大的理想主義者、人文主義者、人類未來行程的策勵者。

四、徐復觀（徐先生的人生經歷跟錢、唐有一點有絕大的差異，諸位可指出來嗎？這一絕大的差異，導致徐先生對現實和對歷史的關注點有異於錢、唐。這反映出甚麼？提示：史家與環境。）

(一) 由心善而肯定性善（人性本善）、道德內在、道德自發。

(二) 認為不需要借助形上學的理論來說明人性本善、道德內在；亦不必借此以說明歷史的發展。

(三) 中國歷史上的君主專制獨裁為萬惡之源頭。此導致經濟上不平等、社會上不公正、不公義、不合理——包小腳、科舉、八股文等等。

(四) 人類歷史之前景及希望：民主、自由、人權。

五、小結

(一) 錢、唐、徐皆可謂理想主義者、人文主義者、文化主義者、儒家、儒者。不同之處在於對道德形上學的看法、對中國傳統政治的看法。

(二) 共事之困難／新亞創辦人問題。

(三) 錢、徐：史家、思想史家；唐：哲學家、哲學史家（當然，這只是很粗略的區分而已。錢先生又被視為國學大師。有關何謂「國學大師」，2012.06.29-07.01 上海大學歷史系主辦「民國史家與史學國際學術研討會」上有所討論。）

(四) 三人皆不世出（何謂「不世出」？）的當代偉大人物；富使命感。個人認為：時勢固造英雄，但英雄亦造時勢啊。（這恐怕是一種辨證的關係。）

報告完畢，感謝聆聽，歡迎指教。

附錄四：開幕或閉幕講話之一
紀念唐君毅先生百周年誕辰
暨學術思想研討會開幕典禮致辭*

主辦單位、協辦單位各位尊敬的領導、各位師長、各位同道、同仁、同學，早上好。個人被邀請代表臺灣的協辦單位，在這個盛大的開幕典禮上致辭，這是個人無上的光榮。

今明兩天舉辦的研討會，以至其他一系列的相關活動，目的就是要紀念一百年前在本省本縣——你們的家鄉宜賓縣出生的一個不世出的偉大人物——唐君毅先生。個人有幸在三十年前親炙唐老師的教誨，從而認識中華民族的博厚偉大和中華文化的廣大精深，這可以說是個人一生中最值得驕傲的機遇。然而，認識中華民族和認識中華文化，不見得一定要透過唐老師。因為透過其他老師，以至透過一般的歷史文化教科書都可以學習到，都可以認識到中華民族和中華文化的。換言之，作為唐先生的學生，或者作為唐先生的後生晚輩，像在座的各位領導、各位朋友，我們在唐先生身上能夠學到的絕對不是客觀的學問，或者說得更清楚更嚴謹一點，學到的絕對不光是客觀的學問而已。那我們學到的究竟是甚麼東西呢？一言以蔽之，人格是也、君子自強不息的自我超越、無限向上奮進的精神是也。

唐先生一輩子都在貞定、光暢中華民族，一生人都在傳承、弘揚中華文化。遺著千萬言便是最好的證明。唐先生可稱得上是「著作等身」。

---

* 本講話發表時間：2009.05.23；地點：四川省宜賓學院；嘗作為附錄柒納入拙著《學術與經世：唐君毅的歷史哲學及其終極關懷》一書內。今稍微更動其內容後，納入本書內。

唐先生在學術上的偉大成就、卓越表現，不必我細表了。在今明兩天的研討會上，個人深信，所有文章都一定能夠非常精彩的把唐先生的學術精神面貌予以揭示展露的。所以可以說必定是精彩可期的。大家不妨拭目以待。

前兩天我在香港中文大學做了一個對中小學教師的一個公開演講。演講中，我做了一副不成樣子的對聯來描繪唐先生，其內容如下，請大家給我指教：

好山好水出人傑，多災多難成聖雄。

貴縣——宜賓縣，是泯江、金沙江、長江，三江交滙合流之所在地。背山面水，得形勢之勝，所以能夠誕生出、孕育出唐先生這麼一個不世出的偉大思想家、人文主義者、理想主義者、愛國主義者。真的可說是「好山好水出人傑」了。然而，光有好的先天環境還是不足以成就唐先生這麼一個文化界、學術界和教育界的巨人的。因為先天環境之外，後天的磨練是絕對不可少的。那唐先生後天的磨練又是甚麼呢？簡單來說，這包括幼年艱苦力學，青年時期因為要維持家計而不得不到處講學兼課，中壯年時期則與錢穆先生、張丕介先生等等學者，在英國殖民地香港創辦以弘揚中華文化為目的的新亞書院和新亞研究所，晚年則奮力與香港政府（或可說與中文大學當局）抗爭，力挽狂瀾，努力維持新亞書院固有的傳統精神。換言之，為了堅持文化理想、為了保住人文精神，唐先生一輩子都在「多災多難」中渡過。所以唐先生何止「人中之傑」，所謂「人傑」而已，實際上是「聖中之雄」，所謂「聖雄」是也。

說到「人傑」，個人認為要成為「人傑」並不困難。各位在座的中國人，四川人，尤其是宜賓人，我們絕不妄自菲薄，在這麼一個好山好水的先天優美的環境下，你們早已經是人傑了。然而，要成為聖雄，那是需要一點後天磨練的。唐先生因為有磨練而成為聖雄，那我們的磨練呢？各位同胞、同志，尤其是四川人，宜賓人，我看，我們該有的磨練早已降臨了。怎麼說？讓我簡單的說一說吧：去年（2008）這個時期，我剛離開宜賓不久而仍然身在大陸時，可以說跟大家在一起共同經歷了 5.12 的汶川、成都的大地震。今年同一個時期，就是現在，我跟大家又在一起了，又一起經歷了中國第一樁致命的新型流感了。大家說不是嗎？所以可以說，在這個“多災多難”的情況下，我們四川人、宜賓人，能不跟唐先生一樣而成為「聖雄」嗎？對不對？能夠不以胡錦濤主席在中共第十七次全國代表大會所說的「弘揚中華文化，建設中華民族共有精神家園」而自我期許嗎？所以作為中國人，作為來自臺灣的中國人，我跟大家一樣，我們一定要好好學習唐先生，好好的要成為人傑，甚至要成為聖雄。在弘揚中華文化和建設美好的精神家園方面，我們一定要勇往直前，必須要有堅毅不拔的鬥志。唐先生是我們的榜樣，是我們的楷模，也是指導我們中國未來發展的一盞最耀眼的明燈（之一）。今天要舉行一系列的紀念活動，個人認為最好的紀念活動，就是要繼承唐先生熱愛祖國，為人文精神，為文化理想而奮鬥的偉大願望。願唐先生的精神永存宜賓，永存四川，永存中國，永存人間而萬世不朽！

報告完畢，我要謝謝大家，尤其要代表臺灣的協辦單位感謝主辦單位各級領導及朋友們所付出的辛勞。沒有你們的付出，我看這幾天一系列的紀念活動肯定是辦不出來的。現在活動是成功的辦出來了，而我們未來要如同唐先生一樣，要成為人傑，甚至要成為聖雄，今天不是已經打下很好的基礎了嗎？謝謝大家，謝謝。

附錄四：開幕或閉幕講話之二
「國學（大衆化）傳播與中華傳統美德教育國際學術研討會暨第五屆儒家倫理與東亞地區公民道德論壇」閉幕致辭*

各位尊敬的領導、同志、同道，中午好。

閉幕式主持人傅永吉所長囑咐小弟代表港澳臺的會議出席者（論文發表者）講幾句話。本人感到萬二分的榮幸。希望以下的發言不致於太過荒腔走板，否則貽笑方家便很失禮了。

中國幾千年來都被稱為「禮儀之邦」。我們作為中國人，自然感到萬二分的欣慰和興奮。然而，曾幾何時，在極左思想及相應的非理性的行動的摧殘下，蹂躪下，尤其在十年浩劫的文化大革命史無前例的嚴重破壞下，國家早已到了山窮水盡，家不成家，國不成國的地步了。然而，歷史的錯誤，祖先的錯誤，作為今天的中國人，我們亦只好概括承受，不必怨天，更不必尤人。幸好，絕大多數的國人幾乎無日不在各種腥風血雨的整肅運動中，經歷過苟延殘喘的三十年後而活過來了，感謝上蒼。真可謂撥開雲霧見青天。在鄧小平、江澤民、胡錦濤等國家領導人的帶領下，中國得以重新出發。近年來更有「弘揚中華文化，建設中華民族共有精神家園」的倡議。作為海外的中國人，我們除了歡欣鼓舞外，還是歡欣鼓舞！

1949 年對中國人來說，是何等關鍵的一年，不必我多說。三十年後的 1978 年在中國歷史上，甚至在人類歷史上，其關鍵地位恐怕不在 1949 年之

---

* 是次論壇的主辦單位：北京東方道德研究所等等；會議舉辦日期：2011.10.30-31。

下。該年 12 月下旬，第 11 屆 3 中全會順利通過了改革開放的議案，中國得以重生。改革開放從經濟做起。經濟當然重要。正所謂衣食足然後知榮辱，倉廩實然後知禮節。此眾人皆知，不必細表。然而，經濟並非唯一的。精神文明也是同樣重要的，甚至是更重要的。

說到 1978 年，這一年對海外中國人，尤其對港臺的中國人來說，尚有另一意義。該年 2 月 2 日，石殞星沉，我們國家走了一位偉大人物。為中華民族的生存發展及為中華文化的傳承弘揚，奉獻一輩子的當代大儒唐君毅先生齎志以歿，與世長辭了。眾人悲痛逾恆。四年後，即 1982 年，另一當代新儒家徐復觀先生也辭世了。碩果僅存的牟宗三先生雖然身體仍然相當硬朗，但久經風霜之後也垂垂老矣，1995 年亦駕鶴西歸！這三位當代大儒的人格風範，必可與日月爭光而競耀；其千萬言的著述，亦必永為人類文化之瓌寶無疑。然而，個人深信，他們去世時，心中定然仍有放不下而記掛著的一個憂慮在，這就是國族何去何從，文化如何傳承弘揚的問題。國族生命之存續，是每個中國人努力之所在。然而，就文化來說，我們作為三位先生的學生，似乎比一般國人，甚至比一般知識分子，更有義務來繼承三位先生的遺志。來自香港而因事先離席的郭少棠先生、在座的劉國強先生、葉國雄先生、何萬貫先生，和來自澳門的鄭祖基先生，乃至小弟，就是再不爭氣，力量再微薄荏弱，但作為三位先生的學生、晚輩來說，在承傳先生的遺志方面，我們自然責無旁貸，必當全力以赴。其實，三先生念茲在茲的這個終極關懷，以至所有先烈們的同一關懷——國族生命的存續和文化生命的傳承，對於同為炎黃子孫而後死者的我們來說，我們朝夕殫心竭慮之所在，莫不全縈繫於此，聚焦於此。昨天和今天的會議，就海外來說，除來自上述港澳臺三地的學者外，尚有來自馬來西亞的陳啟生先生和來自新加坡的林緯毅先生。個人深信，他們跟我們所記掛的，所繫念的，以至對中國所期許的，所企盼的，必然是全然一致的，無所別異的。我們之所以願意請假，離開工作崗位，把手邊的工作都先擱在一傍，一方面是希望來這裡學習，但更重要的是來宣揚，來傳播儒家傳統美德教育方面的文化理想。唐人韓愈不是說嗎：「喻當世莫若口，傳來世莫若書。」我們來這裡，就是企圖用嘴巴來奉獻我們微薄的綿力。

然而，儘管再有心，再有使命感來做文教事業，但如果沒有有利的條件，或缺乏相應的大環境的話，人們主觀上的努力還是無濟於事的。剛在兩個星期前順利召開過的第17屆6中全會在培育主流文化和部署「文化興國」的議題上，做出了一個明確的決定。這是非常振奮人心和讓人鼓舞的。現時弘揚中華傳統文化，其時機正可說是形勢大好。而本次研討會又為這個大好的形勢搭建了一個非常理想的平台。蓬生麻中，不扶自直。我們要發展儒家美德教育的文化，我們還愁沒有客觀有利的大環境嗎？

最後，讓我對剛才報告的幾位朋友致上最高的敬意。我個人，以至若干與會的專家學者，恐怕只是流於紙上談兵而已。相反，北京東方所名譽所長王殿卿先生、北京通州區教委劉會民先生、北京門頭溝區教科所魏宏亮先生、東方所任寶菊教授和北京四海孔子書院院長馮哲先生，他們所做的才是面對群眾，面對青少年人的第一線的工作。換言之，把中華美德教育、公民道德教育落實下去的是他們，而不是我們。因為我們只是懂得爬格子，敲鍵盤：在理論上說得天花亂墜、玄之又玄的幾個書生而已。相對於我們的"談玄說理"來說，上面說過的站在第一線的工作同仁，他們的工作就顯得特別踏實和重要了。所以我要特別向他們致上最崇高的敬意和謝意。

末了，個人好舞文弄墨。是不是讓我以打油詩一首，膽敢借用本閉幕式以下各人名字中的一兩個字，來表示我對他們最高的敬意和謝意。閉幕式成員包括：主持人及本次研討會最高負責人傅永吉所長；致辭人則含北京青年政治學院院長梁綠琦教授、國際儒聯主任委員張踐教授和東南亞專家代表林緯毅教授。現敬獻打油詩一首如下：

綠樹成蔭聚蟹島，
踐履儒學宏美德；
毅力可嘉人敬佩，
吉星拱照**永**垂則。

梁綠琦院長是本次研討會的金主，所以第一句詩便要描繪她、感謝她。「蛇無頭不行，事無財亦不行」嘛！至於傅永吉所長，他為本次會議勞心勞力，居功厥偉，所以壓軸的一句便奉獻給他，且把他的名字全用上。順便一提，剛才陳啟生先生擔心我們現今推動的儒學運動，會不會像過去推動過的其他運動一樣，如「學習雷鋒好榜樣」運動，最後會無疾而終？陳先生的擔心，個人認為是有一定道理的。「謀事在人，成事在天」。然而，在吉星拱照（泛指有利條件的客觀大環境而言，不是指訴諸天命的迷信）的天助自助之下，個人深信，以儒家德育為主軸的精神文明，一定會發揚光大的。當代新儒家們（尤其是上面提過的徐、唐、牟三位先生）所朝夕繫心縈懷的偉大抱負，一定會實現於今日的。我們不妨拭目以待。末了，我要向多天來為我們付出心力，努力服務的幾位同志，尤其是王穎、王欣等等，致上謝意。最後，敬祝所有與會者精神愉快，身體健康！謝謝大家。

附識：閉幕式上，本人急就章，臨場寫了一個致辭大綱，並據以向大會報告。會後國強兄覺得弟之致辭內容尚不壞，乃來信詢問是否有底稿？弟於是便把大綱稍作擴充並在文字上作點潤飾以應命，藉以表示全力支持國強兄在弘揚中華傳統文化上所推動的各項活動；再者是感謝國強兄推薦我參加是次研討會，讓我有機會弘揚業師唐君毅先生在人文精神上的慧解卓見。

附錄四：開幕或閉幕講話之三

第四屆儒學論壇　歷史與文化：當代新儒學的理論與實踐——唐君毅先生誕辰 105 周年國際學術研討會開幕致辭*

各位尊敬的領導、各位嘉賓、同道、同仁、同學：早上好。

宜賓有兩種名產，一是物質的食糧，另一是精神的食糧。物質的食糧，不必我多說，指的就是聞名中外的高檔的五粮液酒。精神食糧，就是今年 105 歲的唐君毅先生。所以你們這個城市，真的是超棒的，我們身體所需要的兩種食糧，一精神的，另一物質的，都被你們一網打盡，就是說，被你們通吃了！你們真厲害。其中精神食糧，也許比物質食糧，來得更值得我們關注。物質食糧，不能過多，否則消化不來，會影響健康的。其中酒，更不能喝太多，否則超量了，便會對身體造成負面影響的。反過來，精神食糧，便沒有類似的問題了。精神食糧，我們永遠嫌少，怎麼會嫌多呢。換句話說，我們只嫌自己從唐先生身上挖的寶不夠多，取的經不夠廣，怎麼會反過來嫌過量、過多呢？！

說到取經、挖寶，其實自唐先生 1978 年 2 月 2 日在香港過世之後，30 多年來，中外學者專家在他身上挖寶取經的，已經很多了。學者專家們，從唐先生身上不斷挖掘中國文化的精神寶藏，甚至挖掘世界人類文化的精神寶藏。世界各地，尤其兩岸三地的相關研討會、論壇，二、三年便召開一次。

---

* 會議主辦單位：宜賓學院唐君毅研究所；會議舉辦地點：宜賓學院；日期：2014.10.15-18。

會議的主旨與其說是闡發唐先生的學術思想，那寧可說是藉著研究唐先生、探討唐先生，而目的實在於闡發、披露中國文化的永恆的精神價值。今明兩天在貴大學——宜賓學院——舉行的儒學論壇，也是在繼往開來闡揚儒學文化、儒家文化的寬敞的大道上，一起共襄盛舉的很具代表性的一個個案。而且，我們這個個案比起其他個案（即比起類似的研討會，類似的論壇），更具非同凡響的特殊意義，而這個意義是其他類似的研討會或論壇，無法跟我們相比擬的。原因很簡單。原因就是我們在宜賓舉行論壇啊。宜賓，是唐老師的老家。唐先生的老家，毫無疑問，只有一個，就是好山好水的宜賓。好山好水出人傑。由宜賓的最高學府——宜賓學院——為了紀念唐先生的冥誕，也為了發揚中國傳統文化精神，來舉辦這樣的一個論壇；個人深信，在中國，以至世界上其他地區的城市，那能夠跟宜賓相比，而同樣的享有這份殊榮呢？所以光是就這一點來說，在宜賓舉辦今明兩天的論壇，其意義已是非同凡響，而不是世界上其他地區，其他城市可以相提並論的。在座的各位嘉賓，你們說，我講得對嗎？

唐先生也許是現代新儒家當中，門牆最廣，包容性最強的一位不世出的大師。本次論壇，我們學會了唐老師這個廣納百川、有容乃大的精神。所以儘管會議的主題是紀念唐先生，但是作為會議籌備委員來說，我們也非常歡迎學者專家們來報告唐先生以外的論文課題，譬如可以報告徐復觀先生、牟宗三先生等等的學術思想，讓中國文化在大師們的交光互映下，能夠充分展示、彰顯其璀璨光輝的一面。

個人深信，今明兩天所有與會者的學術論文，一定能夠把唐先生、徐先生、牟先生，以至儒家精神、中國文化精神最偉大、最有價值的各面向，向在座的與會嘉賓作出最好、最棒的展示的。所謂精彩可期，本人拭目以待。一句話，論文的質素方面，個人深信，一定是超棒的。

然而，籌備工作方面呢？這方面，我要向與會嘉賓作個坦白的交代。“坦白從寬，抗拒從嚴啊”。以前不是有這句話嗎？希望大家能夠饒了我。怎麼說呢？讓我稍微說明其究竟。個人作為籌委之一，作為是次論壇的發起人之一，在籌備工作的過程中，因遠居臺灣，不克親力親為，竭盡其力來辦好是次會議，這是個人心中深以為愧疚的。幸好，大會籌備委員會在召集人楊永明所長、何一院長、何仁富教授、邵明教授等等的大力推動下，策劃下，是次論壇還是很順利的辦出來了。所以我在這個地方要向他們幾位，以至其他幕後英雄，致上最高的謝意與敬意。個人身不在宜賓，不克承擔的辛勞，完全由他們來分擔了。我能不向他們致謝嗎？

說到出席的學者專家，除了內地和臺灣之外，更有來自法國的學者，如唐先生的高足岑詠芳女士，便是一例。當然，也有來自其他國家的學者專家，我在這裡就不一一舉出他們的大名了。總之，非常感謝您們不遠千里而來參加這次研討會。

再來，我今天的講話，除了上面有點拉雜而談的發言外，我還必須代表本次論壇的協辦單位香港新亞研究所劉楚華所長致上十二萬分的歉意。劉所長因公務十分繁忙，實在無法抽身出席是次盛會。劉所長千叮囑，萬吩咐，要我代表她向大會，尤其向楊永明所長致意；希望永明所長一定要接受她致歉之意。永明所長啊，您一定要接受啊，否則我回到新亞研究所就不好交代了！您不接受，我現在就不下台。除了新亞研究所劉所長之外，新亞研究所最近由畢業同學們剛成立的校友會也要我代表他們向大會致意。

剛才說到不下台，其實是開玩笑的。在各位領導及嘉賓跟前，我怎敢造次、沒大沒小呢？！好了，不多說了。在此再向尊敬的領導及所有與會嘉賓致上最高的敬意，並祝本次會議順利成功，大家身體康健，精神愉快。

報告完畢，謝謝大家

附錄四：開幕或閉幕講話之四

唐君毅先生全集發布會暨國際學術研討會講話*

向各領導問候。（本講話為事先擬訂好的文稿，因無法預知將有何領導出席，所以名單只好從略。）

一、貴省（四川省）宜賓市，是人傑地靈的好地方，因為除了絕品好酒（佳釀）五糧液之外，偉大的思想家、現代新儒家、人文主義者、哲學家、哲學史家唐君毅先生的出生地，就是宜賓。而四川省省會成都則是唐先生在大陸工作——教書的一個留駐最久的城市。

二、說到宜賓，屈指一算，過去 10 年來，即從 2006 年至今，我每年都來宜賓。無他，因為唐先生是小弟在香港新亞研究所讀書時的所長、導師。宜賓是唐先生的出生地。我每年都來，目的就是要感受一下唐先生的故鄉泥土的氣息、文化氣息。我今天來，更是代表新亞研究所劉楚華所長而來。她本人最近丁憂，守喪，所以不能出席今天的盛會。她要我代表她向大會致意。

三、宜賓是唐先生的出生地，而香港的新亞書院和新亞研究所應該是唐先生服務最久，付出最大心血的一個工作單位。1949-1974：新亞書院（1963 年之後成為香港中文大學的成員書院之一）；1953-1978 新亞研究所。

四、今天且以三達德（智、仁、勇）和三不朽（立功、立德、立言）來說明一下唐先生對世界所做出的貢獻。智：其書字字珠璣、句句金玉，充滿

---

* 發布會暨研討會地點：成都；時間：2016 年 10 月 29 日。

智慧；仁：充滿人溺己溺、悲天憫人，深情厚愛的儒者情懷；勇方面，唐先生嘗言：「事有大小，而理無大小」。義之所在，即命之所在，而盡力為之。1970 年代懷著「雖千萬人，吾往矣」的不屈不撓的精神，抗拒作為英國政府統治下香港殖民地的大學教育政策。這是勇者無懼的偉大表現。立功：教育事業，不光是教書，當教書匠而已（大陸時期，擔任過系主任、教務長。香港：系主任、文學院院長；在新亞書院長期擔任教務長——相當於第一副校長，而校長則是錢穆先生。）立德：言教之外的身教（充分展現聖賢氣象，猶當今孔子）；立言：上千萬字的著作。

五、說到立言：百科全書式的學問家（唐先生好友程兆熊先生嘗用以下二句話來分別描繪唐先生和牟先生在學問上的表現：彌天蓋地，截斷眾流）。中西印哲學、佛學、文化、歷史、宗教、教育、藝術、生命哲學、生命醫療學、愛情學（詳見何仁富、廖俊裕教授這兩天的報告）。他的著作，都兼顧到了。

六、韓愈：化當世莫若口，傳送世莫若書。唐先生都做到了。

七、學問不可能憑空存在的。它需要一個載體：書是也！！臺灣：1991 年已有臺灣版。但此版在大陸流通不廣。這是比較可惜的。25 年後的今天，終於有大陸版了。新編本啊，比臺灣學生書局版本更精美，內容亦更豐富。我早有此心願。但空有心願，不行；何仁富、楊永明、汪麗華、王康、九州出版張海濤總編等等（其他熱心人士很多，恕不一一列名致意；也許應該再提一下的是唐先生的高足：前香港中文大學劉國強教授。他個人近年因為身體不很好，所以今天不能出席盛會）。個人在臺灣也幫忙找點資料，尤其是唐先生的照片——生活照等等。但與大陸朋友比，尤其是跟仁富兄相比，那根本是微不足道，現在且不談。

八、中學讀書時，嘗讀天主教《要理問答》。其中有以下的 Q and A：「你為什麼活在世上？」「為恭敬天主，救自己的靈魂。」對天主教信徒來說，後一句話是標準答案。今天且談別的答案：為自己而活，為愛人而活，為父母親而活，為子女而活，這種種活，都是最偉大的活。對我來說，稍有不同。大家猜我今年幾歲？65 歲了，家中排行第十，老么。我父母親早過世，我沒有小孩。我身體還可以，我愛人（內子）比我身體好。所以不用我特別照顧。那麼我為誰而活呢？我為我的老師唐君毅先生而活，為徐復觀先生而活，為牟宗三先生而活。為所有新儒家而活。在座的同志、領導或許問：為甚麼為幾個死人而活呢？他們已死，為他們活，幹嗎？值得嗎？的確他們早已作古。然而，他們所代表的精神，尤其是文化精神、中華文化精神，萬古而常新，亙古而不滅。習總書記常有一個“中國夢”掛在嘴邊。對我來說，這個偉大的中國夢就是把偉大的中華文化，我希望能夠一生一世的光暢下去，弘揚下去，發揚光大下去。而唐君毅先生等等偉大的新儒家就恰恰是偉大中華文化的載體。而這個載體的載體，就是《唐君毅全集》。所以今天我個人在心中抱著十二萬分的興奮，對北京九州出版社的同志抱著百二萬分的敬意，對何仁富、何一、楊永明等等同志抱著千二萬分的感念，來出席今天這個盛會。希望我們藉著《唐君毅全集》這個載體把唐先生的精神生命、學術文化生命，以至進一步的中華傳統文化生命好好的繼承下去，發揚光大下去。

九、謝謝大家。

附錄五：其他之一

唐君毅先生的「深淘沙、寬作堰」精神——植根於道德心靈、理性心靈之人文精神爲融攝一切學術文化歧異與民主建國的不移基石*

本年（1980）年9月杪，筆者從香港負笈法京巴黎。異國文化自與我國不同。於茲使我轉念中國文化在今日所遇之厄運與蹇滯，為亙古所未有，能不令人唏嘘！

法國政府致力保存彼國文物。就巴黎街上所見之樓宇言，多為二戰前乃至19世紀末葉之古老大屋。2、30層高之新式高樓大廈，甚為疏落。詢問下始知乃係彼國政府致力保存文物之結果。又博物館及古堡中所藏 19 世紀之遺物亦保存不遺餘力，能不令人讚嘆。拿破崙時代即相當於我國清乾嘉時代，距今不足200年。以我國之悠久文化言，這怎算得上是歷史。然彼國人

* 本文撰就於1980.12.21於巴黎；原發表於（臺灣）《書目季刊》，第14卷，第4期，1981年3月，頁56-58。時移世易，文中所述內容有不盡合於40多年後之今日者，然為保存原文面貌，並藉以見當時心境，除個別字眼予以改動及相關引文明示出處、頁碼外，內容上則一仍其舊。其實，自第11屆3中全會（1978年12月18日至12月22日在北京召開）舉行過去後，改革開放之政策已漸次落實。然而，起初幾年的一個階段，似未見具體成效。筆者身在外國，對相應該政策而來之表現更是「無感」。所以觸目所見及內心之所感，大皆往昔刻板印象投射下的產物。此則筆者當時個人見聞上之孤陋也。今稍綴數語於此，以補過焉。本文又收入《紀念集》，《唐君毅全集》（北京：九州出版社，2016），卷38，頁463-467。

士則保存至力；反觀我國，又怎能不令人汗顏。

法國青年左傾者甚多。街頭巷尾，尤其大學門前，時見青年派發共黨宣傳單張，甚至厲聲大喊，呼籲他人入黨，其志實可嘉，唯竊覺其雖深具理想；然而，理性方面，似乎便談不上了。

巴黎第 7 大學中文系之治學途徑、教授課題、授課媒介（中文簡體字）、書籍以至一般學報雜誌均採中共進路。詢問之下，乃知其他大學中文系亦然。實儼然以中共代表我國文化矣。法政府承認中共政權[1]，寖至文化學術亦轉以中共為正統，乃必然之結果乎。筆者本有意介紹港臺出版之中文書籍予相熟之法國同學參閱，俾可轉移彼等視線，然彼等因不懂繁體字，不能閱讀。由此使筆者覺察中共推行簡體字實可為其有意摧毀我國傳統文化之一大助力也。

上述聞見，與心中已有之概念一一對照，不能不使人百感交集。國家前途如何？民族文化之命運又如何？國族飄搖，文化斵喪於異域。固有文化統緒僅存臺省及海外三數地。這百般感受只得使我更憶念逝世三載之君毅先師。我這飄零的花果亦只有在中國文化使命的感召下，唐師通體肫仁、通體智慧的生命遺教的引領下，才有勇氣繼續為文化理想奮鬥下去，不然早就與流俗同其浮沉了。

由共黨在此地宣傳、煽動之熾烈使筆者轉念自由民主之可貴；由法國政府之刻意保存文物及本地大學中文系治學途徑之左傾，使筆者轉念中國文化之永恆價值。自由民主等觀念自 19 世紀中葉以還即隨西方帝國主義之入侵而傳入中國。然百多年來，自由民主在我國尚未生根。民國初年，倡言自由民主、鼓吹自由民主者，亦大不乏人。惜體認不深，所見未廣，以致有誤認必先摧毀我國固有文化為實踐民主之必然手段者。以為非此不足以濟事。此即視民主自由與中國傳統文化為不相容之二物，擇此則捨彼，取彼則棄此！此誠可悲痛也。其中亦有二三有識之士，如梁漱溟、熊十力諸先生，知民主自由與中國文化不相衝突牴牾；且可互相補足。然彼等或限於個性禀賦、或

---

1 據維基百科，1964 年 1 月 27 日，法國和中華人民共和國建交。

囿於客觀環境，對此二者之調和及如何進一步以中國固有之人文精神來攝納統御民主自由思想，則未能精研引申細為解說。而能畢生致力於是，鞠躬盡瘁，死而後已者，則非新儒家海外三大師（徐復觀、唐君毅、牟宗三三位先生）莫屬。以下僅言唐先生。

君毅先師生命圓融博厚，胸懷廣涵萬物，見道術既為天下裂，「譬諸耳目口鼻，皆有所明，而不能相通」之「一曲之見」，即本其肩負承載之「地德精神」，轉運其深識睿智以省察各人文學術。惟見眾學術領域雖各有其個別獨立性，看似不相關涉，乃至互相衝突牴牾，如科學與宗教、科學與道德、道德與宗教等即是，然均見其有可交流融通之處，可相互補足，且更可為一更高之價值所統御。[2]師即嘗言：

> 道術既為天下裂，世之為政施教者乃多往而不返。歸于鹵莽滅裂，而生民道苦。區區之意，凡遇此類之偏執、矛盾之見，皆在更高勝義上立根，加以疏解。疏解之道，則要在分別就問題之所在，順偏至之論之所極，以見其非會偏歸全，不能解決問題。[3]

---

[2] 唐先生一輩子困心衡慮者，乃深恐「道術將為天下裂」。是以其為文著書莫不以通貫銷融各家之異同為旨趣。2008.12.16 重閱《中國哲學原論・原道篇・自序》一文，唐先生此終極關懷躍然紙上。茲引錄如下。先生說：「……至於吾之論此魏晉以後之文學藝術中之道，則亦自有其獨特之哲學意義為止；乃所以見中國之哲學之思想，不只存於四庫之子部之著述之中；即中國之經史之學文藝之學，亦不能自位於具哲學意義之『道』之外，然後可免於『道術將為天下裂』。過此以往，亦非我所及知者也。」（香港：新亞研究所，1976），頁 14。從唐先生的法眼來看，子書以外，經部、史部及集部書均莫不言道。是故以道為主軸以觀察、繩衡之，則天下學術皆可相通共濟互補並存，何相互滅裂排斥之有哉？至於「過此以往，亦非我所及知者也」一語，一方面，固係先生一謙遜之說法；他方面，亦多少反映先生某一程度上之無可奈何。然而，其終極關懷已隱然可見。然則視為慧解通觀之卓識，抑鄉愿一曲之謬見，所謂「知我罪我」者，實非先生所問也。此與孔子撰《春秋》之同其旨趣可知也。

[3] 唐君毅：〈本書旨趣〉，《中國人文精神之發展》（臺北：臺灣學生書局，1974），頁 3。

師於青年時嘗溯泯江上游，見秦李冰修堤堰時曾留下六字訣：「深淘沙，寬作堰」。師徘徊不忍遽去。「因悟吾人對一切人生文化問題之解決，皆係于淘其沙礫以致深閎，寬其堤堰以納眾流。而吾之為學運思行文，亦竊有慕於此。」[4]

使眾流有歸而立根於更高之勝義者，即為師念茲在茲一刻不能或忘之人文主義思想。師秉持此勝義，緊握此勝義，申言一切個別獨立之道術，惟有在此勝義統攝下，又惟有以此勝義為背景，始能各顯其真正之價值與理想之價值。

離此勝義，科學之成就適足以製造原子彈，摧毀人類自身；宗教亦必須自人處講起，離人而言宗教，則宗教亦只是外在者；民主頓成政權之分贓；自由亦流為以自我為中心，衍生放蕩浪漫而已。

如吾所見不差，於「人文」二字中，師重「人」過於重其所表現於外之禮樂之儀「文」。師稱孔子「要人先自覺人之所以成為人之內心之德，使人自身先堪為禮樂之儀文所依之質地。」孔子如是，竊以為唐師亦莫不如是。是要人成就一個「純內心的德性世界」。[5]而所謂人自身即指其道德理性面而言。吾人惟有本此道德理性始可真正開創一切文化領域。換言之，離道德理性而言文化道術則只是「忘本徇末」。只有以人為主而立文，始可「攝末歸本」。吾人上述言民主建國，亦惟有循此路始可通，亦惟有循此路始可將西方之民主自由觀念納入我國文化體系之中。然於此，吾人有一問題：即本諸道德理性之人文精神，在理論上究如何消融涵攝此民主自由觀念？無他，此中之關鍵恆在於：「依個人理性心靈、道德心靈，求客觀化其自己」[6]。吾人在德性上要求人格平等。本此道德人格平等觀念推拓開去，即成一政治上平等之精神。道德理性不再以一己為囿限。宋儒明道先生嘗云：「（充擴得去時），天地變化草木蕃充。（擴不去時），天地閉賢人隱。」此語雖為

4　同上注，頁4。

5　《中國人文精神之發展》，頁25。

6　〈本書旨趣〉，《中國人文精神之發展》，頁2。

回應何謂「恕心」一問題來說的，[7]然而，就「道德理性」來說，其情況正復相同。換言之，此中之竅要止在於能否將一己之道德理性心靈推拓充擴開去，即能否客觀化此心靈而已。

上言民主建國之背後須要人文精神作嚮導，而其關鍵恆在依道德理性心靈客觀化其自己。今再言此道德理性心靈須進一步開拓其自己，啟迪吾人之心量，俾願意對過去一切歷史文化之罪過孽障，作一道德上之承擔，不躲閃，不逃避。惟有如此，始可在國家多難，風雨飄搖之時代，真切踏實地建構一個民主的中國。唐師於此嘗三致意焉。

摧毀我國傳統文化，代之以馬列主義者，固極可惡。然冰凍三尺，非一夕之寒，其由來久矣！吾人於此不能徒致怨於彼，而實宜深自反省。馬列主義之入侵中國，當然有其順時而興之政治、經濟、軍事機緣。然果非我國知識分子先自毀城牆，先揚棄自家文化，視一切皆不如人，以致思想泛濫無歸，轉成思想真空，則視人如物之馬列主義豈能隨俄人之宣傳而入侵耶？！其取巧乘便者或於馬列主義認識不清者又何能順時而興耶？！吾人於此亦正宜深切反省矣！

而深切反省回思即使人生起一道德責任。此道德責任即促人須承擔一切過去之歷史文化，不容旁貸，不容逃避。是以國家之陷於蹇躓困頓，吾人亦須承擔前人之罪過，不能以「事不關己」一語而以為可推卸得掉。蓋一切前人之罪過亦係中華民族自身之罪過。若係悲劇，亦是整個中國歷史文化的悲劇。吾人無一能置身事外。於此，唐師恆本其悲天憫人，內恕孔悲的大仁大智廣包萬物而濟眾的儒者胸懷，呼喚吾人當以其整個生命頂上去，承擔一切歷史文化之罪過。不經過此番由深切反省而生起的道德責任上的承擔，吾人實難存在地、自覺地消融汲納民主自由諸觀念於中國傳統文化中，給予適當定位，從而肩負民主復國建國的偉大使命。蓋無此深切之反省，對歷史文化的罪過無一存在的體認，吾人實難憑空依個人理性心靈、道德心靈，即可客

---

[7] 語見《上蔡語錄》，卷一。中國哲學書電子化計劃：https://ctext.org/wiki.pl?if=gb&chapter=547228；瀏覽日期：2023.07.08。

觀化其自身也。唐師於此既為吾人導引出一圓融通透的理論，則吾人本此以思、本此以行，則除可消融統攝一切看似歧異的道術外，更可循此以建立一個民主自由的中國。願共勉！

附錄五：其他之二

〈徐唐牟三大師頌〉*

一、前言：撰文並以歌唱的方式“宣讀”本論文的核心部分（歌詞）緣起

各位師友，大家好：茲向　大家報告一事。三年半前退休後，為維持健康之緣故，乃練習唱歌以練氣。不意竟唱出點心得（筆者的三位胞姊皆粵劇界出身，也許小弟有點家族遺傳吧）[1]，且獲得不少師友，如　漢光兄、祖漢兄、　潤培兄，乃至臺灣方面的　博裕兄、家和兄、呂榮海律師等等謬賞（志成兄則特別讚賞〈牟宗三頌〉的歌詞）。筆者雖寫過幾本小書以弘揚

---

* 本拙文乃應邀發表於以下研討會：「新亞研究所成立七十周年紀念學術研討會」。主辦機構：新亞研究所校友會教育文化有限公司；協辦機構：新亞文商書院、儒學史研究中心；日期：2023.10.06-07。地點：香港新亞研究所。原擬發表之論文題目為：〈政治行為上的經與權：徐復觀先生的偉大啟示〉。現今則改作今題（其實，今年四月初便浮現這個新構想），蓋旨在弘揚新亞所究所教授哲學思想方面之三大師之思想學說也。三位之生平行誼亦稍可概見。其實，藉著歌唱的方式來唱出此〈徐唐牟三大師頌〉，已於本年（2023 年）初嘗試過；聽眾主要是鵝湖諸師友。其具體情況如下：2 月 2 日唐先生逝世紀念日（即廣東習俗所稱的死忌），筆者以〈梅花〉的調子唱〈唐君毅頌〉。4 月 1 日徐先生逝世紀念日，筆者以〈一代女皇〉和〈包青天〉的調子唱〈徐復觀頌〉（以上兩曲皆以國語唱出）。4 月 12 日牟先生逝世紀念日，筆者以〈上海灘〉的調子唱〈牟宗三頌〉（原曲在兩岸三地極為流行，當天遂以粵語唱出原曲，繼之以國語唱出〈牟宗三頌〉）。

1　六姊名黃嘉華、七姊名黃嘉鳳、八姊名黃嘉寶（筆者是老么，家中排行第十）；後兩者擔綱正印花旦，前者反串文武生；皆已息影多年。演出地點，除香港外，中晚年則主要在星馬。

儒家精神，但銷售量方面，恐怕就只能用“嘆為觀止”來形容了！由是想到，是否可以改為用歌聲來“移風易俗”？（按：儒學第四期的表現方式相當多元化，所探討的課題亦與前三期有相當差異。今茲藉著歌聲作為傳播之資，或不失為其中一途歟？）按：基督宗教、佛教等等，恆以歌曲傳播其教義教理。竊思欲儒學／儒教普遍化或所謂深入民間，吾人藉歌曲以為傳播之資，恐不失為一可行之管道。筆者不悉儒家／儒教是否有相類似的傳教歌曲流行於世？縱然有，但其內容恐怕亦絕不會藉著（恕孤陋寡聞，至少筆者未之見）徐唐牟三大師的著作中之思想要旨或進一步引用其中之粹言警語以撰就歌詞，並予以唱出者。爰產生以下的一個初步構想：利用餘生在這方面略盡綿薄。

今日在本場研討會上乃嘗試公開初試啼聲（其實，過去兩年多來已把近兩百首唱出之歌曲分別發送過不少師友，請彼等不吝指教）。尚望眾師友惠予包容為幸。然而，這次聚會（大會）既命名為「學術研討會」，則兆強再怎麼樣造次、鹵莽，也總得遵守學術研討會的相關規範的。是以除唱歌之外，總得要有點“學術表現”的（即不能只有表演嘛！）。是以遂對所改編（或所謂自撰吧）之歌詞[2]（在這裡則好比論文的文本）做點說明、闡釋，藉以符合學術會議之旨趣。眾師友任何指教，煩請隨時惠示。一言半語，皆吾師也。謹此懇請。

二、〈唐君毅頌：遍地都是聖賢〉[3]（借用〈梅花〉曲調，但填上新詞）[4]

---

[2] 筆者，文人也；寫文章（就曲藝來說，便是作詞或所謂填詞了），可說是看家本領（當然，寫得好不好，另當別論）。但全不懂樂理，也看不懂五線譜，就連簡譜也看不懂。所以唱歌便全靠死記調子。且唱出的過程中，亦懶得配樂，而完全是清唱。志在自娛，故無所謂也。然而，若日後確定有意並有能力藉著演唱的方式來宣揚儒家義理，則配樂（音樂伴奏）恐勢所不能免也。

[3] 唐先生相信人性本善；在其眼中，沒有真正壞的人，且凡人（任何人）皆可以成為聖賢的。是以今以「遍地都是聖賢」作為本〈頌〉的副標題。

[4] 2023.01.30凌晨五點鐘睡夢中醒過來，在床上想起一位至親的長輩，彼40多年前生了一個患有唐氏症的小孩。其後照顧之勞累，不言而喻。真所謂命也乎？說到命，就想

憶去年（2022 年）過農曆年時，嘗用唐先生〈說中華民族之花果飄零〉一文[5]中之若干語句，撰寫了歌詞，並借用〈梅花〉的曲調唱出。不意竟獲臺灣　呂榮海律師謬賞而 po 上某網站上。　瑞全兄聽到拙唱後，認為充滿了哀傷之情，視為憂患意識之呈現（瑞全兄之大意如此。其確切用語，則不復憶記；真愧對　瑞全兄。）瑞全兄所言，良是。轉眼已過去了一年多，今則宜轉消極、悲觀為積極、樂觀／達觀。爰針對上所說「命」之一義，賦新歌詞如下（仍借用〈梅花〉的曲調唱出）：

元月 17（2 月 2 號），聖賢降臨（去世），君毅先師降臨（去世）。聖賢堅

起唐君毅先生的金句：「義之所在，即命之所在。」筆者想及此，精神乃豁然開朗。兩天後，即 2 月 2 日乃唐先生之逝世紀念日（死忌），於是便借用在臺灣非常流行的一曲〈梅花〉（非常流行，指二三十年前了；近今在民進黨主政下，梅花似乎早已“凋謝”了）的調子而填上新詞，藉以歌頌唐先生。針對〈梅花〉一曲，《臺灣大百科全書》有如下的說明：「〈梅花〉由劉家昌作詞作曲，傳頌一時，至今臺灣仍有不少人能朗朗上口。有議者認為梅花遲至二戰結束後的 1964 年始成為中華民國的國花，因而批評曲中『它是我的國花』一詞有時空倒置之疑。但亦有一說認為 1928 年南京國民政府即曾將梅花定為國花，當時的臺灣當然有機會得知，因此並無不妥。此曲〈梅花〉為 1976 年臺灣出品的一部國語發音有聲彩色電影《梅花》（英文：Victory）之主題曲，電影導演為劉家昌。該片為 1970 年代中期大型抗日電影經典名作之一，此乃因 1972 年中華民國與日本斷交後數年間抗日題材蔚為風潮之所致。故事背景為二次世界大戰時期身為日本殖民地的臺灣，但劇情並未完全參照史實。」此見 https://nrch.culture.tw/twpedia.aspx?id=10094；瀏覽日期：2023.04.25。

上文筆者有一句說：「梅花似乎早已“凋謝”了」。證諸作曲者本人（劉家昌）的看法，正復相同。「維基百科」即如是說：「在〈梅花〉創作 40 年後的 2017 年，劉家昌在微博發文，認為有臺獨黨綱的民主進步黨完全執政，中華民國不再，故將〈梅花〉歌詞中的『它是我的國花』改為『它是我的梅花』。」此見 https://zh.wikipedia.org › zh-tw；瀏覽日期：2023.04.25。為避免與政治扯上任何關係，筆者嘗把這一句改為：「它是我的至愛」。至於上所引唐先生的金句，則見所著《中國哲學原論——導論篇》（香港：新亞研究所，1974），頁 515-516。附〈梅花〉曲詞：梅花梅花滿天下　愈冷它愈開花　梅花堅韌象徵我們　巍巍的大中華　看呀　遍地　開了梅花　有土地就有它　冰雪風雨它都不怕　它是我的國花。

5　〈說中華民族之花果飄零〉一文收入同名的以下一書：《說中華民族之花果飄零》（臺北：三民書局，1976），頁 1-29。

韌，象徵我們，巍巍的大中華。看啊，《道德自我之建立》，《愛情之福音》，《生命存在與心靈境界》[6]，全是人類瓌寶。經師人師，當之無愧；愛國愛家愛學生。力抗中大中央集權制[7]，百折不撓。

看啊，〈中國文化宣言〉[8]，讓人認識中國文化。牟徐張唐共同努力，弘揚中國（中華）文化。該做就做，義無反顧；越挫就越奮勇。良心無敵，象徵人類，戰勝一切黑暗。

看啊，遍地都是聖賢。有人類就有他，艱險困乏[9]，他都不怕。他自強不息

---

[6] 唐先生所撰寫的 20 多種著作，洵可傳頌。此三書，則尤見其然；是以筆者舉之以為代表。首書曾獲當時學術委員會二等獎。其實，應為一等獎，以唐先生謙讓之故，乃與二等獎的湯用彤先生（唐先生業師）之名著《漢魏兩晉南北朝佛教史》對調。詳唐端正先生，「民國三十三年條」，《唐君毅年譜》，《唐君毅全集》（臺北：臺灣學生書局，1991），卷 29，頁 58-59。按：牟先生對該書亦稱頌不已。筆者近日嘗重讀該書，亦深深地認為對肯定並堅信人之為一能自我作主的道德主體來說，該書實作出極大之貢獻。《愛情之福音》則中國人愛情學之先驅偉構也。參拙著《學術與經世：唐君毅的歷史哲學及其終極關懷》（臺北：臺灣學生書局，2010），頁 507-528。末書《生命存在與心靈境界》（臺北：臺灣學生書局，1977）則為唐先生晚年所撰之扛鼎之作無疑，不贅。

[7] 此事，老一輩的中大師生必悉其詳。香港中文大學的《中大學生報》嘗以《中大學生報》的名義發表以下一文：〈中大發展史——政府奪權的手法〉，《明報月刊》，卷 12，期 10，1977 年 10 月。該文之前則附上唐先生所寫的致《明報月刊》編輯的一封信，名為〈關於〈中大發展史〉〉，收入《中華人文與當今世界（補編）》，《唐君毅全集》（臺北：臺灣學生書局，1991），卷 9，頁 620-621；又收入《新亞精神與人文教育》，《唐君毅全集》（北京：九州出版社，2016），卷 16，頁 179-180。按：〈中大發展史〉乃當年（1977 年）〈中大學生報〉上所刊登的一篇文章。

[8] 此〈宣言〉由唐先生主稿，經張君勱、徐復觀、牟宗三三位先生分別修訂並聯署後發表於 1958 年元旦號之《民主評論》與《再生》雜誌。其草擬與發表之詳細過程，請參筆者相關文章。該文章今作為第三章收入本拙著《唐君毅的文史哲思想》內。

[9] 「艱險困乏」是新亞書院校歌中的用語。檢附校歌歌詞如下：山巖巖，海深深，地博厚，天高明，人之尊，心之靈，廣大出胸襟，悠久見生成。珍重珍重，這是我新亞精神。珍重珍重，這是我新亞精神。十萬里上下四方，俯仰錦繡，五千載今來古往，一片光明。十萬萬（原作：五萬萬）神明子孫，東海西海南海北海有聖人。珍重珍重，這是我新亞精神。珍重珍重，這是我新亞精神。手空空，無一物，路遙遙，無止境。亂離中，流浪裏，餓我體膚勞我精。艱險我奮進，困乏我多情。千斤擔子兩肩挑，趁青春，結隊向前行。珍重珍重，這是我新亞精神。珍重珍重，這是我新亞精神。

（「艱險困乏」是新亞校歌用語）。聞其風者，頑夫廉，懦夫有立志。[10]君子之德風，小人之德草。[11]

看啊，遍地都是聖賢，有人類就有他。天長地久，聖賢永在；草上之風必偃（他是人類的良心）。命乎？命乎？果真命乎？君子不謂命也。「義之所在，即命之所在」[12]；「命」之真諦在此。〔看啊，遍地志士仁人（英雄豪傑），有人類就有他。捨生取義，勇往直前，光耀千秋史冊。〕看啊，遍地唐君毅們，有人類就有他。真誠惻怛[13]，堅毅不拔，一片丹心照汗青。

三、〈徐復觀頌：憂患意識滿胸懷〉（借用〈一代女皇〉[14]和〈包青天〉[15]的曲調，但填上新詞）

[10] 「頑夫廉，懦夫有立志」，語出《孟子・萬章下》。原文作：「故聞伯夷之風者，頑夫廉，懦夫有立志。」

[11] 「君子之德，風；小人之德，草」，語出《論語・顏淵》。其下尚有以下一句：「草上之風，必偃」。

[12] 此語乃唐先生順孟子言命之詞而來之說明。孟說見《孟子・萬章上》；其中最關鍵之一語為：「是無義無命也」。先生之說明見所著《中國哲學原論・導論篇》（香港：新亞研究所，1974），頁 516。2023.05.26 偶閱唐先生詩，其中有句云：「無義即無命。」該詩名〈孔子〉，寫於二十歲時；是唐先生年輕時即甚關注相關問題。詩收入《早期文稿》，《唐君毅全集》（北京：九州出版社，2016），卷一，頁 4。

[13] 徐復觀先生嘗以「肫肫其仁」、「仁心」和「仁心所流露出的惻怛之詞」來描繪唐先生。見氏著，《徐復觀雜文補編》（臺北：中研院中國文哲所籌備處，2001），冊一，頁 499。

[14] 〈一代女皇〉乃臺灣中國電視公司（簡稱中視）著名古裝電視連續劇（晚上八點播出）之主題曲；作詞：連水淼；作曲：張勇強；主唱：金佩姍（因為唱紅了不少八點檔的電視連續劇，所以有「金八點」的美譽）。播出期間：首播期間為 1985 年 11 月 18 日至 1986 年 1 月 14 日，共 40 集，開播前之暫定劇名為《一代女暴君》。由著名影星潘迎紫小姐飾演武則天。參 https://zh.wikipedia.org/zh-tw/%E4%B8%80%E4%BB%A3%E5%A5%B3%E7%9A%87；瀏覽日期：2023.04.26。附歌曲：娥眉聳參天，豐頰滿光華。器宇非凡，是慧根。唐朝女皇，武則天。美冠六宮粉黛，身繫三千寵愛。善於計謀，城府深。萬丈雄心，難為尼。君臨天下，威風凜凜。憔悴心事，有誰知憐。問情何寄，淚濕石榴裙。看朱成碧，癡情無時盡。縱橫天下，二十年，深宮迷離，任平添。兩面評價，在人間。女中豪傑，武則天。

此曲原為悼念徐復觀先生今年（2023）4 月 1 日逝世 41 週年之紀念日（即所謂死忌）而撰寫並唱出，用 1985-86 年八點檔臺灣之中視連續劇〈一代女皇〉主題曲的調子唱出；最後一句則用〈包青天〉電視劇（1993-94）結尾的一句的調子唱出。為方便不悉該兩曲之師友們稍熟悉相關的調子，在上述研討會上擬先唱出原曲（曲詞見注 14、15），然後再唱出改編的曲子。改編的曲詞如下：

學術大宗師；政治定盤針[16]。（民主勇戰士 (捍衛者 急先鋒)）器宇非凡，是慧根。一代豪傑，徐復觀。文評[17]，冠絕古今（冠絕當代 劃破時代）；政論[18]，讀者深愛。善於運籌[19]，思慮深[20]（愛國愛家憂患深）。憂患意識[21]，

---

15 〈包青天〉一曲是同名電視劇《包青天》（英語：*Justice Pao*）的片頭曲。該劇是中華電視公司（簡稱華視）的八點檔連續劇；播出期間為 1993 年 2 月 23 日至 1994 年 1 月 18 日。該劇由開全傳播股份有限公司製作，製作人為趙大深。全劇共播出 236 集。上述片頭曲〈包青天〉是 1974 年《包青天》同名片頭曲的重新編曲版，孫儀作詞、楊秉忠作曲、詹森雄編曲、胡瓜主唱、華視大樂隊電子琴伴奏（字幕未列名）；1993 年胡瓜唱片專輯《天花亂墜》收錄的版本，改為孫崇偉編曲，亦非華視大樂隊電子琴伴奏。2010 年 10 月 31 日，華視在第一攝影棚舉辦 39 週年台慶，開場由胡瓜唱〈包青天〉炒熱氣氛。詳參 https://zh.wikipedia.org/zh-tw/%E5%8C%85%E9%9D%92%E5%A4%A9_(1993%E5%B9%B4%E9%9B%BB%E8%A6%96%E5%8A%87)；瀏覽日期：2023.04.26。附歌詞：開封有個包青天，鐵面無私辨忠奸。江湖豪傑來相助，王朝和馬漢在身邊。鑽天鼠身輕如燕，徹地鼠是條好漢，穿山鼠鐵臂神拳，翻江鼠身手不凡，錦毛鼠一身是膽。這五鼠義結金蘭。七俠和五義，流傳在民間。

16 徐先生一輩子談民主、鼓吹民主。但民主必以民本為依歸，為定盤針，否則必迷失其方向。其詳，可參拙著《政治中當然有道德問題——徐復觀政治思想管窺》（臺北：臺灣學生書局，2016），頁 364-365，注 20。

17 徐先生對文學所做的批評（取其廣義），詳見《徐復觀全集》（北京：九州出版社，2014）以下各冊書：卷 6《中國文學論集》、卷 10《中國文學論集續篇》、卷 18《論文學》。

18 徐先生的政論文章，散見以下各書：《學術與政治之間》（甲乙集）、《徐復觀雜文》（多冊）、《徐復觀雜文續集》、《徐復觀最後雜文集》、《徐復觀雜文補編》（多冊）、《儒家政治思想與民主自由人權》（此最後一書由徐先生高足蕭欣義先生所編輯）。此外，先生論說思想方面的文字，亦每多闡述彼對政治行為的若干看法的；就廣義來說，亦不妨視為某一程度上之政論文章也。

滿胸懷。官拜少將[22]，威風凜凜。憔悴心事，有誰知曉。斯情何寄，無語問蒼天（寄諸天下人群）。憂國憂民，此情無時盡。《藝術精神》[23]人稱羨（爭睹先、再版連連）；《人性論史》[24]（考據 義理），爭睹先（登峰

19 先生嘗追隨蔣介石先生，任機要秘書等職；是以筆者用「善於運籌」一詞描繪之。其詳，可參謝鶯興編，《徐復觀教授年表初編》（臺中：東海大學圖書館，2017），「1943-1949 年條」。謝先生乃筆者非常敬佩的一位忠厚長者，且經年累月與東海大學中文系畢業生陳惠美教授整理、出版徐先生手稿（多種）。其嘉惠學林之功，豈勝道哉！

20 此主要取《孟子・盡心（上）》以下一語：「獨孤臣孽子，其操心也危，其慮患也深，故達。」所蘊涵之義。走筆至此，筆者不免淒然淚下；個性本激動，恆不能自抑，奈何？！

21 「憂患意識」中「憂患」一詞，最早見於《易繫辭（下）》：「作《易》者，其有憂患乎」、「又明於憂患與故」。至於此詞結合「意識」而成為「憂患意識」一新詞，則徐先生之發明也；見諸以下文章：〈周初人文精神的躍動〉，載《民主評論》，卷11，期21，1960年11月1日。此文其後易名為：〈周初宗教中人文精神之躍動〉，乃作為《中國人性論史——先秦篇》一書（臺北：臺灣商務印書館，1962）之第二章。該語分別見頁 20、21。以此語為徐先生所發明，且先生一輩子對家國天下，都充滿了憂患意識，遂以此語作為此〈頌〉之副標題。

22 官拜少將之確切年分，筆者未能 100% 確定，但最晚應不晚於在中央訓練團兵役訓練班擔任教官之時。按：先生擔任此職位之年分，應在 1941 年。此見諸〈曾家岩的友誼〉一文，《徐復觀雜文補編》（臺北：中央研究院文哲所籌備處，2001），冊二，頁 293-294。至於先生乃係由少將之官階擔任此教官職位者，則見〈末光碎影〉一文，《徐復觀雜文續集》（臺北：時報文化出版企業公司，1981），頁 342。是以整合以上兩文獻而得悉，先生官拜少將之年分，其最晚應不晚於 1941 年。至於退役之年分，則為 1947 年；見〈（陸軍少將）退役證〉上之發證日期：36年10月1日，上揭《徐復觀教授年表初編》，頁 9。《年表初編》繫此事於 1946 年，恐誤。

23 《藝術精神》之完整名稱為《中國藝術精神》（臺中：東海大學，1966 年初版），此徐先生成名且必傳世之作無疑，蓋國人罕以此主題撰就如此大部頭之著作者。再者，其最要者乃係，對中國傳統藝術精神之發微闡幽，國人實無以出其右者。猶記得徐師母晚年（1980 年代後期，即筆者來臺灣教書之初期）住臺北市內湖區近郊之翠柏新村時，筆者嘗多次率拙荊前往探望，師母不止一次垂詢該書是否也在大陸出版。今轉眼師母王世高女士（1911-1996）已逝世接近 30 年，能不讓人唏噓。尤不能自已者，乃係筆者與拙荊探望師母後於告辭之際，師母必從所居住之大樓之樓梯間旁邊之窗口探頭看著我等離開，其猶同慈母望遊子般之眼神，筆者至今一刻不敢或忘。

顛、皆頂尖）；《兩漢思想》[25]（性情志業），逼史遷[26]（留人間）。志士仁人（人中之龍），一身兼（徐復觀）。大地的兒女[27]（名留青史），徐復觀（〈包青天〉：七俠和五義，流傳在民間）。

四、〈牟宗三頌：哲學宇宙中之巨人〉[28]（借用〈上海灘〉曲調唱出，但填上新詞）[29]

---

24 此書之完整名稱為《中國人性論史——先秦篇》。出版資訊，見上注 21。

25 此書之完整名稱為《兩漢思想史》；共三卷。分別由臺灣學生書局出版於 1974、1976、1979 年。卷一初版時則命名為《周秦漢政治社會結構之研究》，由香港新亞研究所出版於 1972 年。

26 史遷乃太史公司馬遷之別稱、敬稱。《漢書．敘傳》即有句云：「烏呼史遷，薰胥以刑！」百科知識又有以下的說法「東漢的衛宏等都用元祖姓氏稱呼司馬遷為『史遷』」。見 https://www.jendow.com.tw/wiki/%E5%8F%B2%E9%81%B7；瀏覽日期：2023.04.26。至於「逼」字，筆者採「接近」一義；意謂徐先生之《兩漢思想史》，其傑出之成就，實接踵追踪司馬遷之《史記》也。按：徐先生最敬佩之史家為司馬遷。其相關言說見〈論《史記》〉一文，收入《兩漢思想史》，卷三。對〈論《史記》〉一文之闡述，可參上揭拙著《政治中當然有道德問題：徐復觀政治思想管窺》下篇第四章。

27 「大地的兒女」乃徐先生哲嗣長女公子均琴女士之原用語；乃係女士悼念其尊翁徐先生之文章之標題。文章收入曹永洋等編，《徐復觀教授紀念文集》（臺北：時報文化出版企業公司，1984），頁 7-8。因為是大地的兒女，所以最能夠感同身受地「以百姓之心為心」以審視世間，乃至歷史上之真是真非也。筆者認為徐先生也許是庶民意識（常民意識）最強，即最接地氣的當代新儒家。針對此議題，可參看李淑珍，《安身立命——現代華人公私領域的探討與重建》（臺北：聯經出版事業公司，2013），頁 19。

28 在唐先生逝世的悼念會（告別式）上，牟先生以「文化意識宇宙中之巨人」一語來描繪唐先生畢生志業上的表現和成就。此語見所撰〈哀悼唐君毅先生〉一文，收入馮愛群主編，《唐君毅先生紀念集》（臺北：臺灣學生書局，1979），頁 151。引語中以下一詞：「宇宙中之巨人」給予了筆者一點啟發。是以今借用來描繪牟先生。至於何以在此詞之前又冠上「哲學」一詞？其原因亦啟發自上引牟先生的悼唐文。其相關資訊如下：牟先生以「哲學宇宙中之巨人」來稱頌柏拉圖和康德（見頁 149）。柏氏和康氏在哲學界之崇高且不可被取代之地位，乃人所共知者。筆者以為牟先生在哲學上之表現（含地位、成就等等）實足與二氏相匹敵，是以乃用同一語來描繪牟先生。牟先生的相關表現，其高足盧雪崑教授最新近之偉構言之詳矣；甚值參看。盧雪崑，《牟宗三哲學——二十一世紀啟蒙哲學之先河》（臺北：萬卷樓圖書公司，2021）。

牟宗三頌(1)

牟宗三，力爭上游，哲學園地耕耘永不休[30]。覽群書，具器識[31]，深悉各家學術源流。孔孟陸王，《易經》[32] Kant，研幾深究。內聖、外王，必證諸自家心頭。《心體與性體》，發微闡幽。物自身[33]，全幅看透。既經師，亦人師。三統並建[34]之心永在奮鬥。聞道喜，無怨尤。家國天下存亡心所憂，崇

---

29 〈上海灘〉，1980 年香港 TVBS 同名電視劇〈上海灘〉之主題曲，由紅星周潤發、趙雅芝等主演。其歌曲則由香港名歌星葉麗儀小姐演唱；作曲：顧嘉輝，填詞：黃霑（粵語；國語版則由何厚華填詞）。

歌詞：浪奔浪流　萬里濤濤　江水永不休　淘盡了　世間事　混作滔滔一片潮流
是喜　是愁　浪裏分不清歡笑悲憂　成功 失敗　浪裏看不出有未有
愛你恨你　問君知否　似大江　一發不收　轉千彎　轉千灘　亦未平復此中爭鬥
又有喜又有愁　就算分不清歡笑悲憂　仍願翻百千浪　在我心中起伏夠

參看：https://baike.baidu.hk/item/%E4%B8%8A%E6%B5%B7%E7%81%98/2768340；瀏覽日期：2023.04.28。

30 三大師中，以牟先生（1909-1995）最高壽（唐先生（1909-1978）享壽 70 載，徐先生（1903-1982）享壽 80 載），高齡 87 歲始辭世。如從 1928 年牟先生 19 歲入讀北大預科算起，至 1995 年仙逝為止，先生從事哲學研究已屆滿 68 年。彼入讀北大的年歲，見所撰《五十自述》（臺北：鵝湖出版社，2000），頁 25。

31 牟先生嘗云，人之為學進德（欲有所成就者），以下條件為不可或缺者：知識（學力、學養）、思辨、實感（感觸）、器識。其詳見上揭《五十自述》，頁 73；又見書中之〈序〉，頁 2；又見《圓善論》（臺北：臺灣學生書局，1985），xiv-xv。

32 牟先生之愛好《易經》，是從讀北大預科時便開始的，參上揭《五十自述》，頁 44 以下各頁。大學三年級（1932 年）時便撰就了以下一書稿：《從周易方面研究中國之玄學及道德哲學》（後改名為：《周易的自然哲學與道德函義》）。惜該書稿未獲胡適賞識而拖延至 1935 年始以自印本方式面世（天津《大公報》承印）。參蔡仁厚，《牟宗三先生學思年譜．著作出版年次表》，《牟宗三先生全集》，卷 32，頁 221。牟先生與胡適的接觸及對胡氏之反感，參拙著《性情與愛情——新儒家三大師相關論說闡微》（臺北：臺灣學生書局，2021），頁 130-134。

33 「物自身」一觀念，主要見諸牟先生以下一書：《現象與物自身》（臺北：臺灣學生書局，1975 年初版）。

34 三統並建的說法，最早見諸〈道德的理想主義與人性論〉一文，載《民主評論》，卷 1，期 11，1949.11.16；其後收入下書：《道德的理想主義》（臺北：臺灣學生書局，1978），作為書中的第三章。對於「三統」的簡要說明，則見該書之〈序〉，頁

學思，尚實感[35]。道德形上學必須／成功建構[36]。

牟宗三頌(2)

牟宗三，力爭上游，哲學園地耕耘永不休。一心二門[37]，兩層存有[38]，論說滔滔，舉世無儔。程朱、胡劉[39]、Hegel、Whitehead[40]，皆所深究。《政道與治道》[41]，治國平天下之瑰寶。「佛性」[42]與「玄理」[43]，發微闡幽。「最

6。針對「三統」這個理論，不少學者已作出闡述，如蔡仁厚、郭齊勇先生等等即是。今從略。

35 牟先生之崇尚學、思和實感（復加上器識），請參上注 31。

36 牟先生所建立或發揚光大的眾多學說中，當以「道德形上學」為最具代表性。盧雪崑教授之相關闡釋尤其值得參看。詳見上揭《牟宗三哲學》，第一章：〈儒家道德的形而上學之奠定〉，尤其第一、二節（頁 31-51）。

37 「一心開二門」的說法，見《大乘起信論》。牟先生之相關闡釋，則見〈大乘起信論之「一心開二門」〉一文，收入《中國哲學十九講》（臺北：臺灣學生書局，1984），作為其中的第十四講（由尤惠貞教授紀錄）。按：二門指生滅門、真如門。前者指的是生死流轉的現象，有生有滅，剎那變化，所謂「諸行無常、諸法無我」；後者則開出清淨法界門。詳參教育百科；瀏覽日期：2023.04.28。

38 「兩層存有」，其全稱為「兩層存有論」，乃指「執的存有論」與「無執的存有論」。其簡介如下：「牟先生依《大乘起信論》之『一心開二門』，建立其兩層存有論，……牟先生撰本書（按：指《圓善論》），乃由講天台圓教而引發。依儒家的智慧方向，會通佛、道，就康德現象與物自身的區分，而歸於兩層存有論（執的存有論與無執的存有論），把圓滿的善套於無執的存有論，即從圓教的立場解決圓善，使道德的形上學更加充實圓成。」見李宗定，「牟宗三先生哲學的回顧與反思研讀會」，見《人文與社會科學通訊》，卷 11，期 3，2010 年 6 月，頁 155-160。https://www.nstc.gov.tw/nstc/attachments/f8e8f227-2947-4c61-bbc7-95aecad78a4f；瀏覽日期：2023.04.28。

39 「胡劉」分別指胡五峰和劉蕺山。牟先生對兩人之研究，分別見所著《心體與性體》（臺北：正中書局，1968），第二冊第三章，頁 429-545；《從陸象山到劉蕺山》（臺北：臺灣學生書局，1979），第六章，頁 451-541。

40 牟先生深受黑格爾和康德，尤其是後者，的啟迪和影響，是不必多說的。西哲中，康氏乃牟先生之"摯愛"，恐亦不必贅言。至於其早年之"摯愛"，則知之者，相對的較少。究竟何人得牟先生垂其青睞耶？此 A. N. Whitehead 是也。其詳，可參《五十自述》，頁 44-59。並可參拙著《性情與愛情——新儒家三大師相關論說闡微》，頁 109-112。

41 《政道與治道》（臺北：廣文書局，1974）乃牟先生所撰外王學三書之一，另二為

高善」[44]必須探究。學不厭，教不倦[45]。「良知坎陷」，堅信不苟。聞道喜，無怨尤。家國天下存亡，心所憂。崇學思，尚實感。生命的學問[46]永不休。崇學思，尚實感；乃哲學宇宙中之巨人。崇學思，尚實感；乃哲學宇宙中之巨人。

《歷史哲學》和《道德的理想主義》。

42 「佛性」指《佛性與般若》一書（臺北：臺灣學生書局，1977），新亞研究所叢刊，共二冊。

43 「玄理」指《才性與玄理》一書（香港：人生出版社，1970），東方人文學會叢書。

44 「最高善」之探究，詳見牟先生《圓善論》（臺北：臺灣學生書局，1985。）其簡要之說明，則見該書〈序言〉，尤其v。

45 孔子嘗回應子貢稱其為「聖」的問題而答曰：「聖則吾不能；我學不厭而教不倦也。」語見《孟子．公孫丑上》。「學不厭，教不倦」一語見《五十自述．序》；蓋牟先生藉夫子此語以自況也。

46 「生命的學問」乃唐、牟二師所極重視者，牟先生甚至以此名稱命名其著作。牟宗三，《生命的學問》（臺北：三民書局，1970）。可惜的是臺北的聯經出版事業公司所出版之《牟宗三先生全集》以故而不克收錄此書於全集內。

附錄五：其他之三：「道德實踐與哲學思辨的關係」個人管見之綜述*

一、前言

剛才引言人之一的 A 教授發言說：快退休了，什麼都不怕，什麼都敢說。其實，A 教授離退休尚早（他尚在延長服務當中呢。）。且如果說快退休的話，那快退休的是我，不是他，因為我本月底便退休了，退休手續也辦妥了。[1]所以我才是什麼都不怕，什麼都敢說吧。所以下面我就大膽的多說幾句。剛才發言中，這位教授兩度點名我，我本來就打算說幾句話，現在更不能不說了。

---

* 這篇小文章，源自研討會圓桌會議上的發言。研討會名稱：第三屆哲學研討會。主辦單位：東方人文學術研究基金會中國哲學研究中心；時間：2020.01.04-05；地點：新北市中和區鵝湖月刊社。發言日期：2020.01.05，即上述研討會最後的一天；會後做了增訂，但未嘗以文字正式發表。今茲稍微修訂後收入本拙著內發表。其實，此拙文與本拙著，並無直接關係。再者，口舌之爭與見諸文字的討論或辯論，於道德實踐，蓋無所裨益也。成德或實踐道德，不在多言；顧力行何如耳。然而，對某些讀者來說，愚見或不至於全然係覆瓿之作；且望拋磚引玉而獲讀者惠予諟正。是以膽敢野人獻曝耳。本文之撰旨在對事不對人，是以文中凡提及導致筆者發表本講話之該位教授的名字，一概改用「A 教授」稱呼之（如承前文，則用「這位教授」或「他」稱之）。

1 其實筆者六年前（即 2017 年 2 月）已屆滿 65 歲退休之齡。後得東吳大學三級教評會順利通過而多延長了三年的服務。原則上也可以再申請多兩年到 70 歲才退休的。但基於各種考量（譬如個人健康問題、擬多寫一兩本書以發揚徐唐牟三大師的學問的問題、為數眾多的年輕博士正在待業等等問題），乃婉拒系主任的好意而於 108（2019）學年度開學時便向校方提出退休的申請而於 2000 年 2 月 1 日正式退休。

昨天上、下午的幾篇論文及剛才的兩篇論文都寫得很好，個人獲益良多。以下的發言，主要是針對昨天陳士誠教授、鄭志明教授的文章的相關論點和針對「不作相應於道德實踐而來之哲學思辨不足以成就道德實踐或不足以深化道德實踐」這個議題展開的。

二、陳士誠與鄭志明二教授文章的貢獻

茲先說陳文所談到的「惡」這個概念。針對這個概念和針對這兩天談到的一些其他概念，譬如道德實踐和性質相類似的一些概念，如成德、成聖、成賢等等，讓個人聯想到徐復觀老師的一個說法。這個說法在這個地方，實深具啟發性和參考價值。針對一概念和相應於這一概念而來的行為（事實）或相應於這個概念而來的（後設性的）理論說明或理論建構，這三者（概念、行為、理論）的關係，徐老師的說法（加上個人的一點解讀或引申）大體如下：概念之出現常是後來之事；其先出現者，恆為一事實或一行為。至於針對行為（事實）而來之理論上之說明或建構，則更為後起者。相應概念之出現，如上文指出，亦恆為後起者。譬如「史德」一概念雖或源自清中葉之著名史學理論家章學誠，但史家本乎道德良知而據實直書之行為，而非顛倒是非黑白之曲筆歪書，則早為已然之事實，即早已有之（如遠早於清朝之漢之司馬遷、宋之司馬光即其例。當然亦有違反良心，不據道德良知而撰史者，此不必多說。）在這個地方，不宜本末倒置，而認為某一概念出現了，或建基於知識而來的相關理論、學說出現了，那相應的行為（事實）才隨之出現。綜上，則針對惡、成德、道德實踐等等這些概念而給出的說明、思辨、反思、理論建構等等，乃為後來之事，不得以此而否定其行為（事實）乃早已存在者或早已出現者。

再說鄭文所談到的君子。講評人鄧秀梅教授兩度質疑此「君子」一詞（這個概念）到底何所指，指政治地位崇高的人——統治者，抑指有道德之人？鄭教授的回應，個人認為很到位。他說孔子之前，君子一詞乃指統治者，即指人君而言；孔子之後，則指有道德之人。個人很同意鄭教授的說法。其實鄭教授之說法早已是一個共識。但鄧教授既有疑惑，鄭教授乃不得

不作點補充。要言之，孔子之說法乃一分水嶺。孔子的兩句話：「仁遠乎哉？我欲仁，斯仁至矣。」[2]、「為仁由己，而由人乎哉？」，是光輝的命題、偉大的說法，是自覺人在道德上可以完全自我作主的一個說法。真可謂一錘定音；旋乾轉坤，天地易位。吾人似乎不妨把這兩句話看成是成為「君子」的要件。然則也可以說是對「君子」一詞，給出了一個創造性的定義或偉大的詮釋。由此來說，人天生下來是人君便是人君，是奴隸便是奴隸的不能自主、不能易轉的一種"先天決定"的境況，轉易為人透過後天自身的努力而得以完全自我作主的一種境況。據上引文，便知這是孔子予以點明道破的。然而，吾人不能以此而說，在孔子針對「君子」一概念作出新的一個定義／詮釋之前，人們完全不做道德實踐，或做不了道德實踐，即道德實踐未嘗出現、從未存在過！孔子再偉大，再傑出，或吾人再怎樣推崇孔子，也不能說孔子對「君子」一詞下一個新定義之前和道說出上述兩個光輝命題之前，道德實踐在曠宇長宙中，未嘗存在過、出現過。孔子之偉大在於明確道說出（點破）凡人皆可以做道德實踐；而不在於孔子道說出來之後，人始可（才有能力）做道德實踐，並藉以成聖成賢。然而，據A教授之意見，彼認為非依於以下兩說：其一：程（特指伊川）朱之常知、真知說，其二：康德扣緊道德實踐而來之形而上的哲學思辨說，則人是無法做道德實踐的，至少無法深化道德實踐或恆久地作道德實踐的。如 A 教授之理解／詮釋不誤（按：盧雪崑教授及李瑞全教授皆先後對A教授之說法表示質疑），則程朱與康德真"偉大"，因為他們的說法不啻對孔子「我欲仁，斯仁至矣」的光輝命題打臉：摑了孔子一巴掌。

三、論道德實踐與哲學思辨的關係

現在再來談論A教授「不作相應於道德實踐而來之哲學思辨不足以成就道德實踐或不足以深化道德實踐」這個看法。這個看法／說法，如果說得

---

[2] 這句話，翻為語體文，或可如下：「道德實踐是可望而不可及的嗎？（正相反，因為）我一旦下定決心要做道德實踐，則道德實踐便得以實現了。」

通、能成立的話，則不知將置孔子於何地？將置古往今來誠敬自守，恪遵上述孔聖遺訓，藉道德實踐以成聖成賢之儒者於何地？筆者前年（2018 年）在《鵝湖月刊》的三篇拙文[3]之所以認為 A 教授的說法乃乖違儒學大義者，即指此而言。筆者再不材，再沒出息，也不至於妄自菲薄到說自己不能作道德實踐。

A 教授的說法，幾經思考後，乃認為其涵蘊或導致以下二不良結果。

其一有知識歧視之嫌：愚夫愚婦、鄉農村嫗（普羅大眾、尋常老百姓）會產生以下的質疑；甚或下戰書說：你們高高在上的知識分子不要自高身價、自我感覺良好了。你們躲在象牙塔裡做所謂相應於道德實踐而來的形而上的思辨，並據以成就道德實踐好了；看你們是否真能成得了德！就讓胼手胝足，沒有什麼知識，天天為三頓飯打拚而仍不足以溫飽的我們（或省吃儉用，稍溫飽之餘，便捐款接濟他人，如臺東賣菜阿嬤陳樹菊女士；又或如清末行乞以興學的教育家武訓），在生死存亡的戰線上掙扎吧。看最後能成德的是我們，還是你們？！

其二有女性歧視之嫌：全球人口中，男女比例基本上是 1 比 1，即一半人口都是女性。中西方在一個世紀前，甚至當今若干國家，基本上女性的識字率是偏低的。甚至目不識丁者，恐亦不在少數。若以什麼道德上的形而上的思辨要求她們或期許她們，那根本是不吃人間煙火，即不接地氣的一種要求或期許。她們那裡做得來呢？換言之，A 教授，您的說法是不是在不知不覺間歧視了女性呢？也許女性們會跟您嗆聲的說：你們“偉大”的男士們

---

[3] 2022 年補記：三篇拙文，依出版先後，開列如下：〈讀經（道問學）與道德實踐之關係〉，《鵝湖月刊》，期 500，2017.02，頁 32-40；〈沒有知識，便沒有道德？——謹答 A 教授的〈敬答文〉〉，《鵝湖月刊》，期 505，2017.07，頁 43-57；〈思考成德的個人心路歷程——兼回應 A 教授的專題演講〉，《鵝湖月刊》，期 511，2018.01，頁 43-53。筆者發表以上三文之後（甚或在第一文之後？今不克確切記憶及），便先後有盧雪崑、曾昭旭、李瑞全三位教授發表文章對 A 教授的說法表示異議或表示予以商榷。A 教授針對吾等四人，則發表了多篇回應的文章。A 教授又指出說，在過去的幾年當中，也有不少年輕學者是贊成或支持他的意見的。然而，筆者已不擬在這在問題上再糾纏下去，是以不再撰文予以回應。

啊，不要自高身價，自我感覺良好好不好？！我們知識水平低，所以沒有機會，沒有能力，且亦不打算作哲學思辨，我們就真的不能作道德實踐嗎？你們不要自我膨脹，自認為對道德問題已然深思熟慮，因而比別人更易於成德而沾沾自喜了，好不好？其實，真正知識水平低但經常做道德實踐（簡單說，譬如行善、做善事）的女士們，她們恐怕會一臉狐疑，自卑無地、羞怯慚赧而說出以下一句話：我們就是這麼做了；您所說的什麼哲學思辨，我不知道是什麼一回事！

四、結論

（一）正如盧雪崑教授指出的：不要把哲學思辨所成就之道德理論或道德學說和道德實踐，混為一談。個人認為，硬要把這兩者結合起來而為說，並進一步視前者為後者之必要條件，那是不相應的，蓋道德實踐實不必仰賴哲學思辨也。退一步來說，縱然相應，那這種道德實踐，恐怕亦只不過是他律道德下的一種實踐而已。綜上兩點：1、思辨與實踐不相應、2、縱然相應，亦只不過是他律道德；這所以上文特別指出說，A 教授之說法根本上乖違儒學大義。非常不好意思，我不得不如此說。

（二）筆者無能力，且亦不打算（沒有意圖、意願）針對道德實踐作這種形而上的思辨；然而，從不認為這會妨礙筆者做道德實踐。所以筆者要為自己發聲，也要為天下間跟筆者有同一想法的人們，尤其是不具備（或不甚具備）知識的一些女性，發聲。然而，筆者個人，且筆者相信他們／她們亦然，絕不妄自菲薄，而否定自我成德（做道德實踐）的可能。

（三）有謂：一念聖人，再念禽獸。此「一念」，猶同孔子所說的「我欲仁」的一「欲」。亦即「決志」之謂。即一旦下定決心要做道德實踐，您便是（潛存的）聖人了，或可臻聖人之域了。此「一念」即好比《孟子》「乍見孺子將入於井」時，一無他顧，而一心只想到馬上攔住該孺子以免他掉入井中。[4]「再念」，即好比乍見該孺子即將掉下井時，您便會想想（即

[4] 根據個人年青時很卑微的一點體驗，嚴格來說，根本沒有想，而純粹是源自不容自已的一種衝動。或可稱為依怵惕惻隱之心（良心、良知）而來的一種道德衝動吧。

多做各種思量），我之所以救他，其目的是由於要內交於孺子之父母，或要譽於鄉黨朋友，或惡其聲才出手搭救他。當您多作這種思量時，該孺子已然掉入井中而一命嗚呼了。換言之，您多想一想的這個「再念」使您成為禽獸了。救不救的一剎那，其實間不容髮。連再念一下的剎那都會使您變成禽獸，更何況不知要花上多少時間始可成就的什麼形而上的道德思辨呢？當然，以上說法或許說得極端了一點，「將入於井」的例子亦不宜全面普遍化而認為所有其他案例皆然。坦白說，個人亦認為知識（含思辨）在一定程度上對成德（落實道德實踐）有輔助之功。[5]但絕不宜視之為必要條件，並由是肯斷非知識不足以成德。果爾，則過也。此亦陷知識與追求知識的我輩於不義之境域。

（四）剛才A教授在引言（快要）結束時指出說：我所說的「形而上的道德思辨」等等乃指「原則堅持」而言。（並說到武訓、陳樹菊都是深具這種堅持來行善的、做公益的。）A 教授這個「幡然改圖」的說法把我嚇了一大跳。因為此二者（「形而上的道德思辨」和「原則堅持」），其差別不可以道里計！如果只是原則堅持，則誰人做道德實踐沒有這種堅持呢？其實，沒有這種堅持，則道德實踐還能做下去嗎？更不要說要長久地做下去了。[6]所以個人認為 A 教授在這個地方是移形換影，甚至可說是“偷天換日”[7]；意圖用「原則堅持」來淡化，甚至來取代他原先的說法。也可以說是對原先的說法來一個大幅度的修正。當然，也可以說是用「原則堅持」來詮釋、解讀、貞定、衡定「形而上的道德思辨」一詞。個人不打算在這在地方糾纏下去。現在要說的是，無論是修正也好，詮釋也罷，解讀也罷，甚至是偷天換日也罷。總之，個人實在深感高興。因為實踐道德必須深具「原則堅持」，

---

5 這方面，上述發表於《鵝湖月刊》的三篇拙文早已說過了。順帶一提的是，拙文更指出工夫於成德方面實具關鍵地位。就成德而言，其重要性遠在知識之上。

6 當然，道德實踐者，其本人不必然自覺這是一種堅持。即是說，他就是這樣子做了；根本沒有想到堅持不堅持的問題。

7 筆者承認，當日（2020.01.05）發言時，這個用語是過重了一點，真不好意思；今向A 教授致歉。

即必須「堅持原則」始能落實道德實踐，更不要說深化道德實踐了。[8]這是個人素所認同者；且恐為眾所公認的一普遍法則。A 教授現在既把「形而上的道德思辨」一語視為等同（或至少不異於）「原則堅持」一語，則筆者與 A 教授何所異乎哉？這樣說來，筆者怎能不高興呢？如果 A 教授兩年前（彼發表在《東亞文明研究學刊》的一文則更早，似在 7、8 年前）便如此說，那我的三文、盧教授的二文、曾昭旭教授的一文、乃至昨天李瑞全教授的一文，恐怕都不必寫了。

A 教授，您好殘忍啊，您使我們一一浪費時間，耗損精力，過去一年多來，我們為回應您的一個說法，不得不針對道德實踐這個問題，切切實實地、不折不扣地，做了相應的哲學思辨呢！但從另一角度來看，就我個人來講，我要感謝您，因為您讓我更清楚了解，因而更確信：做道德實踐，根本不必先做什麼形而上的哲學思辨的啊！

五、附識

（一）上述發言前，當天（2020.01.05）早上“臨時起意”，在會場上草擬了簡短的發言大綱（手寫稿），但時間關係，發言時不得不予以濃縮；由是不能暢所欲言。上文並非完全按照當時的手寫稿繕打出，而是作了相當程度的增訂；然而，其精神要旨則全然無別。

（二）針對圓桌會議的主題：「當代新儒學的繼往開來」，個人當天也說了幾句話。主旨是：面對時代世局，傳統儒學當然要不斷更新，否則難以存活下去、發展下去，即無法做到繼往開來。但無論怎樣發展、怎樣繼往開來，恐怕都不能離開儒學之所以為儒學的精神吧，否則便不再是儒學了。而儒學之所以為儒學，其“要件”似不少。然而，「若某（象山自稱）則不識

---

[8] 2023.04.02 補充：筆者想到，愚夫愚婦在沒有任何思量下（即連什麼「原則堅持」都沒有想過），便逕作道德實踐（行善），則似乎更可貴，亦更可證明道德實踐的先天性、人的自然向善性。此可說源自人性之本善也，仁義內在也，非外鑠（含原則性的思量）也。

一箇字，亦須還我堂堂地做箇人。」[9]，恐為要件中之要件吧。而所謂「亦須還我堂堂地做箇人」，乃指無損我仍然可以堂堂正正地做一個人。簡言之，即我堂堂正正地做個人，乃我作為人之本然者[10]，亦即人之所以為人之所在。換言之，作為人，依其本然之性（不必仰賴其他條件），本來就是堂堂正正的。而依此堂堂正正之性，乃必可成德者，即必可做道德實踐的。附識：所謂「堂堂正正」，簡言之，即人格高尚，具人格尊嚴之謂。而「須還我堂堂地做箇人」這句話很值得注意，因為它預設了「人格尊嚴之自覺」。即只有自覺其具有人格尊嚴，才可能說出這句話。順帶一說的是，徐復觀先生極重視「人格尊嚴之自覺」，蓋先生視此為「解決中國政治問題的起點，也是解決中國文化問題的起點」。[11]

謝謝大家聆聽，剛才發言時有點激動，再加上我語速較快（因為深恐占大家太多時間），嗓門又大，讓大家似乎都緊張起來了。真的很對不起。

---

9 陸九淵，〈語錄下〉，《陸九淵集》（北京：中華書局，1980），頁447。

10 原文中「還」一字絕不可輕忽滑過。象山用此字大概基於以下的一種察識：人或以為知識（象山原文以「識字」為代表）在成德的過程中扮演非常關鍵之角色，甚至認為不識字（不具備知識）不足以成德；至少認為不識字減損了或剝奪了成德的可能性。象山對此深不以為然。然而，某些人既有這種主張，那麼被他們這麼一說，則成德（堂堂正正地做個人）的可能性便儼然被剝奪了。這所以象山乃刻意地用一「還」字，使所謂被剝奪了的可能性得以還原復位；也可以說，使人本然之性（成德之性、堂堂正正地做一個人之性）得以還原復位。其實，此本然固有之人性，豈以此而被剝奪呢？（是以被剝奪，乃一假象而已）既不被剝奪，則無所謂還原。然而，為了回應、對治上面說到的某些人的相關主張，乃不得不用一「還」字耳。
另：原文中「則」一字亦應注意。承上文，此作轉折語用，乃一強調式的用法。其原語實意謂：就我來說，與上文所說到的人們正好相反，就是：「假若我連一個字都不認識，但亦須堂堂正正地回復（還）我的本來面目／模樣——好好地做個人啊。」

11 徐復觀，〈乙集・自序〉，《學術與政治之間》（香港：南山書屋，1976），X。

徵引文獻

一、唐君毅先生本人之著作

《人文精神之重建》，香港：新亞研究所，1974。
《人生之體驗》，臺北：臺灣學生書局，1989。
《中西哲學思想之比較論文集》，收入《唐君毅全集》，卷 2，北京：九州出版社，2016。
《中國人文精神之發展》，臺北：臺灣學生書局，1957。
《中國哲學原論：導論篇》，香港：新亞研究所，1974。
《中國哲學原論——原性篇》，香港：新亞研究所，1974。
《中國哲學原論‧原道篇》，香港：新亞研究所，1976。
《中華人文與當今世界》，臺北：臺灣學生書局，1975。
《心、物與人生》，香港：亞洲出版社，1953。
《文化意識與道德理性》，臺北：臺灣學生書局，1978。
《日記》，收入《唐君毅全集》，卷 32、33，北京：九州出版社，2016。
《生命存在與心靈境界——生命存在之三向與心靈九境》，臺北：臺灣學生書局，1977。
《青年與學問》，臺北：三民書局，1975。
《致廷光書》，收入《唐君毅全集》，卷 30，北京：九州出版社，2016。
《英文論著滙編》，九州版《唐君毅全集》，卷 29。
《哲學概論》，香港：友聯出版社，1974。
《唐君毅全集》，北京：九州出版社，2016。
《唐君毅全集》，臺北：臺灣學生書局，1991。
《病裡乾坤》，臺北：鵝湖出版社，1984。
《愛情之福音》，臺北：正中書局，1977。
《道德自我之建立》，臺北：臺灣學生書局，1978。
《說中華民族之花果飄零》，臺北：三民書局，1976。
〈中國歷史之哲學的省察——讀牟宗三先生的《歷史哲學》書後〉（〈附錄一〉），收入牟宗三，《歷史哲學》，香港：人生出版社，1962。

二、清代（含）以前之載籍

《毛詩正義》，《十三經注疏分段標點》，臺北：新文豐出版公司，冊 3-5，2001。
《孝經》，商務印書館四部叢刊影印宋刊本。
《國語》，上海：上海古籍出版社，1978。
《增廣賢文》，北京：北京燕山出版社，1995。
《禮記》，《十三經注疏　附校勘記》，臺北：新文豐出版公司，缺年分。
王肅注，《孔子家語十卷》，臺北：世界書局，缺年分。
王陽明，《傳習錄》，臺北：世界書局，1971。
王鳴盛，《十七史商榷》，臺北：廣文書局，1960。
司馬光，《資治通鑑》，香港：中華書局，1972。
司馬遷，《史記》，香港：中華書局，1969。
永瑢等，《四庫全書總目》，北京：中華書局，1965。
朱彝尊，《曝書亭集》，臺北：臺灣商務印書館，1983。
何焯，《義門讀書記》，上海：上海古籍出版社，1992。
宋祁，歐陽修，《新唐書》，北京：中華書局，1975。
宋濂、王禕，《元史》，北京：中華書局，1976。
李公煥，《箋注陶淵明集》，商務印書館四部叢刊影印宋刊巾箱本。
李贄，《焚書　續焚書》，臺北：漢京文化事業公司，1984。
杜佑、鄭樵、馬端臨，《三通》，臺北：新興書局，缺年分。
沈約，《宋書》，北京：中華書局，1974。
房玄齡，《晉書》，北京：中華書局，1974。
段玉裁，《說文解字注》，臺北：藝文印書館，1970。
范曄、司華彪，《後漢書》，北京：中華書局，1965。
孫盛撰，湯球輯，《晉陽秋輯本五卷》，臺北：藝文印書館，1965。
晁公武，《郡齋讀書志》，臺北：廣文書局，1967。
班固，《漢書》，北京：中華書局，1962。
馬端臨，《文獻通考》，北京：中華書局，2011。
張載，《張載集》，北京：中華書局，1978。
章學誠，《文史通義》，北京：北京古籍出版社，1956。
脫脫，《宋史》，北京：中華書局，1985。
陳秀民，《東坡文談錄》，臺北：藝文印書館，1965-1971。
陳獻章，《陳獻章集》，北京：中華書局，1987。

陸九淵，《陸九淵集》，北京：中華書局，1980。
陸九淵、王守仁，《陸象山全集　陽明傳習錄》，臺北：世界書局，1971。
焦循，《孟子正義》，上海：上海古籍出版社，2002。
程顥、程頤撰，王孝魚點校，《二程集》，北京：中華書局，2019。
葛立方，《韻語陽秋》，《四庫全書》本。
趙岐，《孟子趙注》，臺北：中華書局，四部備要本。
趙翼，《甌北集》，上海：上海古籍出版社，1997。
劉知幾撰，浦起龍釋，《史通通釋》，上海：上海古籍出版社，1978。
劉昫、趙瑩，《舊唐書》，北京：中華書局，1975。
歐陽玄，《圭齋文集》，臺北：世界書局，1988。
歐陽修撰，徐無黨注，《新五代史》，北京：中華書局，2015。
蕭統選，李善注，《昭明文選》，香港：商務印書館，1973。
錢大昕，《嘉定錢大昕全集》，南京：新華書店，1997。
錢大昕，《潛研堂文集》，臺北：臺灣商務印書館，1968。
譚嗣同，《仁學》，上海：上海古籍出版社，2002。
顧炎武撰，黃汝成集釋，《日知錄集釋》，長沙：岳麓書社，1994。
龔自珍，《龔自珍全集》，上海：上海人民出版社，1975。

三、近現代專書

《張君勱先生百齡冥誕紀念文集》，臺北：中國民主社會黨中央黨部，缺年分。
《新英漢詞典》，香港：三聯書店，1980。
《儒學在世界論文集》，香港：東方人文學會，1969。
《辭海》，香港：中華書局，1973。
Henri Eugène Sée（施亨利）著，黎東方譯，《歷史之科學與哲學》，臺北：臺灣商務印書館，1963。
中國民主社會黨中央黨部主編，《張君勱先生九秩誕辰紀念冊》，臺北：中國民主社會黨中央黨部，1976。
尹達，《中國史學發展史》，臺北：天山出版社，缺出版年分。（尹氏此書原由鄭州：中州古籍出版社出版於 1985 年。）
方克立，《現代新儒學與中國現代化》，長春：長春出版社，2008。
王永祥，《中國古代同一思想史》，濟南：齊魯書社，1991。
王怡心，《唐君毅形上學研究——從道德自我到心靈境界》，北京：中國文史出版社，2006。
王建生，《趙甌北研究》，臺北：臺灣學生書局，1988。

王隆升主編，《勞思光　韋齋詩存述解新編》，臺北：萬卷樓圖書公司，2012。
印順法師，《淨土與禪》，北京：中華書局，2022。
江宜樺，《民族主義與民主政治》，臺北：國立臺灣大學出版中心，2003。
江灝、錢宗武譯注，《古今文尚書全譯》，貴陽：貴州人民出版社，1990。
牟宗三，《中國哲學十九講》，臺北：臺灣學生書局，1989。
牟宗三，《五十自述》，臺北：鵝湖出版社，2000。
牟宗三，《生命的學問》，臺北：三民書局，1976。
牟宗三，《牟宗三先生全集》，臺北：聯經出版事業公司，2003。
牟宗三，《道德的理想主義》，臺北：臺灣學生書局，1978。
牟宗三，《認識心之批判》，《牟宗三先生全集》，臺北：聯經出版事業公司，2003。
牟宗三，《認識心之批判》，香港：友聯出版社，上冊：1956 年 9 月；下冊：1957 年 3 月。
牟宗三，《歷史哲學》，香港：人生出版社，1970。
牟宗三，《歷史哲學》，臺北：臺灣學生書局，1984，第六版（此版含作者〈三版自序〉）
何一，《儒者悲情與悲情儒者——唐君毅生平、學術研究》，北京：光明日報出版社，2011。
何仁富編，《唐學論衡》，上、下冊，北京：中國文史出版社，2005。
余英時，《中國思想傳統的現代詮釋》，臺北：聯經出版事業公司，1987。
余英時，《余英時回憶錄》，臺北：允晨文化實業公司，2018。
余英時，《錢穆與中國文化》，上海：遠東出版社，1994。
呂妙芬，《孝治天下——《孝經》與近世中國的政治與文化》，臺北：聯經出版事業公司，2011。
呂希晨、陳瑩，《張君勱思想研究》，天津：天津人民出版社，1996。
宋小莊，《讀《讀通鑑論》》，昆明：雲南人民出版社，1991。
李山，《牟宗三傳》，北京：中央民族大學出版社，2006。
李杜，《唐君毅先生的哲學》，臺北：臺灣學生書局，1982。
李維武編，《徐復觀文集》，武漢：湖北人民出版社，2002。
杜維運，《趙翼傳》，臺北：時報文化出版企業公司，1983。
杜維運，《憂患與史學》，臺北：東大圖書公司，1993。
汪麗華、何仁富，《愛與生死：唐君毅的生命智慧》，北京：中國廣播電視出版社，2014。
周婉窈譯，《史家的技藝》，臺北：遠流出版事業公司，1989。
林瑞生，《牟宗三評傳》，濟南：齊魯書社，2009。

金毓黻，《中國史學史》，臺北：鼎文書局，1974。
胡元玲，《梁漱溟思想抉微》，臺北：臺灣學生書局，2021。
唐端正，《唐君毅先生年譜》，《唐君毅全集》，卷 29，臺北：臺灣學生書局，1991。
孫振聲，《白話易經》，臺北：星光出版社，1990。
徐復觀，《中國人性論史——先秦篇》，臺北：臺灣商務印書館，1975。
徐復觀，《中國藝術精神》，臺北：臺灣學生書局，1966。
徐復觀，《徐復觀文錄》，臺北：環宇出版社，1971。
徐復觀，《徐復觀最後雜文集》，臺北：時報文化出版企業公司，1984。
徐復觀，《徐復觀雜文補編》，臺北：中研院文哲所籌備處，2001。
徐復觀，《論戰與譯述》，臺北：志文出版社，1982。
徐復觀，《學術與政治之間》，香港：南山書屋，1976。
恩格斯著，中共中央著作編譯局譯，《家庭、私有制和國家的起源》，北京：人民出版社，2009。
秦燕春，《思復堂遺詩》，上海：上海古籍出版社，2018。
啟良，《新儒學批判》，上海：三聯書店，1995。
張君勱，《新儒家思想史》，上冊，臺北：張君勱先生獎學金基金會，1979。
張君勱，《新儒家思想史》，下冊，臺北：中國民主社會黨中央黨部，1980。
張君勱著，程文熙編，《中西印哲學文集》，臺北：臺灣學生書局，1981。
張和聲、程郁譯，《歷史學家的技藝》，上海：社會科學出版社，1992。
張孟倫，《中國史學史》，蘭州：甘肅人民出版社，1983。
張昭軍、孫燕京，《中國近代文化史》，北京：中華書局，2012。
張家璠、耿天勤、龐祖喜主編，《中國史學史簡明教程》，桂林：廣西師範大學出版社，1992。
梁啟超，《中國歷史研究法》，臺北：臺灣商務印書館，1967。
梁瑞明，《心靈九境與宗教的人生哲學》，香港：志蓮淨苑，2007。
梁瑞明，《莊子調適生命之學：《莊子》釋義》，香港：志蓮淨苑，2008。
章炳麟，《新方言》，《章氏叢書》，臺北：世界書局，2000。
莊元生，《我讀書時書讀我》，香港：熱血時報，2022。
許冠三，《史學與史學方法》，臺北：萬年青書廊，缺年分。
陳序經，《中國文化的出路》，上海：上海書店，1991。
陳奇猷，《韓非子集釋》，臺北：世界書局，1991。
陳垣，《通鑑胡注表微》，香港：廣角鏡出版社，1978。
陳致，《我走過的路：余英時訪談錄》，臺北：聯經出版事業公司，2012。
陳振崑，《唐君毅的儒教理論之研究》，臺北：花木蘭文化出版社，2015。

陳開穎，《禮樂存在的超越意識——唐君毅文藝思想研究》，北京：光明日報出版社，2010。
程兆熊，《山地書》，新北市：華夏出版有限公司，2022。
賀麟，《五十年來的中國哲學》，南京：勝利書店，1947。
賀麟，《哲學與哲學史論文集》，北京：商務印書館，1990。
賀麟著，張學智編，《賀麟選集》，長春：吉林人民出版社，2005。
馮愛群主編，《唐君毅先生紀念集》，臺北：臺灣學生書局，1979；又收入《唐君毅先生全集》，卷 30，臺北：臺灣學生書局，1991。
黃兆強，《政治中當然有道德問題：徐復觀政治思想管窺》，臺北：臺灣學生書局，2016。
黃兆強，《清人元史學探研》，臺北：稻鄉出版社，2000。
黃兆強，《章學誠研究述評（1920-1985）》，臺北：臺灣學生書局，2015。
黃兆強，《學術與經世——唐君毅的歷史哲學及其終極關懷》，臺北：臺灣學生書局，2010。
黃兆強、《廿二史劄記研究》，臺北：臺灣學生書局，1994；臺北：花木蘭文化出版社，2010，修訂再版。
黃冠閔，《感通與迴盪——唐君毅哲學論探》，臺北：聯經出版事業公司，2018。
奧伊肯（倭伊鏗，R. C. Eucken）、張君勱著，江日新譯，《中國與歐洲的人生問題》，上海：上海人民出版社，2022。
楊永乾，《張君勱傳》，臺北：唐山出版社，1993。
楊伯峻編注，《春秋左傳注（增訂本）》，北京：中華書局，2005。
楊伯峻編著，《論語譯注》，北京：中華書局，1965。
趙敬邦，《唐君毅與香港》，臺北：聯經出版事業公司，2023。
劉向撰，向宗魯校證，《說苑校證》，北京：中華書局，1987。
劉昌元，《文學中的哲學思想》，臺北：聯經出版事業公司，2002。
劉國強，《全球化中儒家德育的資源》，臺北：臺灣學生書局，2011。
劉國強、譚志基、梁琰倫主編，《懿範千秋——唐君毅夫人謝廷光女史遺稿暨紀念集》，香港：中文大學新亞書院，2002。
摩爾根（L. H. Morgan），《古代社會》，北京：商務印書館，1981。
蔡尚思等著，《論清末民初中國社會》，上海：復旦大學出版社，1983。
鄭家棟，《牟宗三》，臺北：東大圖書公司，2000。
鄭學聲，《中國史部目錄學》，臺北：華世出版社，1974。
魯迅，《魯迅全集》，臺北：谷風出版社，1989 年。（原著出版日期：1980）
黎漢基、李明輝編，《兩岸三地卷》（下），《徐復觀雜文補編》，臺北：中央研究院文哲所籌備處，2001。
賴賢宗，《體用與心性：當代新儒家哲學新論》，臺北：臺灣學生書局，2001。
錢穆，《中國近三百年學術史》，臺北：臺灣商務印書館，1976。
霍韜晦主編，《唐君毅思想國際會議論文集（I）》，香港：法住出版社，1992。
駱為榮，《儒學大師唐君毅》，北京：中國文聯出版社，2014。
薛仁明編，《天下事猶未晚：胡蘭成致唐君毅書八十七封》，臺北：爾雅出版社，2011。
謝幼偉，《哲學講話》，臺北：中國文化大學，1982。
謝鶯興，《徐復觀教授年表初編》，臺中：東海大學圖書館，2017。
瞿林東，《中國簡明史學史》，上海：上海人民出版社，2005。
懷德海（A. N. Whitehead）著，楊富斌譯，《歷程與實在——宇宙論研究》，北京：中國城市出版社，2003。
嚴北溟、嚴捷，《列子譯注》，上海：上海古籍出版社，1986。
嚴耕望，《治史經驗談》，臺北：臺灣商務印書館，1985。
釋印順，《淨土與禪》，北京：中華書局，2022。
蘭州大學中文系孟子譯注小組，《孟子譯註》，北京：中華書局，1960。
蘭克（Leopold von Ranke）著，傅欣、劉佳婷譯，《拉丁和條頓民族史，1494-1514》（或作《拉丁與日耳曼民族史，1494-1514》），桂林：廣西師範大學出版社，2015。

四、近現代論文

〈中國本位的文化建設宣言〉，《文化建設》，第一卷，第四期，收入羅榮渠主編，《從「西化」到現代化——五四以來有關中國的文化趨向和發展論爭文選》，北京：北京大學出版社，1990。
〈中國社會主義民主制度的建立與曲折發展・中國人民民主專政制度的建立〉，李洪鈞、劉萬泉、王鴻賓主編，《民主自由人權的歷史與現實》，瀋陽：遼寧大學出版社，1991。
〈英倫情人　披露慈禧床笫風騷〉，《中國時報》，A16 版，2011.05.14。
Beard, C., “That Noble Dream”, Fritz Stern, ed., *The Varieties of History*, N.Y.: Vintage Books edition, 1973, pp. 314-328.
Needham, J. “Time, Chronology and Chinese Historiography”, in *Time and Eastern Man – The Henry Myers Lecture 1964*, London: Royal Anthropological Institute of Great Britain & Ireland, 1965.
Qian Mu (錢穆), “The possible contributions of Chinese culture to the future of mankind” (〈中

國文化對人類未來可有的貢獻〉) *New Asia Life* (《新亞生活月刊》), New Asia College, Chinese University of Hong Kong, no. 12, 1990.

王振輝，〈唐君毅早期散佚文稿三篇考釋〉，《鵝湖月刊》，總 573 期，2023 年 3 月。

王德毅，〈宋代國家處境與史學發展〉，《世變・群體與個人：第一屆全國歷史學學術討論會論文集》，臺北：臺灣大學歷史學系主辦，1996 年。

白安理（U. Bresciani），〈祖先崇拜和于斌樞機〉，《第三屆臺灣儒學研究國際學術研討會論文集》，2003 年 2 月。

江日新，〈張君勱與「中國文化與世界」宣言——其想法及訴求〉，李瑞全、楊祖漢主編：《中國文化與世界——中國文化宣言五十週年紀念論文集》，中壢：中央大學儒學中心，2009。

何仁富，〈從一封情書看唐君毅的性情人生觀〉，何仁富主編，《唐學論衡一唐君毅先生的生命和學問》，上冊，北京：中國文史出版社，2005。

余英時，〈猶記風吹水上鱗〉，《錢穆與現代中國學術》，臺北：三民書局，1991。

余英時，〈錢穆與新儒家〉，《錢穆與中國文化》，上海：遠東出版社，1994。

吳甿，〈契約的？或神聖的？從文化存有論之契約論和理念論看唐君毅先生之永恆國家觀〉，《香港中文大學的當代儒者》，香港：香港中文大學新亞書院，2006。

吳虞，〈吃人與禮教〉，《新青年》，1919 年 11 月。

李伯淳，〈中華文化復興宣言〉，載李伯淳主編，《中華文化與 21 世紀》，北京：中國言實出版社，2003。

李貴生，〈《呂氏春秋》貴生思想的意涵與詮釋〉，《臺大中文學報》，第 71 期，2020 年 12 月。

李瑞全，〈唐君毅先生早期哲學之規模：心靈之原初洞見〉，收入《現代新儒家和現代中國——第五屆儒學論壇論文集》（論壇稿本；未刊），研討會主辦單位：四川思想家研究中心，宜賓，2015 年 10 月。

李璜，〈我所認識的唐君毅先生——其家教與其信行〉，馮愛群編，《唐君毅先生紀念集》，臺北：臺灣學生書局，1979。

杜維運，〈頌清與刺清——趙甌北的徬徨〉，《憂患與史學》，臺北：東大圖書公司，1993。

林如心，《唐君毅的道德惡源論》，臺灣大學博士論文，1995 年出版。

林安梧，〈儒教釋義：儒學、儒家與儒教的分際〉，《當代儒學》，廣西師大出版，第 10 輯，2016。

林毓生，〈面對未來之終極關懷・唐君毅缺乏批評精神〉，《中國論壇》，卷 15，期 1，1982 年 8 月。

林鎮國，〈新儒家與當代中國的思想危機〉，收入傅樂詩主編，《近代中國思想人物論：保守主義》，臺北：時報文化出版企業公司，1980。
胡適，〈信心與反省〉（共三文），分別載《獨立評論》，第 103、105、107 號，1934 年 6 月 3 日，6 月 17 日、7 月 1 日。
韋政通，〈現代儒家的挫折與復興——中心思想的批判〉，封祖盛主編，《當代新儒家》，北京：三聯書店，1989。
徐復觀，〈「死而後已」的民主鬥士——敬悼雷敬寰先生〉，《徐復觀雜文・憶往事》，臺北：時報文化出版企業公司，1980。
徐復觀，〈中國文化中平等觀念的出現〉，《徐復觀雜文補編》，冊 1，臺北：中央研究院中國文哲研究所籌備處，2001。
徐復觀，〈孔子德治思想發微〉，徐復觀，《儒家政治思想與民主自由人權》，臺北：臺灣學生書局，1988。
徐復觀，〈君毅兄逝世三周年聚慈航清〔當作「淨」〕苑紀念〉，《華僑日報・人文雙週刊》，第 228 期，1981 年 3 月 2 日，頁 23。（下載自《華僑日報》電子檔）
徐復觀，〈為什麼要反對自由主義〉，《學術與政治之間（乙集）》，香港：南山書屋，1976。
徐復觀，〈看南韓變局〉，《徐復觀雜文補編》，冊 3，臺北：中央研究院中國文哲研究所籌備處，2001。
徐復觀，〈論中國傳統文化與民主政治〉，《徐復觀雜文補編》，冊 1，臺北：中央研究院中國文哲研究所籌備處，2001。
秦燕春，〈重審「抒情傳統」——再論唐君毅、胡蘭成交往的文化史意義〉，《臺灣東亞文明研究學刊》，卷 16，期 1，2019 年 6 月。
高瑋謙，〈讀經、文制與常道——讀牟宗三先生〈祀孔與讀經〉一文有感〉，《鵝湖月刊》，總第 491 期，2016 年 5 月。
梁啟超，〈論小說與群治之關係〉，《新小說》月刊，卷 1，期 1，1902 年 11 月。
梅廣，〈徐復觀先生的學術風格〉，載東海大學中文系編，《緬懷與傳承：東海中文系五十年學術傳承研討會論文集》，臺北：文津出版社，2007。
梅廣，〈徐復觀先生的遺產〉，《徐復觀教授紀念文集》，臺北：時報文化出版企業公司，1984。
陳序經，〈東西文化觀〉（上、中、下 3 篇），《嶺南學報》，1936 年，第 5 卷，第 1、2、3 期。
陳志強，〈一念陷溺——唐君毅與陽明學者「惡」的理論研究〉，《中國文哲研究集刊》，第 47 期，2015 年 9 月。
陳學然，〈唐君毅的多元文化觀與人文主義思想表述〉，《新亞學報》，第 31 卷（上），2013 年 6 月。

景海峰，〈宗教化的新儒家——略論唐君毅重建中國人文精神的取向〉，方克立、李錦全主編，《現代新儒學研究論集》，冊 2，北京：中國社會科學出版社，1991。
曾昭旭，〈如何讀唐君毅先生的書〉，《唐君毅哲學有聲書》，2022 年 7 月 9 日。
黃兆強，〈唐君毅先生的人文觀〉，《新亞學報》，卷 31（上），2013 年 6 月。
黃兆強，〈孔子究竟如何評價管仲——兼論史家立場及其他〉，《鵝湖月刊》，第 75 期，1981 年 9 月。
黃兆強，〈沒有知識，便沒有道德？——謹答楊祖漢教授的〈敬答文〉〉，《鵝湖月刊》，期 505，2017 年 7 月。
黃兆強，〈思考成德的個人心路歷程——兼回應楊祖漢教授的專題演講〉，《鵝湖月刊》，期 511，2018 年 1 月。
黃兆強，〈唐君毅先生（1909-1978）的史學價值判斷論〉，臺北：《中國歷史學會史學集刊》，第三十九期，2007 年 9 月。
黃兆強，〈唐君毅先生之歷史哲學〉，香港：《華僑日報・人文雙週刊》，1980 年 2 月 5 日。
黃兆強，〈唐君毅先生的歷史知識論〉，發表於（臺北）鵝湖雜誌社等主辦，「第四屆當代新儒學國際學術會議」，臺北：1996 年 12 月 22-24 日。
黃兆強，〈唐君毅先生對歷史哲學的省察——史學價值論〉，臺北：《東吳哲學學報》，1997 年 3 月。
黃兆強，〈唐君毅先生論春秋經傳〉，臺中，《中興大學歷史學報》，第十九期，2007 年。
黃兆強，〈唐君毅老師的「深淘沙、寬作堰」精神——植根於道德心靈、理性心靈之人文精神為融攝一切學術文化歧異及民主建國的不移基石〉，（臺灣）《書目季刊》，第十四卷，第四期，1981 年。
黃兆強，〈敬覆雷家驥先生——談孔子評價管仲的一封公開信〉，《鵝湖月刊》，第 82 期，1982 年 4 月。
黃兆強，〈讀經（道問學）與道德實踐之關係〉，《鵝湖月刊》，期500，2017年2月。
黃麗生，〈海外離散體驗與當代新儒家的文化論題——以〈中國文化與世界宣言〉為中心〉，李瑞全、楊祖漢主編：《中國文化與世界——中國文化宣言五十週年紀念論文集》，中壢：中央大學儒學中心，2009。
廖俊裕，〈合一到太一——唐君毅愛情婚姻理論〉，收入《第七屆儒學論壇暨紀念唐君毅先生逝世四十周年學術研討會論文集》，研討會主辦單位：四川思想家研究中心，宜賓，2018 年 10 月。
廖俊裕、王雪卿，〈雜思唐君毅先生之學的本質與當令〉，《鵝湖》月刊，總第 411 期，2009 年 9 月。

熊自健，〈賀麟思想轉變探析——從唯心論到辯證唯物論〉，《鵝湖》月刊，期 197，1991 年 11 月，頁 15-25。

翟志成，〈文化激進主義 VS. 文化保守主義：胡適與港臺新儒家〉，《新亞學報》，卷 26，2008 年 1 月。

翟志成，〈唐君毅對民主政治的想像與批評〉，《中央研究院近代史研究所集刊》，86 期，2014 年 12 月。

趙敬邦，〈試析謝幼偉和〈中國文化與世界〉譯者的關係〉，《國文天地》，卷 32，期 9，2017 年 2 月。

劉國強，〈從現代西方自我的失落與自我實體確立之困境到心境不離的思考〉，發表於 2009.09.25-28 中央大學中文系、中央大學哲研所等單位所舉辦之「百年儒學與當代東亞思潮——紀念唐君毅、牟宗三先生百年誕辰國際學術會議」。

劉國強，〈從懷海德到唐君毅——通過西方看心靈九境哲學的智慧〉，發表於 2009.09.19-20 香港新亞研究所舉辦之「唐君毅、牟宗三先生百周年誕辰紀念國際學術研討會」。

潘鳳娟，〈衛方濟的經典翻譯與中國書寫：文獻介紹〉，《編譯論叢》，卷 3，期 1，2010。

魯迅，〈狂人日記〉，《新青年》雜誌（月刊），4 卷 5 號，1918 年 5 月 15 日。

錢穆，〈中國文化對人類未來可有的貢獻〉，《新亞生活月刊》，新亞書院，香港中文大學，1990 年 12 月。

霍韜晦主稿，〈中國文化的轉折與開新——「百年儒學」會議宣言〉，廣東省肇慶抱綠山莊，聯署者：中國大陸、臺灣、香港及星加坡的與會學者，2009 年 11 月 14 日（相關研討會結束的當天）。

龔道運，〈新儒學的人文精神——牟宗三論儒學和基督教的會通〉，《道德形上學與人文精神》，上海：上海人民出版社，2009。

五、網路資料

〈中國本位的文化建設宣言〉，《文化建設》，第一卷，第四期，收入羅榮渠主編，《從「西化」到現代化——五四以來有關中國的文化趨向和發展論爭文選》，北京：北京大學出版社，1990。又見：www.zgrj.cn 中國本位的文化建設宣言；2023.08.05 瀏覽。

〈有一分證據，說一分話　讀胡適的兩封佚信〉：http://bashusong.blog.caixin.com/archives/35807；http://cul.book.sina.com.cn/o/2006-06-29/0018160757.html；2023.01.03 瀏覽。

〈甚麼是黨的民主集中制原則？〉，中國共產黨新聞網：google: cpc.people.com.cn/BIG5

/64156/64157/4418487.html；2023.04.10 瀏覽

〈擬挽歌辭三首〉，此乃解讀、賞析陶淵明自輓詩（共三首）之一例，見 https://www.chinesewords.org/poetry/72559-58.html；2021.10.26 瀏覽。

〈讀古詩詞網：章炳麟年譜〉：https://fanti.dugushici.com/ancient_authors/263/ancient_author_infos/572；瀏覽日期：2021.11.26

《公羊傳》：中國哲學書電子化計劃：https://ctext.org/gongyang-zhuan/zhuang-gong-si-nian/zh；2023.01.16 瀏覽。

《甲寅》，維基百科：https://zh.wikipedia.org/wiki/%E7%94%B2%E5%AF%85_(%E6%9D%82%E5%BF%97)；瀏覽日期：2021.11.19。

《甲寅周刊》，參（中文）百科知識：https://www.easyatm.com.tw/wiki/%E7%94B2%E5%AF%85%E6%B4%BE；（中文）百科知識 1925 年 7 月 11 日； https://www.easyatm.com.tw/wiki/1925%E5%B9%B47%E6%9C%8811%E6%97%A5；瀏覽日期：2021.11.17。

《漢語大詞典&康熙字典》（知網版）。http://hd.cnki.net/kxhd/Search/Result；瀏覽日期：2021.12.01。

《蘇軾詩全集（網路版）》（大家藝文天地）：https://ourartnet.com/%E6%AD%B7%E4%BB%A3%E5%90%8D%E5%AE%B6%E8%A9%A9%E8%A9%9E%E9%A1%9E/%E8%98%87%E8%BB%BE%E8%A9%A9%E5%85%A8%E9%9B%86.pdf；2023.03.27 瀏覽。

「一代女皇」：https://zh.wikipedia.org/zh-tw/%E4%B8%80%E4%BB%A3%E5%A5%B3%E7%9A%87；瀏覽日期：2023.04.26。

「上海灘」：https://baike.baidu.hk/item/%E4%B8%8A%E6%B5%B7%E7%81%98/2768340；瀏覽日期：2023.04.28。

「包青天」：https://zh.wikipedia.org/zh-tw/%E5%8C%85%E9%9D%92%E5%A4%A9_(1993%E5%B9%B4%E9%9B%BB%E8%A6%96%E5%8A%87)；瀏覽日期：2023.04.26。

「史遷」：https://www.jendow.com.tw/wiki/%E5%8F%B2%E9%81%B7；瀏覽日期：2023.04.26。

「地獄」：https://zh.m.wikipedia.org/zh-tw/%E5%9C%B0%E7%8D%84；2022.06.28 瀏覽。

「有關梅花」：https://zh.wikipedia.org › zh-tw；瀏覽日期：2023.04.25。

「牟宗三先生哲學的回顧與反思研讀會」：https://www.nstc.gov.tw/nstc/attachments/f8e8f227-2947-4c61-bbc7-95aecad78a4f；瀏覽日期： 2023.04.28。

「神」：https://kknews.cc/culture/xxb4ag.html；2022.06.25 瀏覽。

「馬克思學說研究會」：https://baike.baidu.com/item/%E9%A9%AC%E5%85%8B%E6%80

%9D%E5%AD%A6%E8%AF%B4%E7%A0%94%E7%A9%B6%E4%BC%9A；瀏覽日期：2021.11.21；

「梅花」：https://nrch.culture.tw/twpedia.aspx?id=10094；瀏覽日期：2023.04.25。

「質量守恆定律」，見維基百科：https://zh.wikipedia.org/wiki/%E8%B4%A8%E9%87%8F%E5%AE%88%E6%81%92%E5%AE%9A%E5%BE%8B；瀏覽日期：2022.03.07。

王世憲生平見：https://zh.wikipedia.org/zh-tw/%E7%8E%8B%E4%B8%96%E6%86%B2；2022.06.12 瀏覽。

王安石，〈答曾子固書〉，《臨川集》，卷 73。中國哲學書電子化計劃：https://ctext.org/library.pl?if=gb&file=9817&page=108；2023.03.05 瀏覽。

古詩詞網：https://fanti.dugushici.com/ancient_proses/58901；瀏覽日期：2021.12.02。

名家點評陶淵明詩，百科知識：https://www.easyatm.com.tw/wiki/%E8%87%AA%E7%A5%AD%E6%96%87；2021.10.26 瀏覽。

朱熹，《御纂朱子全書》，中國哲學書電子化計劃：https://ctext.org/wiki.pl?if=gb&chapter=90626；2023.04.16 瀏覽。

李翱〈百官行狀奏〉，見《全唐文》，卷 634。中國哲學書電子化計劃：https://ctext.org/wiki.pl?if=gb&chapter=750909；2023.01.18 瀏覽。

林安梧，〈儒教釋義：儒學、儒家與儒教的分際〉，《當代儒學》，廣西師大出版，第 10 輯，2016 年。林文又見儒學網，2019 年 7 月 4 日。https://www.rujiazg.com/article/16720；2022.11.01 瀏覽。

金達凱之生平，見臺灣文學館線上資料平臺：https://db.nmtl.gov.tw/site4/s6/writerinfo?id=893；2022.12.24 瀏覽。

段吉福、陳振崑，〈唐君毅的性情形上學探析〉：上海儒學：https://read01.com/E8KBEy8.html；2023.01.27 瀏覽。

胡欣平之生平，百度百科：Baike.baidu.hk，2023.01.02 瀏覽。

胡適，「有幾分證據說幾分話，有七分證據不能說八分話。」此胡氏墨寶（條幅），見：https://read01.com/zh-tw/DA5gLJ.html#.ZCEV0HIVFtE；2023.03.27 瀏覽。

唐迪風生平見：https://baike.baidu.com/item/%E5%94%90%E8%BF%AA%E9%A3%8E；瀏覽日期：2021.11.19。

馬克思學說研究會：https://zh.wikipedia.org/wiki/%E9%A9%AC%E5%85%8B%E6%80%9D%E5%AD%A6%E8%AF%B4%E7%A0%94%E7%A9%B6%E4%BC%9A；瀏覽日期：2021.11.21。

許嘉璐等，〈甲申文化宣言〉：www.chinaelections.org/NewsInfo.asp?NewsID=61176 - 28k ；此〈宣〉言又收入《大地》，2004，第十八期。又見：人民網：www.people.com.cn。

陳康之生平，見 https://baike.baidu.com/item/%E9%99%88%E5%BA%B7/7767614?fromModule=search-result_lemma-recommend；2023.01.03 瀏覽。

陳樹菊（1950 年－）見維基百科：https://zh.wikipedia.org/zh-tw/%E9%99%B3%E6%A8%B9%E8%8F%8A；2022.07.19 瀏覽。

彭華，〈賀麟與唐君毅——人生經歷、社會交往與學術思想〉，見「國學網」：http://www.guoxue.com/?p=837；2022.07.23 瀏覽。彭文原載《宜賓學院學報》，2006 年第 8 期，頁 1-6。

程恭讓，〈歐陽竟無先生的生平、事業及其佛教思想的特質〉，《圓光佛學學報》，第四期，1999 年 12 月。又見 http://buddhism.lib.ntu.edu.tw/FULLTEXT/JR-BJ010/bj99906.htm；2019.08.22 瀏覽。

劉向，《說苑・指武》：https://ctext.org/shuo-yuan/zhi-wu/zh；2022.07.09 瀏覽。

劉鐸（1994-）〈唐君毅的人性惡源論〉，《西部學刊》，2021 年 9 期，2021.08.06。https://m.fx361.com/news/2021/0806/8680004.html；瀏覽日期：2022.10.04 。

薛立波，〈論唐君毅早期思想中的生死問題意識〉，《四川大學學報》（哲學社會科學版），2011 年 4 月；2011 - cnki.com.cn；2020.06.01 瀏覽。

六、外文文獻及其他

Beard, C., “That Noble Dream”, ed., Fritz Stern, *The Varieties of History*, N.Y.: Vintage Books edition, 1973.

Bloch, M., *Apologie pour l’histoire*,Paris: Armand Colin, 1974.

Bresciani, Umberto (白安理), *Reinventing Confucianism – The New Confucian Movement*, Taipei: Taipei Ricci Institute for Chinese Studies, 2001.

Carson Chang (張君勱), Hsieh Yu-wei (謝紡偉), Hsu Foo-kwan (徐復觀), Mou Chung-san (牟宗三), Tang Chun-I (唐君毅), “A Manifesto on the Reappraisal of Chinese Culture – Our Joint Understanding of the Sinological Study Relating to World Cultural Outlook”, *Chinese Culture-A Quarterly Review* (《中國文化季刊》), vol. 3, no. 1, Oct., 1960. (此文之譯者不詳。)

Carson Chang, Mu Tsung-san, Hsu Fu-kuan, Tang Chun-yi, translated by R. P. Kramers, “A Manifesto for a Reappraisal of Sinology and Reconstruction of Chinese Culture”, *Quarterly notes on Christianity and Chinese Religion* (《基督教與中國宗教季刊》), Series. II, no. 2, may 1958, pp. 1-21.

Carsun Chang, Tang Chun-i, Mou Tsung-san, Hsu Fo-kuan, translated by Warner Fan, “A Manifesto for a Re-appraisal of Sinology and Reconstruction of Chinese Culture”, 作為附錄收入 Carsun Chang (張君勱), *The development of Neo-Confucian thought* (New

York: Bookman Associates, 1962) 一書內。

Cassirer, Ernst, *An Essay on Man: An Introduction to a Philosophy of Human Culture*, New Haven: Yale University Press, 1944.

Chan, Wing-Tsit, tr., *A Source Book in Chinese Philosophy*, Princeton: Princeton University Press, 1969.

Chang, Carsun, *The Development of Neo-Confucian Thought*, vol. 1, New York: Bookman Associates, 1957.

Chang, Carsun, *The Development of Neo-Confucian Thought,* vol. 2, New York: Bookman Associates, 1962.

Gottschalk, Louis, *Understanding History*, N.Y.: Random House, 1969.

Chang, Hao (張灝), "New Confucianism and the Intellectual Crisis of Contemporary China", Charlotte Furth, ed. *The Limits of Change*, Mass: Harvard University Press, 1976.

"Hong Kong Propriety and Benevolence revival literary study society limited", *Hong Kong Company Directory*. https://www.ltddir.com/；2022.12.28 瀏覽。

HuShih (胡適), "Our Attitude toward Modern Western Civilization"，《胡適全集》，合肥：安徽教育出版社，2003，卷 36。

HuShih (胡適), "The Cultural Conflict in China"（〈今日中國的文化衝突〉), 載 *China Christian Year-book*（《中國基督教年鑑》)，1929；又載 Bruno Laska, ed. *Problem of the Pacific*, 1931. Chicago: University of Chicago Press, 1932；又收入《胡適全集》，合肥：安徽教育出版社，2003，卷 36。此文源自一會議（the Fourth Conference of the Institute of Pacific Relations）上宣讀的文章。會議舉辦日期：1931 年 10 月 21 日－11 月 2 日；地點：杭州與上海。

Hummel, A. W. (恆慕義), *Eminent Chinese of the Ch'ing Period,* Washington: Government Printing Office, 1943.

Keir, Jonathan, "The Truth of Love: Translating Tang Junyi's *Aiqing zhi Fuyin* and the Challenge of Spiritual Humanism"。收入「紀念唐君毅先生逝世四十周年國際學術會議」；主辦單位：香港新亞研究所、香港中文大學；會議日期：2018.12.05-07。

Metzger, Thomas A. (墨子刻), *Escape from predicament: neo-Confucianism and China's evolving political culture*，New York: Columbia University Press, 1977.（墨子刻著，顏世安、高華、黃東蘭譯《擺脫困境——新儒學與中國政治文化的演進》，南京：江蘇人民出版社，1996。）

Needham, J. (李約瑟), "Time, Chronology and Chinese Historiography", *Time and Eastern Man*，London: Royal Anthropological Institute of Great Britain & Ireland, 1965.

Pluquet, François-André-Adrien, "Observations sur la philosophie morale et politique des législateurs chinois"（〈中國立法者之道德與政治哲學之探討〉）納入 *Les livres classiques de l'Empire de la Chine*（《中華帝國經典》）一叢書內，作為叢書的第一冊。

Bloch, M., tr. Putnam, Peter, *The Historian's Craft*, N.Y.: Random House, 1953.

Russell, B. (羅素), *In praise of Idleness,* London: George Allen and Unwin, 1935.

Solé-Farràs, Jesús, *New Confucianism in 21st Century China-The Construction of a discourse*, New York & London: Routledge, 2014.

Tu, Wei-ming (杜維明), *Centrality and Commonality: An essay on Chung-yung,* Honolulu: University of Hawaii Press, 1976。

Vico, G. B. (維科), *La Scienza Nuova* (新科學), Bari: Edizioni Laterza, 1974.

Wong, Siu-keung (黃兆強), "Contributions of Chinese culture to the Western World: Discussion on the arguments expressed in the 'Chinese Cultural Manifesto of 1958' and in other works by T'ang Chun-I"。發表於中華炎黃文化研究會、炎黃文化國際協會（會址在新加坡）及新加坡國立大學中文系所舉辦之世界論壇上：日期：2010.12.06-10，地點：新加坡。

Wong, Siu-keung (黃兆強), "Universalism in New Confucianism: Contributions of Chinese Culture to the Western World from the View Point of the New Confucian T'ang Chun-I (1909-1978)", Anna Loretoni, Jérôme Pauchard & Alberto Pirni, ed. *Questioning Universalism: Western and New Confucian Conceptions,* Pisa: Edizioni ETS, 2013.

中村俊也，〈唐君毅東西冷戰期の思想——『現代新儒家宣言』研究〉，《東亞地域研究》，第七號，2000 年 7 月。

唐君毅、張君勱、牟宗三、徐復觀，〈東洋文化と世界の將來——唐君毅教授滯日講演特集〉，《亞細亞》，25號，亞細亞問題研究會出版，昭和34年（1959）11月。

徐復觀撰，黎漢基整理，〈唐君毅書信檔案・二・徐復觀部分〉，此即徐先生致唐先生函（共 66 通）。打字稿，未刊。

翁文嫻主持，科技部個別型計畫成果報告：新儒家詩學系列之一：唐君毅詩學的現代轉化。計畫編號：MOST 108-2410-H-006-060-，執行期間：108 年 08 月 01 日至 109 年 07 月 31 日。

後　記

2021 年元月拙著《性情與愛情：新儒家三大師相關論說闡微》之書稿送出給臺灣學生書局排版之後，筆者便打算把該拙著中比較單薄的部分，尤其是唐先生的性情的部分，予以深入探討，以贖愆尤。惟以精神、體力所限，閱讀相關材料之進度甚緩慢。「心有餘而力不足」之俗諺，始得其真切之體會；何後知後覺之晚也！三數個月後，遂毅然決然放棄此可望而不可及之構想。同時則生起另一構想：十多年來，在學術會議上、學術會議論文專書上或在學刊上，針對唐先生之學術思想，所宣讀或發表之論文，計不下五六篇。竊念對唐學研究來說，該等論文或不至於毫無價值。再者，退一步來說，雖或不免等同敝帚，然而，個人仍頗珍視之；真所謂敝帚自珍也，奈何？！是以何不加以修訂彙整成冊，藉以妥善保存？再者，若連同在不同場合為表彰唐先生之生平行誼或宣揚其學術思想所做之學術報告（或所謂演講稿）、研討會開幕閉幕之致辭稿等等的文字來看，其字數恐不下三四十萬言。若再連同前年底針對太老師唐迪風公之生平所撰寫之年譜約五萬言一起合算，則字數就接近半百萬了。是以遂下定決心剞劂付梓，俾與讀者分享一己 40 多年來誦讀唐先生書之學思歷程之點滴心得。

前年所出版之拙著《性情與愛情》，其〈自序〉中有如下一句話：「體力不如往昔遠甚，……本書也許是最後一本專著了。」其後蒙上天（含神明）睠顧，在西醫師黃坤崙教授仔細檢查診斷、中醫師蘇琇櫟先生悉心護理，復得頗擅長氣功的內子灌氣治療，又獲得學長瑞全兄、祖漢兄、月媏同學、文軒同學等等的勖勉鼓勵，二豎由是收斂止步，不復為患（至少賤軀得與之和平共存）。此或唐先生在天之靈從旁保庇護佑亦未可知也；不然，禍棗災梨如拙著者，何幸得與讀者面晤之一日耶？總而言之，言而總之，上天與師友之睠顧至厚也。若上天再假以年，當為表彰三大師（徐唐牟）之人格、弘揚三大師之學問，再竭綿薄焉。

尚有一事須向讀者報告，如下：年來藉著歌唱以保健強體，不意獲演粵劇之三位胞姊（二位正印花旦：黃嘉鳳、黃嘉寶，一位反串文武生：黃嘉華）謬許，認為尚算有板有眼。由是遂朝夕肆恣吟唱；並嘗試改編歌詞。年來則念及佛教、基督宗教等等，莫不藉歌唱以宣揚、傳播其教義教理。若儒學／儒教欲獲得廣泛之傳播，此恐為不二法門。近今遂嘗試改編若干歌詞以傳唱三大師之表現，如生平、思想等等（詳見本書附錄五之二之一文）。針對此構思，乃頗有意作進一步規畫。其志同道合之士，盍興乎來，並明以教我為幸。

最後不得不說的是，本書，乃至其前好幾部拙著，都是摯友陳仕華先生鼎力幫忙下而得以在臺灣學生書局順利出版的。這是筆者首要表示感謝的。再者，在今天出版業相當不景氣的情況下，學生書局不計盈虧堅持著雖千萬人吾往矣的精神，更令筆者肅然起敬不已。這又豈是一「謝」字可以表達個人心曲之萬一的呢？編輯部在編排校對上的大力幫忙，亦是筆者必須致謝的。外甥劉大恒先生經營事業有成，慨允本書出版後，惠予購藏若干冊，特此致謝。是為後記。

2023 年 5.1 勞動節初稿
同年 7.7 抗戰紀念日定稿

索引

一、人名

二、其他

國家圖書館出版品預行編目資料

唐君毅的文史哲思想

黃兆強著. – 初版. – 臺北市：臺灣學生，2023.09
面；公分
ISBN 978-957-15-1924-1 (平裝)

1. 唐君毅 2. 學術思想 3. 哲學

128.7	112014741

唐君毅的文史哲思想

著作者	黃兆強
出版者	臺灣學生書局有限公司
發行人	楊雲龍
發行所	臺灣學生書局有限公司
地址	臺北市和平東路一段 75 巷 11 號
劃撥帳號	00024668
電話	(02)23928185
傳真	(02)23928105
E-mail	student.book@msa.hinet.net
網址	www.studentbook.com.tw
登記證字號	行政院新聞局局版北市業字第玖捌壹號
定價	新臺幣八五〇元
出版日期	二〇二三年九月初版
ISBN	978-957-15-1924-1

12824